이승만과 김구

제2권

손세일 지음

ChosunMedia
조선뉴스프레스

이승만과 김구

제2권

제1부 양반도 깨어라 상놈도 깨어라 1875~1919 (II)

손세일 지음

ChosunMedia
조선뉴스프레스

차 례

제2권 제1부 양반도 깨어라 상놈도 깨어라 (II)

제1권　제1부 양반도 깨어라 상놈도 깨어라(Ⅰ)

제6권 제3부 어떤 나라를 세울까(I)

15장

‘밀서’ 가지고 미국으로

1. 다시 《제국신문》 논설 쓰며 상동청년학원 설립
2. ‘외교문서’와 소개장 19통 가지고 미국으로

1. 다시《제국신문》논설 쓰며 상동청년학원 설립

1

이승만은 「자서전 초록」에서 "내가 감옥에서 석방되었을 때에 선친은 무척 기뻐하셨다. 그러나 그는 나의 앞길에 얼마나 많은 난관들이 가로놓여 있는지를 알지 못하셨다"[1]라고 적었다. 그의 출옥을 기뻐한 것은 물론 가족들만이 아니었다. 일찍이 독립협회 회장이었다가 외부협판이 되어 있던 윤치호(尹致昊)가 이승만이 출옥한 이튿날 그를 찾아갔다가 이승만의 영어실력이 크게 향상된 것을 보고 "놀라운 청년"이라고 격찬한 것은 앞에서 보았다.

이승만의 출옥을 그의 가족이나 친지들에 못지않게 기뻐한 것은 그의 옥중생활을 물심양면으로 도우면서 석방운동을 벌여 온 외국선교사들이었다. 헐버트(Homer B. Hulbert, 紇法, 轄甫)가 펴내던 영문월간지《코리아 리뷰(*The Korea Review*)》는 이승만의 출옥을 다음과 같이 보도했다.

> 5년 넘게 감옥에 갇혀 있으면서 줄곧 외국인 친구들의 걱정거리가 되어온 이승만이 마침내 석방된 것은 무척 반가운 일이다. 외국인 친구들은 이승만이 오래전에 석방된 다른 사람들에 비해 지은 죄가 크지 않다는 것을 잘 알고 있었다.…[2]

그들은 독실한 기독교인이 되어 출옥한 이승만이 이제 한국교회를 위해 큰 역할을 할 수 있을 것으로 기대했던 것이다.

---

1) "Autobiography of Dr. Syngman Rhee", George A. Fitch Papers, Yenching Institute, Harvard University(unpublished), p.15; 「청년이승만자서전」, 이정식 지음, 권기봉 옮김, 『초대대통령 이승만의 청년시절』, 동아일보사, 2002, p.276.
2) "News Calendar", *The Korea Review*, August, 1904, p.364.

《코리아 리뷰》의 이러한 보도와는 대조적으로 《황성신문(皇城新聞)》은 《제국신문》 사장 이종일(李鍾一)의 석방기사에 이어 "연전 독립협회 시에 피수(被囚)하야 징역 15년에 처해졌던 이승만씨도 몽방(蒙放)되었더라"라고 간단한 사실보도만 했다.[3)]

며칠 뒤에 배재학당에서 이승만의 출옥을 환영하는 예배가 열렸다. 오전 11시쯤에 때아닌 채플 종소리가 울렸다. 학도들은 어리둥절해하면서 강당으로 모여들었다. 강당에는 벙커(Dalziel A. Bunker, 房巨) 교장이 낯선 젊은이와 함께 서 있었다. 젊은이는 홀적삼 바람이었다. 그러나 그의 모습에서는 어떤 위엄이 느껴졌다. 학생들이 수군거리는 소리가 번져 나갔다. 누군가가 소리쳤다.

"이승만이다!"

학도들은 거의가 이승만의 이름을 알고 있었다. 벙커의 소개를 받은 이승만은 후배들을 앞에 두고 말을 시작했다. 벅찬 감격에서 우러나는 그의 신앙간증은 젊은 학도들을 감동시켰다.

"만일에 하나님이 보호해 주시지 않았더라면 나는 살아남지 못했을 것입니다. 감옥에는 여름의 물것, 겨울의 추위밖에는 없었습니다. 밤이면 감방문 사이로 스며드는 가느다란 장명등 불빛뿐 보이는 게 없었습니다. 한번은 돌림병이 와서 죄수들이 모두 죽어 나가고, 나는 겨우 살았으나 탈황증으로 아주 죽을 뻔했습니다. 이 어려운 가운데 무릎을 꿇고 기도할 양이면 하나님이 오셔서 내 머리에 두 손을 얹으시고 나와 같이 기도해 주시는 것 같았습니다. 하나님이 나를 살리신 것입니다. 여러분도 아무쪼록 살아계신 하나님을 잘 믿고 그와 같이 행하십시오."

배재학당에 다니면서도 그때까지 예수를 믿지 않았던 윤성열(尹聲烈)이 기독교에 입교하여 목사로서 평생을 교회사업에 헌신하게 된 것은

---

3) 《皇城新聞》 1904년8월6일자, 「雜報: 兩氏蒙放」. 이 무렵의 《제국신문》은 일실되어 보도내용을 알 수 없다.

바로 이때 이승만의 감동적인 연설을 들은 것이 계기가 되었다고 한다.[4]

이승만이 출옥하고 나서 1904년11월4일에 미국으로 떠나기까지 석 달 동안의 행적에 대해서는 기록에 따라서 차이가 있다. 서정주(徐廷柱)는 이승만이 출옥하자마자 "별 휴양할 겨를도 없이 종로에 있는 기독교청년회에 나가서 총무의 일을 맡아 보는 한편, 앞으로 그의 걸어 나갈 진로에 대해서 많이 생각해 보았다"[5]라고 기술했다. 1903년에 조직된 황성기독교청년회(皇城基督教青年會)에는 이승만에 앞서 출옥한 이상재(李商在) 등 옥중동지들이 대거 가입하여 막 활기를 띠기 시작하고 있었다. 물론 출옥한 이승만이 옥중동지들을 만나러 그곳을 찾은 것은 당연한 일이었겠지만, 총무직을 맡아서 일했다는 말은 사실이 아니다. 황성기독교청년회는 1904년 후반기에 부서별로 한국인 간사들을 임명했는데, 수석간사로는 이승만의 옥중동지인 김정식(金貞植)을 임명했다.[6]

이승만은 외국선교사들과도 시국문제와 함께 자신의 진로문제를 논의했다. 그는 연동[蓮洞: 연못골]교회의 게일(James S. Gale, 奇一) 목사를 찾아가서 그에게서 세례를 받고자 했다. 감리교회 교인인 이승만이 장로교회 선교사인 게일에게서 세례를 받고 싶어한 것은 그만큼 게일과 친숙했기 때문이었다. 게일은 이승만에게 미국유학을 강력히 권유하고 세례도 미국에 가서 받으라고 말했다.

이승만이 출옥하기 직전부터 서울에서는 일본인의 황무지개척권 요구를 저지하기 위해 1904년7월13일에 조직된 보안회[輔安會: 保安會라고도 했다]를 중심으로 활발한 반대운동이 전개되고 있었다. 러일전쟁의 개전과 동시에 청국을 따라 국외중립을 선포한 한국정부를 겁박하여 2월23일에 군사동맹을 골자로 한 한일의정서(韓日議定書)를 맺은 일본은 그것을 근거로 하여 새로운 대한경영방침을 마련하고, 그 일환으로 6월 들

---

4) 尹聲烈 증언, 「人間李承晩百年(43)」, 《한국일보》 1975년5월16일자.
5) 徐廷柱, 『李承晩博士傳』, 三八社, 1949, p.211.
6) 전택부, 『한국기독교청년회운동사』, 범우사, 1994, p.85.

어 전국의 황무지개척권을 요구해 온 것이었다.[7] 보안회의 활동은 종로 네거리에서 대중집회를 개최하는 등으로 독립협회의 만민공동회운동을 방불케 했다. 이러한 반대운동은 지방에까지 파급되었다. 정부는 일본의 항의도 있는데다가 치안문제를 고려하여 해산을 종용했으나, 집회는 장소를 전동(典洞)의 한어학교(漢語學校)로 옮겨서 계속되었다.

일본은 이러한 상황을 역이용하여 한국정부에 자기들이 직접 군사경찰을 실시할 것을 일방적으로 통고하고 보안회를 강제로 해산시켰다. 부일단체 유신회(維新會)가 발족한 것은 이러한 와중인 1904년8월18일의 일이었다. 유신회는 이틀 뒤에 이름을 일진회(一進會)로 바꾸었다.

일본군의 군사경찰 실시로 보안회는 해체된 듯했으나 집회만 하지 않았을 뿐 9월11일에 협동회(協同會)라는 이름으로 새로 조직되었다.[8] 보안회는 회장에 전 중추원 의관 송수만(宋秀晩), 부회장에 시종 원세성(元世性) 등을 내세우고 있었는데, 협동회로 개편되면서는 회장 이상설(李相卨), 부회장 이준(李儁) 등으로 실제 주동자들이 표면에 나섰다. 이들은 정부의 실력자 민영환(閔泳煥)의 내밀한 지원을 받고 있었다. 이때에 평의장(評議長) 이상재, 서무부장 이동휘(李東輝), 지방부장 양기탁(梁起鐸), 재무부장 허위(許蔿) 등과 함께 이승만이 편집부장으로 발표되었다고 하는데,[9] 실제로 이승만이 협동회 활동에 얼마나 관여했는지는 분명하지 않다. 일본의 황무지개척권 요구에 대한 반대운동이 정부대신들로부터 일반 민중까지 참여하는 구국운동으로 확대되자 일본은 8월에 황무지개척권 요구를 철회했다. 그리고 협동회는 일본군의 무력탄압으로 와해되었으나 그 뿌리는 뒤이은 계몽운동의 중심세력으로 발전했다.

---

7) 尹炳奭, 「日本人의 荒蕪地開拓權要求에 대하여」, 歷史學會 編, 『韓國史論文選集(Ⅵ)』, 一潮閣, 1976, pp.195~239 참조.

8) 金允植, 『續陰晴史(下)』, 國史編纂委員會, 1960, p.109.

9) 柳子厚, 『李儁先生傳』, 東邦文化社, 1947, p.103.

2

이승만이 출옥하고 나서 시작한 일은 옥중의 부자유스러운 상황에서도 심혈을 기울였던 《제국신문(帝國新聞)》[10]의 「논설」을 다시 집필하는 것이었다. 《제국신문》은 1903년1월에 새로 사장이 된 군부(軍部)의 대판포병국장(代辦砲兵局長) 최강(崔岡)이 일본에서 도입한 군함 양무함(揚武艦)의 가격과 관련된 수뢰사건에 연루되어 구속됨에 따라 사임하고 6월에 다시 이종일이 사장이 되었는데,[11] 이종일은 1904년3월에 필화사건으로 투옥되었다가 이승만과 같이 석방되었다. 이때에 이종일이 이승만에게 《제국신문》의 「논설」을 다시 집필해 줄 것을 강력히 요청했을 것이다. 왜냐하면 이 무렵에 《제국신문》은 논설기자[주필]를 구하지 못하여 고심하고 있었기 때문이다.

그러나 이승만이 출옥한 직후의 《제국신문》은 일실된 부분이 너무 많아서[12] 그가 다시 《제국신문》의 「논설」을 집필한 것이 언제부터였는지는 알 수 없다. 이승만이 《제국신문》의 「논설」을 다시 집필한 사실은 10월4일자 「좋은 사업들의 성취함」이라는 「논설」에 확실하게 드러나 있다. 이 「논설」은 연동교회의 교육회 사업과 이승만 자신도 참여하고 있는 상동(尙洞)교회의 엡워스청년회가 주동하여 벌이는 청년학원 설립사업과 함께 아펜젤러(Henry G. Appenzeller, 亞扁薛羅)가 사망한 뒤에 배재학당에서 추진해 온 추모사업의 의의를 강조하면서 이 세가지 사업에 많은 유지들이 참여할 것을 촉구한 내용이었는데, 아펜젤러 추모사업을 설명하는 대목에서 "본 기자가 자유에 있지 못하야 의연히 성명을 드러내지 못하고…"[13]라고 적었다. 그것은 이 「논설」의 집필자가 이승만이었음을 입

---

10) 《뎨국신문》은 1903년부터 제호를 《帝國新聞》으로 바꾸었다. 그러나 본문은 여전히 국문(한글) 전용으로 펴냈다.

11) 崔起榮, 「帝國新聞의 刊行과 下層民啓蒙」, 『大韓帝國期新聞研究』, 一潮閣, 1991, p.30.

12) 1904년8월치는 없고 9월치도 6일분밖에 보존되어 있지 않다.

13) 《帝國新聞》 1904년10월4일자, 「論說: 좋은 사업들의 성취함」.

증하는 것이다.

《제국신문》의 논설을 다시 쓰게 된 이승만이 급박하게 돌아가는 시국과 관련하여 일본의 대한정책을 어떻게 인식하고 있었는지는 그의 미국행과 관련하여 매우 중요한 관심거리가 아닐 수 없다. 올리버는 이승만이 출옥한 뒤에 옛 동지들을 만났더니 그들은 일본의 대러시아전 승리를 열렬히 반기고 있었다고 썼다. 동양국가가 서양세력과의 싸움에서 승리한 것은 처음이라는 점, 러시아의 봉건적 후진성에 비해 일본은 산업화에 성공한 점 등이 그 이유라는 것이었다.[14] 그리고 이보다 앞서 이승만이 옥중에서 받은 서재필의 4월6일자 편지도 다음과 같이 일본을 지지하는 내용이었다고 했다.

> 지금까지 일본은 정의의 편에 서서 모든 문명인들이 존중해야 할 원칙을 지키기 위해 전쟁을 하고 있소이다. 나는 하나님이 정의와 문명을 위해 싸우는 나라와 함께 하시기를 진심으로 바라오.… 한국이 스스로를 돕지 않고 다른 나라의 도움도 받으려고 하지 않는 한 일본이나 그 밖의 어떤 나라도 한국을 도울 수 없소이다. 한국이 어린아이 같은 행동을 계속한다면 틀림없이 다른 나라에 병합되고 말 것이오.[15]

이렇듯 개화파 지식인들의 일본에 대한 호의와 기대는 러일전쟁이 발발한 뒤에도 크게 달라지지 않았던 것이다.

이 무렵의 이승만의 일본관은 「일본정책에 대한 대강 의견」이라는 「논설」에 표명되어 있는데, 기본적으로는 옥중에서 쓴 『독립정신』에서 피력한 것과 그다지 다른 것이 없다. 일본은 한국정부를 겁박하여 8월22일에 또다시 이른바 한일협정서[韓日協定書: 제1차 한일협약]를 맺음으로써, 2월

14) Robert T. Oliver, *Syngman Rhee: The Man Behind the Myth*, Dodd Mead and Company, 1960, p.72.

15) *ibid*.

23일의 한일의정서에서 천명한 한국의 독립과 영토보전의 약속마저 어기고 한국정부의 재정권과 외교권을 일본에 종속시키는 조치를 취했다. 그것은 한국을 '보호국'으로서 경영한 이른바 '고문정치'의 시작이었다. 이러한 상황에도 불구하고 이 「논설」은 "일본이 한국을(에) 대한 정치상 방침을 보건대 아직도 질정[質定: 확고하게 정함]한 뜻이 없는 듯하도다"라고 전제하고 나서, 다음과 같이 설명했다.

일본의 정치는 언제나 미국과 영국의 의견을 토대로 해서 행하여지는데, 지금 일본의 대한정책은 "한편으로는 대한을 위한다고 하며, 한편으로는 대한을 그저 둘 수 없다고도 하며, 한편으로는 전쟁 결말을 기다린다고도 하야 이럭저럭하는 중에서 날마다 자기 취할 이익은 급급히 경영하야 쉬지 않는" 상황이라고 설명했다. 그러면서 그는 이와 관련된 몇가지 풍문을 소개했다. 먼저 어떤 일본 정치가가 말하기를 한국사람들이 지금의 일본을 갑오년(1894년) 이전과 같다고 생각한다면 이는 큰 잘못이라고 말했다고 했다. 그때는 "진정으로 호의를 가졌으나… 번번이 그러할 까닭이 없으니 너무 바라지 말라"고 했다는 것이었다. 그러면서 그는 다음과 같이 흥미 있는 이야기를 적었다.

> 어떤 서양친구는 말하기를, 일본 외교가에서들 각국에 대하야 사사로이 설명하기를 일본이 장차 한국을 대접하기를 미국이 필리핀섬을 대접하듯 하야 백성을 많이 교육시켜 자주하여 다스릴 만치 되거든 독립을 시키겠노라 하였으매, 각국에서 일본 외교가들을 착실히 믿으나 일본사람 중에도 좋지 못한 사람들이 많은즉, 두루 한국의 염려라 하며….

이승만은 이러한 풍문을 소개하면서 별다른 논평을 하지 않았다. 16세기 중엽부터 약 350년 동안 스페인의 식민지 지배 아래 있었던 필리핀은 미국과 스페인 전쟁이 있던 1898년에 독립을 선언했다. 그러나 전쟁에 승리한 미국은 이를 인정하지 않고, 이른바 자선동화선언[(慈善同化宣言: Benevolent Assimilation Proclamation)]을 발표하여 1942년에 일본군에 점령당할 때까지 약 40년 동안 필리핀을 직접 통치했는데, 러일전쟁 무렵에는 필리핀에 대한 식민체제를 확립하기 위해 주력하고 있었다.

이승만은 또 다음과 같이 쓰기도 했다.

> 혹 어떤 친구들은 말하기를, 이렇듯 아름답고 좋은 나라를 남이 와서 임의로 취하야 자기 것같이 만드는 것을 보기에 눈물이 나는지라. 아직은 각국이 아무 말 아니하고 모른 체하나, 그러하나 마침내 의논이 생겨 과히 불공한 일은 행치 못하게 되리라 하는지라.…[16)]

이러한 언설은 이승만이 이때까지도 일본의 제국주의적 침략성을 깊이 인식하지 못하고 있었거나, 혹은 웬만큼 인식하고 있으면서도 이때는 이미 은밀히 미국으로 갈 준비를 하고 있었기 때문에 자신의 견해를 암시적으로만 표현했을 뿐이었는지 모른다.

이처럼 특별히 눈에 띄게 반일적 논조는 펴고 있지 않았음에도 불구하고《제국신문》은 10월10일에 주한일본군 헌병사령부에 의해 무기정간 처분을 당했다. 정간 이유는 10월7일자 「논설」의 내용이 "일본군사상에 방해요, 한일 양국 교제에 방해요, 치안에 방해되는 말"이기 때문이라는 것이었다.[17)] 문제가 된 「논설」은 보존되어 있지 않아서 내용을 알 수 없지만 이승만이 집필한 것이 틀림없다. 그것은 10월5일자의 「남의 다스림을 자취하는 나라」라는 「논설」이 일본인 재정고문의 부임과 관련하여 정부를 신랄하게 비판한 것으로 미루어 짐작할 수 있다.

---

16)《帝國新聞》1904년9월15일자, 「論說: 일본정책에 대한 대강 의견」.
17)《帝國新聞》1904년11월9일자, 「社說: 본 신문 정지하였던 사정」.

근일에 탁지고문관(度支顧問官)이 새로이 나왔다는데, 혹은 고문관이 아니라 재무감독이라고도 하며, 혹은 가라대 이름은 고문이나 특별권리가 있으니 곧 정부의 상전이라고도 하는지라. 대소 관원들이 그 고문관을 무이[無異: 다름없는] 탁지부 주장으로 알아 지금은 아무것도 우리들의 임의로 할 수 없다 하며, 재정을 정돈한다 하야 혹 심방도 자주 하며 전에 없던 정의도 친근한 모양이라. 실로 가소로운 세상도 많도다.…[18]

이「논설」은 그동안 신문이나 외국인들이 줄기차게 재정개혁을 권고해 왔음에도 불구하고 정부가 그 말을 듣지 않다가 이렇게 되었다면서 "이는 위에 있는 이들이 자기 손으로 일들 하야 남의 상전되기를 억지로 면하고 기어이 종이 되어 굽실거리는 어리석음이어니와…"라고 지도층을 비꼬았다. 그리고 다른 한편으로는 백성들에 대해서도, 세금을 내기만 하면 그만이라고 생각하고 그 사용에 대해서는 무관심하다가 이러한 상황을 맞이했다면서 "세상에 이만치 어리석고 이만치 하등에 가는 백성의 일이 어디 다시 있으리요"라고 개탄했다.

8월22일의 이른바 한일협정서는 일본정부가 추천하는 일본인 한 사람을 한국정부가 재정고문으로 용빙(傭聘)하여 재정에 관한 일체의 사항을 그의 의견에 따라 시행하고, 또한 일본정부가 추천하는 외국인[서양인] 한 사람을 외교고문으로 용빙하여 외교에 관한 일체의 사무를 그의 의견에 따라 시행하도록 규정했다. 이에 따라 일본 대장성 주세국장(大藏省主稅局長) 출신의 귀족원 의원 메가타 타네타로(目賀田種太郎)가 재정고문으로, 그리고 일본 외무성 고용원 스티븐스(Durham W. Stevens, 須知分)가 외교고문으로 용빙되었다.《제국신문》의 10월5일자「논설」은 재정고문 용빙에 대한 비판이었으므로 문제가 된 10월7일자

---

18)《帝國新聞》1904년10월5일자,「論說: 남의 다스림을 자취하는 나라」.

「논설」은 외교고문 용빙에 대한 비판이었을 것이다.

러일전쟁 이후로 일본정부가 한국에 대하여 가장 관심을 기울인 분야는 재정이었으므로 고문정치는 재정문제를 중심으로 이루어졌다. 그러므로 메가타는 이승만이 위의 논설에서 설명한 대로, 이전의 다른 고문들과는 비교할 수 없을 정도로 막강한 권한을 행사했다. 메가타는 재정에 관한 한 뒤이어 초대 조선통감으로 파견된 이토 히로부미(伊藤博文)에 맞먹는 권한을 가지고 있었고, 그의 허락 없이는 한푼의 돈도 쓸 수 없었다. 그리하여 일본에서는 "식민통치의 초석을 마련했다"고 평가를 받았다.[19)]

이때의 《제국신문》의 정간은 우리나라 신문사상 최초의 강제 정간이었으며, 일본이 한국 민간지에 가한 최초의 직접적 탄압이었다.[20)] 일본 헌병사령부는 10월31일에 정간을 해제했으나 《제국신문》은 재정난 때문에 이승만이 미국으로 떠난 뒤인 11월9일에야 속간되었다.

3

독실한 기독교인이 되어 출옥한 이승만은 상동교회 청년회가 의욕적으로 추진한 청년학원을 설립하는 일에도 열성적으로 참여했다. 상동교회는 1889년 가을에 감리교 의료선교사인 스크랜턴(William B. Scranton, 施蘭敦)이 남대문 안에 세운 교회였다. 상동교회의 처음 이름은 달성(達城)교회였고, 교인들은 거의가 중류층 이하의 가난한 사람들이었다.[21)] 상동교회는 1900년에 붉은 벽돌로 현대식 예배당을 신축했는데, 이 건물은 1898년에 건축한 정동(貞洞)교회 건물에 이어 우리나라의 두번째 벽돌집 예배당이었다.[22)]

---

19) 金惠貞, 「일제의 顧問政治와 한국재정 침탈」, 西江大學校 박사학위논문, 2003, pp.5~6.
20) 鄭晉錫, 『歷史와 言論人』, 커뮤니케이션북스, 2001, p.53.
21) *Annual Report of the Methodist Episcopal Church*, 1895, p.244, 宋吉燮, 『尙洞教會百年史』, 尙洞教會, 1988, p.53.
22) 宋吉燮, 위의 책, pp.44~45.

독립협회가 강제 해산된 뒤로 상동교회는 이른바 상동파(尙洞派)로 불리는 민족운동가들이 모여들어 이 무렵의 개화파 민족운동의 요람지가 되고 있었다. 교회 지하실의 넓은 공간이 그들이 모이는 아지트였다. 이승만이 투옥되기 전에 고종을 폐위시키고 의화군[義和君: 뒤에 義親王에 피봉된 李堈]을 새 황제로 옹립하여 정치개혁을 실시하려는 계획을 같이 추진했던 전덕기(全德基), 박용만(朴容萬), 정순만(鄭淳萬) 등은 상동교회 청년회의 중심인물들이었다. 상동교회에는 1897년9월5일에 한국에서 두번째로 엡워스청년회가 조직되어 있었다.23)

1900년에 한국에서 두번째 벽돌 예배당으로 지은 서울의 상동교회. 이승만은 도미하기 전에 이 교회가 세운 상동청년학원의 교장을 맡았다.

엡워스(Epworth)는 감리교 창설자인 웨슬리(John Wesley)가 출생한 영국의 지명인데, 그 이름을 딴 엡워스청년회가 1889년에 미국 오하이오주 클리블랜드(Cleveland)에서 창설되었다. 청년회의 목적은 청년들의 영적 훈련과 친교 및 봉사를 위한 인격의 수련이었다. 그 뒤로 미국 감리교가 선교되는 지역마다 엡워스청년회가 조직되었고, 한국에서도 1897년의 감리교 제13회 한국선교년회에서 행한 조이스(I. W. Joyce) 감독의

---

23) 조이제, 「한국 엡워스청년회의 창립경위와 초기활동」, 《한국기독교와 역사》 제8호, 한국기독교역사연구소, 1998, pp.82~91.

권면에 따라 인천 내리(內里)교회에서 시작하여 전국의 감리교회에 엡워스청년회가 조직되어 갔다. 뒤에서 보듯이 김구도 진남포 엡워스청년회의 총무로 활동했다.

한동안 해체되었던 상동청년회는 1903년에 전덕기를 중심으로 하여 새로 조직되면서 의욕적인 활동을 펼쳤다. 천민 출신으로서 스크랜턴 목사 집에서 허드렛일을 하면서 기독교인이 된 전덕기는 스크랜턴의 지도로 상동교회의 중추적인 인물로 성장했는데, 이 무렵에는 전도사가 되어 스크랜턴을 대행하고 있었다. 그는 양반 출신 이동녕(李東寧)과 친구 주시경(周時經)의 영향으로 독립협회에도 참여하여, 이승만과도 함께 활동했다. 배제학당 때부터 이승만과 각별한 친분관계가 있던 주시경은 자신이 속한 정동교회보다도 상동교회 청년회 사람들과 의기투합하여 친밀히 어울렸다. 이승만이 출옥하자 이들은 상동청년회의 역점사업으로 청년들의 교육기관 설립을 추진했다. 상동청년학원의 설립이 그것이었다.[24)]

이승만은 상동청년학원을 설립한 취지와 경위를 자세히 적어《신학월보》에 기고했다. 그는 먼저 이 학원이 설립된 것이 하나님이 한국을 버리지 않는 증거라고 설명했다.

> 당초에 우리는 바라지도 못하고 경험도 없는 일을 하나님의 부르심을 입은 이들이 스스로 시작하여 이런 일이 점점 설시(設施)되는 것을 보니 하나님이 정녕 대한을 아직까지도 버리시지 않는 줄 알 것인즉, 우리의 바랄 것이 무궁한 줄로 압니다.

이렇게 상동청년학원의 설립이 종교적으로 큰 의미가 있다고 전제한 그는 이 학원이 다른 관립이나 사립 학교와 다른 점을 다음과 같이 설명

24) 韓圭茂, 「尙洞靑年會에 대한 연구 1897~1914」, 《歷史學報》 제126집, 歷史學會, 1990, pp.71~113 참조.

했다.

> 우리나라에는 관사립 간에 학교가 한둘이 아니로되 사람 노릇 하는 사람이 얼마나 났으며 나라에 유익함이 얼마나 되었소. 지금에 혹 학교에 보내라 하면 곧 버릴 곳으로 보내라는 줄 알게 되었으니, 이는 학교가 그른 것이 아니요 못된 것을 가르쳐 그런 것이 아니라 다만 사람의 재주만 가르치고 마음은 가르치지 못하는 연고이라.… 그러므로 이 학교는 먼저 경천애인(敬天愛人)하는 참도로 근본을 삼아 마음을 닦고 도를 숭상하며 세상을 위하야 일하는 일꾼이 되기로 작정하야… 학교 임원들과 각 교사들과 모든 학도들이 다 이 뜻을 위하야 부지런히 힘쓸지라. 장차 군민의 유조한 선비가 많이 생길 줄 기약하노니, 어찌 다른 학교와 함께 비교하오리까.[25]

상동청년학원이 지향하는 교육방침은 기독교 정신에 입각한 전인교육이었다. 의욕에 찬 회원들은 자체적으로 모금도 하고, 각자가 친지들과 유지들에게 도움도 요청했다. 그 결과 멀리 하와이에 유학하는 친구가 어려운 처지에서도 적지 않은 돈을 보내오기도 하고 운산(雲山)광산의 유지가 돈을 보내오기도 했다. 한국인들뿐만 아니라 각국의 외교관과 선교사 등도 모금 캠페인에 호응하여 곧 700여원이 모금되었다. 「연조록」에는 전덕기와 박용만이 20원, 정순만은 5원, 가난한 이승만은 2원을 연조한 사실이 적혀 있다.[26]

그러나 모금한 돈만으로는 교실과 교사진을 확보할 수 없었다. 교실문제는 스크랜턴이 상동교회 구내의 집 한채를 빌려 기증함으로써 해결되었다. 교사문제는 여자선교사 자격으로 와 있는 스크랜턴의 어머니

---

25) 리승만, 「상동청년회의 학교를 설시함」, 《신학월보》 1904년11월호, pp.447~448.

26) 《신학월보》 1904년11월호, pp.451~452, 「청년학원연조록」; 《皇城新聞》 1905년2월13일자, 「漢城尙洞青年學院捐助廣告」.

와 헐버트가 각각 영어와 역사 과목을 맡겠다고 자원하여 웬만큼 어려움을 덜게 되었다. 전덕기가 성경, 주시경이 국문을 맡았다. 이승만은 이 학원의 교장으로 선정되었다. 상동청년회의 의욕적 사업으로 시작한 청년학원의 교장으로 이승만이 선정된 것은 그의 신앙심과 교육에 대한 열성 및 감옥학교의 운영 경험과 아울러 그의 지명도가 학원설립을 추진하는 상동파 인사들 사이에서 대표성이 있을 만큼 월등했기 때문이었을 것이다.

상동청년학원은 개학도 하기 전에 장안의 화제가 되었다. 이승만은 그러한 상황을 다음과 같이 자부심과 의욕이 넘치는 문장으로 써 놓았다.

> 개학날이 가까워 오니 여러 사람이 자질(子姪)들을 데리고 와서 부탁하며 사람을 만들어 달라 합니다. 만일 사람 아닌 것을 데리고 와서 사람을 만들라 하면 혹 괴이치 않다 하련만은 사람을 데리고 와서 사람을 만들라 함은 이상치 않습니까. 다른 말이 아니라 사람은 사람이로되 다 되지 못한 사람이라는 뜻이니, 이는 누구든지 가르치지 못한 것은 사람이 아니라는 뜻이 아닙니까.… 지금이라도 나라가 나라 노릇 하자면 사람이 먼저 사람 노릇을 하게 되어야 하겠고, 사람이 먼저 사람 노릇 하자면 가르치고 배우는 데 있으니, 대저 학교는 사람을 만드는 곳이요 또한 나라를 만드는 곳이라고도 하겠사외다.[27]

이처럼 그는 상동청년학원이 지향하는 전인교육은 곧 "나라를 만드는" 일이라고 주장했다.

10월15일 오후 2시에 청년학원 개교식이 열렸다. 괴로운 옥중에서 감옥학교를 운영했던 이승만에게는 특별히 감개무량한 순간이었을 것이다. 대문 중문과 대청 안에 청송홍엽(青松紅葉)으로 아치를 만들어 세우

---

27) 리승만, 앞의 글, p.447.

고 국기를 달았다. 내외국 초청인사들과 학도들이 수백명이나 되어 좁은 자리에 다 앉지 못했다.

교장 이승만이 먼저 "학교의 대지가 모든 학문을 다 하나님 공경하는 참도로써 근본을 삼아, 청년으로 말하여도 벼슬이나 월급을 위하야 일하는 사람이 되지 말고 세상에 참 유익한 일꾼이 되기를 작정하자는 데 있다"는 요지의 개회사를 했다. 이어 청년회장 전덕기가 청년학원 설립경위를 설명하고, 게일, 헐버트, 스크랜턴이 차례로 격려사를 한 다음 부교장 박승규와 교사 주시경, 그리고 학생대표로 유희경이 인사말을 하고 기념촬영을 했다.

개교식이 끝나고 스크랜턴의 집에서 다과회가 열렸다. 그런데 이 자리에 일본인 목사 기하라 호카시치(木原外七)가 참석해서 축사를 하여 눈길을 끌었다.[28] 일본 감리교회 전도사로서 미국에 파송되어 캘리포니아와 하와이 등지에서 전도활동을 한 경험이 있는 기하라는 이 무렵에는 한국에 파견되어 있었다.[29] 러일전쟁의 무대가 되어 있는 한국에 일본인 목사가 와 있었고, 또 상동청년학원의 개교식과 같은 뜻깊은 행사에 일본인 목사가 초청되었다는 사실은 이 무렵의 개화파 지식인들의 일본관을 보여 주는 일이었다. 실제로 청년학원 설립에는 일본인들 가운데도 연조한 사람들이 있었다.[30]

이승만은 청년학원의 운영이 한국을 기독교국가로 만드는 핵심사업이라고 생각했다. 그는 "이 청년회가 교회의 주장은 아니요 교회가 청년회의 주장이로되 교회에서 이르지 못하는 곳을 이 청년회에서 미쳐 가서 모든 세상을 다 이끌어 교회에 들어오게 하자는 본의"[31] 이므로, 영국이나 미국에서 보듯이 청년회는 교회와 국가와 세계에 크게 도움이 되는 것

---

28) 위의 글, p.444.
29) 『日本キリスト教歷史事典』, 教文館, 1988, p.365.
30) 리승만, 앞의 글, p.445.
31) 위의 글, p.441.

이라고 강조했다. 그리고 그 이유로는 첫째 운동장과 오락기구 등 레크리에이션의 장소가 되는 것, 둘째 생계의 길을 가르치는 것, 셋째 도덕의 길을 널리 열어 놓는 것의 세가지를 들었다. 청년학원은 바로 그러한 청년회의 이상을 구현하는 곳이었다. 청년학원의 개교식에 대해 그는 다음과 같이 썼다.

> 당일 광경이 과연 굉장한지라. 주의 영광을 더욱 드러낼 만하니 이는 우리가 다 감사히 여길 바이어니와, 이 일이 완전히 성립되기는 여러 동포들에게 달렸으니, 위의 세가지를 합하야 말할진대 체육과 지육과 덕육 세가지를 합하야 교회의 앞길을 한없이 열어 주는 것이니, 이 일이 교회의 근본이라 할 수는 없으되 교회의 제일 유익한 일은 이 일에 지나는 일이 없는지라.…[32]

학교 이름을 '청년학원'이라고 한 데 대해서도 이승만은 특별한 의미를 부여했다. 곧 "이 학교를 청년학원이라 한 것은 장차 청년들을 가르쳐 인재를 배양하자는 뜻도 합하되 상동교회 엡워스청년회에서 설시하는 학교인 고로 더욱 청년학원이라 하는 것이올시다"라고 그는 설명했다.[33]

초대교장 이승만은 상동청년학원이 개교한 지 3주일 만에 미국으로 떠났다. 그러나 이 청년학원은 그가 떠난 뒤에도 전덕기가 담당한 성경교육을 비롯하여, 주시경의 국문교육, 장도빈(張道斌)과 최남선(崔南善)의 국사교육, 남궁억(南宮檍)과 현순(玄楯) 등이 담당한 외국어 교육, 군인 출신 이필수가 담당한 체육과 군사 교육, 그 밖에도 음악, 연극 등의 예술 교육 등을 통하여 기독교 구국론에 입각한 민족신앙 교육의 산실이 되었다.[34]

---

32) 같은 글, p.445.
33) 같은 글, pp.446~447.
34) 서정민, 『교회와 민족을 사랑한 사람들』, 기독교문사, 1990, p.125.

상동청년학원은 외국선교사들이 아닌 한국인들의 힘으로 세운 사립학교라는 점에서 특기할 만한 가치가 있다. 왜냐하면 그것은 평양의 대성학교(大成學校)와 같은 다른 사립학교의 설립 모델이 되었으며, 1905년의 을사조약의 강제를 계기로 하여 전국 방방곡곡에서 일어나는 신교육운동에 직접 또는 간접으로 많은 영향을 끼쳤기 때문이다.[35] 그러므로 이승만은 한국의 신교육운동에도 선구적인 공헌을 한 셈이다.[36]

---

35) 閔庚培, 『韓國民族教會形成史論』, 延世大學校出版部, 1974, pp.39~40.
36) 이정식 지음, 권기붕 옮김, 앞의 책, p.214.

2. '외교문서'와 소개장 19통 가지고 미국으로

1

이승만이 어떻게 상동청년학원이 개교한 지 3주일 만에 미국으로 떠나게 되었는지는 분명하지 않다. 이승만 자신의 기록들도 부정확하거나 과장된 점이 없지 않다. 이승만은 자서전 초록에서 다음과 같이 적었다.

> 내가 한성감옥서의 문 밖으로 첫걸음을 딛고 나왔을 때에 한국정부에 대한 러시아의 영향력은 이미 소멸되었고, 승전한 일본군은 한국의 목을 쥐고 급속히 힘을 더하고 있었다. 일본은 온 세상에 한국의 독립을 위해 싸운다고 선포하여 서방국가들의 정신적 물질적 지지를 받았으나, 그들은 한국을 그들의 손아귀에 집어넣자 그들이 보호한다고 하던 그 생명 자체를 말살하기에 이르렀다. 한국독립당은 그들이 일본에 배반당한 것을 갑자기 인식하고 나를 특사로 미국과 유럽에 보내어 그 나라들의 원조를 구하게 하려고 했다. 그러나 일본은 이미 모든 길을 막아 버렸고 그런 일을 하지 못하게 해 버렸다. 사실 나는 일본인들에 의해 다시 투옥될 지경에 처해 버렸다.[37)]
>
> 유일한 희망은 외국의 지원을 청원하는 일이었다. 민영환 공은 나를 주미공사로 임명하려고 했다. 그러나 일본은 가능한 모든 통로를 다 차단해 버려서 황제는 아무런 조치도 취할 수 없었다.[38)]

이승만이 집필한 「논설」 때문에 《제국신문》이 일본군 헌병사령부에 의해 정간을 당하기는 했지만, 그가 다시 투옥될 위험에 처했다는 말은

---

37) 「청년이승만자서전」, 이정식 지음, 권기붕 옮김, 위의 책, p.269.
38) "Autobiography of Dr. Syngman Rhee", p.15.

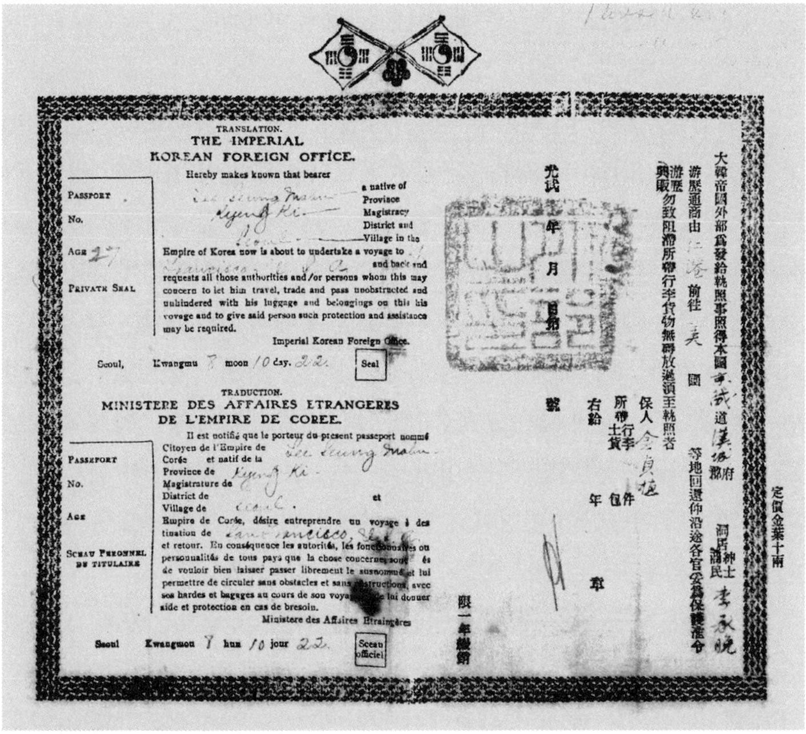

TRANSLATION.
THE IMPERIAL
KOREAN FOREIGN OFFICE.
Hereby makes known that bearer [illegible] a native of Province [illegible] Magistracy District and Village in the Empire of Korea now is about to undertake a voyage to [illegible] and back and requests all those authorities and/or persons whom this may concern to let him travel, trade and pass unobstructed and unhindered with his luggage and belongings on this his voyage and to give said person such protection and assistance may be required.
Imperial Korean Foreign Office.

Passport No.
Age 29
Private Seal

Seoul, Kwangmu 8 moon 10 day 22. Seal

TRADUCTION.
MINISTERE DES AFFAIRES ETRANGERES
DE L'EMPIRE DE COREE.
Il est notifié que le porteur du present passeport nommé [illegible] Citoyen de l'Empire de Corée et natif de la Province de [illegible] Magistrature de District de [illegible] et Village de [illegible] Empire de Corée, désire entreprendre un voyage à destination de [illegible] et retour. En conséquence les autorités, les fonctionnaires ou personnalités de tous pays que la chose concerne sont priés de vouloir bien laisser passer librement le susnommé et lui permettre de circuler sans obstacles et sans obstructions, avec ses hardes et bagages au cours de son voyage et de lui donner aide et protection en cas de besoin.
Ministere des Affaires Etrangères

Passeport No.
Age
Sceau Personnel du Titulaire

Seoul Kwangmu 8 lune 10 jour 22. Sceau officiel

大韓帝國外部爲發給執照事照得本國京畿道漢城府 洞居紳士 李承晩 游歷通商由仁港前往美國 等地回還仰沿途各官妥爲保護准令 游歷勿致阻滯所帶行李貨物無碍放過須至執照者
保人 所帶行李 土貨 右給
光武 年 月 日給
定價金葉十兩

1904년10월22일에 대한제국 외부에서 발행한 이승만의 집조(여권). 한문, 영어, 프랑스어의 3개 국어로 되어 있다. 옥중동지 김정식이 보증인이 되어 있다. 크기 32×28.5cm.

과장일 것이다. 그러나 민영환과 한규설(韓圭卨) 등 이승만을 신임하는 중신들이 고종에게 그를 미국에 밀파하도록 건의한 것은 사실이었다. 이승만은 뒷날 다음과 같이 술회하기도 했다.

(일본의 간섭으로) 외교 방면에 국내에서는 어쩔 수 없이 되었다. 그래서 민영환, 한규설, 김종한(金宗漢), 김가진(金嘉鎭) 제씨와 상의하고 그중 한 사람이 주미공사의 책임을 띠고 나가서 평화회의 시에 해외활동을 미리 준비치 않을 수 없다 하여 그 방법으로 주선하여 보다가, 일사[日使: 日本公使]의 조종에 막가내하[莫可奈何: 어찌할 수 없음]임을 각득[覺得: 깨달아 앎]하고, 나를 대행하려 하여 보아도 역

시 불가능하므로, 나를 위탁하여 조용히 도미케 한 고로….[39]

일본군의 점령 아래 일본공사의 내정간섭을 받는 상황에서 미국을 비롯한 열강의 지원을 요청하는 직접적 외교활동을 벌이기는 불가능한 일이었으므로, 미국정부에 대해 1882년의 조미수호통상조약(朝美修好通商條約)에 따른 지원을 교섭하고 앞으로 있을 러일강화회의에 대비할 사람을 주미공사관에 확보해 두는 것은 고종과 한국정부로서는 절실히 필요한 일이었다. 그런데 그것을 먼저 제안한 것은 자기 자신이었다고 이승만은 적었다. "그때에 나는 민공(閔公)이나 민족당에서 누군가를 해외로 보내도록 하려고 했지만 때는 이미 늦어서 그럴 수 없었다"[40]는 것이었다. 올리버도 이승만이 민영환과 한규설에게 미국을 방문하도록 설득했다고 기술했다.[41]

민영환과 한규설은 자기들 대신에 이승만을 미국에 가도록 권유했다. 민영환은 이승만에게 가족의 뒷일을 자기가 돌보아 줄 것이며, 이승만이 워싱턴에 있는 한국공사관에서 일할 수 있도록 주선하겠다고 약속했다. 그리고 이승만이 '한국독립당' 또는 '민족당'이라고 한 것은 개화파 관료들을 지칭한 것이었으므로, 그의 미국행은 민영환이나 한규설과의 상의에 따른 것만은 아니었던 것 같다.

이 무렵의 어느 날 이승만이 외출했다가 집에 돌아오자 궁에서 온 시녀 한 사람이 기다리고 있었다. 그녀는 황제가 이승만을 단독으로 만나고 싶어 한다는 말을 전했다. 그러나 이승만은 황제라는 말이 나오자마자 그에 대한 평소의 증오감이 복받쳐 즉석에서 거절해 버렸다고 한다. 그의 이러한 당돌한 태도는 그가 얼마나 고종을 증오하고 있었는가를 보여 준다. 아버지 이경선의 영향도 있어서 어릴 때부터 느껴온 고종에 대

39) 리승만, 「독립정신 중간에 붙이는 말씀」(1945), 『독립정신』, 正東出版社, 1993, p.298.
40) 「청년이승만자서전」, 이정식 지음, 권기봉 옮김, 앞의 책, p.279.
41) Robert T. Oliver, *op. cit.*, p.75.

한 적대감과 경멸은 5년7개월 동안의 감옥생활을 통하여 더욱 격렬한 증오감으로 심화되어 있었던 것이다. 뒷날 그는 고종을 "4200년 한국의 왕통계승사상 가장 허약하고 겁이 많았던 임금의 한 사람"[42] 이라고 평가하기도 했다. 이승만은 고종이 자기를 몰래 부른 것이, 민영환과 한규설이 자기를 밀사로 미국에 보내려는 계획에 대해 "그 조치에는 찬동했으나 민공과 한 장군을 믿을 수가 없어서" 자기를 비밀리에 불러 금전 얼마와 밀서를 주려고 했을 것이라고 추측했다. 고종이 자신의 권위에 저돌적으로 도전했던 급진과격파 이승만을 내밀히 부른 것도 특이한 일이었지만, 각별한 관심을 가지고 부른 황제의 뜻을 일축한 것은 미국행의 목적 그 자체와도 모순되는 처사가 아닐 수 없다. 이때의 일과 관련하여 그는 뒷날 "나는 황제의 부름을 거절함으로써 굉장히 좋은 기회를 잃었는지 모른다. 그러나 나는 황제를 알현하기를 거부한 것에 대해서 후회해 본 일은 없다"라고 썼다.[43]

이렇게 하여 이승만은 여러 통의 '외교문서'를 트렁크 속에 숨겨 가지고 급히 미국으로 떠났다고 기술했다. 이때에 그가 지니고 떠난 '외교문서'란 민영환과 한규설이 딘스모어(Hugh A. Dinsmore) 하원의원 앞으로 쓴 편지와 민영환이 주미공사에게 보내는 편지 등이었다.[44]

딘스모어는 1887년부터 2년 동안 주한 미국공사로 와 있던 사람이었다. 한규설은 이승만에게 여비로 50원을 전했고, 농상공부 대신을 지내고 독립협회의 자주민권운동에 참가했던 김가진도 이승만의 여비를 보탰다.[45] 한규설은 자신이 상중(喪中)이므로 격식을 갖추지 못하고 노자

42) Syngman Rhee, "History of Korean Provisional Government", 유영익, 『이승만의 삶과 꿈』, 중앙일보사, 1996, p.227.

43) "Autobiography of Dr. Syngman Rhee", p.15; 「청년이승만자서전」, 이정식 지음, 권기붕 옮김, 앞의 책, p.227.

44) 黃根, 『參政大臣 江石韓圭卨先生傳記』, 韓國資料文化硏究所, 1971, p.33. 이승만은 딘스모어를 상원의원이라고 했으나, 딘스모어는 아칸소주 출신 하원의원이었다.

45) 정경화, 『녹두꽃』, 未完, 1987, p.216.

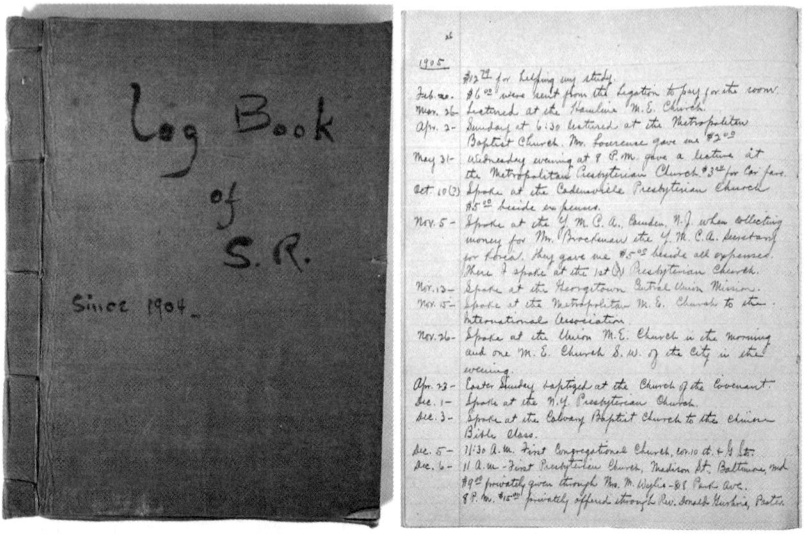

이승만이 한국을 떠난 1904년11월4일부터 매일 적은 일기. 이승만은 '항해일지(*Log Book*)'라고 명명한 이 일기를 1934년까지 썼고, 중단했다가 1944년에 다시 썼다.

를 보태니 꺼리지 말고 받아 달라는 정중한 편지를 함께 써 보냈다.[46] 이승만의 여비조달이 이처럼 개인 차원의 구차한 방법일 수밖에 없었던 것은 그의 미국행이 고종의 "밀사" 임무가 아니라 민영환과 한규설을 중심으로 한 개화파 관료들의 "밀사" 임무였음을 말해 준다.

이승만의 도미목적은 그러한 "밀사" 임무만이 아니었다. 그보다도 더 직접적인 목적은 유학이었다. 그것은 그가 미국으로 떠나기에 앞서 게일, 벙커, 스크랜턴, 언더우드(Horace G. Underwood, 元杜尤), 질레트(Philip L. Gillett, 吉禮泰), 프레스턴(John F. Preston, Jr., 邊要翰), 존스(George H. Jones, 趙元時) 등 한국에 와 있는 외국선교사들로부터 미국 교회지도자들이나 그 밖에 도움을 줄 만한 주요 인사들에게 자신을 소개하는 추천서를 무려 19통이나 받았던 사실로도 짐작할 수 있다. 이 추천서들의 사본이 이승만이 출발할 때부터 적은 『일기(*Log Book of S.R.*)』

46) 「韓圭卨이 李承晩에게 보낸 1904년8월 이후의 편지」, 『梨花莊所藏 雩南李承晩文書 東文篇(十八) 簡札 3』, 中央日報社·延世大學校現代韓國學研究所, 1998, p.293.

의 머리부분에 첨부되어 보존되어 있다.[47] 외국선교사들은 이승만이 앞으로 한국 기독교계를 이끌 지도자가 되기를 기대하면서 미국유학을 강력히 권유했고, 이승만은 그러한 권유를 미국에 가서 공부할 수 있는 좋은 기회로 생각했던 것이다.

이승만의 요청을 받고 추천서를 써주지 않은 사람은 알렌(Horace N. Allen, 安連) 공사뿐이었다. 그는 이승만의 미국행 자체를 반대했다. 전년에 휴가로 일시 귀국했던 알렌은 루스벨트(Theodore Roosevelt) 대통령과 만나서 극동문제, 특히 한국문제에 대해 격렬한 논쟁을 벌이고 돌아와서는 견책까지 받고 종전과는 달리 한국문제에 대해 소극적인 태도를 취하고 있었다. 올리버에 따르면, 알렌은 이승만에게 한국에서 민주주의를 이루겠다는 계획을 잊어버리고 일본의 지배라는 현실을 받아들이라고 충고했다.[48]

외국선교사들이 이승만의 도미유학에 얼마나 큰 기대를 걸고 있었는가는 연동교회의 게일이 써준 추천서에 잘 나타나 있다.

"워싱턴 및 미국 각지의 기독교인 형제들에게"라고 되어 있는 이 편지는 이승만이 구식 학문과 영어를 비롯한 신식 학문을 함께 공부했고, 《매일신문》과 《제국신문》을 창간하여 자유사상을 고취했으며, 그 때문에 투옥되어 7년간의 옥고를 치렀다고 소개하고 나서, 다음과 같이 썼다.

> 그는 투옥되기 전에 복음에 대하여 들었지만, 고통스럽고 외로운 처지에서 믿는 사람이 되었습니다. 그는 인간으로서 가장 어려운 일을 해냈습니다. 곧 자기 자신을 버리고 온 정성을 하나님께 바침으로써 동료죄수들이 구원받는 것을 보았습니다.…

---

47) 에비슨은 이승만이 가지고 간 소개장이 18통이라고 기억했다(올리버 알. 에비슨 저, 황용수 역, 『구한말 40여년의 풍경』, 대구대학교출판부, 2006, p.285).

48) Robert T. Oliver, *op.cit.*, p.96.

게일은 이어 이승만이 이상재 등 주요 인사 40여명을 기독교인으로 만들고 감옥서 도서실을 설치한 사실을 소개하고 나서 다음과 같은 말로 추천서를 끝맺었다.

> 이 황색인(黃色人)은 그가 겪은 슬픔을 훌륭히 그리고 생생하게 이야기할 수 있습니다. 그가 자유의 땅 미국에서 백인형제들 사이에서 좋은 친구들을 사귀기를 기원합니다. 그가 그곳에서 공부하고 시찰하고 글쓰는 데 3년이 소용된다고 합니다. 이 기간 동안 그의 용기를 북돋우어 주시고 도와주시어 그가 한국에 돌아와서 자기 나라 사람들을 위해 큰 일을 할 수 있기를 기원합니다.
>
> 그는 양반집안(gentleman)에 태어났고 학자이며 하나님이 역사하심으로써 나타난 기독교인이므로 아주 훌륭한 친구입니다.[49]

게일은 이 편지말고도 뒷날 이승만에게 큰 도움을 주는 워싱턴 커버넌트교회의 목사 햄린(Lewis T. Hamlin) 박사 앞으로 쓴 편지 등 세통의 소개장을 써 주었다. 언더우드도 소개장을 일곱통이나 써 주었는데, 그 가운데는 햄린 박사 앞으로 쓴 것도 있었다.

이승만은 신분을 감추기 위해 비밀리에 떠났다고 했으나, 그의 출국은 도하 신문에 보도되었다. 《대한매일신보(大韓每日申報)》는 11월5일자 영문판에서 "최근에 정간당한 《제국신문》의 주간(manager) 이승만은 미국을 방문하기 위해 출국했다. 그는 약 3년 동안 떠나 있을 예정이다"[50]라고 보도했고, 8일자 국문판에서는 "《제국신문》 주필하던 이승만씨는 미국에 유력(遊歷)하야 실지를 견습할 차로 작 4일에 발정했는데,

---

49) Gale to Christian Friends in Washington, D. C. and other parts of America, Nov. 2, 1904. 번역문은 이광린, 『올리버 알 에비슨의 생애』, 延世大學校出版部, 1992, pp.131~133.

50) *The Korea Daily News*, Nov. 5, 1904.

왕반[往返: 돌아옴]할 기한은 삼개년으로 예정하였더라"[51]고 보도했다. 《황성신문(皇城新聞)》도 5일자로 이승만이 유람차 미국으로 떠났다고 보도했다. 그러나 이승만이 집필한 「논설」 때문에 정간되었던 《제국신문》에는, 이승만이 떠나고 닷새 뒤인 11월9일에 복간되었기 때문이었는지, 이승만의 도미에 관한 기사가 보이지 않는다.

2

이승만은 1904년11월4일 오후 1시에 서울을 떠나서 다음날 오후 3시에 제물포에서 오하이오 호(*S. S. Ohio*)를 타고 미국을 향해 출발했다.[52] 그의 안주머니에는 옥중동지 김정식의 보증으로 10월22일에 대한제국 외부에서 발급한 집조[執照: 여권]가 들어 있었다. 아버지 이경선과 아들 태산(泰山)이 제물포까지 따라와서 눈물을 흘리며 배웅했다. 그러나 큰 야망을 품고 머릿속에 그리던 이상국가 미국으로 떠나는 이승만에게 가족과의 이별에 대한 감상(感傷)은 있을 수 없었다.

한성감옥서에서 이승만에게 호의를 베풀었던 간수장 이중진(李重鎭)의 동생 이중혁(李重赫)이 그와 동행했다. 동생을 유학 보내는 이중진도 이승만의 여비 일부를 보태 주었다. 이승만은 일본인들의 감시를 의식하여 배의 최하급 선실에 탔다. 배 안에는 일본인과 청국인과 함께 하와이로 계약노동자로 가는 한국인 70여명이 타고 있었다. 이들은 이승만이 일본까지 가는 동안 같은 선실에서 함께 생활했다. 그들은 이승만의 불편을 덜어 주기 위해 여러 가지 도움을 베풀었다. 그들은 이승만이 누구인지 몰랐으나 양복차림의 양반이 너무나 호된 고생을 겪는다고 생각했던 것이다.

---

51) 《대한매일신보》 1904년11월8일자, 「잡보: 리씨미국유력」.
52) Syngman Rhee, *Log Book of S. R.*, 1904년11월4일조, 5일조.

제물포항을 떠난 배는 뜻밖의 풍랑을 만나 하룻밤 동안 캄캄한 바다 위를 헤매다가 이튿날 새벽녘에야 가까스로 다시 출발하여 11월6일 오후 6시에 목포항에 도착했다. 이승만은 혼자 배에서 내려 교회로 가서 선교사 오언(Carrington C. Owen, 吳基元) 내외와 벨(Eugene Bell, 裵裕祉), 프레스턴, 김형진 등의 친구들을 만난 뒤에 집에 전보를 치고 편지도 부쳤다. 목포에서 하루를 보낸 배는 이튿날 오후 3시에 다시 출발하여 11월8일 오전 9시에 부산항에 도착했다. 이승만은 부산감리(釜山監理)로부터 저녁 대접을 받았다. 일본인들의 눈을 피해서 떠나는 처지에서 목포에서는 혼자서 배에서 내려 선교사와 친구들을 만나고 부산에서는 감리에게서 저녁 대접까지 받은 것은, 외국 교회 관계자들은 물론이고 부산감리에게까지도 그의 도미가 알려져 있었음을 말해 준다.

그날 저녁 7시에 부산을 떠난 배는 일본의 시모노세키(下關)를 거쳐 11월10일 오후 3시에 고베(神戶)에 도착했다. 몇몇 한국인들과 선교사 로건(Logan)이 그를 마중했다. 이들에게도 미리 연락이 가 있었던 것이다. 로건은 목포에서 만난 벨의 사촌이었는데, 이승만은 로건에게 보내는 주한 선교사들의 소개장을 지니고 있었다. 로건은 주일인 11월13일 오전에 자기가 사역하는 교회에서 이승만이 강연을 하도록 했고, 강연에 참석한 청중들은 돈을 거두어 그의 여비를 보태 주었다.[53] 이것은 그가 뒷날 미국에서 유학생활을 하는 동안 여러 교회에서 신앙간증 연설을 하고 학자금을 지원받는 방법의 첫 케이스였다.

고베에서 미국으로 향하는 사이베리아 호(*S. S. Siberia*)를 기다리는 동안 이승만은《제국신문》에 편지를 써서 부쳤다. 그것은 기회만 있으면 민중을 설득하고, 그럼으로써 자기 자신을 알리기에 익숙해진 그의 습관이었다. 그는 먼저 "나는 종적이 도처에 남에게 의심을 잘 받는 몸인 고로 떠날 때에 일일이 작별도 못하고 무심히 왔사오매 두루 죄지은 것 같소

---

53) Syngman Rhee, *Log Book of S.R.*, 1904년11월6일조, 8일조, 10일조, 11일조, 13일조.

이다"라고 인사말을 적은 다음, 목포와 부산의 풍경을 설명하면서 지배층을 비난하기를 잊지 않았다.

帝國新聞

論說

「논설」란에 「미국으로 가는 리승만씨 편지」가 실린 1904년11월26일자 《제국신문》.

> 목포는 항구 터가 대단히 넓고 산세와 돌이 다 기묘하게 되었으나 아직 항구 모양이 어울리지 못하며, 부산은 개항한 지 오랜 고로 부두와 도로도 많이 수축하고 방장역사도 많이 하는 중이요 집도 많이 지었으며 산천의 형세는 실로 절승하게 되었으나, 가는 곳마다 한심한 것은 그중 높고 좋은 곳은 다 외국인이 거처한 바요 제일 깊고 더럽고 처량한 곳은 다 대한사람의 처소라. 어찌하여 우리나라 사람들은 곳곳이 이러한고. 이는 토지 인물이 남만 못한 것이 아니요, 다만 풍기를 열어 주지 못한 연고라. 책망이 위에 있는 이들에게로 돌아갈 수밖에 없나이다.

그리고 처음 보는 일본 항구들의 아름답고 활기찬 모습과 개탄스러운 한국의 현실을 대비하면서 착잡한 심정을 다음과 같이 토로했다.

> 급기 시모노세키와 고베에 이르러 본즉, 우선 산에 수목이 덮여 대한 산천같이 벌겋게 벗겨진 곳이 없고, 한 항구에 각각 큰 화륜선이 여

러 십척씩 들어섰으며, 조그마한 윤선과 풍범선(風帆船)은 그 수가 없는지라. 사방에 기계소 굴뚝은 하늘에 닿은 것이 무수하고, 이편저편에서 철도는 왔다갔다 하는데 기계통에 김빼는 소리는 쉴새없이 원근에서 서로 응하며, 고베 항구에 내리니 전후좌우에 누각도 굉장하거니와 남녀노소와 분주한 모양은 과연 일들 많이 하는 세상이라. 긴 담뱃대 물고 누워서 낮잠 자는 사람은 볼 수가 없으며, 산천은 다 기이한데, 심지어 돌 한개 나무 한그루라도 기기묘묘하게 꾸며 놓았으나 다 견고하고 질박한 풍토가 부족하여 천연한 태도가 보이지 않는지라. 우리 대한 삼천리 금수강산을 우리 손으로 이렇게 꾸며 놓았으면 첩첩이 절승함이 어찌 이에 비하리오.[54]

그러면서 그는 고베까지 하등운임이 12원이고, 고베에서 샌프란시스코까지 가는 데는 지전 63원이 들며, 그곳에 가서는 또 50원이 있어야 입국이 허용되는데 그 돈은 보이기만 하고 도로 찾는다고 미국까지의 여비를 자세히 설명한 다음, "진실로 공부하고자 하는 이들이 이 돈이나 변통하여 가지고 미국에 가서 천역(賤役)이라도 하여 얻어먹어 가며라도" 공부를 해오면 국가에 도움이 될 것이라고 유학을 적극 권유했다. 그 자신의 각오도 그런 것이었을 것이다.

이승만은 11월17일에 배표 두장을 끊어 이중혁과 함께 사이베리아 호에 올랐다. 이 배에도 오하이오 호와 마찬가지로 많은 한국인 하와이 노동이민자들이 타고 있었다. 사이베리아 호는 요코하마(橫濱)를 거쳐서 하와이의 호놀룰루항까지 열흘 동안 항해했다. 배가 호놀룰루에 도착하기 하루 전날 이승만은 다시 《제국신문》에 편지를 써서 부쳤다.

"태평양을 지나는 행객 이승만은 배에서 다시 제국신문 독자들을 위하여 두어 마디 적나이다" 하고 시작한 편지는 항해하는 동안에 견문한

54) 《帝國新聞》 1904년11월26일자, 「論說: 미국으로 가는 리승만씨 편지」.

일을 자세히 적었다. 이승만은 먼저 타고 가는 사이베리아 호에 대한 이야기부터 적었다.

> 우리가 탄 배가 미국 우선회사(郵船會社) 사이베리아라는 배인데 재작일은 1,000여리를 왔나이다. 만일 풍범선 같은 배로 올 수 있을 것 같으면 몇달이나 될는지 아득하외다. 이 배 길이가 목척으로 572척 4촌인데 내 걸음으로 온발씩 내디뎌 254보이니 땅에 이만치 재어놓고 보면 얼마나 긴지 아실 것이오. 배 톤수는 1만2,000톤이며 배에서 일하는 사람 수효는 함장 이하로 서양사람이 100여명이고 청인이 200여명이니 능히 300여명 사공이라. 먹고 쓰는 것과 월급은 다 얼마나 되겠나이까. 이 배가 코리아(*Korea*)라 하는 배와 서로 같고 만추리아(*Manchuria*)와 몽골리아(*Mongolia*)라 하는 배 둘은 이보다도 거의 갑절이나 크다 하오니 어떻게 굉장하오니까. 그 속 범절이 곧 조그마한 나라 하나라 하겠소.

이승만은 두고 온 한국의 민중에게 세상이 얼마나 크고 넓은가를 가르치고자 한 것이다. 긴 항해에 지루했던 그는 갑판 위를 직접 걸어서 배의 길이를 재어 보기도 했던 모양이다. 이어 그는 배의 상등칸, 중등칸, 하등칸의 광경을 실감나게 묘사했다.

상등칸은 "수삼백명이 모여 함께 음식 먹고 놀 방을 황홀 찬란히 차려놓고, 풍류방이 또 있는데 과연 편하고 좋게 만든지라"라고 소개했다. 이 상등칸은 샌프란시스코까지 운임이 400원가량인데 40여명이 탔고, 운임이 160원가량인 중등칸에는 일본인, 청국인, 서양인이 합하여 30여명이 탔으며, 운임이 70여원 안팎인 하등칸에는 청국인 50~60명, 한국인 29명, 일본인 200여명이 탔는데, 일본인은 유학생을 포함하여 30명쯤이 미국으로 가는 길이고, 청국인 10여명과 한국인 둘 말고는 모두 하와이로 가는 노동이민이었다.

이승만은 하등칸의 구차스러운 실태를 소개하면서 여기서도 "웃사람들 잘못 만나" 고생하는 동포들에 대한 연민과 울분을 토로했다.

> 하등칸에서 이 여러 사람이 함께 지내노라니 청인의 냄새는 견딜 수 없고, 겸하여 이곳 기후는 대한 6, 7월 같아서 사람의 기분은 증울[蒸鬱: 찌는 듯한 더위로 답답함]하고, 음식은 청인이 주는 것이 비위에 맞지 않아 혹 지폐 10원씩 주고 양요리 명색을 얻어먹는데, 우리는 간신히 둘 앞에 금전 3원을 주고 면포[麵麭: 빵]와 차를 얻어 밥 대신 지내며, 하등칸이라고는 당초에 사람 대접으로 아니하는 중, 대한 역부(役夫)들이라고는 의복도 더욱 추하고 모양도 흉하니 더 창피하나, 내게는 다 와서 말도 일러 주고 특별히 대접하되 도처에 분한 마음 어떻게 억제하리오. 웃사람들 잘못 만나 이 모양인 줄 매일 연설하고 그 보배로운 상투를 좀 베어 버리라 하여 다 듣는 뜻을 표합디다.

이승만은 빵과 차로 끼니를 때우며 가는 이민선상에서도 매일 지배층에 대한 비판과 함께 아직도 상투를 자르지 않은 이민노동자들에게 단발을 역설했던 것이다.

이승만은 또 개명한 청국인을 만나서 나눈 대화도 소개했다. 강유위(康有爲), 양계초(梁啓超) 등 중국의 개화파 지도자들이 이곳저곳으로 다니며 해외의 유지들과 연락하여 상해, 홍콩, 싱가포르, 일본, 하와이 등지에 학교도 세우고 신문 잡지도 발행하면서 개화운동을 벌이고 있다는 말을 듣고 놀랐다고 적었다. 그는 양계초가 지금 요코하마에 있다는 말을 들었다면서 "배가 요코하마에서 하루를 묵었으니 그때에 알았다면 가서 한번 심방하고 일장 설화를 들어보았을 것을 진작 알지 못하여 이리 한탄하는 중이외다"라고 아쉬워하면서, 우리나라에서도 유지들이 많이 밖으로 나와 사방에 흩어져서 활동을 해야 한다고 역설했다. 강유위와 양계초는 한국의 개화파 지식인들에게도 큰 영향을 끼친 인물들인데,

이승만이 이때까지 이들의 저서를 읽었는지는 알 수 없다. 이승만이 옥중에서 읽은 도서목록에는 강유위나 양계초의 저서는 들어 있지 않다. 이승만은 요코하마에서 양계초를 만나지 못한 것이 여간 아쉽지 않았던 모양이다.

그는 또 북경에 나가 있는 일본영사가 청국의 지방관에게 공문을 보내어 한국인의 수효를 알려 달라고 했다는 말도 적었다. 한국인들이 양복을 입고 다니면서 불법한 일을 하는 것이 일본인들의 짓으로 오해되지 않게 하기 위해서 그런다고 했다는 것이었다.

마지막으로 그는 샌프란시스코에 가 있는 한국인들의 행동거지에 대해 들은 말을 소개하면서 동포들의 각성을 촉구했다.

> 대한사람은 잘하나 세상에 못된 구석으로만 몰리니 더욱 원통한지라. 그러하나 우리가 다 나라를 이 모양 만들어 놓은 고로 도처에서 이렇듯 받는 수모를 어찌 억지로 면할 수 있사오리까. 지금이라도 잘들 하야 남의 칭찬과 대접을 받을 만치 된 후에야 스스로 나은 처지가 돌아올지라. 들으니 샌프란시스코에 가 있는 대한사람이 몇십명 된다는데, 혹 양복한 사람도 있거니와 거반이나 상투를 그저 달고 다니며 혹 조선복색도 하고 혹은 양복 대신에 청인의 옷을 사서 입고 청인의 촌으로 돌아다닌다니, 이 사람들에게는 옛것이 어찌하여 그다지 버리기 어려우며 일인(日人)에게는 새것 본뜨기가 어찌 그다지 속하오니까. 과연 딱한 일이올시다. 윤선은 흔들리고 자리는 분요한데, 생각나는 대로 대강 적으니 혹 유조(有助)할 것이 있기를 바라나이다.[55]

이처럼 비통한 편지를 쓰면서 이승만은 이제 이튿날이면 당도할 새로운 세계에서 자신이 해야 할 일에 대하여 거듭 다짐을 했을 것이다.

---

55) 《帝國新聞》 1904년12월24일자, 「論說: 리승만씨 편지」.

3

사이베리아 호는 1904년11월29일 아침 7시쯤에 호놀룰루항에 도착했다. 하와이 이민국의 한국인 통역[56] 이 이승만을 찾아와서 현지 동포들이 환영회를 준비했다고 알려주었다. 검역을 마친 뒤에 이승만은 상륙증을 받아 하선했다. 3등선객 가운데서 일시 상륙이 허가된 사람은 이승만뿐이었다. 배는 이튿날 떠날 예정이었으므로 이승만이 하와이에 머물 수 있는 시간은 하루뿐이었다. 부두에는 하와이 감리교 선교부의 와드먼(John W. Wadman) 감리사와 윤병구(尹炳求) 목사가 몇몇 동포들과 함께 마중 나와 있었다. 윤병구는 이승만과 일찍부터 호형호제하면서 지냈던 사람으로서 인천 내리교회의 존스 선교사의 주선으로 목사가 되어 1900년에 하와이에 갔다. 와드먼은 감리교 선교부에서 일본에 파견되어 장기간 선교활동을 하고 하와이로 가서 하와이 감리교 감리사로 사역하고 있었다.

이승만은 누우아누(Nuuanu) 지역에 있는 한국인 교회로 안내되었다. 그곳에는 많은 한국인들이 그를 기다리고 있었다. 저녁에 이승만 일행은 기차를 타고 호놀룰루에서 20킬로미터쯤 떨어져 있는 에와(Ewa)의 한국인 농장으로 갔다. 하와이의 한국인 동포들은 이틀 전에 이승만이 온다는 소식을 듣고 각 지방에 통문을 보내어 사람들을 에와농장으로 불러서 환영회를 준비했다. 200명가량의 동포들이 모였다.[57]

이날은 마침 성찬식 날이었다. 이 성찬식에서 동포 신도 10명이 세례를 받았다. 와드먼이 이승만을 소개했다.

"이곳의 우리의 사업은 훌륭하게 성장하고 있습니다. 이제 성령의 무

---

56) 이 통역 이름은 「청년이승만자서전」, 이정식 지음, 권기붕 옮김, 앞의 책, p.280에는 'Hop Jeung Sup'이었다고 했고, *Log Book of S. R.*에서는 'Pak Yun Sup'이었다고 했다.

57) Syngman Rhee, *Log Book of S. R.*, 1904년11월29일조; 「청년이승만자서전」, 이정식 지음, 권기붕 옮김, 위의 책, pp.280~281.

선전보가 우리의 형제 이승만씨에게 연락하여 그가 한국으로부터 먼 길을 와서 성찬식에 참여하게 했습니다. 우리는 그를 우리와 함께 있도록 하고 싶습니다. 그러나 그는 지금 미국으로 가는 길입니다. 우리는 그가 돌아올 때까지 기다릴 것이며, 그때는 우리가 그를 붙잡을 것입니다."[58]

이승만이 하와이에 도착했을 때에 동포교인들에게 그를 소개해 준 하와이 감리교단의 와드먼 감리사.

성찬이 끝나자 이승만의 연설이 시작되었다. 그의 연설은 무려 4시간 동안이나 계속되었다. 가슴속에 켜켜이 쌓인 한을 지닌 이민노동자들 앞에서 이승만이 얼마나 감개에 차 있었는가를 짐작할 수 있다. 동포들은 "그의 연설에 흥분하여 어떤 때에는 소리를 같이하여 고함을 치고, 어떤 때에는 나직하나 뼈에 사무치는 소리로 울었다"[59] 고 한다.

한국인이 하와이에 진출하기 시작한 것은 1890년대 후반부터였다. 그러나 1902년에 공식적인 이민이 시작되기까지 하와이에서 상업과 노동에 종사하던 한국인은 30명가량밖에 되지 않았다. 하와이에서 '설탕혁명'을 일으키고 있던 미국인 사탕수수 농장주들이 한국인 노동자를 하와이로 불러들이려는 생각을 하게 된 것은 하와이 사탕수수밭 노동자들 가운데서 수적으로 압도하던 일본인 노동자들을 견제하기 위해서였다.[60]

58) 위와 같음.
59) 徐廷柱, 앞의 책, p.217.
60) 崔永浩, 「韓國人의 初期 하와이移民」, 『全海宗博士華甲紀念史學論叢』, 一潮閣, 1979, pp.699~712 참조.

이승만과 같이 시어도어 루스벨트 대통령을 만나고 나서 일생 동안 이승만의 지지자로 활동한 윤병구 목사.

뒷날 하와이 동포사회가 의연금 출연 등으로 독립운동의 기지로서 상징성을 갖게 된 역사적 배경이 여기에 있다. 그리하여 1902년12월22일에 제1진 이민 121명을 태운 배가 제물포를 떠난 것을 시작으로 1905년 7월 초까지 65차의 선편에 7,226명의 이민이 하와이로 건너간 것으로 집계되어 있다. 이 이민자들은 상인이나 농민, 노동자들뿐만 아니라 선비, 정부관리, 군인, 경찰, 목사, 통역, 교사, 승려, 광부, 머슴 등 신분과 직업이 다양했고, 따라서 이주동기도 가지가지였다.[61)]

이승만이 도착할 무렵에는 하와이에 4,000명가량의 한국인 사회가 형성되어 있었다. 그들은 모두 뙤약볕이 쏟아지는 넓디넓은 사탕수수밭에서 하루 10시간의 고된 노동을 했다. 그들은 10명 이상의 동포가 사는 곳에는 동회(洞會)를 조직하고 동장과 감찰을 뽑아서 질서와 친목을 도모해 오다가 1903년8월에는 정치적 활동을 목적으로 호놀룰루에서 신민회(新民會: New People's Association)가 조직되었는데, 홍승하(洪承夏), 박윤섭(朴允燮), 안정수(安定洙) 등 감리교인들과 함께 신민회를 주동적으로 발기했던 사람이 윤병구였다. 그러나 신민회는 지방지회 설립과정에서 내분이 일어나서 1904년4월에

61) 崔昌熙, 「韓國人의 하와이 移民」, 《國史館論叢》 제9집, 國史編纂委員會, 1989, p.238.

해체되고 말았다.[62]

이승만은 이날 저녁 지루한 항해의 피곤도 잊고 그의 온 열정을 쏟아서 이민노동자들을 감동시켰다. 이때에 심어 준 깊은 인상은 뒷날 이승만이 하와이를 독립운동의 기지로 삼는 데 큰 도움이 되었다. 와드먼이 이승만에게 시간을 일깨워 주지 않았더라면 그의 연설은 언제까지 계속될지 몰랐다. 밤 11시가 되어서야 '올드 랭 사인' 곡조의 애국가 합창으로 연설회를 마쳤다.

이승만은 저녁을 먹고 윤병구의 집에서 밤을 새워 가며 루스벨트 대통령이 중재하는 러일강화회의에 대한 대책을 숙의했다. 이때의 일을 이승만은 이렇게 기술했다.

> 우리는 일본이 한국독립의 친우라고 표방하고 있으나 벌써 그들은 한국을 파괴하고 있다는 데 견해를 같이했다. 한국은 포츠머스에서 열릴 평화회의에 참석해야 하는데, 일본은 한국이 정식으로 참여하지 못하도록 할 것이므로 해외에 있는 한국인들이 자신들의 의사를 그 회의에 표명해야 한다고 결론을 지었다. 그런 합의에 따라 윤 목사는 하와이에서 할 수 있는 모든 준비를 하기로 하고 나는 워싱턴에 가서 그곳에서 할 수 있는 모든 일을 하기로 했다.[63]

새벽 2시30분쯤에야 잠자리에 든 두 사람은 아침 6시30분에 호놀룰루로 돌아와서 아침을 먹었다. 이승만은 호놀룰루에서 또 한차례 연설을 했고, 참석자들은 그의 여비로 30달러를 모아 주었다. 이승만은 오전 11시30분쯤에 배에 올랐으나 배는 거의 오후 1시가 다 되어서야 출항했다. 많은 사람들이 부두에 나와서 모자와 손수건을 흔들어 주었다.

---

62) 金元容, 『在美韓人五十年史』, Reedley, Calif., 1959, p.85.
63) 「청년이승만자서전」, 이정식 지음, 권기봉 옮김, 앞의 책, p.281.

사이베리아 호는 1904년11월30일에 호놀룰루를 출발하여 엿새 뒤인 12월6일 오전 10시쯤에 샌프란시스코에 닿았다. 제물포를 떠난 지 32일 만이었다. 이승만과 이중혁은 오후 3시에 배에서 내렸다. 부두에는 안정수가 여러 사람들과 함께 마중 나와 있었다. 안정수는 1902년12월22일에 제1차 하와이 이민단이 제물포에서 출발할 때에 통역으로 미국에 건너갔는데,[64] 이때에는 샌프란시스코와 오클랜드 지역에서 전도사로 일하고 있었다.[65] 1899년부터 인천 내리교회의 전도사였던 그는 1902년 봄에 미국인 사업가 데쉴러(D. W. Deshler)가 이민모집을 위하여 설립한 동서개발회사(East & West Development Company)의 이민사무에 관여하면서 통역으로 발탁되었다.[66] 이승만과 이중혁은 오이소야 미지(Oisoya & Miji)라는 일본인 호텔에 투숙했는데, 더블베드가 놓인 방으로서 하룻밤 숙박비로 50센트를 받는 허름한 곳이었다.[67] 이틀 뒤에 안정수가 두 사람을 자기 숙소로 데리고 갔다.

이승만과 이중혁은 12월9일에 안정수와 함께 샌프란시스코 북쪽 샌라파엘(San Rafael)시로 피시(Fish) 내외를 찾아갔다. 피시는 아들이 한국에서 선교사로 활동하고 있었다. 이승만과 이중혁은 피시의 집에서 하룻밤을 잔 뒤에 피시의 안내로 근처의 샌안셀모신학교(San Anselmo Seminary)를 방문했다. 이승만이 내미는 추천서를 읽고 난 교장 매킨토시(McIntosh) 박사는 이승만과 이중혁에게 수업료와 기숙사비를 합한 300달러씩의 장학금을 각각 지급하고, 이곳에서 3년 동안 공부를 마치고 나면 선교사가 되어 귀국할 수 있게 주선하겠다고 말했다. 이승만은 그림같이 아름다운 푸른 언덕 위의 석조건물을 바라보면서 마음이 흔들

---

64) *Their Footsteps*(그들의 발자취): *A Pictorial History of Koreans in Hawaii Since 1903*, Committee on the 90th Anniversary Celebration of Korean Immigration to Hawaii(하와이 한인이민 90주년 기념사업위원회), 1993, p.14.

65) 이덕희, 「하와이 한인들이 하와이 감리교회에 끼친 영향 1903~1952」, 『한국사론(39) 미주지역 한인이민사』, 국사편찬위원회, 2003, p.83.

66) 玄楯, 『布哇遊覽記』, 玄公廉, 1909, p.5.

67) Syngman Rhee, *Log Book of S.R.*, 1904년11월30일조, 12월4일조, 6일조, 8일조.

렸다. 워싱턴으로 가서 해야 할 자신의 사명이 성공할 수 있을지도 의문이었으므로 장학금을 받고 그곳에 머물고 싶은 충동을 느꼈기 때문이다. 왜 워싱턴으로 가야만 하는지를 털어놓을 수도 없었다. 그가 지닌 추천서에도 그러한 사명에 대해서는 아무 언급이 없었다. 올리버에 따르면, 이때에 이승만이 장학금 제의를 거절하자 피시 내외와 매킨토시 박사는 그들 두 한국인을 감사할 줄 모르는 예의 없는 사람으로 여겼고, 그들과 작별하는 이승만의 심정은 불편하기가 이루 말할 수 없었다.[68] 그런데 이때에 이승만이 신학교에 입학할 의사가 전혀 없었다면 굳이 그러한 내용의 추천서를 가지고 매킨토시를 찾아간 이유를 딱히 알 수 없다.

이승만과 이중혁은 며칠 동안 안정수의 집에 묵으면서 샌프란시스코 일대를 관광했다. 12월15일에는 금문공원(金門公園) 박물관에 한국 동전 두개를 기증하기도 했다.[69] 샌프란시스코에는 안창호(安昌浩)의 주동으로 박성겸, 이대위(李大爲), 김성무(金成武), 장경(張景) 등 스무댓 사람이 모여 1903년9월에 친목회를 조직하고 서로 연락을 취하고 있었다.[70] 그들의 절반가량은 중국인을 상대로 인삼장사를 하는 사람들이었고, 나머지 절반은 유학을 목적으로 온 사람들이었다. 그런데 이승만이 특별한 일 없이 며칠 동안 샌프란시코에 머물면서도 이들을 찾아보지 않았다는 것은 좀 의아스럽다. 물론 그것은 안정수가 연락하지 않았기 때문이었을 것이지만, 이승만이 《제국신문》에 보낸 두번째 편지에서 샌프란시스코에 있는 한국인들이 상투를 그대로 달고 다닌다고 비판한 것을 보면, 이승만 자신도 굳이 그들을 만날 생각이 없었던 것 같다.

유학을 목적으로 1903년에 샌프란시스코에 온 안창호는 인삼 행상을 하는 동포 두 사람이 길에서 서로 상투를 잡고 싸우는 것을 미국사람들이 재미있게 구경하는 광경을 보고 학업을 포기하고 동포계몽에 나서기로 결

---

68) Robert T. Oliver, *op. cit.*, p.79.
69) Syngman Rhee, *Log Book of S. R.*, 1904년11월15일조.
70) 金元容, 앞의 책, p.87.

심했다고 한다.[71] 이승만이 도착했을 때에는 안창호는 로스앤젤레스 근교의 리버사이드로 옮겨 가고 없었다.

이때에 찍은 이승만의 사진 한장이 보존되어 있다. 동행인 이중혁과 함께 샌프란시스코 가까이의 새크라멘토와 배커빌(Vacaville) 지역에서 활동하는 문경호(文景鎬) 목사와 같이 찍은 것인데, 이때의 그의 모습은 뒷날

이승만과 이중혁은 샌프란시스코에 도착하여 인근 지역에서 활동하고 있는 문경호 목사를 만났다.

그 자신이 미국인들 앞에서 강연하면서 "제가 처음 미국에 왔을 때의 저의 기분은 한국 표현을 빌리면 촌계관청[村鷄官廳: 촌닭 관청에 잡아다 놓은 것 같다] 격이었습니다"[72] 라고 했던 말을 떠올리게 한다.

베일(Vail)씨가 샌프란시스코에서 시카고를 거쳐 워싱턴까지 가는 기차표를 한장 끊어 주었다. 값은 반액으로 53달러75센트였다.[73] 베일이 누구였는지는 알 수 없으나, 아마 이승만이 서울에 있는 선교사의 소개장을 가지고 찾아간 사람이었을 것이다. 기차표가 한장뿐이어서 이중혁

71) 주요한 編著, 『安島山全書』, 三中堂, 1963, p.43.
72) 「청년이승만자서전」, 이정식 지음, 권기붕 옮김, 앞의 책, p.286.
73) Syngman Rhee, *Log Book of S. R.*, 1904년11월16일조.

은 이승만과 함께 워싱턴까지 갈 수 없게 되었다.

4

두 사람은 12월16일 오후 5시30분에 샌프란시스코를 떠나서 밤 12시에 로스앤젤레스에 도착했다. 로스앤젤레스역에는 신흥우(申興雨)가 마중 나와 있었다. 배재학당 후배이자 감옥동지인 그는 1903년 초에 출옥한 뒤에 도미하여 남캘리포니아대학교(University of Southern California)의 의과대학 예과에서 공부하고 있었다. 신흥우는 이승만과 이중혁을 매그놀리아 애비뉴에 있는 한인 미션하우스(Korean Methodist Mission House)로 데려갔다. 1904년3월11일에 문을 연 이 미션하우스는 한인감리교회의 전신으로서, 한국인들을 기숙시키면서 영어강습과 전도를 하고 있었다. 설립자는 1898년에 의료선교사로 한국에 왔다가 과로로 병을 얻어 1900년에 사망한 해리 셔먼(Harry C. Sherman, 薩曼)의 부인이었다.[74] 셔먼은 이승만이 체포될 때에 동행했던 바로 그 의료선교사였다. 신흥우는 대학에 다니면서 이 미션하우스의 전도사 일을 보고 있었다.

이승만은 로스앤젤레스에서 1주일 동안 머물렀다. 처음에는 이틀만 묵고 떠날 예정이었으나 신흥우의 만류로 크리스마스를 함께 지냈다. 오랜만에 만난 두 사람은 조국과 자신들의 장래에 대해 많은 이야기를 나누었다. 크리스마스날 이승만은 미션하우스에서 강연을 했다.

이승만이 도미한 뒤로 《제국신문》은 논설기자를 구하지 못하여 「논설」란에 미국이나 일본에 가 있는 유학생들이나 지방유지들의 「기서(寄書: 투고)」를 자주 실었는데, 한달 남짓한 정간 뒤에 복간된 이튿날인 11월11일자와 12일자 「논설」란에는 신흥우의 「기서」가 실려 있다. 「이천만 동포에게 부치노라」라는 제목의 이 글은 그가 9월14일자로 로스앤젤레

---

74) 金元容, 앞의 책, pp.63~64.

스에서 써 보낸 것이었다. 이 글에서 신흥우는 국내에서 들려오는 소식에 대한 미국인들의 반응을 소개하면서 "나라 일이 남의 일 같아 보이나이까… 그대들 몸을 생각하야 나라를 좀 돌아보시오. 이 다음 남의 노예노릇할 제 후회하여도 쓸데없으니, 지금은 늦었으나 그리하여도 이 다음보다는 이르외다"[75] 라고 비분강개했다.

이승만은 미션하우스의 크리스마스 집회에서 강연한 다음 날 저녁에 이중혁은 로스앤젤레스에 남겨둔 채 산타페(Santa Fe) 열차편으로 혼자 워싱턴을 향해 떠났다. 두 사람이 함께 갈 수 있는 여비가 없었기 때문이었는데, 이승만은 그나마 이중혁의 여비에서 약간의 돈을 얻어 가지고 떠났다.[76]

이때의 여정에 대해 이승만은 자서전 초록에 "나의 첫 대륙횡단 길이었는데, 여러 가지로 재미있는 경험을 했다"[77] 라고 적어 놓았다. 그러나 『일기』에는 다음과 같이 간단한 메모만 적혀 있을 뿐이다.

> 12월26일. 오후 8시에 산타페 선으로 워싱턴으로 출발.
> 12월30일. 오전 9시에 시카고 도착. 캠벨공원(Campbell Park) 장로교회 목사 매칭거(Matzinger) 박사를 만나서 언더우드 박사의 편지를 전함. 오후 3시에 펜실베이니아 선 기차를 탐.
> 12월31일. 오전 7시30분에 피츠버그에서 기차를 갈아타고 오후 1시 45분에 해리스버그에 도착한 다음, 차를 바꾸어 타고 2시50분에 출발하여 오후 7시에 워싱턴 도착.[78]

이승만이 대륙횡단 열차편으로 워싱턴으로 가고 있을 때에 《제국신

---

75) 《帝國新聞》 1904년11월11일자, 「논설」.
76) 「청년이승만자서전」, 이정식 지음, 권기붕 옮김, 앞의 책, p.282; 《서울신문》 1949년6월25일자, 「李大統領弔辭」.
77) "Autobiography of Dr. Syngman Rhee", p.17.
78) Syngman Rhee, *Log Book of S.R.*, 1904년12월26일조, 30일조, 31일조.

문》에 그의 기명논설이 실렸다. 「나라의 폐단을 고칠 일」이라는 글이 12월29일자와 30일자에 연속으로 실린 것이다.

이승만은 "근래에 여러 사람이 말하기를 우리나라는 인종이 글러서 당초에 어찌할 수 없다 하나 나는 그렇지 않다 하오"라고 전제한 다음, 그 특유의 논법으로 국민을 '상등인'과 '하등인'으로 구분하여 외국인들과 비교했다.

그는 우리나라 하등인은 외국 하등인에 비하면 사부라고 할 만큼 우수하다고 주장했다. 우리나라 하등인은 교육을 전혀 받지 못했는데도 교육받은 외국의 하등인보다 양순하고 성실하기 때문이라는 것이었다. 반면에 상등인은 다른 나라 상등인에 비하여 "천양지판으로" 떨어진다면서, 그 이유는 우리나라 상등인들이 받아 온 교육 때문이라고 했다. 이승만은 전통교육의 폐단으로 다섯가지를 들었다. 그것은 첫째 태고적 옛것을 숭상하는 것, 둘째 허황한 것을 숭상하는 것, 셋째 인심을 결박하는 것, 넷째 큰 것을 섬기는 주의, 다섯째 이른바 도덕상 주의, 곧 실상이 없고 빈 생각만 숭상하는 것이었다. 그렇기 때문에 우리나라 상등인들이 "날로 장진[長進: '長足進步'의 준말]할 생각이 어디서 나며, 남과 경쟁할 생각이 어디서 나며, 몸을 버려서라도 세상을 위하자는 생각이 어디서 나겠느뇨"라고 비판했다.

이승만은 『독립정신』에서도 강조한 경쟁의 원리를 근대자본주의 사회의 필수적 가치로 확신하고 있었다. 이 「논설」은 다음과 같은 문장으로 끝맺었다.

> "지금 우리나라의 장래여망은 우리 용준한 평민에게 달렸고 전혀 상등인에게 있지 아니하며, 우리 청년들에게 달렸고 노성(老成)한 이에게 있지 아니한지라. 인민의 상중하 등분을 물론하고 백공기업[百工技業: 여러 가지 기술의 일]을 구별치 않고 일체로 실용할 학문을 날날이 얻게 하기는 이 만국청년회 주의같이 광탄하며 긴절한 사업이 없으리

라 합니다."[79)]

이러한 문장으로 미루어 이 「논설」은 이승만이 만국청년회, 곧 YMCA의 어떤 모임에서 한 연설문이었던 것으로 짐작된다. 그리고 「논설」의 끝머리에 "리승만 유고"라고 적혀 있는 것을 보면 미국으로 떠나기 전에 써 놓았던 것임을 알 수 있다. 그것은 이승만이 집필한 《제국신문》의 마지막 「논설」이었다.

이승만은 1904년12월31일 오후 7시에 드디어 긴 여행의 종착지인 워싱턴에 도착했다. 서울을 떠난 지 56일 만이었다. 그는 기차역 가까이의 펜실베이니아 애비뉴에 있는 마운트 버넌 호텔(Mt. Vernon Hotel)이라는 조그마한 호텔에 여장을 풀었다. 이날 밤 워싱턴에는 큰 눈이 내렸다. 그의 수중에는 몇달러밖에 남아 있지 않았다. 그는 방을 정하자 바로 커버넌트교회의 햄린 목사를 찾아갔다. 이승만이 얼마나 다급한 심정이었는지 짐작할 수 있다. 그는 게일과 언더우드가 써 준 소개장에 큰 기대를 걸고 갔다. 게일은 불특정 다수의 교회 관계자들 앞으로 보내는 소개장과는 별도로 햄린 목사에게는 더욱 극진한 말로 이승만을 소개했다.

> 친애하는 햄린 박사에게
>
> 저는 당신께 서울의 이승만씨를 소개하는 것을 매우 기쁘게 생각합니다. 그는 자기 나라에서 여러 가지의 경험을 쌓았고, 온갖 물불의 시련을 극복한 사람입니다. 그는 그 모든 시련을 통하여 정직하고 충실한 기독교인임을 증명한 사람입니다. 그는 정치범으로 투옥되어 있는 동안에 많은 죄수들로 하여금 진리를 깨닫게 했습니다. 지금 제가 사역하는 교회의 중요한 교인들 가운데는 그가 인도한 사람들이 여

---

79) 리승만, 「論說: 나라의 폐단을 고칠 일」, 《帝國新聞》 1904년12월30일자.

럿이 있고, 또 다른 장로교회에도 그가 인도한 사람들이 있습니다.

이(승만)씨는 몇달 동안이나 족쇄를 차고 앉아 있었고 또 쇠사슬에 묶인 징역수들의 중노동 작업에도 참가했습니다. 그러나 그는 이 반도의 정직하고 총명한 청년들 가운데 가장 앞서 있는 사람이며, 국회나 시민의 집회를 싫어하는 수구파 정부 인사 몇몇을 제외하고는 모든 사람들로부터 존경받고 있습니다.

이씨는 주께서 더 높은 사업을 위하여 부르셨을 때까지는 정치개혁운동자였습니다. 저는 그가 석방된 뒤에 각종 모임에서 말하는 것을 들었습니다만 그는 자기를 다스리는 이[하나님]에게 지극히 진실하게 간구하는 사람입니다.

그는 아직 세례를 받지 않았습니다. 그 이유는 서울에 있는 교회 가운데 여러 교회 사람들이 그를 얻으려고 애쓰고 있고 또 그들은 그의 사랑을 요구할 수 있는 조건들을 갖추고 있습니다. 저는 그의 사랑을 요구할 권리가 가장 없는 사람인데도 그는 저에게 왔습니다. 그러나 제가 그에게 세례를 줄 경우 그에 대하여 더 많은 권리를 가졌다고 생각하는 절친한 친구들의 감정을 상할 염려가 있고, 또 그는 지금 미국으로 떠나려는 참이므로 미국에 갈 때까지 참고 있다가 미국에서 가장 원하는 곳에서 세례를 받으라고 권고했습니다. 저는 그가 당신이 계시는 워싱턴에서 세례를 받을 수 있기를 바랍니다. 저는 당신께서 저에게 할 수 있는 것보다 더 그에게 사랑과 도움을 베풀어 주시기를 원합니다. 그는 2~3년 동안 일하면서 공부하고 돌아오고 싶어 합니다.

저는 당신께서 그에게 친절한 말씀을 해주시고 필요할 때에 지도와 충고를 해주신다면 그가 얼마나 고마워할 것인지 압니다.

부인께 안부 전해 주십시오.[80)]

---

80) 「청년이승만자서전」, 이정식 지음, 권기봉 옮김, 앞의 책, pp.284~285.

햄린 목사는 기대했던 것만큼 친절하지는 않았다. 그러나 이승만은 친절하기보다는 엄격한 성품의 햄린 목사에게서 곧 세례를 받았고, 그의 도움으로 어렵지 않게 미국 동부의 백인사회에 접근할 수 있는 행운을 얻었다.

16장

예배당과 학교의 개설

1. 김구의 기독교 입교
2. 오인형의 사랑채에 교회와 학교 열어
3. 안창호의 누이와 맞선 보고

1. 김구의 기독교 입교

1

김구는 1903년 가을에 기독교에 입교했다.[1] 그리고 그해 11월에 헌트(William B. Hunt, 韓緯廉) 목사가 한달 동안 황해도 지방을 순회하면서 110명에게 세례를 줄 때에 김구도 세례를 받았을 것으로 짐작된다.[2] 그런데 김구는 동학과 불교에 입문하는 동기와 과정은 『백범일지』에 상세히 써 놓았으면서, 자신의 일생에 훨씬 더 큰 영향을 끼친 기독교에 입교한 동기와 과정에 대해서는 특별한 설명이 없다. 『백범일지』에 동학농민봉기 이래의 동지로서 전도조사(傳道助事)가 되어 있던 우종서(禹鍾瑞)의 적극적인 권유로 "탈상 뒤에 예수도 믿고 신교육을 장려하기로 결심하고 있었다"[3]라고만 기술했을 뿐이다. 전도조사란 오늘날의 전도사와 같은 준교역자를 말하는 것이었다. 동학농민봉기에 참여했던 우종서가 기독교에 입교한 시기는 정확하게 알려져 있지 않으나, 그는 1901년에 은율(殷栗)의 계림리(桂林里)교회를 설립할 정도로 일찍부터 기독교에 입교하여 열심히 전도활동을 했다. 그는 1910년에 평양 장로회 신학교를 졸업하고 목사안수를 받았고, 3·1운동 때에는 배후에서 지원했으며, 1920년에 구월산(九月山)을 중심으로 활동한 무장 항일운동단체인 대한독립단(大韓獨立團)을 도와주다가 체포되어 옥고를 치렀다.[4]

『백범일지』의 다음과 같은 기술은 김구의 기독교 인식과 입교동기를 이해하는 데 어느 정도 시사를 준다.

---

1) "Country Evangelistics Work: From Annual Report of Pyeng Yang Station, September, 1904", *The Korea Field*, November 1904, p.217.

2) 옥성득, 「백범 김구의 개종과 초기 전도활동」, 《한국기독교역사연구소소식》 2001년3월3일호(제47호), 한국기독교역사연구소, p.28.

3) 도진순 주해, 『김구자서전 백범일지』, 돌베개, 1997, p.186.

4) 『기독교대백과사전(12)』, 기독교문사, 1980, p.267.

> 평안도는 물론이고 황해도에도 신교육의 풍조는 예수교로부터 계발되었다. 신문화 발전을 도모하는 사람은 거의가 예수교에 투신하여, 폐관자수[閉關自守: 문호를 걸어 잠그고 자기 나라만 지킴]하던 사람들이 겨우 서양 선교사들의 혀끝으로 바깥사정을 알게 된 것이다. 예수교를 신봉하는 사람들은 대부분 중류 이하로 실제 학문을 배우지 못하였지만 선교사의 숙달치 못한 반벙어리 말이라도 들은 사람은 신앙심 이외에 애국사상도 갖게 되었다. 당시 애국사상을 지닌 대다수의 사람들이 예수교 신봉자임은 숨길 수 없는 사실이다.[5]

1890년대부터 본격적으로 수용된 개신교는 서북지방을 중심으로 빠르게 전파되었다. 1885년부터 1910년까지 전국적으로 683개소의 교회가 설립되었는데, 그 가운데 서북지방에 설립된 교회가 362개소(평북 98개소, 평남 162개소, 황해 102개소)로서 절반이 넘었다.[6] 또한 북장로회의 1898년도 평양선교 보고서에 따르면, 전체 장로교인 7,500명 가운데 평안도와 황해도의 교인수가 5,950명으로서 전체 교인의 79.3%를 차지했다.[7] 특히 황해도는 한국 개신교 최초의 교회인 장연(長淵)의 소래[松川]교회가 설립된 데서 보듯이, 일찍부터 서해안선을 중심으로 활발한 선교활동이 전개된 한국 개신교의 요람지였다.

서북지방에서 기독교가 급속히 전파될 수 있었던 것은 조선왕조 초기부터 오랫동안 지역적 및 신분적 차별을 받았던 역사적 사실과 깊은 관계가 있었다. 서북지방은 오랜 기간에 걸친 차별대우로 말미암아 정치적으로 소외되었으나 오히려 그 때문에 반상차별의 유교적 전통이 약했으며, 활발한 상업활동을 통하여 새롭게 성장한 이른바 자립적 중산

---

5) 『백범일지』, pp.185~186.
6) 李光麟, 「開化期 關西地方과 改新教」, 『韓國開化思想研究』, 一潮閣, 1979, p.243.
7) 한국기독교역사연구소, 『한국기독교의 역사 I』, 기독교문사, 1989, pp.257~258.

층(independent middle class)[8] 은 기존 질서를 대체할 새로운 이데올로기로 기독교를 수용하는 데 적극적이었다. 이들은 영혼의 구원이라는 신앙적 차원보다는 기독교를 통하여 나라의 모든 모순을 타파하고 개화를 이룩할 수 있을 것으로 믿었다.[9] 선교사 샤프(Charles C. Sharp, 史佑業)의 다음과 같은 지적은 그러한 사정을 잘 설명해 준다.

1882년에 황해도 장연군 대구면에 세워진 한국 최초의 개신교회인 소래[松川]교회.

> 기독교를 찾는 사람 가운데는 그 중요 동기가 보호와 힘의 획득인 경우가 많다. 그러나 좀더 정직한 동기라고 볼 수 있는 것은… 기독교 국가들이 대개 다 강대국인 것을 보고, 그 고도의 문명과 문화에 끌려 개종하려는 것이라고 할 수 있다. 그러나 정신적인 본래의 기독교와 기독교가 가지게 된 힘 그것과의 차이를 이들은 알지 못한다. 그래서 영적 이야기를 하면 이들은 교회를 떠나고 만다.[10]

이처럼 대체로 일반 민중은 생명과 재산의 보호를 위한 수단으로 기

---

8) '자립적 중산층'이라는 용어는 미국 북장로회 선교사로서 숭실학당의 설립자인 베어드(William M. Baird, 裵偉良) 목사가 《독립신문》 영문판 *The Independent*에 투고한 "Notes on a Trip into Northern Korea"(1897년5월20일자, 22일자)라는 글에서 처음 사용한 말이다.

9) 李光麟, 앞의 책, pp.244~254 참조.

10) Charles E. Sharp, "Motives For Seeking Christ", *Korea Mission Field*, August 1906, vol. Ⅱ., no.10, p.182.

독교에 입교했고, 지식인들은 문명과 개화의 수단으로 기독교를 받아들였다. 청일전쟁과 러일전쟁 전후에 기독교인의 수가 급증한 사실로도 그러한 사정을 짐작할 수 있다. 전쟁의 위험으로부터 보호받지 못한 불안한 민중은 생명과 재산을 지키기 위하여 교회를 찾았던 것이다. 실제로 전쟁의 와중에서 교회는 민중의 피란처가 되기도 했는데, 그러한 현상은 두 전쟁의 직접 피해 지방이었던 서북지방에서 두드러지게 나타났다. 지식인들은 서유럽 여러 나라들이 문명 부강한 것은 기독교를 믿기 때문이라고 보고 한국도 하루속히 기독교를 믿고 개화하여 부강한 나라가 되어야 한다고 생각했다. 기독교에 입교하는 사람들은 문명과 기독교를 같은 것으로 인식했던 것이다.

김구는 이른바 '자립적 중산층'은 물론 아니었으나 기존 질서의 타파를 열망하는 점에서는 이들보다 더 적극적이었다. 그리고 그의 입교 동기도 죽음의 공포에서 영혼의 구원을 위해 하나님을 찾은 이승만의 입교동기와는 질적으로 달랐다. 따라서 일찍이 체험한 동학이나 불교와 마찬가지로 기독교 역시 순수한 종교적 차원에서는 김구에게 특별히 중요한 의미를 지니지는 않았다. 그러나 기독교는 열성적인 전도활동과 신교육운동을 통하여 김구가 민족운동의 지도자로 성장하는 기반이 되었다.

기독교에 입교하여 세례를 받은 김구는 그해 12월31일부터 2주일 동안 평양 예수교회에서 열린 사경회에 참가했다.[11] 헌트 목사의 순회전도로 황해도에 교인이 급증하자 헌트와 숭실학당 교장 베어드(William M. Baird, 裵偉良)는 이들을 평양에서 열린 대규모의 사경회에 참가시켰던 것이다.[12]

김구가 어떠한 경위로 평양의 겨울 사경회에 참가했는지는 자세히 알

---

11) "Country Evangelistics Work: From Annual Report of Pyeng Yang Station, September, 1904", *The Korea Field*, November 1904, p.217.

12) 옥성득, 앞의 글, p.28.

수 없다. 다만 초기 사경회의 초점이 성경학습을 통한 기독교 기본교리의 전파와 함께 새로 입교한 신자들에게 지도자 훈련을 시키는 데 있었기 때문에 다른 많은 사람들의 경우처럼 김구도 적극적인 의욕을 가지고 사경회에 참가했을 것이다. 초기 입교자들은 사경회에 참가하여 교리학습과 함께 지방과 마을에 돌아가서 어떻게 전도하고 가르쳐야 하는지를 배웠다.[13)]

성경공부에 대한 열성과 적극적인 전도활동은 한국교회의 중요한 특징의 하나로 꼽힌다.[14)] 한국에 처음 온 캐나다 선교부 스콧(William Scott, 徐高道) 목사가 "한국에 처음 온 저로서는 모든 기독교 가정에서 손때 묻은 성경을 보고 있는 것이 무엇보다 충격적이었습니다"[15)]라고 보고한 것은 그러한 상황을 잘 말해 준다. 그리하여 성경은 "한국교회의 설립과 성장에 가장 크게 기여한 단일기구"였으며, 그러한 이유 때문에 흔히 한국기독교를 가리켜 '성경기독교(Bible Christianity)'라고 부르게 되었다.[16)] 미국 북장로교 선교사 마펫(Samuel A. Moffett, 馬布三悅) 목사는 성경과 성경학습이 한국교회의 발전에 미친 역할을 다음과 같이 설명했다.

> 물론 성경 그 자체가 모든 나라에서와 마찬가지로 복음화에서 가장 두드러진 요소이다. 그러나 한국의 성경은 좀 독특한 위치를 차지해 온 것이 분명하다.… 성경공부와 성경공부반은 한국교회의 발전에서 가장 독특하고 가장 중요한 요소이다. 그 속에서 신앙과 지식의 기

---

13) H.G. 언더우드 저, 李光麟 역, 『韓國改新敎受容史』, 一潮閣, 1989, p.91.

14) 윤경로, 「기독교사적 시각에서 본 한국근현대사」, 『한국근대사의 기독교사적 이해』, 역민사, 1997, p.461.

15) *Annual Report of the British and Foreign Bible Society for 1916*, p.294, 이만열, 『한국기독교와 민족의식: 한국기독교사연구논고』, 지식산업사, 1991, p.179에서 재인용.

16) *The Bible in the World(A Record of the Work of the British and Foreign Bible Society)*, 1932.10., p.149, 이만열, 위의 책, p.181에서 재인용.

초를 놓아 왔다.[17)]

특히 기독교 수용 초기에 한국기독교인들의 성경공부에 대한 열성은 폭발적이었는데, 그러한 열성은 사경회 모임을 통하여 집중적으로 나타났다.

한국의 사경회는 1890년에 언더우드 목사가 교인 7인을 대상으로 사랑방 성경공부를 시작한 것이 효시였다. 이듬해에 선교회 본부가 성경공부의 원칙을 제정하면서 사경회는 선교지구별로 광범위하게 확산되었다. 1904년도의 선교회 보고서에 따르면, 이 무렵의 한국기독교인 가운데 60%에 이르는 교인들이 사경회에 참석했을 정도였다. 그리하여 사경회는 한국교회의 한 전통이 되어 일본점령기에도 계속되었다.

사경회는 흔히 선교 거점지역의 교회나 학교에서 2~3주일 동안의 단기과정으로 개최되었다. 주로 농한기나 겨울철에 열렸는데, 참가비용은 자비 부담이었다. 이 때문에 멀리서 참가하는 사람들은 쌀이나 돈과 함께 자취할 도구를 준비해 와서 합숙하거나 친지들의 집에 묵었다. 사경회에서는 신앙을 위한 기초학습뿐만 아니라 천문지리학, 농사법, 아동교육, 건강위생법, 신생활운동 등 일반상식과 실생활에 필요한 내용도 가르쳤다.

평양의 사경회 열기는 다른 지방의 사경회 열기를 압도했다. '한국의 예루살렘'으로 불렸던 평양은 관서지방의 기독교인이면 누구나 한번쯤은 다녀오고 싶어 하는 곳이었다.[18)] 평양은 1893년에 장로교 선교가 시작된 이래로 교세가 급속하게 성장하여 한국 최대의 기독교 도시가 되었다. 1899~1900년의 통계에 따르면, 평양의 장로교 교인수는 2,230명으로서 전국의 장로교 교인수 3,690명의 60.4%를 차지했으며,[19)] 예배당수

---

17) Samuel A. Moffett, *Bible Society Record(of the American Bible Society)*, 1916.11., p.216, 이만열, 위의 책, p.181에서 재인용.

18) 白南薰,『나의 一生』, 白南薰先生紀念事業會, 1968, p.47.

19) 이광린,「평양과 기독교」,《한국기독교와 역사》제10호, 한국기독교역사연구소, 1999, pp.18~19.

도 1901년 현재 185개소로서 전체 237개소의 78.1%나 되었다.[20]

평양의 어느 예배당이나 금강산 어느 기도원에서 사경회가 있다고 하면 전국 각지에서 사람들이 모여들었다. 1902년1월에 개최된 한 사경회에는 400여명이 모였는데, 이들 가운데는 평안남북도와 황해도뿐만 아니라 서울과 멀리 전라남도 무안과 목포에서까지 밥해 먹을 양식을 짊어지고 찾아오는 사람들이 있었다.[21]

사경회에 한번 다녀오면 성경지식은 말할 나위도 없고 교회에 대한 일반상식을 얻고 신앙이 성장했기 때문에 어느 교회에서 사경회가 열리게 되면 너 나 할 것 없이 참가하는 것이 일종의 유행처럼 되었다.[22]

평양 사경회의 그러한 성경학습 분위기 속에서 김구도 열성적으로 성경공부를 했을 것이다. 김구가 참석한 평양 사경회에는 600명가량의 사람들이 모였다. 멀리는 평안북도 강계(江界)에서 온 사람도 있었다. 사경회의 하루 프로그램은 오전에 두 시간, 오후에 한 시간씩의 성경공부와 저녁 집회가 주였고, 토요일 오전에는 토론회가 열렸다. 가르치는 사람들은 외국선교사들이었는데, 한국교인들의 신앙간증과 기도는 선교사들을 고무시킬 만큼 영적 체험이 깊어져 있었다. 여선교사들은 찬송가를 지도했다. 평양 사경회가 끝나고 나서 선천(宣川)에서도 사경회가 열렸는데, 김구는 선천 사경회에도 참석했을 개연성이 있다.[23] 『백범일지』 친필본에는 다음과 같은 성경구절을 인용한 대목이 있다.

> 그리하여 야소성서(耶蘇聖書)에 육체는 마귀를 복종하고 영혼으로는 상제(上帝)를 복종한다는 것을 더욱 의미깊게 생각하고….[24]

---

20) 《그리스도신문》 1901년5월23일자, 「교회됴사」.
21) 《그리스도신문》 1902년1월30일자, 「교회통신: 평양」.
22) 白南薰, 앞의 책, p.47.
23) 옥성득, 앞의 글, p.28 주 2).
24) 金九, 『白凡金九自敍傳 白凡逸志』(親筆影印版), 集文堂, 1994, p.148.

이 구절은 「로마서」 7장25절의 "그런데 내가 마음으로는 하나님의 법에 복종하고, 육신으로는 죄의 법에 복종하고 있습니다"라는 구절을 말한 것으로서, 『백범일지』 전체를 통하여 유일한 성경구절 인용이다. 김구는 이 성경구절을 감옥에서 모진 고난을 당하던 때를 회상하는 대목에서 인용했는데, 친필본의 원고에 지우는 줄이 그어져 있어서 그 뒤의 필사본이나 주해본에서는 삭제되었다. 성경구절을 썼다가 지운 이유는 정확히 알 수 없다. 그러나 이러한 성경구절의 인용은 김구가 기독교에 입교한 초기에는 종교를 단순한 교육운동의 수단으로만 생각한 것은 아니었음을 짐작하게 한다.[25]

김구는 이때의 사경회에서 성경과 교육자로서의 기초과정을 익혔다. 그리고 이때에 평양에 모인 해서지방의 기독교 지도자들과 신교육운동가들을 만날 수 있었던 것은 그 자신이 신교육운동을 적극적으로 추진하는 데 중요한 밑거름이 되었다.

---

25) 梁潤模, 「김구의 『백범일지』와 민족주의사상 연구」, 仁荷大學校 박사학위논문, 2001, p.48.

2. 오인형의 사랑채에 교회와 학교 열어

1

김구는 사경회에서 장련(長連) 출신의 숭실학교(崇實學校) 학생 오순형(吳舜炯)을 만났다. 오순형은 장련의 갑부 오인형(吳麟炯)[26] 진사의 셋째 동생으로서 1903년10월1일에 숭실학교에 입학했다. 그는 공부를 잘했으나 입학 당시에는 기독교인이 아니었다. 그러나 이 무렵의 숭실학교는 전교생 70여명이 모두 기독교인이라고 했을 만큼 기독교적 교풍이 강했으므로 오순형도 이내 기독교에 입교했고, 평양 시내에 나가서 거리 전도를 할 만큼 독실한 신자가 되었다. 1903년의 겨울 사경회에는 황해도 신자들이 많이 참가했기 때문에 오순형도 겨울방학을 맞이하여 이 사경회에 참가했던 것 같다. 오인형과 친교를 맺고 있던 김구는 사경회를 통하여 오순형과도 이내 친숙해졌을 것이다. 두 사람은 사경회가 끝나고 1904년2월에 러일전쟁이 발발하여 일본군이 평양으로 진군하자 집으로 돌아왔다. 집으로 돌아온 김구는 곧바로 장련의 사직동(社稷洞)으로 이사했다.[27]

장련은 고려시대의 장명진(長命鎭)과 연풍장(連豊莊)이 합쳐진 지명으로서, 1895년에 행정구역 개편과 함께 군으로 승격되었다가 1909년에 은율군(殷栗郡)에 통합되었다.[28] 장련은 황해도 북부의 조그마한 소읍이었지만 문묘가 두개나 있을 만큼 유교적 전통이 강한 고장이었다. 그

---

26) 『백범일지』에는 吳寅炯으로 기술되어 있으나 吳麟炯이 맞다. 한규무의 「1900년대 김구의 황해도 장련·문화·안악 이주와 계몽운동」(《한국독립운동사연구》 제45집, 독립기념관 한국독립운동사연구소, 2013.8., p.80). 자료에 따라 학교명이나 이사 날짜 등이 다르게 기술된 것은 이 논문에 따른다.

27) "Country Evangelistics Work: From Annual Report of Pyeng Yang Station, September, 1904", *The Korea Field*, November 1904, p.217. 『백범일지』에는 여옥이 사망한 1903년2월에 장련으로 이사했다고 했으나, 위의 평양지구 장로교회 연회보고서에 따르면 김구가 장련으로 이사한 것은 1904년2월이었다.

28) 殷栗郡中央郡民會, 『殷栗郡誌』, 殷栗郡民會, 1975, p.78, p.83.

리고 강을 사이에 두고 평안도의 삼화부(三和府)와 진남포(鎭南浦)를 마주하고 있어서 해주보다 평양의 영향을 더 많이 받았다. 그리하여 기독교를 비롯한 서양문화의 수용도 쉽게 이루어졌다.

장련에는 김구의 재종조부가 살고 있었다. 김구는 어릴 때에 김순영 내외가 김순영의 병치료를 위해 각지를 떠돌아다니느라고 잠시 장련의 재종조부 누이집에 맡겨진 적이 있었다. 이때에 김구는 그 집 주인과 함께 구월산에 가서 나뭇짐을 해왔다. 그리고 동학농민봉기 때에 해주성 공략에 실패한 김구가 농민군을 이끌고 구월산에 은거하면서 만났던 우종서, 송종호(宋鐘鎬), 허곤(許坤) 등은 장련 출신이거나 장련 가까이에 살고 있었다.

김구가 장련으로 이사한 계기는 오인형 진사의 호의에 따른 것이었다. 1905년에 광진학교(光進學校)에 입학했던 최태영의 회고에 따르면, 오 진사가 외지에 나갔다가 돌아와서 "이제부터 우리 동네에 교육이 나온다. 신문명하는 사람을 하나 데려왔다"고 했는데, 그것이 바로 김구였다는 것이다.[29] 신교육운동에 큰 관심을 가진 오인형은 김구가 생활 걱정 없이 교육사업에 전념할 수 있는 경제적 기반을 제공해 주었다. 그는 사직동에 새로 산 집과 그 집에 딸린 산림과 과수와 20여마지기의 전답을 김구에게 내주었다. 그리고 농사에 부릴 소도 한마리 사주었다. 김구는 곧 해주 고향에서 사촌형 김태수(金泰洙) 내외를 이사오게 하여 농사와 집안일을 맡기고 자신은 교회일과 교육활동에 전념했다.[30] 동학농민봉기 때에는 관군에 자금을 대는 등으로 농민군 토벌을 지원했던[31] 오인형이 동학농민군 대장이었던 김구를 적극적으로 지원한 것은 매우 흥미로운 일이다.

---

29) 최태영, 『인간단군을 찾아서』, 학고재, 2000, p.21. 최태영은 이때를 1903년이라고 기억했으나, 그것은 1904년의 착오이다.

30) 『백범일지』, p.186.

31) 『殷栗郡誌』, p.103.

오인형이 김구에게 경제적 지원을 한 데에는 오순형의 영향도 컸을 것이다. 김구와 함께 고향으로 돌아온 오순형은 맏형을 설득하여 그의 집 큰사랑에 예배당을 개설했고, 김구는 오순형과 상의하여 예배당으로 사용하는 사랑채에 학교를 열었다. 김구는 오순형에 대해 "(그는) 성품이 지극히 너그럽고 온후하며 부지런하고 검소했다. 그는 나와 같이 예수를 믿고 교육에 전력하기로 마음을 같이하여 학생들을 가르치며 예수를 선전했다"라고 적었다.[32]

이때의 일은 장로교 평양선교지부의 연례보고서에 매우 자세히 기술되어 있다.

> 안악 시찰 보고서에 따르면, 김구와 오순형이라는 두 청년이 작년에 입교했는데 그들은 자신들의 영적 작업과 다른 사람들을 감화시키는 일로 이미 널리 알려져 있다. 그들은 좋은 집안 사람들이고 생활형편도 안정되어 있어서 많은 시간을 성경공부와 전도에 바칠 수 있다. 김씨는 작년 가을에 입교했고, 여러 달 동안 평양의 겨울 사경회를 비롯하여 여러 사경회에 참가했다. 그는 지난 2월에 해주에서 장련읍으로 이사했는데, 그곳에서 쉬지 않고 가르치고 전도한다. 오씨는 장련 사람으로서, 작년 가을에 숭실학당에 입학했다. 그런데 그는 교인임을 고백하는 기독교인은 아니었으나, 성경에 관심을 가지고 읽고 있었다. 그는 공부를 잘했고, 처음부터 예배에 열심히 참여했다. 그는 평양 시내 전도대회 기간에 처음으로 가두전도에 나섰다. 일본군이 평양에 들어오자 그는 고향집으로 돌아갔고, 김씨와 함께 복음에 대하여 아는 것을 가르치기 시작했다. 그는 이 일을 위해 자기 집을 개방했고, 그 밖에도 장터와 길거리와 농부들이 일하다가 쉬는 들판에 찾아가서 전도했다. 이내 여러 사람들이 관심을 가지게 되었고, 이들은

32) 『백범일지』, p.187.

오씨 집에 모여 주일예배를 드리게 되었다. 예배 참석자는 40명가량이 다. 오씨는 가을에 숭실학당에 가서 과정을 마치기를 바라고 있으나, 이 일이 너무 중요하여 떠나지 못하고 있다.[33)]

김구가 선교활동을 시작한 1904년 전반기에 황해도에서는, 헌트 목사가 황해도에 일종의 '전진운동'이 일어나고 있다고 보고할 정도로, 신도수가 급증했다. 그리하여 1904년9월에 열린 북장로회 연례회의는 황해도 선교지부를 새로 설치하고 담당에 헌트 목사와 화이팅(Harry C. Whiting, 黃浩里) 의사를 임명했다.[34)]

교육사업은 김구 스스로 일찍부터 꿈꾸어 왔고, 그리고 기회 있을 때마다 소규모로나마 실천해 온 일이었다. 오 진사의 사랑에 학교를 연 김구는 우선 오 진사의 큰딸 신애(信愛)와 아들 기수(基秀), 오봉형(吳鳳炯)의 두 아들과 오면형(吳勉炯)의 자녀, 오순형의 두 딸을 학생으로 삼고, 학교에 뜻을 같이하는 사람들의 자녀 몇명을 더 모집했다. 김구는 방 중간을 칸막이로 막고 남녀의 자리를 구별하여 앉혔다. 이렇게 시작한 학교는 1905년9월 무렵에 광진학교로 발전했다.

학교를 개설하고 나서 가장 중요한 일은 학생을 모집하는 일이었다. 김구는 적령기의 아이가 있는 집을 찾아다녔다. 학생을 모집하는 데 어려운 문제는 머리를 깎는 것이었다. 학부모들은 학교에 가면 아이들이 머리를 깎아야 한다고 생각하여 아이들을 학교에 보내려고 하지 않았다. 이 때문에 김구는 "아이들의 머리는 깎지 않겠다"고 약속하고 학생들을 모아야 했다.

이미 10년 전에 단발령이 선포되었으나 제대로 시행되지 않아서 시골에서는 거의 모든 사람들이 머리를 깎지 않고 있었다. 이 무렵에 기독교

---

33) "Country Evangelistics Work: From Annual Report of Pyeng Yang Station, September, 1904", *The Korea Field*, November 1904, p.217.

34) 옥성득, 앞의 글, p.29.

에 입교하여 머리를 깎았던 백남훈(白南薰)의 회고에 따르면, 장련에는 단발한 사람이 두세 사람밖에 되지 않았다. 사람들은 단발한 사람을 일종의 정신이상자로 생각했다고 한다. 누가 머리를 깎으면 "집안이 망했다"면서 문중 전체가 심하게 비난하기도 했다. 기독교에 입교한 사람들은 입교한 표시로 단발을 하는 풍습이 있었지만, 그러기 위해서는 여간 용기가 필요하지 않았다. 그러므로 사람들은 아이들을 기독교 계통의 학교에 보내면 머리를 깎여야 한다고 생각했던 것이다.

김구는 단발의 필요성을 설득하기 위해서 여러 가지 방법을 강구했다. 부모들이 머리를 자주 빗겨 주지 않아서 머리에 이와 서캐가 가득 낀 아이들도 있었다. 김구는 얼레빗과 참빗을 사다 두고 매일 몇 시간씩 아이들의 머리를 빗겼다. 점차 학생수가 늘어나자 수업하는 시간보다 머리 빗기는 시간이 더 많아졌다. 이렇게 하여 학생들을 확보한 뒤에는 부모들을 설득하여 아이들의 머리를 깎으려 했다.

그러나 아이들의 머리를 깎는 일은 좀처럼 진전되지 않았다. 김구는 사직동에서 이태가량 살다가 장련읍으로 이사하여 봉양학교(鳳陽學校)에서 근무했는데, 이때의 일이라면서 손두환(孫斗煥)에 관한 에피소드를 다음과 같이 적었다. 손두환은 뒷날 임시정부의 의정원 의원을 역임하는 등으로 독립운동을 열성적으로 한 사람이다.

> 손두환은 영특한 학동이었다. 그는 중추원(中樞院) 의관을 지낸 손창렴(孫昌濂)이 늦게 얻은 아들로서 애지중지하는 초립동이였다. 만약 김구가 손두환의 아버지에게 아들의 머리를 깎자고 했다가는 도리어 퇴학시키겠다고 할지 몰랐다. 김구는 먼저 손두환과 상의했다. 그는 상투 짜는 것이 괴롭고 초립이 무거워서 머리 깎는 것이 소원이라고 했다. 김구는 손두환의 머리를 깎고 집으로 보낸 다음 그의 뒤를 슬금슬금 따라가 보았다. 상투가 잘린 아들의 모습을 보자 그의 아버지는 눈물을 비 오듯이 흘리며 통탄했다. 그러나 그는 지극히

사랑하는 아들을 차마 심하게 꾸짖을 수는 없었다. 결국 김구에게 모든 분풀이를 할 참이었다. 그런데 김구를 본 손두환이 반가워하는 모습을 보고는 그의 마음이 갑자기 변했다. 방금 전까지의 성난 모습은 사라지고 눈물을 뚝뚝 떨어뜨리면서도 기쁜 표정을 지으며 말했다.

"선생님, 이것이 웬일입니까? 내가 죽거든 머리를 깎아 주시지 않고."

김구는 미안하다고 사과하고 나서 다음과 같이 말했다.

"영감님께서는 두환이를 지극히 사랑하시지요? 저도 영감님 다음으로는 사랑합니다. 저는 두환이가 목이 가는데 큰 상투를 짜고 망건으로 조르고 무거운 초립을 씌워 두는 것이 위생에 큰 방해가 되기 때문에 아끼고 사랑하는 생각으로 깎았습니다. 두환이 신체가 튼튼해지면 영감님한테서 고맙다는 인사를 듣고야 말걸요."

김구가 손두환의 머리를 깎은 일은 《대한매일신보(大韓每日申報)》에 기사화되기까지 했다.

장련군 손의관(孫議官)은 그 아들 13세 된 신랑이 학교에 입학하기를 간청하는 고로 허락하였더니, 수학(授學)한 지 한 달 만에 그 신랑이 자원 삭발하얏더니, 그 부친이 아들의 머리를 어루만지며 대성통곡하얏다더라.[35)]

이 일이 있고 나서 손두환은 김구를 더 따르게 되었다. 얼마 뒤에 김구가 문화군(文化郡)의 서명의숙(西明義塾)을 거쳐 안악(安岳)으로 자리를 옮기자 손두환은 김구를 따라서 안악으로 유학했고, 손창렴도 아들

35) 《大韓每日申報》 1907년11월26일자, 「子削父哭」.

을 따라와 객지생활까지 하면서 아들을 뒷바라지했다.[36)]

이 무렵 김구는 장련공립소학교에서도 학생들을 가르쳤다. 장련공립소학교는 1900년10월에 전국 각군에 공립소학교를 설립할 때에 생긴 학교였다. 설립 당시에 학생으로 입학했던 백남훈의 회고에 따르면, 교원이 서울에서 온다고 했으나 오지 않아서 한문에 조예가 깊은 허곤을 교원으로 초빙하여 학생들을 가르쳤다. 허곤은 동학농민봉기 때에 구월산에 머물던 김창수부대에 초빙되었던 학식 있는 선비였다. 개교 당시에 학생은 50여명이었고, 한문 실력에 따라 1, 2, 3반의 3년제로 구분하여 가르쳤다. 최고반인 1반에 입학한 백남훈은 1년쯤 배운 뒤에는 배울 교과서도 없고 온다던 교원도 끝내 오지 않아서 1903년 봄에 졸업식 없는 졸업을 하고 말았다.[37)]

김구는 허곤의 뒤를 이어 장의택(張義澤)과 임국승(林國承)과 함께 이 학교에 근무했다. 이 무렵 황해도의 공립소학교로는 해주와 장련에 설립된 두 학교가 있었는데, 해주에서는 그때까지도 사서삼경(四書三經)을 가르쳤으나 장련공립소학교에서는 교사가 칠판 앞에 서서 산술, 역사, 지리 등의 신식 교과목을 가르쳤다.[38)]

전도와 교육사업으로 바쁜 나날을 보낸 김구는 오순형과 함께 여름에 평양에서 열린 교사사경회에 참석했다. 그는 교사사경회가 끝난 뒤에도 남아서 지도자사경회까지 참석했다. 한 달가량 평양에 머물면서 성경을 집중적으로 공부하고 교회지도자 훈련을 받은 것이다. 이때의 사경회의 내용은 새벽기도회, 아침식사, 30분간 예배, 오전 성경공부, 점심, 오후 성경공부, 한 시간 동안의 찬송가 배우기 또는 가두전도, 저녁식사, 저녁 집회 또는 토론회 등이었다.[39)]

---

36) 『백범일지』, pp.233~234.
37) 白南薰, 앞의 책, pp.40~41.
38) 『백범일지』, pp.186~187.
39) "Our Training Class System: From Annual Report of Pyeng Yang Station, September, 1904", *The Korea Field*, February 1905, pp.233~234.

평양 사경회에 참가하는 동안 김구는 방기창(邦基昌)의 집에 묵었다. 방기창은 황해도 신천(信川)사람으로서 일찍이 동학접주였다가 기독교에 입교한 뒤에 평양 널다리골[章臺峴]교회 제1대 장로가 되어 안창호(安昌浩), 한진석 등과 함께 독립협회 평양지회의 간부로 활동했고, 1907년에는 한국 장로교의 최초의 7명 목사의 한 사람이 되었다. 방기창이 김구를 자기 집에 묵게 한 것은 아마도 김구가 장련의 대표적 기독교 활동가로 알려져 있었고, 또 지난날 같은 황해도 동학접주였던 인연 때문이었을 것이다.

김구는 방기창의 집에서 청년 교육운동가로 명성이 높은 최광옥(崔光玉)을 만났다. 김구보다 한 살 아래인 최광옥은 1904년5월에 숭실학교를 수석으로 졸업한 수재였다. 그는 교육사업뿐만 아니라 한글연구에도 열성적이어서 그가 저술한 『국어문전』이 소학교의 교과서로 사용되기도 했다. 김구는 최광옥으로부터 신교육운동의 이론과 실천방법에 대해 많은 것을 배웠다. 최광옥을 만나 "친밀히 교제하면서 장래 일을 의논하였다"[40] 는 『백범일지』의 서술은 이때의 두 사람의 신뢰관계를 짐작하게 한다.

---

40) 『백범일지』, p.187.

3. 안창호의 누이와 맞선 보고

1

사경회가 끝나는 날 최광옥이 김구에게 혼인했느냐고 물었다. 김구는 여러 차례의 불행했던 약혼 실패의 이야기를 최광옥에게 대충 들려주었다. 그러자 최광옥은 안창호의 누이동생 안신호(安信浩)를 한번 만나 보지 않겠느냐고 말했다. 그는 안신호가 사람됨이 매우 활달하고 처녀들 사이에서 명성이 자자하다고 소개했다.

최광옥은 안창호가 세운 계몽학교[뒤에 점진학교로 개명]에서 잠시 아이들을 가르친 적이 있었다.[41] 그 때문에 최광옥은 안신호에 대해서도 잘 알고 있었다. 안신호는 열네살 때에 안창호를 따라 서울에 올라가서 정신여학교(貞信女學校)에 입학하여 신식교육을 받은 신여성이었다. 정신여학교 재학시절에 성적도 우수하고 성격이 활달하여 모든 면에서 오빠인 안창호와 비슷한 점이 많았다.[42]

김구는 안신호를 직접 만나 보고 서로 뜻이 맞으면 혼인하기로 하고 이석관(李錫寬)의 집에서 최광옥과 이석관과 함께 그녀를 만났다. 이석관은 안창호의 서당 훈장이자 장인이었다. 『백범일지』는 이때의 일에 대해 "신호를 면대하여 몇마디 의사교환을 한 뒤에 숙소로 돌아왔더니…" 라고만 적어 놓았을 뿐이다. 이는 여옥(如玉)을 처음 만났을 때의 상황을 자세히 적어 놓은 것과는 매우 대조적이다.

숙소로 돌아와 있으려니까 최광옥이 뒤따라와서 어떠냐고 물었다. 김구는 자신의 뜻에 맞다는 의사를 표시했다. 최광옥은 안신호의 뜻도 그렇다면서 이튿날 아주 약혼을 하고 고향으로 돌아가라고 김구에게 말했다.

---

41) 곽림대, 「안도산」, 윤병석·윤경로 지음, 『안창호일대기』, 역민사, 1995, pp.34~35.
42) 박현환 편, 『續篇 島山安昌浩』, 『島山安昌浩全集(11)』, 島山安昌浩先生記念事業會, 2000, p.162.

김구와 약혼할 뻔했던 안창호의 여동생 안신호와 그녀의 남편 김성택. 안신호는 1948년에 김구가 평양에 갔을 때에 그를 안내했다.

그러나 이러한 두 사람의 혼담은 어처구니없게도 하루만에 깨어지고 말았다. 그 경위를 김구는 다음과 같이 술회했다. 이튿날 아침 일찍 이석관과 최광옥이 함께 김구를 찾아왔다. 두 사람은 안신호가 전날 저녁에 편지 한통을 받고 밤새껏 고민한 사연을 전해 주었다. 그것은 다름이 아니라 안창호가 미국으로 갈 때에 상해를 거쳐서 갔는데, 그때에 상해의 어떤 중학교에 재학 중이던 양주삼(梁柱三)에게 자기 누이동생과 혼인하라고 부탁하여, 이를테면 구두 정혼 비슷하게 해놓았다는 것이었다. 평안남도 용강 출신인 양주삼은 미국 선교사의 주선으로 1901년에 상해의 중서서원(中西書院)에 입학하여 수학하고 있었는데, 그를 서양 선교사에게 소개한 사람이 바로 안창호였다.[43] 양주삼은 안창호를 형님이라고 불렀고, 두 사람은 서로 떨어져 있으면서도 편지왕래가 있었다.[44]

그때에 양주삼은 안창호에게 혼사문제는 학업을 마친 뒤에 결정하겠다고 대답했는데, 안신호가 김구를 만나고 집에 돌아가자 마침 양주삼으로부터 학업을 마쳤으니 혼인여부를 통보해 달라는 편지가 와 있었다고 한다. 믿기 어려울 만큼 공교로운 일이었다. 최광옥은 안신호가 이 때

43) 박현환 편, 위의 책, p.172; 유동식, 『한국감리교회의 역사 I』, 기독교대한감리회, 1994, pp.397~398.
44) 두 사람이 주고받은 편지는 『島山安昌浩全集(1)』, 2000, p.296, 『島山安昌浩全集(2)』, 2000, p.280~281, 『島山安昌浩全集(3)』, 2000, p.327~389 참조.

문에 밤새껏 고민하고 있으니까 그녀가 마음을 어떻게 정하는가를 듣고서 떠나라고 김구에게 말했다.

아침을 마친 뒤에 최광옥이 다시 와서 안신호의 결심을 전했다. 그녀의 입장으로서는 도의상 두 사람 가운데 누구를 선택하고 누구를 포기할 수 없기 때문에 양쪽을 다 단념할 수밖에 없다는 것이었다. 그리하여 안신호는 두 사람은 거절하고 이미 청혼을 받고도 몸이 약한 점을 꺼려서 승낙하지 않았던 김성택(金聖澤)을 택하기로 결심했다고 했다. 김성택은 안창호와 어려서부터 한동네에서 같이 자란 사람이었다. 그는 이듬해인 1905년에 평안남도 강동군(江東郡) 원탄면(元灘面) 송오동(松塽洞) 교회가 설립될 때에 장로로 장립되었으며, 그 뒤에 진남포에서 목사가 되었다.[45]

그런데 안신호가 자신이 구두로나마 양주삼과 정혼한 사이라고 생각하고 있었던 것이 사실이라면, 김구와 새로 맞선을 보았다는 것은 적이 의아스러운 일이 아닐 수 없다. 그리고 안창호가 미국에 갈 때에 상해를 거쳐서 갔다는 말은 사실이 아니다. 안창호는 아내 이혜련(李惠鍊)과 함께 1902년9월4일에 인천을 떠나서 도쿄에서 1주일 동안 머물다가 미국으로 갔다.[46] 그러므로 이 무렵에 안창호가 양주삼에게 안신호와의 혼사문제를 상의했다면, 그것은 편지를 통해서였을 것이다.

양주삼은 귀국하지 않고 1905년10월에 미국으로 건너가서, 샌프란시스코에 한국인 감리교를 설립하고 전도에 열중했다. 1908년에 장인환(張仁煥)과 전명운(田明雲)이 대한제국의 외교고문 스티븐스(Durham W. Stevens, 須知分)를 저격한 사건이 일어났을 때에 양주삼은 두 사람의 재판 통역으로 열성을 다했다.

얼마쯤 있다가 안신호가 직접 김구를 찾아왔다.

---

45) 車載明 編,『朝鮮예수教長老會史記』, 朝鮮基督教彰文社, 1929(영인판, 2000, 한국기독교역사연구소), p.127.

46) 주요한 編著,『安島山全書』, p.34.

"지금부터 오라버님으로 섬기겠습니다. 매우 미안합니다. 저의 사정이 그리된 것이오니 너무 섭섭하게 생각하지 마십시오."

김구로서도 어쩔 수 없는 일이었다. 비록 혼담은 깨어졌으나 김구는 안신호의 결단력과 도량을 보고 더욱 그녀를 흠모하게 되었다. 김구는 이때의 일이 몹시 아쉬웠던 것 같다. "이미 지나간 일"이라고 체념을 하면서도 "어쩔 수 없는 일이기는 하나 정리상에 매우 섭섭하였다"[47]는 『백범일지』의 표현은 오랜 세월이 흐른 뒤에도 이때의 심정이 애틋한 추억으로 남아 있었음을 말해 준다.

교사사경회와 지도자사경회를 마친 김구와 오순형은 장련으로 돌아올 때에 최광옥을 초빙하여 같이 왔다. 이때의 상황은 1904년9월에 쓴 베어드 목사의 개인보고서에 요약되어 있다.

> 집으로 돌아가는 길에 그들[김구와 오순형]은 숭실학당을 올해에 졸업하고 학교 교사로 있는 최광옥에게 함께 가서 전도해 주기를 부탁했다. 최씨는 이를 받아들여 같이 갔는데, 가는 길에 배에 탄 사람들에게 전도했다. 이때에 신천에서 온 두 사람이 그리스도를 영접했다. 장련의 (오씨네) 집에 도착하여 최씨는 저녁마다 사랑방에서 전도하고 모인 신자들의 믿음을 북돋우었다. 얼마 뒤에 그는 평양으로 돌아왔는데, 오씨의 형 집안의 다섯 사람이 새로 믿기로 결심했다는 기쁜 소식을 전해 주었다.[48]

김구와 오순형은 전도와 교육사업에 열성을 쏟았다. 두 사람의 노력으로 1년도 채 되지 않아서 교세가 확장되고 학교도 점점 발전했다. 주색잡기에 빠져서 방황하던 백남훈을 인도하여 기독교를 믿게 한 것도 이

---

47) 『백범일지』, p.188.

48) "Progress at the Academy: From Personal Report of Dr. W. M. Baird, September 1904", *The Korea Field*, February 1905, p.229.

무렵이었다고 김구는 썼다.[49] 그러나 백남훈의 이야기는 다르다. 그는 자신이 기독교에 입교한 것은 교회를 설립한 오순형의 권유 때문이었다고 회고했다. 오순형은 백남훈의 이종형이었다. 또한 자기가 잘못을 뉘우치고 주색잡기를 끊게 된 것은 아버지의 친구인 박봉서(朴鳳瑞)가 초달을 하면서 일깨워 준 충고 때문이었다고 했다.[50] 백남훈이 이 무렵의 김구와의 관계에 대해 이처럼 데면데면하게 술회한 것은, 해방 이후에 그가 소속한 한국민주당(韓國民主黨)과 김구를 중심으로 한 임시정부 인사들의 격심한 알력에 기인하는 점이 없지 않으리라고 여겨진다.

교인수와 학생수가 점차 늘어나자 새로 예배당과 학교를 짓는 문제가 논의되었다. 그리하여 선교사 쿤스(Edwin W. Koons, 君芮彬)가 광진학교의 정부 인가를 받고 교인들의 기부금을 모아서 양사업동(養士業洞)의 큰 초가집을 사들여서 교회와 학교를 그곳으로 옮겼다.[51] 이때의 일을 백남훈은 다음과 같이 회고했다.

> 교인도 증가되었으나 예배당을 마련하기에는 아직도 경제의 힘이 연약하였다. 그렇다고 하여 언제까지나 오씨의 사랑에서 예배를 볼 수 없으므로 뜻있는 사람들은 은근히 걱정하였으나 딴 도리가 없다. 교회임원들은 수차 회합하여 난상토의한 결과 연보를 걷되 몇번이든지 될 때까지 하여보기로 결정하고 1906년9월 어느 주일 예배 후 연보를 청하였더니 천냥이라는 놀라운 숫자에 달하여 장내는 기쁨에 넘쳐 피차 손을 잡고 감격의 연발이라. 마침 이때에 양사업동에 적당한 집이 있어서 곧 매입하기로 계약하였다. 내방 세칸, 사랑 세칸, 이것을 ㄱ자로 통하면 당시 예배당으로 적당하였고, 건너방 두칸은 관리인이 거주하기에 충분하며, 앞마당(양사업동의 타작마당)이 넓어서 학교

---

49) 『백범일지』, p.187.
50) 白南薰, 앞의 책, pp.44~45.
51) 최태영, 앞의 책, p.22.

1906년에 장련 양사업동의 광진학교 교사들과 학동들. 뒷줄 오른쪽부터 김구, 최상륜, 백남훈, 김낙현(손영곤). 초가집 처마 밑에 '예배당(禮拜堂)'이라는 간판이 보인다. 3·1운동 이전의 김구 사진으로는 유일하다.

를 옮겨도 운동장으로 사용하는 데에 지장이 없는 것이다.… 이와 같이 예배당이 따로 있게 되매 학교도 새 예배당으로 옮기게 되었다. 어쩌된 일인지 그 후는 아동이 늘어 50여명에 달할뿐더러 비교인 가정에서도 아동을 보내게 되어 일종의 전도기관인 느낌이 있는 동시에 그때에 100여명의 아동을 가르치는 공립학교에 비하여 조금도 손색이 없는 교육기관이었다.[52]

양사업동 시절에 김구가 백남훈 등 다른 교사들과 함께 학동들과 같

52) 白南薰, 앞의 책, pp.51~52.

이 찍은 사진이 보존되어 있어서 이때의 사정을 어렴풋이 짐작할 수 있게 한다. 이 사진은 1906년에 찍은 것으로서, 1920년대 이전의 김구의 사진으로는 유일하게 보존되어 있는 사진이다. 학교 교원들인 손영곤, 백남훈, 김구, 최상륜(崔商崙)의 개성 있는 차림새가 무엇보다 인상적이다. 백남훈은 중절모에 양복을 말쑥하게 차려입었고, 손영곤 역시 중절모에 양복차림이다. 그는 수염을 길렀다. 이처럼 이들 두 사람은 코흘리개 시골 아이들의 선생으로는 어울리지 않을 만큼 세련된 멋쟁이 모습이다. 반면에 김구는 짧게 깎은 머리에 물들인 바지저고리를 입고 광대뼈가 불거져 나온 투박스러운, 그러면서도 퍽 성실해 보이는 모습을 하고 있다. 최상륜은 망건을 쓰고 흰 두루마기를 차려 입었는데, 그는 원래 열렬한 천주교인이었다가 기독교로 개종하여 장련교회의 발전에 크게 기여한 인물이다.[53] 예닐곱살에서 열대여섯살쯤 되어 보이는 스물두명의 학동들 가운데는 갓을 쓴 학동도 있다. 초가집 처마 밑에는 '예배당'이라는 간판이 보인다.

2

장련으로 이사한 이듬해인 1905년 봄에 김구는 해주 고향에 성묘하러 갔다. 고향을 떠나올 때까지도 김구를 탐탁하게 여기지 않던 작은아버지 김준영(金俊永)에게 장련생활을 보고했다.

"사촌형제가 한집에 살면서 사촌형은 농사일과 집안일 전부를 맡고 저는 교육에 종사하여 생활이 안정되고 집안이 화락합니다."

김준영은 조카의 말에 의아해했다.

"너 같은 난봉꾼을 누가 도와주어서 그렇게 사느냐?"

"작은아버지 보시기에는 저의 난봉이 위험하지만 난봉이 아니라고 보

---

53) 위의 책, p.46.

는 사람도 더러 있는 게지요."

김구가 이렇게 대답하면서 웃자 김준영은 다시 물었다.

"네가 빈손으로 간 뒤에 네 사촌형도 뒤미쳐 가고 네 사촌 매부 이용근(李用根)의 식구까지 너를 따라가서 같이 산다니, 너는 생활 근거를 어떻게 하고 사느냐?"

"제가 장련군에 몇몇 친구가 있어서 그들이 오라고 청해서 이주했습니다. 친구 가운데 진사 오인형군은 그 군의 갑부였던 오경승(吳慶勝) 진사의 장손인데, 아직도 유산을 가지고 괜찮게 사는 처지입니다. 인형군이 특별히 1,000여냥을 주고 전답과 과수밭이 딸린 집 하나를 사서 내주면서 언제든지 내 물건과 같이 사용하며 의식주의 근거를 삼으라 했습니다."

김구는 오인형이 농사짓는 데 부릴 소도 한마리 사 주었고 집안에 필요한 돈은 수시로 그에게서 얻어 쓴다고 살림살이 형편을 자세히 보고했다.

김준영은 듣고 나서 말했다.

"세상에 그렇게 후덕한 사람도 있느냐."

그는 조카의 말이 믿어지지 않았다. 김준영은 김구가 무슨 협잡이나 하지 않는가 하고 의심했다. 그는 이웃 부호들의 자식들이나 조카들의 못난 행실이 연상되었기 때문이다. 이들은 일본사람에게서 돈 100냥을 빌려 쓰면서 증서에는 1,000냥이라고 써 주어 일본사람은 그 1,000냥을 다 받아내는데, 당사자의 자산이 부족하여 친척들이 대신 물어주는 것을 김준영은 자주 보아 왔다고 했다. 그 때문에 그는 김구가 서울도 가고 남도에도 왕래하는 것이 혹시 일본사람의 돈이나 얻어 쓰고 다니지 않나 해서 김구가 어디를 간다고 하면 야단부터 쳤던 것이다.

그해 가을에 김준영이 장련으로 김구네 식구가 사는 것을 보러 왔다. 사직동집이 집만 좋을 뿐 아니라 추수한 곡식도 자기 집 살림보다 나은 것을 보자 김준영은 놀라움을 금치 못했다. 그는 오 진사를 찾아보고 와서 곽씨 부인에게 말했다.

"조카가 다른 사람에게 그같이 신뢰받을 줄은 생각 못했습니다."

이렇게 하여 김준영은 조카에 대한 오해가 풀렸다. 그 뒤로 그는 김구를 매우 사랑하게 되었다.[54]

어느 날 유완무(柳完茂)와 강화의 주윤호(朱潤鎬) 진사가 김구를 찾아왔다. 주윤호는 연전에 김구가 유완무의 친구들을 찾아 삼남을 여행하고 와서 마지막으로 찾아간 사람이었다. 아버지의 병환을 걱정하면서 황급히 서울을 떠나온 뒤로 만나지 못하여 소식이 궁금하던 참이었다. 유완무는 그동안 북간도에 가서 관리사(管理使) 서상무(徐相懋)[55]와 앞으로의 계획을 논의하고 왔다고 했다. 그런데 이때의 간도관리사(間島管理使)는 서상무가 아니라 이범윤(李範允)이었다. 그러므로 『백범일지』의 이러한 기술은 유완무가 이범윤을 서상무로 잘못 말했거나 김구가 잘못 적은 것일 것이다. 서상무는 1897년에 서간도지역 한인이주민의 보호와 관리를 위해서 서변계관리사(西邊界管理使)로 임명된 인물이었는데, 비행이 심하여 한인이주민들로부터 오히려 배척을 받았고, 그 때문에 관리정청은 설치된 지 1년도 못 되어 폐지되어 버렸다.[56] 그 뒤에 다시 파견한 관리가 이범윤이었다. 이범윤은 1902년6월25일에 간도시찰사(間島視察使)로 파견되었다. 그는 간도에 사는 동포들의 호적을 조사하여 등록했는데, 이때에 등록된 동포수는 2만7,400여호에 10여만명에 이르렀다. 이범윤은 1년 동안 청국관원들의 한국인 이주민에 대한 온갖 가렴잡세(苛斂雜稅)를 상세히 조사하여 정부의 강력한 대책을 촉구했다. 정부는 이범윤의 활동의 중요성을 인정하여 1903년10월에 그를 간도관리사로 승격시켰다. 이범윤은 진위대(鎭衛隊)와 변계경무관(邊界警務官)들에게 자신의 신변보호를 요청했으나, 그들은 무기가 부족하고 상부의 지시가

54) 『백범일지』, pp.202~203.

55) 『백범일지』에는 徐相茂라고 했으나 그것은 徐相懋의 오기이다.

56) 金祥起 · 蔡永國, 「南滿洲에서의 韓國獨立運動」, 한국독립유공자협회 엮음, 『中國東北地域韓國獨立運動史』, 集文堂, 1997, p.185

없다는 이유로 그의 요청을 거절했다. 그러자 그는 정부의 허가 없이 독자적으로 산포수와 본국에서 건너온 구한국 군인 및 의병들을 모집하여 사포대(私砲隊)를 조직했다. 이범윤은 이 사포대를 배경으로 청국이 임명한 향약(鄕約)을 잡아 가두는 등 청국관리들의 횡포에 적극적으로 대응했다. 그는 한국인 이주민들에게 청국관리에게 조세를 바치지 말도록 포고하고, 이를 어기는 자는 체포하거나 다른 지역으로 추방했다. 그리하여 청국관민들은 이범윤을 호랑이보다 더 무서워했다.[57]

그러나 이범윤의 활동은 청국과의 외교분쟁으로 발전하여 청국정부는 한국정부에 이범윤을 소환할 것을 요청했다. 1904년6월15일에 양국정부 사이에 한중변계선후장정(韓中邊界先後章程)이 체결되어 한국정부가 간도지역에 대한 청국의 관할권을 인정함으로써 국경분쟁은 마무리되고 말았다.[58] 이 장정이 체결됨에 따라 사포대는 해산되고 이범윤에게는 철수명령이 내려졌다. 그러나 이범윤은 소환에 응하지 않고 부대를 거느리고 연해주로 망명하여 의병운동을 전개했다.[59]

유완무가 언제 북간도를 시찰하고 돌아왔는지는 정확히 알 수 없다. 아마도 그는 이범윤이 간도관리사로 있을 때에 북간도를 다녀온 것으로 짐작된다. 독립운동자들의 해외근거지 구축계획이 구체적으로 논의되는 것이 1905년의 을사조약 이후인 점을 감안하면 그 이전부터 추진된 유완무의 해외이주계획은 눈여겨볼 만한 가치가 있다. 북간도에 가서 관리사와 앞으로의 활동계획을 협의한 유완무는 같이 북간도로 갈 국내 동지들을 구하러 귀국했다. 유완무가 김구를 찾아온 것도 그러한 목적에서였을 것이다.

유완무와 주윤호는 며칠 동안 머물렀는데, 『백범일지』는 세 사람이

---

57) 鄭濟愚, 「沿海州 李範允義兵」, 《한국독립운동사연구》 제11집, 독립기념관 한국독립운동사연구소, 1997, p.5.

58) 金春善, 「'北間島' 地域 韓人社會의 形成研究」, 國民大學校 박사학위논문, 1998, pp.99~125 참조.

59) 鄭濟愚, 앞의 글, pp.6~41 참조.

"어머님이 삶아 주신 밤과 닭고기를 먹으면서 연일 밤을 새워 품은 생각을 털어놓고 여러 가지 일을 토의했다"[60] 라고 적었다. 그러나 밤을 새워 토의한 '품은 생각'의 내용이 어떤 것이었는지는 설명하지 않았다. 유완무는 김구더러 같이 북간도로 가서 독립운동의 근거지를 구축하는 일을 하자고 설득했을 것이고, 김구는 그보다도 국내에서 2세 국민을 가르치는 일이 더 중요하다고 주장했을 것이다.

김구는 강화 김주경(金周卿)의 일이 궁금하여 유완무에게 소식을 물었다. 유완무는 탄식을 하며 김주경의 소식을 알려 주었다. 강화를 떠난 김주경은 10여년 동안 붓행상을 하면서 수만원의 금전을 모았다. 그렇게 모은 돈은 자기 몸에 간직하고 다니다가 작년에 연안(延安)에서 불행히도 객사했다는 것이었다. 김주경의 아들이 이 사실을 알고 주인을 찾아가서 소송까지 했으나 아무런 소용이 없었다고 했다.

김주경이 부모나 친척에게도 알리지 않고 비밀행상으로 거액의 돈을 모은 것으로 보아 아마도 어떤 큰 계획이 있었을 것으로 짐작되지만, 다시는 이 세상에서 김주경의 큰 포부와 책략을 알 길이 없게 되고 말았다는 것이었다. 게다가 김주경의 동생 김진경(金鎭卿)마저 전라도에서 객사하여 집안형편이 말이 아니라고 했다.[61]

김구는 이때에 헤어진 뒤로 유완무와 다시 만나지 못했다. 뒷날 김구는 상해에서 『백범일지』 상권을 집필할 때에, 유완무는 북간도로 가서 백초(白樵)라는 가명을 쓰면서 활동하다가 누군가에게 피살되었고 그 아들 한경(漢卿)은 북간도에서 살고 있다고 적어 놓았다.[62] 유완무가 북간도에서 어떤 활동을 했는지는 아쉽게도 구체적으로 밝혀진 것이 없다. 그러나 그는 그 뒤에도 국내를 내왕하고 있었던 것이 확인된다. 유완무는 1908년1월에 대구에서 블라디보스토크로 떠나는 장지연(張志淵)을 만

---

60) 『백범일지』, p.191.
61) 위와 같음.
62) 『백범일지』, p.290.

났고, 그해 4월에는 함경도 이원(利原)에서 장지연에게 편지를 썼다. 또한 그는 국민사범학교를 졸업한 조창용(趙昌容)이라는 청년에게 자신의 명함을 주어 보내어 장지연과 블라디보스토크까지 동행하게 했다.[63] 유완무가 함경도 이원에서 장지연에게 편지를 보낸 것은 블라디보스토크로 가는 길에 보낸 것일 것이다. 또한 1908년11월에 공립협회(共立協會) 샌프란시스코 지방회가 설립될 때에 유완무가 블라디보스토크 신입회원으로 가입하고,[64] 이듬해 1월7일에는 대한인국민회(大韓人國民會) 블라디보스토크 지방회 설립대회에 회원으로 가입한 것을 보면,[65] 1908년12월 무렵에는 블라디보스토크에서 활동하고 있었음을 알 수 있다. 따라서 그는 1908년 이전에 북간도에서 블라디보스토크로 옮겨간 것이 틀림없다. 공립협회는 1905년에 샌프란시스코에서 안창호를 초대 회장으로 하여 설립된 한인단체로서, 미주뿐만 아니라 국내와 연해주와 만주에도 지회를 설치했다.[66] 유완무가 피살되었다면, 그것은 1909년1월 이후의 일이었을 것이다.

블라디보스토크를 중심으로 한 연해주지역은 서북간도와 함께 해외 이주 한인사회가 가장 먼저 형성된 곳으로서 1911년 무렵에는 이주 한인 수가 20만명으로 추산될 정도였다.[67] 특히 연해주지역은 러시아에 속했기 때문에 일본의 세력이 미치지 않은 곳이면서 지리적으로 국내와 가까워서 만주와 러시아의 한인들을 연결하기가 비교적 쉬웠고, 토질도 비옥하여 독립운동 근거지를 건설하기에 적합한 곳이었다. 초기에는 함경도와 평안도에서 건너간 가난한 이주농민들이 대부분이었으나 을사조약이 강제된 이후에는 독립운동을 위한 정치적 망명이 크게 늘어났다. 의병, 계

63) 張志淵, 「海港日記」, 『張志淵全書(八)』, 檀國大學校東洋學硏究所, 1986, p.1107, p.1109, p.1114.
64) 《共立新報》 1908년12월2일자, 「會報」.
65) 《新韓民報》 1909년2월27일자, 「國民會報」.
66) 金度勳, 「共立協會(1905~1909)의 民族運動硏究」, 《한국민족운동사연구》 4, 한국민족운동사연구회, 1989.10., pp.12~31 참조.
67) 尹炳奭, 『國外韓人社會와 民族運動』, 一潮閣, 1990, p.212.

몽운동, 신민회, 기독교, 대종교 등 다양한 운동세력들이 모여들어 곳곳에 한인촌락을 건설하여 연해주 남쪽 지방은 국경이 구분되지 않았으며, 마치 한국의 연장지대와도 같았다. 이렇게 하여 블라디보스토크에 건설된 것이 신한촌(新韓村)이었다.[68]

68) 潘炳律, 「露領沿海州 한인사회와 한인민족운동(1905~1911)」, 《한국근현대사연구》 제7집, 한울, 1997, pp.66~98 및 李明花, 「1910년대 재러한인사회와 大韓人國民會의 민족운동」, 『한국독립운동사연구』 제11집, 독립기념관 한국독립운동사연구소, 1997, pp.67~97 참조.

17장

루스벨트 대통령을 만나다

1. 딘스모어 의원과 함께 헤이 국무장관 방문
2. 루스벨트 대통령을 만나서 '스퀘어 딜' 부탁
3. 공관장 김윤정의 배반

1. 딘스모어 의원과 함께 헤이 국무장관 방문

1

이승만은 1905년 새해를 워싱턴의 호텔방에서 맞았다. 그는 아침에 아이오와 서클에 있는 한국공사관을 찾아갔다. 3층으로 된 공사관 건물은 큰 방이 아홉개나 있어서 1층은 공사관으로 쓰고 2, 3층은 공관원들의 살림집으로 쓰고 있었다.

이승만은 자서전 초록에 이때에 서기관 홍철수(Hong Chul Soo)와 김윤정(金潤晶)을 만났는데 홍철수는 민영환(閔泳煥)으로부터 자신이 올 것이라는 것과 자신의 사명에 대해 설명한 편지를 받았고 자신이 하는 일을 무엇이건 돕겠다고 말했다고 써 놓았다.[1] 그러나 홍철수가 어떤 사람이었는지는 확인되지 않는다. 이 무렵 주미공사관에는 공사는 없고 참사관 신태무(申泰茂)가 공사대리로서 서기관 김윤정과 함께 일하고 있었다.

공사관을 나온 이승만은 햄린(Lewis T. Hamlin) 목사를 교회로 찾아가 그의 집에서 오찬을 함께 했다. 전날 밤중에 찾아갔을 때에 햄린 목사로부터 이날 오찬을 초대받았던 것이다. 이 오찬회동을 통하여 햄린은 이승만을 자신이 돌아보아 주어야 할 인물로 평가한 것 같다. 이승만은 이날 저녁을 공사관에서 공사관원들과 같이했다.[2]

이승만은 몇 사람 안 되는 공사관원들이 심각한 불화에 빠져 있는 사실을 곧 알아차렸다. 처음에 이승만이 자주 접촉한 사람은 김윤정이었다. 김윤정은 신태무가 본국으로 소환되어야 한다고 주장했다. 김윤정의 말에 따르면, 신태무는 엄비(嚴妃)가 보낸 사람이었다. 엄비가 자신의 소생인 이은[李垠: 뒤에 英親王으로 피봉]이 제위를 계승할 수 있게 하기 위

---

1) "Autobiography of Dr. Syngman Rhee", p.17; 「청년이승만자서전」, 이정식 지음, 권기붕 옮김, 『초대대통령 이승만의 청년시절』, p.286.
2) Syngman Rhee, *Log Book of S.R.*, 1905년1월1일조.

워싱턴의 아이오와 서클에 있던 대한제국 공사관. 1층은 공사관으로 쓰고 2, 3층은 공관원들의 살림집으로 썼다.

해 미국에 유학 중인 이강[李堈: 뒤에 義親王으로 피봉]을 감시할 목적으로 보냈기 때문에, 신태무가 하는 일은 오로지 이강의 행실을 헐뜯는 보고서를 보내어 이강으로 하여금 고종의 신임을 잃게 하는 것이었다. 신태무는 1889년에 통리교섭통상사무아문(統理交涉通商事務衙門) 주사로 임명된 뒤로 덕원감리(德源監理), 궁내부 참리관(宮內府參理官) 등을 거쳐 1900년에 주미공사관 2등 참서관으로 임명된 사람이었다.[3]

이승만은 그 뒤 몇달 동안 버지니아주 세일럼에 있는 로어노크대학(Roanoke College)에 다니던 이강을 워싱턴에서 몇번 만났다. 이승만은 이강이 여자들과의 교제로 돈을 많이 허비하고 있었고, 그 때문에 알렌(Horace N. Allen, 安連) 공사가 고종에게 그에게 돈을 너무 많이 보내지 말라고 충고한 적이 있다고 썼다.[4] 이강은 1901년3월부터 수행원 두 사람을 데리고 로어노크대학에 유학하고 있었는데, 대학 근처의 사교계, 특히 젊은 여성들에게 큰 관심과 화제의 대상이 되고 있었다고 한다. 이때에

3) 國史編纂委員會 編, 『大韓帝國官員履歷書』, 探究堂, 1972, p.359; 安龍植 編, 『大韓帝國官僚史研究(I) 1896.8.~1901.7.』, 延世大學校社會科學研究所, 1994, pp.347~348.
4) 「청년이승만자서전」, 이정식 지음, 권기봉 옮김, 앞의 책, p.283.

로어노크대학에는 김규식(金奎植)도 유학하고 있었다.[5)]

신태무는 본국으로부터 명확한 훈령이 없는 상태에서는 이승만에게 협조할 수 없다는 태도였다. 이미 일본의 감시를 받고 있는 한국정부가 공식적으로 그러한 훈령을 보낼 까닭이 없다는 것을 그는 잘 알고 있었다. 그 반면에 김윤정은 자기가 공사대리가 될 수 있다면 모든 힘을 다해서 이승만의 일에 협조하겠다고 말했다. 도미하기 전부터 기독교인이었던 김윤정은 1897년에 미국으로 건너가서 매사추세츠주의 마운트 허몬 스쿨을 거쳐 워싱턴의 흑인학교 하워드대학교(Howard University)를 졸업하고 미국인들의 천거에 따라 1904년4월에 주미공사관 서기생으로 현지 채용된 사람이었다.

이승만은 곧 바쁘게 움직였다. 1월2일에 언더우드(Horace G. Underwood, 元杜尤) 선교사가 써준 소개장을 가지고 N. W. 2307-1의 걸리(Gurley) 기념 장로교회 목사 버브리크(Verbrycke) 박사의 집으로 찾아갔다. 1월7일에 마운트 버넌 호텔을 나와서 H가 2122의 스미스(W. H. Smith)의 집 하숙으로 숙소를 옮긴 이승만은 신년 연휴가 지나고 첫째 주일인 1월8일에 스미스네 교회의 아침 성경반과 저녁의 크리스천 면려회(Christian Endeavor Society)에서 강연을 했다. 이승만은 워싱턴에 도착한 지 1주일 만에 호기심에 찬 눈빛으로 바라보는 백인들 앞에 선 것이다. 2월12일에는 걸리 기념 교회의 예배시간에 연사로 초대되었다. 교인들은 이승만의 학비지원금으로 12달러79센트를 걷어 주었다. 이때부터 이승만은 여러 교회에서 한국의 형편과 기독교 선교 실태를 소개하는 연설을 하고 학비연조금을 지원받았다. 햄린은 또 적은 액수이기는 했으나 개인적으로 돈을 보태 주었다. 2월20일에는 공사관에서 방값으로 6달러를 보내왔다.[6)]

---

5) 李庭植, 『金奎植의 生涯』, 新丘文化社, 1974, p.22; 강만길·심지연, 『우사 김규식 생애와 사상 ① 항일독립투쟁과 좌우합작』, 한울, 2000, pp.28~36.

6) Syngman Rhee, *Log Book of S.R.*, 1905년1월2일조~2월20일조.

이승만은 민영환과 한규설(韓圭卨)의 편지를 가지고 아칸소주 출신 하원의원 딘스모어(Hugh A. Dinsmore)를 찾아갔다. 주한 미국공사를 지낸 딘스모어는, 그의 밑에서 서기관으로 일했던 알렌에 따르면, "냉정하고 빈틈없는 법률가"이며 "양심적인 크리스천 신사"였다.[7] 그는 동아시아의 정세에 밝았을 뿐만 아니라 한국에도 우호적이었다. 딘스모어는 옛 친구들의 소식을 들어 기쁘다면서 국무장관과의 면담을 주선해 주겠다고 약속했다. 이때의 국무장관 존 헤이(John M. Hay)는 매킨리(William Mckinley) 행정부의 국무장관으로 있던 1899년9월에 중국에 대한 '문호개방정책(Open Door Policy)'을 제창한 것으로 유명해진 인물이었다. 그의 문호개방정책은 중국에 대한 열강의 통상기회의 균등과 중국의 영토보존을 강조함으로써 열강에 의한 중국분할을 방지했고, 그 뒤로 오랫동안 미국의 동아시아정책의 기조가 되었다.[8] 이승만은 말할 나위도 없고 딘스모어도 헤이 장관이 이와 같은 정책기조에 따라 친한적 조치를 취할 것으로 기대했던 것이다.[9]

올리버는 이승만이 헤이 장관과의 면담 통보를 기다리는 동안 《워싱턴 포스트(*The Washington Post*)》지를 방문했고, 1905년1월15일자 《워싱턴 포스트》지에 일본의 한국점령 기도에 대한 이승만의 성토기사가 실렸는데, 그것은 미국 언론이 이승만의 주장을 다룬 최초의 기사였다고 기술했다.[10]

이승만은 한편으로 자신의 도미목적인 진학을 서둘렀다. 햄린 목사는 이승만을 한국공사관의 법률고문 일을 맡고 있는 조지워싱턴대학교(George Washington University) 총장 찰스 니덤(Charles W. Needham)

---

7) Allen to Ellinwood, June 15, 1987, Fred H. Harrington, *God, Mamon and Japanese: Dr. Horace N. Allen and Korean-American Relations 1884~1905*, The University of Wisconsin Press, 1961, p.51.

8) 김기정, 『미국의 동아시아개입의 역사적 원형과 20세기 초 한미관계연구』, 문학과지성사, 2003, pp.95~124 참조.

9) Robert T. Oliver, *Syngman Rhee: The Man Behind the Myth*, p.81.

10) *op. cit.*, pp.81~82.

박사에게 소개했다. 니덤은 이승만에게 선교장학금을 받도록 해주었다. 그것은 매 학기 도서관 이용료 1달러를 제외한 학비 전액을 충당할 수 있는 돈이었다. 그리하여 이승만은 조지워싱턴대학교의 컬럼비아 문리과대학(Columbian College of Arts and Sciences)에 입학했다. 알렌 윌버(W. Allen Wilbur) 학장은 이승만의 배재학당(Pai Chai College)의 학력을 감안하여 학부 2학년에 '특별생'으로 편입시켜 주었다.[11)]

2

진학문제를 해결한 이승만은 딘스모어 의원에게 헤이 장관과의 면담 주선을 독촉하는 편지를 썼다. 딘스모어는 2월16일에 답장을 보내왔다.

> 친애하는 이승만씨. 어제 아침에 당신의 편지를 받았습니다. 당신을 만나고 나서 나는 바로 유행성 감기에 걸려서 누워 있었기 때문에 당신과 약속한 일을 추진하지 못했습니다. 그러나 나는 오늘 아침에 내 방에서 일어나 앉아서 헤이 장관에게 언제 당신을 만나 줄 수 있느냐는 문의편지를 쓰고 있었습니다. 회신을 받는 대로 알려드리겠습니다.[12)]

며칠이 지난 금요일에 이승만은 "헤이 장관의 메모를 동봉합니다. 9시 정각에 오시면 같이 국무부로 가도록 하겠습니다"라고 연필로 갈겨쓴 딘스모어의 편지를 받았다.

이튿날 아침에 딘스모어 의원은 의원사무실에서 기다리지 않고 자기 마차를 몰아 아이 스트리트에 있는 이승만의 숙소로 데리러 왔다. 국무

11) *ibid.*, p.97.
12) *ibid.*, p.82.

부로 간 두 사람은 곧 장관실로 안내되었다. 면담은 30분 이상 계속되었다. 커버넌트교회의 신자인 헤이 장관은 한국의 서북지방에서 활동하는 미국 선교사들의 동향에 관하여 알렌 공사가 보내온 보고를 받고 감격한 이야기를 했다. 러일전쟁이 발발하자 미국은 이 지역을 전쟁지역으로 선포하고 전함 1척을 평양으로 보내어 그곳에서 활동하는 선교사들과 미국인들을 철수시키려 했는데, 선교사들은 임무수행을 위해 철수를 거부하고 있었다. 1904년2월8일에 러일전쟁이 발발하자 서울의 알렌 공사가 그날로 평양에 있는 마펫(Samuel A. Moffett, 馬布三悅) 목사에게 전보로 일본군의 평양 진격을 알리고 모든 선교사들의 여행을 중지시켰다. 황해도에 있던 헌트(William B. Hunt, 韓緯廉) 목사는 곧 평양으로 돌아왔다. 2월15일에 마펫은 알렌에게 전보로 모두 무사함을 알리면서, 진남포로 미국 군함을 보내어 선교사들과 미국인들을 철수시키려는 알렌의 계획을 유보시켰다. 선교사들은 평양에 남기로 '영웅적인' 결정을 내린 것이었다. 알렌은 2월 말에 러시아군이 진주한 선천(宣川)에 있는 선교사들을 평양으로 철수하도록 조치했다. 그러나 휘트모어(Norman C. Whittemore, 魏大模) 목사와 새럭스(Alfred M. Sharrocks, 謝樂秀) 의사 부부는 선천에 남았다. 4월 하순에 평양을 떠났던 사람들이 다시 돌아왔다. 대부분의 교인들은 평양을 떠나지 않았으나, 지방으로 흩어졌던 사람들은 그것을 복음을 전파하는 기회로 삼았다. 이때에 평안도와 황해도에서는 "우리도 야소교인이 되어 두려움 없이 살자"는 말이 생기면서 많은 사람들이 기독교에 입교했고, 선교사들은 하나님이 전쟁을 이용하여 전도하셨다고 믿었다고 한다.[13] 헤이 장관은 이러한 사실을 알렌 공사로부터 보고받고 있었던 것이다.

헤이 장관은 이승만에게 한국인들이 선교사들을 사랑하는 것 같아

13) A. J. Brown, "The War and Our Devoted Missionaries", *Missionary Review of the World*, April 1904, pp.241~246; "War", *The Korea Field*, May 1904, p.161; "Still War", *The Korea Field*, August 1904, p.177; A. J. Brown, "The Situation in Korea", *The Assembly Herald*, December 1904, p.737, 옥성득, 「백범 김구의 개종과 초기 전도 활동」, p.28.

보인다고 말하면서 이렇게 덧붙였다.

"한국인들이 어떤 반기독교운동을 벌이지 않는 한 문제가 없을 것입니다."

이 말은 반기독교 및 반외세의 기치를 내걸었던 1900년의 중국의 의화단(義和團)사건을 염두에 두고 한 말이었다. 이승만은 헤이 장관에게 한국은 개항 이래로 한 사람의 선교사도 아무런 화를 입지 않았음을 상기시켰다. 그러고 나서 그는 본론을 말했다.

중국에 대한 '문호개방정책'으로 유명해진 존 헤이 미국 국무장관.

"우리 한국인들은 장관께서 중국을 위해 하신 일을 한국을 위해서도 해주시기를 원합니다."

그것은 헤이의 문호개방정책을 뜻하는 말이었다. 헤이는 이승만이 자신의 문호개방정책을 거론한 데 대해 기뻐하는 눈치였다. 그는 이렇게 대답했다.

"기회가 주어지는 대로 나는 개인적으로나 미국정부를 대표해서 우리의 조약상의 의무를 이행하기 위해 할 수 있는 모든 일을 다 할 것입니다."[14]

이때에 헤이 장관이 이승만에게 조약상의 의무를 다하겠다고 이처럼 확실하게 말했는지는 의심스럽다. 왜냐하면 헤이 장관은 바로 한달 전에 루스벨트(Theodore Roosevelt) 대통령으로부터 "우리는 일본에 맞서서까지 한국문제에 관여할 수 없다. 한국인은 그들 자신의 방위를 위하여

---

14) Robert T. Oliver, *op. cit.*, pp.82~83.

일격을 가할 능력도 없다"라는 편지를 받았기 때문이다.[15] 루스벨트는 러시아와 일본 사이의 강화가 성립되면 한국은 일본의 보호국이 되어야 한다고 생각하고 있었다. 그는 한국문제로 자신과 대립했던 알렌 공사를 3월에 해임하고 후임으로 모건(Edwin V. Morgan)을 임명했다.

그러나 이승만은 헤이 장관과의 면담으로 크게 고무되었다. 딘스모어 의원도 국무부를 나오면서 회담 결과가 매우 만족스러웠다고 말했다. 이승만은 민영환과 한규설에게 회담에 대한 상세한 보고서를 썼고, 딘스모어 의원은 그것을 외교파우치 편으로 주한 미국공사관에 보내어 민영환과 한규설에게 전해 주었다. 이승만이 민영환과 한규설에게 보내는 편지를 주미 한국공사관 파우치를 이용하지 않고 미국 외교파우치를 이용한 것은 이때는 이미 스티븐스(Durham W. Stevens, 須知分)가 외교고문에 취임하여 일체의 외교 업무를 장악하고 있었기 때문이다.

헤이 장관이 한국정부의 공식사절도 아닌 젊은 이승만을 만난 것은 매우 이례적인 일이었다. 이승만은 이때의 일을 오래도록 자랑스럽게 기억했다. 그는 뒷날 헤이 장관이 그해 여름에 갑자기 사망하지 않았더라면 한국의 독립은 지켜졌을 것이라고 아쉬워하곤 했다. 그러나 그것은 물론 이승만의 단견이었다.

헤이 장관은 이승만을 만나기 두달 전에 이미 고종의 다른 '밀사'를 만났다. 1904년8월22일에 이른바 제1차 한일협약[한일협정]이 체결되고 한달 뒤인 9월30일에 주일공사 조민희(趙民熙)는 주미 한국공사관 고문 니덤에게 자기가 워싱턴 재임 중에 헤이 장관과 회견했을 때에 헤이가 한미 간의 우호관계를 고려하여 기회가 있으면 한국을 구할 생각이라고 말했다면서, 한국의 독립이 일본에 의하여 위기에 빠져 있으므로 한국의 상황을 루스벨트 대통령과 헤이 장관에게 전하여 한국의 독립과 황실

15) Roosevelt to John Hay, Jan. 28, 1905, Elting E. Morison ed., *The Letters of Theodore Roosevelt*, vol. IV., *The Square Deal*(1903~1905), Harvard University Press, 1951, p.1112.

의 보전을 위해 힘써 달라고 부탁했다.[16] 조민희는 중추원(中樞院) 의관을 시작으로 평안도관찰사, 법부협판, 군부협판 등을 역임하고 주독공사와 주미공사를 거쳐 1904년부터 주일공사로 재임하고 있었다.[17] 조민희의 부탁을 받은 니덤은 12월21일에 헤이 장관과 면담했다. 그리고 이틀날 그는 조민희에게 면담결과를 다음과 같이 통보했다.

> 나는 어제 국무장관을 방문하고, 관계 각국과의 기존의 조약관계와 일치하는 범위 안에서 미국정부가 한국의 안전과 독립의 유지를 위해 동양사태의 최종적 조정에 대해 적절한 영향력을 행사해 주기 바란다는 황제 폐하의 희망을 구두로 전달했습니다.
>
> 국무장관은 정중히 맞이해 주었습니다. 그는 한국에 대해 깊은 관심을 표시했는데, 이 사실은 조금은 귀국에 도움이 되리라고 나는 마음으로부터 믿습니다. 교섭이 시작되고, 귀국 주변에서 현재 계속되고 있는 불행한 전투에 강화가 초래되기까지는 어떠한 우호국도 아무런 일도 할 방도가 없는 것은 명백합니다. 관계 각국 모두에 명예로운 모양으로 동양에서의 전쟁이 즉시 종결되는 것은 인류의 희망이라고 확신합니다.[18]

헤이 장관의 반응은 고종이 기대했던 것만큼 만족스러운 것은 물론 아니었다. 그러나 고종과 한국정부는 1882년의 조미수호통상조약에 따른 미국정부의 "거중조정(good offices)"에 의해 독립이 유지되기를 절실히 바랐다. 니덤의 통보는 강화회의가 시작되면 우호국이 어떤 일을 할

---

16) Cho Min-Hui to Needham, Sept. 30, 1904, Dispatches, Korea, 長田彰文, 『セオドア·ルーズベルトと韓國: 韓國保護國化と美國』, 未來社, 1992, p.146.

17) 安龍植 編, 『大韓帝國官僚史研究(I) 1896.8.~1901.7.』, pp.737~738 및 『大韓帝國官僚史研究(II) 1901.8.~1904.2.』, 1995, p.879.

18) Needham to Min Hui Cho, Dec. 22, 1904, 日本外務省 編, 『日本外交文書 38-1』, 國際聯合協會, 1954, pp.655~656.

수 있을지 모른다는 것을 시사하는 것이기도 했다. 이승만은 물론 니덤이 헤이 장관을 면담한 사실을 몰랐다. 그러나 그가 조지워싱턴대학교에 유리한 조건으로 쉽게 입학할 수 있었던 것은 한국을 위해 활동하던 니덤이 바로 그 대학교의 총장이기 때문에 가능했던 것이다.

일본정부는 니덤의 헤이 장관 면담사실을 모르고 있다가 1905년6월에 이르러 주미공사관의 서기관 히오키 에키(日置益)가 스티븐스에게 알려와서 비로소 알게 되었다. 이승만이 헤이 장관을 만나고 나서도 넉달이나 지나서였다. 히오키는 주한 일본공사관에도 근무했다. 그러나 이승만이 헤이 장관과 면담한 사실에 대한 일본정부의 반응은 보이지 않는다.

이때부터 일본정부는 한국이 비밀리에 전개하고 있는 대미 교섭활동에 대해 경계를 철저히 하기 시작했다. 니덤의 헤이 장관 면담사실을 보고받은 외부대신 고무라 주타로(小村壽太郎)는 6월14일에 주한 일본공사 하야시 곤스케(林權助)에게 이러한 일은 "대단히 재미없는 일"이므로 한국 황제에게 앞으로 외교는 모두 일반경로를 거치게 하고, 특히 외교고문 용빙계약 규정대로 반드시 고문의 자문을 거쳐서 시행하도록 상주하라고 훈령했고, 하야시는 곧바로 고종을 만나서 이와 같은 뜻을 상주했다. 하야시는 스티븐스에게도 같은 상주를 하게 했다.

헤이 장관과의 면담으로 고무된 이승만은 이러한 사실을 알지 못한 채 주미공사관을 통하여 좀더 공식적인 대미 교섭활동을 벌이기 위해 신태무 대신에 김윤정을 대리공사로 임명할 것을 민영환에게 건의했다. 그는 김윤정의 애국심을 의심하지 않았다. 이승만은 이때의 상황을 자서전 초록에서 다음과 같이 썼다.

김씨는 자주 나를 만나러 오곤 했다. 그는 나와 한국정계의 관계, 그리고 나의 비밀사명에 대해 알고 있었기 때문에 나에게 신씨를 본국으로 소환해야 된다고 자주 말했다. 이 중요한 시기에 신씨는 한국을 위해 무슨 일을 하지도 않을 것이고 또 하려고 하지도 않을 것이라고 그는 말했다. 그러면서 만일 자기가 공사가 될 수 있다면 모든 힘을 다해서 나에게 협조하겠다고 했다. 그래서 나는 만일 내가 그를 대리공사 자리에 승진되게 한다면 한국을 위해 미국정부에 정식요청을 하겠느냐고 물었더니, 그는 있는 힘을 다해서 일본이 한국의 지도자들에게 한 약속을 어기는 것에 항의하겠다고 말했다.[19]

이윽고 6월23일부로 신태무가 해임되고 김윤정이 3등 참서관으로 승진되어 대리공사로 임명되었다. 김윤정은 주미공사관의 서기생으로 현재 채용된 지 1년 만에 공관장이 된 것이다. 김윤정이 대리공사에 임명된 것이 반드시 이승만의 추천에 따른 것이었는지는 분명하지 않다. 이승만을 미국으로 보낸 민영환과 한규설이 이 무렵에 차례로 참정대신(參政大臣)을 맡고 있었으므로 그들이 마음먹기에 따라서 그것은 어려운 인사는 아니었다. 김윤정의 대리공사 임명과 관련하여, 미국 국무장관 대리 루미스(Francis B. Loomis)가 6월12일과 14일 두차례에 걸쳐서 김윤정이 대리공사에 임명될 것 같다고 주한 미국대리공사 패독(Gordon Paddock)에게 타전하고, 패독은 한국정부에 조회하여 사실임을 확인하고 본국에 보고한 것[20]이 눈길을 끈다. 그런데 이승만 자신은 자기가 민영환에게 김윤정을 대리공사로 임명하도록 추천한 것은 사실이나, 김윤정이 비밀리에 서울에 있는 일본공사에게 접근해서 일본정부가 그의 보직을 승인하도록 노력한 것이 뒤에 일어난 일들로 증명되었다고 썼다. 그러면서도 이승만은 "그러나 (이때에) 나는 그가 (대리공사로) 임명된 것은 우리 계획을 절반쯤은 성공케 한 것으로 생각했다"[21]라고 덧붙였다.

이승만은 김윤정을 자주 찾아갔다. 그는 공사관 3층의 김윤정의 집에서 밥을 먹고 오기도 했다.

---

19) 「청년이승만자서전」, 이정식 지음, 권기붕 옮김, 앞의 책, p.289.
20) 長田彰文, 앞의 책, p.151.
21) 「청년이승만자서전」, 이정식 지음, 권기붕 옮김, 앞의 책, p.292.

3

이승만의 개인생활도 정착되어 갔다. 그는 4월23일의 부활절 주일에 햄린 목사로부터 세례를 받았다.[22] 태평양 건너 먼 이국땅에서 눈빛 푸른 미국사람들과 섞여 세례를 받는 이승만은 만감이 교차했을 것이다. 그리고 각별한 선민의식과 사명감을 느꼈을 것이다.

아들 태산(泰山)이 워싱턴에 온 것은 이 무렵이었다. 옥중동지 박용만(朴容萬)이 미국에 오는 길에 데리고 온 것이었다.[23] 태산은 이때에 일곱 살이었다. 태산을 이승만에게 보낸 사람은 박씨 부인이었다. 박씨 부인은 태산을 먼저 미국에 보내놓고, 태산을 핑계 삼아 자신도 도미할 생각이었다고 한다. 그리고 이러한 사실을 사전에 시아버지 이경선(李敬善)과는 상의하지 않았다는 것이다. 그 때문에 박씨 부인은 이경선의 진노를 샀고, 자신의 도미계획도 수포로 돌아갔다고 한다.[24]

한편 이승만이 미국으로 떠날 때에 박씨 부인과 태산을 미국으로 데려갈 계획을 하고 있었다는 이야기도 있다. 박씨 부인의 양아들 이은수(李恩秀)의 말에 따르면, 이승만은 미국으로 떠나기에 앞서 박씨를 일본으로 보낼 것을 주선해 놓고 있었다. 박씨 부인에게 신교육을 시켜 미국에서 합류할 계획이었다는 것이다. 그러나 나가사키(長崎)까지 갔던 박씨 부인이 가슴앓이로 건강을 해쳐서 석달 만에 돌아오고 말았다고 한다. 또한 박씨 부인의 친정 조카 박관현(朴貫鉉)은 박씨 부인이 태산을 데리고 대만까지 갔으나 각기병에 걸려서 귀국했다는 말을 들었다고 했다.[25]

---

22) "Autobiography of Dr. Syngman Rhee", p.18과 *Log Book of S.R.* 에는 세례를 받은 날이 3월26일 부활절이었다고 썼으나, 이 해의 부활절은 4월23일이었다.

23) "Autobiography of Dr. Syngman Rhee", p.18; 박용만의 도미시기에 대해서는 方善柱, 「朴容萬評傳」, 『在美韓人의 獨立運動』, 翰林大學校아시아文化研究所, 1989, p.14 주7).

24) 李承晩의 조카 沈鍾喆의 부인 말을 근거로 한 曺惠子 증언.

25) 李恩秀 및 朴貫鉉 증언, 「人間李承晩百年(56)」, 《한국일보》 1975년6월5일자.

이승만은 자신이 5년7개월이나 감옥살이를 하는 동안 할아버지 슬하에서 자란 어린 태산이 이역만리까지 찾아온 것이 여간 대견스럽지 않았으나, 그렇다고 데리고 있을 수는 없었다. 그는 태산을 김윤정의 집에 잠시 맡겼다가 여름에 뉴저지주의 오션 그로브(Ocean Grove)로 가면서 워싱턴 시내의 하보우(Harbough)라는 기독교 가정에 맡겼다. 이승만이 태산을 맡길 기독교 가정을 찾는다는 《워싱턴 타임스(*The Washington Times*)》지의 기사가 난 것은 1905년6월4일 일요일이었는데,[26] 바로 그날 저녁으로 하보우가 태산을 데리러 왔다. 이승만은 이튿날 태산을 하보우의 집에 데려다 주었다.[27]

이승만은 1905년 여름부터 조지워싱턴대학교를 졸업할 때까지 여름방학을 오션 그로브에 가서 지냈다. 그곳은 미국 동부 부자들의 별장지였다. 필라델피아에 사는 부유한 감리교 신자 보이드 부인(Mrs. Boyd)의 별장이 거기에 있었는데, 이승만이 감옥에 있을 때에 그를 도왔던 선교사 존스(George H. Jones, 趙元時)가 그녀에게 이승만을 소개해서 여름방학을 그 별장에 가서 지내게 된 것이었다. 조지워싱턴대학교는 여름방학이면 기숙사 문을 닫았기 때문에 아무도 학교에 머무를 수 없었다. 보이드 부인은 이승만을 "폴(Paul)"이라고 부르면서, 겨울학기 동안에는 1주일에 한번씩 그에게 편지를 썼고, 여름방학이 다가오면 하인을 오션 그로브에 보내어 별장문을 열게 했다고 한다.[28]

이승만이 처음 오션 그로브에 간 것은 1905년6월19일이었다. 햄린 목사가 여비 5달러와 왕복기차표를 끊어 주었다.[29] 오션 그로브에 처음 갔을 때의 일을 이승만은 다음과 같이 적어 놓았다.

---

26) 李鍾淑, 「아, 태산아!: 李承晩 아들 태산이의 무덤을 찾다!」, 《月刊朝鮮》 2012년5월호, p.528.
27) Syngman Rhee, *Log Book of S.R.*, 1905년6월4일조, 5일조.
28) Robert T. Oliver, *op. cit.*, p.101.
29) Syngman Rhee, *Log Book of S.R.*, 1905년6월19일조.

아직 피서철이 시작되기 전이어서, 내가 그곳에 도착했을 때는 캄캄한 밤이었다. 길에서 만난 부인에게 호텔이 어디 있느냐고 묻자 그녀는 깜짝 놀랐다. 어떤 집을 말해 주면서 그 집으로 가라고 했다. "그 집 부인은 좋은 크리스천이므로 당신을 반갑게 맞이해 줄 거요" 하고 그녀는 말했다. 나는 그 집을 찾아가서 스타크스(Starks) 부인을 만났는데, 뒷날 그녀의 우의는 우리의 활동에 참으로 많은 도움이 되었다.[30)]

상류층의 별장지에서 밤중에 낯선 동양인이 부녀자에게 다가와서 말을 걸자 그녀는 기겁을 하도록 놀랐던 것이다.

여름을 나면서 이승만은 옆집의 보이어(Boyer)씨네 식구들과 사귀게 되었다. 이승만은 그 집 어린 아들 에드윈(Edwin)[31)]에게 한국 연을 만들어 날리는 법을 가르쳐 주기도 하고, 세 딸들과도 젊은이들의 관심사를 화제로 하여 자연스럽게 어울렸다. 큰딸 어덜(Ethel)은 호리호리한 몸매의 미인이었다. 이승만은 그녀에게 마음이 끌렸던 것 같다.

어린 아들이 미국에 왔는데도 아들과 단란한 시간을 한번도 가져본 적이 없던 이승만이 남의 나라 아이에게 연을 만들어 주면서 얼마나 마음의 갈등을 느꼈을 것인지는 상상하기에 어렵지 않다. 강연을 해서 생활비를 벌어 쓰는 이승만으로서는 미국 동부의 부자들 별장지에서 시간을 보내는 것 자체가 부담스러운 일이었을 것이다.

어느 날 이승만이 어덜과 함께 에드윈을 데리고 바닷가를 산책했을 때였다. 금테 안경을 낀 한 뚱보 여인이 휠체어를 타고 지나가다가 멈추어 서서 가시 돋친 말투로 어덜에게 말을 걸었다.

"이봐요. 이 이가 당신 남편이고 저 아이는 당신 아들이우?"

---

30) "Autobiography of Dr. Syngman Rhee", p.18; 「청년이승만자서전」, 이정식 지음, 권기봉 옮김, 앞의 책, p.293.

31) 올리버는 이 아이의 이름이 'Erwin'이라고 했으나, 그 누이의 회상기에는 'Edwin'으로 되어 있다. Robert T. Oliver. *op. cit.*, p.101, p.342.

어덜은 불쾌한 듯이 대답했다.

"아니에요, 부인. 지금 물어보신 이 젊은 분은 한국 황제의 손자분이고 이 꼬마는 제 동생이에요."

이때에 어덜이 이승만의 가계를 과장해서 대답한 것은 도전적인 그 뚱보 여인에게 핀잔을 주기 위한 것이었음이 틀림없다고 올리버는 적었다.[32] 그러나 이 에피소드는 이승만이 보이어씨네 딸들과 사귀면서 자신이 왕족의 후손이라는 사실을 강조해서 이야기했음을 짐작하게 한다. 그것은 일반적으로 귀족에 약한 동부 미국인들의 관심을 끄는 중요한 근거가 되었을 것이다.

그러나 두 사람은 자신들의 우정이 여러 사람들이 몰려와서 어런더런한 여름 휴양지의 입방아거리가 되고 있을지도 모른다는 생각이 들었다. 그리하여 이승만은 보이어씨 집 현관에서 환담을 나누는 일을 자제했다.

한참 세월이 지난 뒤에 캠프(Kamp) 부인이 된 어덜은 이 무렵의 이승만에 대해 다음과 같이 회상했다. 그것은 이승만의 전기를 쓰는 올리버의 요청에 따라 1950년에 적은 것인데, 오션 그로브에서의 이승만의 모습을 아주 생생하게 보여 준다.

> 어느 날 키가 한 5피트 5인치쯤 되는 가냘픈 몸매에 검은색 알파카 여름 양복에다가 흰 셔츠에 검은 넥타이를 매고 선글라스를 낀 귀족적 풍모의 젊은이가 맞은편 집 옆문으로 나와서 우리 집 현관을 보며 앉았다.
>
> 그는 우리를 유심히 지켜보고 있었다. 그러나 우리는 (모든 교수 가족들이 그렇듯이) 다른 사람들이 보는 것에 익숙해져 있었기 때문에 아무렇지 않게 여겼다. 이튿날 오후에도 이승만씨는 그 자리에 앉아 있었다. 사흘째날 오후에 바닷가에서 돌아오는 에드윈은 새 이웃이 된 그

---

32) *ibid.*, p.102.

오션 그로브에 있는 보이드 부인 별장 옆집의 어덜 보이어양과 이승만. 1906년 여름방학 때에 찍은 사진이다.

의 손을 꼭 잡고 있었다. 나는 곧 그에게 의자를 권했다. 그는 조지워싱턴대학교에 다닌다고 했다. 그러자 화제는 학교 이야기와 세상 젊은이들의 일상적 이야기로 이어졌다.

우리는 이승만씨에게 매우 호감이 갔다. 잠시 뒤에 그가 가려고 일어서자 어머니는 또 놀러 오라고 말했다. 며칠 뒤에 그가 다시 우리 집에 왔는데, 꼬마 동생과 함께였다. 그는 나에게 바닷가에 나가서 연을 날리려는데 같이 가지 않겠느냐고 했다. 자기네 나라에서는 연날리기가 큰 오락이라고 했다. 그날은 바람이 거의 없었기 때문에 두 사람 —— 그는 언제나 에드윈을 어른인 것처럼 정중하게 대했다 —— 은 바닷가를 빨리 뛰어가면서 연을 띄우느라고 무척 애를 먹었다.

마침내 연이 바람을 타자 이승만씨의 눈이 어찌나 빛나던지! 연은 직사각형의 우아한 것이었다. 흰 바탕 가운데 붉은 동그라미가 그려져 있었고, 바람이 통하도록 구멍이 뚫려 있었다. 네 귀퉁이에는 연줄에 이어진 실이 매여 있어서 날리는 사람이 조종할 수 있게 되어 있었다. 나중에 안 일이지만 그것은 한국 국기를 본뜬 것이었다.

두 사람이 연을 날리기 시작할 때에는 바닷가에 아무도 없었는데,

이내 사람들이 몰려들었다. 구경꾼들의 시선에 내가 당황해하는 것을 눈치챈 이승만씨는 바닷가 산책로를 걷자고 했다. 거기에서도 그는 사람들의 눈길을 끌었다. 사람들은 연방 그를 뒤돌아보았다. 왜냐하면 그는 마치 바닷바람을 남김없이 들이마시기라도 하겠다는 듯이 고개를 빳빳이 치켜세우고 윗몸을 뒤로 젖힌 자세로 걸었기 때문이다. 내가 왜 그런 자세를 취하느냐고 묻자 그는 내가 깜짝 놀랄 대답을 했다. 7년 동안 감옥생활을 했기 때문에 들이마실 수 있는 한껏 자유의 공기를 마시고 있다는 것이었다.…

이승만씨는 우체국에 가거나 바닷가를 거니는 시간 말고는 온 시간을 공부에 전념했다. 그는 내가 하는 말 한마디 한마디를 주의깊게 들었다. 그는 내가 하는 말에 대해 곧잘 "그것이 사투리라는 겁니까?" 하고 묻곤 했다. 그럴 때면 나는 정확한 뜻을 설명하고 그가 이해하지 못하면 그가 잘 아는 다른 단어를 사용했다.

이승만씨는 일요일이면 크림색 실크옷을 입고 파나마 모자를 쓰고 혼자서 열심히 교회에 나갔다.… 스물아홉살의 열정적이고 강력한 퍼스낼리티의 이승만씨는 자기 국민들의 독립이라는 인생의 한가지 목표를 가지고 있었다. 그 목표는 그들의 물질적 풍요에 대한 깊은 고려와 결부되어 있었다. 그의 타고난 위엄은 친구이건 낯선 사람이건 누구나 느낄 수 있어서 그의 앞에서는 말할 것도 없고 그에 대한 이야기를 할 때에도 모두 "미스터 리 (Mister Rhee)"라고 존칭을 썼다. 말이 많지는 않았지만 그는 만나는 사람들을 누구나 편안하게 해주었다. 그러면서도 조용하고 신중한 성품은 처음 만나는 사람도 그의 앞에서는 함부로 행동하지 못하게 했다.… 그는 사람들을 대할 때에 모르는 사람이라도 그 사람의 특성을 대번에 알아차리고 무슨 생각을 하는지를 꿰뚫어보는 특별한 힘이 있었다.…

하루는 우리가 산책하면서 윈도쇼핑을 할 때에 그도 우리와 같이 걸었는데, 그의 표정이 하도 밝아서 물어보았다.

"무슨 일이 있기에 그렇게 좋아하시죠?"

그랬더니 그의 대답이 "집에서 편지가 왔거든요"라는 것이었다. 그 뒤로 며칠 동안 우리는 그를 보지 못했는데, 그는 바로 답장을 쓰느라고 그랬던 것이다. 편지가 태평양을 건너려면 시간이 많이 걸리기 때문이었다. 그는 자기 어머니 이야기를 자주 했다. 한번은 자기 어머니의 패물 이야기를 하면서 자기 집안이 자기 나라에서는 경제적으로 부유한 편에 속한다고 말했다.…

나는 이승만씨에게 그의 이름에 대해 물어본 적이 있다. 그는 한국에서는 성이 앞에 오고 이름이 뒤에 온다고 설명했다. 내가 "싱맨(Syngman)"이 무슨 뜻이냐고 묻자 그는 잘 모르겠다고 대답했다. 그래서 누가 그 이름을 지어 주었느냐고 물었더니 "어머니요"라고 대답했다. 내가 "이름이 '싱맨[sing man: 노래하는 사람]'이었으니까 행복한 아이였겠어요"라고 놀리자 그는 "그건 잘 모르겠지만, 우리 국민들은 행복한 민족입니다"라고 대답했다.[33]

이 회상기는 이승만이 미국 부자들의 별장지에 가서도 미국인들과 사귀기 위해 무척 애를 쓰고 있었음을 보여 준다.

보이어씨는 대학교수였던 것 같다. 그 집 식구들, 특히 큰딸 어덜의 호감을 사기 위해 그녀의 어린 동생에게 연을 만들어 날려 주면서 이승만은 여간 착잡한 심정이 아니었을 것이다.

이승만은 자기 자신을 드러내어 보이려고 애쓰는 것도 여전했던 모양이다. 왕족의 후손이라는 가계와 함께 긴 감옥생활 이야기를 순진한 미국 처녀가 깜짝 놀랄 방법으로 표현했다.

또한 그는 미국에 가서도 계속해서 영어를 익히기 위해 특별히 노력했음을 이 회상기는 보여 준다. 이미 미국인 교회에서 교인들을 상대로 강

---

33) *ibid.*, pp.342~344.

연을 할 만큼 영어에 숙달해 있었음에도 불구하고 더욱 연마하기 위해 끊임없이 노력했던 것이다. 어머니 김씨 부인의 패물 이야기를 하면서 자기 집안이 한국에서 부유한 편이라고 말했다는 것도 눈길을 끈다.

이승만이 어려운 형편에서도 옷차림에 신경을 쓰는 멋쟁이였던 것은 이 회상기로도 짐작할 수 있다. 검은색 알파카 양복에 검은색 넥타이를 매고 선글라스를 낀 모습이라든가, 크림색 실크 양복에 파나마 모자를 약간 비뚜름히 쓰고 성경책을 들고 나서는 모습은 꽤나 매력적이었을 것이다. 그리고 그를 그토록 기쁘게 했던 "집에서 온 편지"에는 부친 이경선의 편지뿐만 아니라 아내 박씨 부인의 편지도 있었을 것인데, 이 회상기에는 이승만이 부친과 아내에 관한 어떤 이야기를 했다는 말은 없다.

그러나 무엇보다 주목되는 점은 역시 우체국에 가거나 바닷가를 거니는 시간 말고는 온 시간을 공부에 전념했다는 사실이다. 또한 45~46년이나 지난 이야기를 이처럼 자세히 기억하는 것을 보면, 이 무렵의 어덜보이어도 이승만에 대해 각별한 호기심을 느끼고 있었는지 모른다. 1906년 여름방학 때에 두 사람이 정장을 하고 나란히 서서 찍은 사진이 지금도 보존되어 있다.

2. 루스벨트 대통령을 만나서 '스퀘어 딜' 부탁

1

포츠머스에서 열릴 러일강화회의를 앞두고 일본정부는 이 회의에 대표단을 참석시키려는 한국정부의 움직임에 긴장했다. 전쟁수행 능력의 한계에 도달한 일본은 1905년5월27일의 동해 해전 승리라는 유리한 상황을 이용하여 6월1일에 루스벨트 대통령에게 러시아와의 강화 알선을 요청했고, 루스벨트는 6월9일에 러시아와 일본정부에 강화권고서를 발송하여 양국으로부터 동의를 받자 6월26일에 강화회의를 포츠머스에서 개최한다고 발표했다. 강화회의에 앞서 일본정부는 6월30일의 각의결정(閣議決定)으로 한국의 '자유처분'을 강화의 절대적 필요조건으로 결정했다.[34)]

한편 일찍이 한국과 만주에서의 러시아의 세력확장을 저지하기 위해 일본을 지지했던 루스벨트는 러일전쟁에서 일본이 러시아를 압도하자 1898년 이후로 미국령이 되어 있는 필리핀에 대한 일본의 의도에 대해 불안감을 느끼고 필리핀 확보를 위한 육해군을 준비할 필요성을 절감하게 되었다. 동해에서의 발틱함대의 패전 직후에 루스벨트가 여름에 필리핀을 시찰할 예정인 육군장관 태프트(William H. Taft)에게 보낸 편지에서 "체재 중 귀하가 동행하는 상하 양원 의원들이 수빅 베이(Subig Bay)의 방비를 강화할 필요성에 주의를 집중하도록 하기를 절망한다"[35)]라고 강조한 것은 그러한 사정을 여실히 보여 준다. 루스벨트 행정부에서 본직인 육군장관 이상의 역할을 하고 있던 태프트는 헤이 국무장관이 1905년 봄부터 중병에 걸려 7월1일에 사망하자 국무장관 대리를 겸임했다.

---

34) 日本外務省 編,『日本外交年表竝主要文書(上卷)』, 原書房, 1972, p.236.
35) Roosevelt to Taft, May 31, 1905, Elting E. Morison ed., *The Letters of Theodore Roosevelt*, vol.Ⅳ., *The Square Deal*(1903~1905), p.1198.

태프트는 7월8일에 상하 양원 의원과 군장성 등 80여명의 방문단을 이끌고 필리핀을 향하여 샌프란시스코를 출발했다. 일행 가운데는 루스벨트의 딸 앨리스(Alice)와 이듬해 2월17일에 그녀와 결혼하는 하원의원 롱워스(Nicolas Longworth)도 포함되어 있었다. 여행 목적은 일행 중의 상하 양원 의원들에게 미국이 필리핀 통치에서 당면한 문제들에 대해 이해를 넓히는 일이었다.

태프트 일행은 7월14일에 호놀룰루에 도착했다. 그런데 이때에 뜻밖의 일이 벌어졌다. 하와이에 있는 한국인들이 대대적인 환영회를 연 것이었다. 1905년에 접어들면서 하와이와 미국 본토의 한국인들은 조직을 확대하고 있었다. 샌프란시스코의 친목회는 4월5일에 안창호(安昌浩)를 회장으로 하는 공립협회(共立協會)로 확대 개편되었고, 하와이에서는 윤병구(尹炳求) 목사 등의 주도로 5월3일에 일화(日貨) 배척 등 항일운동과 동포들의 결속을 표방하고 에와(Ewa)친목회가 발족했다. 공립협회와 에와친목회는 7월12일에 연합행사로 호놀룰루에서 특별대회를 열어 루스벨트 대통령 앞으로 한국의 독립유지를 위한 청원서를 제출할 대표로 윤병구와 이승만을 선출했다. 그리고 태프트 일행을 대대적으로 환영하기로 결의했다. 워싱턴에 있는 이승만을 공동대표로 선출한 것은 그가 미국에 가면서 하와이에 들렀을 때에 밤을 새워 앞으로의 대책을 함께 숙의했던 윤병구의 제의에 따른 것이었을 것이다.

한국교민들의 태프트 환영행사는 워싱턴의 신문들도 대서특필했다. 태프트는 하와이 감리교회의 감리사 와드먼(John W. Wadman)의 소개로 윤병구를 만나서 여러 가지 이야기를 나누었고, 와드먼의 요청에 따라 윤병구에게 루스벨트를 만날 수 있도록 소개장을 써 주었다. 윤병구로부터 이러한 사실을 통보받은 이승만은 그 사실을 민영환에게 보고했다. 이승만의 동향이 일본정부에 포착된 것은 이때부터였다.

7월14일 새벽에 주한 일본공사 하야시 곤스케(林權助)는 임시 외부대신을 겸하고 있는 가쓰라 타로(桂太郎) 총리대신에게 믿을 만한 한국 대관이 전하는 극비정보라면서 다음과 같이 타전했다.

> 지금 모 외국에 있는 이승만이라는 자를 머지않아 열릴 평화회의를 계기로 미국에 건너가게 하여 모국 정치가에 대해 지금 한국이 일본으로부터 심한 학대를 받고 있는 정황을 설명하고 열국, 특히 미국의 후의에 의하여 한국의 독립을 유지하도록 진력하게 하는 비밀협의가 궁중에서 이루어졌고, 이를 위하여 다액의 비용을 지출하기로 결정했으며….[36]

이 전문으로 미루어 보면, 이승만이 민영환과 한규설에게 보낸 보고서를 토대로 하여 궁중에서 극비리에 포츠머스 강화회의에 대한 대책회의가 열렸음을 알 수 있다. 이승만은 헤이 장관을 만난 뒤에도 수시로 민영환에게 편지를 보내고 있었던 것 같다. 또한 이 전문은 서글프게도 이때에 이미 일본공사 하야시와 내통하는 '대관'이 있었던 것도 말해 준다.

이러한 보고를 받은 가쓰라는 7월16일에 이승만의 소재를 조사해서 보고하라고 하야시에게 훈령했고, 하야시는 이튿날 "이승만은 예수교 신도로서 작년에 장남을 동반하고 미국으로 가서 체재하고 있는데, 미국 어느 지방에 있는지는 불명함"[37]이라는 답전을 보냈다. 이때까지만 해도 대리공사 김윤정이 일본과 내통하여 이승만의 동정을 일본공사관에 알려주고 있지는 않았던 것이다.

또 가쓰라는 7월17일에 고종이 다시 개인적으로 어떤 사람을 강화회의에 파견하기로 하고 이미 다액의 운동비를 내탕금(內帑金)에서 하사했다는 서울발 보도의 사실 여부를 급히 조사해서 보고하라고 하야시에게

---

36) 「李承晩ヲ米國ニ渡航セシメントスル韓廷密議ニ關スル情報ノ件」, 『日本外交文書 38-1』, pp.656~657.

37) 「李承晩ノ所在ニ付回申ノ件」, 위의 책, p.657.

훈령했다.[38] 이에 대해 하야시는 7월19일에 다음과 같이 보고했다.

일본과 태프트-가쓰라 비밀협약을 맺은 미국 육군장관 윌리엄 태프트. 그는 루스벨트에 이어 27대 미국 대통령이 되었다.

> 궁중에서는 이러한 풍설을 부인하나 현재 미국에 있는 이승만을 시켜, 또는 새로 사람을 파견하여 강화회의의 경과를 탐지하고, 또 한국의 현상에 대해 특히 미국의 동정을 불러일으키는 운동을 하게 하자는 비밀협의를 궁중에서 하고 있다는 것은 근거 있는 말로 믿어짐. 다만 다액의 운동비를 이미 지출했다는 말은 확실하지 않음.[39]

하야시는 다시 입궐하여 고종을 알현하려고 했지만 고종은 더위를 핑계로 만나 주지 않았다. 그리하여 하야시는 고종 대신에 참정대신 심상훈(沈相薰)을 만났는데, 심상훈은 밀사파견 사실을 강력히 부인하면서 한국이 일본을 제쳐 두고 직접 다른 나라에 대하여 운동을 하는 일은 없다고 말했다.[40]

2

윤병구의 도착을 기다리는 동안 이승만은 펜실베이니아에 있는 서재필(徐載弼)을 찾아가서 상의했다. 이 무렵 서재필은 그곳에서 문방구상

38) 「韓廷ニ於ケル獨立保持運動ノ眞僞調査報告方訓令ノ件」, 같은 책, pp.657~658.
39) 「韓廷ニ於ケル韓國ノ獨立保持ニ關スル秘密協議ハ事實ト認メラルル旨回申ノ件」, 같은 책, p.658.
40) 「米國へ密使派遣ノ件ニ付韓帝否認ノ旨回申ノ件」, 같은 책, p.658.

을 경영하고 있었다.[41] 서재필이 청원서를 작성하여 법률전문가에게 법률적 검토를 받아 놓기로 하고 이승만은 워싱턴으로 돌아왔다. 한국정부가 특사 두 사람을 미국에 파견했고, 그 특사들이 미국정부에 한국의 독립유지의 보장을 요청하고 있다는 것은 이미 미국 신문에도 보도되고 있었다.[42] 가쓰라가 도쿄를 방문한 태프트에게 비밀회담을 요청한 것은 이승만의 대미교섭 활동에 관한 하야시의 보고를 받고 며칠 지나지 않은 7월 27일이었다. 그러므로 이승만과 윤병구의 활동에 대한 정보가 가쓰라가 태프트를 만나서 한국의 운명에 관한 비밀협약을 맺는 촉매제가 되었을 수 있다.

7월15일에 호놀룰루를 떠나서 열흘 뒤인 25일에 요코하마(橫濱)에 입항한 태프트 일행은 일본에서 대대적인 환영을 받았다. 강화회의를 앞두고 태프트가 일본을 방문한 것에 대해 주미 러시아대사 카시니(Graf A. P. Cassini)는 격노했으나, 태프트의 일본 방문은 루스벨트의 뜻을 반영한 것이었음은 말할 나위도 없다. 그리고 필리핀 총독을 지내어 필리핀에 대한 애착이 남다른 태프트로서는 일본으로부터 필리핀에 대한 야심이 없다는 확약을 받고 싶은 심정이 루스벨트보다도 더 강했을 수 있다.[43]

태프트와 가쓰라의 비밀회담은 7월27일 오전에 이루어졌는데, 두 사람은 이때의 합의를 각서로 작성했다. 그것이 유명한 태프트-가쓰라 비밀협약이다. 각서의 내용은 (1) 필리핀문제, (2) 극동의 평화유지문제, (3) 한국문제의 세가지였는데, 한국에 관한 대목은 다음과 같았다.

> 한국문제에 관하여 가쓰라 백작은 한국은 우리가 러시아와 전쟁을 하게 된 직접적 원인이기 때문에 전쟁의 논리적 귀결로서 반도문제의 완전한 해결이 이루어져야 한다고 말했다.… 일본은 한국이 이전의

---

41) 李庭植, 『구한말의 개혁·독립투사 서재필』, 서울대학교출판부, 2003, p.273.
42) *The New York Times*, Jul. 20, 1905, "Korea Wants Its Say, too".
43) 長田彰文, 앞의 책, pp.101~102.

상태로 돌아가서 일본이 별도의 대외전쟁에 돌입할 필요가 있는 상황에 다시 놓일 가능성을 배제하기 위하여 확고한 조치를 취하는 일이 절대로 필요하다고 느끼고 있다. 태프트 장관은 백작의 관찰이 정당하다는 것을 충분히 인정하고, 개인적 의견은 한국이 일본의 동의 없이는 외국과 협약을 맺을 수 없도록 요구할 정도의 일본군에 의한 한국 종주권(suzerainty)의 수립은 현 전쟁의 논리적 귀결이며 동양의 항구적 평화에 직접 기여하는 것이라는 취지의 견해를 피력했다.…[44]

이 조항은 곧 일본이 한국을 보호국으로 만드는 것을 미국이 인정한다는 내용이었다. 이러한 비밀협약을 보고받은 루스벨트는 7월31일에 태프트에게 이를 확인하면서 가쓰라에게 통보하라고 타전했고, 태프트는 8월7일에 마닐라에서 그 사실을 가쓰라에게 통보했다. 가쓰라는 이튿날 포츠머스에 회담대표로 가 있는 고무라 주타로(小村壽太郎)에게 알렸다. 그런데 이때 이후의 미국의 대한정책에서 결정적 근거가 된 태프트-가쓰라 비밀협약의 존재가 세상에 알려진 것은 그로부터 19년의 세월이 지난 1924년의 일이다.

태프트-가쓰라 비밀협약의 존재를 알 턱이 없는 이승만은 루스벨트와의 회견준비에 흥분해 있었다. 윤병구는 7월31일에 워싱턴에 왔다. 이승만은 역에 나가서 기다렸다가 윤병구가 여장을 풀자마자 함께 서재필에게로 갔다. 서재필은 이승만과 약속한 대로 청원서 문안을 작성해 놓고 있었다. 「루스벨트 대통령에게 보내는 하와이 거주 한국인의 청원서」라는 제목의 이 글은 고종이나 한국정부가 아니라 하와이에 거주하는 '8,000명의 한국인'이 보내는 것으로 되어 있다. 그 내용은 이 시기의 서재필이나 이승만의 국제정세 인식을 반영한 것이어서 자세히 검토해 볼 가치가 있다.

---

44) 『日本外交年表竝主要文書(上卷)』, p.240. 이 협정의 일본쪽 문서는 소실되고 없어서 일본 외무성도 미국 국무부 자료를 이용하고 있다.

러일 양국 간의 전쟁개시 이후 바로 우리 정부는 공수(攻守) 양쪽의 목적을 위하여 일본과 동맹조약을 체결했습니다. 이 조약에 따라 한국 전토는 일본인에게 개방되고, 한국정부와 한국국민은 한국 내 및 한국 주변에서의 군사작전에서 일본당국을 지원해 왔습니다.

이러한 말로 시작되는 청원서는 거의 강압적으로 체결된 이 동맹조약 [한일의정서]에 대해 다음과 같이 설명했다.

이 조약을 체결할 때에 한국인들은 일본이 유럽과 미국의 근대문명의 노선에 따라 정부에 여러 가지 개혁을 도입하고 우의에 찬 방법으로 우리 국민들에게 조언하고 권고할 것을 진정으로 기대했습니다. 그러나 우리가 실망하고 유감스럽게 생각하는 것은 일본정부가 한국인의 상태를 개선하기 위하여 한 일이 아무것도 없다는 사실입니다. 그와는 반대로 수천명의 조잡하고 난폭한 일본인들을 한국에 풀어놓아서 그들은 무고한 한국인을 악학무도(惡虐無道)한 방법으로 다루고 있습니다.… 한국에 있는 일본인들이 저지르는 온갖 비행을 일본정부가 인정하고 있다고는 우리도 거의 믿지 않으나, 일본정부는 이러한 상황을 방지하기 위한 수단을 아무것도 강구하지 않습니다.…

청원서는 그러면서 일본정부에 대한 실망을 다음과 같은 말로 표명했다.

우리 한국국민은 동맹조약을 체결할 때에 일본이 한 약속에 대한 신뢰를 잃게 되었고, 일본이 우리 국민에게 표명하는 선의를 진정으로 의심합니다. 지리적으로나 인종적으로나 상업상의 이유 때문에 우리는 일본과 우호관계에 있을 것을 바라고, 내정개혁과 교육 면에서 일본을 우리의 인도자 내지 모범으로 삼기를 바라기까지 합니다. 그러나 한국인의 희생을 통한 이기적 착취라는 정책의 계속으로 말미암아 일본에 대한 우리의 신뢰감은 흔들리고, 한 국가로서의 한국의 독립을 보전하고 국내정치의 개혁에서 우리를 지원한다는 약속을 일본이 지키지 않을 것이라고 우리는 위구합니다. 바꾸어 말하면, 한국에서의 일본의 정책은 전쟁 전의 러시아의 그것과 꼭 같은 것으로 생각됩니다.…

한편으로 청원서는 미국에 대한 기대를 다음과 같이 표명했다.

미국은 우리나라에 많은 이해관계가 있습니다. 미국의 경영 아래 있는 산업, 상업, 종교의 각 분야에 걸친 여러 사업은 상당한 부분을 차지하므로, 한국의 실정과 앞으로 일본이 한국에서 월등한 지위에 있게 되면 어떤 결과가 올 것인지를 미국정부와 국민은 알아야 한다고 우리는 믿습니다. 우리는 미국 국민이 페어플레이를 사랑하고 모든 사람에 대하여 정의를 제창하고 있음을 압니다. 또한 우리는 각하께서 국가와 국가 사이뿐만 아니라 개인과 개인 사이의 일에도 '스퀘어 딜'[Square Deal: 공평한 조치]가 이루어져야 한다는 것을 강력히 주장하고 계시는 것을 압니다. 그러므로 우리나라 운명의 이 중대한 시기에 각하께서 우리나라를 도와주시리라는 희망을 품고 우리는 이 청원서를 가지고 각하에게 왔습니다.…

청원서는 끝으로 조미수호통상조약의 "거중조정(good offices)" 조항에 따른 미국의 지원을 다음과 같이 요청했다.

우리는 한국이 자치정부를 보전하고 다른 열강이 우리 국민을 억압하거나 학대하지 않도록 각하께서 힘써 주시기를 진심으로 원합니다. 미국과 한국 사이의 조약 조문에 따라 우리는 미국에 지원을 요청

루스벨트 대통령과 회견하기 위해 외교관 복장으로 정장한 이승만.

하는 것이며, 지금 이때야말로 우리는 미국의 지원이 가장 필요한 때입니다.[45)]

이 청원서는 짜임새 있는 문장으로 된 것이기는 했으나, 그것은 한국의 독립을 보전하기 위해 루스벨트의 정의감을 부추기기에는 너무나 온건한 문장이었다. 그러나 이 청원서는 루스벨트를 통하여 포츠머스 강화회의에 제출될 것을 전제로 작성되었다는 사실을 감안할 필요가 있다. 그리고 그것은 뒷날 독립운동 기간 내내 계속되는 청원외교의 효시가 된 문서라는 점에서 눈여겨볼 만하다.

이승만과 윤병구가 루스벨트 대통령을 방문할 것이라는 소식은 재미동포들을 적잖이 고무시켰다. 이 무렵 로스앤젤레스에 있던 신흥우(申興雨)에 따르면, 7월12일에 호놀룰루로부터 한인 특별회의 소식이 전해지자 서부지역의 유학생들은 샌프란시스코에 모여 이승만을 유학생 대표로 선정했다.[46)] 한편 이승만은 루스벨트 방문을 준비하고 있을 때에 샌프란시스코 등지의 한국인들이 운동비 연조로 100달러를 보내왔다고 적어 놓았다. 그는 이 돈으로 프록코트와 실크해트 등 외교관 예복을 마련했다.[47)]

---

45) F. A. McKenzie, *The Tragedy of Korea*, E. P. Dutton Co., 1908, pp.311~312.
46) 申興雨 증언, 「人間李承晩百年(51)」, 《한국일보》 1975년5월29일자.
47) 「李承晩이 閔泳煥에게 보낸 1905년8월9일자 편지」, 『雩南李承晩文書 東文篇(十六) 簡札 1』, 1998, p.37.

이승만과 윤병구는 김윤정에게 미국정부에 자신들이 대통령을 만날 수 있도록 편지를 써 줄 것을 부탁했다. 그런데 뜻밖에도 김윤정은 그것을 거절했다. 본국정부의 훈령이 없이는 할 수 없다는 것이었다. 이때는 이미 김윤정이 일본공사관과 긴밀한 연락을 취하고 있을 때였다. 김윤정이 대리공사로서 일본공사관과 연락을 취하지 않을 수 없었던 것은 공사관의 재정 사정도 관계가 있었다. 한국공사관은 스티븐스가 외교고문으로 부임한 1904년12월 이래로 아홉달 동안이나 본국으로부터 봉급과 공사관 경비의 송달이 없어서 관원들은 심한 곤경에 빠져 있었다. 심지어 귀국발령이 난 신태무는 여비가 없어서 귀국하지 못하는 형편이었다. 한국공사관의 이러한 재정궁핍은 재정고문 메가타와 외교고문 스티븐스가 주미공사관에 대한 경비송금을 금지했기 때문이었던 것 같다. 그러한 사정은 일본의 주미공사 다카히라 고고로(高平小五郎)가 외부대신에게 한국공사관의 경비송금을 알선할 필요성을 강조한 보고서에도 나타나 있다.[48] 결국 신태무는 일본 미쓰이(三井) 상사를 통하여 1,000달러를 송금받아 가지고 귀국했다.

이승만과 윤병구의 움직임과 두 사람이 김윤정과 벌인 논쟁에 관하여 주미 일본대리공사 히오키는 임시 겸임 외부대신 가쓰라에게 다음과 같이 보고했다.

> 이승만과 윤병구 양인은 이곳에 와서 여러 차례 김 한국대리공사를 방문하고… 한편으로는 국무부에 한국독립 보전을 청원하고 한편으로는 자기들이 대통령과 회견하도록 주선하라고 강청하여 마침내 격론 폭행에 이를 뻔했으나, 대리공사는 정부의 훈령이 없이는 결코 움직일 수 없다고 주장하여 끝내 그들을 물리쳤음. 이(李), 윤(尹) 두 사람은 그 뒤에 이곳을 떠나서 뉴욕에 도착하여 지금 대통령을 회

48) 「在美韓國公使館費用送金方ニ付斡旋依頼ノ件」, 『日本外交文書 38-1』, pp.596~597.

견할 목적으로 활동 중인 것 같음.…

윤병구는 태프트 육군장관이 하와이에 기항했을 때에 그곳에서 동 장관으로부터 대통령 앞으로 보내는 소개장을 받았다고 하며 또 종교가 등은 그들의 목적에 다소 동정을 보내는 사람도 있어서, 결국은 대통령을 회견하고 그들 나라의 사정을 진술할 기회를 얻을지도 모름. 그러나 한국문제에 관한 이 나라 정부 및 인민의 의견은 스스로 정하는 것이므로 새삼스럽게 지위도 없는 청년서생배(青年書生輩)가 잔재주를 부리더라도 아무 소용이 없을 것이 분명하다고 판단됨. 오늘까지는 신문 등에 그들의 활동에 의한 것으로 추측되는 기사 등이 더러 보임.…

이번에 한국공사관 서기생으로 임명되어 어제 착임한 이하영[李夏榮: 당시 법부대신]의 처조카 최석준(崔錫俊)이 제보하기로는 새로 몇 명의 한국 유지가들이 같은 배를 타고 미국에 왔다고 함.…

탐문한 바에 따르면, 안에서는 민영환이 전적으로 이 일을 획책하고 밖에서는 서재필이 이를 지원하고 있음.[49]

이 보고서는 이승만과 윤병구가 루스벨트 대통령을 면담하고 난 이튿날인 8월5일에 보낸 것이기는 하나, 이 시점에 이르러서는 이처럼 주미 일본공사관이 이승만과 윤병구의 동향을 비교적 정확히 파악하고 있었음을 말해 준다. 새로 서기생으로 부임한 최석준이라는 인물도 일본이 보낸 사람이었을 것이다.

3

이승만과 윤병구는 8월2일에 루스벨트를 만나러 오이스터 베이

49) 「米國ニ於ケル韓國人尹炳求李承晩等ノ韓國獨立維持運動ノ件」, 위의 책, pp.659 ~660.

(Oyster Bay)를 향해 워싱턴을 떠났다. 오이스터 베이는 뉴욕시의 동북부에 있는 피서지로서 롱아일랜드의 북쪽 끝에 위치한다. 루스벨트는 오이스터 베이의 새가모어 힐(Sagamore Hill)에 있는 여름 별장에서 휴가를 보내고 있었다.

이튿날 오후 6시 반에 오이스터 베이에 도착한 두 사람은 '옥타곤 하우스(Octagon House)' 비슷한 이름의 고급 호텔에 들었다. 이튿날에는 루스벨트가 강화회의에 참석하기 위해 포츠머스에 와 있는 러시아 대표와 일본 대표를 접견할 예정이었으므로 오이스터 베이는 인성만성했다. 두 사람은 곧바로 루스벨트를 찾아가고 싶었으나 예복을 넣은 짐이 도착하지 않아서 오후 8시가 지나서야 마차를 불러 타고 대통령비서실을 찾아갔다. 비서관 로웁(Loeb)은 출타 중이고 임시비서관 반스(Barnes)가 두 사람을 만났다. 반스는 두 사람이 오는 것을 알고 있었다. 명함을 주고 태프트의 소개장을 보이자 그는 청원서를 보여 주면 그 내용을 대통령에게 보고하겠다고 말했다. 두 사람은 그에게 청원서를 보여 주었다. 청원서를 훑어보고 나서 그는 말했다.

"호텔에 가서 기다리시면 대통령에게 말씀드려서 오늘밤이나 내일 아침에 연락드리겠습니다."

두 사람은 호텔로 돌아왔다.

오이스터 베이에는 많은 기자들이 몰려와 있었다. 그들은 뉴스거리가 별로 없던 참이라서 한국에서 온 두 젊은이에게 이례적인 관심을 보였다. 몰려온 기자들이 이것저것 묻는 데 대해 두 사람은 대통령을 만나기 전에는 아무말도 할 수 없다고 대답했다. 기자들은 두 사람에게 대통령을 만날 수 있을 것 같으냐고 비아냥스럽게 묻기도 했다. 오이스터 베이에는 각국 외교관들이 루스벨트와의 사전협의를 위해 몰려들고 있었으므로 기자들은 한국에서 온, 그것도 외교관 신분도 아닌 이름 없는 젊은이들을 루스벨트가 만나 줄 것 같지 않아 보였던 것이다. 기자들은 말했다.

"루스벨트 대통령은 당신들을 만날 시간이 없을 겁니다. 그러니 몇달을 머물러 봐도 소용없을걸요."

그러면서도 그들은 두 사람의 움직임을 자세히 보도했다. 다음과 같은《뉴욕타임스》의 기사는 대표적인 보기였다.

> 한국국민이 대통령에게 보낸 밀사 윤병구와 이승만 두 사람은 오늘 저녁 오이스터 베이에서 대통령을 면담할 기회를 기다리고 있다. 그들은 내일 아침에 대통령에게 제출할 청원서를 휴대했는데, 그 내용은 극비에 부치고 있다. 윤병구는 "현재 한국황제는 일반국민의 이익을 대표하고 있지 않으므로 우리는 황제의 대표가 아님을 분명히 이해해 주기 바란다.… 한국국민은 진실로 미국국민 및 그 정부와의 우호를 갈망한다. 미국은 앞장서서 한국과 수호조약을 체결했으며, 1882년에 체결된 그 조약은 아직도 존속되고 있다. 한국은 미국과 우호관계를 유지하지 않으면 일본과 러시아 양국의 틈바구니에 끼어 파멸의 지경에 빠지리라는 것이 일반 한국국민의 생각이다. 그러므로 미국 대통령이 거중조정을 해준다면 대한제국의 영토는 보전되고 국민은 착착 진보의 방향으로 나아갈 수 있다고 생각한다"라고 말했다.
>
> 윤병구는 또한 "현재 일본이 한국에 대하여 집행하고 있는 보호권(保護權)은 조약[한일의정서] 원문의 부정확한 해석을 이용한 간계에 따른 것이다"라고 말했다.[50)]

《뉴욕타임스》는 이승만이 했다는 흥미로운 말을 전했다. 윤병구가 한일의정서 문구 해석의 문제점에 관해서 이야기하자 한 기자가 물었다.

"만일 한국이 독립을 잃는다면 어느 나라의 지배를 받기를 더 원하겠습니까? 러시아입니까, 일본입니까?"

그러자 이승만이 "잠깐요" 하고 대화를 가로챘다.

---

50) *The New York Times*, Aug. 4, 1905, "Will Ask Roosevelt to Protect Koreans".

“제발 두 나라를 비교하지 마십시오. 러시아는 극동에 있는 역사 오랜 민족들의 절대적인 적이라고 우리는 간주합니다. 러시아의 지배에 항거해야 할 날이 온다면 아시아의 이른바 황인종들은 일치단결해서 일어설 것입니다.”[51]

이러한 이승만의 답변은 물론 러시아의 남하를 경계하는 미국의 여론을 고려한 외교적 수사의 성격도 없지 않았을 것이지만,[52] 그것은 기본적으로 독립협회운동 때부터 지녀온 그의 반러시아 의식이 일관되고 있었음을 보여 주는 것이다.

그날 밤은 그냥 지나가고 이튿날 오전 11시가 되도록 아무 기별이 없었다. 한 기자가 와서 청원서는 공사관을 통해서 제출하라고 할 것 같다는 말을 들었다고 했다. 두 사람은 막막한 심정으로 기다릴 수밖에 없었다. 그러고 있는데 비서실에서 전화가 왔다. 두 사람은 달려갔다. 비서관 로웁은 두 사람을 보고 말했다.

“대통령께서 오늘 오후 3시30분에 새가모어 힐로 두 분을 오시라고 하십니다. 3시에 떠나시는 것이 좋겠습니다.”[53]

프록코트와 실크해트로 정장한 이승만과 윤병구는 오후 3시에 새가모어 힐에 도착하여 안내하는 대로 마차에서 내려서 대기실로 들어갔다. 건물 안은 들고 나는 사람들로 붐볐다. 문무관 복장을 한 러시아 사람들이 많이 눈에 띄었다. 러시아의 수석대표 위테(Sergei Y. Witte) 일행이 막 도착한 것이었다. 일본사람들은 보이지 않았다. 이윽고 안내인이 와서 두 사람을 한 작은 방으로 안내했다. 이때에 루스벨트가 그의 유명한 승마복 차림으로 안쪽에 있는 방에서 나오면서 문 밖에서 기다리는 위테 일행과 악수를 하고 나서 잠깐 기다리라면서 다른 방으로 안내했다. 그러고

51) *ibid.*
52) 方善柱, 「李承晩과 委任統治案」, 앞의 책, p.193.
53) 이승만은 자서전 초록에서 루스벨트를 만난 것이 오전 9시라고 했으나, 회담 직후인 8월9일에 민영환에게 보낸 편지에는 오후 3시30분이었다고 적었다.

는 빠른 걸음으로 이승만과 윤병구가 기다리는 방으로 들어왔다. 그는 두 사람에게 손을 내밀며 말했다.

"어서 오시오, 젠틀맨. 반갑습니다."

그러고는 옆에 있는 의자에 앉으면서 두 사람에게도 의자를 권했다.

"두 분을 영접하게 되어 대단히 기쁩니다. 두 분과 두 분 나라를 위해서 내가 무엇을 할 수 있을까요?"

루스벨트가 어찌나 바쁘게 서두는지 두 사람은 말을 꺼낼 겨를이 없었다.

윤병구가 청원서를 꺼내면서 말했다.

"우리는 하와이에 거주하는 우리 국민의 청원서를 가지고 각하에게 전하러 왔습니다."

루스벨트는 그 자리에서 청원서를 읽었다. 청원서를 다 읽고 나서 루스벨트가 말했다.

"두 분이 내 말을 이해해 주시기 바랍니다. 나는 러시아와 일본을 초청하여 강화를 논의하도록 권할 뿐이고 다른 간여는 못합니다. 그런데 이 일은 대단히 중대하여 이 청원서를 내가 개인적으로 받을 수 없고, 그러나 실제로는 내가 다 보았으며, 또 이렇게 두 분을 만났으니까…, 나의 권리가 한계가 있다는 것을 이해하시기 바랍니다."

그러자 이승만이 입을 열었다.

"저희는 먼 지방에서 각하의 스퀘어 딜을 구하러 왔습니다."

'스퀘어 딜(Square Deal)'이라는 말은 이 무렵 루스벨트가 대기업과 노동조합의 대립을 조정하면서 개혁의 슬로건으로 표방한 구호로서, 루스벨트의 국내정책을 상징하는 용어가 되어 있었다.

이승만의 말에 루스벨트는 웃으면서 고개를 끄덕였다.

"그런 줄 압니다."

이승만은 말을 이었다.

"저희가 온 것은 각하께 강화회의에 구태여 간섭을 하시라는 것이 아니라 언제든지 기회 있는 대로 조미수호통상조약에 입각하여 불쌍한 나라의 위험을 건져 주시기를 바라서입니다."

그러자 루스벨트는 이 일을 한국공사관에서 아느냐고 물었다. 두 사람은 대답했다.

"이 일은 공사관에서도 다 알고 있습니다. 다만 이 일은 우리 백성끼리 전국 관민의 뜻을 받들어 행하는 것이므로 공사관에서 간여하는 것은 긴요치 않은 줄 알았습니다."

"청국정부에서도 항의서한을 공사관을 통해서 보냈으므로 이 청원서도 마땅히 그렇게 해야 합니다."

이렇게 말하면서 루스벨트는 이 일의 중대성을 거듭 강조했다. 그리하여 두 사람은 "공사관으로 보내도록 하겠습니다" 하고 일어섰다.[54)]

이승만은 자서전 초록에서 이때에 루스벨트가 다음과 같이 말했다고 썼다.

"만일 당신들이 이 문서를 귀국 공사관을 통하여 제출하신다면 나는 그것을 중국의 청원서와 함께 강화회의에 제출하겠습니다. 귀국 공사더러 국무부에 가져다 주라고 하십시오. 국무장관을 만날 수 없거든 아무에게나 내게 보내라고 말하고 맡기라고 하십시오. 그러면 됩니다."[55)]

태프트가 써 준 소개장의 내용이 어떤 것이었는지는 알 수 없으나, 루스벨트가 바쁜 일정 속에서도 두 사람을 만난 것은 매우 이례적인 일이었다. 그것은 그 자신이 면담사실 자체의 중요성을 언급하고 있는 데서 보듯이, 어쩌면 위테 백작과 고무라 주타로의 면접에 앞서 잠깐 동안이나마 한국인을 만나는 것이 강화회의를 주선하는 자신의 영향력에 도움이 될 수 있다고 생각했기 때문이었는지 모른다.

---

54) 「李承晩이 閔泳煥에게 보낸 1905년8월9일자 편지」, 『雩南李承晩文書 東文篇(十六) 簡札1』, pp.37~40.
55) 「청년이승만자서전」, 이정식 지음, 권기붕 옮김, 앞의 책, p.299.

회견은 30분가량 걸렸다.[56] 루스벨트는 기분이 한껏 고조되어 있어 보였다. 그러나 이때는 루스벨트가 태프트에게 가쓰라와의 비밀협약을 확인하는 전보를 보내고 닷새가 지난 때였다. 그러므로 루스벨트가 한국정부의 공식문서가 아니라 하와이에 사는 한국인들이 자기에게 보내는 청원서를 굳이 한국공사관을 통해서 제출하라고 한 것은 청원서의 접수를 정중하게 거절하는 것이나 마찬가지였다.

그러한 사정을 알 수 없는 이승만과 윤병구는 루스벨트의 친절에 진정으로 감사했다. 루스벨트와 작별인사를 하면서 이승만은 고종이 준 오족용무늬를 박은 나전철기 주칠 쟁반을 루스벨트에게 전했던 것 같다. 돌아서 나오는 두 사람은 흥분과 희망으로 들떠 있었다. 호텔로 돌아온 두 사람은 기자들에게 둘러싸였다. 윤병구가 기자들에게 루스벨트와의 대화 내용을 대충 말해 주었다.

"여러분의 대통령께서는 대단히 친절하게 우리를 맞아 주셨습니다. 지금 우리 국민을 괴롭히는 고통스러운 문제들을 우리가 말씀드리지 않을 수 없었던 것에 대해 대통령께서는 매우 관심을 가지시는 것 같았습니다. 대통령을 뵙게 되어 기쁘게 생각합니다."[57]

기자들은 회견이 성사된 것을 축하하며 앞으로의 일이 성공하기 바란다고 말했다. 기자들 말고도 여러 사람들이 두 사람에게 악수를 청하면서 축하해 주었다. 같은 호텔에 들어 있는 다른 나라 외교관들은 이렇게 말하기도 했다.

"초창기에는 우리나라도 승인을 받기 위해 무척 고생한 적이 있습니다. 여러분의 처지에 충심으로 동정합니다. 아무쪼록 성공하시기 바랍니다."

두 사람은 허둥지둥 방으로 올라가서 짐을 챙겨 가지고 내려와서는 카

---

56) *The New York Times*, Aug. 5, 1905, "Koreans See the President".
57) *ibid.*

고종이 이승만을 통하여 루스벨트에게 선물한 것으로 보이는 자개 오족용무늬가 박힌 주칠 쟁반. 새가모어 힐의 루스벨트기념관의 루스벨트 집무실이었던 방 벽면에 걸려 있다.

운터에 숙박비로 20달러짜리 지폐를 놓고 거스름돈도 받지 않은 채 역으로 달려갔다. 빨리 워싱턴으로 가기 위해서였다. 호텔 카운터 직원이 거스름돈을 가지고 역까지 뛰어왔다. 뒷날 이승만은 이때의 이러한 행위는 미국인의 정직성과 관용의 전형이라고 말하곤 했다.

두 사람은 뉴욕을 거쳐서 이튿날 아침에 워싱턴에 도착했다. 그들은 밤새 기차간에서 뜬눈으로 보냈으나 아침 신문들에 난 자신들의 기사를 보자 다시 힘이 났다. 《워싱턴 포스트》는 두 한국사절이 루스벨트 대통령을 만나서 청원서를 제출했고, 이미 그 청원서를 공사관을 통해 공식으로 접수시키기 위해 워싱턴으로 오고 있다고 보도했다. 이러한 신문보도에 대해 이승만은 민영환에게 보낸 보고편지에서 "이는 지금 우리나라 형편에 앉아서 몇만원을 각 신문에 주어 가면서도 이렇게 될 수 없는 일이라. 초목 같은 무리라도 흥기나는 마음이 없지 못할러라"라고 적었다.[58] 그만큼 그는 큰 성과를 거두었다고 자부했다. 이제 청원서를 김윤정이 국무부에 제출하기만 하면 한국 독립유지문제가 포츠머스 강화회의에 상정되고, 루스벨트 대통령은 조미수호통상조약에 따라 "거중조정"의 역할을 해줄 것이라고 그는 믿었던 것이다.

이승만과 윤병구가 루스벨트 대통령을 만났던 새가모어 힐의 루스벨트의 여름 별장은 현재 루스벨트기념관으로 보존되고 있다. 그런데 루스

58) 「李承晩이 閔泳煥에게 보낸 1905년8월9일자 편지」, 『雩南李承晩文書 東文篇(十六) 簡札1』, pp. 37~40.

벨트의 집무실로 쓰던 방의 책상 맞은쪽 벽면의 책꽂이 옆에 특이한 벽걸이가 걸려 있어서 방문객들의 눈길을 끈다. 그것은 발가락이 다섯개인 용 두마리가 새겨진 주칠의 나전칠기 쟁반인데, 뒷면에는 17세기에 만들어진 것으로서 한국 임금의 선사품이라고 적혀 있다. 그것은 이승만이 출국하면서 가지고 가서 루스벨트에게 전한 것이 틀림없을 것이다. 그러나 이승만은 어디에도 그 사실을 밝혀놓지 않았다. 주칠이나 발톱이 다섯개인 용 그림은 왕실 소용의 물건에서만 사용하던 것이다.

3. 공관장 김윤정의 배반

1

서둘러 아침식사를 마친 두 사람은 공사관으로 달려갔다. 이승만은 청원서와 기사가 난 신문들을 김윤정에게 건네주면서 말했다.

"김 공사, 이제 공사가 나설 차례입니다."

그러나 김윤정은 긴장된 목소리로 두 사람을 깜짝 놀라게 했다.

"이 선생, 정부의 훈령이 없이는 이것을 보낼 수 없습니다."

순간 이승만은 끓어오르는 배신감과 분노를 참을 수 없었다. 그는 모든 희망이 한꺼번에 무너지는 듯한 느낌이 들었다. 그는 김윤정을 설득해야 한다고 생각했다.

"김 공사, 그게 무슨 소리요. 이 일은 우리가 기왕에 의논했던 바가 아니오. 또 공사가 전에 나에게 말하기를 신태무의 자리를 가지면 목이 떨어져도 하겠다고 하지 않았소. 지금 하나님이 대한을 도우시느라고 뜻대로 되었고, 또한 이것이 공사 알기에도 곧 성의(聖意)와 합하며, 민정이 이러하며, 또한 우리 정부 제공들도 다 원하는 바가 아니오. 이 글 가운데 조금도 어디 거리낄 말이 없으며, 또한 대통령이 하라 하는 것이오. 이것은 우리 말만 들을 것이 아니라 이렇게 신문에 났으니 보면 알게 아니오. 또 이 청원서를 바치는 백성이 본국에 있는 사람들이 아니라 미국에 있는 사람들이오. 미국에 있는 한국공사가 미국에 있는 한국백성들의 청원을 아니 들을 수 없고, 또한 이 일이 설령 권한 밖의 일이라 해도 미국 군부대신이 상관없는 사람이면서도 대통령에게 편지까지 해주는데 어찌 월급이나 벼슬만 돌아볼 수 있단 말이오."

이승만과 윤병구는 온갖 말로 오전 내내 김윤정을 달래고 얼렀으나 소용이 없었다. 끝내 김윤정의 가족들까지 내려왔다. 김윤정의 아내 고순영(高純迎)이 이승만을 보고 말했다.

"이 선생님, 우리 네 식구를 모두 죽인다 해도 정부의 훈령이 없이는 우리는 아무 일도 할 수 없습니다."

이승만은 김윤정의 두 아이들을 보고 말했다. 장남 용주(用柱)는 '프랭크'로, 딸 고려(高麗)는 '코라'라고 부르고 있었는데, 이승만은 그동안 이 아이들과도 가까워져 있었다.

"애들아, 너희들은 어려서 지금 너희 아버지가 무슨 짓을 하는지 모를 게다. 지금 너희 아버지는 자유를 팔아먹고 있다. 너희들은 아버지 때문에 노예가 될 것이다. 너희 아버지는 나를 배반하고 너희들과 너희 민족을 배반하고 있다. 나는 너희 아버지가 이 공사관을 일본인들에게 넘겨주는 것을 보고만 있지 않을 게다. 그 전에 불태워 버리고 말 거야."

이렇게 분통을 터뜨리고 나서 두 사람은 현관문을 쾅 닫고 나왔다. 온몸의 힘이 빠져서 걸음이 비틀거렸다.

이튿날 아침에 이승만과 윤병구는 다시 공사관으로 갔다. 그러나 김윤정은 문을 걸어 잠근 채 당장 떠나지 않으면 경찰을 불러 두 사람이 공사관에 불을 지르려 한다고 이르겠다고 위협했다. 그는 흑인 경비원에게 그들이 다시 돌아오면 쫓아버리라고 명령했다.

이때에 이승만이 얼마나 분격했는가는 민영환에게 보낸 편지의 다음과 같은 구절로도 짐작할 수 있다.

> 나의 분한 마음으로는 각 신문사원을 청하야 공관에 둘러앉히고 일장 연설을 한 후 공관을 파쇄하며 연놈을 배를 갈라 우리 대한백성의 충분(忠憤)한 마음을 세상에 드러내고자 하여 움직움직하다가 여럿이 말리며 더 보아서 하자 하기로 간신히 참기에 과연 어려운 지경을 당하였는데, 지금은 당초에 우리를 들이지 아니하니 파쇄거조(破碎擧措)하기 전에는 다른 수 없고….[59]

59) 「李承晩이 閔泳煥에게 보낸 1905년8월9일자 편지」, 『雩南李承晩文書 東文篇(十六) 簡札1』, p.42.

이러한 표현은 일찍이 만민공동회를 극한투쟁으로 몰아갔던 과격파 이승만의 기질이 그대로 되살아나고 있었음을 짐작하게 한다.

이승만은 니덤과 그 밖의 친지들에게 도움을 요청하는 편지를 쓰고 또 직접 찾아가서 상의했다. 햄린 목사는 단념하라고 강력히 권고했다. 그는 이 문제는 전적으로 공적인 문제이기 때문에 외교경로를 통하지 않고서는 해결이 불가능하다고 말하고, 또 1882년의 조미수호통상조약은 형식적인 것에 지나지 않는 것이므로 그것을 심각하게 생각해서는 안 된다고 충고했다. 그는 루스벨트 대통령과 미국정부의 주요 인사들이 모두 일본에 우호적이라는 것도 지적했다. 이승만은 햄린 목사와의 대화를 통하여 한국인들이 조약이나 국제적 약속을 철석같이 믿고 있다면 그것처럼 어리석고 순진한 일이 없을 것이라고 생각하는 사람이 햄린 목사만이 아니라는 것을 깨달았다.

이승만은 펜실베이니아로 서재필을 찾아가서 상의해 보기로 했다. 가면서 그는 어쩌면 효과가 있을 한가지 방법을 생각해 냈다. 그것은 서재필로 하여금 김윤정에게 편지를 쓰게 하는 일이었다. 서재필은 8월7일에 김윤정에게 신임 국무장관 앞으로 이승만과 윤병구에 대한 소개장을 써 주라고 당부하는 편지를 썼다. 7월1일에 사망한 헤이 장관의 후임으로 엘리후 루트(Elihu Root)가 7월19일에 국무장관에 임명되어 있었다.

> 루스벨트 대통령은 청원서가 국무부를 통하여 자기에게 전달되기를 바라고 있습니다. 그러므로 이 두 분을 적극 돕는 것은 공사의 국가에 대한 의무이자 루스벨트 대통령에 대한 예의입니다. 공사는 청원서 문제에 공식적으로 개입하지 않아도 됩니다. 소개장은 그러한 목적에 유효하면서도 공사가 청원서 문제에 개입하는 일이 되지 않을 것입니다. 공사도 나와 같은 생각이기를 바랍니다.[60]

60) Robert T. Oliver, *op. cit.*, p.89.

그것은 산전수전 다 겪은 노련한 서재필의 제안이었다. 서재필은 김윤정보다 다섯살 위였다. 서재필의 이러한 제안은 대리공사의 처지도 배려한 것으로서, 김윤정이 청원서와 정부훈령 사이의 딜레마를 해결할 생각만 있었다면 실행가능한 것이었다. 그러나 김윤정은 이 제의마저 묵살했다.

이승만은 루스벨트를 회견한 사실과 김윤정의 태도를 상세히 적은 보고편지를 8월9일에 민영환에게 보냈다. 이승만은 이 보고편지에서 다음과 같이 격양된 말로 김윤정을 비난하면서 그에 대한 인사조치를 요구했다.

> 임금과 신하와 백성이 다 하고 싶어도 못하고 앉은 것을 우리 이 백성들이 사탕수수밭에 농사하여서 먹고사는 돈을 사오백원씩 모아 외국관민이 일체로 찬조하여 이만치 만들어 놓은 일인 바 우리나라 독립을 보전하자 한 일인데, 소위 공사는 독립 없어지기를 원하는 일이오니까. 대통령의 말이 청국도 행한 일이니 하라 하는 것을 세상에 다 나타내었는데, 어찌하여 정부에서 말린다 하겠소. 이 일하는 백성이 비록 역적이나 강도라도 이 일에 아무 말 없고 아무 뜻 없고 나라 보전하자 하는 뜻이면 일본이나 아라사[러시아] 놈 아니고는 다 도울 바이어늘, 하물며 이놈이 어찌하여 독립 보전한다는 일에 이렇듯 원수로 여깁네까. 실로 우리나라의 원수는 일인이나 아라사인이 아니요 실로 월급에 팔려다니는 놈들이 우리의 제일 원수라 합네다. 이는 우리의 말이 아니요 이 나라 사람들이 땅을 치며 하는 말이고, 또한 남들의 말이, 그러하므로 너희 나라는 일본이 와서 마음대로 하여야 참 복이라 합네다. 김가를 시각으로 갈거나 소환이라도 시킬 수 없으면 내가 물고 뜯기라도 할 터이며, 기가 오르면 보이는 것이 없소이다.[61]

61) 「李承晩이 閔泳煥에게 보낸 1905년8월9일자 편지」, 『雩南李承晩文書 東文篇(十六) 簡札1』, p.42.

이승만이 루스벨트 대통령과 회견한 경위를 자세히 써서 민영환에게 보낸 1905년8월9일자 보고 편지.

이승만이 이러한 편지를 쓴 이튿날인 8월10일에 포츠머스 강화회의가 요란하게 개막되었다. 이날 이승만은 서재필로부터 다음과 같은 편지를 받았다.

> 친애하는 이승만씨. 김윤정이 소개장을 쓰기를 거절한다면 달리 방법이 없을 것 같소. 당신이 할 수 있는 유일한 방법은 본국정부가 문제해결에 나서도록 하는 것인데, 그것은 좀처럼 성사될 것 같지 않소. 모든 노력이 실패하면 AP통신을 통하여 여러 신문에 모든 것을 공개하는 방법이 있소. 청원서가 왜 공식적으로 루스벨트 대통령에게 전달되지 않았는지, 그리고 왜 당신들은 공식적으로 전달할 수 없는지를 밝히는 것이오.[62]

62) Robert T. Oliver, *op. cit.*, p.90.

또한 김윤정에게 설득해 달라고 부탁했던 니덤한테서는 다음과 같은 편지가 왔다.

> 내 생각에 김윤정으로서 취할 수 있는 조치는 오직 두 분이 원한다면 그 청원서를 접수하고 그것을 접수했다는 사실과 청원서의 내용을 한국 외부에 보고하고 훈령을 요청하는 것입니다. 이토록 중요한 시기에 그런 중요한 문제를 자기독단으로 결정하는 것은 좋은 태도가 아닐 것입니다. 나는 김윤정이 최선을 다하여 나라에 봉사하려 하고 있다고 확신합니다.[63]

니덤은 일본의 압력으로 이미 7월 말에 주미 한국공사관의 고문에서 해고되어 있었다. 니덤의 이러한 편지는 모든 일이 끝났음을 뜻하는 것이었다.

이승만은 자서전 초록에서 "그때에 우리가 할 수 있는 일이란 그저 실상을 완전히 적어서 한국사람들에게 알리는 일 뿐이었다"[64]라고 말하고 또 "나는 한국 신문을 위해 긴 글을 썼다"[65]라고 적었는데, 현재 보존되어 있는 이 무렵의 국내 신문에는 이승만의 이름으로 된 글은 보이지 않는다. 이승만이 주로 기고했던 《제국신문(帝國新聞)》은 이 무렵의 신문이 보존되어 있지 않다. 몇달이 지난 1906년2월에 네브래스카주 커니 지방에 있던 박용만의 숙부 박장현(朴長玹)의 이름으로 《황성신문(皇城新聞)》 사장 앞으로 보낸 장문의 「기서(奇書」가 4월17일자의 「논설」란에 실렸는데, 어쩌면 그것이 이승만이 직접 썼거나 그렇지 않으면 그의 글을 참고하여 박장현이 쓴 글일 것이다. 이 글은 사건의 경위를 자세히 적으면서도 뉘앙스가 좀 다르게 표현되어 있어서 진상과 배경을 이해하는 데

---

63) *ibid*.
64) 「청년이승만자서전」, 이정식 지음, 권기붕 옮김, 앞의 책, p.301.
65) "Autobiography of Dr. Syngman Rhee", p.20.

참고가 된다.

> 지난해에 러일전쟁이 종결되어 양국 대사가 미국 대통령 루스벨트의 알선으로 포츠머스에서 담판을 열 때에 우리나라가 동맹 자격으로 강화사(講和使)를 특파하야 국제권리를 회복하고 손해배상도 요구할 터이어늘, 정부가 압제 아래에서 정신을 잃고 국권상의 관계를 임지(任地)하여 두고 일언반사(一言半辭)도 없으므로, 국내 인민이 정부를 권고코저 하다가 성사치 못하고 오직 미국 영지인 하와이에 이주한 동포와 미국에 유학하는 학생 등 7천여 인민이 충애혈성(忠愛血誠)으로 윤병구, 이승만 양씨로 대표를 선정하여 담판지에 파송하야 국권의 위태함을 보전하려고 한 사실은 일반 국민이 다 아는 바이라. 그 두 사람이 워싱턴에 모여 공관 대리공사 김윤정을 만나서 대책을 협의했으나 자세한 결론은 확정하기 전에 러시아와 일본 대사가 만날 일자가 촉박하므로 강화지로 가니, 신문기재원과 철도 사무원이며 성시가로(城市街路)의 사람들이 박수갈채하야 성사하기를 축하하며 말하기를 한국인민의 대표자요 독립주권의 보전자요 애국열성의 의기남자요 청년지사라고 무수히 칭송하며….[66]

물론 과장된 묘사이기는 하나 이러한 문면으로 미루어 보면, 이승만과 윤병구는 김윤정이 청원서를 국무부에 제출하기만 하면 루스벨트가 그것을 강화회의에 회부할 것이고, 또 그러면 자신들도 그 청원서의 설명을 위해 회의에 참석할 수 있을 것으로 기대했던 것 같다.

이 글은 두 사람이 루스벨트를 만나고 나왔을 때의 모습을 "만성사녀(滿城士女)가 다투어 악수하고 면담을 칭송하며 한국을 위하야 연방 만세를 부르니… 우리 인민의 무량한 복락과 국가의 영원한 기초가 완전히

---

66) 《皇城新聞》 1906년4월17일자, 「奇書: 私嫌으로 國權을 失한 事」.

회복되는 것이 십중팔구라…"고 과장해서 기술했다. 그러면서 이 글은 김윤정이 청원서를 국무부에 제출하기를 거절한 것은 이승만과 윤병구가 자기와 충분한 상의 없이 오이스터 베이로 간 것이 공사의 권리를 무시한 것이고, 또 이들이 "백면서생으로 다수한 인민의 대표가 되어 만국사녀의 칭도[稱道: 칭찬해서 말함]함을 받고 천하영걸이 모인 곳에서 대통령의 총애를 입었으니, 그 영예를 시기하는 마음으로"[67] 본국 훈령을 빙자하여 청원서 제출을 거절했다고 썼다.

을사조약의 강제로 온 국민이 비분강개하고 각처에서 다시 의병이 일어나기 시작한 상황에서 이러한 기사는 국내 지식인들을 크게 자극했을 것이다. 그리고 그것은 그 성과와는 관계없이 이승만의 명성을 크게 높여주었을 것은 말할 나위도 없다.

2

포츠머스 강화회의는 배상문제로 한동안 교착되었다가 9월5일에 러일강화조약이 체결되었다. 조약 제2조는 한국문제에 대하여 "러시아제국정부는 일본이 한국에서 정치상, 군사상 및 경제상의 우월한 이익을 갖는 것을 인정하고, 일본제국정부가 한국에서 필요하다고 인정하는 지도, 보호 및 감리(監理)의 조치를 취하는 데 대하여 방해하거나 간섭하지 아니할 것을 약정한다"[68] 라고 천명했다. 이로써 패전국 러시아는 일본이 한국을 '보호국'으로 만드는 것을 인정한 것이다. 또한 포츠머스 강화회의와 때를 같이하여 8월12일에 체결된 제2차 영일동맹협약 제3조에도 일본이 한국에 대하여 "지도, 감리 및 보호"의 조치를 취하는 것을 영국이 인정하는 내용이 포함되었다.[69]

---

67) 위와 같음.
68) 『日本外交年表竝主要文書(上卷)』, p.245.
69) 위의 책, p.241.

이렇게 하여 마침내 미국과 영국과 러시아는 일본이 한국을 '보호국'으로 만드는 데 국제적 보장을 한 것이다. 그러한 포츠머스 강화회의를 주선한 일로 루스벨트가 1906년도 노벨평화상을 수상한 것은 역사적 아이러니가 아닐 수 없다. 그것은 미국인으로서는 최초의 노벨평화상 수상이었다.

이러한 상황에서 이승만과 윤병구의 요구대로 김윤정이 하와이 동포들의 청원서를 국무부 장관에게 전달했더라도 그것이 강화회의에 제출되었을 개연성은 거의 없다. 그러한 사정은 9월9일에 귀국하는 일본의 수석대표 고무라 주타로에게 루스벨트가 "앞서 청국정부가 강화회의에 참가하겠다는 희망을 표명해 왔을 때에도 청국이 돈 한푼, 병사 한 사람 사용하지 않고 권리를 주장하는 것은 이론상 불가능하며, 요컨대 일본과 러시아 양국의 처분에 일임하는 수밖에 없다고 대답했다"라고 말한 사실로도 짐작할 수 있다.[70] 그럼에도 불구하고 이승만은 루스벨트의 외교적 언사를 곧이곧대로 믿고 김윤정을 그처럼 증오했던 것이다.

하와이 동포들의 청원서를 국무부에 제출하기를 거부한 김윤정은 강화회의도 끝나기 전에 국무장관 대리 루미스에게 터무니없는 정보를 전했다. 그것은, 서울 주재 각국 공사들이 회의를 열고 각각 본국 정부에 자기들을 소환하고 후임으로 대리공사를 임명할 것을 요청하기로 의견의 일치를 보았다고 본국정부로부터 자기에게 알려 왔다는 것이었다. 루미스로부터 사실을 확인하라는 훈령을 받은 모건(Edwin V. Morgan) 주한공사는 8월30일에 그러한 회의가 열린 적이 없고, 하야시 일본공사가 서울 주재 각국 공사관이 철수할 것을 일본정부가 기대하고 있음을 시사하기는 했으나 고종은 한국이 독립국이라는 표시로 각국 공사관이 서울에 계속 있을 것을 강력히 희망하며, 외부대신 이하영은 김윤정이 루미스에게 말한 내용은 한국정부의 훈령이 아니라고 말했

---

70) 日本外務省 編,『小村外交史』, 原書房, 1966, pp.675~676.

다고 보고했다.[71]

김윤정의 이러한 태도는 이때는 이미 그가 일본정부의 하수인이 되어 있었음을 말해 준다. 이승만은 김유정의 태도를 보고 어떻게 한국사람들이 저렇게 자기 나라를 배반하고 자기 친구들을 배반할 수 있단 말인가 하고 실망했다고 한다. 그는 자서전 초록에서 이때에 한국사람들이 그처럼 짐승 같은 저열상태에 빠져 있는 한 한국에는 구원이 있을 수 없다는 결론을 내리고, 한국사람들에게 기독교 교육을 실시하기 위해 일생을 바치기로 결심했다고 기술했다.[72]

드디어 김윤정은 9월5일자로 본국정부로부터 견책(譴責) 처분을 받았다. 견책 사유는 "교섭상 소홀"[73]이었다. 이승만은 김윤정에 대한 분노를 일생 동안 잊지 않았다. 그것은 그로부터 40여년이 지난 1949년에 윤병구가 작고했을 때에 조사의 거의 대부분을 이때의 김윤정의 배신행위를 규탄하는 데 할애한 것으로도 알 수 있다.[74] 윤병구는 1949년에 이승만의 초청으로 귀국하여 외무부와 공보처의 고문으로 일하다가 과로로 쓰러져서 사망했다.

포츠머스 강화회의가 폐막되고, 며칠 뒤인 9월10일에 이승만은 민영환으로부터 그와 윤병구의 노고를 치하하는 편지를 받았다. 편지에는 그동안의 비용이라면서 130달러의 송금수표가 들어 있었다. 민영환은 황제가 자기 편에 두 사람의 노력에 대해 감사의 뜻을 전하면서 비밀경로를 통하여 두 사람의 활동자금을 보낼 것을 약속했다고 썼다. 그러나 민영환의 격려편지도 실의에 빠진 이승만을 일으켜 세울 수는 없었다. 고종이 비밀경로를 통하여 활동자금을 보낼 것을 약속했다는 말에 대해서도 이승만은 "나는 그가 그렇게 할 수 없다는 것을 알고 있었다"라

71) Morgan to Root, Aug. 30, 1905, Dispatches, Korea, 長田彰文, 앞의 책, p.158에서 재인용.
72) 「청년이승만자서전」, 이정식 지음, 권기붕 옮김, 앞의 책, p.303.
73) 國史編纂委員會 編, 『大韓帝國官員履歷書』, p.155.
74) 《서울신문》 1949년6월25일자, 「李大統領弔辭, 平生이 燦爛한 光復史」.

고 기술했다.[75)]

포츠머스 강화조약이 체결된 뒤에도 한국정부, 특히 고종은 미국의 지원을 얻기 위해 안간힘을 썼다. 태프트와 함께 일본과 필리핀을 방문한 루스벨트 대통령의 딸 앨리스가 태프트 일행과 떨어져서 한국을 방문했는데, 이때에 고종이 보인 환대는 보기에 민망스러울 정도였다.

앨리스 일행은 9월19일에 서울에 도착했다. 앨리스는 이전에 한국을 방문한 다른 나라 왕족 이상의 대접을 받았다. 일행이 지나는 큰길가에는 사람들이 빽빽이 늘어서서 청홍의 장명등을 들고 성조기를 흔들었다. 도착한 이튿날 고종은 앨리스 일행을 접견하고 오찬을 베풀었다. 고종은 앨리스를 자기와 같은 테이블에 앉혔다. 이날의 오찬에 참석한 정부고관들 가운데는 양복을 처음 입어 보는 사람들이 많았다. 앨리스 일행이 한국에 머무는 동안 고종은 같이 온 상원의원 뉴랜즈(Francis G. Newlands)를 만났다. 뉴랜즈는 고종에게 국제변호사를 고용하여 권위있는 이의신청을 하라고 권했다. 앨리스 일행은 9월29일에 기차로 부산까지 가서 10월2일에 배편으로 떠났다.

이어 10월 어느 날 민영환을 비롯한 몇 사람의 대신들이 비공식회의를 열고 당면문제를 논의했을 때에도 조미수호통상조약의 "거중조정" 조항이 다시 거론되었다. 한국정부로서 유일한 대책은 미국의 협력을 얻는 것뿐이었다. 회의에서는 열강의 "공동보호"로 일본의 침략을 견제하자는 방안이 채택되었다. 그리고 그러한 내용을 담은 황제의 친서를 미국 대통령에게 전달하기로 하고, 밀사로 선교사 헐버트(Homer B. Hulbert, 紇法, 轄甫)를 선임했다. 고종도 헐버트를 파견하는 데 적극 찬성이었다.

헐버트는 고종의 친서가 도중에 일본인들에게 탈취당할 것을 염려하여 그것을 주한 미국공사관의 파우치편으로 워싱턴까지 보냈다. 헐버트가 호놀룰루, 샌프란시스코, 시카고, 피츠버그를 거쳐 워싱턴에 도착한

---

75) 「청년이승만자서전」, 이정식 지음, 권기붕 옮김, 앞의 책, p.303. 올리버는 민영환이 보내온 돈이 300달러였다고 했다(Robert T. Oliver, *op. cit.*, p.90).

것은 을사조약이 체결된 다음날인 11월17일이었다. 일본정부는 헐버트가 루스벨트에게 고종의 친서를 전달하고 한국의 독립유지를 위한 미국정부의 "거중조정"을 당부하기 전에 모든 것을 해결해 버릴 필요가 있다고 판단하고 이토 히로부미(伊藤博文)를 한국에 파견하여 강압적으로 조약체결을 서둔 것이었다.

고종은 헐버트를 밀파한 뒤 11월12일에 모건 공사에게 루스벨트 앞으로 보내는 친서를 전달해 주도록 부탁했으나 모건은 그 일에 관여하기를 거절했다. 이승만은 미국으로 가기 전까지 헐버트와 가까운 사이였다. 그리고 비슷한 사명을 띠고 워싱턴에 왔는데도 이때에 두 사람이 만나지는 않았던 것 같다. 학교로 돌아간 이승만은 이 무렵에는 여기저기의 교회에서 강연을 하고 다녔다. 루스벨트는 헐버트에게 외교사항이므로 국무부로 가라면서 접견을 거절했고, 국무장관 루트는 바쁘다는 핑계로 차일피일 미루다가 모건 공사에게 주한 미국공사관의 철수를 훈령하고 난 다음날인 11월25일에야 헐버트를 만났다. 헐버트는 이튿날 고종으로부터 다음과 같은 전보를 받았다.

> 짐은 총검의 위협과 강요 아래 최근에 한일 양국 사이에 체결된 이른바 보호조약이 무효임을 선언함. 짐은 이 조약에 동의하지 않았으며 앞으로도 결코 동의하지 아니할 것임. 이 뜻을 미국정부에 전달하기 바람. 대한제국 황제.[76]

이 전보는 이미 일본의 수중에 놓인 국내의 전신망을 이용하지 않기 위해 사람을 청국의 지부(芝罘)까지 보내어 타전한 것이었다. 헐버트는 이 전문을 국무부에 알렸으나 며칠 뒤에 그와 만난 루트 장관은 미국정부가 이 문제로 할 수 있는 일은 없다고 잘라 말했다.

---

76) F. A. McKenzie, *Korea's Fight for Freedom*, 1920, AMS Press, rep. 1970, pp.100~101.

고종은 헐버트를 파견한 직후에 대미교섭을 강화하기 위해 또다시 민영환의 동생인 프랑스 주재 공사 민영찬(閔泳瓚)을 미국에 급파했다. 민영찬은 12월11일에 루트와 만나서 고종의 뜻을 전했다. 그러나 민영찬이 루트를 만나고 닷새 뒤인 12월16일에 김윤정이 루트에게 외부대신 임시서리 이완용(李完用)으로부터 주미 한국공사관의 문서와 그 밖의 재산을 일본공사관에 이양하라는 훈령을 받은 사실을 통보함으로써 모든 대미 밀사외교는 끝나고 말았다. 루트는 민영찬에 대한 회답을 미루다가 12월19일에 보낸 편지에서 김윤정의 이 통보가 한국정부의 공식 통보라면서 민영찬의 요청을 거절했다.

김윤정은 공사관을 일본공사관에 넘겨주고 귀국을 서둘렀다. 귀국할 때에 그는 미국 서부지역과 하와이의 분노한 동포들로부터 변을 당할 것이 두려워서 신분을 숨겨야 했다. 김윤정은 귀국한 뒤에 태인군수(泰仁郡守), 인천부윤(仁川府尹), 충청북도지사 등을 역임하면서 친일파로 일관했다. 이승만은, 앞에서 본 윤병구에 대한 조사에서, 1945년에 자신이 귀국하여 조선호텔에 들어 있을 때에 김윤정이 따라와서 살려 달라고 애원하는 것을 보았다고 했다.[77]

이승만이 대미 '밀사' 사명은 미국의 "거중조정"을 통하여 대한제국의 독립유지를 보장하게 한다는 목적에서 보면, 헐버트 등 다른 밀사들의 경우와 함께 결국 실패로 끝났다. 그러나 그것은 처음부터 이승만의 개인적 능력 밖의 사명이었다.

루스벨트는 힘이 모든 것을 결정한다고 믿는 사람이었다. 따라서 그의 외교정책의 기본사상도 강한 나라는 번영하고 약한 나라는 멸망한다는 것이었다. 그는 1900년8월에 뉴욕주지사로서 부통령 후보가 되었을 때에 "나는 일본이 한국을 손에 넣는 것을 보고 싶다. 일본은 러시아에 대한 견제가 될 것이고, 지금까지 한 것으로 보아 그런 보답을 받을 만하

77) 《서울신문》 1949년6월25일자, 「李大統領弔辭」.

다"[78]라고 했을 만큼 일찍부터 일본에 편향적이었다. 그 뒤의 동아시아의 세력관계는 루스벨트로 하여금 더욱 일본을 지지하게 만들었다. 그러한 루스벨트를 상대로 조미수호통상조약상의 의무를 이행할 것을 촉구한다는 것은 터무니없는 일이었다.

그러나 헤이 국무장관을 만난 데 이어 포츠머스 강화회의를 앞두고 루스벨트 대통령을 만나고, 특히 그것을 계기로 미국의 유수한 신문에 한국문제를 부각시킬 수 있었던 것은, 이승만 자신의 말대로 한국정부가 "몇천원, 몇만원을 각 신문에 주어 가면서도" 할 수 없을 만큼 선전효과를 거두었다는 점에서 중요한 성과였다.

이승만은 루스벨트와의 면담을 계기로 제국주의적 국제정치 질서의 냉엄한 현실을 한결 실감하게 되었다. 그리고 서른한살의 젊은 나이에, 그것도 아무런 공적 직함이 없는 신분으로 미국의 대통령과 국무장관을 만났다는 사실은 여러 가지 면에서 큰 경험이 되었다. 사실 이승만은 이때 이후로는 독립운동 기간 내내 미국의 어떤 대통령이나 국무장관도 만날 수 없었다.

이때에 이승만이 헤이 국무장관과 루스벨트 대통령을 만났고, 또 그것에 대한 미국 신문의 반응을 통하여 깨달은 것은 뒷날 그가 독립운동 방략으로 시지프스의 신화처럼 되풀이하는 청원외교와 여론환기 작업의 원형이 되었다. 그리고 그것은 김구가 국모보수(國母報讎)의 의분에서 변복한 일본상인 쓰치다 조스케(土田讓亮)를 살해했던 치하포사건과 대비되는 상징성을 가지면서, 그 자신의 명성과 권위를 높여 주는 근거가 되었다.

78) Elting E. Morison ed., *The Letters of Theodore Roosevelt*, vol.Ⅱ., *The Years of Preparation*(1898~1900), Harvard University Press, 1951, p.1394.

18장

을사조약 파기투쟁의 행동대

1. 서울에 올라와서 을사조약 반대투쟁에 참가
2. 대한매일신보사 지사 운영하며 교육운동에 전념
3. 서른한살에 열세살 밑의 최준례와 혼인

1. 서울에 올라와서 을사조약 반대투쟁에 참가

1

일본은 1905년9월5일의 포츠머스 강화조약으로 러시아의 동의를 받아냄으로써 마침내 한국을 '보호국'으로 만드는 데 국제적 보장을 확보하게 되었다. 강화회의에 참석했던 외무대신 고무라 주타로(小村壽太郎)가 귀국한 직후인 10월27일에 일본정부는 8개 항목의 「한국보호권 실행에 관한 각의결정(閣議決定)」을 확정했는데, 이 결정에는 "도저히 한국정부의 동의를 얻을 가망이 없을 때에는 최후수단으로서 한편으로 한국에 대해서는 보호권을 확립하겠다는 뜻을 통고하고…"(제8항)라는 항목이 들어 있었다.[1] 그것은 비록 고종이나 한국정부가 동의하지 않더라도 군사력으로 겁박해서 일방적으로 '보호국'으로 만들었다고 선언할 계획을 공식화했음을 말하는 것이었다.

이러한 계획에 따라 추밀원(樞密院) 의장 이토 히로부미(伊藤博文)가 일본 천황의 특파대사로 한국에 파견되었다. 11월9일에 서울에 도착한 이토는 이튿날 고종을 알현하고 일본 천황의 친서를 전달했다. 그러고 나서 1주일 동안 이토는 주한 일본공사 하야시 곤스케(林權助)와 함께 일본군대를 시가지에 풀어 시민들을 위협하고 일본헌병들로 하여금 호위라는 명목으로 한국 대신들을 감시하게 하는 등의 준비를 갖추었다.

11월15일 오후에 다시 고종을 알현한 이토는 세 시간 반 동안 고종을 협박했다. 이튿날 이토는 자기가 묵고 있는 손탁호텔로 한국 대신들을 불러 준비해 온 조약안을 설명하고, 하야시로 하여금 외부대신 박제순(朴齊純)에게 일본의 조약안을 전하게 했다. 하야시는 11월17일 오전에 대신들을 일본공사관으로 초치하여 그들의 반대의견을 확인한 다음 어

---

1) 「韓國保護權實行ニ關スル閣議決定ノ件」, 『日本外交文書 38-1』, p.527.

전회의를 열 것을 요구했다. 일본군대가 궁궐을 이중 삼중으로 포위하고 일부는 궁궐 안에까지 들어와서 황제의 어전을 포위하는 등 살벌한 분위기 속에서 열린 어전회의에서도 대신들은 반대의사를 굽히지 않았다.

그러자 이토가 일본군사령관 하세가와 요시미치(長谷川好道)를 대동하고 입궐하여 고종의 알현을 요구했다. 그러나 고종은 접견을 거부하면서 "이는 대신들과 결정할 문제이다"라고 말했다. 이토는 고종의 이 말을 근거로 다시 대신회의를 열게 하여 조약 체결의 가부를 물었는데, 참정대신 한규설(韓圭卨)이 끝까지 반대하자 그를 납치하여 딴 방에 감금한 채 새벽 2시까지 대신들을 위협했다. 그리하여 마침내 학부대신 이완용(李完用)을 비롯하여 군부대신 이근택(李根澤), 내부대신 이지용(李址鎔), 외부대신 박제순, 농상공부대신 권중현(權重顯)이 찬의를 표하자 이토는 조약이 체결되었음을 선언했다.[2] 이것이 '을사보호조약' 또는 '을사조약[일본에서는 '第2次日韓協約']'이라고 일컫는 국제법상 유례가 없는 조약이다.

조약의 내용은 (1) 일본정부는 일본 외무성을 통하여 한국의 외교관계 및 그 사무 일체를 감독 지휘하고, 외국 재류 한국인과 그 이익도 일본의 외교대표자나 영사로 하여금 보호하게 하고, (2) 일본정부는 한국과 다른 나라 사이에 현존하는 조약을 실행할 임무를 맡고, 한국정부는 일본정부의 중개를 거치지 않고는 국제적 성질을 띤 어떠한 조약이나 약속을 맺지 못하도록 하고, (3) 일본정부의 대표자로 서울에 1명의 통감(統監)을 두어 자유로이 황제를 알현할 권리를 갖게 하고, 각 개항장과 필요한 지방에 통감 지휘하의 이사관(理事官)을 두게 하고, (4) 일본과 한국 사이에 현존하는 조약 및 약속은 이 협약의 조항들에 저촉되지 않는 한 계속 효력을 가지고, (5) 일본정부는 한국 황실의 안녕과 존엄을 유지할

2) 《皇城新聞》 1905년11월20일자, 「五件條約請締顚末」, 「韓國特派大使伊藤博文復命書」, 『日本外交文書 38-1』, pp.496~518, 鄭喬, 『大韓季年史(下)』, 國史編纂委員會, 1957, pp.171~176 참조.

것을 보증한다는 것이었다.[3]

마지막 조항은 한국 대신들의 요구로 추가된 것이었는데, 그것은 허울에 지나지 않는 것이었다. 하야시 공사는 이 조항은 한국 대신들이 그들 특유의 체면론과 고종에게 생색을 내느라고 요구해서 넣었을 뿐이라고 비꼬았다.[4] 고종은 이 조약을 끝까지 인준하지 않았다. 그러므로 절차상으로는 그것은 조약이 아니라 일본의 「각의결정」에서 말한 제국주의 일본의 일방적 '통고'가 되고 말았다. 고종이 미국에 밀파했던 헐버트에게 이 조약을 부인하는 전보를 보낸 것은 앞에서 본 대로이다.

을사조약이 강제된 사실이 알려지자 전국 각지에서 조약의 무효를 외치고 '을사오적[乙巳五賊: 조약에 찬성한 다섯 대신]'의 단죄를 요구하는 조약파기운동이 일어났다. 파기운동에 앞장선 것은 신문들이었다. 일본은 민심의 동요를 우려하여 조약 체결 사실을 당분간 비밀에 부쳐 두고자 했으나 《황성신문(皇城新聞)》은 11월20일자 기사로 을사조약 체결 과정의 일본의 강박을 자세히 폭로했다. 같은 날 사장 장지연(張志淵)은 유명한 「시일야방성대곡[是日也放聲大哭: 이날에 목놓아 크게 哭하노라]」이라는 「논설」로 다섯 대신은 말할 것도 없고 조약에 반대한 참정대신 한규설까지 규탄했다.

> 저번 날 이등후(伊藤候)가 한국에 오매 어리석은 우리 백성들이 서로 다투어 말하기를 후(候)는 평소에 동양삼국(東洋三國)의 정족 안녕(鼎足安寧)을 자임하여 주선하던 사람이라. 오늘 한국에 온 것은 필시 우리나라의 독립을 공고히 할 방략을 권고하리라 하여 전국의 관민상하(官民上下)가 환영해 마지 않았거늘, 천하사가 헤아릴 수 없는 것이

---

3) 國會圖書館立法調査局, 『舊韓末條約彙纂(上)』, 國會圖書館, 1964, pp.77; 尹炳奭, 「乙巳五條約의 신고찰」, 《國史館論叢》 제23집, 國史編纂委員會, 1991, pp.27~52 참조.

4) 「韓日協約案文中修正條項에 대한 報告件」, 『駐韓日本公使館記錄(24)』, 國史編纂委員會, 1998, pp.371~372.

《황성신문》 1905년11월20일자 「논설」란에 실린 「시일야방성대곡」.

많도다. 천만 뜻밖에 5조건(五條件)이 무엇으로 해서 제출되었는가. 이 조건은 비단 우리 한국뿐만 아니라 동양삼국의 분열하는 조짐을 자아낼 것이니, 이등후의 처음 의도가 어디에 있는가.

그러나 우리 대황제 폐하께서 강경하신 성의(聖意)로 거절하셨으므로 그 조약이 불성립함은 상상컨대 이등후가 스스로 알고 자파(自破)한 바이어늘, 아! 저 개돼지만도 못한 소위 우리 정부대신이란 자들이 영리(榮利)를 바라고 거짓 위협에 겁을 먹고 머뭇거리고 벌벌 떨면서 매국의 도적이 되어, 4천년 강토와 500년 종사(宗社)를 남에게 바치고 2천만 생령을 남의 노예로 만들었으니, 저들 개돼지만도 못한 외부대신 박제순과 각 대신들은 족히 깊이 나무랄 것이 없거니와 명색이 참정대신이라는 자는 정부의 우두머리라. 오직 "부(否)"자로 책임을 면하여 이름을 남길 밑천이나 꾀했던가. 김청음(金淸陰: 尙憲)이 국서를 찢고 통곡했던 일도 하지 못하고 정동계(鄭桐溪: 蘊)가 칼로 할복했던 일도 못하고 그저 편안히 살아남아서 세상에 나서고 있으니, 무슨 면목으로 강경하신 황상 폐하를 대하며 무슨 면목으로 2천만 동포를 대하리오.

아! 원통하고 분하도다. 우리 2천만 남의 노예가 된 동포여! 살았는가, 죽었는가. 단군, 기자 이래 4천년의 국민정신이 하룻밤 사이에 갑자기 멸망하여 멎어 버렸는가. 아! 원통하고 원통하도다. 동포여! 동포여![5)]

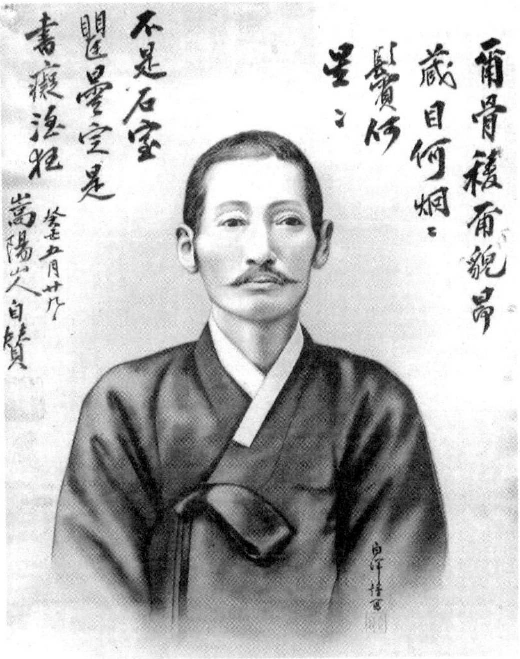
「시일야방성대곡」을 집필한 《황성신문》 사장 장지연.

이 짤막한 한편의 「논설」이 불러일으킨 파장은 컸다. 이 「논설」은 일본경찰의 검열을 무시하고 인쇄하여 "경성 내외의 가호대로 전파하고 또 여관과 정거장에까지 전파되어 거의 집집마다 전해지고 읽혔다"[6)] 라고 할 정도로 큰 영향을 미쳤다. 이 때문에 《황성신문》은 정간되고 사장 장지연 이하 사원들이 일본경찰에 연행되었다. 이 「논설」이 집집마다 전해지고 읽혔다는 말은 물론 과장이다. 이 날짜 《황성신문》은 서울에서 800부가 배포되었고 지방으로 보낼 예정이던 2,288부는 모두 일본군에 압수되었다.[7)] 《대한매일신보(大韓每日申報)》와 《제국신문(帝國新聞)》도 을사조약과 '을사오적'을 규탄했다.

---

5) 《皇城新聞》 1905년11월20일자, 「論說: 是日也放聲大哭」. 원문은 한문투의 국한문 혼용문이다.
6) 朴殷植 著, 『韓國痛史』, 『白巖朴殷植全集(1)』, 동방미디어, 2002, pp.342~343; 朴殷植 著, 李章熙 譯, 『韓國痛史(下)』, 博英社, 1996, p.141.
7) 「新聞紙發行禁止并ニ差押ノ件」, 『駐韓日本公使館記錄(24)』, p.390.

가평에서 신병을 치료하던 전 의정대신 조병세(趙秉世)는 상경하여 11월23일에 고종을 알현하고 울면서 조약파기와 5대신의 처벌을 주장했다. 그것을 계기로 전현직 관리들과 유생의 상소가 봇물 터지듯이 쏟아졌다. 유생들은 조약이 체결되기 전부터 서울에 대한13도유약소(大韓十三道儒約所)를 설치하고 각국 공사관에 한국의 독립보장을 촉구하는 편지를 보내기도 했다. 이토가 내한하자 유약소는 그에게도 "마관조약(馬關條約) 및 러일전쟁 선언서에서 선명한 대로" 한국의 독립을 보장하라는 편지를 보냈는데, 을사조약이 체결되자 11월21일과 24일에 조약의 철회를 주장하는 상소를 올렸다.

상소문 가운데는 을사조약이 만국공법에 위배되는 것임을 지적한 것도 있어서 눈길을 끈다. 시강원(侍講院) 시독 박제황(朴齊璜)의 상소가 그것인데, 박제황은 당시에 널리 읽히던 블룬칠리(Johannes K. Bluntschli, 步倫)의 『공법회통(公法會通)』의 내용을 인용하면서 보호조약의 폐기를 주장했다.[8] 그러나 열강은 이미 태프트-가쓰라 비밀협약, 제2차 영일동맹협약 등으로 일본의 한국보호국화를 인정하고 있었다.

전현직 관리와 유생들뿐만 아니라 서울을 중심으로 한 기독교단도 격렬한 조약파기운동을 전개했다. 이 무렵 기독교인들의 민족운동은 구국기도회 운동이 중심이었다. 9월의 장로회 공의회가 길선주(吉善宙) 장로의 발의에 따라 11월의 감사절 다음날부터 일주일 동안 구국기도회를 연 것을 시발점으로 하여 전국 각지의 교회에서 나라를 위한 기도회가 광범위하게 개최되었다.[9]

서울에서 구국기도회의 중심이 된 곳은 상동교회(尙洞教會)였다. 교회 안의 상동청년학원과 엡워스청년회 등이 연합하여 열린 11월10일의 기도회는 1,000여명의 교인들이 모여 나라가 위기에 직면한 것을 분개하

---

8) 『高宗實錄』 光武9년11월26일조, 「侍講院侍讀朴齊璜疏略」.
9) 한국기독교역사연구소, 『한국기독교의 역사 I』, 기독교문사, 1989, p.294.

여 서로 부둥켜안고 통곡했을 만큼 애국적인 열기에 찼다.[10] 《대한매일신보》는 이때의 「위국기도문(爲國祈禱文)」까지 소개하면서 집회 상황을 자세히 보도했다.

> 만왕의 왕이신 하나님이시여! 우리 한국이 죄악으로 침륜[沈淪: 침몰]에 들었으매 오직 하나님밖에 빌 데 없사와 우리가 일시에 기도하오니, 한국을 불쌍히 여기사 예레미야와 이사야와 다니엘이 자기 나라를 위하여 간구함을 들으심같이 한국을 구원하사, 전국 인민으로 하여금 자기 죄를 회개하고 다 천국 백성이 되어 나라가 하나님의 영원한 보호를 받아 지구상에 독립국이 확실케 하야 주심을 예수의 이름으로 비옵나이다.[11]

구국기도회는 기독교인들에게 민족의식과 국가의식을 크게 고취시키는 계기가 되었다.[12] 그러나 구국기도회만으로 을사조약을 무효화시킬 수는 없었다. 그리하여 기독교인들은 조약무효 상소투쟁과 가두연설이라는 좀더 적극적인 운동을 펼치게 되었다.

2

김구는 서울에 올라와서 구국기도회와 조약무효 상소투쟁에 적극적으로 참여했다. 그 과정을 그는 다음과 같이 술회했다.

> 나는 진남포 엡워스청년회 총무의 직임을 이어받아 그 회의 대표로 뽑혀 경성에 파견되어, 경성 상동교회에 가서 엡워스청년회의 대표

---

10) 《大韓每日申報》 1905년11월12일자, 「雜報: 技徒可憎」.
11) 《大韓每日申報》 1905년11월19일자, 「雜報: 聲聞于天」.
12) 한국기독교역사연구소, 앞의 책, p.294.

위임장을 제출했다. 그때에 각도에서 청년회 대표가 모여 토의하는 것은 겉으로는 교회사업처럼 보였으나 속으로는 순전히 애국운동이었다. 먼저 의병을 일으킨 산림학자들을 구사상이라 하면 예수교인들은 신사상이라 하겠다.[13]

앞에서 본 대로, 엡워스청년회는 감리교회의 청년조직으로서 상동청년회를 중심으로 전국적 조직활동을 추진하고 있었다. 김구는 자신이 진남포 엡워스청년회 총무의 자격으로 상동교회의 모임에 참석했다고 했는데, 황해도 장련(長連)에 살던 그가 어떤 경위로 평안도 진남포의 엡워스청년회 총무가 되었는지에 대해서는 아무런 설명이 없다.

장련에서 뱃길로 한시간 거리에 있는 진남포는 개항되기 전까지는 조그마한 포구였다. 그러던 것이 개항 이후로 일본의 상업자본이 침투하면서 평안도지방의 신흥상업도시로 급속히 발전했다. 진남포는 장련이나 안악(安岳)에서 평양으로 가는 길목에 위치해 있었기 때문에 김구는 평양을 왕래할 때에는 말할 나위도 없고 평소에도 그곳에 자주 들렀을 것이다. 김구의 광진학교 제자였던 최태영(崔泰泳)은 "김구 선생이 진남포교회에 엡워스청년회를 만들기도 했지만 사실 진남포에 산 일은 없다"라고 썼다.[14] 이러한 기술은 김구가 진남포 엡워스청년회 조직에 깊이 관여했음을 말해 준다. 진남포는 감리교가 강한 지역이고 엡워스청년회가 감리교 청년회라는 점을 들어 김구가 감리교인이었다고 보기도 하나,[15] 그는 기독교 북장로교회 소속의 장로교회 교인이었다.[16] 김구에게 중요한 영향을 미친 우종서(禹鍾瑞), 방기창(邦基昌), 김윤오(金允五) 등이 모두 장로교인이고, 그가 활동한 장련과 안악이 장로교가 강한 지역이었다는

---

13) 『백범일지』, p.193.
14) 최태영, 『인간 단군을 찾아서』, 학고재, 2000, p.131.
15) 韓圭茂, 「尙洞靑年會에 대한 연구 1897~1914」, p.94.
16) 朝鮮總督府, 『要視察人名簿』, 『海外의 韓國獨立運動史料(XVII) 日本篇⑤』, 國家報勳處, 1996, pp.60~61.

점을 고려할 때에 김구는 장로교회 소속이었다고 보는 것이 타당할 것이다. 그리고 상동청년회에는 감리교인들만 참여한 것이 아니었다.

이 무렵 기독교는 선교사들의 적극적인 지지로 교육사업, 병원사업, 전도사업 등 여러 분야에 걸쳐서 교파를 초월한 활동을 펼치고 있었다. 1903년에 원산에서 있었던 선교사들의 사경회를 계기로 장로교와 감리교를 구분하지 않는 합동 사경기도회도 자주 열렸다.[17] 특히 을사조약을 전후하여 집중적으로 열린 구국기도회에는 장로교, 감리교, 침례교의 신자들이 공동으로 「위국기도문」을 작성하고 단결하여 연합기도회를 개최했기 때문에[18] 김구가 상동교회의 기도회에 참여한 것은 자연스러운 일이었다.

김구가 상동청년회와 직접 관련을 맺기 시작한 계기와 시점은 자세히 알 수 없다. 이 무렵 엡워스청년회는 민족운동에 열성을 가지고 전국적으로 조직을 확대하고 있었으므로, 사회참여 의식이 강했던 김구도 어렵지 않게 엡워스청년회 활동에 참가하게 되었을 것이다. 사실 이때의 감리교단의 움직임은 비슷한 시기에 기독교의 비정치화를 선언한 장로교단과 좋은 대조를 이룬다. 1901년9월에 장로회 공의회는 교세의 확장과 함께 사회개혁운동에 대한 교인들의 관심이 높아가자 이를 금지하기 위해서 "교회는 나라 일을 의논하는 집이 아니므로 그 집[교회]에서 나라 일을 공론하러 모이는 것은 아니된다"는 요지의 입장을 천명했다. 장로교 선교사들은 교회가 선교보다는 사회개혁운동에 더 열중하는 것을 몹시 못마땅하게 생각했던 것이다. 이러한 교회의 비정치화 선언으로 말미암아 일부 교인들은 교회를 스스로 떠나거나 이 원칙에 따라서 교회에서 축출되기도 했다.[19]

김구가 언제 서울에 올라왔는지는 분명하지 않다. 1,000여명이 모였

---

17) 유동식, 『한국감리교회의 역사 I』, pp.297~298.
18) 《大韓每日申報》 1905년11월19일자, 「雜報: 聲聞于天」.
19) 한국기독교역사연구소, 앞의 책, p.303.

던 11월10일의 상동교회 구국기도회에는 지방회원들도 많이 참가했을 것으로 짐작된다. 을사조약이 체결된 뒤에는 전국의 교회에서 날마다 오후에 구국기도회가 열렸는데, 상동교회에서는 매일 저녁 7시에서 9시까지 기도회가 열렸고, 모이는 남녀 교인들의 수도 수천명에 이르렀다고 한다.[20] 김구가 상동교회의 기도회에 참가한 것은 이 무렵이었을 것이다. 안악에서 활동하던 최명식(崔明植)은 을사조약 체결 직후에 조약 반대투쟁을 위해서 상경하는 김구의 모습을 다음과 같이 회고했다.

> 그 당시 교회는 신문화와 접촉할 수 있는 유일한 기관이었고 또한 이곳을 중심으로 해서만 집회의 기회가 쉽게 마련되었다. 예를 들어 '을사보호조약 반대결사대'의 연락으로 그 반대궐기대회에 참석하려고 장련으로부터 상경 중이던 김구씨가 중도 안악에 들렀을 때에 동예배당에서 예배를 본 후 일장의 반대연설을 하여 일본의 침략을 물리쳐야 한다는 것을 강조함으로써 청중의 민족의식을 크게 고취한 곳도 바로 이 안악예배당이었던 것이다.[21]

최명식의 이러한 술회는, 김구의 엡워스청년회 진남포 대표 자격은 외형적 명분이고 사실은 을사조약 반대를 위해서 기독교 계통에서 조직한 비밀결사대의 일원으로 상경했을 개연성을 시사해 준다. 실제로 상동교회의 회의에는 주요 엡워스청년회의 임원들이 거의 참가하지 않은 반면에 감리교인이 아닌 사람들이 많이 참가했다. 따라서 김구가 진남포 엡워스청년회의 대표 자격으로 상동교회의 집회에 참가했다는 것만으로 이때의 집회가 엡워스청년회 대표들의 회의였다고 단정하기는 어렵다. 이때에 김구가 참석한 회의는 상동청년회 회원과 서북지역 기독교인들이 중

---

20) 《大韓每日申報》 1905년12월1일자, 「雜報: 爲國祈禱」.
21) 崔明植, 『安岳事件과 三·一運動과 나: 兢虛崔明植先生略傳과 自敍』(타자본), 兢虛傳記編纂委員會, 1970, p.14.

심이 된 민족운동세력의 집회였다. 그러나 그 직전에 엡워스청년회 대표들의 회의가 별도로 있었을 개연성도 있다.[22)]

또 한가지 눈여겨볼 것은 서울로 올라가던 김구가 안악교회에서 예배를 보고 조약반대 연설을 했다는 사실이다. 그것은 이 무렵에는 이미 김구가 장련군뿐만 아니라 안악군에서도 기독교인들 사이에서 열성적인 활동가로 웬만큼 알려져 있었음을 말해 준다.

상동교회의 구국기도회를 주도했던 인사들이 대안문(大安門) 앞에서 상소투쟁을 벌인 것은 11월27일이었다. 이때의 상황을 김구는 다음과 같이 기술했다.

> 그때에 상동교회에 모인 인물로 말하면 전덕기(全德基), 정순만(鄭淳萬), 이준(李儁), 이석(李石: 李東寧), 최재학(崔在學: 평양인), 계명륙(桂明陸), 김인집(金仁濈), 옥관빈(玉觀彬), 이승길(李承吉), 차병수(車炳修), 신상민(申尙敏), 김태연(金泰淵: 金鴻作), 표영각(表永珏), 조성환(曺成煥), 서상팔(徐相八), 이항직(李恒稙), 이희간(李僖侃), 기산도(奇山濤), 전병헌(全炳憲: 王三德), 유두환(柳斗煥), 김기홍(金基弘), 김구(金龜) 등이었다. 회의결과 상소를 올리기로 결정하고 이준이 상소문을 지었다. 제1회 소수(疏首)는 최재학이고, 그 밖에 네 사람을 더하여 다섯 사람이 신민(臣民)의 대표 명의로 서명하였다. 다섯 사람만 상소한 것은 상소하면 반드시 사형될 것이요, 사형되면 다시 다섯 사람씩 몇 차례든지 계속할 작정이었기 때문이다.
>
> 정순만의 인도로 교회당에서 맹세의 기도를 하고 모두 대안문 앞으로 나갔다. 서명한 다섯 사람만 궐문 밖에서 형식상으로 회의를 열어 상소를 의결했지만, 상소장은 벌써 별감들의 협조로 상감께 올려졌다.
>
> 그런데 갑자기 왜놈 순사대가 달려와서 간섭했다. 다섯 사람이 일

---

22) 한규무, 「1905년 '상동회의'와 을사조약 반대투쟁」, 《한국독립운동사연구》 제43집, 독립기념관 한국독립운동사연구소, 2012.12., pp.6~21 참조.

을사조약 파기투쟁이 벌어졌던 덕수궁의 대안문(大安門) 앞. 이 사진은 1904년 이전에 찍은 것이다. 대안문은 1906년에 대한문(大漢門)으로 이름이 바뀌었다.

시에 왜놈 순사에게 달려들어 내정간섭을 규탄했다. 즉각 대안문 앞에는 왜놈의 칼이 번쩍번쩍 빛났고 다섯 지사는 맨주먹으로 싸움을 시작했다. 근처에서 호위하던 우리들은 소리를 벽력같이 지르며, "왜놈이 국권을 강탈하고 조약을 강제로 체결하는데, 우리 인민은 원수의 노예가 되어 죽을 것인가 살 것인가!" 하는 격분한 연설을 곳곳에서 했다. 그러자 인심이 흉흉해졌다.[23)]

이처럼 상동교회에 모인 기독교인들은 죽음을 각오하고 상소투쟁을 시작했다. 이날 상소투쟁을 한 사람들은 물론 상동청년회 인사들만이 아니었다. 전 의정대신 조병세(趙秉世), 태의원(太醫院) 도제조 이근명(李根命) 등은 며칠째 궁궐 안에서 상소농성을 하고 있었고, 표훈원(表勳

23) 『백범일지』, pp.194~195.

院) 총재 박정양(朴定陽) 등 여러 전현직 고관들이 새로 상소를 올렸다.

민간인 신분인 최재학 등 다섯 사람은 궁중으로 들어가서 상소문을 올리고 나와서 대안문 앞에 엎드렸다. 이들은 상소뿐만 아니라 을사조약의 부당성을 알리는 「대소위신조약변명서(對所謂新條約下明書)」라는 격문을 각국 공사관에 발송하고 서울 곳곳에 뿌렸는데, 이 격문은 최재학이 평양에서 인쇄해 가지고 온 것이었다.[24] 이 격문에 발기인으로 최재학을 비롯하여 김인집, 신상민, 이시영(李始榮),[25] 신석준(申錫俊)의 이름이 적혀 있는 것으로 보아 이날의 상소문에 연명한 사람들도 아마 이들 다섯 사람이었을 것이다.

상동교회의 모임에 참여한 사람들이라면서 김구가 든 22명 가운데 전덕기, 정순만, 이준, 이동녕 등 서울지역의 명망가들을 제외하고는 거의가 관서지방 사람들이었다.

3

도끼를 메고 대안문 앞에 나가 상소문을 바치고 꿇어 엎드려 황제의 답지를 기다리던 최재학 일행을 일본순사가 강제로 순검파출소로 연행하려 하자 격렬한 몸싸움이 벌어졌다. 군중이 몰려와서 형세가 험악해지자 일본 보병 2개 소대가 달려와서 이들을 포박했다. 몰려든 군중은 400~500명에 이르렀다. 최재학 일행은 포박되는 순간에도 일본순사를 꾸짖고 "대한독립만세"를 소리 높이 외쳤다. 일본순사들은 수건으로 이들의 입을 틀어막고 칼로 등을 치며 끌고 가서 경무청에 구금했다.[26] 일

24) 「時局ニ關スル上疏者取押ノ件」, 『駐韓日本公使館記錄(24)』, pp.418~419.

25) 이때에 연기명한 '李始榮'은 평양사람으로서, 省齊 李始榮과는 동명이인이다(「時局ニ關スル上疏者取押ノ件」, 위의 책, p.419).

26) 《大韓每日申報》 1905년11월29일자, 「雜報: 死守獨立」; 鄭喬, 앞의 책, pp.186~187; 「時局ニ關スル上疏者取押ノ件」, 『駐韓日本公使館記錄(24)』, pp.418~419. 《大韓每日申報》와 『大韓季年史』는 이때에 투입된 일본군이 2개 소대라고 했고, 『駐韓日本公使館記錄』은 1개 소대라고 했다.

본경찰 기록에 따르면, 소란 중에 이시영은 도망쳤고, 네 사람은 연행되면서 군중을 향하여 "우리가 죽음을 당하는데 동포들은 왜 보고만 있소!" 하고 고함을 쳤다.[27]

그런데 이날의 상소운동에 앞장섰던 최재학 일행의 신분에 대해서는 기록에 따라 차이가 있다.《대한매일신보》는 이들을 기독교인들이라고만 했으나,[28] 『대한계년사』는 "함경북도의 기독교인",[29] 『기려수필』은 "평양 유생",[30] 일본경찰 기록은 "평양 거주의 청년회원"이라고 적었다.[31] 이 시기에 최재학은 동명이인으로 두 사람이었는데, 한 사람은 정동교회(貞洞教會) 교인으로서 상동청년회의 간부를 역임한 사람이고, 다른 한 사람은 김구가 평양 대보산의 영천암에서 걸시승(乞詩僧) 행세를 할 때에 어울렸던 유학자였다.

상동교회 기도회 참여인물로 『백범일지』에 적혀 있는 전병헌은 최재학의 소개로 알게 된 평양진위대 영관(領官) 전효순(全孝舜)의 아들이었다. 김구는 영천암에서 그에게 글을 가르쳤다. 이들 말고도 김인집, 신상민 역시 최재학과 함께 행동한 평양사람들이었다. 따라서 김구는 이들 최재학 일행과 같이 행동했을 개연성이 있다. 최재학의 활동에 대해서는 자세히 알려져 있지 않으나, 그는 을사조약 파기투쟁 이후에는 안창호(安昌浩), 박은식(朴殷植), 이동휘(李東輝) 등과 함께 서북학회(西北學會)를 조직하는 등으로 활동했다.

대안문 앞 상소투쟁은 일본경찰과 격렬한 몸싸움이 벌어지는 등 한때 흥분된 분위기에 휩싸였으나 일본군의 무력진압으로 해산되고 말았다. 처음에 상동교회에 모였던 인사들은 최재학 등 다섯 사람은 반드시 사형될 것으로 예상하고 그들이 사형되면 다시 다섯 사람씩 복합 상소에

27) 「時局ニ關スル上疏者取押ノ件」, 『駐韓日本公使館記錄(24)』, pp.418~419.
28) 《大韓每日申報》 1905년11월29일자, 「雜報: 死守獨立」.
29) 鄭喬, 앞의 책, p.187.
30) 宋相燾, 『騎驢隨筆』, 國史編纂委員會, 1971, p.83.
31) 「時局ニ關スル上疏者取押ノ件」, 『駐韓日本公使館記錄(24)』, p.419.

나설 계획이었으나, 일본군은 이들을 체포하여 경무청에 구금했을 뿐 별다른 조치를 취하지는 않았다. 일본군은 격렬한 투쟁의 빌미를 제공하지 않기 위하여 주모자만 체포했다가 두달 뒤에 방면했다. 그리하여 최재학 등은 1906년1월24일에 석방되었다.[32] 을사조약 파기 상소투쟁으로 투옥되었던 사람들은 이들 네 사람을 포함하여 장지연, 윤효정(尹孝定), 이설(李偰), 최동식(崔東植), 이학재(李學宰), 김복한(金福漢), 강형원(姜馨遠), 김세동(金世桐), 오주혁(吳周爀), 안병찬(安炳瓚) 등 모두 14명이었다. 이들은 감옥에서 한시를 지으며 시간을 보냈는데, 그 한시를 모아 편집한 시집이 『복당창수록(福堂唱酬錄)』이다.[33]

대안문 앞 조약파기 상소투쟁에는 최재학 일행과 관계없는 젊은 평양사람들도 참가하고 있어서 눈여겨볼 만하다. 평양의 숭실학교(崇實學校) 학생들은 을사조약 체결 소식이 전해지자 한동안 수업을 전폐하고 조약반대 시위를 벌였는데, 김영서(金永瑞) 등 시위에 적극적인 학생들 12명은 서울까지 올라와서 상동청년회와 연계하여 200여명이 대안문 앞에서 사흘 동안 시위운동을 벌였다.[34]

대안문 앞에서 상소를 올린 주동자들은 장소를 종로로 옮겨서 공개연설회를 개최했다. 연설을 통하여 일본의 침략을 비판하다가 저지당할 경우에는 대대적인 육박전을 전개한다는 전략이었다. 김구도 이 연설회에 참가했다.

대안문 앞 상소가 있은 지 사흘 뒤인 11월30일 오후 3시에 김하원(金河苑), 이기범(李基範), 김홍식(金弘植), 차병수 등 기독교인들은 「경고아이천만동포(敬告我二千萬同胞)」라는 글을 인쇄하여 종로에 뿌리고

---

32) 《大韓每日申報》 1906년1월30일자, 「雜報: 諸氏放還」.

33) 이 시집은 이설의 시문집인 『復菴集』에 수록되었고, 宋容縡 編, 『洪州義兵實錄』, 洪州義兵遺族會, 1896에 실려 있다(최기영, 「백범 김구의 계몽운동」, 『한국근대계몽사상연구』, 일조각, 2003, p.208).

34) William M. Baird, "Pyeng Yang Academy", *Korea Mission Field*, October 1906, vol.2, no.12, p.221.

군중 앞에서 격렬한 반일연설을 했다. 순식간에 몰려든 군중으로 종로는 발 디딜 틈이 없었다. 그러자 일본헌병 수십명이 총검을 휘두르며 뛰어들어 시민들을 함부로 짓밟았다. 격분한 김하원 등은 앞으로 나아가 큰 소리로 "우리는 국가독립을 위하여 죽어도 또한 영광이니 속히 죽여라" 하고 외치며 달려들어 가슴을 치받았다. 그러자 일본순사들이 총검을 휘두르며 마구 찔러서 여러 사람이 피를 흘리며 쓰러졌다. 이 광경을 본 군중은 주변의 기와조각과 돌을 집어던졌고, 일본헌병들은 마구 총을 쏘았다. 그래도 군중이 해산하지 않자 일본헌병들은 병력을 증강하여 상점을 부수고 사람들을 닥치는 대로 체포하여 수백명을 일본군사령부에 구금했다.[35)]

김하원 등이 상동교회에 모여 죽음을 각오하고 상소투쟁을 계속하기로 했던 사람들이었는지는 확인할 수 없다. 그러나 김구도 이때의 연설회에 참가했고, 또 이들이 기독교인이었으며, 이들 가운데 차병수는 김구가 열거한 명단에 포함된 것으로 보아, 이들도 상동교회 회의에 참가했던 사람들이었을 것이다.[36)] 이때의 상황을 『백범일지』는 다음과 같이 적었다.

> 종로에서 연설을 하자 왜순사가 칼을 뽑아들었다. 연설하던 청년이 맨손으로 달려들어 발로 차 왜순사를 땅에 거꾸러뜨리자 왜놈들이 총을 쏘기 시작했다. 그때에 마침 어물전 도매점이 화재를 당한 뒤라 기와조각이 산처럼 쌓여 있어서, 우리 몇 사람이 그 기와조각을 왜순사대를 향해 던지며 접전이 시작되었다. 왜순사놈들은 중국인 상점에 침입하여 잠복한 채 총을 발사했다. 군중이 기와조각을 중국 점포에 던지자 왜보병 1개 중대가 포위하여 공격했다. 인산인해를 이루던 군중은 제각각 흩어졌고, 왜놈들은 한인을 닥치는 대로 포박하니 수십

35) 鄭喬, 앞의 책, pp.191~192.
36) 한규무, 「1905년 '상동회의'와 을사조약 반대투쟁」, pp.26~30.

명이 체포 감금되었다.[37)]

어물전은 전날인 11월29일 밤에 큰불이 나서 고종은 피해상인들에게 구휼금으로 8,000환(圜)을 내리고, 내부와 농상공부에 따로 구제방법을 강구하라는 명령을 내렸다.[38)]

김구 일행이 종로 가두연설 끝에 일본군과 투석전을 벌이고 있을 때에 시종무관장 민영환(閔泳煥)의 자결소식이 전해졌다. 민영환은 을사조약이 체결된 뒤에 여러 차례 조약파기 상소를 올렸으나 아무런 성과가 없자 마침내 11월30일 새벽에 자결했다.[39)] 급보를 받고 달려갔던 시종무관 어담(魚潭)은 민영환의 장렬한 최후를 다음과 같이 적었다.

> 언뜻 얼굴을 보니 옆으로 두치 정도의 구멍이 난 목줄기로부터 아직까지 피가 흐르고 있었고, 원망하는 듯, 노한 듯 딱 부릅뜨고 있는 양쪽 눈은 처절하고도 가여웠다. 다음 오른손에 꽉 쥐고 있는 작은 칼을 풀어내고 의복을 벗기니 일자로 할복하고 있었다. 칼을 만져 보니 손톱깎기에 쓰는 퍽 작은 칼로서 깊이 찌를 수 없었기에 다시 상처 위로 좌로 우로 몇번이나 칼질을 한 것 같았다. 그 증거로 의복의 양 무릎에 좌우 손을 닦은 듯한 핏자국이 묻어 있는데, 생피가 찐덕찐덕하여 작은 칼을 쓰기 어렵게 되자 좌우 손으로 칼을 바꿔 쥐어 가며 한 손의 피를 무릎에 닦은 것이 틀림없다. 그러나 이같이 하고도 목적을 이루지 못하자 목구멍을 옆으로 끊어젖힌 것이 아닌가! 참으로 장절한 죽음이었다.[40)]

염을 할 때에 민영환의 옷깃에서 명함 여섯장이 나왔다. 황제와 국민과

---

37) 『백범일지』, p.195.
38) 國史編纂委員會 編, 『高宗時代史(六)』, 探求堂, 1972, p.393.
39) 閔泳煥, 『閔忠正公遺稿』, 國史編纂委員會, 1959, pp.225~226.
40) 國史編纂委員會 編, 『韓國獨立運動史(一)』, 國史編纂委員會, 1965, p.112에서 재인용.

각국 공사관에 보내는 유서였다.[41]

국민들에게 보내는「결고 아대한제국 이천만동포(訣告我大韓帝國二千萬同胞)」라는 유서는 이튿날로《대한매일신보》에 전문이 보도되었다.

이승만을 미국에 보낸 민영환. 그는 1905년11월에 을사조약이 강제되자 이에 항의하여 자결했다.

오호라, 국치(國恥)와 민욕(民辱)이 이에 이르렀으니, 우리 인민이 장차 진멸(殄滅)과 생존이 경쟁하는 가운데 있을지라. 대체 살기를 바라는 자는 죽고 죽기를 맹세하는 자는 사나니, 제공은 어찌 요량치 못하느뇨. 영환은 오직 한번 죽기로써 황은(皇恩)에 보답하고 우리 2천만 동포형제에게 사하려 한다. 영환은 죽어도 죽지 않고 기어이 제공을 구천 아래에서 도울 것이다. 다행히 동포형제들은 천만배 더 분려(奮勵)하여 이 지기(志氣)를 굳게 하고 학문을 힘써서 마음과 마음을 합하고 힘과 힘을 아울러 우리의 자유독립을 회복할지어다. 그러면 죽은 자 마땅히 명명(冥冥)한 가운데서 기뻐하여 웃으리라. 오호라, 조금도 실망하지 말지어다.[42]

민영환의 유서 가운데서 특히 주목되는 것은 미국공사관으로 영향

41) 『閔忠正公遺稿』, p.198. 애용하던 손가방에 들어 있었다는 말도 있다(위의 책, p.113).
42) 《大韓每日申報》 1905년12월1일자, 「雜報: 訣告韓國人民遺書」. 원문은 한문이다.

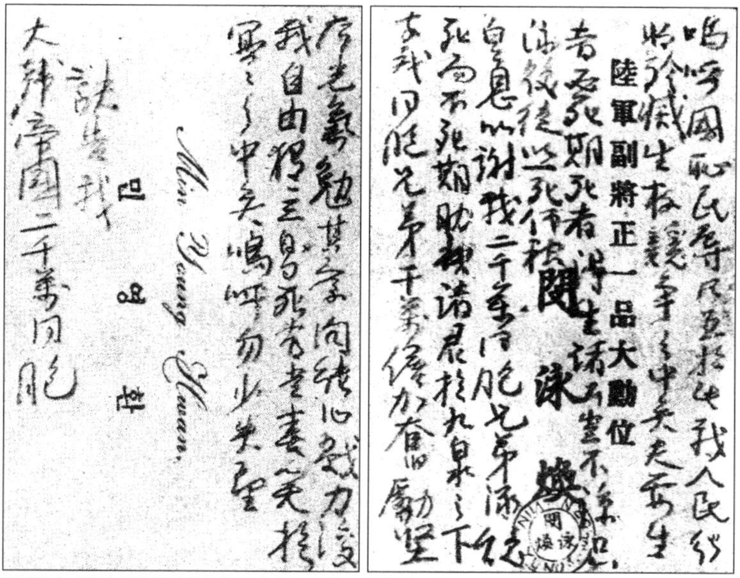

민영환이 자신의 명함 앞뒷면에 쓴 국민에게 보내는 유서 「결고 아대한제국 이천만동포」

력 있는 미국인 친지들에게 보낸 유서이다. 이승만과 헐버트(Homer B. Hulbert, 紇法, 轄甫)를 미국에 밀파한 친미파답게 그는 슬프게도 자결하는 순간까지 한국의 독립보전을 위한 미국인들의 "거중조정"에 대한 기대를 버리지 않고 있었음을 보여 준다.

귀하는 오늘의 일본인의 목적과 행동을 알아야 합니다. 그러므로 나는 우리 국민이 입을 부당한 처사를 세계에 알리면서 귀하가 거중조정을 행사하고, 우리의 독립을 지지하기 위해 아량 있는 노력을 해 주실 것을 간청합니다. 만일에 귀하가 우리나라를 위하여 위와 같은 일을 할 수 있다면, 나의 죽어 가는 영혼도 행복하게 쉴 수 있을 것입니다. 우리 국민들의 성실한 태도를 오해하지 말아 주십시오. 귀국과 우리나라 사이에 성립된 우리나라의(서양제국과의) 최초의 조약을 귀하가 잊지는 않을 줄 믿습니다. 귀국 정부 및 국민들의 동정심을 실제로 증명해 주시기 바랍니다. 그때에는 죽은 자도 알게 될 것이고, 귀하

에게 감사할 것입니다.[43]

민영환은 마흔네살이었다. 그가 죽던 날 큰 별이 서쪽으로 떨어지고 까치 수백마리가 그의 집을 둘러싸고 울며 흩어지지 않았다거나 그가 자결한 자리에서 뒷날 대나무가 솟았다는 이야기는, 국민들의 그에 대한 숭모가 어떠했는가를 말해 주는 것이다.

4

민영환의 자결 소식이 전해지자 장안은 삽시간에 흥분의 도가니를 이루었다. 사람들은 "국가의 기둥이 쓰러지고 큰 별이 떨어졌다" 하고 울부짖으면서 민영환의 집으로 몰려가서 통곡했다. 그러나 재빨리 달려온 일본헌병들이 군중을 함부로 끌어내고 문을 닫은 다음 자물쇠를 걸어 버렸다.[44]

김구도 군중 틈에 섞여 민영환의 집에 가서 조문했다. 김구는 민영환의 조문을 마치고 나오다가 큰길가에서 마흔살쯤 되어 보이는 사람이 흰 명주저고리에 갓과 망건도 없이 맨상투 바람으로 의복에 핏자국이 얼룩덜룩한 채 여러 사람의 호위를 받으며 인력거에 실려 가는 모습을 보았다. 주위 사람들에게 누구냐고 묻자 의정부 참찬(參贊) 이상설(李相卨)인데 자살미수에 그쳤다고 했다.[45] 이상설은 서른여섯살이었다. 궁내부 특진관, 학부와 법부의 협판 등을 거쳐 을사조약이 강제되기 2주일 전인 1905년11월1일에 대신회의의 실무를 총괄하는 의정부 참찬에 임명되었던 이상설은 일본군의 저지로 11월17일의 대신회의에는 참석하지도 못했다. 조약이 체결된 뒤에 원임대신 조병세를 비롯한 전현직 관리들의 강

43) "Min Yong Whan", *The Korea Review*, January 1906, p.7.
44) 『韓國獨立運動史(一)』, p.113.
45) 『백범일지』, p.196.

경한 상소를 주도했던 그는 민영환이 자결했다는 소식을 듣고는 종로네거리로 달려가서 술렁거리는 군중들 앞에서 통곡을 하면서 열변을 토했다.

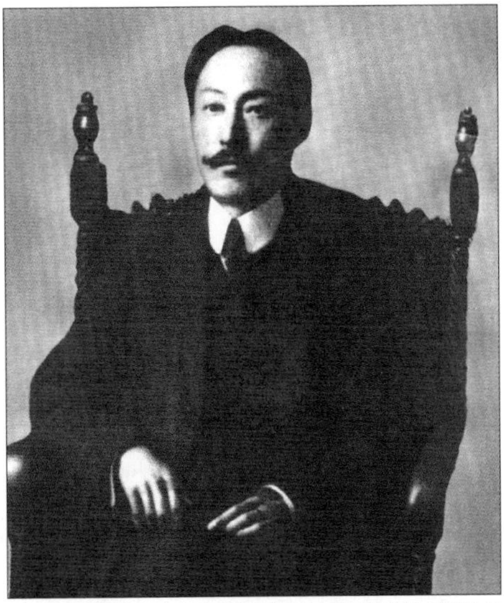
민영환에 이어 종로에서 머리를 땅에 찧고 자결하려 한 이상설. 그는 헤이그평화회의에 밀사로 파견되었다.

"우리 정부 대관들이 근일에 이르러도 오히려 눈앞의 안락을 탐내어 구차하게 살겠다는 망상이 있어서, 지난날의 사대(事大)의 습관으로 강국에 의뢰하면 자기 생명을 능히 보전할 줄로 오해하고 있소. 지금의 시대는 국가가 자립하지 못하고 다른 나라의 보호하에 들어가면 국가가 전복할 뿐만 아니라 전국 인종이 거개 멸망하는 것이니, 우리나라 동포인민은 이를 깊이 생각하시오."[46]

연설을 마친 이상설은 땅에 뒹굴면서 머리를 땅바닥에 부딪쳐 자결을 시도했다. 흥분한 군중은 유혈이 낭자한 모습으로 인사불성이 된 이상설의 곁에 모여들었고, 온 장안에 이상설도 민영환을 따라 순국했다는 소문이 퍼져 나갔다.[47] 시민들은 이상설을 백관들이 모여서 상소농성을 하고 있는 표훈원으로 데려갔다. 김구는 마침 이때에 이상설의 모습을 본 것이다.

민영환의 자결과 이상설의 자결미수로 군중의 열기는 더욱 고조되었다. 종로에는 기독교인들 이외에도 여러 부류의 사람들이 몰려와서 가두

46) 《大韓每日申報》 1905년12월1일자, 「雜報: 參贊演說」.
47) 尹炳奭, 『增補 李相卨傳』, 一潮閣, 1984, p.46.

연설을 하고 시위운동을 벌였다. 군중 가운데 조병철(曺秉哲)이라는 사람은 조약의 철회를 요구하는 격렬한 연설을 했는데, 저녁 8시에 일본헌병들이 달려와서 군도로 그와 그의 열살짜리 아들을 마구 때리고 아들을 끌어갔다.

그러나 밤이 되어서도 군중의 수는 줄어들지 않고 밀물처럼 몰려들었다. 일본 경찰과 헌병들이 연설을 제지하고 군중을 강제로 해산시키려고 하자 모여든 군중은 돌을 던지며 격렬하게 저항했다. 일본경찰 하나가 돌팔매를 맞고 쓰러지자 군중은 그의 대검을 빼앗고 발길질을 했다. 이어 일본헌병대위와 다른 헌병 한명이 돌에 맞아 부상했다. 일본헌병들이 발포하자 군중은 혼란한 틈을 타서 종로에 있는 일본헌병대 파견소를 습격하여 유리창을 깨고 의자를 들어 던지고 하여 격투가 벌어졌다. 당황한 일본헌병들이 총을 난사하여 여러 사람이 총상을 입었고, 일본헌병 분견대원과 경찰 한명이 부상했다. 마침내 일본군은 보병 1개 중대를 증파하여 군중 100여명을 체포하고, 이들을 모두 일본군사령부로 끌고갔다.[48]

민영환의 자결은 뒤이어 많은 사람들이 순국 자결하는 도화선이 되었다. 조약파기 상소투쟁에 앞장섰던 원임 의정 조병세와 전 참판 이명재(李命宰)가 12월1일에 음독 자결한 데 이어 학부 주사 이상철(李相哲), 상소투쟁을 벌이다 투옥되었던 이설, 대사헌(大司憲)의 요직을 제수받고도 사퇴하고 역신의 처결을 주장했던 송병준(宋秉畯) 등이 잇따라 음독 자결했다. 민영환 집에서 일하던 계동 사는 인력거꾼은 민영환이 자결한 날 하루 종일 통곡하다가 밤이 되자 경우궁(景祐宮) 뒷산 소나무에 목을 매었다.

을사조약이 강제된 뒤에도 상동교회에서는 매일 저녁에 구국기도회가 열렸다. 이러한 분위기 속에서 전덕기, 정순만 등 상동회의 참석자들 가운데 일부는 교인들과 평안도 장사 수십명을 모집하여 매국 오적의 암

---

48) 『韓國獨立運動史(一)』, pp.115~117.

살을 모의했다. 그러나 일본군의 삼엄한 경비로 좀처럼 뜻을 이룰 수 없었다.[49) 『백범일지』에 매국 오적 암살모의 이야기가 없는 것을 보면, 김구는 이 일에 관여하지 않았던 것 같다.

민영환을 비롯한 전현직 관리들의 자결은 지방의 항일운동에도 적지 않은 자극제가 되었다. 김구와 관련하여 주목되는 것은 12월4일 밤에 진남포에서 있었던 기독교청년회 학생들의 집회사건이다. 밤 10시경에 한국인 동네에서 기독교청년회 학생들이 을사조약 파기에 관한 결의를 하기 위해 집회를 열려고 할 즈음에 일본 헌병과 수비대가 현장을 덮쳐 학생 14명을 연행한 것이었다. 이 사실에 대해 진남포 일본영사관은 하야시 공사에게 "원로 민(민영환)씨와 그 밖의 자살 이야기가 이달 2일에 이곳에 전해져서 인심이 조금 평온을 잃고 있다"고 보고했다.[50) 진남포 일본영사관은 뒤이은 보고에서, 이들 학생들은 "한국청년회 학생"들이라면서, 서울의 청년회와 기맥을 통하고 있다고 말했다.[51) 여기서 말하는 진남포의 기독교청년회란 바로 김구가 총무로 있는 엡워스청년회였을 것이다. 진남포 엡워스청년회는 그만큼 애국열에 차 있었다.

비록 을사조약 파기 상소투쟁은 좌절되었지만 이때의 경험은 김구의 삶의 방향을 결정짓는 중요한 계기가 되었다. 상동교회 모임에 참여함으로써 김구는 전국적 규모의 사회운동의 주류에 접근할 수 있게 되었고, 이를 통하여 중앙의 명망가들과 인연을 맺게 되었다. 이때에 만난 주요 인사들은 대부분 신교육운동과 뒤이은 신민회운동(新民會運動)을 통하여 민족운동을 주도했는데, 김구는 그들 가운데 몇몇과는 3·1운동 이후에 상해임시정부에서 재결합하여 활동하게 된다. 그 대표적 경우가 전덕기와 이동녕과의 만남이었다. 이때 이후로 김구는 전덕기에 대하여 특

49) 鄭喬, 앞의 책, p.191; 한규무, 「1905년 '상동회의'와 을사조약 반대투쟁」, pp.30~34.
50) 「耶蘇教學生의 協約反對集會와 閔氏自殺에 따른 民心動向報告」, 『駐韓日本公使館記錄(24)』, p.445.
51) 「在鎭南浦韓國青年會의 捕縛件」, 위의 책, p.449.

별한 애정을 가지고 있었다. 김구는 서울에 왔을 때에는 반드시 전덕기의 설교를 들으러 상동교회를 찾았다.[52] 이러한 애정은 오랜 세월이 지나서 해방된 뒤에 김구가 귀국했을 때에도 변함이 없었다. 1946년에 전덕기 목사의 추도예배가 상동교회에서 열렸을 때에 김구는 이승만과 함께 이 예배에 참석하여 추모사를 했다. 이날 김구는 옛일을 회상하면서 기억나는 대로 전 목사가 남긴 말들을 소개했다. 김구는 조사에서 "전 목사님은 이 강대상이 놓인 자리에 서서 왼손을 하늘 높이 쳐들고 또 발을 구르면서 '여러분은 철저하게 하나님을 믿으면서 철저하게 동포와 나라를 사랑하시오'라고 항상 말씀하셨습니다"라고 전덕기의 설교에 깊은 감명을 받았던 일을 회상했다.[53]

또 한 사람 이동녕은 김구가 뒷날 『백범일지』에서 "최후의 한순간까지 선생의 애호를 받은 사람은 오직 나 한 사람이었나"[54] 라고 추보했을 만큼 김구의 후견인 역할을 했다.

을사조약 파기운동의 경험은 김구로 하여금 새로운 각성과 결의를 하게 해주었다. 그것은 곧 민중의 애국사상이 박약한 것을 절감하고 민중을 계몽하는 것이 급선무라는 사실을 각성하게 된 것이었다. 그는 다음과 같이 결론을 내렸다.

> 아무리 급박하여도 국가흥망에 대한 절실한 각오가 적은 민중과 더불어서는 무슨 일이나 실효 있게 할 수가 없다. 바꾸어 말하면 아직 민중의 애국사상이 박약한 것이다. "7년 병에 3년 묵은 쑥을 구한다(七年病三年艾)"는 격으로, 때는 늦었으나마 인민의 애국사상을 고취하여 인민으로 하여금 국가가 곧 자기 집인 줄을 깨닫고, 왜놈이 곧

52) 오동춘, 「전덕기 목사의 국어정신과 나라사랑」, 《나라사랑: 전덕기선생 특집호》 제97집, 외솔회, 1998, p.326.
53) 오동춘, 위의 글, p.327.
54) 『백범일지』, pp.389~390.

자기 생명과 재산을 빼앗고 자기 자손을 노예로 삼을 줄을 분명히 깨닫도록 하는 수밖에 최선책이 없다.[55]

인민들로 하여금 국가가 곧 자기 집인 줄 깨닫게 해야 한다는 말은 이승만이《협성회회보》에 쓴「논설」에서 "대한의 일이라 하거든 내 집안 일"이라고 알라고 한 말과 일치한다. 그러나 김구는 왜 이때에 민중의 애국사상이 박약하다고 느꼈는지에 대해서는 언급하지 않았다. 대안문 앞 상소투쟁에서나 종로의 연설회에서 보여준 민중의 호응도는, 김구 자신의 서술대로라면, 매우 적극적이었다. 그럼에도 불구하고 민중의 애국사상이 빈약하다고 느꼈다는 것은 당시의 개화파 지식인들의 일반적 민중관을 반영한 것이라고 할 수 있을 것이다. 사실 또 이때의 민중의 태도는, 대안문 앞에서 상소투쟁을 하던 최재학 등이 일본경찰에 끌려가면서 "동포들은 왜 보고만 있소!" 하고 고함쳤다는 일본경찰 기록이 말해 주듯이, 방관적인 면이 없지 않았던 것 같다. 그러한 민중의 태도가 김구로 하여금 애국사상이 빈약하다고 절감하게 했을 것이다. 이렇게 하여 김구는 모였던 동지들과 작별하고 신교육운동에 헌신하겠다는 각오로 장련으로 돌아왔다.

55)『백범일지』, p.196.

2. 대한매일신보사 지사 운영하며 교육운동에 전념

1

을사조약을 계기로 항일민족운동은 새로운 단계를 맞이하게 되었다. 그것은 본격적인 항일의병투쟁과 계몽운동의 두 갈래로 전개되었다. 계몽운동은 실력양성에 의한 국권회복을 표방하면서 여러 가지 형태로 전개되었다. 일본군에 의해 정치활동이 금지된 상황에서 개화파 지식인들이 맨 먼저 펼친 운동은 학술문화단체를 표방한 학회 조직활동이었다. 1906년4월에 장지연, 윤효정 등이 중심이 되어 전년에 이준 등이 조직했다가 해산당한 헌정연구회(憲政硏究會)를 확대 개편하여 대한자강회(大韓自强會)를 조직했고, 같은 해 10월에는 박은식을 중심으로 한 서우학회(西友學會)와 이준, 이동휘 등의 한북흥학회(漢北興學會)가 조직되었으며, 1907년7월에는 고정주(高鼎柱) 등 전라도 지식인들의 호남학회(湖南學會)와 충청도 지식인들의 호서학회(湖西學會)가 조직되었다. 이어 1908년1월에는 지석영(池錫永), 유성준(兪星濬), 이상재(李商在), 정교(鄭喬), 권근(權槿) 등 경기도와 충청도 지식인들의 기호흥학회(畿湖興學會)가 조직되고, 같은 해 3월에는 남궁억(南宮檍)의 발기로 강원도 지방 지식인들의 관동학회(關東學會)와 경상도 지식인들의 교남학회(嶠南學會, 또는 교남교육회)가 조직되었다. 서우학회는 1908년1월에 한북흥학회를 통합하여 안창호, 이동휘, 박은식, 유동열(柳東說), 최재학 등을 중심으로 서북학회(西北學會)로 개편되었다.

이들 학회는 지방에 지부를 설치하여 조직을 전국적으로 확대하면서 강연회와 토론회를 개최하여 국민들을 계몽하고, 기관지를 발간하여 국권회복의 필요성을 강조하는 한편, 신학문을 소개하는 데 앞장섰다. 이들 학회는 구국운동의 방안으로서 특히 학교설립에 주력했다. 《황성신문》과 《대한매일신보》는 학교의 설립이야말로 자주독립과 국권회복의

대한자강회 기관지 《대한자강회월보》

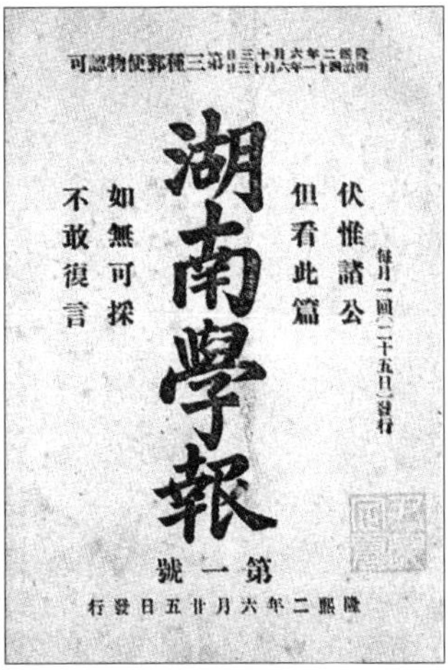

호남학회 기관지 《호남학보》

기호흥학회 기관지 《기호흥학회월보》

서북학회 기관지 《서북학회월보》

길임을 주장하면서, 국민들의 적극적인 참여를 촉구하는 「논설」과 기사를 계속 실었다. 이러한 노력의 결과로 1906년 현재 정부의 인가를 받아서 설립한 사립학교가 63개교에 지나지 않던 것이,[56] 1910년7월 말에는

---

56) 《皇城新聞》 1906년12월19일자, 「雜報: 私校蔚興」.

무려 2,237개교에 이르렀다.[57] 「사립학교령」이 규정한 규모에 미치지 못했거나 신청하지 않은 학교까지 감안한다면 실제 사립학교 수는 5,000여개교쯤 되었을 것으로 추산된다.[58] 학부의 조사에 따르면, 1910년의 경우 황해도의 학교수는 평안남도의 428개교와 평안북도의 377개교에 이어, 전국에서 세번째로 많은 260개교에 이르렀다. 그것은 인구에 비하면 가장 많은 사립학교가 설립되었던 셈이다. 이러한 사립학교 설립 붐은 정치활동이 금지된 상황에서 취해진 새로운 민족운동의 방법이었다.

새로운 각오로 장련으로 돌아온 김구도 광진학교를 중심으로 교육계몽운동에 열성을 쏟았다. 광진학교 시절의 김구의 모습을 최태영은 다음과 같이 회고했다.

> 김구 선생은 밤에 광진학교 마당에 온 고을 사람들을 모아 놓고 환등기로 세계 각국의 도회사진과 비스마르크, 워싱턴 같은 영웅들을 보이면서 개명한 이치를 계몽했다. 개화당의 김옥균(金玉均), 박영효(朴泳孝) 등도 이때에 알게 되었다. 김구 선생은 그때에 모친 곽낙원 여사와 오 진사네 사직골 전답을 관리하며 살았다. 어린 내가 그 골짜기에서 가재를 잡으며 놀 때에 할머니가 밤을 삶아 주시며 귀애하시던 기억이 있다.[59]

이처럼 김구는 아이들을 가르치는 데 열심이었을 뿐만 아니라 저녁에 마을주민들을 모아 놓고 계몽활동을 벌였던 것이다. 김구가 언제부터 환등기를 사용했는지는 알 수 없으나, 광진학교 시절에 이미 환등기를 사용하며 대중강연을 했다는 사실은 눈여겨볼 만하다. 환등기는 당시로서

57) 《官報》 隆熙4년8월13일자; 《大韓每日申報》 1910년8월7일자, 「雜報: 學校數爻」.
58) 金興洙, 「교육구국운동의 추진」, 국사편찬위원회 편, 『한국사(45) 신문화운동 I』, 국사편찬위원회, 2000, pp.128~129.
59) 최태영, 앞의 책, pp.21~22.

는 신문명의 상징물이었다. 그것은 많은 사람들을 한자리에 불러 모아 경이로운 문명 세계를 구체적으로 보여 주는 효과적인 교육방법이었다. 그리하여 환등기는 정부에서 시정 정책을 홍보하거나 청년단체에서 계몽강연을 할 때에 활용되었다. 이 무렵 사설극장에서는 춤을 영사기에 찍어서 환등으로 보여 주는 전기광무(電氣光舞)라는 이색적인 공연 프로그램도 있었다.[60] 정부에서 위생홍보를 위하여 매주 금요일 동대문 안 광무대 놀이터에서 위생 관련 환등회를 개최했다거나[61] 기독교청년회가 청년회관에서 회원들을 모아 놓고 계몽강연을 할 때에 인도의 산천을 환등으로 보여 주면서 연설을 했다[62]는 등의 신문기사는 이 무렵의 환등기의 보급상황을 짐작하게 한다.

서울에 다녀온 뒤의 김구의 활동 가운데 특별히 돋보이는 것은 대한매일신보사의 장련지사를 맡아서 운영한 사실이다. 《대한매일신보(大韓每日申報)》는 1905년11월28일자 3면 머리에 「본사 특고」로 지국개설 사실을 알렸다. 신문을 관서지방에 널리 보급하기 위하여 평양의 김홍연(金興淵), 선천(宣川)의 안준(安濬)과 함께 장련의 김구(金龜)에게 위탁하여 신문을 내려 보내니까 구독을 희망하는 사람은 이들에게 구독 신청을 하고 대금도 이들에게 납부하라는 광고였다. 평양의 김홍연이 학교 교사였던 것으로 보아 선천의 안준도 교사였을 것으로 짐작된다. 이 무렵의 개화파 지식인들은 이처럼 교육활동과 함께 언론활동을 계몽운동의 중요한 사업으로 인식했다. 그리하여 《대한매일신보》 등의 지방지사들은 신문보급뿐만 아니라 지방의 중요한 동향을 취재하여 서울로 보내는 역할도 했다. 서울에서 발행되는 신문에 지방학교의 사소한 뉴스가 자세히 보도되었던 것이 그러한 사정을 말해 준다.

대한매일신보사가 관서지방부터 지사를 설치한 것은 신문사의 총무

---

60) 柳美希, 「근대예술의 발전: 무용」, 『한국사(45) 신문화운동 I』, pp.362~363.
61) 《대한매일신보》 1907년8월16일자, 「잡보: 위생환등회」 및 8월24일자, 「잡보: 환등회설명」.
62) 《대한매일신보》 1908년5월26일자, 「잡보: 청년회환등회」.

를 맡고 있던 양기탁(梁起鐸)이 평안도 출신이었던 사실과도 관련이 없지 않았을 것이다. 김구는 서울에 가서 을사조약 파기투쟁에 참가했다가 대한매일신보사의 장련지사 운영을 위촉받았던 것이다.

대한매일신보사의 지사광고는 거의 매일 신문에 게재되었다. 지사수도 차츰 늘어나서 1906년4월28일자 《대한매일신보》의 「지점광고」에는 10개 지점, 1907년2월10일자 「지사광고」에는 부산과 의주까지 포함한 18개 지사의 이름이 보인다. 그리고 1907년2월12일자 「지사광고」부터는 「장련읍 김구」가 보이지 않는다.[63] 김구가 기독교인이 되는 데 결정적인 영향을 끼친 우종서의 요청으로 1907년에 문화군(文化郡) 초리면의 서명의숙으로 직장을 옮겼기 때문이다.[64]

김구는 1906년4월에 학생들을 인솔하고 은율읍(殷栗邑)의 광선학교(光宣學校)에서 열린 연합운동회에 참가했다. 광선학교는 은율읍의 예수교회에서 세운 학교였다. 이 무렵 지방학교들에서 자주 열린 연합운동회는 자세히 톺아볼 만한 가치가 있다. 김구와 함께 학생들을 인솔했던 백남훈은 이때의 운동회 모습을 다음과 같이 적어 놓았다.

> 이것[연합운동회]이 발표되매 아동들은 좋아라고 그날이 오기를 손꼽아 기다리다가 4월24일 하오 1시에 장련을 출발했다. 아동 35명, 선생 2명, 학부형 15명, 도합 약 50명이 도보로 은율로 향했다. 하오 4시경 목적지에 도착하여 여관에서 일박하고 이튿날 상오 8시에 운동장에 도착했더니 이 모임을 구경하려고 군내 남녀노소가 운집하여 양교 아동들의 흥을 돋우어 주었다. 순서에 따라 체조, 유희, 연설 등이 대성황리에 끝났거니와 병식체조(兵式體操)가 우위를 차지한 것은 물

63) 박정규, 「대한매일신보의 참여인물과 언론사상」, 『대한매일신보창간100주년기념학술회의』, 한국언론학회, 2004, pp.23~25 참조.

64) 한규무, 「1900년대 김구의 황해도 장련·문화·안악 이주와 계몽운동」, 《한국독립운동사연구》 제45집, 독립기념관 한국독립운동사연구소, 2013.8., pp.74~83.

론이고, 최요섭[崔泰永 박사 10세 때], 이보현(李寶賢) 양군의 연설이 박수갈채를 받은 것은 더욱 유쾌하였으며, 아동들 또한 기쁘고 흥분하였든지 다리 아프다는 말도 없이 그날 저녁으로 귀가하였던 것이다.[65)]

전국의 각급학교에서 운동회를 개최하는 것은 하나의 붐처럼 유행했다. 서울에서는 1907년 봄부터 1909년 봄까지 관내 관립 및 사립 학교 연합으로 해마다 봄 가을로 두번 운동회를 개최했는데, 1907년10월26일의 가을운동회에는 73개교의 관사립학교가 참가하여 성황을 이루었다.[66)]

연합운동회 열기는 지방에서도 마찬가지였다. 개성에서는 10여개교의 1,400명, 북청에서는 35개교의 1,636명이 참가하는 대규모 운동회가 열리기도 했다.[67)] 평양에서는 무려 182개교의 학생 4,449명과 교사 381명, 임원 857명이 참가하고, 구경꾼이 1만여명이나 모이는 엄청난 규모의 연합체육대회가 열리기도 했다.[68)]

이 무렵 사립학교 교육의 가장 큰 특징의 하나는 체육교육을 강조한 것이었다. 평양의 대성학교(大成學校)에서는 체육시간을 제일 중요하게 생각하여 군대식으로 학생들을 교련했다. 서울의 상동청년학원은 학생들에게 군복 같은 정복을 입히고 운동시간에 체조를 가르친다는 구실로 군가를 부르면서 목총을 메고 군사훈련을 받게 했다.[69)] 이처럼 당시의 교육은 단순한 스포츠가 아니라 애국정신을 고취시키는 구국운동의 수단이었다. 각 학교에서는 토론회, 웅변회, 운동회 등의 행사를 마련하여 민족의식을 일깨웠는데, 이때에 가장 중점을 둔 것이 군대훈련을 방불케 하는 병식체조였다. 김구가 근무하던 광진학교에서도 대한제국 군대의 하사로 있던 이(李)아무개 선생이 학생들을 지도했다. 이 때문에 광진학교

65) 白南薰, 『나의 一生』, 白南薰先生記念事業會, 1968, p.53.
66) 《皇城新聞》 1907년10월27일자, 「雜報: 官私立學校秋季聯合運動會盛況」.
67) 《皇城新聞》 1908년5월3일자, 「雜報: 開城運動의 盛況」 및 11월20일자, 「雜報: 運動盛況」.
68) 《皇城新聞》 1908년4월23일자, 「論說: 平壤에 各校聯合運動會盛況」.
69) 전택부, 『한국기독교청년회운동사』, p.99.

의 병식체조는 실력이 뛰어났다고 한다.[70)]

이러한 군대식 체조교육은 이 무렵의 사회적 분위기와 관련이 있었다. 1896년1월11일에 공포한 「무관학교관제」에는 군사훈련과 함께 체조교사 양성이 포함되어 있었다. 1904년에는 육군연성학교(陸軍研成學校)에 6개월의 이수과정으로 체조검술과를 부설하여 학교 병식체조의 지도자를 양성하기도 했는데, 1905년에 이 학교 교관 겸 교성대장(教成隊長)이 되어 학도들을 지도한 사람이 뒷날 상해임시정부의 군무총장이 되는 육군정령(陸軍正領) 노백린(盧伯麟)이었다.[71)] 그리하여 이 무렵의 각급학교 체육교사는 거의가 무관 출신이었다. 그들은 구한국 군대의 장교이기도 했고, 개중에는 의병 출신도 있었다. 1907년의 군대해산 뒤에는 전직 군인들이 많이 포함되었다.

대부분의 학교에서는 군대 나팔과 북으로 된 악대가 조직되었고, 체육시간에는 목총을 메고 나팔과 행진곡에 맞추어 행군을 하고 총격자세를 연습하는 등 군대식 훈련을 받았다. 이러한 학생들의 훈련은 길거리에까지 나와서 지나가는 사람들의 구경거리가 되기도 했는데, 그 때문에 일본군대와 마찰을 빚는 일도 있었다. 이 병식체조는 각 학교의 운동회 때마다 큰 인기를 끌었다. 운동회 때에는 의례히 「대한독립만세」라는 철자경기를 시키고 독립가를 부르게 했다.

이러한 운동회의 경비는 대체로 주민들의 성금으로 충당되었다. 특히 연합운동회는 지역별로 가까운 학교들이나 도내 각군의 학교들이 모두 참가하여 실시하는 대규모의 군중집회였다. 운동회의 이와 같은 분위기와 병식체조는 일본인 학무차관이 "무장적 시위"[72)] 로 간주했을 만큼 일본에 대한 저항정신을 고취하는 행사였다.

---

70) 白南薰, 앞의 책, p.53.

71) 박민영 외, 『노백린의 생애와 독립운동』, 한국독립운동사연구소, 2003, p.31.

72) 『韓國獨立運動史(一)』, p.301.

3. 서른한살에 열세살 밑의 최준례와 혼인

1

장련에서 생활하는 동안 김구에게 가장 뜻깊었던 일은 혼인을 한 것이었다. 곽씨 부인은 장련으로 이사한 뒤로 살림살이 걱정은 없어졌으나 외아들인 김구가 서른이 되도록 장가를 들지 못하고 있는 것이 여간 안타깝지 않았을 것이다. 동학농민봉기가 터지자 아들을 함지박장수 김치경(金致景)의 어린 딸과 성혼시키려고 서둘렀던 일이며, 결국 그 일 때문에 고능선(高能善)의 손녀와 다 된 혼사가 깨어지고 말아 아들의 가슴에 깊은 상처를 남긴 것을 생각하면, 아무리 아들이라도 미안쩍어서 혼인을 재촉하기도 조심스러웠을 것이다. 여옥(如玉)의 장사를 혼자 치렀을 아들의 모습을 상상하면 곽씨 부인은 가슴이 미어지는 듯했을 것이다. 안신호와의 일은 몰랐는지 모른다. 아무튼 곽씨 부인은 아들이 처복이 없다고 속으로 탄식했을 것이다. 김구는 김구대로 여러 차례의 혼담이 이런 저런 이유로 깨어지거나 불행하게 끝나서 혼인에 대해 자괴감을 느끼고 있었을 것이다. 또한 효자인 그도 어머니에게 송구스러운 마음을 금할 수 없었을 것이다.

이러한 김구를 중매한 사람은 이웃 신천군 사평동(謝平洞)교회의 초대 장로 양성칙(梁聖則)이었다. 양성칙은 사평동교회가 설립되기 전인 1893년에 언더우드(Horace G. Underwood, 元杜尤)의 전도로 기독교에 입교했는데, 사평동교회는 1907년에 예배당을 새로 건축했다.[73)]

김구가 언제부터 양성칙과 알고 지냈는지는 알 수 없으나, 양성칙이 신천지방의 교회지도자였다는 점을 고려하면 그가 이웃 장련지방에서 열심히 전도하며 아이들을 가르치는 노총각 김구에게 관심을 가지고 있

---

73) 車載明 編, 『朝鮮예수教長老會史記』, 朝鮮基督教彰文社, 1939, 한국기독교역사연구소影印版, 『조선예수교장로회사기(상)』, 2000, p.24, p.246.

었을 것은 당연하다.

양성칙은 김구에게 자기 교회에 다니는 최준례(崔遵禮)라는 여중생과 혼인하라고 권했다. 최준례는 그 동네에 사는 의사 신창희(申昌熙)의 처제였다. 최준례의 어머니 김씨 부인은 서울사람으로서 젊어서 남편을 잃고 두 딸을 기르며 기독교를 믿고 있었는데, 최준례는 그녀의 둘째 딸이었다. 김씨 부인은 제중원(濟衆院)이 임시로 구릿제[銅峴]에 세워졌을 때에 제중원에 고용되어 병원 안에 살다가 제중원 의과생이던 신창희를 큰사위로 맞았다. 신창희는 공부를 다 마치기 전에 사평동으로 내려와서 개업했는데, 여덟살이었던 최준례도 어머니와 같이 신창희를 따라와서 함께 살았다.

김씨 부인은 최준례가 어릴 때에 이웃 동네에 사는 강성모(姜聖謨)라는 사람에게 자기 둘째 딸과 혼인할 것을 허락하여 두 사람은 약혼을 한 셈이었다. 그러나 최준례는 성장한 뒤에 그 사실을 인정하지 않고 어머니의 뜻에 따르지 않았다. 이 때문에 교회에서 큰 문제가 되었다. 동부 순회전도구역 책임자 헌트(William B. Hunt, 韓緯廉)와 서북부 순회전도구역 책임자 쿤스(Edwin W. Koons, 君芮彬)도 강성모와 결혼하라고 권유했지만 최준례는 한사코 마다했다.

1897년10월에 미국 북장로회 선교사로 내한한 헌트는 "재령(載寧)선교의 아버지"로 불릴 만큼 황해도의 기독교 선교활동에 큰 역할을 한 선교사였다.[74] 같은 미국 북장로교회에서 1903년10월에 파견된 젊은 선교사 쿤스는 재령에서 전도활동뿐만 아니라 명신학교를 설립하는 등 교육에도 열성을 쏟았다.[75] 그러나 그는 뒷날 "우리는 한국인들에게 일본에 복종하는 것이 그들의 의무임을 분명히 하고, 그것도 '달가운 마음'으로 할 것과, 독립을 위한 일은 하지 말라고 권고했다"[76]라고 고백할 정도로

---

74) 김승태·박혜진 엮음, 『내한선교사총람(1884~1984)』, 한국기독교역사연구소, 1994, p.314.

75) 위의 책, p.334.

76) L. George Paik, *The History of Protestant Mission in Korea 1832~1901*, Union Christian College Press, 1929, p.401.

아내 최준례와 단란했던 1922년 상해 시절의 김구. 아이는 장남 인(仁).

기성질서를 옹호하고 기독교의 정치화와 사회참여에 반대한 인물이다.

최준례는 열여덟살이었다. 그녀는 자신의 뜻에 맞는 남자를 골라서 자유혼인을 하겠다고 마음먹고 있었다. 양성칙은 김구에게 그러한 최준례와 혼인할 의향이 있는지 물었다. 어릴 때의 억지 약혼으로 말미암아 마음속에 지워지지 않는 상처를 지니고 있는 김구는 최준례에 대한 동정심이 생겼다. 그는 사평동에 가서 최준례를 만나 보았다. 그리고 곧 약혼이 성립되었다. 아마도 주위의 권유를 뿌리치고 스스로 뜻에 맞는 남자를 선택하여 혼인하겠다는 최준례의 활달한 태도가 김구의 마음에 들었던 것 같다.

그런데 뜻밖의 사달이 벌어졌다. 김구가 최준례와 약혼하려고 하자 강성모가 선교사에게 이 사실을 고발했고, 교회는 김구에게 최준례와의 약혼을 그만두라고 권고했다. 교회뿐만 아니라 김구의 친구 가운데도 만류하는 사람이 많았다. 그러나 김구는 교회와 친구들의 권유에 굴복하지 않았다. 이 무렵 신창희는 은율읍에 살고 있었는데, 김구는 최준례를 사직동 집으로 데려다가 굳게 약혼을 하고 나서 서울의 경신학교[儆新學校: 儆信女學校(貞信女學校)]로 유학 보냈다.

선교사들이 김구와 최준례의 혼인문제에 깊이 관여할 수 있었던 것은 교회가 교인들의 결혼을 비롯한 생활상의 문제에 상당한 통제권을 가지고 있었기 때문이다. 교인들의 혼인문제는 교회의 중요한 관심사항이었다. 이 무렵에 발행되던 기독교 신문에는 혼인과 관련된 여러 가지 기사가 자주 보인다. 어떤 교회에서는 혼인의 원칙을 발표하기도 했고, 혼인문제를 주제로 한 연설회나 토론회가 열리기도 했다. 또한 당사자의 의견을 무시하고 부모끼리 혼인을 결정하거나 조혼하는 폐단을 막기 위한 캠페인도 벌였다.[77] 1905년에 결정된 규정에는 부당하게 혼인해서 사는 사람에게는 세례를 주지 않고, 축첩이나 이혼뿐만 아니라 이혼한 사람과의 결혼도 금지하며, 어린 나이에 미리 정혼하는 것도 못하게 했다. 이와 같은 규정에도 불구하고 선교사들이 최준례에게 강성모와의 혼인을 강압적으로 권유했다는 것은 매우 의아스러운 일이다. 강성모가 어떤 사람이었는지는 알려진 것이 없다.

선교사들은 김구가 금지권고를 듣지 않자 책벌을 선언했다. 그러나 김구는 이를 받아들이지 않고 오히려 구식 조혼을 인정하고 개인의 자유를 무시하는 것은 교회로서 잘못이고 사회악풍을 조장하는 것이라면서 강력하게 반발했다. 김구와 최준례의 반발에 부딪힌 선교사들은 하는 수 없이 두 사람의 결혼을 승인했다. 쿤스는 혼례서를 작성하여 주고 김구에 대한 책벌을 사면했다.[78] 이러한 김구와 외국선교사들과의 반목은, 비록 혼인문제에 한한 것이기는 했으나, 배재학당에 다닐 때부터 정신적으로나 물질적으로나 외국선교사들의 온갖 도움을 받고 그들의 도움으로 미국에 건너가서 어렵지 않게 미국사회에 접근할 수 있었던 이승만의 경우와

77) 한규무, 「초기 한국장로교회의 결혼문제인식(1890~1940)」, 《한국기독교와 역사》 제10호, 한국기독교역사연구소, 1999, pp.68~71.

78) 『백범일지』, pp.191~192.

는 매우 대조적이다. 이렇듯 우여곡절 끝에 두 사람은 혼인했다. 김구가 서른한살 나던 1906년의 일이다.[79] 그것은 고능선의 손녀딸과의 약혼이 실패하고 나서 네번 만에, 김치경의 어린 딸까지 합치면 다섯번 만에 성사된 혼인이었다.

사직동 생활은 김구의 생애에서 가장 가멸차고 안락한 것이었다. 그는 그것을 하나님의 축복이라고 믿었을 것이다. 그러나 그러한 사직동 생활은 오래가지 못했다. 오인형(吳麟炯) 진사가 사망했기 때문이다. 김구가 사직동으로 이사할 무렵 오인형은 연평도 조기잡이에 투자했는데, 이태 만에 사업이 실패하여 가산을 몽땅 날리고 말았다. 그 일로 말미암아 오인형은 병까지 얻어서 몸져누웠다가 끝내 일어나지 못했다.[80]

농사일과 집안일을 맡아 보던 사촌형 김태수는 어릴 적에는 일자무식이었지만 사직동에 온 뒤로 김구를 따라 예수를 믿고부터는 국문을 깨우쳐 성경과 그 밖의 종교서적을 읽고 강단에서 교리를 강의할 수 있을 정도가 되어, 김구는 앞으로 많은 도움을 받을 수 있으리라고 기대했다. 그런데 그 역시 어느 날 뜻하지 않게 예배당에서 예배를 보다가 뇌일혈로 쓰러져서 그대로 사망했다. 김구는 사촌 형수를 재혼하라고 권유하여 친가로 보냈다.

김구는 1906년9월쯤에 오 진사가 제공해 준 집과 전답을 오 진사 유가족에게 돌려 주고 장련읍으로 이사했다. 장련읍으로 이사한 뒤에 김구는 장련공립소학교와 봉양학교(鳳陽學校) 두 곳에서 아이들을 가르쳤던 것 같다. 김구는 봉양학교가 기독교에서 설립한 학교이고 뒤에 진명학교(進明學校)로 교명을 고쳤다고 기술했다. 김구뿐만 아니라 《대한매일신보》도 봉양학교를 장련 예수교회 안에 설립된 학교라고 보도한 것으

---

79) 『백범일지』의 여러 주해서나 김구 전기에는 김구가 혼인한 해를 1904년으로 추정하고 있으나 근거는 없다. 혼인할 때에 최준례의 나이가 열여덟살이었다는 김구 자신의 서술에 따라 1906년으로 보는 것이 타당할 것이다.

80) 『백범일지』, p.190; 최태영, 앞의 책, p.22.

로 보아 기독교인들이 세운 사립학교였음이 틀림없어 보인다.[81] 봉양학교는 장련 신교육운동의 선구자이며 김구와도 교분이 있던 장의택(張義澤)이 세운 학교로서, 지역유지들도 지원하고 있었다. 전 군수 전치룡(全致龍)이 예수교회당 안의 봉양학교와 보통사립학교에 의연금을 희사했다는 뉴스가《대한매일신보》에까지 보도되었다.[82]

김구는 1907년5월에 안악에서 열린 황해도 내 기독교계 학교의 연합체육대회에 학생들을 인솔하고 참가했는데, 이때에 그는 안악지방뿐만 아니라 황해도 내 다른 지역의 신교육운동가들과 교분을 맺을 수 있었다. 운동회가 끝난 다음날 운동회에 참가한 각 지방 인사들이 모여 황해도의 교육사업 발전을 위해서 다음과 같은 결정을 했다는 사실은 매우 주목할 만한 일이다.

> 최광옥 선생이 본대회 회장으로 (되어 있고) 미국에서 돌아온 김성무(金成武) 선생이 내빈으로 참석한 것이 대중의 절대한 인기를 끈 것은 물론이지만, 그 이튿날 각 군대표가 모여 황해도 내 교육사업을 더욱 발전시키는 동시에 중학교 설립의 필요를 역설하고, 그 실현을 촉진하기 위하여 최 선생을 중심으로 해서교육총회(海西教育總會) 준비위원회를 결성한 후 각군의 학무위원을 선출하여 군교육회(郡教育會)를 조직하게 하고, 이것이 완료되는 대로 해서교육총회를 실현시키기로 결정하였는데, 장련군 학무위원은 김구(金龜), 장원용(莊元瑢), 백남훈 세 사람이었다.[83]

뒤에서 보듯이, 해서교육총회가 정식으로 결성되는 것은 1년 뒤인

---

81) 『백범일지』, p.232. 그러나 『殷栗郡誌』는 봉양학교를 비기독교계열의 학교로 분류하고 있다(『殷栗郡誌』, p.95).

82) 《大韓每日申報》 1908년7월24일자, 「雜報: 全氏義捐」.

83) 白南薰, 앞의 책, p.53. 白南薰은 金成武를 金聖武로 잘못 적었다.

1908년8월 무렵이며, 이때에 김구가 황해도 학무총감으로 선정되었다. 그런데 백남훈의 위의 회고에 따르면, 사전준비 작업으로 해서교육총회 준비위원회가 조직되어 각군마다 학무위원을 선출하여 군교육회를 조직했던 것이다.

비록 긴 기간은 아니었으나 장련사람들은 김구와의 인연을 소중한 추억으로 간직했던 것 같다. 그리하여 김구와 관련하여 재미있는 이야기가 장련지방에서 전해진다. 김구는 기독교에 입교한 뒤에 평양 사경회에 가서 성경을 공부하고 장련으로 올 때에 클로버 씨앗을 가져다가 장련 사직골에 뿌렸는데, 뒷날 이 풀이 무성하게 퍼지자 장련지방에서 이 풀을 ‘김구초(金龜草)’라고 불렀다는 것이다.[84)]

장련지방에서 실행했던 교육활동은 김구의 인맥형성에도 큰 도움이 되었다. 뒷날 김구의 영향으로 이곳의 많은 청년들이 상해임시정부에 참여했다.[85)]

3·1운동이 나고 김구가 상해로 망명했을 때에 처음으로 숙식을 제공해 준 김보연(金甫淵)도 김구가 장련에 있을 때에 그를 따랐던 청년이었다.[86)] 이들은 임시정부 안에서 김구의 중요한 정치적 기반이 되었다. 장련은 해방 이후에 북한지역에서 김구의 한국독립당(韓國獨立黨) 지부가 조직된 몇 안 되는 지역 가운데 하나였는데, 이때의 한독당 관계자들은 거의가 김구가 장련에 있을 때에 인연을 맺은 기독교계 인사들이었다.[87)]

2

김구는 문화군 초리면의 종산마을에서 겪었던 일 가운데 특히 기억에

84) 『殷栗郡誌』, p.101.
85) 위와 같음.
86) 『백범일지』, p.285.
87) 『殷栗郡誌』, p.215.

남는 일이라면서 의병을 토벌하러 온 일본군이 민가를 약탈하는 광경을 목격하고 이를 질타하여 물리쳤던 일을 『백범일지』에 자세히 적어 놓았다. 그것은 1908년3월에 있었던 일이다.

을사조약이 강제된 뒤에 전국적으로 다시 일어난 항일의병투쟁은 1907년7월의 고종의 양위와 그해 8월의 군대해산을 계기로 더욱 확대되었다. 의병투쟁에는 유생과 농민과 포군을 비롯하여 해산된 군인들과 광부 등 광범위한 부류의 사람들이 참여했다. 이들 의병부대는 산악지대를 근거지로 하여 일본군 수비대를 습격하고 철도와 전신선을 파괴하는 등 치열한 투쟁을 벌였다. 일본군의 통계에 따르더라도, 1907년12월부터 1909년6월까지의 1년 반가량 동안(1909년1월 제외)에 의병이 일본군과 교전한 횟수는 무려 3,714회에 이르며, 연인원 12만1,360명의 의병이 참가했다.[88)]

의병투쟁은 전라도, 강원도, 경기도, 충청도, 경상도 지방에서 치열하게 전개되었으나 황해도지방도 예외는 아니었다. 문화지방에서는 이곳 출신 우동선(禹東鮮)이 조직한 의병부대의 활동이 두드러졌다. 우동선은 '정동의려대장(正東義旅大將)'이 되어 장련, 신천, 송화, 재령 등 황해도 서부지역을 주 무대로 활동했다. 그는 구월산 월정사(月精寺)에 연합본부를 설치하고, 황해도 서부지역 일대를 왕래하면서 일본군의 군사시설을 파괴하고 일본군과 관군을 격파하여 크게 용맹을 떨쳤다. 그는 특출한 담력과 뛰어난 지략으로 산간지대를 이용하는 유격전을 벌여 우세한 화력을 가진 일본군을 궁지로 몰아넣으면서 끈질기게 항전했다. 우동선은 해서선유위원(海西宣諭委員)으로 파견된 기독교인 서상륜(徐相崙)의 해산을 권고하는 효유문(曉諭文)을 통렬하게 꾸짖는 회답문을 보낸 일로 유명하다.[89)]

---

88) 金祥起,「항일의병전쟁」, 국사편찬위원회 편,『한국사(43) 국권회복운동』, 국사편찬위원회, 1999, pp.423~424.

89) 黃海道誌編纂委員會 編,『黃海道誌』, 黃海道誌編纂委員會, 1982, p.177; 鄭濟愚,「韓末黃海道地域義兵의 抗戰」,《한국독립운동사연구》제7집, 1993, 독립기념관 한국독립운동사연구소, pp.10~12.

을사조약 파기를 위해 일어난 제2차 의병봉기. 이 사진은 영국 언론인 F. M. 매켄지가 찍은 것으로서 그의 저서 『한국의 비극』(1908)에 수록되었다.

그러나 우동선은 서상륜의 효유문을 거절한 직후에 일본군과의 전투에서 패하여 체포되고 말았다. 종산에서 10리쯤 떨어진 내동(內洞) 부근에 진을 치고 있던 우동선부대는 일본군의 야간습격을 받고 달천(達泉) 부근에서 크게 패하여 많은 사상자를 냈다. 패배한 우동선부대의 17구나 되는 시신은 제대로 수습되지 못하고 동구 밖 길가에 그냥 내버려져 있었다고 한다.

김구가 종산마을에 있을 때의 일이라면서 술회한 우동선부대의 전투란 1908년3월9일에 달천 부근에서 의병 120여명이 일본군과 교전하다가 21명이 사망한 전투를 말하는 것일 것이다.[90] 우동선이 체포된 정확한 시기는 밝혀져 있지 않다. 서상륜이 황해도 선유위원으로 황해도에 도착한 것이 1908년2월 말 무렵[91]이었으므로 아마도 우동선은 이때의 전투에서 일본군의 총에 맞아 부상을 입고 체포되었을 것으로 짐작된다. 우동선

90) 朝鮮駐箚軍司令部, 『朝鮮暴徒討伐誌』, 독립운동사편찬위원회, 『독립운동사자료집(3) (의병항쟁사 자료집)』, 독립유공자사업기금운용위원회, 1971, p.732.

91) 이덕주, 「한말 기독교인들의 선유활동에 관한 연구」, 《한국기독교와 역사》 제10호, 한국기독교역사연구소, 1999, p.55.

은 체포되고 나서도 항거를 계속했다. 그는 파수병의 총을 빼앗아 일본군 8명을 사살했고, 탄환이 다하자 육탄전으로 마지막까지 대적하다가 장렬하게 순절했다.92)

우동선부대와 싸운 일본병사들은 그대로 퇴각하지 않고 인근 마을을 약탈했다. 그들 가운데 몇명이 총기를 들고 종산마을에 들어와서 집집마다 다니며 달걀과 닭을 약탈하고 다녔다. 동장이 놀라서 김구를 찾아왔다. 김구는 동장과 함께 그의 집으로 갔다. 과연 일본군인들이 닭과 달걀을 마구 노략질하고 있었다.

의병을 토벌하기 위해 출동한 일본군인들의 행패는 전국적으로 심각했다. 농민들의 소나 말을 강제로 징발하여 탄환과 군수물자를 실어 나르고는 운임을 한푼도 지불하지 않기가 일쑤였다.93) 또한 밤중에 마을에 갑자기 침입하여 미구 총을 쏘아서 놀란 부녀자들이 뛰쳐나가다가 탄환에 맞아 즉사하기도 하고, 멋대로 민가에 침입하여 부녀자를 겁탈하고 개와 닭 등 가축을 노략질하기도 했다.94)

그리하여 "미친 개의 눈에는 몽둥이만 보인다더니 개명하였다는 일병의 눈에는 의병만 보이나 보다 하며 방금 농사 방극[方極: 몹시 바쁜 때]에 산에서 절초도 못하고 나물도 못해 먹으며 폐농도 하고 굶어 죽을 수밖에 없다"95)라고 한탄할 만큼 일본군에 대한 원성이 자자했다.

종산마을에 들이닥친 일본군의 행패도 마찬가지였다. 화가 난 김구는 일본군에게 필담으로 따졌다.

"군대에서 물품을 징발하는 것이냐, 아니면 돈 주고 사는 것이냐?"

"돈 주고 사는 것이다."

"그렇다면 달천시장에서 살 수 있는데, 왜 이같이 촌민을 괴롭히느냐?"

---

92) 鄭濟愚, 앞의 글, p.12.
93) 《대한매일신보》 1907년8월27일자, 「잡보: 농민의 원망」.
94) 《대한매일신보》 1908년6월30일자, 「지방정형」, 7월11일자, 「잡보: 일병도 인정을 갖춘 사람이지」, 7월18일자, 「잡보: 일병토색」.
95) 《대한매일신보》 1908년7월11일자, 「잡보: 일병도 인정을 갖춘 사람이지」.

"당신이 문화군수냐?"

"나는 서명의숙 교사이다."

김구가 필담을 나누는 사이에 나머지 일본병사들은 밖으로 나가서 앞뒷집으로 다니면서 닭을 몰아 안마당으로 들어왔다. 이를 보자 부녀자들과 아이들이 기겁을 하며 소리를 질렀다. 참다못한 김구는 동장에게 호령했다.

"도적이 집집마다 쳐들어온다는데, 동장은 실태도 관찰하지 않소?"

김구의 고함 소리에 문답하던 일본병사가 깜짝 놀라서 호각을 불었다. 그러자 흩어졌던 일본병사들이 닭을 한손에 두세마리씩 들고 들어왔다. 그들은 저희끼리 무슨 말인가 주고받았다. 이윽고 그들은 강탈한 닭을 놓아 두고 동네 바깥으로 나갔다. 그러자 가련한 대한제국의 산골 백성들은 김구의 이러한 행동에 고마워하기는커녕 오히려 "아랫동네에서는 집집마다 닭을 잡아 몇짐이나 지고 갔다"면서 후환을 겁내어 웅성거렸다. 김구는 큰 소리로 외쳤다.

"걱정 말고 모든 일은 나에게 맡기시오!"

이렇게 하여 사태는 가까스로 수습되었다.[96)]

김구는 종산에 오래 살지는 않았다. 그는 안악의 부호이면서 교육운동에 열성을 쏟고 있던 김용제(金庸濟)로부터 새로 설립한 안악의 양산학교(陽山學校) 교사로 초청받아 1908년1월에[97)] 안악으로 이사했다. 《대한매일신보》의 다음과 같은 기사는 김구가 양산학교에 설치된 야학에서 나무하는 아이들을 열심히 가르치는 모습을 보여 준다.

> 안악군 양산학교 안에 야학과를 설립하고 나무하는 아이 50여명을 모집하야 교사에 김구씨와 기독학교 교사에 최명식씨가 열심으로

---

96) 『백범일지』, pp.197~198.

97) 한규무, 「1900년대 김구의 황해도 장련·문화·안악 이주와 계몽운동」, p.97.

가르친다더라.[98]

김구는 종산에 있을 때에 첫딸을 낳았다. 그러나 아내와 딸을 가마에 태우고 안악으로 옮겨 오면서 찬바람을 많이 쐰 탓인지 딸아이는 안악에 도착한 뒤에 이내 죽고 말았다.[99] 그것은 김구의 가슴에 또 하나의 상처를 남기는 일이었다.

김구가 종산에서 안악으로 이사할 무렵에 있었던 일이라면서 『백범일지』에 적은 다음과 같은 이야기는 그의 교육자로서의 인품이 어떠했는가를 짐작하게 한다.

과부 아들로 우기범(禹基範)이라는 학생이 있었다. 재질로 보아 장래성이 있었으나 그의 어머니 형편으로는 계속해서 공부를 시킬 수 없었다. 김구는 우기범의 어머니에게 말했다.

"기범이를 나에게 맡겨 주시면 안악으로 데리고 가서 내 집에 두고 가르치겠습니다."

그 자신도 가난한 형편에서 하기 어려운 제안이었다. 그러자 우기범의 어머니는 매우 고마워하면서 말했다.

"만일 선생께서 그같이 생각하시면 나도 따라가서 엿장사를 하며 기범이 공부하는 모습을 보겠습니다."

이렇게 하여 김구는 아홉살 난 우기범을 안악으로 데리고 와서 자기 집에서 기르며 안신학교(安新學校) 소학과를 마치고 양산학교 중학부에 진학시켰다.[100]

---

98) 《대한매일신보》 1908년7월5일자, 「잡보: 열심교수」.
99) 『백범일지』, p.198.
100) 『백범일지』, p.234.

19장

외아들 태산의 죽음

1. 태산이 웨스턴 홈에서 디프테리아에 걸려 급사
2. 조지워싱턴대학교를 어렵게 졸업
3. 헤이그 만국평화회의 지원요청을 거절

1. 태산이 웨스턴 홈에서 디프테리아에 걸려 급사

1

포츠머스 러일강화조약의 결과와 특히 대리공사 김윤정(金潤晶)의 배신행위에 크나큰 좌절감을 느끼고 학업에 전념하기로 결심한 이승만이 을사조약의 체결 소식을 듣고 어떤 반응을 보였는지는 확인되지 않는다. 그의 자서전 초록이나 그의 구술을 토대로 한 전기들에도 아무런 언급이 없다. 그는 국내 지식인들과는 달리 제국주의 일본의 '보호국'이 될 수밖에 없는 조국의 운명을 예견하고 있었을 것으로 생각된다. 이때의 상황과 관련하여 그는 자서전 초록에서 "오로지 남은 하나의 희망은 한국 사람을 거듭나게 하는 것이고 그 길은 기독교 교육이라고 나는 믿었다. 나의 (인생)목적은 그 일을 위해 준비하는 것이었다"[1] 라고 썼는데, 이 말은 을사조약 파기운동에 참가하기 위해 상경했던 김구가 민중의 애국심을 함양하는 것이 급선무임을 깨닫고 전도활동과 교육계몽운동에 전념하기로 결심하고 장련(長連)으로 돌아간 일과 일맥상통하는 것이었다.

이 무렵의 이승만의 생각을 보여 주는 자료가 하나 보존되어 있다. 민영환(閔泳煥)이 자결한 지 한달 뒤인 1905년12월30일에 아버지 이경선(李敬善)에게 보낸 편지가 그것이다.

> 아버님전 상서
>
> 11월10일의 마지막 하서와 계동(桂洞)집 회계문건은 잘 받아 보았사옵고 위안이 되옵나이다. 논문폭에 대략 말씀드렸사온즉 새로 여쭐 것은 없사옵니다.
>
> 저는 매일 분주하와 동서로 뛰어다니나이다. 성탄일에는 태산(泰

1) "Autobiography of Dr. Syngman Rhee", p.20; 「청년이승만자서전」, 이정식 지음, 권기봉 옮김, 『초대대통령 이승만의 청년시절』, p.303.

山)이 가 있는 곳의 한 부인이 2원 은(二元銀)을 보내어 몇몇 한인들과 조반을 같이 하라 하야 서너 사람이 회식하였사오며, 태산은 그날 여러 집에서 먹을 것과 장난감 등을 많이 보내와서 뛰어놀며 날을 보낸다 하오니 다행이옵니다. 공부는 여일하옵고, 다만 전동(典洞)대감[민영환의 집이 전동에 있었음]이 세상을 떠났사와, 시량[柴糧: 땔감과 양식]을 무엇으로 지탱하시는지 삼가 송구스럽사옵니다. 유(兪) 주사는 일이 이렇게밖에 되지 못한다고 하오니 다시 다음을 기다려야 하오려니와 민망하고 답답하기 이를 데 없나이다.

국기 여남은 폭을 만들어 보내라고 며느리에게 부탁한 것이 도무지 오지 않으니 무슨 영문인지 모르겠사오며, 음양력 달력 한장 하송하시옵소서. 이만 줄이옵니다.

1905년12월30일
아들 승만 상서[2]

민영환의 자결 소식을 듣고 이승만이 가장 심각하게 걱정한 것이 가족들의 생계문제였음을 이 편지는 말해 준다. 현재 보존되어 있는 이 편지는 원본이 아니라 이승만 자신이 옮겨 적어 놓은 사본인데, 편지 위쪽에 "Min Young Whan is dead. Who will Support our home?"이라고 영어로 적어 놓은 것이 눈길을 끈다. 민영환이 죽었으니 누가 우리 집을 보살펴 주겠느냐는 한탄이었다. 그것은 그동안 민영환이 이승만을 미국에 보내면서 약속한 대로 이승만 가족의 생계를 계속해서 지원하고 있었음을 말해 준다.

또한 이 편지는 아들 태산의 이야기를 자세히 적고 있어서 눈길을 끈다. 이승만은 여름방학에 오션 그로브의 보이드 부인 별장에서 지내는 동안에도 루스벨트 대통령과의 면담을 준비하느라고 워싱턴과 서재필이 있

---

2) 『雩南李承晩文書 東文篇(十六) 簡札1』, p.153. 원문은 한문투의 국한문 혼용문이다.

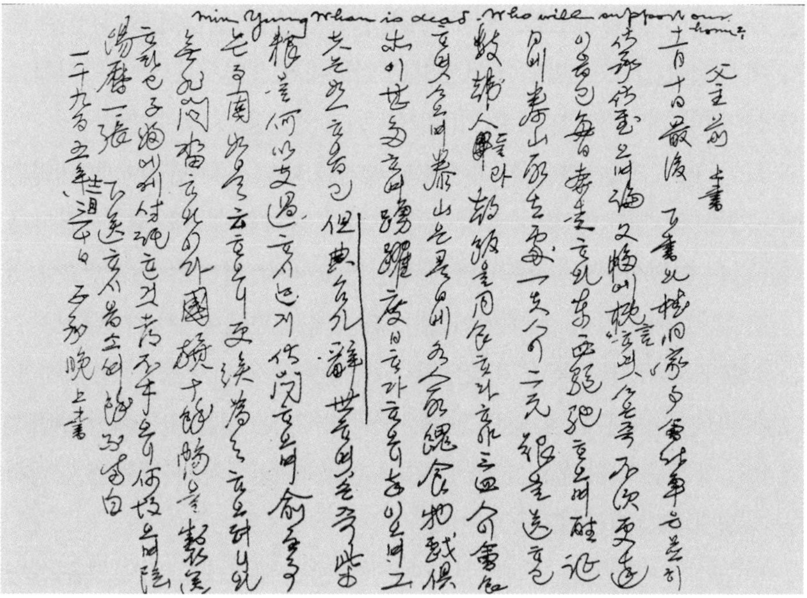

이승만이 아버지 이경선에게 보낸 편지. 위의 영어 글씨는 민영환이 자결한 뒤의 가족의 생계를 걱정하는 내용이다.

는 필라델피아를 바쁘게 오가야 했다. 그러면서 하보우의 집에 맡겨 놓은 아들 태산도 다시 보이드 부인에게 데려다 맡겼다. 이승만은 태산이 크리스마스에 보이드 부인을 비롯한 여러 사람들로부터 푸짐한 선물을 받고 기뻐 뛰놀면서 날을 보내고 있다면서 부친을 안심시켰다.

그리고 이 편지는 이승만이 어려운 형편에서도 크리스마스를 가까운 한국인들을 초대하여 함께 보냈음을 보여 준다. 이승만의 형편을 잘 아는 보이드 부인이 크리스마스를 맞아 은화 2달러를 보내 주었고, 그 돈으로 서너 사람이 회식했다는 것이다.

이승만은 멀리 떨어져 있으면서도 중요한 집안일은 자신이 챙기고 있었던 모양이다. 그것은 주로 식구들의 생계와 관련된 일에 대한 것이었을 것이다. 편지에서 언급한 "유 주사"는 옥고를 같이 치르면서 의기투합했던 유성준(兪星濬)을 지칭하는 것 같다. 출옥한 뒤에 내무아문(內務衙門) 주사, 탁지아문(度支衙門) 주사를 역임한 유성준은 이승만이 이 편지를 쓸 무렵인 1905년12월26일에 통진(通津)군수로 발령이 났다.[3] "유 주사"에 대한 언급으로 미루어 이승만은 미국에 있으면서도 국내 인사들과 시국문제나 개인적인 일로 편지내왕을 하고 있었음을 알 수 있다.

또한 흥미 있는 것은 아내에게 태극기를 여남은폭 만들어 보내라고 했는가 하면, 새해를 맞아 음양력이 표기된 달력을 부치라고 한 점이다. 이승만은 이경선뿐만 아니라 박씨 부인과도 따로 편지를 주고받고 있었던 것이다. 다만 박씨 부인이 왜 얼른 태극기를 만들어 보내지 않았는지 궁금하다. 태극기는 아마 미국인들에게 선사하거나 강연을 할 때에 쓸 요량이었는지 모른다. 음양력 달력을 부치라고 한 것은 미국에서 생활하면서도 아직도 거의 음력을 쓰고 있는 한국의 여러 가지 상황을 짐작하는 데 필요했기 때문이었을 것이다.

이승만은 미국에 도착해서부터 시작한 강연 활동에 더욱 열성을 쏟았다. 그는 국내에 있을 때부터 연사로 나서는 일을 즐겼다. 그러나 미국에서의 그의 연설은 만민공동회의 급진과격파로서 민중을 선동하던 때와는 성격이 전혀 달랐다. 무엇보다도 그것은 생활비를 버는 절실한 수단이었다. 그리고 그것은 미국인들에게 한국을 알림으로써 한국의 친구가 되게 하는 일이기도 했다. 강연할 때의 그의 모습에 대한 올리버의 다음과 같은 서술은 이승만이 미국사회에서 선동정치가로 성장해 가는 모습을 실감나게 보여 준다.

> 그는 연단에 올랐을 때의 흥분을 즐겼고, 청중들의 진지한 주목과 갈채에 고무되었다. 이승만의 목소리는 남달리 낭랑하고 부드러웠고, 고저와 강약을 자유자재로 구사했다. 동양적인 수수께끼 같은 무표정한 태도와는 반대로 그의 풍부한 표정과 몸짓은 특별한 표현력이 있었다. 미국과는 환경이 매우 다른 한국에서 대중연설가로 풍부

---

3) 安龍植 編, 『大韓帝國官僚史硏究(Ⅲ) 1904.3.~1907.7.』, 1995, p.380.

한 경험을 가진 그는 미국에서도 이내 대중연설에 숙달했다. 연사로서의 그는 연설의 기교보다는 생생한 경험과 열정으로 청중을 휘어잡았다.[4]

이러한 표현은 물론 과장된 면이 전혀 없지는 않을 것이다. 그러나 이승만이 미국에 도착하여 1910년에 귀국할 때까지 6년 동안 계속해서 연설을 하고 다녔고 그 사례비로 생활했다는 사실은 특기할 만한 일이다. 그리고 그것은 천부적 재질뿐만 아니라 그의 의식적인 노력의 산물이기도 했음은 말할 나위도 없다.

이승만은 루스벨트 대통령과의 면담에 이어 김윤정 대리공사와 한바탕 소동을 벌인 뒤에도 바로 여기저기에서 강연을 했다. 그의 『일기(*Log Book of S.R.*)』에 보면, 10월에 한번, 11월에 네번, 그리고 12월에는 아홉번이나 강연을 하고 다녔다. 12월의 아홉번 강연 일정은 다음과 같았다.

○ 12월1일. 뉴욕 장로교회에서 강연.

○ 12월3일. 갈보리 침례교회의 중국인 성경반에서 강연.

○ 12월5일. 오전 11시30분. G가 10번지 모퉁이에 있는 제일조합교회(First Congregation Church).

○ 12월6일. 오전 11시. 메릴랜드주 볼티모어의 매디슨가에 있는 제일장로교회. 파크 애비뉴 818의 와일리(M. Wylie) 부인을 통하여 개인적으로 9달러 받음.
오후 8시. 주임목사 거스리(Donald Guthrie) 목사를 통하여 개인적으로 15달러 받음.

○ 12월10일. 오후 7시. 파운드리 M. E. 교회의 엡워스 연맹.

○ 12월13일. 토머스 서클에서 20분 거리의 모퉁이에 있는 제일침례교

---

4) Robert T. Oliver, *Syngman Rhee: The Man Behind the Myth*, p.98.

회에서 강연. 7달러40센트를 연조받음.

○ 12월15일. 오전 1시30분. 트리니티 M. E. 교회.

○ 12월17일. 오후 7시30분. 일요일. 브라이트우드 파크 M. E. 교회, 파워스(E. C. Powers) 주임목사. 9달러97센트 연조받음.

○ 12월24일. 일요일 저녁. 브루클런드 침례교회에서 강연.[5)]

이처럼 이승만은 강연한 날짜와 시간과 함께 누구에게서 돈을 얼마 받았다는 것까지 꼼꼼히 적어 놓았다.

그의 강연에는 환등기가 동원되기도 했다. 그는 한국의 풍물과 미국 선교사들의 활동, 그리고 점점 향상되어 가는 한국인의 생활상 등 미국인들의 흥미를 끌 만한 내용을 담은 슬라이드를 준비해 가지고 다녔다. 이승만의 이러한 행동은 황해도 시골사람들을 상대로 분명국의 문물을 환등기로 소개하면서 계몽강연을 하고 다닌 이 무렵의 김구의 행적을 연상시킨다. 슬라이드는 기독교 선교본부 같은 데서 입수했을 것이다.

이승만은 강연할 때마다 한국의 독립 유지야말로 일본의 팽창 야망을 저지할 수 있고 그것은 미국의 국가이익에 큰 도움이 된다는 점을 특별히 강조했다. 청중들은 그의 연설의 앞부분에서는 큰 흥미와 공감을 표했으나 뒷부분에서는 거북해하는 반응을 보이기가 일쑤였다.[6)]

이승만은 여러 교회의 YMCA나 성경반 모임 같은 데서뿐만 아니라 조지워싱턴대학교 안의 YMCA 주최 강연회에도 연사로 초청되어, 그의 사진이 광고전단에 실리기도 했다.

이승만의 강연일정은 1906년 들어서 더욱 많아졌다. 1906년1월에만 여덟번 강연을 했다고 그의 『일기』에 적혀 있다. 이 해에 그는 무려 서른여섯번이나 강연을 하고 다녔다.

---

5) Syngman Rhee, *Log Book of S. R*, 1905년12월1일~24일조.

6) Robert T. Oliver, *op. cit.*, p.99.

2

이처럼 바쁘게 강연을 하고 다니는 동안에 이승만은 어처구니없게도 아들 태산을 잃고 말았다. 그는 일요일인 2월25일 저녁에 리버데일(Riverdale) 장로교회에서 강연을 했는데, 태산은 그날 저녁 7시에 필라델피아 시립병원에서 숨을 거두었다. 이승만은 자서전 초록에는 "그것은 말하기가 참으로 슬픈 일이었다"라고 한마디만 적어 놓았지만,[7] 『일기』 2월26일조에는 태산이 죽은 경위를 자세히 적어 놓았다.

2월24일 저녁 11시30분에 그는 필라델피아의 네이션(The Nation)으로부터 전보를 받았다. 태산이 회충약을 먹느라고 이틀째 음식을 끊고 있는데, "심하게 아프다"는 것이었다. 전보를 받자마자 그는 바로 기차역으로 달려갔다. 그러나 필라델피아행 기차는 두시간 반쯤 뒤에나 있었다. 그는 서둘러 우체국으로 가서 "내가 당장 가야 하는지. 속히 회답 바람"이라고 네이션 앞으로 전보를 쳤다. 즉각 "조금 진정되고 있음. 편지를 보냈음. 다시 쓰겠음. 네이션"이라는 답전이 왔다.

전보를 받고 조금은 안도감을 느낀 이승만은 편지를 기다리기로 했다. 2월25일 오후 2시쯤에 이승만은 "태산이 위독함. 즉시 아취가 1520번지로 오시오"라는 다른 전보를 받았다. 그것은 보이드 부인이 친 전보였다. 이승만은 보이드 부인에게 오후 9시30분 차로 떠나겠다고 답전을 쳤다. 그가 보이드 부인 집에 도착한 것은 2월26일 새벽 2시30분이었다. 보이드 부인은 말하기를 태산은 사흘 동안 앓아누웠었는데, 의사는 아이가 그 무서운 디프테리아에 걸렸다고 했다는 것이었다. 그래서 의사는 태산을 시립병원으로 보냈고, 그곳에는 아무도 들어갈 수 없다고 했다. 디프테리아는 치명적인 전염병이었다. 만일에 이승만이 태산을 보러 병원에 간다면 검역법에 따라 적어도 한달은 병원에 억류되어 있어야 한다는 것이었

---

7) "Autobiography of Dr. Syngman Rhee", p.18; 「청년이승만자서전」, 이정식 지음, 권기붕 옮김, 앞의 책, p.292.

다. 이승만은 억류되어도 좋다고 했다. 이승만이 단호하게 말하자 보이드 부인은 말했다.

"그러면 내일 아침에 가보시구려."

이승만은 정거장으로 나와서 밤을 새우고, 날이 밝기를 기다려 병원으로 달려갔다. 그러나 병원에서는 그를 들여보내 주지 않았다. 오전 11시가 되자 편지 한장이 그에게 배달되었다. 베어링가 41번지에 있는 웨스턴 홈(Western Home for Children)의 머피(Murphy) 부인이 보낸 것이었다. 편지에는 태산이 2월25일 저녁 7시에 죽었다고 적혀 있었다. 태산의 시체는 브루덴버크스가의 오드펠로(Oddfellow) 공동묘지에 묻혔다.[8)]

이승만을 지원하고 그의 아들까지 돌보아 준 필라델피아의 보이드 부인.

보이드 부인은 태산을 자기 집에 데리고 있었던 것이 아니라 웨스턴 홈이라는 아동보육시설에 맡겨 놓았던 것이다. 머피 부인은 그 보육시설의 주인이었다. 태산의 분묘기록에도 분묘 주인이 머피 부인으로 되어 있다.[9)]

태산의 묘는 뒤에 필라델피아 근교의 론뷰(Lawnview) 공동묘지로 이장되었다. 묘비에는 "RHEE TAISANAH 1899~1906"이라고만 새겨져 있을 뿐 다른 아무 표지도 없다. 이름이 "TAISANAH"로 되어 있는 것은 이승만이 "태산아"라고 부르는 것을 보고 보이드 부인은 그것이 아이의 이름인 줄로 생각했기 때문이었을 것이다.

---

8) Syngman Rhee, *Log Book of S. R.* 1905년2월26일조.
9) 梨花莊 소장 분묘 기록.

이승만은 1945년에 귀국한 뒤에 만난 처조카 박태연(朴泰然)이 태산의 일을 묻자, "내가… 묘는 잘 써 줬지…" 하고 말했다고 한다.10) 다만 이승만의 『일기』에 적힌 '네이션'이 무엇을 지칭하는 것인지는 알 수 없다.

필라델피아 근교의 론뷰 공동묘지에 있는 이승만의 아들 태산의 묘비. 묘비명이 'RHEE TAISANAH'로 되어 있다.

먼 이국땅에서, 그것도 너무나 급작스럽게 7대 독자인 아들을 잃은 이승만의 충격이 얼마나 컸을 것인가는 상상하기에 어렵지 않다. 그 엄청난 충격 속에서도 이승만은 『일기』에 특별한 감정표현 없이 냉철하게 태산이 죽은 경위를 시간까지 꼼꼼히 적어 놓았다.

이승만은 생전에 박씨 부인에 대한 이야기와 마찬가지로 태산에 대한 이야기를 하려고 하지 않았다. 그의 구술을 토대로 한 전기들에도 이 부분은 기술되어 있지 않다. 이승만은 감옥생활을 하는 동안 태산을 불러 감옥서 안에서 같이 자기도 했었다. 할아버지 밑에서 응석받이로 자란 태산은 소년수들과 곧잘 싸움을 하여 이승만은 아들을 심하게 패주기도 했었다. 미국에 도착한 뒤에 잠시 김윤정의 집에 있을 때에는 그런 대로 괜찮았으나, 하보우의 집에 맡겨 놓았을 때에는 환경변화와 언어장애를 견디지 못하여 이상증상을 보이기도 했다고 한다.11)

태산을 미국으로 떠나보내고 홀로 남은 박씨 부인은 태산이 죽은 뒤에도 아들 사진을 지니고 다녔다. 그 사진은 서재필(徐載弼)과 나란히

---

10) 李承晩의 처조카 朴泰然의 증언, 「人間李承晩百年(56)」, 《한국일보》, 1975년6월5일자.

11) 金潤晶의 아내 高純迎의 말을 토대로 한 金潤晶의 아들 金仁柱의 증언, 「人間李承晩百年(56)」, 《한국일보》, 1975년6월5일자.

손을 잡고 찍은 것이었다고 하는데,[12] 아마도 그것은 이승만이 서재필을 만나러 필라델피아에 갔을 때에 찍은 것이었을 것이다. 그리고 태산의 죽음은 이경선의 며느리에 대한 증오감을 더욱 심화시켰을 것은 말할 나위도 없다.

이승만은 이때 이후로 자식을 낳지 못했다. 그것은 일생을 두고 그의 가슴 한구석에 공허감과 조상에 대한 죄책감으로 남았던 것 같다. 만년에 이강석(李康石)을 양자로 맞으면서 지은 「유감(有感)」이라는 시는 그러한 사정을 잘 보여 준다.

十生九死苟人生　　열에 아홉번 죽을 고비 살아온
六代李門獨子身.　　이씨 가문 6대 독자.
故國青山徒有夢　　고국청산은 꿈속에도 못 잊건만
先塋白骨護無覡.　　선영에 묻히신 백골 돌아볼 이 없어라.[13]

이 시는 양자를 맞은 기쁨보다는 새삼스럽게 느끼는 공허감과 조상들에 대한 죄책감을 읊은 시이다.

어린 외아들을 공동묘지에 묻고 며칠 되지 않은 3월4일에 이승만은 다시 강연을 시작했다. 이날은 일요일이었는데, 저녁에 리버데일 아래쪽에 있는 장로교회에서 강연을 하고 28달러를 모금해 받았다. 엘리스(Ellis)라는 소년이 작은 봉투를 주었는데, 그 속에는 돈 15센트와 함께 "이승만씨 사랑해요. 가장 어린 소년 엘리스로부터"라고 적힌 쪽지가 들어 있었다. 이 사실을 『일기』에 적으면서 이승만은 눈앞에 어른거리는 죽은 아들의 모습을 떨칠 수 없었을 것이다.

---

12) 李承晩의 처조카 朴貫鉉, 朴泰然 남매 증언, 「人間李承晩百年(56)」.
13) 李殷相 譯, 『雩南詩選』, 公報室, 1959, pp.62~63.

2. 조지워싱턴대학교를 어렵게 졸업

1

이승만은 1905년 가을학기부터 정식으로 등록하여 1907년6월까지 2년 동안 조지워싱턴대학교에서 학업을 계속했다.

이승만은 1906년6월 말에 매사추세츠주의 노스필드(Northfield)에 갔다. 그곳에서 열린 '만국(기독)학도공회'에 조지워싱턴대학교의 한국 학생 대표로 선발되어 참가한 것이었다. 이승만은 이 회의에 참석한 것이 매우 뜻있는 일이었다면서 《제국신문(帝國新聞)》에 아주 자랑스럽게 편지를 써 보냈다.

> 사랑하는 본국 동포들에게 편지 한번 못한 것은 과연 겨를을 얻지 못함이라. 신산한 사정은 다 말할 것 없으며, 여름방학한 후에 학교에서 나를 총대로 정하야 이곳에 보내기로, 워싱턴에서 북으로 1,200여 리가량 되는 노스필드라는 곳에 와서 유숙한 지 엿새가 되었는데….

이렇게 시작한 편지는 노스필드와 그곳 출신의 부흥전도사 무디(Dwight L. Moody)에 대하여 다음과 같이 기술했다.

> 이곳은 본디 세계에 유명한 전도인 무디 선생이 거생(居生)하며 그 기업을 세우고 근년에 작고한 곳이라. 산천이 수려하야 경개도 절승하며 굉장한 학교집이 여러 채가 동구 안에 벌여 있는 고로 교육상이나 교회상 관계로 큰 공회가 되는 때에는 매양 이곳에 모이나니, 이곳에 모이는 자 그 경개도 탐하거니와 더욱 그 선생의 도덕을 앙모하야 감동하는 마음이 스스로 발하는 고로 사람마다 한번 보고자 하더라.

1837년에 노스필드에서 태어난 무디는 열입곱살 때에 보스턴으로 돈벌이를 떠났다가 그곳에서 교단을 유니테리언파(Unitarianism)에서 프로테스탄트 정통파로 바꾸었다. 시카고로 옮겨 간 그는 구두 판매상으로 성공한 뒤에 1860년에 사업을 정리하고 전도에 전념하여, 시카고 YMCA 회장이 되고 무디교회를 세웠다. 슬럼가 전도에 힘을 쏟은 그는 1870년에 찬송가 작가 생키(Ira D. Sankey)를 만나서 그와 함께 '복음찬송가'를 발전시키는 데 기여한 것으로도 유명하다. 그는 분파적 교파원리를 거부했고, 성서에 대한 '고차원적 비판(higher criticism)'이나 사회복음운동에 반대하면서 진화론을 부정했다. 그는 문자 그대로의 뜻에 따른 성경해석과 그리스도의 재림을 기다리는 전통적 복음신앙을 다채롭고 강렬한 방법으로 설교함으로써 큰 반향을 불러일으켰다.

무디의 대중전도운동은 같은 시기에 있었던 월터 라우션부시(Walter Raushenbusch)의 사회복음운동과 함께 미국 역사에서 세번째의 리바이벌[Revival: 신앙부흥]운동이었다. 첫번째 것은 조너선 에드워즈(Jonathan Edwards)가 지도한 이른바 대각성(Great Awakening)운동으로서, 여기에서 미국의 독자적인 종교적 특징이 생겨났다. 두번째 것은 서부로 프론티어가 확대되면서 일어났다. 그리고 이제 도시화와 공업화의 진전에 따라 세번째 리바이벌운동이 일어난 것이었다. 뒷날 1950년대에 필(N. N. Peale)과 빌리 그레이엄(Billy Graham)이 미국뿐만 아니라 세계를 순방하면서 벌인 대규모의 전도집회는 네번째 리바이벌운동으로 꼽힌다.

무디의 대규모 리바이벌운동은 그가 가난한 사람들의 고통을 덜어줄 것으로 믿는 저명한 기업가들로부터 재정지원을 받았다. 무디 자신도 여러 가지 자선사업을 열심히 지원했다. 그러나 그는 사회문제는 개인이 영적으로 거듭나야만 해결된다고 믿었다. 그는 고향인 노스필드에 남녀 신학대학을 설립하고, 연례 성경회의(Bible Conferences)를 창설하여 직접 주재하는 한편 시카고에 시카고 성경연구소[무디 성경연구소]를 설립했다. 이승만이 참가했던 '만국(기독)학도공회'는 이 성경회의 또는 세계

학생하령회(Summer Conferences)였을 것이다. 무디의 주도로 제1회 학생하령회가 열린 것은 1886년7월6일부터 8월1일까지였다. 이승만은 이때의 회의에 대해 다음과 같이 썼다.

> 이번은 만국학도공회가 되는데, 20년 전에 무디 선생이 이곳에서 시작하야 학도들의 도덕상주의(道德上主義)를 발달시키매, 사업이 매년 진보되어 금년에 500여명 학도가 왔으되 모두 각처의 유명한 학교에서 총대로 온 사람들이요, 세계 각국인이 거의 다 참여하얏는데, 그중에 대한사람도 한명이 참여하였으니 다행하도다.

실제로 이 회의에 한국인이 참석한 것은 이승만이 처음이었을 것이다. 이 회의기간에 열린 미국 독립기념일 축하행사에서 보여 준 이승만의 오달진 행동은 미소를 자아내게 한다.

큰 행사장 안에는 각국 깃발이 휘황찬란하게 걸리고 남녀 3,000여명의 참가자들은 각각 나라별로 특색 있는 복장을 하고 자리를 잡았다. 명사들의 연설과 애국가와 만세소리가 이어지면서 장내는 열기가 넘쳤다. 이어 학교별로 명단을 만들어서 순서대로 경축하게 했다. 이윽고 동양인 차례가 되었다. 먼저 일본학생들이 호명되었다. 일본학생 네 사람이 한쪽에서 대기하다가 일어나서 "일본국 만세"를 불렀다. 청중들은 일제히 박수로 화답했다. 다음은 청국학생 차례였다. 청국학생 열대여섯 사람이 자기 나라 옷을 입고 한쪽에 앉아 있다가 일어나서 애국가를 부르며 경축하자 청중들도 함께 즐거워하며 화답했다. 준비된 명단에 한국학생은 들어 있지 않았으므로 다음 학교 순서로 넘어갔다. 이승만은 떠들썩한 분위기 속에서 한없는 고립감을 느꼈다. 그는 벌떡 일어섰다. 그러고는 강단쪽으로 걸어 나가서 주최자에게 말했다.

"나는 한국학생인데 혼자 경축하겠습니다."

그러자 주최쪽에서도 흔연히 허락했다. 그러면서 큰 소리로 장내에

1906년에 노스필드에서 '만국학도공회'에 참가한 외국인 학생대표들과 함께한 이승만(맨 뒷줄 오른쪽 끝).

알렸다.

이승만은 혼자 강단에 올라가서 독립가를 부른 다음 큰 소리로 "대한제국 만만세"와 "아메리카 만만세"를 세번씩 불렀다. 청중들은 일제히 박수를 치며 화답했다. 사람들은 다투어 이승만에게 악수를 청했다.

이승만은 이러한 사실을 편지에 자세히 적은 다음 "이때에 이 사람들의 생각이 어떠하였을 것은 내가 말할 것 없거니와, 사람들이 비록 반쪽이라도 나라를 대하야 제가 행할 도리를 하면 남이 다 대접하야 주는 도다"라는 말로 편지를 끝맺었다.[14] 이승만이 이러한 자신의 행동을 두고 "나라를 위하여 할 도리를 다한 것"이라고 자부하고 있는 것이 흥미롭다.

이승만의 편지는 《제국신문》에 머리기사로 크게 보도되었다. 그런데 《제국신문》에 보도된 이승만의 편지 전문이 사흘 뒤에 《대한매일신보(大韓每日申報)》에 그대로 전재된 것은 특기할 만한 일이다.[15] 《대한매일신보》는 이승만의 이러한 행동을 자기네 독자들에게도 널리 알릴 만하다

---

14) 《帝國新聞》 1906년8월4일자, 「기서: 미국대학교에서 공부하는 리승만씨의 편지」.
15) 《大韓每日申報》 1906년8월7일자 및 8일자, 「美國大學校에서 卒業生 李承晩氏가 帝國新聞社에 來書」.

고 판단했던 것이다. 이 무렵에 김구는 대한매일신보사의 장련지사장을 맡고 있었으므로, 이틀에 걸쳐서 3면 머리에 실린 이승만의 이 편지를 읽었을 것이다.

신문들의 이러한 반응은 이 무렵에 한국에 와 있는 미국선교사들이 거의가 무디의 해외선교운동에 영향을 받은 사람들이었으므로 그들을 통하여 한국개화파 지식인들이 무디의 명성을 웬만큼 알고 있었기 때문이었는지 모른다. 실제로 무디의 설교는 한성감옥서의 양반 죄수들이 기독교에 입교하는 데도 적잖은 영향을 끼쳤던 것은 뒤에 황성기독교청년회 초대 한국인 총무가 된 김정식(金貞植)의 다음과 같은 신앙고백으로도 짐작할 수 있다.

> 감옥 안에서 나는 『신약성경』을 네번이나 독파했지만 무슨 소린지 도무지 알 수가 없었다. 그러나 어느 날 밤 나는 한문으로 번역된 무디의 설교집을 읽다가 큰 빛이 환하게 비치며 기쁨이 용솟음쳤다. 눈에서 눈물이 쏟아지고 마음은 노래를 불렀다. 하나님께서는 나를 너그러이 용서하사 받아 주시고 내 영혼은 평안함을 얻게 되었다.[16)]

이승만도 물론 옥중에서 무디를 알고 있었을 것이다. 그가 1904년에 도미할 때에 언더우드(Horace G. Underwood, 元杜尤) 선교사가 써 준 7통의 소개장 가운데는 노스필드의 무디에게 보낸 것도 있는데, 그것은 설화적 전도부흥사 무디의 두 아들(William Revell and Paul Dwight Moody)에게 보낸 것으로 짐작된다. "언더우드는 이 편지에서 이승만을 노스필드에 있는 마운트허먼(Mt. Hermon)대학에 진학할 수 있도록 주선해 줄 것을 부탁했다.[17)]

---

16) 전택부, 『토박이 신앙산맥: 韓國敎會使徒行傳(1)』, 大韓基督敎出版社, 1979, p.114.
17) H. G. Underwood to D. W. Moody, Nov.4, 1904.

그러나 조지워싱턴대학교에 쉽게 입학할 수 있었던 이승만은 이 '만국(기독)학도공회' 이전에 노스필드에 가지는 않았다.

2

이승만의 조지워싱턴대학교 성적은 좋은 편이 못되었다. 첫해에 그는 영어 세과목과 경제학, 역사, 철학의 여섯과목을 수강했다. 영어 세과목은 각각 F, C, D학점, 경제학은 E학점, 역사는 B학점, 철학은 E학점이었다. 이때의 조지워싱턴대학교의 학점은 A는 96~100점, B는 90~95점, C는 80~89점, D는 70~79점, 그리고 E는 낙제점이고 F는 결시를 뜻하는 것이었다.[18] 이승만은 첫해에 경제학과 철학에서 낙제점을 받았고, 영어도 시험을 치지 못한 과목이 있었다. 특히 첫해에 성적이 좋지 못했던 것은 헤이(John M. Hay) 국무장관과 루스벨트(Theodore Roosevelt) 대통령을 만나고 김윤정과 심한 마찰을 빚는 등 외부활동에 바빴고, 어린 아들 태산의 문제로 심경이 복잡한데다가, 바쁜 강연일정으로 시간을 많이 빼앗기고 있었기 때문이다. 올리버는 이승만의 조지워싱턴대학교의 성적이 좋지 않았던 것은 재학기간 내내 생활비 조달에 큰 어려움을 겪었고, 허기진 상태에서 강의를 듣는 경우가 많았기 때문이었다고 기술했다.[19]

둘째와 셋째 해에 그는 영어, 역사, 수학, 철학, 유태학[구약학: Semitics] 등 아홉과목을 수강했다. 영어는 D와 B학점, 역사는 C, A학점, 수학은 E, D학점, 철학은 B학점, 유태학은 B, C학점이었다. 결국 조지워싱턴대학교에서 A학점을 받은 것은 두번째 학기의 역사과목 하나뿐이었다. 이승만은 배재학당 시절이나 특히 감옥생활 동안 영어학습에 힘을 기울여 영어실력이 특출하다는 평을 들었지만, 역시 미국 명문대학교 학생들의 영어실력

---

18) 유영익, 『이승만의 삶과 꿈: 대통령이 되기까지』, p.48.
19) Robert T. Oliver, *op. cit.*, p.97.

에 비하면 많이 뒤떨어졌던 것이다. 수학이나 경제학의 성적이 좋지 않은 것도, 비록 한국에서 거의 독학으로 상당한 수준의 학습을 했다고는 하나, 미국 대학의 교과 수준에는 미치지 못했던 것이다. 그리고 유태학 과목을 두가지나 수강한 것을 보면 이 무렵 이승만은 귀국하여 교역자가 될 것을 마음먹고 있었던 것이 틀림없어 보인다.[20]

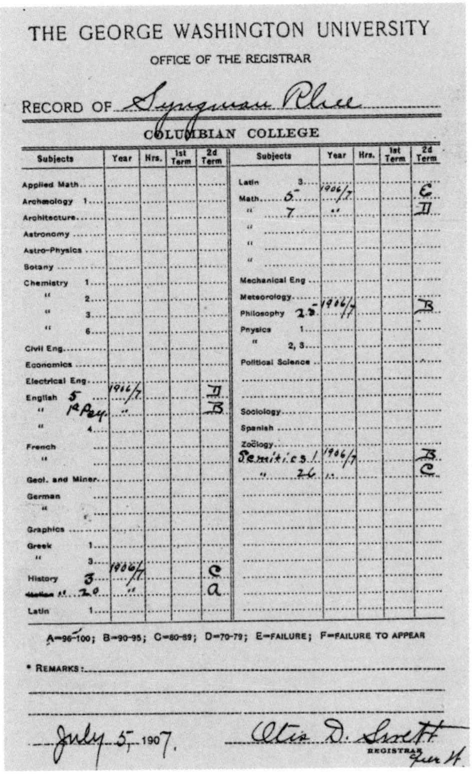
THE GEORGE WASHINGTON UNIVERSITY

OFFICE OF THE REGISTRAR

RECORD OF Syngman Rhee

COLUMBIAN COLLEGE

Subjects	Year	Hrs.	1st Term	2d Term	Subjects	Year	Hrs.	1st Term	2d Term
Applied Math					Latin 3				
Archæology 1					Math. 5	1906/7			C
Architecture					" 7	"			D
Astronomy					"				
Astro-Physics					"				
Botany					"				
Chemistry 1					Mechanical Eng				
" 2					Meteorology				
" 3					Philosophy 2.5	1906/7			B
" 6					Physics 1				
Civil Eng.					" 2, 3				
Economics					Political Science				
Electrical Eng.									
English 5	1906/7			D					
" 1st Psy.	"			B	Sociology				
" 4					Spanish				
French					Zoölogy				
"					Semitics 1	1906/7			B
Geol. and Miner.					" 26	"			C
German									
"									
Graphics									
Greek 1									
" 3									
History 3	1906/7			C					
" 20	"			a					
Latin 1									

A=96-100; B=90-95; C=80-89; D=70-79; E=FAILURE; F=FAILURE TO APPEAR

• REMARKS:

July 5, 1907. Otis D. Swett
REGISTRAR

이승만의 조지워싱턴대학교 성적표.

이승만은 어렵게 공부하면서 같은 반의 메리트 얼(Meritt Earl)과 위너프리드 킹(Winifred King) 양의 도움을 받았다. 이승만은 얼이 목사 준비를 하는 것을 알고 한국에 선교사로 오라고 진지하게 권했다. 얼과 킹은 결혼했고, 뒷날 얼이 감리교회 목사가 되어 여러 곳에서 사역하는 동안 이승만은 그들을 자주 방문했다.[21]

이승만이 미국사회를 이끌어 갈 젊은 엘리트들과 함께 조지워싱턴대학교에서 정규교육을 받은 것은 그의 학문뿐만 아니라 인격도야의 새로운 기회가 되었다. 그는 자서전 초록에서 "나는 미국에서 써먹으려고 서양

20) 유영익, 앞의 책, p.48.
21) Robert T. Oliver, *op. cit.*, p.98.

조지워싱턴대학교를 졸업할 무렵의 이승만.

교육을 받으려고 한 것이 아니라 그 교육을 통하여 서양 책들을 한국말로 번역하기 위해서였다"라고 적었다.[22)]

순수하다고 할까, 겸허하다고 할까, 어쩌면 위선적으로 느껴지기까지 하는 이러한 술회는 그러나 사실이었다. 그것은 뒷날 미국에서 독립운동 방략을 논의하는 기회마다 영문잡지의 발행과 함께 번역서의 간행을 중요한 사업으로 되풀이하여 주장하는 것으로도 짐작할 수 있다. 그러기 위해서 그는 영어학습에 특별히 열성을 기울였던 것이다. 그는 영어단어를 적은 종이쪽지를 주머니에 넣고 다니면서 외웠다.

1907년의 봄이 되자 조지워싱턴대학교 컬럼비안 컬리지의 4학년생 17명은 설레는 마음으로 졸업을 기다렸다. 그러나 이승만은 어쩌면 졸업할 수 없을지 모른다는 불안과 걱정으로 마음이 무거웠다. 부지런히 강연을 하러 다니고 미국인 친구들과 테니스도 즐기고 또 복장에 신경을 쓰고 하면서도, 한편으로는 제대로 먹지도 못할 만큼 곤

22) "Autobiography of Dr. Syngman Rhee", p.20; 「청년이승만자서전」, 이정식 지음, 권기붕 옮김, 앞의 책, p.303.

궁한 생활을 하느라고 항상 긴장해야 했고 건강도 상하게 되어 강의에 빠지는 날이 많았기 때문이다. 다행히 알렌 윌버(W. Allen Wilbur) 학장과 교수들이 그의 처지를 이해해 주어서 졸업할 수 있었다. '특별생'으로 입학한 지 2년4개월 만의 일이었다.

6월5일에 거행된 졸업식에서 이승만은 학사학위(B.A.)를 받았다. 졸업식 광경을 보도한 《워싱턴 포스트》지는 이승만에 대해 다음과 같이 썼다.

> 졸업장이 수여될 때에 이 한국 젊은이만큼 더 뜨거운 박수를 받은 사람은 없었다.… 최근의 병세는 그의 건강을 해칠 만큼 위험했고, 게다가 그는 졸업을 못할지도 모른다는 불안감에 시달렸다.[23]

지방뉴스를 자상하게 보도하는 이 신문은 그 전에도 이승만에 대해 동정적인 관심을 자주 표명했다고 한다.

---

23) Robert T. Oliver, *op. cit.*, pp.100~101.

3. 헤이그 만국평화회의 지원요청을 거절

1

을사조약을 근거로 하여 1905년12월21일자로 이토 히로부미(伊藤博文)가 통감에 임명되고, 뒤이어 1906년1월31일자로 일본공사관의 폐쇄와 함께 방대한 조직의 통감부(統監府)가 설치되었다. 전국 10개소에 통감부의 이사청(理事廳)이 설치되고 8개소에 그 지청[뒤에 13개 이사청, 11개 지청]이 설치되었다. 그에 따라 일본경찰도 전국적으로 배치되었다. 그리고 1906년3월에 이토가 서울에 부임하는 것과 때를 전후하여 주재하던 외국사절들도 모두 철수했다. 을사조약에 따르면 통감의 의무는 "외교에 관한 사항"만을 관리하는 것이었으나, 일본천황의 칙령으로 공포된 「통감부 및 이사청 관제」는 을사조약의 규정마저도 무시한 마구잡이였다. 통감 밑에 총무장관, 농상공부총장, 경무총장 등을 두고 다시 그 밑에 수백명의 일본인을 높은 봉급으로 초빙하되 그 경비는 모두 한국정부가 부담하도록 되어 있었다.[24)]

이토는 부임한 지 넉달 뒤인 7월20일 밤에 일본경찰을 동원하여 경운궁(慶運宮)을 점령하고 "황제가 각지의 의병과 내통하여 선동한다"고 고종을 겁박하여 궁궐의 경호업무까지 빼앗았다. 그리하여 고종은 실질적으로 유폐생활이나 다름없는 처지에 몰렸다.

이러한 상황 속에서 독립보전을 위하여 고종이 취할 수 있는 유일한 방법은 밀사를 파견하여 외국의 지원을 구하는 일이었다. 그리고 그것은 명성황후[민비] 시해의 만행을 직접 경험한 고종으로서는 목숨을 건 모험이었다. 고종의 밀사파견 외교는 한일의정서의 체결로 한국의 외교권이 실질적으로 일본으로 넘어가면서부터 시작되었다.

---

24) 田保橋潔, 『朝鮮統治史論稿』, 成進文化社, 1972, pp.17~23.

이승만이 미국에 파견된 것은 그러한 시도의 효시였다고 할 수 있다. 고종은 이승만과 윤병구가 루스벨트 대통령을 회견했던 사실을 성공적 선례로 생각했던 것 같다.

일본인들의 정보에 따르면, 1905년2월7일 밤에 고종의 신임이 두터운 이용익(李容翊)과 궁내부대신 이재극(李載克)이 중심이 되어 한국의 현상을 설명한 밀서 다섯통을 작성했다. 내장원경(內藏院卿)으로 있으면서 러일전쟁 발발 때에 국외중립선언을 추진했던 이용익은 일본군에 납치되어 일본에 억류되었다가 귀국한 지 얼마 되지 않은 때였다. 이 작업은 이용익과 함께 국외중립선언을 추진했다가 상해에 머물던 전 예식원(禮式院) 외사과장 현상건(玄尙健), 육군법원장 이학균(李學均) 등의 건의에 따른 것이었다.[25] 이때에 작성된 것으로 보이는 밀서 한통이 3월 하순에 상해에 체재하던 전 주한 러시아공사 파블로프(Alexander I. Pavlov)에게 전달되었다. 그것은 고종이 러시아 황제 니콜라이 2세에게 보내는 것이었다.[26] 파블로프는 러일전쟁 발발 뒤에 상해로 가 있었다.

이용익은 포츠머스 러일강화회의가 열리던 1905년8월17일에 비밀리에 출국하여 상해로 갔다. 출국의 정확한 목적은 밝혀 있지 않으나 일본의 위협에 대한 일시적 피신을 겸하여 러일강화회의에서 한국의 독립이 보장될 수 있도록 프랑스를 비롯한 유럽제국을 방문하여 교섭을 벌이기 위해서였을 것으로 추측된다. 고종이나 이용익이 프랑스를 교섭의 대상으로 삼은 것은 프랑스와 러시아가 동맹관계에 있었고, 러시아와 일본 사이에서 프랑스가 제3국의 역할을 해줄 것으로 기대했기 때문이었을 것이다.[27] 이용익의 출국에 당황한 주한 일본공사 하야시 곤스케(林權助)는 한국정부에 압력을 넣어 한국정부로 하여금 이용익의 프랑스 방문은

25) 「韓帝密使派遣ニ關スル情報ノ件」, 『日本外交文書 38-1』, p.630.

26) 「韓帝ノ密書發見ノ經緯ニ關シ祥報ノ件」, 위의 책, p.640.

27) 廣瀨貞三, 「李容翊の政治活動(1904~1907年): その外交活動を中心に」, 朝鮮史硏究會, 《朝鮮史硏究會論文集》 第25集, 綠陰書房, 1988, p.91.

"단순한 일 개인의 사행(私行)에 지나지 않는다"는 것을 주한 프랑스공사와 주독 한국공사 및 주프랑스 한국공사에게 통보하게 했다.

프랑스에서 소기의 목적을 수행하지 못한 이용익은 페테르부르크로 가서 러시아 외상 람즈도르프(Vladimir N. Lamzdorf) 등을 만나서 협의했다. 그러나 이미 러일강화조약이 성립된 뒤였을 뿐만 아니라 제1차 러시아혁명으로 차르(tsar)체제 자체가 동요하기 시작한 때였으므로, 러시아와의 교섭으로 한국의 독립 유지를 보장하기 위한 실효성 있는 대책이 강구될 수는 없었다.

이용익은 상해를 거쳐서 블라디보스토크로 갔다. 그곳은 고향인 함경도와도 가깝고 국내와 연락하기 쉬운 곳이기 때문이었다. 거기에서는 고종과의 연락도 긴밀히 계속되었고, 1906년9월에는 본국으로부터 4만 루블의 자금을 송금받았다는 이야기도 있다.[28] 이용익은 이곳에 머물면서 제2차 헤이그 만국평화회의에 밀사를 파견하는 데 깊이 관여했다.

고종이 파견하는 밀사에는 서울에 와 있던 외국인도 있었다. 을사조약이 체결되기 직전인 1905년10월에 선교사 헐버트(Homer B. Hulbert, 紇法, 轄甫)가 미국에 밀파된 것은 앞에서 본 바와 같다. 헐버트가 미국으로 떠난 것과 때를 같이하여 프랑스어 교사 마르텔(Martel)은 러시아와 프랑스 두 정부에 보내는 고종의 국서를 가지고 청국의 지부(芝罘)를 거쳐 북경으로 갔는데, 그가 어떤 사람들을 만났는지는 알 수 없다.[29] 상해에 있던 현상건은 니콜라이 2세에게 러시아의 지원을 요청하는 고종의 친서를 가지고 페테르부르크로 가서 12월에 러시아 외상에게 전했는데,[30] 이 친서가 마르텔이 가지고 갔던 것이었는지 모른다.

같은 무렵에 또 한 사람의 밀사가 파견되었다. 고종은 전 주영공사관

---

28) 廣瀨貞三, 위의 글, p.98.

29) 「佛語教師マアテル露佛兩國政府宛ノ韓帝密書ヲ携ヘ芝罘又ハ上海邊ニ赴キタル旨情報ノ件」 및 「佛人マアテル芝罘發北京ヘ出向ニ關スル小幡領事情報轉電ノ件」, 『日本外交文書 38-1』, p.661, pp.664~665.

30) 劉孝鍾, 「ハーグ密使事件と韓國軍解散」, 《三千里》 49号, 1987年2月号, p.42.

서기생이었던 예식원 참리관 이기현(李起鉉)을 영국으로 밀파했다. 그러나 이기현은 10월28일에 인천에서 일본군에 체포되고 말았다.[31] 이기현의 출국 목적은 프랑스에 있는 한국인이나 영국인들의 지원을 요청하려는 것이었다고 한다.[32] 고종은 인천총세무사에게 이기현의 여비를 지급하라고 명령했는데, 인천총세무사는 고종의 명령을 거절하고 일본인들에게 이 사실을 밀고한 것이었다.

을사조약이 체결되자 더욱 위기감을 느끼게 된 고종은 새로운 외교교섭에 나섰다. 그 일은 먼저 재임 중에 루스벨트 대통령과 심한 논쟁을 벌이면서까지 한국의 독립보전에 호의적이었던 알렌(Horace N. Allen, 安連) 전 주한 미국공사를 통하여 추진되었다. 1905년3월에 해임된 알렌은 귀국해 있었다. 고종이 미국회사 한성지점 소속 변호사 엘리어트 등을 통하여 어렵게 알렌에게 보낸 문서는 루트(Elihu Root) 미국 국무장관에게 보내는 외부대신 박제순(朴齊純) 명의의 협조요청 공문 사본, 황제의 밀사가 구술한 을사조약 체결 전말, 미국, 러시아, 프랑스, 독일 주재 공사관에 보내는 암호 훈령문, 황제의 어새(御璽)만 찍힌 백지 위임장 등이었다.[33] 고종이 알렌에게 부탁한 활동내용은 중간에 든 한 미국 기업인이 상해에서 미국 본사로 보낸 다음 전문과 같은 것이었다.

> 황제는 영향력과 명망이 있는 법률가를 고용하여 최근 사태의 해결에 미국정부의 협력을 얻고자 희망함. 일본은 지난 달 대한제국에 대한 보호권 설정을 위해 부당하고 부정직한 방법을 사용했으며, 또 의정부와 황실을 매수했음. 따라서 그 조약은 황제나 제국신민의 허가를 얻지 않은 것으로서 무효임.

---

31) 「李起鉉ノ拘引竝韓人二名英國派遣情報ノ件」, 『日本外交文書 38-1』, p.665.
32) 鄭喬, 『大韓季年史(下)』, p.163.
33) 김기석, 「光武帝의 주권수호외교, 1905~1907: 乙巳勒約 무효선언을 중심으로」, 이태진 편저, 『일본의 대한제국 강점』, 까치, 1995, p.242.

나아가서 황제는 열강이 이 사태의 진상을 즉각 조사할 것과 미국, 영국, 일본의 공동보호를 요청하고자 함. 공동보호는 일본정부가 단독으로 제안한 보호권을 대신할 것임. 황제와 신민은 세 나라 공동보호에 동의할 것임. 보스트윅(Hany R. Bostwick)은 알렌과 협력하여 영향력 있는 법적 조력을 구하도록 하명받았음. 본사 한성지점으로부터 황제가 부담할 소요비용 1만달러를 보스트윅에게 송금할 것임.… 알렌과 보스트윅의 협력에 대한 충분한 보상이 있을 것임.[34)]

이 전문에서 주목되는 점은 고종이 한국의 독립보전을 위해 일본의 단독보호 대신에 미국, 영국, 일본의 공동보호를 제안한 점이다. 이 제안은 그 뒤의 밀사파견 때에도 계속된다. 그리고 변호사 고용비용으로 1만달러라는 거금을 송금한 것도 당시의 고종의 절박했던 심경을 짐작하게 한다.

알렌은 곧 활동에 착수했다. 그는 퇴역 장군, 전직 공사, 상원의원 등 영향력 있고 명망 있는 변호사를 고용하려고 백방으로 노력했으나 아무도 선뜻 나서지 않았다. 미국의 정치인이나 법률가 가운데 어느 누구도 루스벨트 대통령의 외교정책에 반대하여 문제를 제기하고자 하지 않았기 때문이다. 마침내 알렌은 활동을 포기하고 1906년2월19일자로 고종에게 편지를 보내어 밀명을 실행하기가 불가능함을 알리고, 그동안 사용한 비용 500달러를 제외한 나머지 돈을 모두 돌려보냈다.[35)]

알렌이 유능한 변호사를 물색하느라고 동분서주하고 있을 때인 1906년 초에 영국《트리뷴(*The Tribune*)》지의 기자 스토리(Douglas Story)가 한국을 방문했다. 스토리는 10여년 동안 홍콩과 북경에서 살면서 종군기자 또는 특파원으로 일해 온 사람이었다. 그는 북경에서 상해로 오는 동

---

34) Bostwick to Allen, Dec. 9, 1905,《알렌文書》, 김기석, 위의 글, pp.243~244에서 재인용.
35) Allen to Bostwick, Feb. 19, 1906,《알렌文書》, 김기석, 같은 글, p.244.

안 한국정부의 총세무사였던 브라운(J. McLeavy Brown)과 동행했고, 상해에서는 그곳에 머물고 있는 '황제의 밀사들'을 만났다.[36] 이 무렵 상해에는 앞에서 본 현상건과 이학균을 포함하여 민씨 일문의 실력자인 민영익(閔泳翊), 전 참정대신 민영철(閔泳喆) 등이 머물고 있었는데, 스토리가 만난 '황제의 밀사들'이란 이들을 가리키는 말이었다. 그리고 일본으로 가서는 요코하마(橫賓)에서 전 주한 미국공사 모건(Edwin V. Morgan)을 만나서 을사조약이 체결된 전말을 들었고, 고베(神戶)에서는 통감부 총무장관으로 임명되어 부임하는 쓰루하라 사다기치(鶴原定吉) 일행과 동행이 되어 한국에 왔다. 이처럼 스토리는 한국사정을 잘 아는 사람들을 두루 접촉하고 서울에 온 것이었다.

스토리가 궁중과 은밀한 협의 끝에 극적으로 가지고 나간 고종의 국서는 열강의 공동보호 요청을 공개적으로 발표한 것이나 다름없는 것이어서 눈여겨볼 만하다. 1월29일자로 된 국서는 모두 여섯항목으로 되어 있는데, 주요 골자는 을사조약은 황제가 인정하지도 않았고 날인도 하지 않았으며, 황제는 독립주권을 다른 나라에 양여하지 않았고, 통감이 와서 머무는 것을 반대하며, 세계 대국들이 5년 기한으로 한국외교를 공동보호해 주기 바란다는 것이었다.[37]

이 국서 내용은 스토리가 지부에서 타전하여 2월8일자 《트리뷴》지에 보도되기 시작하여 1년 가까이 국제적 뉴스가 되었다. 그렇게 된 것은 이토를 포함한 일본정부 관리들이 이 국서가 날조된 것이라고 주장하여 논쟁이 계속되었기 때문이다. 국내에서는 1년이 지나서 1907년1월16일자 《대한매일신보》에 국새가 찍힌 원문이 "한황(韓皇)폐하께옵서 재작년 신조약에 반대적으로 런던 트리뷴 신문사 특파원 더글라스 스토리 씨에게 위탁하신 친서를 그 신문에 인각(印刻) 게재함이 우(右)와 여함"이라

---

36) Douglas Story, *Tomorrow in the East*, Chapman & Hall, Ltd., 1907, p.128.
37) *The Tribune*, Dec. 1, 1906, 《大韓每日申報》 1907년1월16일자.

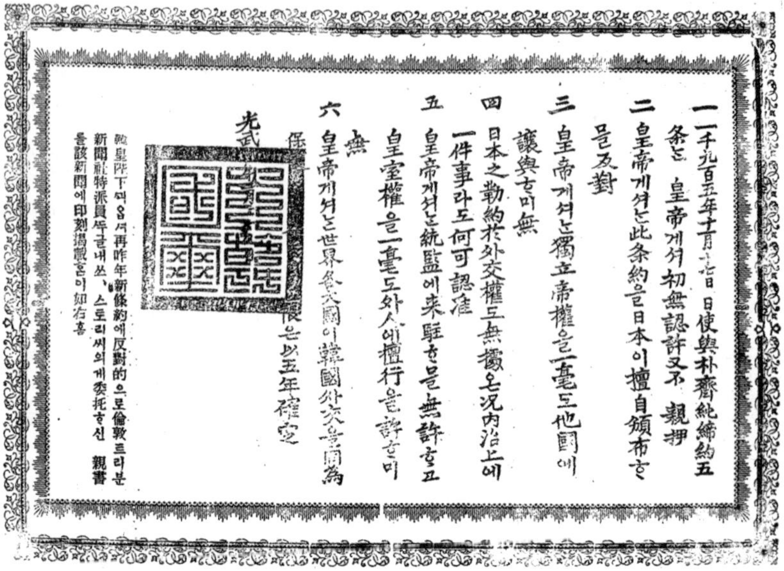
一 一千九百五年十一月十七日 日使與朴齊純締約五
条ᄂᆞᆫ 皇帝게서 初無認許又不 親押
二 皇帝게셔ᄂᆞᆫ此条約을日本이擅自頒布ᄒᆞᆫ
믈反對
三 皇帝게셔ᄂᆞᆫ獨立帝權을一毫도他國에
讓與ᄒᆞ미無
四 日本之勒約於外交權도無[illegible]온況內治上에
一件事라도何可認准
五 皇帝게셔ᄂᆞᆫ統監에來駐ᄒᆞᆷ을無許ᄒᆞ고
皇室權을一毫도外人에擅行을許ᄒᆞ미
無
六 皇帝게셔ᄂᆞᆫ世界各大國이韓國外交를同爲
保護ᄒᆞ믈限은以五年確定
光武

大皇帝陛下께옵서再昨年新條約에反對的으로倫敦트리뷴
新聞社特派員뚜글내쓰、스토리씨의게委託ᄒᆞ신 親書
를該新聞에印刻揭載ᄒᆞᆷ이如右홈

고종이 《트리뷴》지의 스토리 기자에게 주어 보낸 국새가 찍힌 밀서.

는 설명과 함께 전재되어 일본당국을 크게 당황하게 하고 한국인들에게는 고종의 의지를 확실히 주지시켰다.[38]

스토리가 가지고 나간 국서가 물의를 일으키고 있을 때에 고종은 다시 지금까지보다 훨씬 뚜렷한 의지를 담은 친서를 작성했다. 이 친서를 전달할 특명전권으로는 미국에서 돌아온 지 2주밖에 되지 않는 헐버트가 선임되었다. 헐버트에게 준 신임장에는 대한제국의 황실과 정부에 관련된 모든 일을 영국, 프랑스, 독일, 러시아, 오스트리아, 헝가리, 이탈리아, 벨기에, 청국의 9개국 정부와 협의하도록 명기되어 있었다. 이들 나라는 대한제국과 수교를 맺은 나라들이었다.

고종이 작성한 여러 통의 친서 가운데 러시아 황제에게 보낸 친서에는 다음과 같은 구절이 있었는데, 이것은 고종이 을사조약문제를 국제사법재판소에 제소하여 국제법에 따라 해결할 생각을 하고 있었음을 말해 준

---

38) Story의 국서반출기사의 전말에 관해서는 鄭晋錫, 『大韓每日申報와 裵說: 한국문제에 대한 英日外交』, 나남출판, 1987, pp.226~239 참조.

다. 친서는 을사조약의 불법성을 하나하나 지적하고 나서 다음과 같이 기술했다.

> 조약이 성립되었다고 말하는 것은 공법[국제법]을 위배한 것이므로 당연히 무효입니다.… 짐은 당당한 독립국이 이와 같이 부정한 일로 해서 국체가 손상되었으므로 원컨대 폐하께서는 즉시 공사관을 이전처럼 우리나라에 다시 설치해 주시기 바랍니다. 아니면, 우리나라가 앞으로 이 사건을 네덜란드의 헤이그 만국공판소에서 공판에 부치려 할 때에 공사관을 우리나라에 설치함으로써 우리나라의 독립을 보전할 수 있도록 특별히 유념하여 주시기 바랍니다.…[39]

그러나 각국 원수들에게 보내는 이 친서들은 전달되지 않았고, 또 헤이그 국제사법재판소에 제소하는 일도 실현되지 못했다. 헐버트가 가족을 동반하고 한국을 떠난 것은 거의 1년이 지난 1907년5월8일이었는데, 그토록 늦게 떠난 것은 1906년6월에 소집될 예정이었던 헤이그평화회의가 1년 연기되었기 때문이었을 것이다. 헐버트는 헤이그에 가서 이상설(李相卨) 등 밀사들의 지원활동을 벌인 다음 미국으로 건너가서 미국 신문에 한국의 실정을 알리는 한편 고종의 밀명을 이행하려 했으나, 그때는 이미 7월20일에 고종이 강제 퇴위당한 뒤였다. 헐버트는 활동을 중지할 수밖에 없었다.

2

고종의 위와 같은 일련의 밀사를 통한 외교교섭에 대해 이승만이 어느 정도의 정보를 얻고 있었고, 또 그것을 어떻게 평가하고 있었는지는

39) 김기석, 앞의 글, pp.257~258에서 재인용.

알 수 없다. 자서전 초록에, 루스벨트 대통령을 만난 뒤에 민영환이 치하 편지를 보내면서 고종이 비밀경로를 통하여 자기와 윤병구에게 독립운동을 위한 자금을 보낼 것을 약속했다는 말을 듣고 "나는 그[황제]가 그렇게 할 수 없다는 것을 알고 있었다"라고 적어 놓은 것을 보면, 이때는 이미 고종에 대하여 아무런 기대도 하지 않고 있었음을 알 수 있다. 그것은 대한제국의 독립유지 가능성에 대한 비관적 전망과도 관련 있는 것이었을 것이다. 앞에서 본 대로, 그는 헐버트가 고종의 밀서를 가지고 워싱턴에 와서 미국정부 사람들과 교섭을 벌이고 있을 때에도 헐버트를 만나지 않았다. 프랑스 주재 공사 민영찬(閔泳瓚)이 워싱턴에 와서 루트 국무장관을 만나고 있을 시점은 그의 친형 민영환이 자결한 뒤였는데, 이승만이 민영찬을 만났다는 기록도 없다. 알렌이 고종의 부탁을 받고 영향력 있는 변호사를 찾고 있는 것은 어쩌면 몰랐을지 모른다. 그러나 스토리 기자가 쓴 국서 관련 기사가 국제적 파문을 일으키고 있는 것은 알았을 것인데, 자서전 초록에도 아무런 언급이 없다. 그리고 헐버트가 다시 미국에 왔을 때에는《뉴욕 헤럴드(*The New York Herald*)》지에 "한일조약은 성립하지 않았다"라는 표제의 장문의 기사가 게재되기도 했는데, 이때의 상황과 관련해서도 이승만의 반응은 보이지 않는다.

그러한 이승만에게 헤이그평화회의에 파견되는 밀사들을 도와 달라는 요청이 왔다. 요청이 온 정확한 날짜는 알 수 없으나 시기적으로 보아 그가 조지워싱턴대학교의 졸업을 앞두고 근심에 싸여 있는 때였던 것 같다.

헤이그평화회의에 밀사를 파견한 일은 고종이 펼친 밀사외교의 가장 큰 성과인 동시에 그 자신의 정치생명을 종결시키는 결과를 가져온 사건이었다. 헤이그평화회의에 파견된 특사는 전 의정부 참찬 이상설, 전 평리원 검사 이준(李儁), 전 러시아 주재 공사관 참서관 이위종(李瑋鍾) 세 사람이었다. 이상설이 정사이고 다른 두 사람은 부사였다. 이위종은 고종의 신임이 두터운 러시아 주재 공사 이범진(李範晉)의 아들로서 처음에는 통역으로 대동할 예정이었으나, 이준이 고종에게 건의하여 특사에 포함시켰다고 한다.[40] 일곱살 때에 러시아로 건너갔던 이위종은 러시아어와 프랑스어에 능통한 20대 청년이었다. 이상설은 1906년4월에 이동녕(李東寧), 정순만(鄭淳萬) 등과 블라디보스토크로 가서 북간도 용정에 서전서숙(瑞甸書塾)을 건립하고 동포 청소년들을 가르치고 있었다.

이준은 고종의 특사위임장과 러시아 황제, 미국 대통령, 네덜란드 여왕 등에게 보내는 고종의 친서, 평화회의에 제출할 공고사[控告詞: 성명서] 등의 문서를 작성해 가지고 1907년4월21일에 출국하여 블라디보스토크에서 이상설과 합류했다. 두 사람은 6월 중순께 페테르부르크에 도착하여 러시아 외부대신과 니콜라이 2세 황제를 만나 고종의 친서를 전했다.

고종과 이상설 등은 헤이그평화회의가 니콜라이 2세의 주창으로 열리게 된 점으로 미루어, 러시아의 지원 여하에 따라서는 한국대표가 회의에 참석하여 을사조약의 불법성을 폭로할 수 있고, 나아가 회의에서 한국의 독립유지를 보장하는 방안이 논의될 수 있을 것으로 기대했던 것이다. 그러나 회의 의장인 러시아대표 넬리도프(N. De Nelidov) 백작은 특사들의 회의참석권 부여 문제를 주최국인 네덜란드에 미루었고, 네덜란드 정부는 한국대표의 회의 참석을 완곡히 거부했다. 그것은 일본의 적극적인 저지공작 때문이었음은 말할 나위도 없다. 특사들은 결국 회의에 공식대표로 참석하지는 못했지만, 비공식 경로를 통하여 을사조약의 불법성과 한국의 요구를 각국 대표에게 주지시키는 활동을 적극적으로 전개했다. 특사들이 연명으로 평화회의 의장과 각국 대표에게 보낸 장문의 공고사와 그 부속문서는 일본의 침략상을 조리 있게 증명한 훌륭한 외교문서였다.[41] 이 문서들은 회의를 취재하기 위해 헤이그에 몰려와 있던 각국 신문기자들의 주목은 받았다. 그리하여 7월9일에 열린 각국 신문기자

---

40) 柳子厚, 『李儁先生傳』, p.309.
41) 尹炳奭, 『增補 李相卨傳』, pp.67~84 참조, 프랑스어로 된 원문은 네덜란드 국립문서보관소에 소장되어 있다.

단 국제회의에는 이상설과 이위종이 귀빈으로 초청되었다. 이위종은 이 회의에서 프랑스어로 한국의 실정을 알리는 연설을 했고,[42] 연설내용은 여러 나라 신문에 보도되었다.[43]

특사들은 미국에서 간 헐버트와 윤병구와 송헌주(宋憲澍), 그리고 유럽에 체재 중이던 윤진우(尹鎭祐)와 민영돈(閔泳敦) 등의 지원을 받았다. 김현구(金鉉九)에 따르면, 윤병구와 송헌주는 이승만 대신에 간 사람들이었다. 격렬한 이승만 비판자가 되어 있는 김현구는 이때의 일을 다음과 같이 썼다.

> 영어에 능한 인물을 구하는 일은 검은[儉隱: 정순만의 호]이 그 의 동생 박용만을 통하여 미국에 청구한 바, 겁약(怯弱)한 우남(雩南)은 감히 나설 생각도 못하고 공부에 바빠서 골몰한다는 이유로 회피하고, 그 대신에 윤병구, 송헌주 두 사람이 피택되어 헤이그로 갔다.[44]

이러한 기술로 미루어 보면, 헤이그로 향하던 특사들이 블라디보스토크에 이르러 그곳에 있던 이용익, 정순만 등과 평화회의에 대한 대책을 협의했고, 그에 따라 통역 등의 지원활동을 위하여 영어에 능통한 인물을 물색해 보내도록 정순만이 미국에 있는 박용만에게 연락했는데, 박용만은 이승만에게 먼저 교섭했던 것 같다. 이승만, 정순만, 박용만 세 사람은 일찍이 감옥생활을 같이 한 옥중동지로서 흔히 '3만'이라고 일컬어지는 사이였다.

그러나 이승만은 헤이그로 가지 않았다. 이승만이 헤이그로 가지 않은 데에는 몇가지 이유가 있었을 것이다. 무엇보다도 그는 헤이그평화회

---

42) 《大韓每日申報》 1907년7월7일자, 「雜報: 平和會義에 運動」.
43) "A Plea for Korea", *The Independent*, LXⅢ, 1907년8월호, New York, pp.423~426, 尹炳奭, 앞의 책, pp.87~89.
44) 金鉉九, 『儉隱遺傳』(자필 원고본), 하와이대학교 한국학연구소 소장, p.14.

의 그 자체에 대해 크게 기대하지 않았을 것이다. 이때의 평화회의는 제창국인 러시아와 미국, 영국을 비롯하여 40여개국의 대표 225명이 참가한 대규모의 국제회의였다. 6월15일부터 10월까지 열린 이 회의에서는 국제중재재판, 전쟁[육전 및 해전]법규, 해상사유권 등 세계평화 유지를 위한 체제구축 문제가 논의되었다. 그러나 그것은 기본적으로 제국주의 열강의 세력균형과 현상유지를 위한 것이었다. 그러므로 그러한 회의에서 한국문제가 진지하게 다루어질 의안이 될 수 없었다. 특히 자기가 일찍부터 싫어하는 러시아의 주창으로 회의가 개최되었다는 사실 자체가 이승만으로서는 그다지 기대되는 일이 아니었을 것이다. 또한 언제나 자신의 행동에 대해 중요한 의미부여를 하는 성격인 이승만으로서는 특사 자격도 아닌, 통역 등의 지원활동을 하기 위해 헤이그까지 가는 것은 있을 수 없는 일이었을 것이다. 그뿐만 아니라 이승만은 학업을 마치는 대로 귀국할 생각을 하고 있었으므로 밀사활동이 국내정치에 미칠 영향에 대한 고려도 했을 것이다.

실제로 국내에서는 어처구니없는 사태가 벌어지고 있었다. 일본정부의 강박으로 7월20일에는 고종이 양위하고, 나흘 뒤인 7월24일에는 관리임면권을 일본통감에게 넘기는 것을 주내용으로 하는 이른바 정미칠조약[丁未七條約: 韓日新協約]이 체결되었다. 이 조약에 근거하여 7월31일에 대한제국 군대가 해산되고, 8월21일에는 이상설 등에 대한 궐석재판이 열려, 이상설에게는 사형이 선고되고 이미 사망한 이준과 함께 이위종에게는 무기형이 선고되었다. 세 사람은 밀사를 사칭하고 역적행위를 했다는 것이었다.[45]

이상설은 이위종, 윤병구, 송헌주와 함께 7월17일에 헤이그를 떠나서 영국을 방문하고, 8월1일에 뉴욕에 왔다. 이승만은 이상설의 전보를 받고 뉴욕으로 가서 그를 만났다. 그런데 올리버는 이승만이 만난 사람이 이준

45) 헤이그평화회의 특사에 대한 종합적인 연구는 《한국독립운동사연구》 제29집(독립기념관 한국독립운동사연구소, 2007)에 실린 논문들 참조.

이고 그는 헤이그평화회의에 참석하기 위해 가던 길에 이승만에게 전보를 쳐서 뉴욕에서 합류하자고 했다고 사실과 전혀 다르게 기술했다.[46] 이러한 오류가 이승만의 기억의 착오 때문이었는지 어쩐지는 짐작하기 어렵다. 이승만은 자서전 초록에서 헤이그에 갔던 이상설이 뉴욕에 와서 전보를 보내왔다고 적어 놓았다.[47]

이승만은 뉴욕에 머물면서 《크리스천 애드버케이트(*The Christian Advocate*)》지의 편집인 레오나드(A. B. Leonard)가 오션 그로브 공회당에서 행한 강연내용을 읽었다. 이 공회당은 좌석이 1만2,000석이나 되는 대규모의 전도 및 문화강연장으로 쓰이는 곳이었다. 레오나드는 감리교단에서 영향력이 막강하여 '감독제조자'로 알려진 사람이었다. 그는 동양순방에서 막 돌아왔는데, 순방길에 한국에서도 며칠을 보냈다. 그는 강연에서 일본인들이 한국에서 이루어 놓은 개혁조치들에 언급하고, 일본의 한국시배가 영원하기를 기원한다는 말로 강연을 마무리했다는 내용이었다.

이 강연기사를 읽은 이승만은 레오나드에게 장문의 격렬한 반박편지를 썼는데, 그 일로 해서 애스버리 파크의 《프레스(*The Press*)》지 기자가 찾아와서 이승만을 인터뷰했다. 그리하여 7월25일자 《프레스》지와 뉴어크(Newark)의 《모닝 스타(*The Morning Star*)》지에 이승만의 말이 다음과 같이 인용 보도되었다는 것이다.

> 한국인들은 어느 누구도 일본인들에게 복종하지 않을 것이다.… 강대국들은 정의를 위해 한마디도 못하고 있다. 일본을 자극해서 극동에서의 상업적 이해에 영향을 미치지나 않을까 하는 두려움 때문이다. 그러나 아시아 전체가 급속히 일본의 독점 아래로 들어가는 것을 당신들은 모르는가? 약소국들에 대한 불의의 조각들로 기워진 평화

---

46) Robert. T. Oliver, *op. cit.*, p.103.
47) "Autobiography of Dr. Syngman Rhee", p.18.

는 영원할 수 없다.[48)]

이승만은 이상설을 만나서 많은 이야기를 나누었을 것이다. 이상설은 루스벨트 대통령을 만나 지원을 요청하려고 했다고 하나,[49)] 루스벨트가 그러한 요청에 응할 턱이 없었다. 그럼에도 불구하고 이 무렵 헤이그 밀사들의 동정에 대해 보도를 계속하던 《대한매일신보》가 루스벨트 대통령이 이상설의 회견요청에 대해 "공례(公禮)로 할 것이 아니라 사견례(私見禮)로 접견하겠다"고 말했다고 보도한 것[50)]은 국내의 개화파 지식인들이 이때까지도 국제정세를 너무나 안이하게 인식하고 있었음을 보여주는 보기이다. 이상설 일행은 한달 가까이 미국에 머물다가 헤이그로 돌아갔는데, 이상설은 뉴욕에서 배편을 알아보면서 이승만에게 동행을 거듭 권유하는 편지를 써 보냈다.

> 지난번에 만나서 할 말을 다 했기에 다시 되풀이할 필요는 없겠소이다. 큰 국면을 둘러보건대 오직 이 한가지 방법뿐이외다. 형이 세상일에 뜻이 없으면 그만이어니와 있다면 속히 도모하시오. 시기를 정해서 알려 준다면 제가 페테르부르크에서 기다리면서 먼저 여비를 보내리다. 뜻은 길되 말은 짧아 눈물이 흐르오. 저는 지금 선편을 찾아보려고 하오. 편안하시기 빌며 답장을 기다리리다.[51)]

이 편지로 미루어 보면, 이상설은 이승만을 만나서 동행하기를 강력히 권유했으나, 이승만은 응하지 않았다. 이승만은 이상설이 뉴욕에서

---

48) Robert. T. Oliver, *op. cit.*, p.103; "Autobiography of Dr. Syngman Rhee", p.18.
49) 金元容, 『在美韓人五十年史』, p.313.
50) 《大韓每日申報》 1907년8월8일자, 「雜報: 李氏渡美消息」.
51) 「李相卨이 李承晚에게 보낸 1907년 날짜미상의 편지」, 『雩南李承晚文書 東文篇(十七) 簡札 2』, p.476. 『雩南文書』 해설자는 이 편지가 1908년8월쯤에 쓴 것으로 추정했으나 그것은 오류이다. 그때는 李相卨이 다시 미국에 와서 머물고 있을 때였다.

보낸 편지에 대해서도 거절하는 답장을 보냈음을 이상설의 편지에 영어로 적어 놓았다. 이상설은 헤이그로 가서 이준의 장례를 치르고 나서 프랑스와 독일을 방문한 다음 이탈리아의 로마 등지를 거쳐서 페테르부르크로 갔다. 그는 그곳에서 이듬해 2월까지 머물다가 영국을 거쳐서 다시 미국으로 갔다.

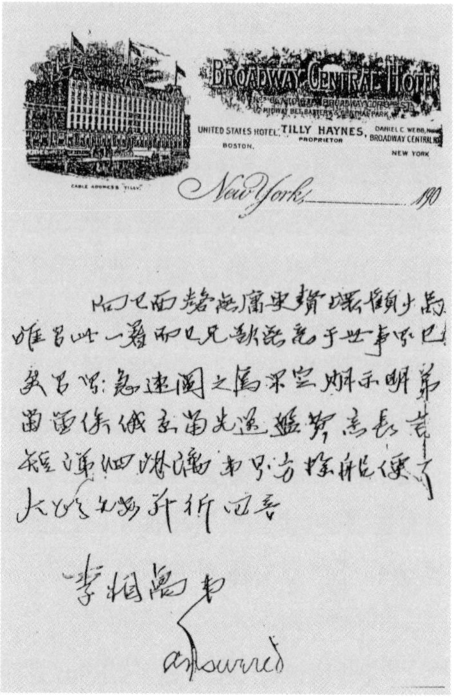
BROADWAY CENTRAL HOTEL
UNITED STATES HOTEL, BOSTON.
TILLY HAYNES, PROPRIETOR
BROADWAY CENTRAL NEW YORK
New York, 190

1907년8월에 미국을 방문한 이상설이 헤이그로 떠나기에 앞서 뉴욕에서 이승만에게 동행할 것을 요청한 편지.

이승만은 조지워싱턴대학교를 졸업하자마자 귀국을 생각했다. 감리교 선교부도 이승만이 그들이 지원하는 목사로서 바로 귀국하기를 바랐다. 이승만은 조지워싱턴대학교의 선교장학금으로 공부할 수 있었고, 그 자신도 재학 중에 목사가 되어 귀국하는 것이 자기의 목표라고 공언했었다. 그러한 결심을 바꾸어 미국에 더 머물면서 학업을 계속한 것은 부친 이경선의 편지 때문이었다고 이승만은 자서전 초록에서 술회했다.[52] 이경선은 아들이 일본당국에 의해 투옥되거나 살해될지도 모른다고 생각하여 귀국을 연기하고 학업을 계속하라고 말했다는 것이다. 그러나 이승만이 조지워싱턴대학교에서 네번째 학기를 마친 1906년 겨울에 서재필에게 편지를 보내어 하버드대학교(Harvard University) 대학원에 진학하고 싶다는 의사를 전하면서 조언을 구한 것을 보면, 그가 학업을

52) "Autobiography of Dr. Syngman Rhee", p.20; 「청년이승만자서전」, 이정식 지음, 권기봉 옮김, 앞의 책, pp.303~304.

계속한 것이 반드시 이경선의 권유 때문만은 아니었던 것 같다. 서재필은 이승만이 하버드대학교에 진학하여 역사학 전공으로 1년 이내에 석사과정을 마치고 귀국할 것을 권고했다. 그는 이승만에게 박사학위를 취득할 필요는 없다고 조언했다.[53)]

그러나 이승만의 희망은 빠른 기간 안에, 그것도 하버드대학교와 같은 명문대학에서 박사학위를 취득하는 일이었다. 그는 1906년 말과 1907년 초에 하버드대학교 인문대학원에 입학지망서를 보내면서 2년 안에 박사학위를 취득하게 해달라고 요청했다. 자기는 오랫동안 동양학문을 연마한 사람인데, 귀국해서 할 일도 많고 또 고국에서 자기를 학수고대하는 사람들이 많아서 빨리 귀국해야 한다는 것이었다. 그는 또 지망서에서 조지워싱턴대학교에서는 2년 안에 박사학위 취득이 가능하다고 덧붙였다.[54)] 실제로 조지워싱턴대학교에서 이승만에게 그러한 언질을 주었는지는 알 수 없다.

이승만이 하버드대학교에 진학하려고 한다는 말을 들은 교회친지들은 극구 말렸다. 그들은 말했다.

"당신은 신앙을 잃게 될지 몰라요."

이처럼 교우들이 반대한 것은 이 무렵 엘리엇(Charles W. Eliot)이 총장으로 재직하던 하버드대학교는 교과 과정의 철저한 세속화를 포함하여 근본적 변혁을 추진하고 있었기 때문이다.[55)] 그럼에도 불구하고 이승만이 하버드대학교에 진학하려고 집착한 것은 그의 야심이 오로지 귀국하여 기독교사업을 하는 데만 있지 않았음을 짐작하게 한다.

이승만의 입학지망서를 접수한 하버드대학교 대학원은 당황했다. 왜냐하면 본국 학생에게도 인문학 분야에서 2년 안에 박사학위를 수여한

---

53) 「徐載弼이 李承晩에게 보낸 1906년12월27일자 및 1907년1월11일자 편지」, 유영익, 앞의 책, p.54.

54) 「李承晩이 하버드大學校大學院長 비서 George W. Robinson에게 보낸 1906년12월15일자 및 1907년1월9일자 편지」, 유영익, 위의 책, p.54.

55) Robert. T. Oliver, *op. cit.*, p.104.

전례가 없었기 때문이다. 결국 하버드대학교 대학원은 이승만에게 기간의 조건 없이 박사과정에 입학하되 석사과정부터 이수하라고 회답했다.[56)]

이승만은 이러한 회답이 만족스럽지는 않았지만 그 제의를 받아들였다. 그리하여 그는 1907년 가을학기부터 하버드대학교의 대학원생이 되었다. 하버드대학교가 위치한 케임브리지는 인접한 보스턴과 함께 미국의 문명, 곧 퓨리터니즘과 미국식 민주주의의 발상지였다. 가까이에 독립전쟁의 유적지도 많았다. 그는 우수한 젊은 미국 청년들 사이에서 자신의 사명감을 거듭 되새겼을 것이다. 이때에 그는 서른세살이었다. 그리고 그는 케임브리지에 가서도 여기저기의 교회를 찾아다니면서 강연을 계속했다.

---

56) 「하버드大學校大學院長 비서 Robinson이 李承晩에게 보낸 1907년1월7일자 편지」, 유영익, 앞의 책, p.56.

20장

"양반도 깨어라! 상놈도 깨어라!"

1. 사범강습회에서 수강생들의 머리 깎아
2. 해서교육총회의 학무총감
3. 안중근사건으로 한달 동안 구금

1. 사범강습회에서 수강생들의 머리 깎아

1

안악(安岳)으로 옮겨 온 김구는 양산학교(陽山學校)를 기반으로 하여 황해도 전체의 교육계 지도자로 두각을 나타내기 시작했다. 그가 교사로 초빙된 양산학교는 황해도 교육계몽운동의 요람이었다. 안악읍에는 사립학교로 안신학교(安新學校)와 양산학교가 있었다. 1902년에 귓담뒤예배당의 부속학교로 출발한 안신학교는 안악에서 맨 먼저 설립된 사립학교였다. 양산학교의 설립연도는 확실하지 않으나, 안악의 유지들이 교육과 산업 발달을 목적으로 1906년에 안악면학회(安岳勉學會)를 조직할 무렵에 안악 세 부자의 한 사람으로 꼽히는 김효영(金孝英)과 그의 조카 김용제(金庸濟), 장손 김홍량(金鴻亮) 등이 주동이 되어 안악 향청(鄉廳) 자리에 설립한 사립학교였다.[1] 이 무렵은 향교(鄉校)와 서원(書院)이 문을 닫던 때였기 때문에 양산학교는 비기독교계 가정의 자녀들이 다닐 수 있는 유일한 학교였다. 그리하여 안신학교에는 주로 기독교 가정의 자녀들이 다녔고 양산학교에는 비기독교 가정의 자녀들이 다녔다.[2] 설립 초기의 양산학교 학생수는 30~40명 정도였고, 학생들의 연령과 지식수준에 따라 1, 2, 3학년으로 나누어서 가르쳤다.[3]

김구는 양산학교의 야학부도 맡아서 가르쳤다. 야학부에는 나무하는 아이들이 다녔는데, 김구는 자신의 불우했던 어린 시절을 생각하며 성심껏 가르쳤던 것 같다. 《대한매일신보(大韓每日申報)》가 "안악군 양산

---

1) 최기영, 「한말 김구의 계몽운동」, 『한국근대계몽사상연구』, 일조각, 2003, p.211; 安岳郡民會 編, 『安岳郡誌』, 安岳郡民會, 1976, pp.232~233에는 1905년에 설립된 것으로 기술되어 있다.

2) 『安岳郡誌』, p.99.

3) 崔明植, 『安岳事件과 3·1運動과 나』, 1970, p.19.

학교에 야학을 설립하고 나무하는 아이 50여명을 모집하야 교사에 김구씨와 기독학교 교사에 최명식씨가 열심히 가르친다더라"[4] 라고 보도한 것은 앞에서 본 대로이다.

야학운동은 사립학교 설립운동과 병행하여 전국적으로 추진되었다. 야학은 관리, 군수, 교사, 지방 유지 등 다양한 종류의 지식인들이 주도했는데, 황해도에서는 관리들과 지방 유지들이 야학설립에 가장 큰 역할을 했다. 황해도의 경우 신문에 보도된 야학만도 49개교나 되었는데, 그 가운데 33개교가 관리나 유지들이 설립한 것이었다.[5] 또한 노동자, 농민, 목수 등과 같이 정식교육을 받지 못한 사람들이 자신들도 배우고 자제들도 가르치기 위하여 야학을 설립하기도 했다. 그러나 대다수의 야학은 독립적인 교사(校舍)는 물론 교재도 제대로 갖추지 못하는 형편이었다. 교사 한 사람이 전 과목을 가르치는 경우도 적지 않았다. 운영비도 거의 설립자나 임원들의 기부금이나 의연금으로 충당했다. 재령군 우율면(右栗面)의 야학교는 운영비가 없어서 나무장사로 운영비를 마련하기도 했다.[6] 운영비 조달이 어려워서 중도에 문을 닫는 야학도 많았다. 운영비는 거의가 교실보수와 난방, 전기료, 지필묵 구입비 등으로 지출되었기 때문에 교사들은 보수를 받지 못하는 경우가 많았다.[7] 김구도 아마 야학부는 따로 보수를 받지 않고 가르쳤을 것이다.

1908년7월 무렵에 이르러 안악군수 이인규(李寅奎)의 주도로 유지들 사이에서 양산학교를 확장하여 새로 중학교를 설립하는 문제가 본격적으로 논의되었다.[8] 그리하여 김효영, 최용권(崔龍權), 원명로(元明潞) 세 부자와 그 밖의 여러 인사들의 협찬을 받아 1908년9월11일에 개교식을

---

4) 《대한매일신보》 1908년7월5일자, 「잡보: 열심교수」.

5) 金炳睦, 「韓末 海西地方夜學運動의 實態와 運營主體」, 《白山學報》 제61호, 白山學會, 2001, pp. 244~245.

6) 《皇城新聞》 1910년4월2일자, 「雜報: 熱心哉兩學生」; 《大韓每日申報》 1910년4월3일자, 「學界: 嘉尙哉其人」.

7) 金炳睦, 앞의 글, p.243.

8) 《대한매일신보》 1908년7월17일자, 「잡보: 학회조직」.

거행했다. 개교식 상황을 《대한매일신보》는 다음과 같이 보도했다.

> 안악군에서 양산중학교를 설립한다 함은 이미 본보에 게재하였거니와, 그 학교를 열심히 찬성하는 유지 신사 제씨가 그 고을에 사는 신사에게 1,000여원의 보조를 청한 후 학도 60여명을 모집하여 9월11일에 개학식을 거행하였는데, 남녀소학교 학도와 내빈 수백명이 모인 성대한 연회를 하였다더라.[9]

김구와 함께 양산학교의 교사였던 최명식(崔明植)은 세 부자가 3,000원씩 희사한 것을 포함하여 3만원의 기금이 모였다고 회고했으나,[10] 위의 기사로 미루어 보아 금액은 착오일 것이다.

이듬해 신문에 실린 학생모집광고에 따르면, 1학년 입학생은 16세 이상으로 독서, 작문, 산술, 본국 지지, 본국 역사, 이화학, 박물, 체격 등을 시험하여 선발했고, 예비과를 두었다.[11] 양산중학교는 황해도에 설립된 최초의 중학교로서 안창호(安昌浩)가 설립한 평양의 대성학교(大成學校)와 이승훈(李昇薰)이 설립한 정주(定州)의 오산학교(五山學校)와 함께 서북지방의 세 명문 사립중학으로 꼽히게 되었다.[12] 학교를 개설한 1년 뒤의 《대한매일신보》의 다음과 같은 기사는 그러한 평판을 입증해 준다.

> 안악 양산중학교는 그 군 신사 김낙영(金洛泳), 한필호(韓弼昊), 박문소(朴文素), 이상진(李相晋), 김홍량 등 제씨가 제반 교무를 전담

---

9) 《대한매일신보》 1908년10월11일자, 「잡보: 양산중학교 개교식」, 국한문판 《大韓每日申報》는 개교식 날짜를 "陰本月11日"이라고 보도했다(1908년10월10일자, 「雜報: 楊山開校盛況」).

10) 崔明植, 앞의 책, p.25.

11) 《대한매일신보》 1909년9월10일자, 「學員募集廣告」.

12) 李敬南, 『抱宇 金鴻亮傳: 一代記와 安岳사람들』, 알파, 2000, p.98.

하야 교육에 열심하는 고로 학계의 모범이 될 만하다더라.[13]

청년학우회를 창립하고 청년운동을 벌이고 있던 대성학교의 안창호가 1909년8월에 양산학교를 방문한 것도 그러한 평판에 따른 것이었다.[14] 중학부가 생긴 뒤에도 김구는 소학부를 맡아 가르쳤다.

황해도의 북동쪽 지방에 위치한 안악은 황해도 교육계몽운동의 중심지였다. 고구려시대의 고분이 많이 있는 것으로도 알 수 있듯이, 예부터 주민생활이 가멸찬 곳으로 이름난 지방이었다. 황해도의 여러 군 가운데서 논이 차지하는 면적 비율이 가장 높은 곳으로서, 쌀과 각종 잡곡이 많이 생산되고 과수원도 많았다. 해산물도 부족하지 않았다. 게다가 안악이 교육계몽운동의 중심지가 될 수 있었던 것은 천주교와 기독교의 보급이 다른 지역보다 빨랐기 때문이다.[15]

안악 교육계몽운동의 중추적 역할을 한 것은 안악면학회였다. 면학회를 설립하도록 적극적으로 부추긴 사람은 안창호와 함께 서북지방 일대에서 청년 교육운동가로 큰 신망을 얻고 있던 최광옥(崔光玉)이었다. 김구가 기독교에 입교한 뒤에 평양 사경회에 갔다가 오순형(吳舜炯)과 함께 최광옥을 장련으로 초청하여 같이 전도활동을 했던 것은 앞에서 본 바와 같다. 최광옥은 숭실학교를 졸업한 뒤에 일본에 유학했으나 폐병을 앓아 중도에 퇴학하고, 귀향하는 도중에 같이 유학한 김홍량의 권유로 요양하러 구월산의 연등사(燃燈寺)에 와 있었다. 그 소식을 들은 안악의 많은 청장년들이 그를 찾아가자 최광옥은 그들에게 교육사업을 일으킬 핵심단체의 조직이 급선무라고 역설했다. 최광옥의 말에 큰 감명을 받은 김용제, 최명식, 송종호(宋鍾鎬) 등 안악의 중견 유지들은 여러 날을 숙

13) 《大韓每日申報》 1909년9월11일자, 「學界: 陽山可範」.
14) 《大韓每日申報》 1909년9월1일자, 「雜報: 安氏歡迎」.
15) 趙顯旭, 「安岳地方에서의 愛國啓蒙運動: 安岳勉學會와 西北學會 활동을 중심으로」, 《한국민족운동사연구》 28, 한국민족운동사학회, 2001, p.34.

의한 끝에 면학회를 조직하기로 했다.[16)]

그러나 군단위의 단체조직은 전국적으로 선례가 없었기 때문에 회를 조직하는 방법부터 문제였다. 논의 끝에 《대한자강회월보(大韓自强會月報)》 1호에 실려 있는 자강회 강령과 규칙을 참고하여 회칙을 제정하고, 회의진행은 윤치호(尹致昊)의 『의회통례규칙(議會通例規則)』에 따르기로 했다. 면학회는 청년들에 대한 계몽사업, 산업의 증진, 교육의 장려 등을 회의 목적으로 표방했다. 이렇게 하여 1906년11월에 안악면학회가 결성되었다.[17)]

면학회는 회장에 임택권(林澤權), 부회장에 송종호, 재무에 김용제, 서기에 양성진(楊星鎭) 등으로 임원을 구성했다. 임택권은 안악교회 집사로서 교회의 중심인물이었으나 회를 주도하는 사람들 가운데서는 가장 젊은 사람이었다. 면학회가 그를 회장으로 선출한 것은 기독교인들의 지원을 받기 위해서였다. 20여명의 회원으로 출발한 면학회는 점차 회원수가 늘어나서 73명까지 되었다. 입회금과 월례금을 거두었고, 정명재(鄭明哉)의 집을 본부로 삼았다.[18)]

면학회에 참가한 사람들의 성분은 가지가지였다. 우선 교육계몽운동에 뜻을 둔 청년들이 많이 참가했다. 김용제, 최명식, 송종호와 같은 중견층도 있었다. 최광옥과 김홍량은 일본유학생으로서 면학회 활동의 이론적 면을 주도했다. 또한 임택권, 차승용(車承庸)과 같은 기독교인들도 참여하여 교인들의 지원을 적극적으로 유도했다. 정명재와 김용규(金溶奎)는 한의사였고, 송한익(宋漢益)은 진사로서 개신유학자였다.[19)]

면학회가 창립될 때에 김구는 장련에 있었으므로 창립과정에는 참여하지 않았던 것 같다. 그러나 그를 양산학교로 초청한 김용제와 동학농민봉기 이래의 동지였던 송종호 등이 면학회 창설의 핵심인물들이었던

16) 崔明植, 앞의 책, pp.15~16; 『安岳郡誌』, pp.98~99.
17) 崔明植, 위의 책, p.17.
18) 같은 책, pp.17~18.
19) 趙顯旭, 앞의 글, pp.42~43.

등짐장사로 큰 부자가 되어 안악의 교육사업을 지원한 김효영.

일본에 유학하고 김구와 함께 교육사업을 주도한 김효영의 손자 김홍량.

점으로 보아, 김구도 안악으로 이사한 뒤부터는 면학회활동에 참여했을 것으로 짐작된다. 면학회는 김구가 안악에서 신교육운동을 펼칠 수 있는 중요한 기반이 되었다.

안악이 신교육운동의 중심지로 발전할 수 있었던 것은 군내 유지들과 특히 신흥 부자들의 적극적인 지원이 있었기 때문이다. 김효영, 원명로, 최용권 세 사람은 모두 전통적 지주 출신이 아니라 근검하고 성실한 노력으로 자수성가하여 재산을 모은 사람들이었다. 이들은 양산학교와 면학회 설립 등 안악의 신교육운동을 재정적으로 뒷받침했다.

세 사람 가운데서 대표적인 인물은 김효영이었다. 그는 상민이었는데, 포목행상을 해서 번 돈으로 땅을 사서 거부가 되었다. 어렸을 때에 한학을 공부하다가 집이 너무 가난하여 공부를 포기하고 등짐장사를 시작한 김효영은 황해도의 포목을 사서 평안북도의 강계나 초산 등지로 행상하면서 돈을 모았고, 그렇게 모은 돈으로 개간하지 않은 박토나 강변의 갈밭을 사들여 농토를 일구었다. 또한 그는 봄에 돈이나 곡식을 꾸어 주고 가을에 돌려받는 돈놀이를 하여 재산을 불렸다. 이렇게 하여 김효영은 장손 김홍량이 태어날 무렵에는 1만석에 가까운 부자가 되었다.[20] 면학회 결성과 양산학교 설립에 중요한 역할을 한 김용제는 김효영의 동생 김우영(金友英)의 장남이었다.

김구가 안악으로 이사했을 무렵에는 김효영은 이미 허리가 ㄱ자로 굽어서 지팡이에 의지하고서야 바깥출입을 했다. 그러나 그는 두뇌가 명석하고 정세를 관찰하는 능력이 뛰어났다. 안신학교를 설립하고 나서 직원들이 경비조달에 부심하면서 대책회의를 열었을 때였다. 모금함에 "무명씨 벼 일백석 의연"이 들어왔다. 한참 뒤에야 김효영이 집안사람들에게도 알리지 않고 기부했다는 사실이 알려졌다. 장손 김홍량을 일본으로 유학시킨 것도 그의 교육에 대한 열정을 보여 주는 것이었다. 그는 애국심이 특출했다. 김구는 김효영의 넷째 아들 김용진(金庸震)에게서 다음과 같은 이야기를 들었다.

김효영은 만년에 바둑과 술을 매우 좋아하여 원근의 몇몇 바둑친구들이 자기 사랑에 와서 함께 술을 마시고 바둑을 두는 것을 즐거움으로 삼았다. 김구의 고향 해주 서촌의 강경희(姜景熙)도 그러한 바둑친구의 한 사람이었다. 강경희는 대대로 내려오는 거부였으나 젊었을 때에 방탕한 생활로 재산을 다 날린 사람이었다. 그는 김구의 선조들을 멸시하고 핍박했으나 김구의 부친 김순영(金淳永)과는 친분이 비교적 두터웠다. 그런 강경희가 어느 날 김효영과 바둑을 두다가 무심결에 다음과 같이 말했다고 한다.

"노형은 팔자가 좋아. 노년에 가산이 풍족하고 자손도 번창할 뿐 아니라 다 효자들이니…."

이 말을 듣자마자 김효영은 화를 버럭 내면서 바둑판을 들어 문 밖으로 집어던졌다. 그러고는 큰 소리로 강경희를 꾸짖었다.

"자네의 지금 말은 결코 나를 위하는 것이 아닐세. 칠십 노구로 며칠

---

20) 李敬南, 앞의 책, pp.50~51.

뒤면 왜놈의 노예문적에 편입될 운명을 가진 놈을 가리켜 팔자 좋다는 것이 무슨 소린가!"

김용진은 자기 아버지가 그처럼 나랏일을 염려하는 것을 보고 황송도 하고 비분을 느끼기도 했다고 말했다. 그리하여 강 노인에게는 노자를 넉넉히 주어 고향으로 돌아가게 했다는 것이었다.

김효영의 애국심을 보여 주는 이러한 이야기를 듣고 김구가 "피눈물이 눈자위에 차오르는 것을 금할 수가 없었다"[21] 고 술회한 것은 그 자신의 눈물겨운 애국심을 보여 주는 것이기도 하다.

김효영은 아들과 같은 연배인 김구를 선생님이라고 해서 깍듯이 대했다. 김효영은 며칠에 한번씩은 반드시 김구가 거처하는 방문 앞에 와서, "선생님, 평안하시오?" 하고 갔다. 김구가 그의 사랑으로 찾아가면 김효영은 바둑을 두다가도 반듯이 일어나서 맞이했다. 그의 이러한 겸손한 태도를 두고 김구는 그것이 2세 국민을 교육하는 일을 존중하는 뜻에서 우러난 태도라고 생각했다. 김효영은 김구에게 대해서뿐만 아니라 애국자라면 누구에게든지 뜨거운 존경심을 가지고 있었다.[22]

2

안악면학회가 가장 먼저 벌인 사업은 책을 보급하는 일이었다. 그것을 위하여 설립한 것이 출판사 겸 서점인 면학서포(勉學書鋪)였다. 회원들의 특별 찬조와 입회금 및 월례금을 합하여 300원의 자본금을 마련하고, 그 자본금으로 우선 『대한문전(大韓文典)』과 『교육학』을 출판했다. 『대한문전』은 최광옥이 저술한 한글문법책이고 『교육학』은 일본책을 최광옥이 번역한 교육이론서였는데, 김용제가 원고를 서울로 가지고 가서

21) 『백범일지』, p.201.
22) 위와 같음.

면학회 명의로 출판한 것이었다. 면학회는 이 책들을 서울의 각 서점에서 판매하기도 하고, 평양의 태극서관(太極書館)과 서울의 보성중학교(普成中學校)에 있는 다른 신서적들과 교환하기도 했다. 그리하여 면학서포는 날로 번창하여 각 지방에서 속속 설립되는 여러 소학교의 서적수요를 대기에 바빴다. 이익도 꽤 나서 면학회의 운영과 면학회가 추진한 여러 사업들을 위한 자금으로 쓰기에 부족하지 않을 정도가 되었다.[23)]

면학회의 또 한가지의 사업은 안악을 비롯한 이웃군 학교들의 연합운동회를 여는 일이었다. 앞에서 본 대로, 이 무렵 전국의 각급학교에서 운동회를 개최하는 일이 널리 퍼지고 있었는데, 안악지방의 연합운동회는 면학회의 주동으로 1907년5월에 처음 열렸다. 이듬해 4월15일에 열린 두번째 연합운동회에는 안악군 내는 말할 나위도 없고, 은율, 재령, 신천, 문화, 황주, 봉산, 장련, 풍천 등 황해도 북부지방의 거의 모든 군과 평안도의 진남포에서까지 1,000여명의 학생들이 참가하여 전년보다 더욱 성대하게 거행되었다. 이때에도 체육대회의 경비는 김효영을 비롯한 도내의 유지들로부터 보조를 받았다.[24)] 운동회는 이틀 동안 열렸다. 첫날에는 산술, 작문, 경주, 체조운동의 차례로 시험을 본 다음 학생들의 연설이 있었고, 둘째날에는 내빈들의 계몽강연이 있었다.

연합운동회에는 여러 지방학교의 선생들과 학생들이 참가하기 때문에 사람들을 한자리에 모을 수 있는 좋은 기회였다. 이러한 기회를 이용하여 주최쪽에서는 대회의 중요한 행사로 계몽강연 프로그램을 마련하여 운동회를 국권회복운동의 마당으로 활용했던 것이다. 이날 최광옥은 "사람"이라는 주제로, 서울에서 초청한 김성무(金成武)는 "생활"이라는 주제로, 미국인 선교사 쿤스(Edwin W. Koons, 君芮彬)는 "대한독립"이라는 주제로 연설을 하여 청중들에게 큰 감명을 주었다.[25)]

---

23) 崔明植, 앞의 책, pp.18~19;『安岳郡誌』, p.100.
24)《大韓每日申報》1908년4월3일자,「雜報: 學生運動會」.
25)《大韓每日申報》1908년4월24일자,「雜報: 運動盛況」; 崔明植, 앞의 책, p.20.

각 지방의 연합운동회가 이처럼 정치적 열기를 더해 가자 통감부의 감시가 강화되었다. 처음에는 단순히 여느 운동회로만 생각하고 특별히 주의를 기울이지 않았으나, 모여드는 군중의 수효가 엄청나고 연사들의 열변으로 그 분위기가 마치 정치집회처럼 고조되는 것을 보고 일본인들은 마침내 제동을 걸었다. 통감부는 1908년부터 운동회를 학부에서 주관하게 했는데, 학부는 이듬해 10월27일에 재정난을 이유로 연합운동회를 폐지시켰다. 이 때문에 1909년으로 예정했던 안악의 세번째 연합운동회도 무산되고 말았다.[26)]

김구는 1907년의 첫번째 연합운동회 때에는 장련의 광진학교 교사로서 백남훈(白南薰)과 함께 학생들을 인솔하고 참가했다. 1908년의 두번째 연합운동회는 김구가 문화의 종산마을 서명의숙(西明義塾) 교사로 있을 때에 열렸는데, 이때에도 참가했던 것이 틀림없어 보인다. 왜냐하면 뒤에서 보듯이, 두번째 연합운동회 직후에 해서교육총회(海西教育總會)가 결성되고, 거기에서 김구는 학무총감으로 선출되었기 때문이다.

안악면학회가 가장 힘을 기울인 사업은 부족한 교사인력을 양성하기 위하여 사범강습회를 연 일이었다. 사범강습회는 전국적으로 개최되고 있었다. 황해도에서도 이미 여러 곳에서 실시되었다. 김구가 활동했던 장련에서도 장의택이 여름방학을 이용하여 읍촌의 소학교 교원 100여명을 모집하여 사범강습회를 열었다.[27)]

안악교회는 해마다 봄이면 일주일씩 춘계사경회를 열었다. 그것은 물론 전도를 목적으로 한 것이었지만 교과목으로 지지(地誌), 물리, 생물, 생리학 등도 가르침으로써 신학문의 보급에도 기여했다. 거기에서 시사를 얻어서 교육인력을 좀더 조직적으로 양성하기 위해 생각해 낸 방안이 하계 사범강습회였다. 처음에는 강습회를 개최할 장소를 두고 고민했으

---

26) 『安岳郡誌』, pp.105~107.
27) 《大韓每日申報》 1908년7월15일자, 「雜報: 張氏烈心」.

나, 여름방학 기간에 양산학교 교사를 이용하기로 함에 따라 장소문제는 쉽게 해결되었다. 그리하여 안악면학회와 양산학교가 공동 주최로 하게 사범강습회를 개최하게 되었다.

안악의 사범강습회는 1907년 여름에 시작하여 1909년 여름까지 모두 세차례 실시되었는데,[28] 김구도 양산학교 교사로서 사범강습회에 열성적으로 참여했다. 그런데 자기 자신도 큰 역할을 했던 이때의 사범강습회에 대해 『백범일지』에 한번 있었던 것처럼 뭉뚱그려 서술하고 있어서 아쉬움이 없지 않다.

첫번째 사범강습회는 수강생 70여명을 모집하여 1907년7월3일에 개소식을 거행했는데, 수백명의 방청인들이 몰려와서 개소식 광경을 지켜보았다.[29] 이때의 강습회에는 안악뿐만 아니라 신천, 재령, 송화, 봉산, 은율, 장련 등지의 소학교 교사들과 교사 지망의 젊은이들이 참가했다. 평양의 최광옥이 강사로 초빙되어 국어, 생리학, 물리학, 식물학, 경제원론 등 전문강좌를 맡아 가르쳤다. 고정화(高貞華)는 한국사를, 이보경[李寶鏡: 李光洙의 아명]은 서양사를 가르쳤다. 이광수는 열일곱살의 청년이었는데, 마침 일본유학생들로 조직된 야구팀과 함께 안악에 왔다가 유학시절의 친구인 김홍량 등의 요청에 따라 강사로 참여한 것이었다. 그는 자기가 일본책을 번역하여 등사한 것을 교재로 하여 가르쳤다.

강사들은 열성적이었다. 특히 최광옥은 헌신적 노력을 기울였다. 《대한매일신보》는 최광옥의 모습을 "안악군 강습소 일은 전보에 게재하였거니와, 교사 최광옥씨는 월급도 받지 아니하고 열심교육하니, 최씨의 의무는 교육계에 제일 장하다고 사람마다 칭찬한다더라"[30]라고 보도했다.

첫번째 사범강습회가 성황리에 끝나자 강습회의 명성은 전국적으로 퍼져 나갔다. 강습을 받은 사람들은 각기 지방 농촌으로 돌아가서 구식

---

28) 崔明植, 앞의 책, pp.19~20.
29) 《大韓每日申報》 1907년7월23일자, 「雜報: 師範講習」.
30) 《대한매일신보》 1908년7월19일자, 「잡보: 최씨열심」.

서당을 신식 학교로 개편하는 활동을 벌였다. 김구는 첫번째 강습회 때에는 장련에 있었는데, 이때에 그가 강습회와 관련하여 어떤 활동을 했는지는 분명하지 않다.

두번째 사범강습회는 1908년7월1일에 개강했다. 이때에는 황해도뿐만 아니라 평양과 용강과 경기도에서까지 수강생이 300여명이나 몰려들어 성황을 이루었다.[31] 군수 이인규를 강습소 소장으로, 양산학교 교장을 역임한 이인배(李仁培)를 부소장으로 추대하고, 첫번째 때보다 강사진을 더 확충했다.[32] 일본의 메이지 가쿠잉(明治學院)을 졸업한 김낙영, 숭실학교를 졸업한 김두화(金斗和)와 최재원(崔在源), 그리고 여자로 김낙희(金樂姬)와 방신영(方信榮) 등이 초빙되었다. 방신영은 뒷날 이때의 일을 다음과 같이 회고했다.

> 어느 여름방학 때의 일이었다. 선생님[최광옥]께서는 나에게 해서지방으로 가서 여자강습회를 하라고 하시며 황해도 안악읍의 유력한 한 가정으로 나를 보내셨다. 그 집은 김홍량씨 댁으로서 안악에서 부유하고 학벌 있는 집안이요, 특별히 최광옥 선생님을 받들어 모시고 애국운동에 앞장서서 자금과 사업에 큰 도움이 되고 있었다. 이리하여 안악에서는 여성들의 계몽을 위한 강습회가 활발히 진행되었다. 글 모르는 여자들에게 국문을 가르치고 그 밖에 신학문인 수학과 지리와 역사를 가르치기도 했다.[33]

수강자들이 많아서 수업은 갑, 을, 병 세 반으로 나누어 진행했고, 한 달 동안의 강습이 끝나자 8월13일에 시험을 보아서 합격자 130명에게 수

---

31) 《大韓每日申報》 1908년7월7일자, 「雜報: 講所新設」.
32) 《大韓每日申報》 1908년7월17일자, 「雜報: 師範開學」.
33) 方信榮, 「나의 갈 길을 가르쳐 주신 崔光玉 선생」, 『崔光玉略傳과 遺著問題』, 東亞出版社, 1977, p.63.

업증서를 발급했다.[34]

김구는 양산학교 교사로서 두번째 강습회 때부터 적극적으로 관여했던 것 같다. 그는 『백범일지』에서 강습회를 자기가 "주선했다"고 적었는데,[35] 그것은 강습회의 전반적 실무를 맡아 보았음을 뜻하는 말일 것이다. 특히 이때의 강습회에서 김구가 수강생들에게 단발의 필요성을 역설했고, 그의 주장에 따라 수강생 전원이 상투를 잘랐다는 사실은 눈여겨볼 만한 대목이다.[36] 『백범일지』에는 김구 자신의 단발에 대해서는 아무런 언급이 없으나 그는 기독교에 입교하면서 진작 머리를 깎았던 것으로 짐작된다. 장련의 광진학교 교사시절에 이미 그는 단발을 하고 있었다.

세번째 강습회는 더욱 폭발적인 성황을 이루었다. 1909년 여름에 안악의 장림재 고개와 수박재 다리, 그리고 동경주 길목은 각처에서 모여드는 젊은이들로 길을 메웠다고 한다. 황해도 안에서는 말할 것도 없고 멀리 평북 의주 등지에서까지 300여명의 젊은이들이 몰려들었기 때문이다. 이때에 김홍량의 주선으로 우리나라 신교육운동의 선구자 장응진(張應震)이 방문하여 수강생들을 격려했고, 명연설가로 주목받던 젊은 옥관빈(玉觀彬)의 연설은 수강생들에게 큰 감명을 주었다.[37] 강사진도 일본의 메이지 가쿠잉을 졸업한 이시복(李始馥), 경신중학을 졸업한 한필호와 이상진, 한문에 능통한 박도병(朴道秉) 등이 새로 보강되었다. 이때의 상황을 『안악군지(安岳郡誌)』는 퍽 실감나게 묘사했다.

> 새벽이면 향교까지 달려갔다 오는 구보행렬로 양산골이 쩌렁쩌렁했고, 저녁이면 한내에 나가 집단적으로 목욕하는 젊은이들로 남암골

---

34) 《대한매일신보》 1908년8월26일자, 「잡보: 안악강습소시험」. 국한문판 《大韓每日申報》는 이때에 합격한 수강생이 30명이었다고 했으나, 이는 130명의 오식일 것이다(《大韓每日申報》 1908년8월26일자, 「雜報: 安郡講習試驗」).

35) 『백범일지』, p.203.

36) 崔明植, 앞의 책, p.22; 『安岳郡誌』, p.103.

37) 《大韓每日申報》 1909년7월16일자, 「學界: 師範開學」; 崔明植, 앞의 책, p.23.

이 술렁거렸다. 수강생들은 휴일을 이용하여 연등사, 고정사, 수도암을 찾아 이 고장 명소의 풍광을 만끽했고, 더러는 은홍면 온천장까지 가서 몸을 씻기도 했다. 황해도와 평안도의 사투리타령도 휴게시간을 심심치 않게 했고, 특강이라 해서 교육계 선구자인 장응진을 은율에서 초빙하여 연설을 들었다. 모두가 구국의 정열로 불타는 젊은이들이었으므로, 나라의 백년대계를 논하는 의견들이 불꽃을 튕기기도 했다.[38]

이러한 모습은 사범강습회라기보다는 정치결사나 사회단체의 수련회와 같은 느낌을 준다.

세번째 강습회에는 신교육에 종사하는 사람들뿐만 아니라 시골의 서당 훈장과 승려까지도 참석했다. 강습생 가운데는 김구의 반가운 손님도 있었다. 마곡사 시절에 인연을 맺었던 박혜명(朴慧明)이 참가한 것이었다. 김구는 혜명을 몇해 전에 서울 영도사(永道寺)에서 잠시 만난 적이 있었는데, 이때는 구월산 패엽사의 주지가 되어 있었다. 김구가 떠나온 뒤의 마곡사의 이야기도 이때에 들었다. 김구는 반가워서 그를 양산학교 교무실로 데리고 가서 동료교사들에게 형이라고 소개했다. 교사들은 의아하게 생각했다. 혜명은 김구보다 나이가 어려 보였을 뿐만 아니라, 그들은 김구가 누이동생도 없는 외아들임을 잘 알고 있었다. 김구는 자초지종을 설명하고 교사들에게 자신의 친형으로 대접해 달라고 부탁했다. 김구는 혜명에게 승속(僧俗)을 불문하고 교육이 급선무임을 역설했고, 혜명은 자기부터 먼저 사범학을 공부하여 패엽사에 학교를 설립하고 승속의 학생들을 가르치겠다고 다짐했다.[39]

강습이 끝나고는 모든 수강생들에게 수료증을 발급해 주었다.[40]

---

38) 『安岳郡誌』, p.104.
39) 『백범일지』, pp.199~200.
40) 崔明植, 위의 책, p.24.

2. 해서교육총회의 학무총감

1

면학회 사업이 성공적으로 추진되자 주동자들은 좀더 큰 사업을 벌일 욕심이 생겼다. 그동안 사범강습회 등 면학회 행사에 다녀간 사람들은 줄잡아 1,000명가량 되었다. 그런데 후속 프로그램이나 도단위 조직이 없었기 때문에 교육의 효과가 조직적으로 확산되지 못했다. 강습회에서 교육받은 사람들 가운데는 각기 고향에 돌아가서 아이들을 가르치거나 새로 학교를 세울 계획을 추진하는 사람들도 있었으나, 뚜렷한 일감을 찾지 못한 채 비분강개만 하는 사람들이 많았다. 면학회 주동자들은 이들을 연결할 도단위 조직망의 필요성을 절감했다. 1907년5월에 연합운동회가 처음 열렸을 때에 이미 그러한 조직의 필요성이 논의되어 그 자리에서 해서교육총회 준비위원회가 결성되고, 김구, 장원용(莊元瑢), 백남훈 세 사람이 장련군 학무위원으로 선정되었던 것은 앞에서 본 대로이다. 그랬다가 1908년4월에 두번째 연합운동회가 열렸을 때에 해서교육총회의 조직 문제가 구체적으로 논의되었다.

해서교육총회가 조직된 정확한 날짜는 알 수 없으나, 두번째 연합운동회가 끝난 직후였던 것은 틀림없다. 그것은 《대한매일신보》가 "서도에서 온 사람의 말을 들은즉, 해서사람들이 모여 해서교육총회를 조직하고 처음 경비는 안악군 사는 이인배씨가 전당하기로 결정하였다더라"[41] 라고 보도한 것으로도 확인할 수 있다. 이인배는 일찍이 양산학교 교장을 역임했던 사람으로서, 두번째 사범강습회가 열렸을 때에는 부소장으로 추대되었던 안악의 유지였다.

이렇게 출범한 해서교육총회는 그러나 1908년 여름에 두번째 사범강

---

41) 《대한매일신보》 1908년4월25일자, 「잡보: 경비독당」.

습회가 끝날 때까지는 특별한 활동을 한 것 같지 않다. 8월 하순에 이르러 《대한매일신보》에 다음과 같은 속보가 보인다.

대한제국 육군 장교였다가 군대 해산 뒤에 고향인 풍천으로 내려가서 교육사업에 헌신한 노백린. 뒤에 상해임시정부의 국무총리가 되었다.

> 황해도 각군 인사들이 해서교육총회를 조직하였다 함은 이미 게재하였거니와, 본월 22일 오후 3시에 안악군 양산학교에서 개회하고 사무를 처리한 후에, 각군 각 학교의 과정을 일치케 하며, 내년에 춘기연합운동회를 각군에서 거행하면 재정이 손상될 터이라 하야 각군에서 몇십환씩 수렴하야 명년에 춘기연합운동회를 문화군에서 거행하기로 결정하고 폐회하였다더라.[42]

이 기사로 미루어 볼 때에 어쩌면 이 회의가 해서교육총회의 실질적인 창립총회였는지 모른다. 그리고 주목되는 것은 이 회의가 도내 각 학교의 교과과정을 통일시키기로 한다는 등의 중요한 결정을 내린 점이다. 해서교육총회의 목적은 사범강습을 받은 사람들은 말할 나위도 없고 지방 유지들을 총망라하여 각처에 산재한 교육기관들을 유기적으로 연결하고, 도내의 교육보급을 촉진하는 운동을 벌이는 것이었다. 그리고 당면

42) 《대한매일신보》 1908년8월26일자, 「잡보: 해서교육총회」. 이 기사는 같은 날짜 국한문판 《大韓每日申報》에도 그대로 실렸다.

목표는 각면에 소학교 하나씩을 설립하도록 하는 것이었다.

교육진흥을 위한 지방유지들의 교육총회 조직운동은 황해도에만 국한된 현상이 아니었다. 황해도와 가까운 경기도 북부의 개성군(開城郡)에서는 이미 1907년10월에 교육총회를 조직하여 10여개교의 경비를 지원하고 있었다.[43] 개성교육총회의 활동에 대하여 《대한매일신보》는 "인재들을 모집하야 / 열심히 권면하니 / 신지식이 발달일세 / 계명성이 비쳤구나"[44] 하고 격찬을 아끼지 않았다.

해서교육총회는 노백린(盧伯麟)과 장의택을 고문으로 추대하고, 송종호를 회장, 김구를 학무총감으로 선임했다.[45] 정부파견으로 일본육군사관학교를 졸업한 무관 출신의 노백린은 군대해산 뒤에 낙향하여 고향인 풍천(豊川)에 광무학당(光武學堂)을 설립하고 노동야학을 열기도 하면서 교육사업에 전념했다.[46]

학무총감의 임무는 지방을 두루 순시하면서 지방 유지들과 접촉하고 학교설립을 권유하는 일이었다. 해서교육총회의 사업목적에 비추어 볼 때에 그것은 실제로 가장 중요한 임무였다. 김구가 그처럼 중요한 임무를 수행할 책임자로 선임된 것은 그의 열성과 애국심이 최광옥을 비롯한 면학회 간부들의 큰 신뢰를 얻고 있었기 때문이었을 것이다. 게다가 김효영 집안의 적극적 지원도 김구가 학무총감을 맡는 데 힘이 되었을 것이다.

해서교육총회의 학무총감이 된 김구는 황해도 일대를 두루 순회하면서 지방 유지들을 만날 뿐 아니라 환등기를 가지고 다니면서 계몽강연도 열성적으로 했다. 필요한 경비는 해서교육총회에서 지원했다. 이때의 김구의 활동이 서울에서도 관심사가 되었던 것은 《대한민보(大韓民報)》의

43) 《대한매일신보》 1907년11월5일자, 「잡보: 개성학교의 흥왕」.
44) 《대한매일신보》 1908년6월5일자, 「시사평론」.
45) 『백범일지』, pp.204~205; 崔明植, 앞의 책, p.22.
46) 李炫熙, 『桂園盧伯麟將軍研究』, 新知書院, 2000, pp.57~59; 박민영 외, 『노백린의 생애와 독립운동』, 한국독립운동사연구소, 2003, p.69.

다음과 같은 보도로도 짐작할 수 있다.

> 안악군에 있는 해서교육총회 본부에서는 일반 우민(愚民)을 개도(開導)하기 위하야 동서양 열방(列邦) 영준(英俊)의 유상(遺像)을 환등으로 연시(演試)하기 위하야 그 회에서 김구씨를 부근 각군에 파송 권면한다는데, 그 경비는 그 회에서 자담한다더라.[47]

김구는 각 지방을 순회하면서 교재가 부족한 학교에는 면학서포로부터 구입하는 방법을 알선해 주고, 교사가 모자라는 고장에는 그곳 젊은이들 가운데서 안악의 사범강습회에 참가할 수 있도록 주선해 주고, 교육에 대한 관심이 낮은 고장에는 자신이 직접 가서 강연을 하거나 최광옥 등을 연사로 초빙하도록 주선해 주었다.[48]

황해도의 교육계몽운동이 큰 성과를 거둘 수 있었던 것은 각 지방의 유지들뿐만 아니라 군수와 관리들의 적극적 지원이 있었기 때문이다. 그러한 사정은 김구가 20년 뒤에 『백범일지』를 쓸 때에 "직접 나의 일, 곧 교육사업에 관계 있는 사람"들이라면서 안악군에서만 김용제, 김용진, 김홍량 집안 인물을 비롯하여 무려 32명의 이름을 열거하고 있는 것으로도 짐작할 수 있다.[49]

안악군수 이인규는 사범강습회를 적극적으로 후원하고, 500호 단위로 의무교육을 위한 학무회를 조직하여 사립학교와 야학 설립을 촉진시켰다.[50] 재령군수 이용필(李容弼)은 유지들이 운영하는 야학을 지원하기 위해 사령청을 교사로 제공하고 운영비를 지원하는 등 재정적 기반확충에 노력했다.[51] 황해도경찰서 경무관 이덕응(李悳應)과 총순 전봉훈(全

---

47) 《大韓民報》 1909년11월4일자, 「地方短信: 好個幻燈」.
48) 『安岳郡誌』, pp.107~108.
49) 『백범일지』, p.198.
50) 《皇城新聞》 1908년8월27일자, 「雜報: 五百戶의 一校」.
51) 《萬歲報》 1907년6월27일자, 「雜報: 樵牧夜學」.

鳳薰)은 황해도재판소 주사 황이연(黃履淵)과 함께 제민야학교(齊民夜學校)를 설립했다.[52] 이들 세 사람은 특히 직원들과 학생들에게 단발을 역설하여 모두 상투를 잘랐다고 하는데, 이는 단발에 대한 김구의 태도와 같은 것이어서 흥미롭다. 이들 가운데서도 전봉훈은 특기할 만한 업적을 남겼다. 그는 해주시내 점포의 주인들이 사환을 야학에 보내지 않으면 그들을 처벌하면서 아동들의 취학을 독려했다. 그는 1908년10월에 배천[白川]군수로 임명되었는데,[53] 부임한 뒤에는 면마다 사립학교를 설립하고 각 동리마다 야학을 열었다.[54] 그는 또 최광옥을 비롯하여 전국 각지에서 명사들을 초청하여 강습회를 열고 군내 청년들의 애국심을 고취시켰다.

군수들은 김구가 순방할 때에는 으레 강연회를 준비했다. 군수들이 김구의 순회강연을 적극 지원한 데에는 이 시기의 정부의 교육정책과 전반적 사회분위기와도 관련이 있었다. 갑오개혁 이후로 신교육 진흥은 정치적 격변 속에서도 정부에서나 개화파 지식인들 사이에서나 가장 시급하고 중요한 국가적 과제로 인식되었다. 계몽운동의 핵심사업도 학교설립운동이었다.

'보호국'이라는 치욕적 상황 속에서 학교설립운동은 일종의 구국운동으로 추진되었다. 고종은 1904년5월23일에 학교설립을 촉구하는 조칙을 반포했는데, 1906년3월26에는 더욱 강력한 「흥학조칙(興學詔勅)」을 반포했다. 「흥학조칙」에서 고종은 학교설립을 위하여 학부, 부(府), 군(郡) 등의 행정조직을 적극적으로 동원할 것을 지시했다. 그는 학교설립운동에 참여하지 않는 경우에는 죄로 다스리겠다고 천명하는 한편, 황실과 측근 인사들로 하여금 직접 학교설립에 앞장서게 했다. 또한 고종은

52) 《大韓每日申報》 1908년4월1일자, 「雜報: 三氏熱心」 및 4월16일자, 「雜報: 齊民設校」; 《皇城新聞》 1908년5월7일자, 「雜報: 齊校續聞」 및 7월1일자, 「雜報: 齊民勇進」.

53) 安龍植 編, 『大韓帝國官僚史研究(Ⅳ) 1907.8.~1910.8.』, 1996, p.353.

54) 《皇城新聞》 1908년11월21일자, 「雜報: 義務實施」, 1908년12월15일자, 「雜報: 夜學又興」, 1909년2월23일자, 「雜報: 晝夜勸學」.

전국의 부, 군에 학교설립 비용을 직접 지원하기도 하고 학교설립을 독려하기 위해 관리를 지방에 파견하기도 했다. 이에 따라 각 지방의 관리들은 사립학교 설립에 적극적으로 나섰다.[55] 이 시기의 신문지상에 각 지방의 학교설립운동 상황이 자세히 보도된 것도 주목할 만한 일이다. 이러한 추세를 위험시한 통감부는 마침내 1908년8월에 한국정부로 하여금 이른바 「사립학교령(私立學校令)」을 제정하도록 강요하여 사립학교 설립운동을 탄압하기 시작했다.[56]

2

바쁜 교무생활 속에서 좀처럼 시간을 낼 수 없던 김구는 휴가에 성묘를 하러 고향을 방문했다. 여러 해 만에 고향을 찾은 그는 어린 시절을 회상하면서 이루 말할 수 없는 감회에 젖었다. 옛날에 자기를 안아 주고 사랑해 주던 노인들은 반수 이상이나 보이지 않았고, 자기가 어리게 보았던 아이들은 거의 다 장성해 있었다. 그러나 고향의 모습은 너무나 실망스러웠다. 이때에 고향 마을사람들을 보고 느낀 소감을 김구는 다음과 같이 매우 인상적으로 써 놓았다.

> 성장한 청년 가운데 쓸 만한 인재가 있는가 살펴보았으나, 그들은 모양만 상놈이 아니고 정신까지 상놈이 되고 말았다. 그들은 민족이 무엇인지, 국가가 무엇인지 터럭만큼의 각성도 없는 밥벌레에 지나지 않았다. 젊은 사람들에게 교육을 말한즉 신학문은 예수교나 천주교로만 알았다. 이웃동네인 양반 강 진사 집을 찾아갔다. 그 양반들에

---

55) 邊勝雄, 「韓末 私立學校設立動向과 愛國啓蒙運動」, 《國史館論叢》 제18집, 1990, pp.37~38 및 柳漢喆, 「1906년 光武皇帝의 私學設立詔勅과 文明學校設立事例」, 『于松趙東杰先生停年紀念論叢(II) 韓國民族運動史硏究』, 나남출판, 1997, pp.132~163 참조.

56) 柳漢喆, 「韓末 '私立學校令' 이후 日帝의 私學彈壓과 그 특징」, 《한국독립운동사연구》 제2집, 독립기념관 한국독립운동사연구소, 1988, pp.65~103 참조.

게 이전처럼 절할 사람에게는 절로, 입인사하던 사람에게는 입인사로 옛날과 똑같이 상놈신분의 예절로 대하면서 그들의 태도를 살펴보았다. 그토록 교만하던 양반들이 이제 올리지도 내리지도 못하는 어중간한 말투로 나를 대하며 나의 지극한 공경에 어찌할 줄 모른다. 짐작건대 작년에 강경희 노인이 안악의 김효영 선생과 함께 있다가 선생이 일어나서 나를 맞이하는 것과 양산학교에 사범강습생이 400~500명 모인 가운데서 내가 주선하는 것을 보고 나서 자기 집안 사람들에게 이야기한 것 같다.

여하튼 양반의 세력이 쇠퇴한 것은 사실이다. 당당한 양반들이 보잘것없는 상놈 하나 접대하기에 힘이 부쳐서 애를 쓰는 것을 볼 때에 더욱 가련하게 생각되었다. 나라가 죽게 되니까 국내에서 중견세력을 가지고 온갖 못된 위세를 다 부리던 양반부터 저 꼴이 된 것이 아닌가. 만일 양반이 살아나서 국가가 독립할 수 있다면 내가 양반의 학대를 좀더 받더라도 나라만 살아났으면 좋겠다는 감상이 일어났다.[57]

이러한 술회는 김구의 우국충정을 말해 주는 한편으로 교육계몽운동에 정열을 쏟던 이때까지도 그가 어릴 때부터 지녀 온 심한 상놈콤플렉스를 불식하지 못하고 있었음을 보여 준다. 양반들에게 짐짓 지난날과 같은 상민의 예절을 다하면서 속으로는 연민의 정과 함께 쾌감을 느끼는 것은 그 때문이었다. 그러한 사정은 강(姜)씨 문중의 재사로 자처하며 호기를 부리던 강성춘(姜成春)을 찾아가서 나눈 대화를 적은 대목에 더욱 뚜렷이 드러나 있다. 김구는 강성춘에게 구국의 방도를 물어보았다. 강성춘은 망국의 책임은 정부당국자에게 있고 자기와 같은 재야 늙은이와는 관계없는 일이라고 조심스럽게 대답했다. 김구는 그에게 자제들을 교육시키라고 권했다. 그러자 그는 머리 깎는 것이 문제라고 했다. 김구는 교

57) 『백범일지』, p.203.

육의 목적은 머리 깎는 것이 아니라 인재를 양성해서 약한 나라를 부강하게 하자는 것이라고 강조했다. 그러나 강성춘은 김구의 말을 천주학(天主學)이나 하라는 것으로 알고, 자기네 집안에도 예수교인이 된 사람이 있다면서 대화를 피했다. 이러한 강성춘의 태도를 보고 김구는 "내 집안이 상놈의 상놈인 것이나 그대가 양반의 상놈인 것이나 상놈이기는 일반이라고 생각되었다"라고 적었다.[58]

김구는 고향에 갈 때에도 환등기구를 가지고 갔다. 그는 인근의 양반들과 상민들을 다 모아 놓고 환등회를 열었다. 이때에 역설했다는 다음과 같은 말은 『백범일지』 전편을 통하여 김구의 행동철학의 바탕을 가장 극명하게 드러내 보이는 대목이다.

> 저주하리로다, 해주 서촌 양반들이여! 자기네가 충신 자손이니 공신 자손이니 하며 평민을 소나 말처럼 여기고 노예시하던 기염은 오늘 어디에 있느냐!
>
> 저주하리로다, 해주 서촌 상놈들이여! 500년 기나긴 세월에 양반 앞에서 담배 한대와 큰 기침 한번 마음놓고 못하다가 이제 재래의 썩은 양반보다 신선한 신식 양반이 될 수 있지 않은가!
>
> 구식 양반은 군주 일개인에 대한 충성으로도 자자손손이 음덕을 입었거니와, 신식 양반은 3천리 강토의 2천만 민중에게 충성을 다하여 자기 자손과 2천만 민중의 자손에게 만세토록 복된 음덕을 남길지라. 그 얼마나 훌륭한 양반일까 보냐!
>
> 양반도 깨어라! 상놈도 깨어라![59]

사실 김구의 일생을 통한 행동철학은 기본적으로 유교사상에 바탕을

58) 『백범일지』, p.203.
59) 『백범일지』, p.204.

둔 것이었다. 유교사상의 실천윤리는 격식과 차별을 통한 위계질서이며, 그것을 구현하는 규범은 곧 예(禮)이다. 양반과 상민의 신분차별도 그러한 가치관에 입각한 것이었음은 말할 나위도 없다. 김구의 애국심이 같은 시기의 다른 개화파 지식인들에 비해 훨씬 더 근왕사상(勤王思想)과 융합되어 있는 것도 그 때문이라고 할 수 있다. 그러한 성향은 그가 순회강연을 할 때에도 나타났다.

군수 전봉훈의 요청으로 배천군에 갔을 때의 일이었다. 김구가 간다는 연락을 받고 전봉훈은 군내 여러 면의 지도급 인사들을 소집하여 오리정(五里亭)에서 기다리고 있었다. 김구가 나타나자 그는 큰 소리로 외쳤다.

"김구 선생 만세!"

그러자 모여 있던 사람들도 일제히 제창했다. 이 소리에 깜짝 놀란 김구는 황급히 군수의 입을 막으면서 망발하지 말라고 말했다. 왜냐하면 이때까지도 그는 "만세(萬歲)"라는 두 글자는 황제에 대해서만 부르는 것이고, 황태자에게도 "천세(千歲)"라고밖에 부르지 못하는 것으로 알고 있었기 때문이다.[60]

전봉훈은 당황해하는 김구의 손을 잡으면서 말했다.

"김 선생, 안심하시오. 내가 선생을 환영하여 만세를 부르는 것은 통례요 망발이 아닙니다. 친구 상호간에도 맞이하고 보낼 때에 만세를 부르는 터인즉 안심하시고, 영접하는 여러분들과 인사나 하시오."

여러 군을 순회하면서 계몽강연을 하던 김구의 의식의 밑바닥에 깔려 있는 보수성을 상징적으로 말해 주는 에피소드이다.

3

김구의 정력적인 활동은 더욱 확대되었다. 그는 양산학교 교사와 해

---

60) 『백범일지』, p.205.

서교육총회 학무총감의 직무에 더하여 1909년부터는 재령군(載寧郡) 북율면(北栗面) 무상동(武尙洞)에 새로 설립된 보강학교(保强學校)의 교장을 겸하게 되어 그 학교에도 왕래했다. 보강학교는 여물평(餘物坪) 일대의 말감고들이 성금을 모아 설립한 학교였다.[61] 말감고란 곡식을 팔고 사는 장판에서 되나 말을 되어 주는 일을 생업으로 하는 사람을 말한다. 설립 초기에는 말감고 우두머리 이수길(李守吉)이 교장이었는데, 얼마 뒤에 학교 진흥책으로 김구를 교장으로 초빙한 것이었다. 김구는 이제 황해도 일원에서, 특히 말감고 같은 서민들로부터도 그만큼 큰 인망을 얻고 있었던 것이다.

김구가 초빙되었을 때에 보강학교의 교감은 허정삼(許貞三)이고 전승근(田承根)이 주임교사였다. 전승근은 안악 출신으로서 신학교를 졸업한 기독교인이었다. 그는 뒷날 안신학교 교장이 되었다. 성격이 강직하고 언변이 좋은 그는 뒷날 "안악의 간디"로 불리면서 3·1운동과 6·10만세운동 등으로 여러 차례 옥고를 치렀다.[62]

『백범일지』는 이 무렵 보강학교에는 장덕준(張德俊)이 교사 겸 학생으로서 동생 장덕수(張德秀)를 데리고 교내에서 숙식하고 있었다고 기술했는데,[63] 장덕준 형제의 고향은 남율면이고 북율면에는 외가가 있었다. 이때에 보았던 장덕수의 암살사건과 관련하여 뒷날 김구가 주한미군의 군율법정에 서는 것은 그로부터 40여년이 지난 1948년의 일이다.

안악에서 보강학교까지는 20리 길이었다. 김구는 일주일에 한번씩 보강학교에 갔는데, 안악읍에서 신환포(新換浦)의 서강(西江) 하류를 배를 타고 건너 다녔다. 여름철에 나루터를 향해 갈라치면 학생들과 직원들이 건너편 강가로 김구를 마중하러 몰려나오곤 했다. 김구가 나루터에 도착하면 건너편에 있던 학생아이들이 전부 옷을 벗어던지고 강

---

61) 《大韓每日申報》 1909년1월21일자, 「學界: 西道光線」.
62) 『安岳郡誌』, p.161, p.180.
63) 『백범일지』, p.209.

속으로 뛰어들었다. 이를 보고 놀란 김구가 다급하게 큰 소리로 고함을 지를라치면 강가에 서 있던 직원들은 웃으면서 안심하라고 했다. 김구가 나룻배에 올라 강 가운데로 나갈 즈음 거뭇거뭇한 학생아이들의 머리가 물속에서 쑥쑥 솟아올라 뱃전에 매달렸는데, 그것은 마치 쳇바퀴에 개미떼가 붙는 것과 흡사했다고 김구는 회상했다. 이러한 광경을 보고 그는 마음속으로 "장래에 만약 해군을 모집하게 되면 바닷가 촌락에서 사람을 모집하는 것이 좋을 것이라 생각했다"64) 고 써 놓았다. 나라의 부국강병을 언제나 머릿속에 그리고 있던 김구의 상상력을 짐작하게 하는 술회이다. 재령군은 내륙지방이며, 김구가 건너다닌 서강은 대동강의 지류의 지류이다.

보강학교에서는 웃지 못할 소동이 벌어진 일이 있었다. 김구가 처음 부임했을 때에는 학교건물이 신축 중이었다. 지붕은 기와를 얹지 못하고 이엉으로 대강 얽어 놓은 상태로 개교하여 아이들을 가르쳤다. 학교는 동네에서 외따로 떨어져 있었는데, 이따금 도깨비불이 난다고 했다. 김구는 학교 사무원들을 불러서 화재가 난 진상을 물어보았다. 그들 역시 분명히 도깨비불이라고 했다. 학교 근처에 그 동네에서 해마다 제사를 올리는 부군당(府君堂)이라는 사당이 있고 그 주위에 아름드리 고목이 늘어서 있었는데, 학교건물을 새로 지은 뒤에 그 고목들을 베어 학교의 땔감으로 사용했다고 했다. 그 때문에 동네 사람들이 학교에서 부군당에 제사를 지내지 않으면 화재를 면하지 못한다고 믿고 있다는 것이었다. 김구는 교직원 한 사람을 불러서 은밀히 임무를 주었다. 화재가 빈번히 밤이 깊은 뒤에 일어난다니까 사흘 동안 숨어서 사람이 나타나는지 살피고, 나타나거든 가만히 뒤를 밟아 행동을 살펴보라고 했다. 그러고 나서 이틀째 되는 날이었다. 학교에서 급한 연락이 왔다. 중대한 사건이 발생했다면서 교장이 빨리 와 달라는 것이었다. 김구가 달려가자

---

64) 『백범일지』, p.211.

학교를 지키던 직원이 불을 지른 범인 한 사람을 묶어 놓고 있었고, 둘러선 마을 사람들과 학생들은 죽이자 살리자 하면서 한참 소동을 벌이고 있었다.

직원의 보고는 이러했다. 두번째 화재가 난 뒤에 교사 부근에 숨어서 감시를 했다. 이틀째 되는 밤중에 동네에서 학교로 가는 길에 인기척이 있어서 가만히 따라가 보았다. 어떤 사람이 황급히 교사로 달려가서는 강당 지붕과 그 맞은편의 사무실 지붕 위에 무슨 물건을 던졌다. 강당 지붕에 불꽃이 퍼지고 사무실 지붕에는 반딧불과 같이 반짝반짝하면서 아직 불꽃이 피지 않았을 때쯤 해서 그 사람이 급히 도망치려고 했다. 이때에 지키던 직원이 덮쳐서 범인을 결박했다. 그러고는 동네사람들을 불러서 불을 끄고 급히 김구에게 연락한 것이었다.

범인은 그 동네 서당 훈장이었다. 김구가 동네 유지들을 초칭하여 신교육의 필요성을 설명하고 난 뒤로 자기가 가르치던 아이들 네댓명이 모두 신식학교에 입학해 버려서 훈장은 하루아침에 밥벌이를 잃고 말았다. 그는 고역인 농사밖에 생활방도가 없게 된 것을 원망하여 학교에 불을 놓은 것이었다. 훈장은 손가락 길이만큼 되는 화약심지에 당성냥 한줌을 묶고 줄 끝에 돌멩이를 매달아 지붕에 던져서 불을 놓았다고 했다. 김구는 훈장을 경찰에 고발하지 않고 조용히 마을을 떠나게 했다.[65]

어쩌면 김구는 어릴 때에 부친 김순영이 어렵게 훈장으로 모셔 온 청수리(淸水里) 이 생원(李生員)이 밥을 많이 먹는다고 산동(山洞)의 신(申) 존위 집에서 쫓겨가던 일이 상기되었을지 모른다. 그것은 격심한 사회변혁기에 빚어지는 비극적 사례의 하나였던 셈이다.

김구가 보강학교를 왕래하면서 뒷날 동양척식회사에 폭탄을 던져 일본인들의 간담을 서늘하게 한 나석주(羅錫疇)를 만난 것도 이 무렵이었다. 나석주는 재령 북율면 출신으로서 이때에는 스무살이 채 안 된 청년

---

65) 『백범일지』, pp.210~211.

이었다. 그는 나라의 형세가 점점 기울어 가는 것을 한스럽게 생각하여 무슨 일을 꾸며 보고자 했다. 마침내 그는 여물평 안의 남녀 어린아이 열아홉명을 배에 싣고 비밀리에 중국으로 건너가 일본의 감시망 밖에서 교육시키려는 계획을 세웠다. 그러나 장련 오리(梧里)에서 배를 타고 출발하려 할 즈음에 일본경찰에 발각되어 여러 달 옥고를 치렀다. 그는 출옥하고 나서 겉으로는 상업이나 농사일을 하는 척하면서 속으로는 독립사상을 고취시키며 교육에 열성을 다하여, 평내의 청년 우두머리로 신망을 얻고 있었다. 나석주는 뒷날 상해임시정부에서 김구 휘하의 경무국 경호원으로 활동했다.

3. 안중근사건으로 한달 동안 구금

1

김구는 계속해서 황해도 일대를 순회하면서 유지들을 만나고 환등회를 열고 계몽강연을 했다. 재령군에서는 양원학교(養元學校)에서 유림들을 모아 놓고 교육방침을 토의했다. 장련군에 가자 군수 이씨는 김구를 맞이하여 관내 각면에 김구의 교육방침을 성심껏 복종하라는 훈령을 보내고, 김구에게 각면을 순회해 달라고 부탁했다. 김구는 읍내에서 많은 사람들을 모아 놓고 한차례 환등회를 연 다음 군수의 부탁대로 각면을 돌면서 강연을 했다.

김구가 송화군(松禾郡)에 간 것은 1909년10월이었다. 수교(水橋)장터에 도착하여 감승무(甘承武) 등 몇몇 유지의 요청에 따라 부근 대여섯 곳 소학교 학생들을 모아 놓고 환등회를 열었다. 떠나려고 할 때에 군수 성낙영(成樂英)의 연락이 왔다. 초면인 장련군수는 인사만 하고도 각면을 순회하며 강연까지 해주고 친한 자기는 찾아보지도 않고 지나가려고 하느냐는 항의였다. 그리하여 김구는 하는 수 없이 송화읍으로 갔다. 송화는 황해도 서부지역 교통의 요지로서 의병투쟁 때에는 의병과 일본군 수비대 사이에 전투가 치열했던 곳이다. 김구의 송화 방문은 여러 해 만이었다. 읍내 관사(官舍)는 거의 대부분이 일본의 수비대, 헌병대, 경찰서 등이 되어 있었고, 군수와 관속들은 민가를 빌려서 군청으로 쓰고 있었다. 이 광경을 보자 김구는 분한 마음이 머리끝까지 치밀어 올랐다.

환등회가 열렸다. 태황제(太皇帝)의 사진이 나오자 김구는 그 자리에 모여 있던 한국인 청중은 물론이고 일본군 장교와 경찰에게까지 일제히 일어나서 허리를 굽혀 절을 하게 했다. 환등회 장소에 의식적으로 황제인 순종(純宗)의 사진이 아니라 태황제인 고종의 사진을 내어 걸었다면 그것은 고종이 일본의 강압으로 양위한 것에 대한 저항의 뜻이 담긴 행동이었다. 그런 뒤에 김구는 "한인이 배일(排日)하는 이유가 무엇인가"라는 연제로 강연을 했다. 김구는 이때에 "한국인의 일본에 대한 감정이 청일전쟁과 러일전쟁 때까지만 해도 극히 우호적이었으나, 그 뒤에 을사조약이 강제됨에 따라 나쁜 감정이 점점 격증했다"라고 말했다고 『백범일지』에 썼다. 그는 문화군의 종산에 있을 때에 일본병사들이 산골마을에 들이닥쳐 닭이며 달걀을 노략질하는 것을 목격했던 사실을 소개하면서, 한국에 와 있는 일본인들의 이러한 나쁜 행위가 곧 한국인들의 배일감정의 원인이라고 큰 소리로 외쳤다는 것이다.

그런데 청일전쟁과 러일전쟁 때까지만 해도 한국인들의 일본에 대한 감정이 극히 우호적이었다는 김구의 말은, 비록 을사조약의 부당성을 강조하기 위한 수사적인 면이 없지 않았다고 하더라도, 꼼꼼히 톺아볼 필요가 있다. 이 말은 일찍이 이승만이《매일신문》의「논설」등을 통하여 한국에 나와 있는 하등 일본인들의 몰지각한 행동이 두 나라 사이의 우호관계를 악화시키고 있다고 했던 말을 연상시킨다. 이러한 주장은 장지연(張志淵)이「시일야방성대곡」에서, 이토 히로부미(伊藤博文)를 가리켜 평소에 동양삼국의 정족안녕(鼎足安寧)을 주선하던 인물이었으므로 한국에 온 것을 관민상하가 환영해 마지않았는데 을사조약이 웬말이냐고 통탄하고, 한국의 대신들을 가리켜 개돼지만도 못하다고 맹렬히 힐책한 것과 일맥상통하는 말이다. 그것은 곧 이 시기의 개화파 지식인들의 제국주의 일본의 본질에 대한 인식의 한계를 말해 주는 것이라고 할 수 있다.

그러나 김구의 그러한 발언마저도 위험시되는 시대상황이었다. 연설장에는 갑자기 긴장된 분위기가 감돌았다. 군수 성낙영과 그 역시 김구와 친숙한 이곳 세무서장 구자록(具滋綠)은 나란히 앉아 있다가 얼굴이 흙빛으로 바뀌었다. 일본인들은 노기가 등등했다. 사태는 급박하게 전개되었다. 일본경찰이 갑자기 환등회를 중지시켰다. 그리고 김구를 경찰서로 연행했다. 군중은 감히 말은 못했으나 분한 마음에 격앙된 분위기였다.

연행된 김구는 한인 감독순사의 숙직실에서 같이 잤는데, 각 학교에

여순옥중에서 빌렘 신부와 정근, 공근 두 동생에게 마지막 유언을 하는 안중근.

서 학생들이 차례로 위로 방문을 하기로 하고 위문대를 조직하여 연속으로 찾아왔다. 김구는 자신이 연행된 이유를 잘 알 수 없었다. 그날 저녁 환등회에서 일본인을 비판한 것은 사실이었으나 그 정도의 비판은 이미 다른 곳에서도 여러 차례 했었다. 그런데도 유독 송화경찰이 자신을 연행한 것은 이해가 가지 않았다.

이튿날 김구는 하얼빈발 전보로 이토 히로부미가 "은치안"이라는 한국인에게 피살되었다는 신문기사를 보았다. 김구는 은치안이 누구인지 몹시 궁금했다. 다음날 아침에 신문을 보고서야 그가 바로 안응칠(安應七), 곧 안중근(安重根)임을 알았다. 김구는 10여년 전에 청계동에서 본 돔방총을 어깨에 둘러메고 사냥하러 다니던 명포수 안중근의 모습이 떠올랐을 것이다. 그제야 김구는 어렴풋이나마 자신이 구금당한 원인을 짐작할 수 있었다. 그는 처음에 자신의 구금이 며칠 가지 않으리라고 생각했었는데, 이토 히로부미 저격과 관련된 혐의라면 좀 길게 고생할 것 같은 예감이 들었다.

며칠 뒤에 일본순사는 김구에게 몇마디 신문을 하고서는 그를 유치장에 구금했다. 유치장에 한달 동안 구금했다가 해주 지방재판소로 압송했다. 해주로 압송되면서 수교장터의 감승무 집에서 점심을 먹을 때에 시내 학교직원들과 유지들이 모여서 호송하는 일본순사에게 "김구 선생은 우리 교육계의 사표이니 위로연을 베풀 수 있게 해달라"고 요청했다. 그러나 일본순사는 해주에 다녀온 뒤에 실컷 위로하라면서 거절했다.

김구는 해주에 도착하자마자 바로 수감되었다. 이튿날 검사는 김구에게 안중근과의 관계를 물었다. 검사는 김구가 일찍이 안중근 집안과 각별한 관계가 있었으나 이번 이토 히로부미 저격과는 아무런 관련이 없다는 것을 확인하고 나서도 신문을 계속했다. 『백범일지』는 이때에 검사가 『김구』라고 쓴 100여쪽 분량의 책자를 내어놓고 신문했다고 기술했다.[66] 그러면서 그 책자는 최근 몇해 동안 자기가 각 지방을 돌아다니면서 일본관헌과 반목한 것에 대한 경찰보고를 모은 것이었다고 설명했는데, 그 책자의 실체가 어떤 것이었는지는 밝혀진 것이 없다.

결국 김구는 불기소로 석방되었다. 그런데 이때의 김구의 구속에 대한 사람들의 반응을 보면, 그가 이런 저런 사람들로부터 두루 신망을 얻고 있었음을 짐작할 수 있다. 석방되자 김구는 행장을 챙겨서 박창진(朴昌鎭)의 책방에 들렀다. 박창진과 그동안의 경과를 이야기하고 있는데, 옆에 있던 유훈영(柳薰永)이라는 사람이 인사를 하더니 자기 아버지의 회갑연에 참석해 달라고 초청했다. 김구는 그의 초청을 받아들였다. 회갑을 맞은 사람은 해주 부호의 한 사람인 유장단(柳長湍)이었다. 그런데 송화경찰서에서 김구를 호송했던 순사들 가운데 한국인 순사들은 사건의 추이가 궁금하여 이때까지도 떠나지 않고 있었다. 김구는 이들을 음식점으로 초청하여 경위를 말해 주고 돌아가게 했다.

그러고 나서 이승준(李承駿), 김영택(金泳澤), 양낙주(梁洛疇) 등 해주에 있는 친지들을 찾아보고 있는데, 안악의 친구들이 사람을 보내왔

---

66) 『백범일지』, p.208.

다. 그리하여 김구는 친구들이 걱정할 것을 생각하고 서둘러 안악으로 돌아왔다.

송화군의 용문면(龍門面) 반정리(伴亭里)에 흔히 "삼진사 만석꾼"으로 알려진 부자 삼형제가 있었다. 신석효(申錫孝), 신석제(申錫悌), 신석충(申錫忠) 세 진사가 그들이었는데, 김구는 신석제의 자손 교육문제로 반정리에 가서 하룻밤 묵으면서 이야기를 나눈 적이 있었다. 신석제 진사 집을 방문하려고 동네 입구에 들어서자 신석제의 아들 신낙영(申洛英)과 손자 신상호(申相浩) 등이 동구 밖까지 나와서 김구를 맞이했다. 김구가 모자를 벗으면서 인사하자 신낙영 등은 서둘러 갓끈을 풀려고 했다. 김구가 웃으면서 만류하자 그들은 송구한 듯이 말했다.

"선생께서 관을 벗으시는데, 우리가 그냥 답례할 수 있습니까?"

김구는 도리어 미안한 생각이 들었다.

"내가 쓴 담벙거지는 서양 사람들이 쓰는 물건인데, 그들은 인사할 때에 모자를 벗기 때문에 나도 그런 것이니 용서하시오."

김구는 신석제 진사에게 하룻밤 동안 교육이 급선무라는 것을 역설하고 손자 상호의 교육을 의뢰받고 안악으로 돌아왔다.

삼형제 가운데 막내인 신석충 진사는 해서의 저명한 학자요 큰 자선가였다. 안중근에게 독립운동 자금을 지원하기도 했던 그는 1910년2월에 안악사건으로 일본경찰에 체포되어 서울로 압송되는 도중에 재령의 삼지강(三支江) 철교를 건널 때에 강에 몸을 던져 자결하는 것은 뒤에서 보는 바와 같다.[67]

2

해주에서 돌아와서 얼마 되지 않은 어느 날이었다. 김구는 안악에서

---

67) 『백범일지』, p.218; 信川郡誌編纂委員會 編, 『信川郡誌』, 信川郡誌編纂委員會, 1984, p.307.

노백린을 만나 함께 여물평 진초동(進礎洞)의 김정홍(金正洪)의 집으로 가서 하룻밤 같이 자면서 해서교육총회 일을 의논했다. 노백린은 서울에 가는 길이었다. 해서교육총회가 창립될 때에 고문으로 추대되었던 노백린은 1909년 여름에 장련에서 개최된 제2차 총회에서 회장으로 선출되었다.[68] 김구는 학무총감으로서 총회의 실무 문제를 상의하기 위해 노백린과 자주 만났을 것이다. 김정홍은 진초학교(進礎學校) 교장이었다.

노백린과 김구가 진초학교 직원들과 함께 술을 마시고 있을 때였다. 갑자기 동네에서 소란스러운 소리가 들렸다. 김정홍은 당황하여 어쩔 줄 몰라 하면서 사실을 설명했다. 진초학교에 오인성(吳仁星)이라는 여교사가 있는데, 남편 이재명(李在明)이 무엇인가 강경한 요구를 하면서 권총으로 위협하는 서슬에 이웃집으로 몸을 피했다고 했다. 그러자 이재명이 미친 사람 모양으로 동네어귀에서 총을 쏘아대며, 매국노를 한놈씩 총살하겠다면서 소리소리 질러서 동네에 큰 소란이 일어났다는 것이었다.

김구와 노백린은 이재명을 불렀다. 스물서너살쯤 되어 보이는 청년이 화가 난 얼굴로 나타났다. 이재명은 처가에 대한 원망을 털어놓았다. 장모는 혼자였으나 살림이 넉넉하여 딸 셋을 모두 교육시켰는데, 처가식구들은 국가의 대사에 충성을 바칠 뜻이 없고 안일에 빠져서 자신의 의기와 충정을 이해하지 못한다는 것이었다. 그러면서 그는 그 때문에 자기네 부부 사이에도 사단이 생겨 학교에 손해를 끼칠까 걱정된다고 스스럼없이 말했다.

두 사람은 이재명에게 경력과 학식과 앞으로 계획하는 사업에 대해 물어보았다. 그는 어린 시절에 하와이로 이민 가서 공부하다가 조국이 일본에 병탄된다는 소식을 듣고 귀국했으며, 지금 하는 일은 매국노 이완용(李完用)을 비롯하여 몇놈을 죽이려고 준비 중이라고 말했다. 그러고는 단도 한자루와 권총 한정과 이완용 등의 사진 몇장을 품속에서 꺼내 놓았다.

---

68) 崔明植, 앞의 책, p.22; 李炫熙, 앞의 책, p.58; 박민영 외, 앞의 책, p.70.

이재명은 평안북도 선천 출신으로서 어렸을 때에 아버지를 여의고 1904년에 하와이로 이민 갔다가 을사조약이 체결되자 이완용 등을 처단해야겠다고 생각하고 1907년에 귀국했다. 그러고는 때를 기다리다가 1909년11월 일진회(一進會)가 합방청원서를 내는 것을 보고는 마음먹었던 일을 실행하기로 결심했다. 그는 먼저 서울에서 오복원(吳復元)과 김용문(金龍文)을 동지로 포섭하고, 1909년11월 말에 평양에 내려가서 12월 초순까지 박태은(朴泰殷)의 집에 묵으면서 김정익(金貞益), 이동수(李東秀), 전태선(全泰善), 이응삼(李應三) 등의 동지들을 규합한 다음 12월12일경에 서울로 올라왔다.[69]

김구와 노백린은 이재명이 서울로 올라오던 12월 초쯤에 그를 만났던 것 같다. 두 사람은 이재명이 시세의 격변 때문에 헛된 열정에 들뜬 청년으로 생각했다. 그래서 노백린은 이재명의 손을 잡고 간곡하게 말했다.

"군이 국사에 비분하여 용기 있게 활동하는 것은 극히 가상한 일이오. 그러나 큰일을 도모하고자 하는 대장부가 총기로 자기 부인을 위협하고 동네에서 총을 함부로 쏘아 민심을 소란하게 하는 것은 의지가 확고하지 못한 것을 드러내는 징표이니, 지금은 칼과 총을 내게 맡게 두고 의지를 더욱 강견하게 수양하고 동지도 더 사귀어 실행할 만한 때에 총과 칼을 찾아가는 것이 어떻겠소?"

이재명은 두 사람을 한참 쳐다보다가 총과 칼을 노백린에게 주었다. 그러나 얼굴에는 못마땅해하는 기색이 역력했다. 이재명과 작별하고 사리원역에서 노백린이 탄 기차가 막 떠나려 할 때였다. 이재명이 갑자기 노백린에게 맡긴 것을 되돌려 달라고 말했다. 노백린은 웃으면서 말했다.

"서울 와서 찾으시오."

그러는 사이에 기차가 떠나 버렸다. 그런 지 얼마 지나지 않아서 김구는 이재명이 서울 종고개에서 군밤장수로 가장하고 길가에서 대기하다

---

69) 宋相燾, 『騎驢隨筆』, 國史編纂委員會, 1955, pp.156~158; 「의사행적」 및 「재판기록(이재명)」, 『독립운동사자료집(11) 의열투쟁사자료집』, 1976, pp.476~488, pp.551~564 참조.

1909년에 종현천주교회당[명동성당] 앞에서 이완용을 습격한 이재명(왼쪽에서 두번째)과 동지들.

가 이완용을 칼로 찔렀고, 여러 동지들과 함께 체포되었다는 신문기사를 보았다. 이재명은 1909년12월22일 오전에 종고개 천주교당에서 벨기에 황제 레오폴드 2세(Leopold Ⅱ)의 추도식을 마치고 나오는 이완용을 칼로 찌르고 현장에서 체포된 것이었다.

김구는 깜짝 놀랐다. 그러면서 그는 "이 의사가 권총을 사용했더라면 국적 이완용의 목숨을 확실히 끊었을 것인데, 눈먼 우리가 간섭하여 무기를 빼앗는 바람에 충분한 성공을 거두지 못한 것이다"[70] 라면서 노백린과 자기가 이재명의 권총을 빼앗은 일을 몹시 후회했다.

그러나 이재명은 체포될 당시에 권총 한정을 휴대하고 있었다. 재판정에서 그는 평양 출신의 동지 전태선이 밤자루 속에 포장하여 보내 준

70) 『백범일지』, p.214.

것이라고 진술했는데,[71] 그 권총이 서울에 도착하여 노백린으로부터 되돌려 받은 것이었는지, 아니면 다시 입수한 것이었는지는 알 수 없다. 그리고 왜 권총을 사용하지 않았는지도 분명하지 않다.

이재명은 1901년4월에 사형을 선고받고 그해 9월21일에 서대문형무소에서 순국했다. 그는 사형선고를 받자 재판관을 향하여 "공평치 못한 법률로 나의 생명을 빼앗지마는 국가를 위하는 나의 충성된 혼과 의로운 혼백은 가히 빼앗지 못할 것이니 한번 죽음은 아깝지 아니하거니와, 생전에 이루지 못한 한을 기어이 설욕신장하고 말리라" 하고 일갈했다. 그러고는 옆에 서서 기다리던 아내 오인성과 가족들을 향해 마지막 작별인사를 했다. 오인성은 "국적 이완용은 아직 살아 있는데, 우리 집 가장은 무슨 죄로 사형에 처하느냐!" 하고 울부짖었다.[72]

일본의 한국병탄을 눈앞에 둔 시섬에 목숨을 걸고 감행된 이재명의 의거는 안중근의 이토 히로부미 저격사건 못지않은 큰 충격이었다. 이 무렵 블라디보스토크와 하얼빈에 밀파된 일본경찰의 정보보고서는, 그곳에 있는 한국인들은 이재명이 조국의 수도, 더욱이 일본인 순사와 헌병이 배치된 가운데서 이 장거를 수행했다는 사실은 처음부터 살아 돌아올 것을 기대하지 않은 결사의 행동이었으므로 그 용맹은 안중근보다 위에 있다고 말하면서, 안중근보다 우수한 제1등 공신을 냈다고 칭송하고 있다고 한다고 적었다.[73]

김구가 교육운동에 바쁜 나날을 보내는 동안 집안에 한가지 파란이 있었다. 김구가 최준례와 결혼한 뒤에 동서되는 신창희(申昌熙)는 세브란스의전을 졸업하기 위해 공부를 계속하게 되어 아내와 장모까지 함께 서울로 갔다. 그리하여 신창희는 1908년 세브란스의전의 제1회 졸업생이 되었다.

---

71) 『한국독립운동사자료집(11) 의열투쟁사자료집』, p.494, p.562.

72) 위의 책, pp.529~530.

73) 「블라디보스톡 및 하얼빈在留韓國人의 安重根과 李在明의 比較」, 國史編纂委員會 編, 『韓國獨立運動史 資料(7) 安重根 篇 Ⅱ』, 國史編纂委員會, 1978, p.255.

김구가 장련에 있을 때에 장모와 처형이 찾아온 적이 있었는데, 어찌된 영문인지 처형은 신창희와 잘 맞지 않는 빛을 보일 뿐 아니라 거동이 상식에 어긋나는 데가 있었다. 김구 내외는 그러한 처형과 장모를 타일러 신창희에게로 돌아가게 했다. 안악으로 이사한 뒤에 장모와 처형이 또 안악으로 찾아왔다. 처형은 신창희와의 부부관계를 끝냈다고 했다. 김구와 곽씨 부인은 이들 모녀를 집에 받아들일 생각이 없었으나, 최준례는 성품이 매몰차지 못하여 집안이 몹시 불안에 빠졌다. 김구는 아내에게 가만히 자기가 시키는 대로 하라고 이르고는 장모를 보고 단호하게 말했다.

"큰딸을 데리고 나가지 못하시겠거든 작은딸마저 데리고 나가 주십시오!"

말귀를 알아차리지 못한 장모는 그렇게 하겠다면서 세 모녀가 집을 떠나 서울로 갔다. 얼마 뒤에 김구가 서울에 가서 동정을 살펴보니까 아내는 따로 나와서 어느 학교에 나갈 계획을 하고 있었다. 김구는 아내에게 약간의 여비를 주고 돌아와서는 재령에 있는 쿤스 목사와 상의했다. 쿤스 목사는 최준례를 당분간 자기 집에 있게 했다가 천천히 데려가라고 말했다. 김구는 곧 아내에게 편지를 하고 사리원역에서 기다렸다. 최준례 혼자 차에서 내렸다. 김구는 아내를 쿤스 목사 집에 데려다 두고 집으로 돌아와서 어머니에게 경위를 설명했다.

"장모와 처형이 비록 여자로서 도리에 위반되는 죄상이 있더라도 죄 없는 아내까지 내쫓는 것은 도리가 아니니 용서하십시오."

그러자 곽씨 부인이 말했다.

"그렇다. 네가 데려오는 것보다 내가 직접 가서 데려오마."

곽씨 부인은 그날로 재령에 가서 며느리를 데려왔다. 최준례는 그때부터 자기 어머니와 언니와는 인연을 끊고 지냈다. 그 뒤로 처형은 평산(平山) 등지에서 헌병보조원의 아내인지 첩인지가 되어 살고, 장모도 같이 산다는 소문만 들었다.[74] 헌병보조원이란 글자 그대로 일본헌병을 보조하던 한국인 부랑배로서 온갖 잔악한 행위로 원성을 사고 있었다.[75]

김구는 첫아이를 잃은 지 이태 뒤인 1910년에 두번째로 딸을 낳았다. 화경(化敬)이라고 이름을 지었다.

김구는 1910년에 양산학교의 교장이 된 것 같다. 정확한 날짜는 알 수 없으나 8월29일에 한일합병조약이 체결될 때에는 이미 교장이 되어 있었던 것은 『백범일지』의 다음과 같은 기술로 짐작할 수 있다.

> 나부터 망국의 치욕을 당하고 나라 없는 아픔을 느끼나, 사람이 사랑하는 자식을 잃으면 슬퍼하면서도 자식이 곧 살아날 것 같은 생각이 나는 것처럼, 나라가 망하였으나 국민이 일치 분발하면 곧 국권이 회복될 것같이 생각되었다. 그렇게 하려면 후진들의 애국심을 함양하여 장래에 광복하는 길밖에 다른 방법이 없다고 생각되어 계속하여 양산학교를 확장하고 중소학부에 학생을 늘려 모집하면서 교장 임무를 다하였다.[76]

국권을 잃은 통분 속에서도 후진들의 애국심을 함양하여 장래에 국권을 회복하는 길밖에 다른 방법이 없다고 생각했다는 것은 이 무렵의 김구의 교육관을 잘 보여 준다. 그리고 그것은 을사조약이 강제되었을 때에 서울에 올라가서 조약파기투쟁에 앞장서던 것과는 대조적인 모습이다. 그것은 아마 이때에는 김구가 비밀결사 신민회(新民會)가 추진하던 장기적인 국권회복운동 준비에 참가하고 있었기 때문이었을 것이다.

74) 『백범일지』, p.235.

75) 權九薰, 「日帝韓國駐箚憲兵隊의 憲兵補助員研究 1908~1910」, 《史學研究》 제55·56합집, 韓國史學會, 1998, pp.727~746 및 愼蒼宇, 「憲兵補助員制度の治安政策的意味とその實態: 1908年~1910年を中心に」, 《朝鮮史研究會論文集》 39集, 2001, pp.161~193 참조.

76) 『백범일지』, p.215.

21장

한국인 최초의 정치학 박사

1. 대동보국회 간부들이 혈서로 초청
2. 애국동지대표회의 회장
3. "미국의 영향을 받은 중립"으로 박사학위 취득

1. 대동보국회 간부들이 혈서로 초청

1

하버드대학교 대학원의 1907년 가을학기 개학을 기다리던 이승만은 소스라치게 놀랄 편지 한통을 받았다. 그것은 샌프란시스코에 있는 대동보국회(大同保國會)의 중앙회 회장 문양목(文讓穆)을 비롯한 간부 다섯 사람이 연명으로 보낸 혈서였다. 혈서란 흔히 피를 낸 손가락으로 비장한 결의를 나타내는 간단한 글귀를 적는 것인데, 이 혈서는 다섯 사람이 각자의 손가락에서 피를 내어 접시에 받아 가지고 붓으로 찍어 쓴 긴 편지였다. 이승만이 크게 감동했을 것은 당연하다.

대동보국회는 을사조약(乙巳條約)의 체결에 충격을 받은 일부 재미동포들이 1905년12월에 캘리포니아주의 패서디나(Pasadena)에서 조직한 대동교육회(大同教育會)를 개편하여 1907년1월에 샌프란시스코에서 결성한 동포단체였다. 장경(張景), 이병호(李秉瑚), 문양목, 함재경, 백일규(白一圭) 등이 주도한 이 단체는 같은 샌프란시스코에서 1905년4월에 안창호(安昌浩)를 중심으로 하여 관서지방 출신들이 결성한 공립협회(共立協會)와 대립적인 입장에서 결성한 것이었다. 공립협회의 지역편파주의에 반발한 일부 관서지방 출신들을 포함하여 다른 지방 출신 인사들이 중심이 되어 결성한 대동보국회는 교육 및 실업의 진흥과 자치 등 실력양성론을 주장하면서도 무력투쟁을 중시했고, 공립협회에 비하여 근왕사상(勤王思想)의 색채가 강했다. 그리고 청국(淸國)의 강유위(康有爲) 계열의 보황회(保皇會)와도 관계를 맺고 상해 등지에 지회를 두고 있었다.[1] 문양목과 백일규는 본국에 있을 때에 동학농민봉기에 참가했다

1) 崔起榮, 「美洲大同保國會의 국권회복운동」, 『韓國近代啓蒙運動研究』, 一潮閣, 1997, pp.227~265 참조.

가 미국으로 이민 간 뒤에 기독교에 입교한 사람들이었다.[2)]

대동보국회는 결성 때부터 이승만에게 지도자가 되어 주기를 거듭 요청했었는데, 이번에는 그것을 혈서로 간청한 것이었다. 혈서 편지의 다음과 같은 문장은 이승만이 이제 동포사회에서 지식으로나 경륜으로나 대표적 지도자로 평판이 나 있었음을 보여 준다.

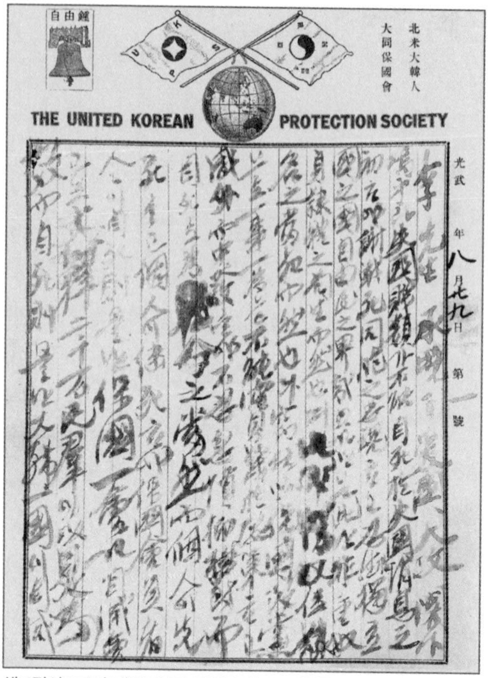

샌프란시스코의 대동보국회 간부들이 1907년8월29일에 이승만에게 보낸 혈서편지의 첫장.

아, 사람이 견문이 적고 얕아 가지고는 (보국이) 열성으로써 가능하지 않으며, 용맹으로써 가능하지 않으며, 의기로써 가능하지 않으며, 지혜로써도 가능하지 않습니다. 오직 학문과 견문과 지식이 고명하여 열성, 용맹, 의기, 지혜가 깊어서 시세를 잘 이용한 연후에라야 오늘 한국의 국민을 구하는 운동을 할 수 있을 것입니다.

엎드려 바랍니다. 선생께서 손꼽아 헤아리시며 저울질해 보시기에 미주동포 가운데 능히 그럴 만한 자격이 있는 사람이 몇이나 있나이까.… 저희들이 자문자답하려이다. 그런 소임을 능히 할 만한 이는 선생 한 분뿐이오, 해도 괜찮다 할 만한 사람도 두셋이라 하오이다. 그런즉 어찌해야 되겠나이까. 한국의 멸망도 오늘이요 한국의 회복도 오

---

2) 백일규, 「고 문양목선생을 추도」, 《新韓民報》 1941년1월23일자.

늘이라. 선생이 어여삐 여겨 생각을 바꾸어 이곳에 오셔서 우리 회의 주인옹(主人翁)이 되어 지휘하여 부리시고 자임하여 감당해 주시면 조국이 부활하고 동포가 재생하려니와, 선생이 이에 불응하시고 노동자이고 하등인에 불과한 자들과 어찌 더불어 대사를 도모하리오 하시면 (어찌 하오리까). 조국이 전복하느냐 광복하느냐의 기회가 오늘이며, 동포의 멸절하느냐 생존하느냐의 기회가 오늘이오니, 엎드려 원하건대 선생은 어여삐 여기소서.…[3)]

대동보국회 회장 문양목. 그는 대동신서관을 설립하여 이승만의 『독립정신』을 출판했다.

그러나 이승만은 대동보국회의 초청에 응하지 않았다. 그것은 어렵사리 입학허가를 얻은 하버드대학교 대학원 진학을 포기할 수 없었을 뿐만 아니라 어느 한 동포단체의 지도자가 되는 것은 그로서는 바람직한 일이 아니었기 때문이다. 그는 이전부터 교포단체의 통합을 주장하고 있었다.

이승만이 대동보국회의 초청을 정중하게 거절하면서 보낸 장문의 편지는 이 무렵의 그의 생각과 생활상을 잘 말해 준다. 대동보국회는 10월3

3) 大同保國會 간부 5명이 1907년8월29일자로 이승만에게 보낸 혈서, 『雩南李承晩文書東文篇(十二) 하와이·美洲僑胞關聯文書』, 1998, pp.753~754. 원문은 한문투의 국한문 혼용문이다.

일에 기관지로 《대동공보(大同公報)》를 발간하면서 이승만의 이 편지 전문을 세번에 나누어 실었다.

> 동포의 귀한 피를 보내시니 보패(寶貝)보다 중히 여겨 깊이 간수하고 장차 기회를 기다려 나의 피로써 갚기를 힘쓰려 하나이다.… 사소한 말을 제하고 실정을 말씀하리니, 비록 피로 쓰지 아니하였으나 피에 맺힌 말인 줄 아시기 바라며, 나의 속을 여럿이 소상하게 알게 하기 위하여 국문을 쓰오니 살펴보기 바라오.…

이처럼 겸손한 듯하면서도, 그러나 국문으로 쓰는 이유를 밝힌 데서 보듯이, 많은 동포들에게 읽히기를 바라고 쓴 이 편지는 그 특유의 자기 현시적 내용을 담고 있기는 하나 매우 설득력이 있었다. 과격한 수사도 여전했다.

그는 먼저 오늘날 조국의 처지가 이렇게까지 된 것은 사람들이 자기의 주장을 받아들이지 않았기 때문이라고 단언했다.

> 10여년 전에 임금께옵서 내 말을 들어주셨으면 오늘날 일본의 기반(羈絆)을 면하였을 것이요, 민영환(閔泳煥)씨가 나의 말을 들어주었다면 구구히 자기 손으로 자기 목을 찌르는 욕을 면하였겠고, 미주에 있는 우리 동포들이 나의 말을 들어주었으면 오늘날 족족이 패를 갈라서 서로 갈등나는 폐단이 없었을지라. 이놈이 오늘이라도 귀처로 가서 글도 쓰고 말도 하는 날이면 또 일변으로 역적놈이라 도적놈이라 하며 일본공영사관이나 세력변으로 보고와 고발이 분주할 터이니, 귀치 않은 생명이 이것을 실로 두려워함이 아니나 남의 고사감 되기는 실로 쉽고 분한지라. 무수한 경력을 다 치른 후에 태평을 바라거나 구차로이 목숨을 보전하기를 도모함이 조금도 아니라. 홀로 내 절개를 굳게 지켜 차라리 남의 음식그릇을 씻어 주고 생색 있

는 면포[麵麭: 빵]로 배를 채울지언정 나라는 자의 더러운 음식을 입에 대지 않기로 작정이요, 차라리 홀로 싸우다가 십자가에 달릴지언정 일진회와 합심하여 설령 일조일석에 나라를 회복할 일이 있어도 결단코 행치 않을지라.…

10여년 전에 고종(高宗)이 자기의 말을 들어주었더라면 나라가 일본의 속박을 받게 되지 않았을 것이라는 말은 만민공동회 때에 앞장서서 「헌의6조(獻議六條)」의 즉각적인 실행을 요구했던 것을 가리키는 말일 것이겠지만, 민영환이 자기 말을 들어주지 않았다는 말은 딱히 무엇을 뜻하는 것인지 알 수 없다.

이승만은 이어 자기는 공부를 좀더 하고자 한다면서, 그 이유를 다음과 같이 설명했다.

이는 일후에 월급을 더 많이 받자 원도 아니요 행세를 낫게 하자는 것도 아니라. 실로 나라를 위하고 동포를 위하여 싸우자 한즉 내 몸이 먼저 한 강병이 되어야 붓으로 싸우든지 지혜로 싸우든지 적국의 한 꺼리는 바이 될지라. 생각하여 보시오. 설사 일본이 우리에게 대하야 말하기를 너희가 독립을 하겠다 하니 무엇을 가지고 하겠다 하느냐, 가령 충군애국과 대포 군함은 다 버리고 다만 한일 양국의 인물만 비교하야 볼진대 그 나라보다 정치가가 나으오, 나라 외교가가 나으오, 나라 재정가가 나으오, 나라 제술가가 나으오. 나라하야 정치상 시비를 논란하든지 각국에 시비를 담판하든지 하면 선선히 대답하고 나갈 사람이 누구요. 설령 우리에게 정부와 나라의 일을 다 맡길지라도 조직하고 참으로 들어앉아 일할 만한 사람이 누구누구요. 이것이 실로 한심한 것이오. 이것이 실로 나라 망하는 근본이라. 신문에 글 한장을 지어 보내어 조선사람이 어찌하여 죽는 줄을 알게 하라 하여도 공부가 있어야 하겠고, 군사를 가지고 접전을 하라 하여도 세상

형편과 공론을 아는 자라야 할지라.[4]

그래서 하버드대학교에 진학하게 되었다고 그는 설명했다. 이어 그는 하버드대학교에서 졸업장 받는 것은 자신의 개인적 소원에 불과한 것이 아니라 "우리 조선에 생광이요 나를 사랑하는 동포의 생색이라"라고 주장했다. 그러고는 동포단체들의 통합이 무엇보다도 시급한 과제라고 강조했다.

> 오호통재라. 이때에 합하지 못하면 영히 합치 못하리니, 합치 못하면 망할지라. 우리 손으로 망케 하면서 망치 않고자 하면 이는 자기 손으로 자기 목을 따면서 살기를 구함과 같은지라.…

그러고는 혈서에서 "노동자이고 하등인" 운운한 말과 관련해서 길게 언급한 것이 인상적이다.

> 우리들이 노동자라고 정리상에 더불어 의논할 것 없다 하여 물리치지 말라 하신 말씀은 나의 속을 실로 알지 못한 줄로 도리어 부족히 여길 만하외다. 나는 노동 천역자로 더불어 평생을 상종코자 하는지라. 소위 상등인이란 자는 거의 썩고 더러운 자들이라. 소위 증경[曾經: 일찍이 벼슬을 지낸 것] 칙주임관(勅奏任官)이나 혹 현대직임한 자와는 평생 더불어 말도 말고 지내기를 원하오. 일후에라도 나의 처신 행사를 보면 알려니와, 나는 자초로 금일까지 모든 약하고 천한 자를 위하여 모든 강포(强暴)를 대적하여 왔으며 또한 평생을 이렇게 마치고자 하나, 나의 원수는 점점 득승하고 나의 친구는 점점 세력변으로 따라가고 또한 약한 자들은 나의 뜻을 알아주는 자가 없는지라. 내

4) 《大同公報》 1907년10월3일자, 「別報: 李氏謝函」.

일신이 이 세상에 외롭고 고적한즉, 어떠한 이든지 나와 같은 목적으로 몸을 돌아보지 않는 자는 나의 형제요 자매라. 참 충애(忠愛)로 변치 않는 동포를 존중히 여길 뿐이로다.[5]

이승만은 결론적으로 민심을 발달시키고 풍기를 변혁할 학문과 교화(敎化)의 진작방법은 신서적을 많이 보급시키는 일이라는 지론을 이 편지에서도 되풀이했다. 어디든지 한곳에 활판소[인쇄소]를 정하고 각처에 있는 학문 있는 사람들이 원고를 써서 보내면 그것을 책으로 만들어서 배포하면 된다고 인쇄 출판사의 운영방식을 설명했다. 그것이 곧 우리나라의 독립기초를 세우는 일이라고 했다.

이승만은 이러한 그의 지론을 공립협회의 기관지 《공립신보(共立新報)》에 기고한 글에서도 되풀이했다. 그는 동포단체들의 통합 이전에 우선 각 단체가 따로따로 발행하고 있는 신문을 하나로 통합할 것을 주장했다. 그것은 동포사회의 정보의 공유와 의견통합을 위하여 가장 효과적인 방법일 수 있었다. 이승만은 그러면서 자기와 서재필(徐載弼)이 1906년부터 월보(月報)를 발행하면서 출판사를 설립할 것을 구체적으로 논의해 왔다고 말했다.

닥터 제손(Dr. Jaishon: 서재필)씨가 재작년 이래로 나와 상약(相約)이 있어서 하와이와 미주 각 지방에 있는 대한사람들이 합력하여 찬성할진대 활판을 설시하고 월보를 발간하여 각처에 전파하고 본국으로 실어 보내면, 연조를 힘입지 않아도 스스로 서적소 한곳을 기초잡을지라. 서책도 발간하고 번역도 하면 큰 효험 있으리라 하여 제손씨가 글을 지어 찬성할 줄로 상약이 있었으나, 우리의 합심력이 적어

---

5) 리승만, 「寄書(속)」, 《大同公報》 1907년10월11일자.

이에 달치 못한지라.…[6]

언론과 출판사업의 가치와 효용에 대한 그의 이러한 인식은 독립운동 기간 내내 계속되어 기회 있을 때마다 실천에 옮겨졌다.

하버드대학교 대학원에 입학할 무렵의 이승만의 생활은 불안정했다. 그는 대동보국회 간부들에게 보낸 편지에서 로스앤젤레스에 있는 친구들도 한번 다녀가라고 하나 그곳 친구들의 여비보조가 없이는 가기 어렵다고 말하고, 또 "이곳에서 남의 집 일을 보아 주고 지내기가 골몰한지라"라고 썼다. 남의 집을 보아 주고 지낸다는 말이 어떤 일을 뜻하는 것이었는지는 분명하지 않다. 아마도 오션 그로브의 보이드 부인 별장에서 여름을 나는 것을 그렇게 과장해서 말한 것이 아닌가 생각된다. 또한 이 편지 끝머리에 "마음이 조급하여 잠을 못자는 고로 안질이 생겨 괴로운 중이니, 대강 소회를 기록하여 보내옵니다"[7] 라고 적은 것도, 이 무렵의 그의 초조한 심리상태를 짐작하게 한다.

2

이승만은 1907년 가을에 하버드대학교 문리과대학 대학원의 역사학, 정치학 및 경제학과(Department of History, Politics, and Economics)에 입학했다. 이때는 학과가 오늘날처럼 세분되어 있지 않아서 이승만은 세 학문을 통합한 긴 이름의 이 학과에 입학한 것이다. 그 가운데서 그가 전공한 학문은 정치학이었다.[8] 하버드대학교는 미국에서 역사가 가장 길고 권위 있는 대학이다. 이승만은 애를 써서 하버드대학교 대학원에 입학은 했으나, 그의 하버드대학교 생활은 그다지 즐겁지 못했다. 그는 1907년 가을

6) 李承晩, 「論說: 在美韓人前途」, 《共立新報》 1908년3월4일자.
7) 리승만, 「寄書(속)」, 《大同公報》 1907년10월17일자,
8) 김학준, 『한말의 서양정치학수용 연구』, 서울대학교출판부, 2000, p.180.

학기에 두과목, 1908년 봄학기에 다섯과목을 수강했다. 그 내용은 헌법을 제정하기까지의 미국사, 유트레히트(Utrecht) 평화조약 이후 현대까지의 유럽사(두학기), 유럽 국가들의 팽창주의와 식민지정책 특강, 19세기 유럽의 상공업, 국제법과 중재, 미국 외교정책, 경제학 등이었다.[9)]

이승만이 하버드대학교에 다닐 때에 거처하던 집. 이 집은 하버드대학교에서 공부하는 예수회(Jesuit Society) 소속 가톨릭 신부들의 기숙사였다.

대부분의 강의는 이승만이 완전히 익히기에는 힘에 부쳤다. 그는 밤늦도록 오랜 시간 공부에 매달려야 했다. 그리하여 교회에서 강연하는 시간 말고는 하버드 재학 1년 동안 대학교 안의 사교활동에도 전혀 참가하지 않았고 친구들도 사귀지 않았다. 그러나 이승만은 1년 안에 석사학위를 얻고 곧바로 박사과정을 이수하겠다는 당초의 계획을 달성하지 못했다. 그가 이수한 일곱과목의 성적은 역사 분야 네과목이 B, B, B, C학점이고, 정치학 분야 두과목은 B, B학점, 경제학 한과목은 D학점이었다. D학점은 낙제학점이었으므로 그는 석사학위를 받을 수 없었다.[10)]

이승만은 하버드대학교 대학원에서 공부하는 동안에도 강연하는 기회는 사양하지 않았다. 그것은 여전히 그의 중요한 생계수단이었기 때문

---

9) Robert T. Oliver, *Syngman Rhee: The Man Behind the Myth*, p.104.
10) 유영익, 『이승만의 삶과 꿈: 대통령이 되기까지』, p.56; 김학준, 앞의 책, p.181.

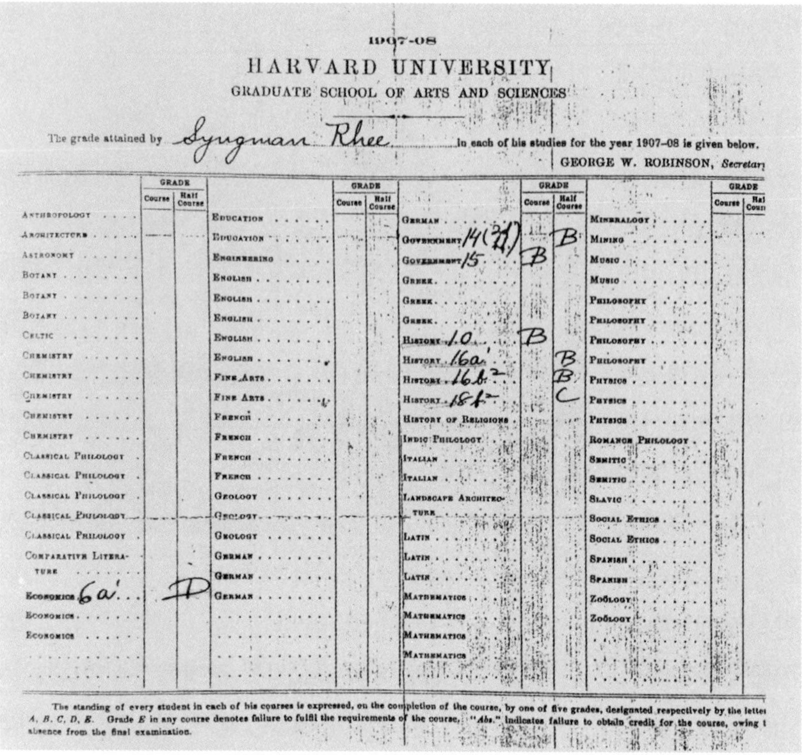

1907-08

HARVARD UNIVERSITY

GRADUATE SCHOOL OF ARTS AND SCIENCES

The grade attained by Syngman Rhee in each of his studies for the year 1907–08 is given below.

GEORGE W. ROBINSON, *Secretary*

	GRADE			GRADE			GRADE			GRADE	
	Course	Half Course		Course	Half Course		Course	Half Course		Course	Half Course
Anthropology			Education			German			Mineralogy		
Architecture			Education			Government 14 ([illegible])		B	Mining		
Astronomy			Engineering			Government 15	B		Music		
Botany			English			Greek			Music		
Botany			English			Greek			Philosophy		
Botany			English			Greek			Philosophy		
Celtic			English			History 10	B		Philosophy		
Chemistry			English			History 16a^1		B	Philosophy		
Chemistry			Fine Arts			History 16b^2		B	Physics		
Chemistry			Fine Arts			History 18b^2		C	Physics		
Chemistry			French			History of Religions			Physics		
Chemistry			French			Indic Philology			Romance Philology		
Classical Philology			French			Italian			Semitic		
Classical Philology			French			Italian			Semitic		
Classical Philology			Geology			Landscape Architecture			Slavic		
Classical Philology			Geology						Social Ethics		
Classical Philology			Geology			Latin			Social Ethics		
Comparative Literature			German			Latin			Spanish		
			German			Latin			Spanish		
Economics 6a^1		D	German			Mathematics			Zoölogy		
Economics						Mathematics			Zoölogy		
Economics						Mathematics					
						Mathematics					

The standing of every student in each of his courses is expressed, on the completion of the course, by one of five grades, designated respectively by the letters *A, B, C, D, E*. Grade *E* in any course denotes failure to fulfil the requirements of the course. "*Abs.*" indicates failure to obtain credit for the course, owing to absence from the final examination.

이승만의 하버드대학교 문리과대학 대학원 성적표.

이다. 그의 『일기(*Log Book of S. R.*)』에는 이 무렵 어떤 교회에서 다른 연사 한 사람과 함께 강연을 하고 받은 사례비 10달러를 절반씩 나누어 가졌다는 기록도 보인다.[11]

그러나 아쉽게도 이 시기에 이승만이 했던 강연내용이 남아 있는 것은 보기 드물다. 서울에서 선교사들이 발행하던 영문잡지에 이승만의 연설문이 하나 실려 있어서 이 무렵의 그의 신앙과 함께 영어연설 실력을 짐작하게 한다. 이 글은 뉴욕에 본부를 둔 미국 및 캐나다 청년선교운동(Young People Missionary Movement of the United States and

11) Syngman Rhee, *Log Book of S. R.*, 1908년10월27일조.

Canada) 주최로 펜실베이니아주의 피츠버그에서 1908년3월11일에 개최된 제1회 국제선교사대회에 초청되었을 때의 연설문이었다. 이승만과 함께 웡(C. T. Wong)이라는 중국인도 연설을 했다.

3,000명의 대표가 모인 이 대규모 집회에서 이승만은 여유 있고 유머 감각이 넘치는 연설을 했다.

> '조선(Morning Calm)'이라는 말은 우리 조상들이 약 5,000년 전에 한국에 지어 준 아름다운 이름입니다. 오늘날 위대한 엉클 샘[Uncle Sam: 미국의 애칭]은 물론 태어나지도 않았을 때이지요.…

이렇게 시작한 연설은 나라를 지칭할 때에 쓰는 인칭대명사 'She(그녀)'를 은유적으로 사용하여 열강의 각축 속에서 희생되고 있는 한국의 처지를 설명했다.

> 그녀(She)는 아름다운 나라입니다. 사실 그녀는 너무나 아름답습니다. 그래서 그녀의 모든 이웃들은 그녀를 두고 줄곧 다투어 왔습니다. 최근까지 그녀는 용감하게, 또 존경스럽게 순결을 지켜 왔습니다. 그런데 이제 그녀는 아주 관대하게 주는 사람이 되었습니다. 그녀는 자기가 가지고 있는 모든 것을 내어 주고, 그녀의 친구들과 그녀를 좋아하는 사람들이 와서 자기네 뜻대로 하도록 너그러워졌습니다. 그래서 여러분이 보듯이, 한국인들은 오늘날 그것을 위해서 자신의 목숨을 바치거나 거기에서 살아갈 나라가 없어지고, 평화로운 삶을 즐길 수 있는 집을 잃게 되었습니다. 그들은 완전히 비탄에 빠졌습니다. 여러분, 제가 이것을 전적으로 불쾌하게 여기지 않는다는 것을 이해해 주십시오. 왜냐하면 이것은 한국의 기회이기 때문입니다. 이것은 하나님의 기회입니다. 형제 자매 여러분, 이것은 여러분의 기회입니다.

이승만은 이어 한국이 환란 속에서 기독교에 의지하게 되었고, 10만명 이상의 신자들이 앞으로 20년 안에 한국을 완전한 기독교국가로 만들 것이라고 주장하면서 선교사들의 의욕을 고무했다.[12)]

이승만은 하버드대학교의 과제로서 몇편의 논문(course paper)을 썼는데, 그 주제는 이 시기의 그의 학문적 관심을 보여 주는 것이어서 눈여겨볼 만하다. 그가 쓴 논문의 하나는 19세기 후반에 이탈리아의 통일을 이룩한 카밀로 벤소 디 카부르(Camillo Benso di Cavour)에 관한 것이었다. 카부르는 1852년에 사르디니아(Sardinia) 왕국의 수상이 된 이래 9년 동안 통일 이탈리아 왕국 실현에 공헌한 중도우파의 재정전문가였는데, 이승만이 어떻게 카부르에 대한 논문을 쓰게 되었는지는 잘 알 수 없다. 다만 흥미 있는 것은 그가 한성감옥서에서 수감생활을 할 때에 탐독했던 책의 하나가 로버트 매켄지(Robert MacKenzie, 馬懇西)의 『태서신사람요(泰西新史攬要)』였는데, 이 책에 카부르의 이야기가 자세하게 서술되어 있다는 사실이다. 매켄지는 이탈리아의 통일과 자유는 카부르의 인생목적이었고 카부르의 역사는 이탈리아의 역사였다고 격찬했다.[13)]

어려서부터 선민의식과 사명감에 차 있던 이승만은 이 무렵 자신의 역사적 역할의 본으로 카부르의 행적에 관심을 가지고 있었는지 모른다. 또 하나의 논문은 인도에서의 영국과 프랑스의 각축을 다룬 것이었는데, 그것에 관한 내용도 『태서신사람요』에 비교적 자세히 서술되어 있다. 이승만의 조지워싱턴대학교 성적표에 유일하게 A학점을 받은 것이 역사학과목이었던 것도 한성감옥서에서 익힌 『태서신사람요』의 지식이 바탕이 되었기 때문이었을 것으로 생각된다.

이승만은 이 논문들을 1908년 봄학기에 담당교수에게 제출했다. 그

---

12) Syngman Rhee, “Appeals of Native Christians”, *The Korea Mission Field*, June 15, 1908.

13) Robert MacKenzie, *The 19th Century: A History*, T. Nelson and Sons, Patnoster Row, 1880, pp.360~371; 馬懇西 元本 李提摩太 譯, 上海蔡爾康述稿, 『泰西新史攬要』, 美華書館, 1895, pp.10~23; 마간서 원본 리제마태 번역, 『틱셔신사』, 학부 1898, pp.5~11.

러나 교수는 이승만과의 면담을 거절하고 논문심사도 미루다가 여름방학 휴가를 떠나면서 논문들을 조교인 앤드루스(Arthur I. Andrews)에게 맡겼다. 키가 크고 학구적인 젊은 앤드루스는 이승만이 일본을 비판하는 데에는 그럴 만한 이유가 있을 것이라고 생각하는 사람이었다.

담당 교수가 이승만과의 면담을 거절하고 논문심사도 하지 않은 것은 3월23일에 샌프란시스코에서 발생한 장인환(張仁煥)의 스티븐스(Durham W. Stevens, 須知分) 사살사건 때문이었다.[14] 취재원이 거의 일본사람들로 한정된 상황에서 이 사건 때문에 한국에 대한 미국의 여론이 부정적일 수밖에 없었던 것은 당연한 일이었다.

일본정부의 추천에 따라 한국정부의 외교고문으로 와 있으면서 일본의 권익을 대변하던 스티븐스는 1908년3월20일에 샌프란시스코에 도착했다. 일본정부가 미일 관계개선과 일본의 대한정책 선전을 목적으로 특사로 파견한 것이었다. 그는 도착하자마자 "일본의 한국 지배는 한국에 유익하다"는 제목의 성명서를 발표하고, 한국의 대중은 일본의 한국통치를 원하고 있다고 왜곡해서 선전했다.

스티븐스의 성명서 내용이 《샌프란시스코 크로니클(*San Francisco Chronicle*)》지에 보도되자 샌프란시스코의 한국동포들은 격분했다. 공립협회와 대동보국회 회원들은 3월21일에 공동대책회의를 열어 스티븐스에게 강력히 항의하기로 하고, 대동보국회의 문양목과 이학현(李學鉉), 공립협회의 정재관(鄭在寬)과 최유섭(崔有涉: 正益) 네 사람을 대표로 선정했다. 이튿날 네 사람이 스티븐스가 묵고 있는 호텔로 찾아가서 친일발언을 취소할 것을 요구하자 스티븐스는 일본이 한국을 차지하지 않았더라면 한국은 벌써 러시아에 넘어갔을 것이라고 거듭 모욕적인 대답을 했다. 이에 격분한 네 사람은 호텔 로비에서 스티븐스를 구타했다.

이튿날 열린 두번째 공동대책회의에는 대동보국회의 장인환과 공립협

---

14) Robert T. Oliver, *op. cit.*, p.107.

일본의 대한정책을 선전하기 위하여 샌프란시스코에 온 미국인 외교고문 스티븐스를 저격한 장인환(위)과 전명운.

회의 전명운(田明雲)도 참석했는데, 회의가 끝난 뒤 두 사람은 각각 권총과 스티븐스의 사진을 준비했다. 스티븐스가 워싱턴행 대륙횡단 기차를 타기 위해 오클랜드 페리 부두 선창으로 갈 것이라는 정보를 입수한 두 사람은 3월23일 아침 일찍부터 페리 부두에서 스티븐스를 기다렸다. 스티븐스가 도착하자 전명운이 먼저 권총을 쏘았으나 불발이었다. 그는 총자루로 스티븐스의 얼굴을 갈기고 달아났다. 이어 장인환이 권총을 쏘았다. 첫발은 달아나는 전명운의 어깨에 맞았지만, 두발이 스티븐스의 몸에 명중했다. 두 사람은 현장에서 체포되었고, 스티븐스는 수술을 받다가 3월25일에 사망했다.

일본정부는 사건발생의 원인에 대해 관심을 집중했는데, 샌프란시스코 주재 일본총영사 고이케 초조(小池張造)가 양주(楊洲)에서 거병한 '대한관동창의장 이인영(大韓關東倡義將李麟榮)'이 1907년9월25일자로 국내외의 동포들에게 발송한 격문을 본국 정부에 보고한 것이 눈길을 끈다.[15] 그 격문이 샌프란시스코의 동포들에게까지 발송되었다는 것이었다.

---

15) 「在桑港韓國人ヘ韓國ヨリ送付越ノ排日的檄文ニ關スル件」, 1908년3월25일, 『日本外交文書 41-1』, 1960, p.819.

2. 애국동지대표회의 회장

1

이승만은 1908년6월16일에 앤드루스에게 "저는 오는 25일에 여름휴가로 이곳을 떠날 예정입니다. 떠나기 전에 당신을 만나고 싶습니다.… 내년에 이곳에 다시 오고 싶지만, 확실히 말씀드릴 수 없습니다"라는 편지를 썼다. 그러고는 추신으로, 자기는 제목이 분명하지 않은 논문 말고도 카밀로 벤소 디 카부르에 대한 논문과 인도에서의 영국과 프랑스의 각축에 대한 논문을 써서 제출했는데, 교수가 아직 돌려주지 않았다고 덧붙였다. 그는 케임브리지를 떠나 오션 그로브로 가서 보이드 부인의 별장에 있다가 콜로라도주 덴버(Denver)에서 열리는 애국동지대표회(愛國同志代表會)에 참석할 예정이었다. 떠나기 전에 이승만이 앤드루스를 만났는지는 알 수 없다. 내년에 다시 오고 싶다고 말한 것은 가을학기에는 석사과정을 계속해서 수강할 필요가 없다는 뜻이었을 것이다. 이승만은 『일기』에 "8월. 하버드에서 M.A. 과정을 마침"이라고 적어 놓았는데,[16] 이때에는 석사과정만 마쳤고 학위는 받지 못했다. 그는 오션 그로브에 도착해서야 보이드 부인이 사망한 사실을 알고는 크게 낙담하면서 서부로 떠났다.

애국동지대표회는 덴버에 있는 박용만(朴容萬)의 주동으로 소집된 전 미주지역 동포들의 대표자회의였다. 이승만의 어린 아들을 미국까지 데리고 왔던 박용만은 숙부 박장현(朴章鉉: 羲秉)과 함께 중서부지방의 중심도시인 덴버에 정착해 있었다. 그가 동포들이 많이 거주하는 샌프란시스코를 떠나서 덴버로 간 것은 공립협회 사람들과 경쟁하지 않고 미국에서 입지를 마련하려면 네브래스카, 콜로라도, 유타 등의 중서

16) Syngman Rhee, *Log Book of S.R.*, 1908년8월조.

부가 바람직하다고 판단했기 때문이었던 것 같다.[17] 대동보국회의 기관지 《대동공보》가 박용만이 덴버로 간 경위를 "콜로라도(덴버)성대학교에 유학하는 지사 박용만씨는 애국당의 표준이라.… 미국에 들어와 동포를 위하여 신선한 지식을 발양코자 하다가 또한 패류(悖類)의 반대가 심하므로 마음과 같지 못하여 동방에 들어가 다년간 유학함은 내외지 동포가 아는 바이어니와…"[18]라고 보도한 것으로도 그러한 사정을 짐작할 수 있다.

《대동공보》가 지칭한 '패류'란 공립협회 사람들을 가리키는 것이었음은 말할 나위도 없다. 덴버지방에는 유니온 철도 등이 들어오면서 철도, 광산, 농장 등의 노동력 수요가 많았다. 박장현은 덴버에서 여관과 한인 노동자 알선사무소를 경영하다가 1907년 봄에 병사했고, 그가 죽은 뒤에는 박용만이 그곳의 콜로라도대학 예비학교(Colorado Preparatory School)에 입학하고 여관과 노동자 알선사무소를 운영했다. 박용만과 함께 간 그의 여러 동지들도 덴버 인근의 학교에 입학했다.

주목되는 것은 이들 박용만그룹이 현지 감리교단의 적극적인 지원을 받았다는 사실이다. 덴버지방은 감리교의 교세가 강한 지방이었는데, 박용만이 덴버에 정착하게 된 데에는 이승만이 뉴욕의 감리교 본부를 통해 그를 감리교회에 소개했기 때문이었을 개연성이 없지 않다. 애국동지대표회가 열린 뒤에 박용만이 설립한 소년병학교 활동을 적극적으로 지원해 준 헤이스팅스대학(Hastings College)도 감리교단에서 세운 학교였다. 이 학교의 재정담당 이사였던 존슨(P. L. Johnson)은 해방 이후까지도 이승만과 편지내왕이 있었다.[19]

박용만은 1908년1월1일에 덴버 근처의 동포들과 상의하여 덴버에서 열리는 미국 민주당 대통령후보 지명대회에 맞추어 6월10일에 그곳에서

---

17) 方善柱, 「朴容萬評傳」, 『在美韓人의 獨立運動』, p.15.
18) 《大同公報》 1908년2월27일자, 「別報」.
19) 헤이스팅스대학 자료관 소장 이승만 편지, 方善柱, 앞의 책, p.25.

해외동포대표회를 소집하기로 하고 발기취지서를 미주 각지와 하와이와 멀리 블라디보스토크의 동포단체에까지 보냈다. 박용만과 이관수의 공동명의로 된 장문의「애국동지대표회 발기취지서」가 서로 대립관계에 있던《대동공보》와《공립신보》에 함께 게재된 것은 이 회의에 대한 동포사회의 관심이 매우 높았음을 말해 준다. 취지서는 북미에 있는 애국동포들이 국가의 당면문제에 대해 행동을 같이할 것을 논의하기 위하여 동포가 있는 지역마다 한두 사람씩의 대표를 선정해 보내라고 제의하고, 회의장소를 샌프란시스코나 로스앤젤레스가 아니라 덴버로 정한 이유를 다음과 같이 설명했다.

> 이 회를 특별히 덴버에서 열기로 결정한 것은, 대개 미국 서방은 우리 애국당의 근거지요 또 사방에 왕래가 편리하나, 그러나 특별히 금년 6월에 미합중국정당의 총의회를 여는 곳이 되어 미국 안에 있는 정당은 제제히 다 이곳에 모이는 고로 이것이 합중국 설립한 후 첫째로 되는 큰 회라. 그런 고로 우리도 그 기회를 타서 한편으로 우리 일을 의논하며 한편으로 그들에게 대해야 우리 주장을 드러내고 또한 그들로 하여금 한국에 독립할 만한 백성이 있는 줄을 알게 하고자 함.[20]

덴버에서 열기로 예정된 미국 민주당의 대통령후보 지명대회가 역사상 가장 큰 규모의 정당집회로 준비되고 있었던 것은 사실이었다. 그러나 그렇다고 그 대회개최를 계기로 한국독립 문제를 부각시킬 수 있으리라고 기대한 것은 안이한 발상이 아닐 수 없다. 그럼에도 불구하고 이 회의에 대해 동포사회의 기대가 얼마나 컸던가는 블라디보스토크에서 발행되는《해조신문(海潮新聞)》의 다음과 같은「논설」에 잘 나타나 있다. 블

20)《大同公報》1908년2월27일자,「別報」;《共立新報》1908년3월4일자,「雜報」.

라디보스토크는 해외로 나간 동포들이 가장 많이 살고 있던 곳이었다.

> 그때에는 홀로 미국 정당뿐 아니라 각국 정당들과 신문기자들도 많이 가서 참관을 할 듯하니, 우리 한국의 지사들은 더욱 이러한 기회를 타서 우리의 사정도 표백할 것이요, 남의 공론도 들어볼 것이요, 또한 우리도 능히 독립할 만한 백성이 있는 줄을 세계에 드러내게 할지라. 그러한즉 천재일시로 이같은 좋은 기회를 당하야 어찌 묵묵히 잠만 자고 꿈속으로 앉아 속절없이 멸망하기만 기다리리요.[21]

그리하여 블라디보스토크의 동포들은 애국동지대표회를 위해 의연금을 모집하고, 미국에 체류 중인 이상설(李相卨)과 이승만을 블라디보스토크 위임대표로 지명했다.[22] 블라디보스토크 동포들의 이러한 움직임은 그곳에 있는 이승만의 옥중동지 정순만(鄭淳萬)의 주선에 따른 것이었을 것이다.

이승만은 7월6일에 샌프란시스코에 도착했다. 공립협회에서는 안정수(安定洙)를 영접위원으로 선정하고 역에서 영접하게 했는데, 이승만은 그날로 덴버로 떠났다. 이승만과 함께 블라디보스토크 동포들의 위임대표로 지명되었던 이상설은 "유고"로 회의에 참석하지 못했다.[23] 이상설의 "유고"가 어떤 것이었는지는 알 수 없다. 이상설은 전년에 자기와 유럽으로 동행하기를 거절했던 이승만이 주재하는 회의에 참석하는 것이 별로 내키지 않았는지 모른다.

회의는 이승만의 일정에 맞추느라고 개최예정일을 6월에서 7월8일로 연기했다가 다시 사흘 뒤인 7월11일로 연기했다. 7월11일부터 15일까

---

21) 《海潮新聞》 1908년4월16일자, 「論說」, 『韓國獨立運動史(一)』, pp.1005~1006.
22) 《共立新報》 1908년7월8일자, 「雜報: 리씨 대표」.
23) 日本外務省外交史料館 소장 『大韓開國五百十六年七月十五日 北美합중국콜로라도 덴버 애국동지대표회 의사개략』, 『要視察外國人ノ擧動關係雜簒 韓國人ノ部(八)』, p.2.

KOREAN PATRIOTS GATHER HERE
TO FREE NATION FROM JAP RULE
PHOTOGRAPH OF KOREANS WHO ARE HOLDING CONVENTION IN DENVER
덴버시의 그레이스 감리교회에서 열린 애국동지대표회에 참석한 대표들.

지 닷새 동안 여덟차례에 걸쳐서 진행된 회의는 당연히 일본인들의 주목을 받았다. 샌프란시스코주재 일본총영사 고이케가 본국 정부에 보낸 비밀 보고에서 이 애국동지대표회가 "이상설과 함께 네덜란드의 헤이그평화회의에 출석했던 윤병구(尹炳求)와 일찍이 본국에서 정치운동에 관련되어 오래 옥중에 있다가 그 뒤에 도미하여 금년에 하버드대학교를 졸업한 이승만 등"의 주동으로 소집된 것이라고 설명한 것이 눈길을 끈다.[24] 올리버도 이 회의가 이승만과 윤병구가 봄 동안에 준비해서 열리게 된 것이었다면서, 이승만이 윤병구와 함께 각지의 동포들에게 회의초청장을 발송했다고 기술했다.[25] 여러 가지 정황으로 미루어 보아 박용만 등이 회의소집

24) 「機密 제35호: 在美韓人動靜報告ノ件」, 1908년7월22일, 國史編纂委員會 編, 『統監府文書(I)』, 國史編纂委員會, 2000, pp.123~124.

25) Robert T. Oliver, *op. cit.*, p.107.

에 앞서 이승만과 윤병구 두 사람과 상의했을 것으로는 짐작되나, 초청장을 이승만과 윤병구의 이름으로 발송했다는 말은 사실이 아니다. 이승만과 박용만이 사전에 상의하고 있었던 것은 회의에 앞서 덴버 인근 지방의 동포들이 이승만의 회의참가를 위해 의연금을 모집한 사실로도 짐작할 수 있다. 네브래스카주의 오마하(Omaha)에 사는 동포 14명이 이승만의 여비보조를 위해 30달러를 모금한 내역이 적힌 쪽지가 지금도 보존되어 있다.[26)]

회의에 참석한 각 지역 및 단체 대표들은 덴버 대표 이관용(李觀鎔), 샌프란시스코의 대동보국회 대표 김용덕(金容德)과 이명섭(李明燮), 뉴욕에서 온 윤병구와 김헌식(金憲植), 콜로라도 대표 오흥영(吳興泳), 캔자스 대표 김장석(金章石), 네브래스카 대표 박처후(朴處厚), 링컨 대표 이종철(李鍾喆), 오마하 대표 김사현(金思賢) 등이었고, 인근 콜로라도 및 네브래스카 지방과 뉴욕, 텍사스 등지에서 40~50명가량의 인사들이 개인적으로 참석했다.[27)] 하와이의 한인합성협회(韓人合成協會) 대표 김성근(金聲根)은 신병으로 회의에 참석하지는 못했으나 회의결정에 따르겠다고 통보해 왔다.[28)]

회의는 덴버의 그레이스(Grace) 감리교회에서 개최되었다. 회의는 이승만을 만장일치로 회장으로 선출했는데, 그것은 이승만이 재미동포 사회의 지도자로 등장하는 첫 행사였다. 박용만은 국문서기로, 윤병구는 영문서기로 선출되었다. 이승만은 서른네살이었고, 박용만은 그보다 여섯살 아래였다.

2

회의는 7월11일 아침 9시 반에 각처에서 온 대표들을 비롯하여 덴버

26) 「리승만씨를 위한 의연금」, 유영익, 앞의 책, p.67.
27) 『애국동지대표회 의사개략』, pp.1~2.
28) 위의 책, p.2.

인근지역의 동포들과 덴버시민들이 참석하여 개막되었다. 애국가 제창에 이어 간단한 기도로 개회한 다음 이승만이 회의 취지를 설명하고, 각 지역 및 단체 대표들의 위임장이 낭독되었다. 개회식에서는 스탠퍼드대학교의 조던(David S. Jordan) 총장이 축사를 했다.[29] 회의는 먼저 각 지역 동포들의 의견을 듣는 연설회로 진행되어, 박처후 등 대표와 일반회원들이 연설을 했다.

오후 2시 반에 열린 제2차 회의에서는 각 대표가 의안을 제출하고 그것에 대한 제안설명을 했다. 각 지방과 단체의 연락문제, 통신소 설치문제, 동지들의 저술 및 번역서의 출판문제 등이 제안되었다.

덴버의 지방신문들은 연일 대표회의의 진행상황을 자세히 보도했다. 회의가 개막되던 7월11일자 《덴버 타임스(*The Denver Times*)》지는 이 회의의 목적이 해외 각국에 있는 한인 조직을 총괄할 중앙조직을 만드는 일이라고 다음과 같이 보도했다.

> 이번 주일에 열리는 한인애국동지대표회는 첫 국제회의로서 한인들의 세계적 조직을 만들어 날로 노골화하는 일본의 침략에 대응하려는 것이다.…
>
> 대표자들은 YMCA를 대표회의 임시본부로 사용할 것이다. 오늘 도착한 이승만씨는 한국과 미국에 잘 알려진 애국투사 지도자이다. 그는 언론인이었는데, 하버드대학교를 졸업하고 지금 구국운동 주동자의 한 사람으로 주목받고 있다.…[30]

《로키마운틴 데일리 뉴스(*The Rocky Mountain Daily News*)》지는

---

29) Robert T. Oliver. *op. cit.*, p.107. 그러나 『애국동지대표회 의사개략』에는 조던 총장의 축사 이야기는 없다.

30) *The Denver Times*, Jul. 11, 1908, 안형주, 『박용만과 한인소년병학교』, 지식산업사, 2007, pp. 105~107에서 재인용.

그레이스 교회 앞에 모인 참석자들의 사진과 함께 「강대국들이 도와주기 바란다. 무력행위를 계획하지 않는 젊은 대표자들」이라는 표제로 다음과 같이 보도했다.

> 36명의 한국애국자들은 세계 각지에 있는 한인들을 대표하여 해외 한인애국단체들을 하나로 결속시켜, 일본으로부터 자신들의 조국을 해방시키려고 노력할 것이다. 그들이 채택한 결의안 가운데 하나는 국내에서 장려하고 해외에서 한국의 사정을 세계에 알리는 것이다. 그들은 전쟁을 준비하지도 않고 원하지도 않으며, 세계열강들이 자신들 편에 동참해 주기를 바란다. 대회 의장 이승만은 한국의 귀족이자 신문 주필이었으며, 한때는 중추원 의관이기도 했다. 이승만의 애국적 논설이 일본정부를 거북하게 하여, 그는 7년 동안 옥고를 치르기도 했다.…[31]

또한 《리퍼블리컨(*The Republican*)》지는 "회의의 목적은 나라를 만들고, 굴종의 멍에를 벗어 던지는 것이다.… 그들은 환상을 가지고 하는 것이 아니라 자제된 열정으로 조용하게 그 일에 착수하고 있다.…"[32] 라고 논평했다. 지방지들의 이승만에 대한 언급은 박용만의 사전 홍보에 따른 것이었음은 말할 나위도 없다.

7월12일은 일요일이었다. 13일 오전에 열린 제3차 회의는 미국인 청중들을 위해 영어로 연설회가 진행되었다. 이승만은 "한국이 깨달은 것"이라는 제목으로 연설은 했다. 초청연사인 감리교 감독 워런(Henry W. Warren)은 "국민과 국가"라는 제목으로, 공화당 연방 하원의원 크랜스턴(Earl M. Cranston)은 "정치와 시민"이라는 제목으로 연설을 했고, 박

31) *The Rocky Mountain Daily News*, Jul. 13, 1908, 안형주, 앞의 책, pp.103~104에서 재인용.
32) Robert T. Oliver. *op. cit.*, p.107.

용만은 "한국의 영광 있는 과거", 윤병구는 "동양에 대한 미국의 입장", 오흥영은 "한국과 일본의 관계"라는 제목으로 연설을 했다.

7월13일 오후에 열린 제4차 회의는 각 대표들이 제출한 의안들을 심의하는 중요한 회의였다. 열띤 토론이 전개되었다. 각 지방단체의 연합문제에 대해 대표들의 4분의 3은 이 회의에서 모든 것을 완전히 조직하자고 했으나, 이승만과 일부 대표들이 반대했다. 반대 이유는 회의에 참석하지 못한 공립협회와 자유회(自由會) 및 그 밖의 모든 단체들과 함께 상의해서 결정해야 된다는 것이었다. 거의 대부분의 참석자들은 성급하게 이 회의에서 동포사회의 대표기관이 결성되기를 바랐으나, 이승만은 공립협회 등이 빠진 채 그러한 결정을 하는 것은 실효성이 없다고 생각한 것이었다.

『애국동지대표회 의사개략』은 회의가 촉급하게 개회하여 공립협회와 자유회에서는 참여하지 못했다고 기술했으나,[33] 두 단체의 대표가 참가하지 않은 것은 시간 사정 때문만은 아니었다.

공립협회는 박용만을 대동보국회쪽 사람으로 보고, 그가 주동하는 애국동지대표회에 대해 처음부터 탐탁하게 생각하지 않았던 것 같다. 『의사개략』은 회의준비가 중간에 "사소한 곡절" 때문에 중지되었다고 기술했는데, 그것은 공립협회가 박용만이 제의한 발기취지와 시기 및 장소 등에 이의를 제기했기 때문이었다. 동포단체의 통합을 주장하던 공립협회는 박용만 등의 연합론을 수용하기를 거부했던 것이다. 그러자 박용만은 공립협회에 편지를 보내어 "통합하는 것이 연합하는 것보다 중하겠기로" 그렇게 하겠다고 말하고 시기와 장소도 공립협회쪽에서 선택해 달라고 말했다.[34] 그러나 공립협회는 답장을 보내지 않았던 것 같다. 자유회는 1906년에 로스앤젤레스에서 창립된 단체인데, 그 목적이나 회원 구성 등에 대해서는 알려진 것이 없다. 신흥우(申興雨)의 주동으로 결성되었

---

33) 『애국동지대표회 의사개략』, p.5.

34) 《共立新報》 1908년5월6일자, 「雜報: 박씨래함」.

다는 설이 있었으나, 본인은 이를 부인했다.[35]

서적을 발간하자는 의안은 논의 끝에 결의가 보류되었는데,[36] 이승만이 평소에 강조해 온 이 사업이 어떻게 보류되었는지 의아스럽다. 그런데도 불구하고 일본쪽의 정보보고에 이 회의에서 논의된 중요한 세가지 의사의 하나가 "국민교육에 필요한 내외의 서적을 저술 또는 번역하여 발행할 것"이었다고 기술되어 있는 것이 눈길을 끈다.[37] 올리버도 이 회의에서 고국의 국민들에게 세계의 정세와 발전을 알리기 위해 서양서적을 번역하여 간행할 출판사 설립을 결의했다고 썼다.[38]

7월14일 오전에 열린 제5차 회의는 다시 연설회로 열렸다. 무려 26명의 참석자가 연설을 했는데, 이승만과 두 서기도 다시 나섰다.

같은 날 오후에 열린 제6차 회의에서는 가장 중요한 의안이 가결되었다. 그것은 박용만 등 덴버 인근지방 대표들의 숙원사업인 대일무력투쟁을 준비하는 청년훈련학교를 설립하는 일이었다. 이 결의에 대해『의사개략』은 "박처후, 이종철, 김사현 제씨의 헌의서를 받아 무릇 네브래스카주에 있는 청년들은 매년 (여름)방학에 커니(Kearney)로 모여 여름학교에서 공부하며, 또한 기한을 정하고 운동 체조를 연습하기로 가결하다"[39]라고 기술했다. 이 결의에 따라 박용만은 이듬해 6월에 커니 농장에서 학도 13명으로 소년병학교를 발족시켰는데, 뒷날 그는 덴버회의에서 이 의안이 가결될 때의 일에 대해, 의견이 일치되지 않아 "대표자[제안자] 세 사람의 억지와 박용만, 김강호 양인의 고집으로 득승한 것이다"라고 회고했다.[40] 곧 무력양성문제에 대해서는 대표들의 의견이 팽팽히 맞서다가 박용만 등의 '억지'와 '고집'으로 가결되었다는 것이다.

---

35) 《共立新報》 1906년7월14일자, 「雜報: 自由會又設」 및 7월30일자, 「雜報: 申氏正誤」.
36) 『애국동지대표회 의사개략』, p.6.
37) 「機密 제37호: デンヴアー市ニ於ケル韓國人會合狀況報告ノ件」, 1908년8월5일, 『統監府文書(I)』, p.125.
38) Robert T. Oliver, *op. cit.*, p.108.
39) 『애국동지대표회 의사개략』, p.7.
40) 《新韓民報》 1911년4월26일자, 「雜報: 소년병학교의 역사」.

소년병학교의 설립구상은 재미중국인 개혁자들의 군대양성기관인 간성학교[干城學校: Western Military Academy]에서 크게 영향받은 것이었다. 미국인 호머 리(Homer Lea)가 1904년11월에 캘리포니아 주정부의 허가를 받아서 로스앤젤레스에 설립했던 이 무관학교에서는 미국 각지의 차이나타운에서 온 중국인 생도들이 군사훈련을 받았고, 훈련을 받은 사람들은 돌아가서 동료 중국인들을 훈련시켰다. 그리하여 1905년에는 보황회 개혁군의 수가 2,100명쯤 되었다.

그러나 그해 6월에 강유위가 미국 군사시설을 시찰하러 왔을 때에 보황회 군대가 뉴욕시에서 행진한 것이 법적문제로 비화했다. 1905년은 캘리포니아주에서 동양인을 배척하는 분위기가 절정일 때였다. 간성학교는 모든 법적 절차를 밟은 학교였으나, 프레스노의 간성학교가 실제로 무기를 가지고 군사훈련을 하고 탄약을 저장한 일이 끝내 문제가 되었던 것이다. 프레스노간성학교가 5월에 군사훈련을 중단한 데 이어 간성학교 전체가 문을 닫았다.

한인 소년병학교의 설립목적은 장기적인 독립전쟁에 대비하여 우수한 핵심장교를 양성하는 일이었다. 서방의 최신 군사교육을 받은 장교들을 동포 유민(流民)들이 많이 사는 만주와 연해주 등지에 보내어 자급자족하는 둔전병(屯田兵)을 조직한다는 것이었다.[41]

『의사개략』의 다음과 같은 서술은 무력투쟁 준비문제와 관련된 덴버회의의 분위기와 회의의 실질적 성과를 함께 설명해 준다.

> 개회하는 날에 각처 신문 탐보[探報: 보도] 중에서 어찌하야 낭설이 생겼든지 사방에 전파되기를 우리가 전쟁을 준비한다, 혹 비밀한 운동이 있다 하야 정탐객도 무수하였으며, 혹 자원병으로 좇기를 원한 자도 몇이 있었으니, 우리는 이 소문과 같지 못한 것을 도리어 한

41) 안형주, 앞의 책, pp.36~42, pp.124~218 참조.

탄하였으나, 이 기회를 인연하여 본국의 정치상 정형은 무수히 설명하였음. 본 회의 실상 주의는 무슨 강경한 태도나 혹 폭동할 의사는 조금도 없고 다만 평화한 뜻으로 각처 한인의 사회를 조직하며 학식을 발달하기에 장래 이익을 만분지 일이라도 모도할 따름이니, 금번 회가 이 뜻에는 실로 유익함이 많은 줄로 믿는다.[42]

회의는 마지막으로 7개항에 이르는 「대한인 애국동포 각지연합 절목」을 채택했다. 그것은 (1) 본 회의 취지는 국내외에 있는 애국동포들을 한 조직, 한 단체로 단합하자는 것으로서, (2) 각 지방에 통신국(通信局)을 설치하여 한달에 한번씩 연락하고, (3) 각 지방에 주재하는 통신국 위원은 그 지방에서 자율적으로 선정하고, (4) 각 지방의 통신은 매월 말일로 하되, 중대한 사건이 있을 때에는 수시로 연락하고, (5) 각 통신처에서 그 지방동포의 신상을 기록하여 한벌은 두고 한벌은 각처로 송부하고, (6) 각 통신처소는 임원선정 등 자율성을 갖되, 동포들의 공동 연합하는 취지에 충돌되는 일이 없게 하고, (7) 본 대표회는 매년 한번씩 열기로 한다는 것이었다.[43]

이 무렵에 동포사회의 가장 큰 관심사는 샌프란시스코에서 진행되고 있던 장인환의 재판이었을 것인데, 그와 관련하여 회의에서는 정식 의제로 논의된 것 같지 않다. 『의사개략』에 아무런 기록이 없다.

폐회하는 날 이승만은 다음과 같은 연설을 했다.

"오늘날 정치인들은 곧잘 일본은 한국이 독립을 지키기 위해 성공적으로 싸울 대상이 되기에는 너무 강하고, 따라서 한국의 희망은 사라졌다고들 말합니다. 그러나 그것은 피상적 관찰일 뿐입니다. 우리의 역사와 지리적 여건과 그 인종적 특성을 자세히 연구해 보면, 한국은 일본이 대

---

42) 『애국동지대표회 의사개략』, p.9.

43) 위의 책, pp.9~11.

적하기에 너무 강한 상대입니다. 우리는 4,000년 이상이나 개성과 단일성을 보존해 왔습니다. 그것을 지구상에서 말살시킬 수 있는 나라는 없습니다."[44]

이러한 주장은 객관적 사실인식에 입각한 신념에서 우러난 것이라기보다는 고난 속에서 때로 좌절하거나 심리적 동요를 느끼는 동포들에게 용기와 희망을 불어넣어 주고, 그들의 용기와 희망을 기반으로 하여 자신의 리더십을 강화해 나가는 대중정치가의 정치조작의 전형적인 보기였다.

애국동지대표회는 이때의 결의와는 달리 한번으로 끝났고, 다른 결의사항도 실천된 것이 거의 없다. 실천에 옮겨진 것은 박용만의 무력양성기관 설립 하나뿐이었다. 이 회의에 대해 일본총영사 고이케는 다음과 같이 보고했다.

> 본 회합의 결과는 예상대로 아무런 특필할 만한 사항은 없으나, 본 회의 수뇌자는 배일파(排日派) 가운데 가장 신진 지식을 가진 자들임. 따라서 그들은 차제에 배일의 소책(小策)을 농하며 부질없이 거칠고 과격한 언사를 자의로 함은 아무런 득이 되지 않을 뿐 아니라 도리어 외국인들의 반감을 야기하여 그 동정을 얻는 소이가 아니며 한국의 독립은 반드시 먼저 한민(韓民)의 지식을 계발하고 실력을 배양하여 성공을 타일에 기해야 한다면서, 이번 회합에서도 힘을 일반 한민에 대한 교육의 보급과 애국심의 고무에 기울이면서 일본정책의 부당함을 고발하고 또 한국의 존재를 세인이 망각하지 않도록 권면하는 것 같음.[45]

이러한 평가는 이승만이 주재한 이 회의의 성격을 비교적 정확하게 파

44) Robert T. Oliver, *op. cit.*, p.108.
45) 「機密 제37호: デンヴアー市ニ於ケル韓國人會合狀況報告ノ件」, 1908년9월4일, 『統監府文書(I)』, p.125.

악한 것이라고 할 수 있다. 그러나 이 정보보고에는 회의의 가장 실질적인 주요 결정사항인 박용만의 무력양성기관 설치문제에 대해서는 언급이 없다. 그 이유는 『의사개략』의 기술만으로는 그것이 특별히 주목할 만한 내용이 아니라고 판단했기 때문이었는지 모른다.

회의가 끝나자 이승만은 바로 샌프란시스코로 갔고, 박용만은 여관과 직업알선소를 윤병구에게 넘겨주고 9월에 네브래스카대학교(University of Nebraska)에 진학하기 위해 덴버를 떠났다.[46]

3

덴버회의가 끝나고 나서 이승만은 영국《데일리 메일(*The Daily Mail*)》지의 기자 매켄지(Frederik A. McKenzie)로부터 축하와 격려의 편지를 받았다. 매켄지는 두차례나 극동을 취재하고 유명한 『한국의 비극(*The Tragedy of Korea*)』(1908)을 썼고, 뒷날 3·1운동이 일어나자 다시 『한국의 자유를 위한 투쟁(*Korea's Fight for freedom*)』(1920)이라는 저서를 써서 한국의 사정을 세계에 알렸다. 매켄지의 편지는 이승만과 박용만이 공동으로 보낸 애국동지대표회를 소개하는 편지에 대한 답장이었다.

매켄지는 이 편지에서 한국인들이 일본인들로부터 당하는 차별과 억압은 긴 안목으로 볼 때에 한국인들을 분발시키는 효과가 있을 것이므로 앞으로 한국은 "아시아 최초의 기독교국가이자 20세기 진보의 선두주자가 될 것"이라고 전망하면서 이승만과 박용만 등 대회 지도자들의 용기 있는 독립수호 노력을 치하했다. 그는 덴버회의의 참석자들이 한국인의 정신력 강화와 서양학문의 도입 및 보급을 행동목표로 결정한 것은 현명한 처사였다고 말했다. 그는 그러나 스티븐스를 공격한 몇몇 사람들

---

46) 方善柱, 앞의 책, p.21.

의 행동은 "어리석은 짓(folly)"이었다고 비판했다.[47)]

일본의 대한정책과 이를 방관하는 미국에 대해 비판적이었던 매켄지도 스티븐스 사살사건에 대해서는 부정적으로 평가했던 것이다. 그것은 기독교국가 지식인들의 반테러리즘의 가치관을 반영한 것이었다. 이승만의 생각도 비슷했다. 그러한 생각은 그의 기독교 신앙에 기인한 것이기도 했으나, 한편으로 미국사람들에게 받아들여질 수 없는 과격한 행동은 바람직하지 않다는 현실주의적 판단에 따른 것이기도 했다. 뒤이어 있었던 안중근(安重根)의 이토 히로부미(伊藤博文) 저격에 대해서도 이승만의 생각은 마찬가지였다. 뒷날 그는 자서전 초록에서 다음과 같이 썼다.

> 샌프란시스코와 하얼빈에서 있은 이 두 살해사건은 일본의 선전기관들이 한국사람들을 흉도(兇徒)들이고 최악의 악당들이라고 묘사하는 데 대대적으로 이용되었다. 나는 그때에 캘리포니아주에 갈 일이 있었는데, 일본의 선전에 영향을 받은 모든 사람들은 학교에서나 교회에서나 한국사람 대하기를 두려워했다.[48)]

또한 이승만은 스티븐스 사살사건이 있고 나서 학교에서도 어떤 학생들은 자기와 이야기하는 것을 두려워했고, 하버드대학교의 역사학 교수는 놀란 나머지 여행을 떠나기 전에 자기를 만나기를 거부하고 논문은 우편으로 부쳐 왔다고 적기도 했다.[49)]

이승만은 7월25일에 샌프란시스코에 도착했다. 이튿날 저녁에 열린 환영회는 밤 11시까지 계속되었다.[50)]

---

47) McKenzie to Rhee, Aug. 4, 1908, Young Ick Lew et al. ed, *The Syngman Rhee Corres-pondence in English 1904~1948*, vol.2, Institute for Modern Korean Studies, Younsei University, 2009, pp.38~39.

48) 「청년이승만자서전」, 이정식 지음, 권기붕 옮김, 『초대대통령 이승만의 청년시절』, p.307.

49) "Autobiography of Dr. Syngman Rhee", pp.20~21.

50) 《共立新報》 1908년7월29일자, 「雜報: 학사래상」.

스티븐스 사살사건에 대한 재판은 한국과 일본의 미국 법정대결로 진행되었다. 사건이 발생하자 공립협회와 대동보국회는 공동으로 후원회를 조직하고 재판경비 마련을 위한 의연금을 모집했다. 의연금 모집운동은 미국 본토 각지와 하와이는 말할 것도 없고 블라디보스토크와 국내로까지 확산되었다. 이승만이 샌프란시스코에 도착했을 때에는 전명운의 재판은 끝나 있었다. 전명운은 6월27일의 재판에서 증거 불충분으로 무죄 보석이 되었으나, 장인환 재판이 계속되는 동안 샌프란시스코에 눌러 있기가 거북했던 그는 변성명하고 몰래 블라디보스토크로 떠났다.

장인환의 변호인은 카글런(Nathan C. Coghlan), 페럴(Robert Ferral), 배레트(John Barret) 세 사람이었는데, 이들은 모두 샌프란시스코에서 명망 있는 변호사들이었다. 이들은 한국인의 처지를 동정하고 대의를 위하여 무료변론을 하겠다고 성명했다. 통역은 양주삼(梁柱三) 목사가 담당했다. 일본은 장인환을 제1급 살인범으로 몰아 사형에 처해야만 재미한국인들의 독립운동을 뿌리 뽑을 수 있다는 판단 아래 재판비용에 5,000달러를 투입하고, 나이트(Samuel Knignt)라는 변호사를 높은 보수로 고용하고, 또 귀국해 있던 인천교회 선교사 존스(George H. Jones, 趙元時)를 특별증인으로 채택시키려고 하면서 승소에 총력을 경주했다. 존스는 이승만이 미국에 갈 때에 필라델피아의 보이드 부인에게 소개장을 써 준 선교사였다.

장인환 재판후원회 인사들은 이승만에게 재판정에서의 통역을 맡아 줄 것을 부탁했다. 한국인 가운데는 영어에 능통한 사람이 많지 않아서 유능한 통역을 구하기가 여간 어렵지 않은 상황이었다. 그동안 통역을 맡았던 양주삼은 전명운 재판이 끝난 뒤로 샌프란시스코를 떠나 있었다. 일본총영사 고이케는 양주삼이 샌프란시스코를 떠나서 다른 주에 가 있는 것은 변호인들의 종용에 따른 것이었다고 본국정부에 보고했다.[51]

---

51) 「機密 제39호: スチーヴンス氏ノ加害韓人ノ裁判狀況報告ノ件」, 1908년5월11일, 『日本外交文書 41-1』, p.836.

이승만은 장인환 재판 통역 요청을 거절했다. 거절한 이유는 우선 시간적으로 샌프란시스코에 오래 머물 수 없는 형편이고 또 자신은 기독교인의 신분으로서 살인재판의 통역을 원하지 않는다는 것이었다.[52] 이승만의 이러한 태도가 많은 동포들을 실망시켰을 것은 말할 나위도 없다. 그러나 빨리 박사학위를 취득하는 데 전념하고 있는 그로서는 언제 끝날지 모르는 재판의 통역을 맡아서 샌프란시스코에 사뭇 눌러 있을 수는 없었다.

이승만은 샌프란시스코에 머물면서 자신의 생각을 우회적으로 표현한 글을 8월12일자 《공립신보》에 기고했다. 이 글은 그의 점진주의적 가치관을 특유의 절묘한 비유법을 구사하여 설득력 있게 피력한 것이었다.

> 서산낙일(西山落日)에 만리행객(萬里行客)이 급조(急躁)히 길 갈 마음은 살같이 빠를 터이나, 생소한 길 저문 날에 걸음만 빨리 하면 바로 가는 줄로 여기는 것은 실로 어리석다고도 하려니와 또한 심히 위태한 일이라. 높은 물 깊은 산에 방향 없이 나서서 달음질도 하며 뜀질도 하면, 그 속히 가고자 하는 정성은 가상타 할 터이나 신지[信地: 목적지]에 이르기 전에 그 사람의 몸을 찾을 곳이 없을까 두려하노라.…

이렇게 시작한 이 「논설」은 세상형편을 정확히 모르고 자신의 힘을 헤아리지 않으면서 앞으로 나가려고만 힘쓰는 것은 국민 장래에 크게 위태로운 일이라면서 "그 충애지심이 도리어 한국의 장래를 손해할 염려가 없지 않으리로다" 하고 경고했다. 그는 의병투쟁이 그 의기와 용맹심은 가상하나 그것으로는 나라를 회복할 수 없다고 말하고, 그 이유를 자세히 설명했다. 그는 준비 없이 보낸 지난 몇십년의 세월이 어떤 결과를 가져

---

52) 金元容, 『在美韓人五十年史』, p.326.

왔는가를 다음과 같이 설명했다.

> 지나간 수십년래로 임금과 정부와 백성의 행하여 온 일이 다른 일은 어찌 되었든지 오늘 눈앞에 보이는 것만 생각한 고로, 지금 알 낳는 닭을 기를 줄은 모르고 배를 갈라 한꺼에 잡아먹고 말았으니, 지금 와서는 알도 구경할 수 없고 닭도 없어진지라. 어찌 오늘날 애국자의 경계할 바 아니리오.…

그는 그러한 한국과는 대조적으로 일본은 얼마나 면밀한 준비로 근대화에 성공했는지를 설명한 다음, 스티븐스 사살사건에 대해서도 일본의 외교정책과 관련하여 간단히 언급했다.

> 미국인 스티븐(스)을 고용하여 미국인으로 미국인을 대적하게 만들었으며, 금년에 이르러는 샌프란시스코의 일본아이 학교에 관계한 일로 인연하여 시비 생긴 이후로 미국에서 일인을 대하야 감정이 날로 생기는 때를 당하야 스티븐(스)을 이 나라에 보내어 인심을 돌리며 정부공론을 사려 하다가 마침내 불행한 결과에 이르렀으나, 일본의 전후 행사함이 속으로 준비하면서도 밖으로 정의(情誼)를 얻는 것이 항상 전력하는 정책이라.…

결론은 다음과 같은 명료한 준비론이었다.

> 이 시대에 앉은 우리가 세상형편을 알고 세계 물론[物論: 여론]을 들어 가며 장래에 어찌 행할 일을 낱낱이 준비하야 속힘이 든든하게 된 후에야 남과 경위를 다투어도 나의 적국의 강한 적수가 되겠고 무력으로 다투어도 능히 남이 꺼릴 바가 될지라. 이것은 생각지 아니하고 급한 대로 덤벙이려 하면 결단코 남의 조소거리만 될 터이니, 우리

애국동지자들에게 한마디 권고할 것은 다른 것 아니요 다만 바삐바삐 학문을 숭상합시다. 나도 알아야 하겠고 남도 알려주어야 할 터이니, 나의 몸을 든든히 하고 나의 지혜를 밝게 하야 이 경쟁하는 세상에 한 강한 군사가 되어야 우리의 목적을 달할 날이 있을 줄로 믿노라.[53]

이 결론에서 특별히 주목되는 것은 "이 경쟁하는 세상"에서 우리의 목적을 달성하기 위해서는 바삐바삐 학문을 익혀서 경쟁력을 갖추어야 한다고 『독립정신』을 집필할 때부터 주장해 온 경쟁의 중요성을 거듭 강조한 점이다.

이승만은 8월25일에 샌프란시스코를 떠나서 동부로 돌아오는 길에 로스앤젤레스에 들러서 신흥우를 만났다. 두 사람의 친분으로 미루어 보면 덴버회의에 신흥우도 참가했을 법한데, 그러지 않았던 것은 의아스러운 일이다. 같은 기독교인이면서도 신흥우는 스티븐스 사살사건에 대해 이승만과 다른 생각을 가지고 있었던 것은 이승만이 거절한 장인환 재판의 통역을 신흥우가 맡은 사실로도 짐작할 수 있다. 장인환 재판은 연기를 거듭하다가 1908년12월 하순에 이르러서야 종결되었다. 변호인은 장인환이 스티븐스의 친일발언에 격분하여 순간적으로 발작을 일으킨 정신이상적 망상의 소행이므로 무죄라고 주장하고, 일본정부가 고용한 원고쪽 변호인은 장인환의 정신상태는 정상이고 계획적 고살행위(故殺行爲)이므로 사형에 처해야 한다고 주장했다. 1909년1월2일에 열린 캘리포니아주 고등법원은 장인환에게 제2급 살인죄를 적용하여 25년의 금고형을 선고했다. 장인환이 사형을 면할 수 있었던 것은 변호인들의 뛰어난 변론 때문이었다. 장인환은 모범적인 수감생활을 하여 만 10년의 형기를 마치고 15년 감형을 받아 1919년1월에 석방되었다.[54]

---

53) 《共立新報》 1908년8월12일자, 「論說: 남을 대적하려면 내가 먼저 준비할 일」.
54) 金源模, 「張仁煥의 스티븐스射殺事件硏究」, 《東洋學》 18집, 檀國大學校東洋學硏究所, 1988, pp.273~310 참조.

이승만은 샌프란시스코를 떠나면서 《공립신보》「논설」란에 다시 「일본이 기탄하는 일이 곧 우리의 행복될 일이라」라는 글을 기고했다. 이 글은 장인환 재판의 통역을 거부하고 떠나는 자신에 대한 서부지역 동포들의 비판을 의식하여 쓴 글이었는데, 그때까지 볼 수 없었던 철저한 반일론(反日論)을 논리정연하게 피력한 것으로서 자세히 톺아볼 만한 가치가 있다.

그는 먼저 일본을 한국의 '원수'라고 규정하고 "조선사람이 다 없어지든지 혹 완전히 성립하게 되든지 좌우간 끝나는 날까지 조일 양국 사이에 결단코 평화가 없으리라"라는 전제 아래 대일투쟁의 기본방향을 다음과 같이 천명했다.

> 지금 조선사람들이 이 중간에 처하야 바라며 힘쓸 것은 남을 시비하며 남을 해롭게 하는 데 있지 아니하고, 다만 나의 원수가 원할 일은 행치 말며 원수가 싫어할 일은 행할진대 그 원수가 스스로 손해를 받을지니, 이는 소리 없는 총으로 쏘는 것과 같다 할지라.

그러면서 그는 한국과 일본의 이해의 상반관계를 다음과 같이 여섯가지로 설명했다.

> (1) 한국의 여망은 일본의 은혜에 있지 아니하고 일본의 포악에 있다. 만일에 일본이 한국인을 공평한 법으로 평등히 대한다면 무식한 백성들이 다시는 나라를 생각하지 않을지 모르므로, 일본의 은혜는 한국인에게 비상[砒霜: 독약]과 같은 것이다.
> (2) 한국의 복은 일본이 약한 데 있지 않고 강한 데 있다. 일본이 계속 강성해져서 욕심을 부려야 세계에서 고립되고 한국의 친구가 많이 생길 것이다.
> (3) 일본은 한국인의 의병이나 배일당과 같은 "어리석게 소동하는 것"

San Francisco Cal, September 2, 1908 NO.97 THE UNITED KOREAN

共立新報

The United Korean

일본의 기탄 ᄒᆞᄂᆞᆫ 일이, 곳 우리의 ᄒᆡᆼ복 될 일이라

「일본이 기탄하는 일이 곧 우리의 행복될 일이라」라는 이승만의 「논설」이 실린 1908년9월2일자 《공립신보》.

을 매우 원한다. 그것은 실효도 없고 백성들을 괴롭혀 그들로 하여금 도리어 일본의 '보호'라도 받아서 편안히 살기를 원하게 만든다.

(4) 일본이 가장 꺼리는 것이 외국에 나오는 한국학생들이다. 미국에 나와 있는 학생들의 임무가 막중하다.

(5) 한국사람들이 동심협력하여 한 조직사회를 이루어 서로 따르고 서로 보호하게 되는 것을 일본은 가장 두려워하고 편당을 지어서 서로 다투는 것을 일본은 기뻐한다.

(6) 한국에 기독교가 전파되는 것을 일본은 극히 싫어한다. 기독교는 정치와 도덕과 사회의 개량에 큰 기초가 될 뿐 아니라 각국인들과 친

밀한 유대를 맺게 하기 때문이다.[55]

이승만의 이러한 반일론은 뒷날 비록 형세에 따라 여러 가지로 다르게 표명되기는 했으나, 기본적으로는 일생 동안 일관되게 견지되었다. 그런 점에서 이 「논설」은 그의 반일론의 원형이었다고 할 수 있을 것이다. 그것은 또한 뒷날 이승만을 격렬하게 비판하면서 그가 상해임시정부의 수반이 되는 것을 극력 반대한 신채호(申采浩)의 반일론과도 궤를 같이하는 것이어서 흥미롭다. 일본 통감부는 이승만의 이 「논설」이 치안을 방해하는 것이라고 하여 「논설」이 실린 《공립신보》의 국내 판매와 배포를 금지하고 모두 압수했다.[56]

55) 우남, 「論說: 일본이 기탄하는 일이 곧 우리의 행복될 일이라」, 《共立新報》 1908년9월2일자.
56) 「警秘發 제913호: 《共立新報》揭載排日記事日譯文送付件」, 1908년10월16일, 『統監府文書(8)』, 1999, pp.251~252.

3.「미국의 영향을 받은 중립」으로 박사학위 취득

1

케임브리지로 돌아온 이승만은 뉴욕으로 가서 유니언신학교(Union Theological Seminary)의 기숙사에 방을 배당받아 한동안 기거했다. 세상없어도 2년 이내에 미국의 명문 대학교에서 박사학위를 받겠다는 집념을 버리지 않은 이승만은 그 기숙사에서 신학공부를 하면서 컬럼비아대학교(Columbia University) 대학원 박사과정에 입학하기 위해 몇몇 강좌를 수강했다. 그러나 움직이는 도시 뉴욕의 잡답 속에서 마음이 어수선한 그는 구체적인 계획을 세우지 못했다. 유니언신학교는 뉴욕시내 다운타운의 동남부에 있었고 컬럼비아대학교는 북부의 업타운에 있었으므로, 매일 붐비는 지하철을 타고 두 학교에 다니기란 여간 힘든 일이 아니었다.[57] 그는 덴버로 떠나기 전에 시카고대학교(The University of Chicago) 대학원에 입학허가를 타진해 보기도 했었다.[58]

이승만은 일생 동안 막다른 고비에서 뜻밖의 행운을 만나는 경우가 많았다. 1908년 초가을 어느 날이었다. 이승만은 우연히 북장로교 선교부 빌딩에 들렀다가 홀(Ernest F. Hall) 선교사를 만났다. 홀은 이승만이 옥중에 있을 때인 1903년9월에 한국에 파견되었다가 건강이 나빠져서 사임하고 1908년에 귀국했는데,[59] 그는 이승만의 옥중활동을 도운 선교사의 한 사람이었다. 홀은 북장로교 선교부의 서기로 일하고 있었다. 이승만은 아마 이때에 홀을 만난 것을 두고두고 하나님의 특별한 축복이었다고 생각했을 것이 틀림없다. 왜냐하면 홀은 그의 일생을 통하여 권위와 명망의 기반이 된 행복한 프린스턴대학교(Princeton University) 생활의 기

---

57)「청년이승만자서전」, 이정식 지음, 권기붕 옮김, 앞의 책, p.307.
58) Albion W. Small to Rhee, Apr. 21, 1908, The *Syngman Rhee Correspondence*, vol.2, p.32.
59) 김승태·박혜진,『내한선교사총람 1884~1984』, p.277.

회를 마련해 주었기 때문이다.

홀은 이승만에게 뉴욕에서 무슨 일을 하고 있느냐고 물었다. 이승만이 계획을 대충 설명하자 그는 단호하게 말했다.

"당신은 유니언신학교에 가서는 안 됩니다. 프린스턴으로 가시오."

이승만은 솔직하게 대답했다.

"나도 뉴욕에 있기를 그다지 원치 않습니다. 만일에 프린스턴으로 갈 수 있는 길이 있다면 그곳으로 가고 싶습니다."

이튿날 아침에 이승만은 홀이 프린스턴에서 보낸 속달편지를 받았다. 홀은 기차표와 기차시간표를 함께 보내면서 자기는 프린스턴역에서 기다리겠다고 했다. 이승만은 만사를 제쳐놓고 프린스턴행 기차를 탔다. 홀은 이승만을 프린스턴신학교(Princeton Theological Seminary)로 데리고 가서 교장 어드먼(Charles Erdman) 박사에게 소개했다. 그러고 나서 그는 이승만을 프린스턴대학교 대학원장 웨스트(Andrew F. West) 박사에게 데리고 갔다. 프린스턴신학교와 프린스턴대학교는 둘 다 미국 북장로교회가 설립한 학교로서 큰길 하나를 사이에 두고 있다. 홀은 프린스턴신학교 졸업생이었다.

뉴욕으로 돌아온 이승만은 웨스트 대학원장 앞으로 편지를 썼다. 자기는 형편상 2년 안에 반드시 박사학위를 끝내야 한다고 말하고, 프린스턴대학교가 이 점을 고려해 주지 않으면 자기는 뉴욕에 남아서 컬럼비아대학교에 입학할 수밖에 없다고 썼다. 웨스트 박사는 이승만에게 2년 이내에 박사과정을 끝낼 수 있게 해주겠다는 보장과 함께 프린스턴신학교 기숙사에서 무료로 생활할 수 있게 해주겠다고 회답했다.[60)]

이렇게 하여 이승만은 1908년9월부터 1910년6월까지 뉴저지주의 아름다운 프린스턴 캠퍼스에서 안정된 학창생활을 할 수 있게 되었다. 그

---

60) 프린스턴대학교 대학원 소장, 이승만이 West 대학원장 앞으로 보낸 1908년9월23일자 편지 및 West가 이승만에게 보낸 1908년10월2일자 편지, West가 동료교수 W. M. Daniels에게 보낸 1908년10월8일자 편지, 유영익, 앞의 책, pp.228~229.

는 자서전 초록에서 다음과 같이 적었다.

> 그래서 나는 프린스턴신학교 기숙사에서 생활하면서 신학에 관한 강좌를 몇과목 택하고, 프린스턴대학교에서 박사과정을 밟게 되었다. 이렇게 계획을 바꾼 데 대해 나는 후회해 본 적이 없다. 프린스턴 시절은 나의 학창시절 가운데 가장 즐거운 시기였다.[61]

프린스턴신학교의 한국인 졸업생 명부에는 이승만이 1913년도 '청강생'으로 되어 있는데, 이는 프린스턴대학교를 졸업하고 귀국했던 이승만이 1912년에 다시 도미하여 프린스턴에 머물 때에 프린스턴신학교에 새로 등록을 했던 것이 아니었나 짐작된다.[62]

이승만의 프린스턴대학교 시절의 모습을 보여 주는 사진 한장이 보존되어 있다. 1909년에 기숙사 '하지 홀(Hodge Hall)' 111호의 자기 방에서 명상에 잠겨 있는 듯한 모습을 찍은 것인데, 벽난로와 책상 위와 구석 테이블 위에까지 도서관에서 빌려 온 두툼한 책들이 꽂혀 있고 바닥에 책가방이 놓여 있다. 테이블 구석에 테니스 라켓이 비스듬히 놓여 있는 것을 보면 이승만은 프린스턴대학교 시절에도 테니스를 즐겼던 것을 알 수 있다. 책상 위에 예쁜 장식의 화장거울이 놓여 있는 것도 인상적이다.

올리버는 이승만이 기거했던 기숙사의 이름이 '캘빈 클럽(Calvin Club)'이었다고 했으나[63] 사진에 적혀 있는 이승만의 친필 설명은 분명히 '하지 홀'이다. 이승만의 『일기』에 1908년10월28일에 '프린스턴신학교의 캘빈 클럽'에서 연설을 했다는 기록이 있는 것을 보면[64] '캘빈 클럽'은

---

61) 「청년이승만자서전」, 이정식 지음, 권기붕 옮김, 앞의 책, pp.310~311.

62) *Asian and Asian-American Alumni/AE Directory of Princeton Theological Seminary Part I: Korean and Korean-American*, The Office of the Program for Asian-American Theology and Ministry, Princeton Theological Seminary, 1994, p.1.

63) Robert T. Oliver. *op. cit.*, p.111.

64) Syngman Rhee, *Log Book of S. R.*, 1908년10월28일조.

이승만이 프린스턴대학교 대학원 재학시절에 거처한 프린스턴신학교의 기숙사 '하지 홀' 111호.

기숙사의 어떤 학생모임이거나 홀의 이름이었던 것 같다.

이승만은 신학교 강의에는 많이 참석하지 않았지만, 신앙과 종교활동에서는 신학생들과 돈독한 관계를 유지했다. 그러나 실제로 이승만은 기숙사의 다른 학생들과 유사점보다는 차이점이 더 많았다. 우선 그는 나이가 다른 학생들보다 10년 내지 15년가량이나 위였고, 살아온 경력도 달랐다. 기숙사 학생들은 수요일마다 클럽 라운지에 모여 오락시간을 가졌는데, 그럴 때면 이승만은 젊은 열정의 바다에 떠 있는 외로운 섬 같은 존재가 되었다. 그러나 이승만은 그들과 스스럼없이 어울리려고 노력했다. 그가 제공하는 여흥 가운데서 가장 인기가 있었던 것은 한국민요였다고 한다. 그러나 기숙사 생활을 같이 한 학생들 가운데 졸업한 뒤에도 이승만과 지속적인 관계를 유지한 사람은 별로 없다.

이 무렵의 이승만의 기독교 신앙을 짐작하게 하는 짧은 글 두편이 있다. 샌프란시스코의 한인감리교회에서 발행하는 《대도(大道)》[65] 지에 실린 글들이다. 창간호(1908년12월)에 실린 「감사일 유감」이라는 글은 미국의 추수감사절의 의의를 한국의 추향대제(秋享大祭)와 시향제(時享祭) 또는 추석 명절 쇠는 풍속과 비교하여 설명하고 나서 다음과 같이 적었다.

> 저 모든 물건과 모든 세력을 다 잃어버릴지라도 천리와 천도만 순종하야 좋은 기회를 잃지 말고 동심협력으로 일들만 잘하면, 저 천리를 거역하고 잠시 득승하는 자가 마침내 굴복할 날이 있을지라. 성경에 말씀하시기를 하나님의 나라를 먼저 구하라 다른 것이 다 이에 따르리라 하심이 우리 조선사람에게 합당하도다.…[66]

"천리를 거역하고 잠시 득승하는 자"란 일본인들을 지칭하는 말이었다. 이승만은 하나님의 나라를 먼저 구하라는 「마태복음」 6장33절의 이 성경구절을 일생 동안 기도할 때마다 되뇌었다고 한다.

이듬해 1월호에 실린 「신년축사」라는 글은 「이사야」 41장10절과 「시편」 23편 및 41편을 인용하고, 동포들에게 몸이 환란 질고 속에 있을 때에 「시편」과 「잠언」을 읽으라고 권고했다. 그러고는 이렇게 덧붙였다.

> 대저 사람의 마음이 태평하고 즐거운 중에 있을 때에는 이런 글이 잘 마음에 들어오지 아니하되 궁극(窮極)한 자리에 이른 때에 항상 특별한 능력이 이런 글 속에서 생겨서 굳센 기운과 화평한 마음이 내 속에서 우러나매, 이렇게 얻은 복락은 사람이 빼앗을 수 없고 세상 물건이 방해할 수 없는 바라. 이 어째 우리 동포들의 지극히 원할 바가

---

65) 《大道》에 대해서는 최기영, 『식민시기 민족지성과 문화운동』, 한울, 2003, pp.270~273 참조.
66) 리승만, 「감사일 유감」, 《大道》 1908년12월호, p.40.

아니리요.… 오늘 당한 것으로 낙심하지 말며, 흐리고 비 오는 일기를 괴로이 여기지 말고, 나의 뜻대로 속히 되지 않는 것을 깨닫고 항상 화평한 얼굴과 순탄한 마음을 근근히 종사하야 날로 공덕을 쌓아서, 지공무사(至公無私)하신 자의 상급을 기다리기로 모든 동포들께 신년 축사를 올리나이다.[67]

이러한 신년 메시지는 자기 자신에게 하는 다짐이기도 했다. 이 무렵 이승만은 그 자신이 「시편」과 「잠언」을 숙독하고 있었던 것이 틀림없다. 그만큼 힘들고 외로웠던 것이다.

이승만이 프린스턴대학교에서 수학하는 동안 대학의 주요 인사들과 친교를 맺을 수 있었던 것은 뒷날 그의 생애에서 귀중한 자산이 되었다. 신학교 교장 어드먼 박사는 이승만 자신이 "그가 나를 위해 베풀어 준 몇 가지 혜택은 내가 평생 잊을 수 없다"[68]라고 기술했을 만큼 성원해 주었다. 웨스트 대학원장도 이승만이 박사과정을 성공적으로 마칠 수 있도록 온갖 편의를 제공해 주었다.

이승만이 프린스턴 생활에서 얻은 가장 큰 수확은 우드로 윌슨(Woodrow Wilson) 총장과 그의 가족들을 가깝게 사귈 수 있었던 일이다. 윌슨은 메릴랜드주 볼티모어에 있는 존스홉킨스대학교(Johns Hopkins University)에서 정치학 박사학위를 받은 정치학 교수로서 『의회정부론』과 『국가론』이라는 명저로 이름이 높았다. 그는 변호사로서도 평판이 좋았다. 윌슨의 가족들은 한국과 한국선교에 대해 큰 관심을 보이면서 이승만이 귀국해서 추진하려는 기독교사업을 격려해 주었다. 이승만이 프린스턴대학교 대학원에 입학하던 해 겨울에 윌슨이 "불특정 다수의 여러분 앞("To whom it may concern")"으로 써 준 다음과 같은 추천서는

67) 리승만, 「신년축사」, 《大道》 1909년1월호, pp.13~14.
68) 「청년이승만자서전」, 이정식 지음, 권기붕 옮김, 앞의 책, p.311.

이승만에 대한 윌슨 총장의 신임과 기대가 어떠했는가를 보여 준다.

> 이승만씨는 프린스턴대학교 대학원생으로서, 탁월한 능력과 고매한 인품으로 우리에게 호감을 줍니다. 그는 자기 나라 한국의 현재 상황에 대해서뿐만 아니라 동양의 전반적 정세에 대해 놀랄 만한 식견을 가졌습니다. 그리고 그러한 상황에 대해 일반대중을 대상으로 하는 강연에서도 특별한 성공을 거두고 있습니다. 투철한 애국심과 동포들에 대한 뜨거운 열정을 가진 그는 그의 조국을 위해 큰 일을 할 사람입니다. 우리가 마땅히 연구하고 보존해야 될 위대한 동양에서의 우리의 권익에 대해 직접 배우고자 하는 분들에게 나는 기꺼이 그를 추천합니다.[69]

이 추천서는 그때까지도 여전히 이승만의 학자금 조달수단이기도 했던 강연회를 위해 쓴 것이었다. 그러나 그의 강연이 반드시 학자금 조달을 위한 것만은 아니었다. 1908년 가을에 이승만은 한국에서 일시 귀국한 언더우드, 에비슨(Oliver R. Avison, 魚丕信), 헐버트 등의 선교사들과 함께 한국 선교사업을 지원하기 위한 특별강연을 하고 다녔다.

이상주의자인 윌슨과 윌슨 부인은 한국문제에 특별한 관심을 가지고 있었다. 윌슨은 이승만을 뉴저지주의 오글먼(Ogleman) 지사에게 소개하면서 "한국의 교주"라고 말했다.[70] 윌슨 가족들은 피아노 옆에 둘러서서 노래부르기를 좋아했는데, 이승만은 그러한 가족모임에 초대되는 몇 사람 안 되는 프린스턴대학교 학생 가운데 하나였다. 그러나 이승만은 다른 사람들과는 달리 노래를 부르지는 않았다. 그래서 윌슨의 딸들은 이승만과 자기네 아버지를 함께 놀리곤 했다. 학생 손님은 흐트러짐이 없

69) Robert T. Oliver. *op. cit.*, pp.110~111.
70) 「청년이승만자서전」, 이정식 지음, 권기붕 옮김, 앞의 책, p.311.

이 위엄을 지키고 그를 초대한 대학총장은 풀어져서 마냥 즐거워한다는 것이었다. 윌슨은 캠퍼스에서 방문객들에게 이승만을 소개할 때에는 곧잘 농담 반 진담 반으로 "장차 한국의 독립을 되찾을 사람"이라고 소개했다고 한다.[71] 이렇게 하여 이승만은 윌슨 가족들과 각별한 교분을 맺을 수 있었다.

윌슨 총장과 웨스트 대학원장은 대학원 건물의 신축을 위해 프랙터(Practor)라는 사람이 기부한 자금 사용 문제를 놓고 심각하게 대립했지만, 이승만은 두 사람과의 친교를 그대로 유지했다.

이승만의 소속학과는 하버드대학교에서와 마찬가지로 역사학, 정치학 및 경제학과였다. 전공도 역시 정치학이었다. 이 시기의 프린스턴대학교의 교과목 카탈로그(*Princeton University Catalogue 1908~1909* 및 *Princeton University Catalogue 1909~1910*)에 보면, 정치학과 대학원의 중요 이수과목은 미국헌법, 헌정론, 미국정치론, 국가론, 통치기구론, 의회론, 외교론, 국제법, 유럽외교사, 고대서양정치사상사, 중세서양정치사상사, 근세서양정치사상사 등이었다. 두 카탈로그에는 대학원생 명단이 알파벳순으로 적혀 있는데, '이승만(Syngman Rhee)'의 이름도 보인다.

이승만은 1908년 가을학기에는 엘리엇(Edward Elliott) 교수의 국제법과 외교론, 매컬로이(Robert M. McElroy) 교수의 연방당(Federalist Party) 몰락 이전의 미국헌법사, 오먼드(Alexander T. Ormond) 교수의 철학사를 수강했고, 1909년 봄학기에는 역시 엘리엇 교수의 국제법과 외교론, 매컬로이 교수의 연방당 몰락 이후의 미국헌법사, 오먼드 교수의 철학사를 수강했다. 1909년 가을학기에도 엘리엇 교수의 국제법과 매컬로이 교수의 1789년부터 1850년까지의 미국사를 수강했다. 성적은 모든 과목에서 B학점이었다. 그리고 1910년 봄학기에는 박사학위 논문을 썼

71) Robert T. Oliver, *op. cit.*, p.111.

다.[72]

그러는 사이에 이승만은 하버드대학교 대학원에 편지를 보내어 그 대학교에서 석사학위를 받게 해달라고 부탁했다. 이승만의 이러한 부탁에 대해 하버드대학교 대학원은 1909년6월의 여름방학에 하버드대학교로 와서 미국사 한 과목을 이수하고 B학점 이상의 성적을 얻으면 석사학위를 주겠다고 회답해 왔다. 그리하여 이승만은 1909년 여름에 케임브리지로 가서 하버드대학교의 서머스쿨에서 미국사 과목을 이수하고 B학점 얻어 1910년2월23일의 가을학기 졸업식에서 정치학 석사(M.A.)학위를 받았다.[73]

2

1910년 봄에는 이승만이 오랫동안 집념을 버리지 않았던 또 하나의 소망이 결실을 보았다. 그것은 6년 전에 한성감옥서에서 러일전쟁이 발발하는 것을 보고 서둘러 집필했던『독립정신』이 마침내 로스앤젤레스에서 출판된 것이었다.『독립정신』의 원고를 트렁크 밑바닥에 숨겨 가지고 미국으로 가져왔던 박용만의 다음과 같은 술회는 이 원고가 겪었던 그동안의 우여곡절을 짐작하게 한다.

> 오호라. 조선백성이 복이 없음인지 용만이 힘을 쓰지 않음인지 감히 스스로 판단치 못하나, 그러하나 그동안 이것을 출판코자 한 지가 다만 하루나 일년뿐 아니라. 그러하나 동으로 주선하고 서으로 힘써도 마침내 상당한 부비[浮費: 비용]를 얻지 못하고, 또한 이것을 끌고

72) 김학준, 앞의 책, pp.183~184.

73) George W. Robinson to Rhee, Jun. 4, 1909, *The Syngman Rhee Correspondence*, vol.2, p.42 및 하버드대학교 인문대학원 원장 비서 하버드대학교 서머스쿨 인문과학위원회의 James S. Sove 위원장이 1909년8월에 발급한 하계과목 이수증명서. 유영익, 앞의 책, p.229.

미주까지 와서 하루바삐 출판코자 하여도 매양 뜻이 같지 못한 방해를 입어 오늘 여기서 주선한 일이 내일 저기 가면 틀리는 고로, 필경에는 뜻을 떨어뜨리고 다시 이 글을 본 주인에게 돌렸으니, 이는 용만이 다만 이 글을 쓴 자에게 한만[汗漫: 등한]하다는 책망을 받을 뿐 아니라 또한 우리 동포의 공번된 이익을 방해한 자이라 하여도 다시 발명[發明: 변명]할 곳이 없노라.[74]

박용만은 미국에 와서도 이 책을 출판하기 위하여 여러 해 동안 동분서주하면서 신흥우와 함께 활자와 인쇄기까지 준비했으나 끝내 뜻을 이루지 못했다. 그러다가 덴버회의가 열렸을 때쯤에 이승만에게 원고를 돌려주었던 것으로 짐작된다.

이승만은 문양목 등 대동보국회 간부들과 이 책의 출판문제를 상의했다. 대동보국회는 경영난으로 1908년4월부터 중단된 《대동공보》를 속간하지 못하고 그해 10월 말경에는 활자와 인쇄기를 로스앤젤레스로 옮겼다. 로스앤젤레스에 있는 자유회가 그 활자를 이용하여 잡지를 발간할 것이라는 이야기가 있었으나,[75] 실행되지는 않았다. 그리하여 문양목 등 대동보국회 인사들은 이 활자와 인쇄기를 가지고 대동신서관(大同新書館)이라는 출판사를 설립했는데, 대동신서관의 첫 출판물이 『독립정신』이었다. 『독립정신』의 맨 뒷부분에는 "본 책을 발간키 위하야 본 신서관을 성립한 제군"이라 하여 31명의 명단과 사진이 수록되어 있다(이들 가운데 네 사람은 사진이 없다). 이들은 아마 대동보국회 회원들이었을 것이다.

이승만은 바쁜 와중에서도 『독립정신』의 원고를 틈틈이 손질하고 책에 들어갈 사진과 그림을 꼼꼼히 챙겼던 것은 앞에서 보았다. 문양목이 「후서」에서 "비록 형편이 변하고 때가 늦은 듯하나 우리나라 사람의 처

---

74) 박용만, 「후서」, 『독립정신』, 大同新書館, 1910, p.4.
75) 《共立新報》 1908년11월4일자, 「雜報: 주자를 나성에 보냄」.

지로 오늘이라도 알아야 할 것은 이것이요 내일이라도 알아야 할 것은 이것이라"[76] 라고 쓴 것은 문양목 등이 이 책을 펴내는 데 온 열성을 기울였음을 짐작하게 한다.

이러한 열성은 대동보국회 관계자들에게만 있었던 것이 아니었다. 《신한민보》가 『독립정신』의 발간사실을 3월2일자와 30일자로 연거푸 보도하면서 다음과 같이 기술한 것이 그것을 증명해 준다.

> 문학사 이승만씨가 7년 옥중에 있을 때에 정력을 고갈하여 저술한 책자가 몇가지 있는데, 그중에 긴요한 『독립정신』이란 책이 이제 세상에 전하니, 일부 300여 페이지에 가득한 정신이 모두 독립요지며 고금 동서의 유명한 그림이 모두 그 가운데 들었으니, 나라의 독립을 원하는 자 부득불 볼 것이요, 한번 보면 동서정치의 참고가 손바닥 가르치기와 같이 요연(瞭然)할지니 널리 구람함이 가하더라.[77]

미국에서 『독립정신』이 출판되었다는 소식은 국내에까지 전해졌다. 《황성신문(皇城新聞)》은 "미국 프린스턴대학교에서 수업하는 이승만씨가 연전 옥중에서 저술하던 독립정신이란 책자가 근일 로스앤젤레스에서 출판되야 일반 내외 동포의 열람을 수응(酬應)하기로 한다더라"라고 보도했다.[78]

그러나 통감부의 혹심한 탄압을 받고 곧 그 판권이 통감부로 넘어갈 운명에 놓여 있던 《대한매일신보(大韓每日申報)》에는 기사가 보이지 않는다. 《대한매일신보》는 1910년5월21일에 700파운드에 통감부에 매도되었고, 한일합병 이튿날인 8월30일자부터 제호에서 "대한"을 뗀 《매일

76) 문양목, 「후서」, 『독립정신』, p.8.
77) 《新韓民報》 1910년3월30일자, 「雜報: 독립정신」.
78) 《皇城新聞》 1910년4월2일자, 「雜報: 獨立精神의 出現」.

신보(每日申報)》로 개제되어 총독부 기관지로 발행되었다.79)

책머리에 이승만, 신흥우, 박용만의 사진 다음에 태조 고황제[이성계]의 그림과 태황제[고종]와 대황제[순종]의 사진을 차례로 싣고 또 이어서 정몽주(鄭夢周)의 그림까지 실은 것은 대동보국회의 근왕사상을 잘 드러내고 있다.

『독립정신』이 출판되자 이승만은 그것이 어떤 책인가를 미국인들에게 알리기 위해 문양목(Y. M. Moon)의 이름으로 긴 영문 서평을 작성해서 배포했다.80) 대동신서관의 대표인 문양목의 직함을 '한국출판협회 회장(President (of) Korean Press Association)'이라고 한 것도 흥미롭다. 박사논문 쓰기에 여념이 없는 상황에서도 이승만은 다른 사람의 이름을 빌려서까지 미국인들에게 자기의 저서를 알리려고 노력했던 것이다. 그는 『독립정신』의 저술목적을 다음과 같이 설명했다.

> 이 책을 통하여 그가 하고자 한 주요 목적은 동포들에게 서양세계에서 강력하게 발달한 내셔널리즘(nationalism)의 원칙을 가르치고, 독자들의 마음속에 미국의 독립전쟁을 특징지었던 것과 같은 독립정신을 촉발시키는 것이었다. 그는 민족의 멸망을 예방하기 위하여 낡아빠진 절대군주제 대신에 인민들에게 일정한 정치적 자유를 허용하는 입헌주의 정부를 도입할 필요성을 간파하였다.81)

이승만은 자기가 한국민중에게 강조한 독립정신이란 바로 미국의 독립전쟁 때에 미국인들이 발휘했던 것 같은 독립정신이라고 강조했다.

대동보국회 인사들이 대동신서관을 설립한 것은 이승만의 지론과 덴

---

79) 鄭晋錫, 『韓國言論史硏究』, 一潮閣, 1983, pp.242~290 참조.
80) 유영익, 『젊은 날의 이승만: 한성감옥생활(1899~1904)과 옥중잡기연구』, 연세대학교출판부, 2002, p.76.
81) 위의 책, p.77.

버회의의 결의 등을 감안하여 착수한 사업이었을 것이다. 그러나 신서관의 활동은 『독립정신』의 출판이 시작이자 마지막이 되고 말았다. 왜냐하면 그동안 공립협회가 개편되어 결성한 국민회(國民會)와 대동보국회가 대한인국민회(大韓人國民會)로 통합되면서 대동신서관의 활자와 인쇄기는 대한인국민회의 기관지를 발행하는 샌프란시스코의 신한민보사에 넘겨주게 되었기 때문이다.

이승만이 재미동포들의 통합단체로 1910년2월10일에 결성된 대한인국민회의 샌프란시스코 지방회에 가입하고 교부받은 입회증서.

교민단체의 통합은 하와이 동포사회에서 먼저 이루어져서 1907년9월에 24개 단체가 통합하여 한인합성협회(韓人合成協會)를 결성했다. 미국 본토에서도 스티븐스 사살사건을 계기로 협력 분위기가 고조되면서 공립협회와 대동보국회의 통합논의가 진전되는 듯했으나 좀처럼 실현되지 않았다. 그러자 먼저 공립협회와 하와이의 한인합성협회가 통합하여 1909년2월에 국민회를 결성했고, 대동보국회는 같은 해 7월에 시애틀의 동맹신흥회(同盟新興會)와 통합했다. 그러나 두 단체의 대립적 관계는 오래 계속될 수 없었다. 많은 사람들이 통합을 촉구했다. 이승만은 통합을 주장하면서 어느 단체에도 가입하지 않았다. 그리하여 마침내 국민회와 대동보국회는 1910년2월10일에 대한인국민회로 통합되었다. 동포사회는 노동이민이 시작된 1902년부터 1905년에 이민이 금지되기까지 하와이로 이민 간 7,200여명이 대종을 이루었는데, 대한인국민회의 조사에 따르면 1910년 현재 미주 각지에 이주해 사는 동포가 2,011명, 하와이에 거주하는 동포가 4,294명이었다.[82)]

이승만도 통합을 지지하면서 통합된 대한인국민회에 가입했는데, 이 때에 교부받은 입회증서가 지금도 보존되어 있다. 박사학위 논문 작성에 전념하던 그가 대한인국민회에 가입한 경위에 대해서는 알려진 것이 없다. 어쩌면 프린스턴대학교를 졸업하고도 미국에 체류하게 될지 모른다고 생각했는지 모른다. 미국에 체류하게 되는 경우 대한인국민회는 동포사회를 대상으로 한 그의 중요한 활동무대가 될 수 있을 것이었다.

3

박사학위 취득을 위한 필기시험과 구두시험은 이승만에게 여간 어려운 일이 아니었다. 그것은 이승만에게 가장 생생한 프린스턴 시절의 추억이 되었다. 이승만의 박사(Ph. D.)학위 논문은 「미국의 영향을 받은 중립(Neutrality as Influenced by the United States)」이라는 논문이었다. 지도교수는 그에게 국제법와 외교론을 강의했던 엘리엇 교수였다. 주제도 엘리엇 교수의 제의에 따른 것이었다. 이승만의 문제의식의 출발점이 되었던 것은 헤이(John M. Hay) 국무장관의 중국에 대한 '문호개방(Open Door)정책'이었다.[83)] 이승만은 일찍부터 그것을 열렬히 지지했고, 1905년2월에 딘스모어 하원의원의 소개로 헤이 장관을 만났을 때에도 같은 정책을 한국에도 적용할 것을 요청했다.

이승만의 학위논문의 주제는 '중립(neutrality)'이었다. 그런데 그것

82) 金元容, 앞의 책, p.8.
83) Robert T. Oliver, *op. cit.*, p.113.

이승만은 1910년6월14일에 프린스턴대학교 졸업식에서 철학 박사 학위를 받았다.

은 흔히 말하는 국제정치상의 중립이 아니라 '중립교역'(neutral commerce)이 핵심이었다. 논문은 그러한 중립교역이 국제적 관행으로 정착되어 가는 초기과정을 분석한 것이었는데, 그 주된 논지는 1776년의 미국의 독립을 기점으로 하여 중립제도가 큰 발전을 이루었고, 거기에는 미국의 역할이 절대적이었다는 것이었다. 이러한 논지를 입증하기 위해 그는 1776년의 미국독립에서부터 1872년의 앨라배마 호(*S. S. Alabama*) 사건에 이르는 100년 동안의 기간을 분석대상으로 설정했다. 이 시기는 국제적으로 중립제도, 특히 그가 문제 삼은 중립교역과 중립법이 크게 문제시되던 시기였다. 이승만은 1차 자료를 포함한 실증적 자료를 구사하여 그 점을 일관성 있게 논증했다. 그렇게 하여 그는 미국의 역할과 공헌으로 이루어진 중립교역과 중립법의 발전을 가리켜 "모든 인류에 대한 큰 축복"이라고 결론을 내렸다.

이승만의 논문은 미국이 유럽 해양국가들의 반대를 무릅쓰고 중립제도의 발전에 이바지할 수 있었던 원동력을 미국의 자유주의, 곧 국제평화 옹호적 성격에서 찾았다. 그러나 이 논문은 미국이 중립교역 및 중립법을 적극적으로 요구하고 나온 배경에는 유럽 해양국가들의 분쟁과 세력경쟁으로 말미암아 갓 독립한 미국의 국가이익이 침체될 위기가 계속되고 있었다는 역사적 사실을 과소평가한 면이 없지 않다.

이처럼 이 논문은 엄밀한 의미에서 정치학이나 국제법 논문이라기보다는 국제경제학 논문이라고 할 만한 것이었다. 그리고 그것은 일찍이 《제국신문(帝國新聞)》의 「논설」을 집필할 때부터 부국(富國)의 방략으로 강조해 온 통상의 중요성에 대한 문제의식이 박사학위 논문으로 결실을 본 것이었다.

이승만의 논문은 1912년1월에 프린스턴대학교 출판부에서 같은 제목의 단행본으로 출판되었다. 이승만은 몇년 동안 이 책의 인세로 1달러 50센트 또는 2달러25센트짜리 수표를 받았고, 몇장은 기념으로 간직했다. 이 책은 120페이지밖에 되지 않는 것이었으나 제1차 세계대전 기간에 공해상의 중립문제가 현안문제로 부각되자, 이승만 자신이 자서전 초록에서 "제1차 세계대전 당시에 나는 중립교역에 대한 권위자로 인정되었다"[84]라고 기술했듯이, 일부에서 화제가 되기도 했다. 이때의 이승만의 박사학위는 한국인으로서 최초로 미국대학에서 받은 정치학 박사 학위로서, 그의 일생을 통하여 사전적 의미의 '박사'와는 사뭇 다른 상징성을 지닌 카리스마적 권위의 근거가 되었다.

이승만은 1910년6월14일에 거행된 프린스턴대학교 졸업식에서 윌슨 총장으로부터 박사학위를 받았다. 그것은 윌슨이 참석한 프린스턴대학교의 마지막 졸업식이었다. 웨스트 대학원장은 전통적인 박사 후드를 이승만의 어깨에 걸어 주었고, 윌슨은 뜨거운 악수로 축하해 주었다. 윌슨은 졸업식이 끝나자 뉴저지주의 지사로 출마하기 위해 곧 프린스턴대학교를 떠났다.

이승만은 한없는 감회를 느꼈다. 그는 자서전 초록에 이렇게 적어 놓

---

84) 「청년이승만자서전」, 이정식 지음, 권기붕 옮김, 앞의 책, p.311.

왔다.

그날이 나의 준비기간이 끝나는 날이었는데, 나는 슬픈 느낌이 들었다. 한국은 내가 나가서 일을 해야 할 나라였다. 그러나 그 나라는 이제 나의 나라가 아니었다.[85]

이러한 감회는 1904년에 오랜 감옥생활에서 풀려났을 때에 느꼈던 것과 같은 것이었을 것이다. 그것은 미국인 졸업생들의 경우와 같은 장밋빛 희망에 찬 행복감이 아니라 먼 이역땅에서 느끼는 불안감과 고독감이었다. 그가 돌아가야 할, 돌아가서 기독교국가로 만들어야 할 한국은 두달 뒤면 제국주의 일본에 병탄되는 운명에 놓여 있었다.

85) 「청년 이승만자서전」, 위의 책, p.312.

22장

YMCA 한국인 총무와 신민회 황해도총감

1. '빼앗긴 나라'에 6년 만에 돌아오다

1

이승만은 하버드대학교 대학원에 진학하고 나서부터 졸업한 뒤의 자신의 진로에 대해 고민했다. 일본의 '보호국'이 되어 있는 고국에서 무슨 일을 할 수 있을는지 걱정스러웠기 때문이다. 그는 서울에 있는 게일(James S. Gale, 奇一)과 언더우드(Horace G. Underwood, 元杜尤) 두 선교사와 상의했다. 게일은 이승만에게 꼭 귀국하여 함께 일하자면서, 이승만이 황성(皇城)기독교청년회[서울YMCA]에서 일하는 것이 좋겠다고 권고했다.[1] 언더우드는 한국에 있는 선교부들이 협력하여 1910년 가을에 개학할 예정으로 추진 중인 기독교대학의 교수 자리를 제의했다.[2]

1910년3월 어느 날 휴가로 귀국해 있던 서울YMCA의 그레그(George A. Gragg, 具禮九)가 이승만을 방문했다. 그는 이승만에게 YMCA 국제위원회 총무 모트(John R. Mott) 박사 아래서 한국기독교학생운동과 관련된 일을 할 직책을 제의했다. 이승만은 3월 말에 뉴욕에 있는 YMCA 국제위원회를 방문하여 모트 박사를 비롯한 YMCA 국제위원회 관계자들을 만났다. 모트는 1907년에 한국을 방문하여 대규모의 전도집회를 개최한 적이 있었다. 그들은 이승만이 졸업하는 대로 귀국하여 서울YMCA에서 일해 주기를 바랐다. 이승만은 그들의 제의를 받아들였다.[3]

그러나 이승만은 언더우드가 추진하고 있는 대학의 교수직에 더 마음이 끌렸다. 그는 4월13일에 언더우드에게 편지를 썼다. 그는 가을에 귀국하겠다고 말했다. 한국을 위해서 기독교 교육이 필요하다는 데 전적으

---

1) Gale to Rhee, Mar. 12, 1908, Gale to Rhee, Jul. 22, 1908, *The Syngman Rhee Correspondence in English 1904~1948*, vol.2, 2009, pp.28~29, pp.36~37.

2) Underwood to Rhee, Feb. 16, 1910, *The Syngman Rhee Correspondence*, vol.2, pp.43~44.

3) "Autobiography of Dr. Syngman Rhee", p.21; H. P. Anderson to Rhee, Mar. 30, 1910, *The Syngman Rhee Correspondence*, vol.2, p.46.

로 동감한다고 말하고, 자신은 강의와 전도와 저술 활동을 준비해 왔다고 말했다. 이승만은 한국인들에게 서양문명의 모든 축복이 예수 그리스도의 십자가에 바탕을 두고 있다는 것을 가르쳐야 한다고 강조했다. 대학에서는 미국 대학에서 자신이 전공한 국제법과 서양사 및 미국사를 비롯하여 정치학 분야인 국가론, 정부론, 영국헌정사 등을 가르치고 싶다고 했다. 그리고 그러한 분야에 대한 책들을 번역도 하고 저술도 하여 출판하고 싶다고 했다. 그것은 물론 어떤 반일운동이나 혁명정신을 선동하려는 것은 아니며, 한국인들로 하여금 기독교의 지도원리를 깨우치는 기회를 제공하기 위해서라고 썼다. 이승만은 일본통감부 아래에서 이러한 활동이 가능하겠는지 묻고, 자신은 차라리 전도사가 되어 전국을 돌아다니며 가난한 사람들에게 복음을 전하는 일에 전 생애를 바칠 의향도 있다고 말했다. 그러한 일은 하와이에서도 할 수 있으나, 자신은 고국으로 돌아가서 고국동포들이 필요한 일을 하는 데 생애를 바치는 것이 자신의 의무라고 생각한다고 이승만은 썼다.

또 그는 게일과 서울YMCA 총무 질레트(Pilip L. Gillett, 吉禮泰)는 서울YMCA에서 일하기를 바란다고 말하고, 자기도 위원회 안에서 무슨 일을 하기를 바라지만, 자기는 그런 자리를 감당할 수 있을 만큼 능란하지 못하다고 했다. 그 일은 일본인들과의 충돌이 잦을 것이 뻔할 것이라는 것이었다.

언더우드는 이승만의 편지에 곧 답장을 보내지 않았다. 추진 중인 대학 설립 계획이 늦어지고 있었기 때문이다. 언더우드가 1910년 가을에 개학할 계획으로 추진하던 경신학교(儆新學校) 대학부는 예정이 늦어져서 1915년에야 YMCA에서 조선기독교대학(Chosen Christian College)이라는 이름으로 개교했다가 2년 뒤인 1917년에 연희전문학교(延禧專門學校)로 발족했다.

언더우드의 편지를 기다리고 있을 때에 이승만은 서울YMCA의 질레트 총무로부터 취업 초청편지를 받았다. 5월23일자로 된 질레트의 편지는 이승만을 서울YMCA의 '한국인 총무(Chief Korean Secretary)'로 초빙하고, 월급은 150엔(75달러), 곧 연봉으로 900달러를 주겠다는 것이었다. 질레트는 또 이승만의 초빙에 대하여 일본통감부의 소네 아라스케(曾禰荒助) 부통감과 상의했는데, 소네는 이승만의 서울YMCA 총무 취임에 호의적인 반응을 보였다고 썼다. 질레트는 소네를 개인적으로 알고 있는 사이라면서 이승만에 대해서도 이야기를 해두었으므로 귀국해서 마찰을 빚을 염려가 없다고 덧붙였다.[4] 질레트의 초청편지는 그레그를 통하여 이승만에게 전달되었다.[5]

통감부는 이승만이 덴버에서 애국동지대표회를 주재한 사실 등 그동안의 활동에 대한 정보보고를 받고 있었을 뿐만 아니라 이승만의 반일 「논설」이 실린 《공립신보(共立新報)》의 국내배포를 금지하기도 했는데, 그러한 통감부가 이승만이 서울YMCA의 한국인 총무직을 맡아 귀국하는 것에 대해 호의적 반응을 보였다는 것은 여러 모로 생각해 볼 만한 일

서울YMCA 총무 질레트가 1910년5월23일에 이승만에게 보낸 취업초청 편지 봉투.

4) Gillett to Rhee, May 23, 1910, *The Syngman Rhee Correspondence*, vol.2, p.47.
5) Gregg to Rhee, May 27, 1910, *op. cit.*, vol.2, p.48.

이다. 통감부는 이승만이 미국에 계속 머물면서 반일활동을 하는 것보다 귀국해서 종교활동을 하게 하는 것이 덜 위험할 것으로 판단했을 수도 있다.

서울YMCA가 제시한 급료는 이 무렵에 한국에서 일하던 의료선교사들의 평균연봉이 600달러 내지 800달러였던 사실에 비추어 볼 때에 종교인으로서는 매우 높은 수준이었다.[6] 그뿐만 아니라 YMCA의 국제위원회에서 급료를 받는다는 사실 자체가 이승만의 신변안전에도 도움이 될 수 있었다.

2

이승만이 서울YMCA의 한국인 총무로 기용된 것은 독립협회운동 때부터 그의 동지로서 서울YMCA를 이끌고 있던 이상재(李商在)가 은밀히 사전교섭을 벌인 결과였다. 서울YMCA 학교의 학생회는 1910년6월22일에 서울 근교의 진관사(津寬寺)에서 열린 제1회 학생하령회(學生夏令會)를 계기로 급속히 활성화되고 있었고, 그에 따라 서울YMCA는 학생운동을 전담할 간사를 물색하게 되었다. 그리하여 이승만을 지목하고 사전에 비밀 교섭을 벌인 것이었다.[7]

이승만은 프린스턴대학교에서 박사학위 수여식이 있고 한달이 지난 7월19일에 그레그에게 취업 초청을 수락하는 답장을 썼다.[8] 그는 앞으로 받을 급료에서 180달러를 미리 지급받아 귀국에 필요한 배표와 기차표를 구입했다.

이승만은 귀국에 앞서 8월에 네브래스카주의 헤이스팅스(Hastings)시로 박용만(朴容萬)을 찾아가서 2주일 동안 소년병학교(少年兵學校)

---

6) 유영익, 『이승만의 삶과 꿈: 대통령이 되기까지』, p.74.
7) 전택부, 『한국기독교청년회운동사』, pp.149~150.
8) Rhee to Gregg, Jul. 19, 1910, *Syngman Rhee Correspondence*, vol.1, p.3.

옥수수 농장에서 군사훈련을 하고 있는 네브라스카의 소년병학교 학생들. 이승만은 귀국에 앞서 이곳을 방문하여 2주일 동안 같이 지냈다.

학생들과 함께 지냈다. 소년병학교는 박용만 등이 덴버 애국동지대표회의 결의에 근거하여 1909년에 네브래스카주정부의 묵허 아래 군사교육을 실시했다.[9] 이승만이 방문했을 무렵에는 27명의 학생들이 독립군 사관양성을 위한 군사교육에 열중하고 있었다. 박용만은 왕복여비를 보내어 이승만을 헤이스팅스로 초청했는데, 이승만이 도착했을 때에는 다른 일로 헤이스팅스를 떠나 있었다.

이때에 소년병학교의 학생이었던 김현구(金鉉九)는 이승만이 소년병학교에 도착하자마자 기독교 부흥회를 본떠서 1주일 동안 매일 네댓차례의 찬송과 기도의 예배시간을 마련하고 '기도춤'을 추었다고 적었다. 또한 그는 이승만이 부흥회에서 첫째로 스티븐스(Durham W. Stevens, 須知分)를 사살한 장인환(張仁煥), 전명운(田明雲)과 이토 히로부미(伊藤博文)를 사살한 안중근(安重根)은 국민의 명예를 손상시킨 암살의 죄

9) 《新韓民報》 1911년4월26일자, 「雜報: 소년병학교의 역사」.

인이고, 둘째로 일본과 같은 강대국에 군사력으로 대적한다는 것은 불가능한 일을 몽상하는 망령된 행동이라고 말했다고 썼다.[10] 이승만에 대한 격렬한 비판자인 김현구의 이러한 서술은 과장된 것이기는 하나, 귀국하여 기독교 선교사업에 헌신하기로 결심한 이승만의 행동으로서 눈여겨볼 만한 것이다.

이승만이 윌슨 총장 가족과 웨스트 대학원장과 어드먼 박사 등 친지들에게 작별인사를 한 다음 뉴욕항에서 영국의 리버풀로 향하는 발틱 호(*S. S. Baltic*)를 탄 것은 1910년9월3일이었다.[11] 그것은 한일합병조약이 공포된 지 닷새 뒤였다.

이승만은 귀국하고 나면 언제 다시 출국할 수 있을지 모르는 일이었으므로 귀국길에 유럽의 여러 나라를 잠깐씩이나마 둘러볼 생각이었다. 발틱 호로 1주일 동안 대서양을 항해한 끝에 리버풀에 도착한 그는 런던에서 다시 배로 도버해협을 건너서 파리, 베를린, 모스크바 등 유럽의 대도시들을 거쳐 시베리아 횡단 철도로 유라시아 대륙을 횡단했다. 만주평원을 가로질러 압록강 다리를 건널 때에 일본경찰의 까다로운 입국검사를 받으면서 비로소 그는 나라를 빼앗긴 설움을 실감했다. 이승만은 평양을 거쳐서 서울로 오는 경의선 열차의 차창 너머로 계속해서 눈에 들어오는 일본관헌의 모습을 수심에 찬 눈으로 바라보았고, 그들의 신문에 응하는 동포들의 태도에서 무언의 적개심을 감지했다.[12]

열차는 어두워진 뒤에야 남대문역에 도착했다. 10월10일 오후 8시. 이민선 3등실에 몸을 싣고 인천항을 떠난 지 5년11개월 만이었다. 아들을 마중 나온 이경선(李敬善)은 하염없이 흐르는 눈물을 감추지 못했다. 한국신문들은 이미 폐간되고 없었고, 총독부 기관지로 새로 발행되는《매

10) 金鉉九, 『又醒遺傳』(自筆原稿), 하와이대학교 한국학연구소 소장, pp.42~43; 方善柱, 「朴容萬評傳」, 『在美韓人의 獨立運動』, p.36.

11) *Syngman Rhee, Log Book of S.R.*, 1910년9월3일조.

12) Robert T. Oliver, *Syngman Rhee: The Man Behind the Myth*, p.116.

일신보(每日申報)》는 이승만의 귀국 사실에 대해 "미국에 유학하던 이승만씨는 동부 연동(蓮洞) 경신학교 교사로 피선되야 지난 10일 오후 8시 10분에 남대문착 열차로 입성하였다더라"[13] 라고 짤막하게 보도했다. 경신학교 교사로 피선되어 귀국했다는 말은 이승만이 언더우드가 추진하는 경신학교 대학부의 교수로 기용될 것이라는 이야기가 웬만큼 알려져 있었음을 시사해 준다.

---

13) 《每日申報》 1910년10월16일자, 「雜報: 李承晩氏의 歸國」.

2. 전국 기독교학교에 학생회 조직하기로

1

제국주의 일본의 한국점령은 교전국에 대한 군사점령과 같은 것이었다. 1910년9월30일에 공포된 「조선총독부 관제」에 따르면 총독은 천황(天皇)에 직속하여 위임된 범위 안에서 육해군을 통솔하고 제반 정무를 통괄하는, 이를테면 전제군주와 같은 존재였다. 그뿐만 아니라 조선에는 헌법을 시행하지 않고 법률이 필요한 사항은 총독의 명령으로 이를 규정할 수 있다고 하여, 총독의 명령이 바로 법률이 되게 했다. 1945년에 일본이 패전할 때까지 한국에서 실시된 「제령(制令)」이라는 것이 그것이었다.

이러한 조선총독부의 지배 아래 계엄령과 같은 상황 속에서 서울YMCA는 의식 있는 청년들의 유일한 집결장소가 되고 있었다. 이때의 서울YMCA가 얼마나 강력한 조직단체였던가는 윤치호(尹致昊), 이상재, 김린(金麟), 김일선(金一善), 김규식(金奎植), 안국선(安國善) 등 독립협회의 자주민권운동 이래의 활동가들이 대거 참여하고 있었을 뿐만 아니라 YMCA 학교의 각종 직업교육을 담당하는 교사 등 유급직원이 1911년 3월 현재 83명이나 있었다는 사실로도 짐작할 수 있다.[14] 그것은 국제적인 YMCA 조직의 힘을 배경으로 한 것이었다.

서울YMCA에서의 이승만의 직책은 한국인 총무로서 미국인 총무 질레트와 동격이었다. 또 한 사람의 미국인 선교사 브로크먼(Frank M. Brockman, 巴樂萬)은 협동총무였다. 이승만은 또 YMCA 학교의 학감[곧 교장]으로서 학생들을 가르치고, 뒤이어 전국 학생 YMCA의 연락간사일도 맡았다.

이승만이 귀국했을 때에 서울YMCA에서는 대규모의 전도강연회가

---

14) P. L. Gillett's Report on March, 1911, 전택부, 앞의 책, p.147.

1908년에 종로2가에 신축된 서울YMCA 회관. 이승만은 이 건물 3층의 지붕 밑 다락방에서 기거했다.

열리고 있었다. 한일합병이 공포되자 외국선교사 200여명은 서울YMCA에서 포교방침 통일에 관한 회의를 열고 10월1일부터 한달 동안 대규모의 전도강연회를 열기로 한 것이다. 이에 앞서 기독교계는 1909년부터 서울YMCA를 중심으로 “백만인 구령(救靈)운동”을 전개하고 있었다.[15] 이때의 전도강연회에 대해서 《매일신보》는 다음과 같은 흥미로운 기사를 실었다.

> 포교방침 기타 등의 일에 대하야는 극히 비밀하므로 인하야 비록 신도라도 이를 알기가 불능한 고로 보도키 불능하나, 대략 방침은 신

15) 한국기독교역사연구소, 『한국기독교의 역사 I』, pp.276~282.

이승만이 지도한 서울YMCA의 바이블 클래스 학생들. 문 앞 가운데 질레트와 이승만이 서 있다.

도 감소함에 대한 선후책으로 정신적, 물질적 교화를 실시하고 정략상의 신도는 차제에 단연 배척하야 총독정치의 시정방침에 위반되지 않도록 설력(設力)한다더라.[16]

"정략상의 신도"란 민족운동의 수단으로 교회에 나오는 사람들을 가리키는 말이었다. 이러한 관측이 얼마나 정확한 것이었는지는 확실히 알 수 없으나, 이승만이 정열을 쏟은 전도활동의 성격을 가늠하는 데 참고가 된다. 이승만은 귀국하고 나서 맞은 첫 주일인 10월6일에 570명이 모인 학생집회에서 강연을 하고, 바이블 클래스[성경연구반] 회원 143명을 확보했다. 이때에 그는 귀국해 보니까 "세가지 시원한 것"이 있다는 말을 하여 청중을 어리둥절하게 했다. 그가 말한 세가지 시원한 것이란 첫째로 임금 없어진 것, 둘째로 양반 없어진 것, 셋째로 상투 없어진 것이었다.[17]

---

16) 《每日申報》 1910년10월2일자, 「雜報: 耶蘇敎大擧傳道」.
17) 金一善, 「李承晩博士는 渾身都是熱」, 《開闢》 1925년8월호, p.19.

전 러시아 주재 공사 이범진(李範晉) 등 전직관료들을 비롯하여 『매천야록(梅泉野綠)』의 저자 황현(黃玹) 등 많은 지사들이 왕조의 멸망에 비분강개하여 자결하고 각지에서 의병이 다시 일어나는 상황에서 임금 없어진 것이 시원하다고 한 이승만의 발언은 기독교인들이라고 하더라도 적지 않은 충격으로 받아들여졌을 것이다. 이승만은 그만큼 확고한 공화주의자가 되어 있었다.

이승만의 강연은 곧 그의 명성과 함께 많은 사람들의 주목을 받았다. 《매일신보》는 그의 강연활동을 "종로청년회 소속학교 교[학]감 이승만씨는 그 학교 학생의 지식을 발전하기 위하야 연경반(硏經班)을 조직하고 재작 오후 1시부터 교육에 관한 사항으로써 일장 연설하얏는데, 각 학교 생도 600여명이 참석하였다더라"[18] 라고 보도했다. 《매일신보》는 또 이 기사와 나란히 "금일 하오 1시에 종로 청년회관에서 강연회를 열고 금번 미국으로부터 귀래한 박사 이승만씨가 그회 학감으로 각 학교의 학생을 다수히 청요(請邀)하야 연설한다 하며, 동일 오후 3시에는 전과 같이 복음회를 열고 정빈(鄭彬)씨를 청요 강도(講道)한다더라"[19] 라는 예고기사도 실었다.

이승만은 처음 6개월 동안은 서울에서 학생활동을 지도하는 데 전념했다. 그는 매주일 오후에 바이블 클래스를 인도했고, 매회 평균 189명씩의 학생들을 만났다. 그리고 토요일마다 서울YMCA 연합토론회를 열었다. 이 연합토론회는 일찍이 그가 배재학당에 다닐 때에 학생들에게 협성회(協成會)를 조직하게 하고 협성회의 토론회를 지도하던 서재필(徐載弼)의 교수법을 본뜬 것이었다. 이러한 이승만의 활동은 《매일신보》에 계속해서 "종로청년회 소속 청년학교 학감 이승만씨가 작일 오후 7시 반에 그 학교 내에서 교육에 관한 사항으로 일장 연설하였는데, 방청하기

18) 《每日申報》 1910년11월6일자, 「雜報: 靑年會硏經班組織」.
19) 《每日申報》 1910년11월6일자, 「雜報: 李鄭兩氏講演」.

위하야 참석한 인원이 수백명에 달하얏다더라"[20] 라고 보도되었다.

2

강연할 때마다 방청객이 수백명씩 모였다는 것은 '박사 이승만씨'가 장안의 젊은이들에게 흠망의 대상이 되고 있었음을 말해 준다. 그의 독특한 행동거지도 학생들 사이에 화제가 되었다. 이승만은 때와 장소를 가리지 않고 기도했고, 학과시간도 기도로 시작했다. 계단을 오르다가 갑자기 멈추어 서서 영어로 기도하기도 했다. 그는 재치 있는 농담으로 학생들을 곧잘 웃겼고, 웬만한 일을 두고도 "원더풀, 정말 굉장하지…"라는 말을 잘하여 학생들은 그를 '이 굉장'이라고 불렀다. 이 호칭은 그에 대한 외경의 뜻도 포함된 것이었을 것이다. 그는 낱말 하나하나에 감정을 담아 말했으므로 그가 연설할 때에는 부흥회 목사 같은 열기가 있었다.[21]

이승만은 YMCA 회관 3층의 다락방에 혼자 기거하면서도 언제나 옷차림은 말쑥하고 세련되어 매우 핸섬해 보였고,[22] "그 중키나 되는 키에 똥똥한 몸, 근심하는 듯한 얼굴, 악문 듯한 입모습"[23] 이 학생들에게 매우 인상적이었다. YMCA 학교 학생들 가운데는 이때의 인연으로 일생 동안 이승만과 같이 활동하게 되는 임병직(林炳稷), 허정(許政), 이원순(李元淳), 정구영(鄭求瑛) 등이 있었다.

이 무렵의 그의 정열적인 활동은 그가 YMCA 국제위원회에 보낸 보고에 잘 나타나 있다.

> 나는 주일마다 다른 교회에 가서 설교하고 오후의 바이블 클래스

---

20) 《每日申報》 1910년11월9일자, 「雜報: 青年會演說」.
21) 鄭求瑛 증언, 「人間李承晩百年(65)」, 《한국일보》 1975년6월19일자.
22) 林炳稷 증언, 「人間李承晩百年(65)」, 《한국일보》 1975년6월19일자.
23) 金一善, 앞의 글.

지도를 계속하고 있습니다. 그런 한편으로 YMCA 학교에서 1주일에 12시간 내지 19시간의 강의를 합니다. 다른 학교에 가서 수시로 하는 짧은 강연 말고도 YMCA 학교 학생만을 위하여 1주일에 3회의 특강을 합니다.[24)]

그의 특강에는 프린스턴대학교에서 전공한 만국공법[국제법] 강의도 포함되었다. 그는 만국공법을 강의하다가도 우리나라가 힘이 없었기 때문에 나라를 잃게 되었다고 강조하곤 했다.[25)] 각 학교의 학생 YMCA를 관리하고 새로 조직하는 것도 이승만의 임무였다. 위의 보고에는 그러한 활동성과도 포함되어 있었다.

지난 1월에 우리는 서울에 또 하나의 학생 YMCA를 조직했습니다. 경신학교에서는 학생 YMCA회관을 별도의 건물로 마련했습니다. 이 회관은 H. G. 언더우드 박사가 주재한 특별집회로 헌당했고, F. M. 브로크먼씨와 내가 연설을 했습니다.[26)]

이승만의 이러한 보고는 공식보고가 아닌 편지형식의 것이었지만, 국제위원회에서 급여를 받는 그로서는 그것이 의무이자 또한 자신의 활동상황을 국제위원회에 알리는 일이라고 생각했을 것이다.

이승만이 YMCA 회관 3층의 다락방에 혼자 기거한 것은 불행하게도 박씨 부인과의 불화 때문이었다. 이승만이 귀국했을 때에 이경선과 박씨 부인은 동대문 밖 창신동 627번지의 낙산(駱山) 중턱 성벽 밑 법륜사(法輪寺: 옛 地藏庵) 아래쪽에 있는 집에서 박간난이라는 하녀와 살고 있었

24) Syngman Rhee's Letter to Friends, Feb. 13, 1911. 이 자료는 전 YMCA 총무 전택부씨가 뉴욕의 YMCA 국제위원회 도서관에서 찾아낸 것이다.

25) 林炳稷 증언, 「人間李承晩百年(65)」, 《한국일보》 1975년6월19일자.

26) Syngman Rhee's Letter to Friends, Feb. 13, 1911.

다. 집 위쪽 골짜기에는 복숭아나무가 많이 있었다. 이경선은 74세의 노령이었다. 올리버는 이승만이 막 귀국했을 때의 일을 다음과 같이 썼다.

> 언덕바지의 작은 집에 여장을 푼 이승만은 며칠 밤을 두고 부친과 지난 6년 동안에 있었던 일들에 관해 이야기를 나누었다. 아버지와 아들 사이의 정의는 그 어느 때보다도 두터워졌다.[27]

부친 못지않게 이승만의 귀국을 반긴 사람이 박씨 부인이었을 것은 말할 나위도 없다. 그녀는 집 근처의 넓은 터에 채소도 가꾸고 복숭아를 따서 성안에 내다 팔면서 시아버지를 모시고 생활을 꾸려 왔다. 그러나 오달지고 괄괄한 성품의 그녀는 아집이 강한 시아버지와 크게 반목하고 있었다. 특히 박씨 부인이 아들 태산(泰山)을 시아버지 몰래 미국에 보냈다가 디프테리아로 잃고 난 뒤로는 더욱 그랬다. 이승만이 귀국했을 때에 이경선은 아들을 보고 "네가 저년을 여편네로 생각한다면 너는 내 자식이 아니다"라고 말했다고 한다.[28] 한편 박씨 부인은 박씨 부인대로 여간 불평이 아니었다. 그리하여 마침내 이승만은 YMCA 회관 3층의 다락방을 얻어 집을 나오고 말았다.

---

27) Robert T. Oliver, *op. cit.*, p.116.
28) 沈鐘哲 부인의 말을 토대로 한 曺惠子 증언.

3. 서간도 독립운동기지 건설계획에 앞장서

1

김구는 양산학교(陽山學校) 교장으로서 아이들을 가르치면서 한일합병을 맞았다. 안악의 교육계몽운동자들 사이에서는 1909년의 세번째 하계 사범강습회가 끝난 뒤부터 서간도(西間島) 개척문제가 거론되었다. 그것은 강습회를 지도한 최광옥(崔光玉)의 제의에 따른 것이었다. 그리하여 김구와 함께 양산학교 교사로 있던 최명식(崔明植)이 이 해 10월부터 이듬해 5월 중순 무렵까지 거의 반년 넘게 서간도 일대를 둘러보고 돌아왔다. 그러나 최명식은 파저강(婆猪江) 일대에서 목격한 동포들의 비참한 생활상과 그들의 매우 낮은 교육수준을 보고 서간도 이주를 당장 실행하는 데에는 문제가 있다고 판단했다. 그리하여 압록강 상류의 강변 7읍[의주, 초산, 창성, 벽동, 자성, 위원, 삭주]에서 생산되는 각종 농산물과 뗏목 등을 중국과 교역하는 무역업을 대대적으로 전개하여 거기에서 생기는 수익금으로 서간도 이주자금을 마련하는 방안을 제안했다.[29)]

일본의 손길이 미치지 않는 국외에 독립운동의 근거지를 마련하고 군대를 양성하여 국권을 회복한다는 독립군 기지건설 구상은 한국독립운동사의 중요한 흐름의 하나였다. 앞에서 보았듯이, 김구 자신도 1895년에 남원의 유생 김형진(金亨鎭)과 함께 서간도 일대를 둘러보고 김이언(金利彦)의 의병부대에 참가했던 적이 있고, 장련 사직동에 살 때에는 유완무(柳完茂)로부터 북간도(北間島) 이주를 권유받은 적도 있었다.

독립군 기지건설 구상은 한일합병 직후에 비밀결사인 신민회(新民會)에 의해서 구체적으로 추진되었다. 김구와 김홍량(金鴻亮) 등 황해도의 신민회 회원들은 1910년 9월과 10월 두차례에 걸쳐서 서울의 신민회

---

29) 崔明植,『安岳事件과 三·一運動과 나』, pp.26~38.

본부에서 보낸 경신학교 교사 김도희(金道喜)로부터 신민회의 서간도 이주사업 계획에 대한 설명을 들었다.[30] 이 무렵에는 이동녕(李東寧)과 이회영(李會榮), 그리고 이들과는 별도로 주진수(朱鎭洙) 등이 각각 독립군기지 건설 후보지를 물색하기 위해 남만주 일대를 시찰하고 돌아왔다. 그리하여 12월 중순에 서울의 양기탁(梁起鐸)의 집에서 신민회의 전국간부가 참석한 비밀회의가 열렸다. 《대한매일신보(大韓每日申報)》의 총무이던 양기탁은 국채보상의연금을 횡령했다는 혐의로 1908년7월에 구속되었다가 사장 베델(Ernest Bethell, 裵說)의 변호로 무죄 석방되었는데, 이듬해 5월에 베델이 죽고 나서 영국인 만함(Alfred W. Marnham, 萬咸)이 신문사를 인수한 뒤 1910년5월에 비밀리에 통감부에 팔아 버리자 신문사를 물러나 있었다.[31]

김구도 양기탁의 집에서 열린 신민회의 비밀회의에 참석했다. 그는 신민회의 황해도 총감이었다. 이때의 회의에 대해 김구는 다음과 같이 회고했다.

> 경성에서 양기탁이 주최하는 비밀회의 통지를 받고 나도 달려가 참석했다. 양기탁의 집에 출석한 인원은 양기탁, 이동녕, 안태국(安泰國), 주진수, 이승훈(李昇薰), 김도희, 김구 등이었다. 비밀회의를 열어 지금 왜(倭)가 경성에 이른바 총독부라는 것을 설치하고 전국을 통치하니, 우리도 경성에 비밀리에 도독부(都督府)를 설치하여 전국을 다스릴 것, 만주에 이민계획을 실시할 것과 무관학교를 설립하고 장교를 양성하여 광복전쟁을 일으킬 것, 이를 준비하기 위하여 이동녕을 먼저 만주에 파송하여 토지 매수, 가옥 건축과 기타 일반을 위임하고, 그 나머지 참석한 인원으로 각 지방대표를 선정하여, 15일 이내에 황

---

30) 「梁起鐸等保安法違反事件判決文」, 白凡金九先生全集編纂委員會 編, 『白凡金九全集(3)』, 대한매일신보사, 1999, p.415.

31) 鄭晉錫, 『大韓每日申報와 裵說』, pp.432~462.

해도에서 김구가 15만원, 평남의 안태국이 15만원, 평북의 이승훈이 15만원, 강원의 주진수가 10만원, 경성의 양기탁이 20만원을 모집하여 이동녕의 뒤를 파송하기로 의결하고 즉각 출발하였다.[32]

위의 회의 결정사항 가운데 만주에 무관학교를 설립한다는 것과 그것을 실행하기 위한 자금조달을 분담했다는 내용은 신민회사건 공판기록 등 다른 기록으로도 확인된다. 그러나 총독부에 대항하는 조선인의 비밀통치기관으로 '도독부'를 설치할 것을 결의했다는 내용은 『백범일지』에만 나오는 이야기이다.

신민회는 1907년4월에 안창호(安昌浩), 양기탁, 전덕기(全德基), 이동휘(李東輝), 이동녕, 이갑(李甲), 유동열(柳東說) 등을 중심으로 조직된 비밀결사였다. 신민회 창건에 핵심적 역할을 한 사람은 안창호였다. 1902년에 미국으로 건너간 그는 1907년1월 초에 캘리포니아주 로스앤젤레스 근교의 리버사이드(Riverside)에서 이강(李堈), 임준기(林俊基) 등과 함께 대한신민회(大韓新民會)를 조직했다. 그해 2월 무렵에 귀국한 안창호는 먼저《대한매일신보》의 총무로서 국내인사들 사이에서 지명도가 높은 양기탁을 만나서 신민회 결성문제를 상의했다. 양기탁은 안창호와 같은 평양사람이었다. 양기탁은 합법단체로 하자고 했으나 안창호는 우후죽순처럼 생겨나는 각종 단체의 폐단을 지적하면서 그것과는 다른 비밀조직이 필요하다고 주장했다.[33] 그리하여《대한매일신보》를 중심으로 한 계몽운동가, 구한국 무관 출신 인사, 평안도 일대의 민족자본가, 미국의 공립협회(共立協會) 멤버 등 국내외의 다양한 인사들이 참여하여 신민회를 결성했다.[34] 김구는 신민회의 성격과 관련하여 다음과 같

32) 『백범일지』, p.216.
33) 「第22回 公判始末書」(京城覆審法院 1912년12월20일), 『雩崗梁起鐸全集(3)』, 동방미디어, 2002, p.405.
34) 愼鏞廈, 「新民會의 〈創建〉과 그 國權回復運動」, 『韓國民族獨立運動史硏究』, 乙酉文化社, 1985, pp.18~21.

이 기술했다.

> 국내 국외를 통하여 정치적 비밀결사가 조직되니 곧 신민회였다. 안창호는 미주로부터 귀국하여 평양에 대성학교(大成學校)를 병설하여 청년을 교육하는 것을 표면의 사업으로 내세우면서 이면에서는 양기탁, 안태국, 이승훈, 전덕기, 이동녕, 주진수, 이갑, 이종호(李鍾浩), 최광옥, 김홍량과 그 외 몇사람을 중심으로 하여 당시 400여명 정수분자로 조직된 단체, 곧 신민회를 훈련하고 지도했다.[35]

안창호는 안중근의 이토 히로부미 저격이 있은 직후에 그 배후협의로 용산헌병대에 구류되었다가 석달 만에 석방된 뒤 1910년3월에 다시 미국으로 떠났다.

김구가 언제부터 신민회에 참여했는지는 분명하지 않다. 여러 가지 정황으로 미루어 보아서 그의 신민회 참여에는 최광옥의 영향이 컸을 것으로 짐작된다. 평안도 출신의 최광옥은 평안도와 황해도에 걸쳐 신교육운동에 큰 영향을 끼친 인물이었다. 또한 그는 평안도 일대에서 신민회 조직을 처음 시작한 사람으로서, 안창호가 신민회의 일을 일임했을 만큼 그 조직확대에도 큰 역할을 했다.[36] 김구는 기독교에 입교했을 때부터 최광옥과 교분을 가지고 정신적으로 큰 영향을 받아 왔다. 그러한 최광옥이 김구에게 신민회에 참여할 것을 권유한 것은 자연스러운 일이었을 것이다. 김구가 해서교육총회(海西教育總會) 학무총감의 자격으로 황해도 일대를 순회할 때에는 신민회의 황해도 총감이기도 했으므로, 그의 지방순회는 표면상으로는 교육진흥을 위한 것이었지만 내면적으로는 신민회의 비밀조직 활동의 성격도 없지 않았던 것이다. 그가 양기탁 집에서 열

35) 『백범일지』, p.215.
36) 윤경로, 『개정증보판 105인사건과 신민회연구』, 한성대학교출판부, 2012, p.210, pp.223~224.

린 신민회 간부회의에서 15만원이라는 거금을, 그것도 보름 안에 모금하기로 약속하고 돌아올 수 있었던 것도 그러한 조직기반을 믿었기 때문이었을 것이다.

회의를 마치고 돌아오는 길에 김구는 양기탁의 동생 양인탁(梁寅鐸) 부부와 같은 기차를 탔다. 양인탁은 재령재판소의 서기로 임명되어 부임하는 길이었다. 사리원역에서 같이 내려 양인탁 부부는 재령으로 가고 김구는 안악으로 돌아왔다. 그런데 출발에 앞서 양기탁은 김구에게 회의에서 있었던 일은 자기 동생에게 말하지 말라고 당부했다고 한다. 그것은 신민회의 활동이 매우 철저한 비밀 속에서 추진되고 있었음을 보여 주는 일이다.

2

김구가 참석한 신민회 간부회의가 열렸을 때에는 서울YMCA에서는 크리스마스를 앞두고 여러 가지 집회가 열리고 있었고, 특히 귀국한 지 얼마 되지 않은 '박사 이승만씨'의 활동이 서울의 기독교인들 사이에서 화제가 되고 있을 때였는데, 서울YMCA의 동향에 대하여 신민회 인사들, 특히 양기탁이나 김구가 어떤 관심을 가졌었는지 궁금하다. 양기탁은 일찍이 이승만과 감옥생활을 같이 하면서 이승만이 개설한 옥중학교에서 소년수들을 맡아 가르친 적이 있었고, 그가 주관하던 《대한매일신보》에 미국에 있는 이승만의 뉴스가 보도되기도 했던 것으로 미루어 이승만이 귀국한 뒤에 두 사람 사이에 연락이 전혀 없지는 않았을 것으로 짐작된다. 그러나 현존하는 어떤 자료에도 이와 관련된 기록이 보이지 않는다. 다만 흥미 있는 것은 일본경찰이 작성한 한 신민회 관계 설명자료에 이승만을 삼남(三南)지방의 조직책임자로 적어 놓은 점이다.[37]

37) 國友尙謙, 『不逞事件ニ依ッテ観タル朝鮮人』(1912), 윤경로, 위의 책, p.221.

이승만도 YMCA에서 학생들을 가르치고 있지만은 않았다. 이승만이 감옥에 있을 때에《제국신문》의 발행인으로서 그에게「논설」을 쓰게 했던 이종일(李鍾一)을 11월6일에 찾아간 것을 보면, 비록 선택적이기는 했어도, 구국운동을 하고 있던 다른 지식인들과 만나고 있었던 것이 틀림없다. 이종일은 이승만과 만난 일에 대해 다음과 같이 적었다.

> 미국에서 온 이승만이 나를 찾아왔다. 민권운동의 동지이기 때문이다. 그에게 민중운동을 일으킬 것을 권유하고 청년층 소집을 의뢰했다.… 역시 민중운동의 선봉은 종교인이 담당해야 할 것이다. 왜냐하면 신앙적 차원으로 구국운동을 일으켜야 하기 때문이다.[38]

그러나 일본헌병경찰의 철저한 감시와 탄압 속에서 몇년 만에 만난 이승만에게 대뜸 민중운동을 일으킬 것을 권유했다는 이종일의 기록은 그 기록 자체의 신빙성을 의심하게 한다.

이 무렵에 이승만이 가장 자주 만난 사람은 서울YMCA로 하여금 자기를 초청하게 해준 이상재였던 것 같다. 이승만은 그를 '한국의 톨스토이'라고 지칭했다.[39]

그 밖에도 이승만은 YMCA의 주요 간부들과 자주 어울렸다. YMCA회관에서 멀지 않은 서린동의 백상규(白象圭)의 집 사랑방이 그들의 아지트였다. 백상규는 중인 출신의 큰 부자로서 1901년에 도미하여 브라운대학교(Brown University)에서 경제학을 공부하고 1906년에 귀국한 경제학자였다. 그도 YMCA학교의 선생으로서 학생들을 가르쳤다. 일본경찰의 철저한 감시 속에서 그들은 몸조심을 할 수밖에 없었다. 그래서 그들은 자기네 모임을 '바보클럽'이라고 했다.[40] 이 바보클럽 멤버들의 사

---

38)『沃坡李鍾一先生論說集(三) 沃坡備忘錄』, 沃坡文化財團, 1984, p.473.
39) Robert T. Oliver, *op. cit.*, p.116.
40) 전택부,『남기고 싶은 이야기들』, 종로서적, 1993, p.139.

서대문 교외로 놀러 나간 '바보클럽' 멤버들. 앞줄 왼쪽 끝이 김규식, 세번째가 백상규, 가운뎃줄 오른쪽부터 현순, 이승만, 뒷줄 오른쪽에서 세번째가 신흥우이다.

진 한장이 보존되어 있다. 1911년에 서대문 밖 교외로 소풍 갔을 때에 찍은 것인데, 사진에 보이는 김규식과 현순(玄楯)은 뒷날 상해임시정부와 구미위원부에서 이승만과 같이 활동했고, 옥중동지였던 신흥우(申興雨)와 그 밖의 사람들은 이승만이 국외에서 활동하는 동안 유력한 국내 인맥이 되었다.

4. "닷새 동안은 자유천지가 될 터이니…"

1

안악으로 돌아온 김구는 김홍량과 상의하여 이주자금 모금을 서둘렀다. 김홍량도 가산과 토지를 정리하여 서간도로 이주할 준비를 했다. 김구는 고정화(高貞華)와 유문형(柳文馨)을 신천군(信川郡) 담당자로, 안윤재(安允在)를 송화군(松禾郡) 담당자로 지정하여 이주자를 모집했다.[41] 이때에 장연의 이명서(李明瑞)가 모친과 동생 명선(明善)과 함께 안악으로 김구를 찾아와서 서간도에 먼저 가서 뒤이어 도착하는 동지들의 편의를 제공하겠다고 말했다. 김구는 그들 가족을 인도하여 서간도로 먼저 출발시켰다. 서간도로 이주한 뒤의 이명서의 활동에 대해서는 알려진 것이 없으나, 그는 1920년에 동지 15명을 인솔하고 국내에 들어와서 은율(殷栗)군수를 사살하고 일본군 수비대와 격렬하게 전투를 벌이다가 적탄에 맞아 사망했다.[42]

김구는 자기가 서울에 가 있는 동안에 신천에 있는 안명근(安明根)이 안악에 와서 여러 차례 자기를 찾았다는 말을 들었다. 안명근은 안중근의 사촌동생이었다. 천주교도인 안명근은 안악에 와서 같은 교도인 원행섭(元行燮)의 집에 머물면서 김홍량을 찾아가서 상의했고, 그 밖의 몇몇 사람들과도 우연히 만났다. 얼마가 지난 어느 날 밤중에 안명근이 다시 양산학교로 김구를 찾아왔다. 그는 자기가 각군의 부자들을 만났는데, 모두들 독립운동자금 지원을 약속해 놓고도 내어놓지 않는다고 비판했다. 그래서 안악읍의 몇몇 부자를 총기로 위협하여 다른 지방 부자들도 각성하게 했으면 한다면서, 김구에게 응원과 지도를 요청했다. 김구가 구

41) 「梁起鐸等保安法違反事件判決文」, 『白凡金九全集(3)』, pp.414~418.
42) 『백범일지』, p.216; 『黃海道誌』, p.262.

체적 계획을 묻자 안명근은 이렇게 말했다.

"황해도 일대의 부자들로부터 금전을 나누어 거두어 가지고 동지를 모으고, 전신전화를 단절하고 각군에 흩어져 있는 왜구는 각기 그 군에서 쳐죽이라는 명령을 발포하면 왜병대대가 도착하기 전 닷새 동안은 자유천지가 될 터이니, 더 나아갈 능력이 없다 하여도 당장의 분을 풀 수 있지 않겠습니까?"

그것은 제국주의 일본의 폭압에 대한 처절한 반항의 결의였다. 김구는 안명근을 붙잡고 만류했다.

"형이 여순사건(旅順事件)을 목도한 나머지, 더욱이 혈족관계로 더 한층 분한 피가 끓어올라 이와 같은 계획을 생각해 낸 듯하나, 닷새 동안 황해도 일대에 자유천지를 조성하더라도 금전보다 중요한 것이 동지의 결속인데, 동지는 몇사람이나 얻었나요?"

여순사건이란 안중근이 그해 3월 여순감옥에서 사형당한 것을 말하는 것이었다. 안명근은 여순감옥에 가서 사촌형이 처형되는 것을 보고 왔었다.

"나의 절실한 동지도 몇십명은 되지만 형이 동의하신다면 인물은 쉽게 얻을 줄 압니다."

안명근은 김구가 나서기만 하면 동지는 쉽게 구할 수 있다고 생각했던 것이다. 그러나 신민회의 서간도 이주계획을 은밀히 추진하고 있는 김구로서는 안명근을 간곡히 만류하지 않을 수 없었다.

"대규모의 전쟁을 하려면 인재를 양성하지 않고는 성공을 기약할 수 없고, 일시적 격발로는 닷새는커녕 사흘도 기약하기 어려울 것이오. 그러니 분기를 참고 많은 청년을 북쪽지대로 데려가 군사교육을 실시하는 것이 당장 급한 일입니다."

안명근도 김구의 말에 수긍은 했으나 자신의 계획과 다른 점을 발견하고는 만족스럽지 못한 표정으로 돌아갔다.[43]

---

43) 『백범일지』, p.217.

이러한 『백범일지』의 서술과는 달리 이때에 안명근은 북간도로 가서 의병을 모집하여 거사할 계획을 세우고 자금을 모집하고 있었다는 기술도 있다.[44] 북간도는 안중근도 한때 머물렀던 곳이었다.

안명근은 김구를 찾아오기에 앞서 11월18~19일쯤에 이미 송화의 신석충(申錫忠) 진사에게서 3,000원을 받아 냈고, 이어 11월30일쯤에 신천의 이원식(李源植)에게서 6,400여원을 받아 냈다. 또한 11월21일에는 신천의 민영설(閔泳卨)에게 2,000원을 요구했는데, 민영설은 이를 거절하고 재령의 일본헌병대에 알렸다.[45]

안명근은 1911년1월12일에 평양에서 일본헌병에게 체포되어 서울로 압송되었다. 그런데 그가 체포된 것은 어처구니없게도 여순감옥에서 안중근의 마지막 고해성사를 집례한 안중근의 대부 빌렘(J. Wilherm, 洪錫九) 신부 때문이었다. 빌렘 신부는 그의 교도인 안명근의 모금운동을 서울의 대주교 뮤텔(G. C. M. Mutel, 閔德孝)에게 알렸고, 뮤텔이 이를 다시 총독부 경무총감 아카시 모토지로(明石元二郞)에게 직접 제보한 것이었다.[46]

서울 경무총감부로 압송된 안명근은 안중근의 사촌동생이라는 점 때문에 일본헌병들로부터 혹독한 고문을 당했다. 안명근은 고문을 견디지 못하고 그동안의 일을 모두 자백하고 말았다.

2

1911년 정월 초닷새(음력)날이었다. 김구가 아직 잠자리에서 일어나기도 전인 이른 아침에 일본헌병 한명이 그가 묵고 있는 양산학교 사무실에 나타났다. 일본헌병은 김구에게 헌병분견소장이 잠시 면담할 일이 있다면서 같이 가자고 했다. 헌병대에 도착하자 김홍량을 비롯한 도인권

44) 崔明植, 앞의 책, p.39.
45) 「安岳(安明根)事件判決文」, 『白凡金九全集(3)』, pp.360~361.
46) 「Mutel일기」, 1911년1월11일조, 한국기독교역사연구소, 앞의 책, p.352.

(都寅權) 등 양산학교 교직원들이 불려와 있었다. 일본헌병들은 경무총감부의 명령이라면서 모두 임시구류에 처한다고 말했다. 이삼일이 지나자 체포된 사람들을 모두 재령(載寧)으로 옮겨 가두고, 황해도 일대에서 애국지사로 알려진 거의 모든 사람들을 잡아들였다. 김구는 이때에 체포된 인물 59명의 이름을 『백범일지』에 적어 놓았다.[47] 이들 가운데 18명은 안악사람들이었는데, 이들은 거의가 안악면학회(安岳勉學會)나 김구와 함께 양산학교를 중심으로 활동하던 사람들이었다.

체포된 대부분의 사람들은 안명근의 계획과 관련이 없었다. 그러나 이 사건을 황해도지방 반일세력을 뿌리 뽑을 좋은 기회라고 판단한 총독부는 무려 160여명을 체포했다고 한다.[48] 체포된 사람들은 재령에서 사리원으로, 사리원에서 서울로 압송되었다. 안명근에게 운동자금을 제공한 송화의 신석충 진사는 압송되는 도중에 기차가 재령강 철교를 건널 때에 몸을 던져 자살했다.

사리원에서 서울로 호송되는 기차에는 평북 정주(定州)의 이승훈이 타고 있었다. 그는 김구 일행이 묶여 가는 것을 보고 차창 밖으로 머리를 내밀고 하염없이 눈물을 흘렸다. 기차가 용산역에 도착할 즈음에 형사 한 사람이 이승훈에게 인사를 하고 물었다.

"당신 이승훈씨 아니오?"

"그렇소."

"경무총감부에서 영감을 부르니 좀 갑시다."

이렇게 하여 이승훈은 기차에서 내리자마자 김구 등과 같이 묶여서 헌병대로 연행되었다. 안명근사건과 무관한 이승훈이 이렇게 체포된 것은 신민회 간부들에 대한 체포도 동시에 단행되었음을 말해 준다. 이승훈은 신민회 평안북도 총감이었다. 김구가 기록해 놓은 체포된 사람 59명

---

47) 『백범일지』, pp.219~220.
48) 崔明植, 앞의 책, p.40.

의 명단에는 "양기탁 등 보안법위반사건", 곧 신민회사건에 연루된 혐의로 재판을 받게 된 신민회의 총감독 겸 경기도 총감 양기탁, 평양남도 총감 안태국, 강원도 총감 주진수, 그 밖에 주요 활동가인 옥관빈, 김도희 등의 이름이 함께 열거되어 있다. 뒷날 상해임시정부의 초대 국무총리로 선출되는 함경도의 이동휘도 이때에 체포되었다.

경무총감부는 검거된 인사들을 두 사건으로 나누어서 다루었다. 황해도 인사들에 대해서는 안명근과 함께 권총으로 부자들을 위협하여 독립운동 자금을 모집했다고 하여 "강도 및 강도미수사건"으로, 양기탁 등 신민회 간부들에 대해서는 서간도에 집단이주를 하여 신한민촌(新韓民村)을 건설하고 무관학교를 설립하여 기회를 보아 독립전쟁을 일으키려 기도 함으로써 치안을 방해했다고 하여 "양기탁 등 보안법위반사건"으로 다루었다.

이때에 자행된 일본헌병경찰의 잔혹한 고문은 특히 유명한데, 『백범일지』에 적혀 있는 이때의 김구의 모습은 한국의 저항적 민족주의의 표상이라고 할 만했다. 먼저 조사를 받기에 앞서 김구는 다음과 같은 자기반성과 각오를 했다.

> 국가가 망하기 전 구국사업에 성의 성력을 십분 발휘하지 못한 죄를 받게 된 것으로 자인했다. 나는 깊이 생각했다. 이와 같은 위난한 때를 당하여 응당 지켜갈 신조가 무엇인가 연구했다. "드센 바람에 억센 풀을 알고 국가가 혼란할 때에 진실한 신하를 안다"는 옛 가르침과 사육신(死六臣), 삼학사(三學士)가 죽어도 꺾이지 않았다는 고후조(高後凋) 선생의 가르침을 다시금 생각했다.[49)]

이처럼 결정적인 순간에 김구의 행동 준거가 되는 것은 기독교의 교의

---

49) 『백범일지』, p.220.

가 아니라 청계동의 고능선에게서 구전심수(口傳心授)의 가르침을 받은 유교의 의리사상이었다.

어느 날 해가 진 뒤에 김구는 신문실로 끌려갔다. 이름, 나이, 주소를 묻고 나서 취조하는 자가 물었다.

"네가 어찌하여 여기에 왔는지 알겠느냐?"

"잡아오니 끌려왔을 뿐 이유는 모른다."

그러자 더는 묻지 않고 다짜고짜로 김구의 손발을 묶고 천장에 매어 달았다. 심한 고문에 김구는 기절했다. 저들은 얼굴과 전신에 물을 끼얹어 깨워서는 다시 신문했고, 김구는 또 기절했다. 신문하던 세명이 김구를 들어다가 유치장에 눕힐 때에는 동창이 밝았다. 그런데 김구는 놀랍게도 이때에 심한 자괴감을 느꼈다고 다음과 같이 적어 놓았다.

> 처음에 성명부터 신문을 시작하던 놈이 불을 밝히고 밤을 새우는 것과 그놈들이 온 힘을 다하여 사무에 충실한 것을 생각할 때에 자괴심을 견딜 수 없었다. 나는 평소에 무슨 일이든지 성심껏 보거니 하는 자신도 있었다. 그러나 나라를 남에게 먹히지 않게 구원하겠다는 내가, 남의 나라를 한꺼번에 삼키고 되씹는 저 왜구와 같이 밤을 새워 일한 적이 몇번이었던가 스스로 물어보니, 온몸이 바늘방석에 누운 듯이 고통스러운 와중에도 내가 과연 망국노(亡國奴)의 근성이 있지 않은가 하여 부끄러운 눈물이 눈시울에 가득 찼다.[50)]

이러한 서술은 김구의 애국심의 극치를 보여 주는 대목이다.

어느 날 김구는 최고 신문실이라는 데로 불려 나갔다. 거기에서 김구는 15년 전에 인천감영에서 치하포사건 재판을 지켜보다가 김구의 호령으로 "칙쇼! 칙쇼!" 하면서 후문으로 나가 버리던 와타나베(渡邊)와 마주 앉았

---

50) 『백범일지』, p.221.

다. 와타나베는 총독부 기밀과장이 되어 있었다. 그는 김구를 보고 말했다.

"내 가슴에는 X광선을 대고 있어서 너의 일생 행적과 비밀을 모두 알고 있으니, 털끝만큼이라도 숨기면 이 자리에서 때려죽일 터이다."

그러나 와타나베는 김구가 치하포에서 변복한 일본상인 쓰치다 조스케(土田讓亮)를 쳐죽인 김창수(金昌洙)라는 사실을 몰랐다. 그것을 보고 느끼는 김구의 소회는 그의 동포에 대한 신뢰가 어떠했는지를 여실히 말해 준다.

> 그러고 보니 국가는 망하였으나 인민은 망하지 않았다고 생각된다. 나는 평소에 우리 한인 정탐을 몹시 미워해서 여지없이 공격하곤 했는데, 나에게 공격을 받은 정탐배까지도 자기가 잘 아는 그 사실만은 밀고하지 않고 왜놈에 대하여 비밀을 지켜준 것이 아닌가.… 그러고 보면 각처 한인 형사와 고등정탐까지도 그 양심에 애국심이 조금이나마 남아 있는 것이 아닌가.

그리하여 김구는 "사회에서 나를 이같이 동정해 주었으니 나로서는 최후의 한숨까지 동지를 위하여 분투하고 원수의 요구에 응하지 않으리라"하고 결심했다고 한다.[51] 동포에 대한 김구의 이러한 신뢰심은, 나라가 일본에 병탄된 것은 우리 민족, 특히 지도층이 무능했기 때문이며 따라서 기독교로 교화시키지 않고는 민족의 장래가 없다고 생각한 이승만의 경우와는 대조적이었다.

김구는 자신이 신세를 지고 있는 양산학교 교주 김홍량을 어떻게 해서든지 풀려나게 하고 싶었다. 김홍량은 여러 면에서 활동력과 품격이 자기보다 나으므로 신문받을 때에 그에게 유리하도록 진술하기로 결심하고, "구[龜: 거북이]는 진흙 속에 빠지리니 홍[鴻: 기러기]은 해외로 날으

---

51) 『백범일지』, p.225.

라"고 혼자 되뇌었다고 한다.

『백범일지』에는 이때의 일로서 믿기 어려우리만큼 감동적인 이야기가 몇가지 더 기술되어 있다. 김구는 수사관들이 그를 매달고 때릴 때에도 옛날 박태보(朴泰輔)가 보습 단근질을 당할 때에 "이 쇠가 식었으니 다시 달구어 오라"고 한 구절을 암송했다. 겨울이라서 그랬는지 수사관들은 겉옷만 벗기고 양직(洋織) 속옷은 입힌 채로 묶어 놓고 때렸는데, 김구는 "속옷을 입어서 아프지 않으니 속옷을 다 벗고 맞겠다"고 하여 매번 알몸으로 매를 맞아서 온전한 살가죽이라고 남아 있지 않았다는 것이다.[52]

김구는 검찰로 송치될 때까지 여덟차례 신문을 받았다. 일곱번째가 와타나베의 신문이었는데, 이때 말고는 신문받을 때마다 기절했다. 여덟번째 신문 때에는 각 과장과 주임경시(主任警視) 일여덟명이 나란히 앉아서 김구를 위협했다.

"너의 동류가 대부분 자백하였거늘 너 한놈이 자백을 않으니 심히 어리석고 완고하다. 토지를 사들인 지주가 논밭의 뭉우리돌을 골라내는 것은 당연한 일 아니냐! 네가 아무리 입을 다물고 혀를 묶어 한마디도 발설하지 않으려 해도 여러 놈의 입에서 네 죄가 발각되었으니, 지금 당장 말하지 않으면 이 자리에서 때려죽이겠다!"

김구는 안명근의 일과 서간도 이주계획의 일에 다같이 연루되어 있었으므로 두가지를 모두 실토하라는 것이었다.

"나를 논밭의 뭉우리돌로 알고 파내려는 그대들의 노고보다 파내어지는 나의 고통이 더욱 심하니 내가 자결하는 것을 보라!"

김구는 이렇게 말하고 나서 머리를 기둥에 들이받고 정신을 잃었다.[53]

『백범일지』는 이때의 일본인들의 수사방법이 첫째 가혹한 고문, 둘째 굶기는 것, 셋째 회유였다고 소개하면서, 인내하기 어려운 것은 둘째와

52) 『백범일지』, pp.227~228.
53) 『백범일지』, p.226.

셋째 방법이었다고 술회했다.

근 석달 동안 최준례는 매일 사식을 가지고 와서 안에까지 들리도록 큰 소리로 "김구의 밥 가지고 왔으니 들여 주시오" 하고 소리쳤다. 그러나 일본경찰은 "깅카메 나쁜 말이 했소데, 사식이레 일이 없소다" 하면서 사식을 들여 주지 않았다. '깅카메'란 '김구(金龜)'의 일본말 발음이다. 『백범일지』의 다음과 같은 구절은 굶기는 것이 얼마나 혹독한 고문인가를 실감나게 한다.

> 그런 때에 다른 사람들이 문전에서 사식을 먹으면 고깃국과 김치 냄새가 코에 들어와서 미칠 듯이 먹고 싶어진다.… 나도 남에게 해가 될 말이라도 하고서 가져오는 밥이나 다 받아 먹을까, 또한 아내가 나이 젊으니 몸이라도 팔아서 좋은 음식이나 늘 해다 주면 좋겠다 하는 더러운 생각이 난다.[54]

기막히는 고백이 아닐 수 없다. 김구의 애국심과 지도력은 이러한 처절한 고통을 통하여 단련되었다. 그리고 이때에 느꼈던 이러한 감정을 두 아들에게 유서를 남기는 요량으로 쓴 자서전에 그대로 써 놓은 것은 그의 정직성을 보여 주는 것이기도 하다. 김구는 같이 검거된 사람들과 함께 1911년4월 초순에야 경시총감부에서 검찰로 송치되어 구치감으로 옮겨졌다.[55]

---

54) 『백범일지』, pp.220~228.

55) 崔明植, 앞의 책, p.42.

5. 전국 순회전도하고 개성학생하령회 주도

1

김구가 검찰의 조사를 받던 1911년 초여름에 이승만은 YMCA의 협동총무 브로크먼과 함께 전국을 순회하면서 전도여행을 했다. 전국의 모든 기독교계 학교들을 방문하여 학생 YMCA를 조직하기 위해서였다. 1911년도 서울YMCA의 전국학생사업비 예산이 1910년도 지출총액 229원의 아홉배나 되는 1,995원으로 급증한 것[56]은 이때에 YMCA가 지방의 학생 YMCA를 조직하는 데 얼마나 힘을 쏟고 있었는지를 짐작하게 한다. 그 일은 전국 학생 YMCA 연락간사 이승만이 주도한 것이었다.

이승만은 이때의 순회여행 결과를 YMCA 국제위원회에 자세히 보고했다. 여행기간은 5월16일부터 6월21일까지 37일 동안이었다. 이 기간에 이승만은 13개 선교지부(mission station)를 방문했고, 33회의 집회를 열었다. 집회에는 7,535명의 학생들이 참석했다. 이승만은 두 사람이 여행한 거리를 모두 합치면 2,300마일[3,700킬로미터]쯤 된다고 말하고, 아홉가지 교통수단을 이용하여 여행했다면서, 그 아홉가지 교통수단별 거리를 도표로 꼼꼼히 적어 놓았다. 기차여행이 1,418마일[2,282킬로미터]쯤이었고, 선박여행이 550마일이었다. 말이나 짐 싣는 나귀를 타고 이동하기도 했다. 말을 타고 124마일, 나귀를 타고 140마일을 여행했다. 두 종류의 수레를 타고 50마일, 인력거와 가마를 타고 2마일, 그리고 걸어서 7마일을 갔다.[57]

이 여행은 이승만 자신에게는 조국의 실정을 직접 목격하고 체험할 수 있는 귀중한 기회였다. 그런 점에서 그것은 그에게 "한국의 발견"이었

56) "P. L. Gillett's Annual Report for the Year 1913", pp.1~2; 전택부, 앞의 책, p.143.
57) Syngman Rhee's Letter to Friends, Jul. 22, 1911.

다. 여행한 거리로 보아서 13개도를 거의 샅샅이 찾아다닌 것이 틀림없다. 기차로 여행한 거리만 하더라도 경부선, 경의선, 호남선, 경원선을 합친 거리 1,405킬로미터의 거의 두배에 가까운 거리였다. 이승만은 그러한 규모의 한국여행은 난생 처음이자 마지막이었다. 이때에 그의 강연을 들은 7,535명의 학생들 대부분은 그 지방의 지도자로 성장하여 나라 잃은 설움을 겪는 민중에게 '박사 이승만씨'의 설화를 전파했을 것이다.

이승만은 보고편지에서 "대부분의 사립학교들은 재정난과 정치적 이유로 폐쇄 직전에 있습니다"라고 썼다. 정치적 이유란 「사립학교령(私立學校令)」에 따른 통감부 이래의 일본의 사학억제정책을 말하는 것이었다. 이때의 실정을 《매일신보》는 "합병 이래로 지방에 설립한 사립 기독학교의 폐지가 100여처에 달하였다더라"[58] 라고 보도했다. 한일합병 석 달 만에 기독교학교가 100여곳이나 폐지되었다는 것은 조선총독부의 사립학교 탄압의 실상이 어떠했는가를 짐작하게 한다.

이 편지에는 언급하지 않았으나 이승만은 이때에 부산에 갔던 일을 그의 다른 저서에 써 놓았다. 초량의 어느 학교를 찾아갔더니, 주무원의 말이 그날이 학교문을 마지막으로 여는 날이라고 했다. 까닭을 묻자 주무원은 다음과 같이 설명했다. 8~9년 전에 동리 유지들이 자금을 염출하여 땅을 많이 사서 학교 교사를 크게 짓는 한편 그 옆에 상업회의소를 설치하여 그곳에서 해마다 2,000원씩 학교 경비를 지원하게 했다. 학교가 확장되어 학생이 300명가량 되기에 이르렀다. 그런데 일전에 학부(學部)에서 일인교사를 보내어 교무를 총괄하게 했는데, 그 교사는 상업회의소에서 보내오는 돈을 자기가 맡아 쓰겠다고 했다. 돈이야 어차피 학교 경비로 쓸 것이므로 괜찮을 것이나, 이 큰 교사와 넓은 땅이 일본인에게 넘어갔기에 불가불 학교문을 닫기로 결정했다는 것이었다. 이에 이승만은 "내가 간신히 두어마디 말로 위로하려 하다가 그만두고" 돌아왔다고 썼

58) 《每日申報》 1910년11월25일자, 「雜報: 基督教學校多廢」.

다.[59] 경향 각처의 사립학교들이 이렇게 일본인들 수중으로 넘어가고 있었다. 이승만의 앞의 보고편지는 이렇게 이어진다.

> 따라서 기독교계 학교에는 학생들이 몰려들어 거의 모든 학교는 수용할 교실이 없어서 곤란을 겪고 있습니다. 한 학교에서는 학생 20명이 36평방피트[1평]쯤밖에 안 되는 방에서 먹고 자며 공부하고 있습니다. 남부지방에 있는 두 학교는 매달 5달러씩 지원받을 뿐이어서 그 지방의 모든 교회지도자들이 학교 유지비를 갹출하고 있습니다.

그러나 이러한 어려움에도 불구하고 기독교인 학생들은 전도정신으로 충만해 있다고 이승만은 적었다. 그들은 다른 아이들을 교회로 데려오는 것을 자기들의 의무로 생각한다고 했다. 그 보기로 전북 전주(全州)의 경우를 들었다. 전주에서는 열네살 난 한 학생이 지난 한해 동안에 200명이 넘는 아이들을 바이블 클래스에 데리고 왔다고 했다. 이승만이 전주를 방문했을 때에 선교사 니스벳(John S. Nisbet, 柳西伯)이 교장으로 있는 전주 신흥학교의 소사 겸 학생이던 송철(宋哲)은 이때에 이승만은 "배움에는 노예가 없다", "밤낮으로 노력하여 새로운 민족의 역사를 창조하자"라는 취지의 강연을 했는데, 그것은 전교 학생들의 "민족의 피를 뒤끓게 하는" 감동적인 것이었다고 회고했다.[60] 이승만의 연설을 듣고 새로운 결심을 한 송철은 뒷날 미국으로 건너가서 어렵게 학업을 마치고 이승만의 재정담당자로 활동했다.

또한 이승만은 평북 선천(宣川)에 갔을 때에 목격한 일을 보고편지에 자세히 썼다. 선천에서는 중학생 124명이 차재명(車載明)이라는 선배 졸업생을 유교가 성한 경상북도에 전도사로 파견해 놓고 있었다. 124명이

59) 리승만, 『한국교회핍박』, 『雩南李承晩文書 東文篇(二) 李承晩著作 2』, pp.58~64.
60) 李相守, 『송철회고록』, 키스프린팅, 1995, pp.33~34.

1911년6월에 개성의 한영서원에서 열린 제2회 전국학생하령회에 참가한 학생들. 이승만은 앞줄 가운데 어린아이 뒤에 앉아 있다.

라는 숫자는 전교생 수일 것이다. 차재명은 경상도에 가서 7개월 동안 전도활동을 했는데, 학생들은 그에게 여름휴가에 집에 다녀갈 수 있도록 여비를 보냈다. 그렇게 하여 귀향하는 차재명을 이승만은 기차 안에서 우연히 만나서 동행했다.

그 학교는 선교사 매큔(George S. McCune, 尹山溫)이 교장인 신성학교(信聖學校)였다. 열차가 선천역에 도착하자 매큔을 비롯한 모든 교사들과 전교생이 몰려와서 차재명을 뜨겁게 환영했다. 학생들은 차재명을 무동을 태우고 행진하면서 이날을 위해 특별히 만든 환영 노래를 불렀다. 구경하는 군중 속에서 한 늙은 부인이 눈물을 흘리고 있었다. 차재명의 어머니였다. 차재명은 뒤에 언더우드에게 발탁되어 목사가 되었고, 해방 이후까지 서울 새문안교회에서 사역하다가 6·25전쟁 때에 납북되었다.

2

서울로 돌아오는 길에 이승만과 브로크먼은 윤치호(尹致昊)가 설립한 개성의 한영서원에서 열린 제2회 전국학생하령회에 참가했다. 사실 이승만의 전국순회의 직접적인 목적은 이 학생하령회에 될 수 있는 대로 많은 전국의 학생대표들이 참석하도록 권유하기 위해서였던 것이다. 그러므로 이 하령회는 이승만이 준비한 것이었다고 할 수 있다.[61] 이때의 서울 YMCA의 학생하령회는 미국의 부흥전도사 무디(Dwight L. Moody)가 창시한 학생하령회(Summer Conference)를 본뜬 것이었는데, 이승만은 조지워싱턴대학교 재학시절에 매사추세츠주의 노스필드에서 열린 학생하령회[만국학도공회]에 참가한 적이 있었다. 이승만은 그때의 경험이 큰 도움이 되었을 것이다. 제2회 학생하령회에는 남북의 21개 기독교계 학교에서 93명의 학생대표가 참석했다. 이것은 전년에 진관사에서 열렸던 제1회 학생하령회 때에 참가한 학생대표 46명의 두배나 되는 수였다. 하령회 대회장은 전년과 마찬가지로 윤치호였다. 이승만은 이 하령회와 관련하여 다음과 같이 보고했다.

> 뉴욕에서 온 캠벨 화이트(Campbell White)씨와 인도에서 온 셔우드 에디(Sherwood Eddy)씨가 중요한 연사였습니다. 하령회는 대성황을 이루었으며, 우리는 모든 비기독교학교는 기독교학교 학생들에 의해서만 접근할 수 있다는 것을 이전보다 더욱 확실히 깨닫고 돌아왔습니다. 사랑하는 형제들이여! 이 땅의 많은 젊은이들이 다음 학년 동안에는 그리스도를 위하여 승리하도록 기도하여 주십시오.[62]

---

61) 유동식, 『한국감리교회의 역사 1884~1992 I』, p.340.
62) Syngman Rhee's Letter to Frends, Jul. 22, 1911.

서우드 에디는 일찍이 이승만이 한성감옥서에 수감되었을 때에 영어 『신약』을 차입해 주었던 순회 선교사였다. 그러나 이 하령회는 어처구니 없게도 총독부 경무총감부가 악명 높은 105인사건[이른바 데라우치(寺內) 총독 모살미수사건]을 날조하는 빌미가 되었다.

이승만은 이처럼 바쁜 일정 속에서도 그의 지론인 번역사업에도 힘을 쏟았다. 그는 1911년에 세권의 번역서를 출판했는데, 세권 다 YMCA 국제위원회 총무 모트 박사가 쓴 YMCA 활동과 관련된 팸플릿이었다. 순회여행을 떠나기 전인 5월에 먼저 『학생청년회의 종교상 회합(*Religious Department of the Student Association*)』이라는 팸플릿을 출판했고, 여행에서 돌아온 뒤 10월에는 『학생청년회 회장(*The President of the Student Young Men's Christion Association*)』, 『신입학생인도(*Work for New Students*)』라는 두가지 팸플릿을 출판했다. 모두 분량은 많지 않으나 YMCA의 학생활동에 직접 활용할 수 있는 내용이었다. 이 무렵의 이승만을 가리켜 "온몸이 온통 정열덩어리(渾身都是熱)"라고 한 표현은 과장이 아니었음을 실감하게 한다.

6. 안명근사건과 신민회사건으로 징역 15년형

1

김구가 안명근과 공모했다는 사실을 날조하기 위한 억지 신문은 검찰로 송치된 뒤에도 계속되었다. 일본인 검사는 김구가 안명근이 안악에 와서 안악 부자들을 습격할 모의를 한 자리에 김구도 있었다는 것을 입증하기 위해 열네살 난 양산학교 교지기 아들 이원형(李元亨)을 잡아 올렸다.

김구는 검사의 신문을 받다가 벽 너머 방에서 이원형의 말소리가 나는 것을 들었다.

"안명근이 양산학교에 왔을 때에 김구도 그 자리에 있었지?"

"나는 안명근이 누구인지도 모르고, 김구 선생님은 어디 가고 그날 안 계셨습니다."

모의가 있었다고 일본인들이 주장하는 날짜는 김구가 상경하여 양기탁 집에서 열린 신민회 비밀회의에 참석했던 날이었다. 일본인 신문관은 이원형을 죽일 듯이 협박했고, 조선인 수사관은 그를 구슬렀다.

"이 미련한 놈아, 안명근이도 김구도 같이 앉아 있는 것을 보았다고 대답만 하면 네가 지금이라도 아버지를 따라 집으로 가도록 해줄 터이니 시키는 대로 말을 하여라."

겁에 질린 이원형이 "그러면 그렇게 말하리다. 때리지 마셔요" 하고 대답했다.

김구를 신문하던 검사가 초인종을 눌러 이원형을 문 안으로 들이세우고 물었다.

"양산학교에서 안명근이 김구와 같이 앉아 있는 것을 네가 보았느냐?"

"예."

대답이 끝나기가 무섭게 이원형은 문 밖으로 끌려나갔다. 조작은 이런 식이었다.

김구가 좀처럼 풀려날 수 없다고 생각한 곽씨 부인과 최준례는 안악의 가산과 세간을 모두 팔아 가지고 상경하기로 했다. 최준례는 두살배기 딸을 데리고 평산의 언니 집에 가 있다가 공판에 대어 오기로 하고 곽씨 부인 혼자 서울에 먼저 와서 김구의 사식수발을 들었다. 이때의 감상을 김구는 다음과 같이 적어 놓았다.

> 어머님의 손수 담은 밥그릇을 열고 밥을 먹으면서 생각하니, 어머님의 눈물이 밥에 점점이 섞이었을 것이다. 18년 전 해주 옥바라지로부터 인천의 옥바라지하실 때까지는 슬프고 황망한 중에도 내외분이 서로 위로하고 의논하시며 지냈으나, 지금은 과부의 몸으로 어느 누구 살뜰하게 위로하여 줄 사람도 없다. 준영 삼촌과 재종형제가 있으나 대부분 토착농민이라 거론할 여지도 없고, 약한 아내와 어린 아이가 어머님에게 무슨 위안을 할 능력이 있을까! 또한 아내가 어린 아이를 데리고 자기 모친이 얹혀사는 처형집에 갔다는 소식에는 무한의 느낌이 생긴다.

어머니와 아내의 참담한 처지를 생각하면서 김구는 마침내 큰 좌절감에 빠졌다. 『백범일지』의 술회는 이때의 그의 고뇌가 얼마나 심각했는지를 보여 준다.

> 이제 내가 주장하던 것과 힘써 온 것은 대부분 물거품으로 돌아갔다. 학교에서 학생을 가르칠 때에도 학생들이 나를 숭배함보다 내가 학생들에게 천배만배의 숭배와 희망을 두고 있었다. 나는 일찍이 교육을 충분히 받지 못하여 망국민이 되었으나 학생들은 후일 건국영웅이 될 것을 바라던 마음도 헛된 것으로 돌아갔다. 또한 아내도 자

기 언니가 헌병(보조원)의 첩질 한다는 말을 들은 후로는 영구히 만나지 않기로 결심하였건만, 내가 이 지경이 되니 하는 수없이 찾아갔을 것이다.[63]

공판은 7월 들어서야 시작되었다. 안악사건[안명근사건] 및 신민회사건[양기탁 등 보안법위반사건]에 연루된 혐의로 검거된 사람들은 모두 125명이었고, 그 가운데 검찰에 송치된 사람은 63명이었다.[64] 안악사건은 7월10일로, 신민회사건은 그 이튿날인 7월11일로 공판일이 정해졌다.[65]

곽씨 부인은 아들을 위해 나가이(永井)라는 변호사를 고용했다. 그러나 일본인 변호사는 검사와 한통속이었다. 예심 신문 때에 나가이가 물었다. 예심이란 일본 점령기에 있었던 형사소송절차로서 공판에 앞서 필요한 증거확보 등을 위해 마련된 절차였다.

"경시총감부 유치장에 있을 때에 나무판자벽을 두드리며 양기탁과 무슨 말을 했는가?"

이런 질문은 피의자의 변호를 위한 질문이 아니었다. 김구는 나가이를 노려보며 대답했다.

"이것은 신문관을 대리한 것인가? 그 사실은 이미 신문기록에 상세히 기재했으니까 나에게 더 물을 것이 없다."

그러자 나가이와 검사는 서로 눈을 끔벅였다.

이윽고 공판날이 되었다. 종로거리는 교통이 통제되고 삼엄한 경계망이 펴졌다. 김구는 동료들과 함께 죄수마차에 실려 경성재판소에 도착했다. 법정에 들어서자 입구에 화경이를 업은 곽씨 부인과 최준례가 서 있는 것이 눈에 띄었다.

---

63) 『백범일지』, pp.234~236.

64) 小森德治, 『明石元二郎(上)』, 原書房影印版, 1968, p.475. 《每日申報》는 검찰에 송치된 사람이 70여명이라고 보도했다(1911년4월29일자, 「雜報: 安明根事件의 被告數」).

65) 《每日申報》 1911년7월4일자, 「安梁等의 公判期」 및 7월12일자, 「梁起鐸等의 公判」.

검사의 긴 기소장 낭독이 있은 뒤에 피고들에 대한 재판관의 신문이 시작되었다. 안명근은 재판관에게 말했다.

"나 이외에 모든 사람은 아무 관련도 없고 죄도 없는데, 무엇 때문에 유치장을 새로 지어 가면서까지 이 많은 사람들을 무고히 잡아왔느냐? 책임은 나에게만 있다."

김구도 공소사실을 강력히 부인하면서 항의했다.

"양산학교에서 모의했다는 그날이나 수박재에서 부잣집 습격계획을 했다는 그날이나 다 나는 서울에 있었지 그 장소에는 없었다. 그럼에도 불구하고 모의를 했다니 이 웬말이냐!"

그러나 재판관은 피고들의 주장을 묵살했다. 김구와 김홍량은 이튿날 열린 신민회사건 공판에도 출정했다.

두 사건에 대한 선고 공판은 7월22일에 한꺼번에 열렸다. 안악사건과 관련해서는 안명근에게 종신형, 김구와 김홍량을 비롯한 7명에게는 징역 15년, 도인권과 양성진(楊星鎭) 두 사람에게는 징역 10년, 최명식 등 8명에게는 징역 7년으로 모두 18명이 유죄판결을 받았다.[66] 이러한 형량은 대한제국 「형법대전(刑法大典)」의 강도 및 강도미수죄의 규정에 근거한 것이었다.

신민회사건과 관련해서는 양기탁, 안태국 등 6명에게는 징역 2년, 옥관빈 등 4명에게는 징역 1년6개월, 그 밖의 6명에게는 징역 1년 내지 6개월로 모두 16명에게 유죄가 선고되었다.[67] 이들에게 비교적 가벼운 형량이 선고된 것은 「보안법」의 치안방해죄의 형량이 그만큼 가벼웠기 때문이다. 김구와 김홍량 두 사람에게는 치안방해죄가 같이 적용되어 징역 2년씩이 추가되었다.

김구에 대해 판결문이 "피고 김구는 황해도에서 학도간에 큰 세력을

---

66) 「安岳事件判決文」, 『白凡金九全集(3)』, pp.305~364.
67) 「梁起鐸等安保法違反事件判決文」, 위의 책, pp.365~419.

가지고 있으면서 항상 구한국에 뻗친 제국의 세력을 배척해야겠다는 사상의 보급을 고취하고 있는 자이다"[68] 라고 기술한 것이 눈길을 끈다. 일본당국은 김구에 대해 이러한 인식을 하고 있었기 때문에 안명근 등이 부잣집을 습격할 모의를 했다는 현장에 김구가 없었다는 것을 알면서도 억지로 강도미수죄를 적용하여 중형을 선고한 것이었다.

피고들이 판결에 불복하고 상고함에 따라 두 사건을 하나로 묶어 9월4일에 상소심(上訴審)이 열렸다. 이 상소심에서 김구와 김홍량은 「보안법」 적용 부분이 기각되어 형량은 다시 15년으로 선고되었다.[69]

일본이 한국을 병탄한 이후에 발생한 사건을 다루면서 일본의 형법을 적용하지 않고 이미 멸망한 대한제국의 「형법대전(刑法大典)」을 적용한 것은 형량을 많이 책정하기 위해서였던 것임은 말할 나위도 없다. 이렇게 하여 김구의 두번째 옥중생활이 시작되었다.

---

68) 「安岳事件判決文」, 같은 책, p.362.
69) 「安岳·梁起鐸事件上訴審判決文」, 같은 책, pp.478~479.

7. 고문으로 날조한 105인사건

1

가혹한 고문으로 허위자백을 받아내어 두 사건을 일단락시킨 조선총독부는 같은 방법으로 한국인을 탄압할 수 있다는 자신이 생겼던 것 같다.[70] 위의 두 사건을 다룰 때까지는 일본경찰은 신민회를 찾아내지 못하고 있었는데, 9월 들어 평안남북도를 중심으로 전국에 걸쳐 700여명을 갑자기 체포했다.[71] 혐의사실은 데라우치 마사다케(寺內正毅) 총독이 전년12월27일에 압록강 철교개통식에 참석하고 서북지방을 시찰했을 때에 그를 암살하려고 기도했다는 것이었다. 이것이 악명 높은 이른바 '데라우치 총독 모살미수사건'이다. 이 사건으로 기소된 사람이 123명에 이르고, 1심에서 유죄가 선고된 사람만도 105명이었다고 하여 흔히 이 사건을 '105인사건'이라고 부른다.

앞의 두 사건은 전혀 근거가 없는 것은 아니었으나, 105인사건은 경무총감부가 서북지방의 기독교 세력을 뿌리 뽑고 나아가 그들의 배후인 그곳의 외국인 선교사들을 추방하려는 의도에서 전혀 근거 없이 날조한 사건이었다.[72] 그러나 야만적인 고문을 통한 수사과정에서 신민회의 존재가 드러났다. 그리하여 이 사건을 가리켜 '신민회사건'이라고 부르기도 한다. 일본경찰은 이승만과 김구가 이 사건과 깊이 관련된 것으로 인식했는데, 이 점은 여러 가지로 숙고해 볼 만한 가치가 있다. 그것은 두 사람이 이제 한국현대사의 중심부에 위치하게 되었음을 뜻하는 것이기 때문이다.

일본경찰은 사건의 주동적 인물로 YMCA의 부회장[역대회장은 외국인

70) 崔明植, 앞의 책, p.47.
71) 鮮于燻,『民族의 受難: 百五人事件眞相』, 獨立精神普及會, 1955, p.24.
72) 윤경로, 앞의 책, pp.13~57 참조.

선교사]으로서 실질적으로 YMCA운동을 이끄는 동시에 신민회 회장을 맡고 있는 윤치호를 지목했다. 이승만은 윤치호와 함께 6월에 개성에서 열린 제2회 전국학생하령회에서 했던 활동 때문에 주목을 받았다. 서울 YMCA의 미국인 총무 질레트는 YMCA 국제위원회에 다음과 같이 보고했다.

> 모든 피고인들이 혹독한 고문에 못 이겨 이른바 자백서라는 것을 썼는데, 그 자백서의 내용은 1911년에 YMCA 국제위원회 간사들이 조직한 학생하령회가 윤치호와 그 밖의 주모자들이 모여서 음모를 꾸민 중요한 장소의 하나라는 것이다. 당국은 그 증거물로 질레트 총무에게서 입수한 그때의 참가자 명단을 제시하고 있다. 윤치호는 그 하령회의 대회장이었으며, 에디, 화이트, 라이언, 이승만, 브로크먼과 그 밖의 명사들이 여기에 참석한 사실이 중요하다. 마지막 세 사람은 처음부터 끝까지 학생들과 숙식을 같이하면서 모의했다는 것이다.[73]

질레트는 다른 글에서도 이때의 학생하령회가 총독암살 음모를 계획하기 위한 행사였다고 일본경찰이 주장한다고 썼다.[74]

2

김구는 105인사건의 판결문에 그의 이름이 무려 스물일곱번이나 언급되었을 만큼 핵심적 인물의 하나로 지목되었다.[75] 판결문과 관련 피고인들의 여러 신문조서가 조금씩 다르기는 하나, 요컨대 김구는 다음과

73) P. L. Gillett's Report(date unknown). 전택부, 앞의 책, p.156에서 재인용.
74) P. L. Gillett, "The Student's Summer Conference", *The Korean Mission Field*, September 1912, p.272.
75) 「寺內總督謀殺事件判決文 해제」, 『白凡金九全集(3)』, p.32.

같은 행동을 했다는 것이었다.

1910년12월에 윤치호는 총독이 서북지방을 순회할 것이라는 정보를 입수하고 김도희를 서북지방으로 보내어 그곳 인사들에게 대표를 서울로 보내라는 뜻을 전했다. 이 소집통보에 따라 김구는 신민회 황해도 총감 자격으로 상경하여 함께 총독암살 계획을 논의했다. 안악으로 돌아온 그는 양산학교에서 김홍량, 도인권 등에게 서울에서 협의한 내용을 알렸다. 이 자리에서 암살 실행을 위해 선천으로 갈 것을 결정하고, 12월23일에 동지 30여명과 함께 사리원을 거쳐서 선천으로 갔다. 그날 밤 선천의 동지들과 황해도에서 간 사람들이 모인 자리에서 김구는 국가를 위해 총독을 살해하지 않으면 안 된다면서 총독이 오는 날짜를 물었다. 선천의 동지들은 준비는 다 되었으나 아직 총독이 오는 날짜는 모른다고 말했다. 김구는 평양에 가서 알아보고 오겠다면서 다음날 일행 몇명과 함께 평양으로 가서 태극서관에서 안태국, 이승훈 등과 총독암살문제를 협의했다.[76] 태극서관에는 70~80명이 모였는데, 총독암살은 평양역과 선천역 두곳에서 실행하기로 하고 평양역은 차리석(車利錫) 등 4명이, 선천역은 이승훈과 안태국이 맡기로 분담했다. 단총과 칼이 지급되었다. 김구는 안태국 일행과 함께 12월26일에 다시 선천으로 갔다. 다음날 일행은 단총을 휴대하고 역으로 나갔으나 총독이 탄 열차가 선천역을 그냥 통과하는 바람에 일을 성사시키지 못했다. 그날 밤 신성중학 2학년 8반 교실에 모여 다음 계획을 논의했다. 이때에 김구는 "오늘은 실패했으나 그것은 총독이 하차하지 않았기 때문에 부득이했다. 내일 돌아올 때에는 반드시 하차할 것이니 반드시 실행해야 한다"라고 말했다. 다음날 총독이 신의주 방면에서 돌아올 때에 다시 역에 나갔으나 이번에는 경비가 너무 엄중하여 총독암살을 실행하지 못했다 ——.

---

76) 「梁濬熙審問調書」 및 「姜奎燦審問調書」, 國史編纂委員會 編, 『韓民族獨立運動史資料集(3)』, 國史編纂委員會, 1987, p.18, p.119.

용수를 쓰고 공판정으로 나가는 '105인사건' 피고인들.

김구는 물론 선천에 간 사실조차 없었다. 그럼에도 불구하고 판결문에서까지 이처럼 아주 그럴듯하게 기술되어 있는 것은 이 사건이 얼마나 허무맹랑한 날조였는가를 말해 준다. 김구는 105인사건에 같이 기소되지 않았다. 그것은 김구에게는 이미 훨씬 무거운 형량이 선고되어 있었기 때문이었을 것이다.

사건 초기에 미국 선교부는 정치적이라는 이유로 소극적으로 대응했으나, 선교사들의 강력한 항의에 따라 유능한 변호인단을 구성하여 적극적인 법정투쟁을 벌이게 되었다. 공판과정에서 피의자들에 대한 고문사실이 폭로되고, 사건의 조작사실이 드러났다. 1912년9월28일에 열린 선고 공판에서 윤치호, 양기탁, 이승훈, 안태국, 임치정, 유동열에게는 징역 10년, 옥관빈, 장응진, 차리석 등 18명에게는 징역 8년, 그 밖의 39명에게는 징역 6년, 42명에게는 징역 5년의 실형이 선고되었다. 그랬다가 1913년7월15일의 공소심 공판에서는 윤치호, 양기탁, 이승훈, 임치정, 안태국 5명에게 징역 6년, 옥관빈에게 징역 5년이 선고되고, 나머지 99명에게는 무죄가 선고되었다. 양기탁, 안태국, 옥관빈 등 신민회사건 주동자들은 105인사건에도 관련된 혐의로 기소되어 거듭 유죄판결을 받은 것이었다.

3

105인사건과 관련하여 검거선풍이 불고 있던 1911년 가을에 이승만은 다시 지방 순회여행을 했다. 이때의 여행에 대해서도 이승만은 YMCA 국제위원회에 보고를 했으나,[77] 정확한 여행 목적은 알 수 없다. 대부분 산골마을을 걸어서 다닌 것으로 보아 일시적 피신을 겸한 전도여행이었는지 모른다. 일본경찰은 서울YMCA 회관도 수색하여 학생하령회 관계 서류를 조사해 갔다.[78] 이승만은 말이나 어떤 종류의 탈것도 없는 지방을 하루에 27~28마일[43~45킬로미터]씩 280마일[450킬로미터], 곧 1,000리 남짓한 거리를 걸어서 다녔다.

보고편지에는 여행기간이나 여행지역이 명시되어 있지 않다. 하루에 걸었다는 거리로 추산해 보면 한 열흘 동안 주로 중부 내륙지방을 여행했던 것 같다. 편지에는 유일한 지명으로 '십로크[Shiprock: 船岩 또는 배바위]'라는 작은 마을의 이름이 보인다. 경기도 시흥에 있는 이승만의 처가마을 이웃이 '배바위골'[경기도 시흥군(始興郡) 남면(南面) 당정리(堂井里)]이었던 것으로 미루어 그는 처가마을도 방문했던 것이 틀림없다.

이승만은 편지에서 이번 여행에서 여러 가지로 대단히 흥미 있는 일들을 발견했다면서, 배바위골 이야기를 자세히 적었다.

> 나는 짐과 접는 침대를 운반시키기 위해 한 사람을 고용했습니다. 나는 아주 흥미 있는 사람과 길동무가 되었는데, 그는 성씨가 신(申)씨입니다. 신씨는 배바위골에 있는 작은 교회의 오래된 신자입니다. 그곳은 내가 18년 전에 방문한 적이 있는 곳입니다. 그때에 나는 신씨와 그의 부친을 알게 되었습니다. 이 낯익은 곳들이 그다지 달라지지

77) Syngman Rhee's Letter to Friends, Nov. 25, 1911.
78) 리승만, 『한국교회핍박』, 『雩南李承晩文書 東文篇(二) 李承晩著作 2』, p.94.

않았다는 것이 내게는 매우 흥미로웠습니다. 그러나 그보다 더 흥미로운 것은 그곳 사람들의 생활이 아주 달라진 것입니다. 전에는 그 마을에 교인이 한 사람도 없었습니다. 나도 교인이 아니었습니다. 지금은 신씨 부자가 모두 교인입니다. 신씨네는 집 한쪽을 교회로 내어 놓았고, 그 교회는 이제 교인이 26명이나 됩니다. 신씨는 자주 이웃마을로 설교하러 다닙니다.[79]

이승만은 결혼한 뒤에 처가마을에 자주 갔는데, 그럴 때면 배바위골에도 들렀다. 그곳에 처고모가 살고 있었기 때문이다. 그 처고모의 시댁이 바로 신씨였다. 이승만은 같은 연배의 신씨집 사위 등과 윷놀이를 하며 놀았다고 한다.[80]

이승만은 신씨네 집 교회에서 마을사람들과 함께 특별예배를 보았다. 신씨 부친이 낡은 『신약성서』를 들어 보이며 이승만에게 말했다.

"5년 전에 내가 선생댁을 찾아갔을 때에 어르신께서 이 책을 가져가라고 말씀하셨습니다. 가지고 와서 읽어 보니까 그 안에 구세주가 있음을 발견했습니다. 하나님에게 감사합니다."

이경선이 국문성경을 가지고 있었고, 또 그것을 며느리의 친척뻘인 신씨에게 주었다는 이야기는 흥미롭다. 아들 신씨의 신앙 고백도 놀라웠다.

"아시다시피 저는 무식해서 한문도 국문도 읽지 못했습니다. 아버지는 성경을 읽으시고 저는 기도했습니다. 그리고 우리 부자는 축복을 받았습니다. 나는 혼자 단어를 공부해서 이제 읽을 수 있고, 설교도 조금 합니다. 정말 어떻게 하나님에게 감사해야 할지…."

이승만은 가는 곳마다 그와 함께 찬송가를 부르고 설교를 했다.

여행에서 돌아온 이승만은 11월13일에 서울YMCA 회관에서 주일 오

---

79) Syngman Rhee's Letter to Friends, Nov. 25, 1911.
80) 李承晚의 처조카 朴貴鉉 증언, 「人間李承晚百年(66)」, 《한국일보》 1975년6월20일자.

후 바이블 클래스의 초급반 특별집회를 열었다. 서울시내 소학교 22개교에서 온 아동 1,200명이 강당에 모였다.

> 그것은 참으로 놀라운 광경이었습니다. 1,200명의 젊은 목소리로 마음에서 우러나오는 노래는 감격스러웠습니다. 지금 우리 바이블 클래스에는 성인부를 포함하여 아이들이 400명가량 됩니다. 이들 가운데 많은 아이들이 강력한 기독교 지도자가 되도록 하나님께 기도해 주시기 바랍니다.[81]

이승만의 편지는 이렇게 끝맺고 있다. 이처럼 이승만도 김구와 마찬가지로 자라나는 아이들에게 큰 기대를 걸고 있었던 것이다.

1912년2월4일에 이르러 윤치호마저 체포되었다. 윤치호가 체포되는 것을 본 이승만은 자신도 무사하지 못할 것이라고 생각했다. 그는 운명의 손이 자기의 방문을 두드리는 것을 기다리면서 초조한 나날을 보냈다. 올리버는 이때에 이승만이 체포를 모면한 것은 질레트 총무 등 YMCA 인사들과 특히 때맞추어 한국을 방문한 YMCA 국제위원회 총무 모트 박사의 신속한 개입 때문이었다고 기술했다. 그들은 일본인들에게 이승만은 미국에도 잘 알려져 있는 사람인데, 그를 체포하면 심각한 말썽이 빚어질 것이라고 경고했다고 한다.[82] 이승만이 YMCA 국제위원회에서 봉급을 받기로 한 것도 이런 경우에 대비해서 취한 조치였다. 일본에 있던 감리교 동북아시아 총책 해리스(Merriam C. Harris) 감독과 장로교 해외선교부 총무 브라운(Arthur J. Brown) 박사도 서둘러 한국에 왔다.

1912년은 감리교 제4년 총회(The Quadrennial General Conference of the Methodist Episcopal Church)가 미국 미네소타주의 미네아폴리

---

81) Syngman Rhee's Letter to Friends, Nov. 25, 1911.
82) Robert T.Oliver, *op. cit.*, pp.118~119.

1912년3월9일에 서울에서 열린 감리교회 각 지방 평신도대표 제14기 회의 참가자들. 이승만은 이 회의에서 감리교 제4년 총회에 참석할 한국 평신도 대표로 선정되었다.

스에서 열리는 해였다. YMCA 국제위원회 인사들과 감리교회 간부 등은 이승만을 이 회의에 참석할 한국대표로 정하여 출국시키기로 했다. 그러기 위하여 3월9일에 서울에서 감리교 각 지방 평신도 제14기 회의가 소집되었고, 이승만은 한국 감리교 평신도 대표로 선출되었다. 이승만은 그때까지 미국교회에 교적을 두고 있었으므로 한국의 평신도 대표가 되기 위해서는 한국교회로 교적을 옮겨야 했다. 이 일은 종로 중앙감리교회의 이경직(李景稷) 목사가 해결해 주었다. 그는 이승만의 교적이 있는 미국 매사추세츠주 케임브리지의 엡워스(Epworth)감리교회 목사와 연락하여 교적을 자기 교회로 옮겨 주었다.[83] 이승만은 하버드대학교에 다닐 때에 이 교회에 등록했었다.

여권은 해리스 감독이 일본정부와 교섭하여 마련해 주었다. 이승만의

83) 유영익, 앞의 책, p.92, p.230.

출국 움직임에 대해《매일신보》가 "종로기독청년회 소속학교 학감 리승만씨는 일간 미국에 건너가기 위하야 소관 경찰서에 청원서를 제출하고 여행권을 내어달라 하얏다더라"[84] 라고 보도한 것이 눈길을 끈다.

이승만은 창신동의 자기 집을 저당 잡혀 여비를 마련했다. 그는 출국하기에 앞서 박씨 부인과 사실상 이혼과 같은 결별을 했다고 한다. 그것은 박씨 부인에게 여간 원망스럽지 않은 결별이었을 것이다. 이승만은 재력이 있는 고종사촌형 한사건(韓士健)으로부터 200원을 받아서 100원으로 박씨에게 창신동에 있는 복숭아밭을 사 주었다고 한다.[85]

이승만은 3월26일에 서울을 떠났다. 귀국한 지 17개월16일 만이었다. 공교롭게도 이날은 그가 만 서른일곱살이 되는 생일이었다. 일행은 선교사 두 사람과 한국인 목사 한 사람이었다. 떠나던 날 이승만은 눈물로 부친과 작별했다. 그는 YMCA 회관 3층의 다락방에서 기거하면서도 아침마다 집으로 가서 중풍으로 몸져누운 이경선에게 아침문안을 드렸다. 그리하여 YMCA 안에서 효자라는 소문이 났다.[86] 이경선은 문간께까지 나와서 아들을 전송했다. 그는 차마 아들의 얼굴을 바로 보지 못하고 손만 흔들었다.[87] 그것이 이승만이 마지막으로 본 아버지의 모습이 되고 말았다.

《매일신보》는 그의 출국을 이렇게 보도했다.

> 종로기독청년회 소속학교 학감 리승만씨가 미국에 건너가기 위하야 모처에 청원하고 여행권을 청구하얏다는 말은 이미 기재하였거니와, 그 여행권의 하부(下付)를 승인하얏으므로 작일 오전 9시30분에 남대문발 경부선 열거[차]로 발정하야 미국으로 향하야 갔는데, 그

---

84) 《每日申報》 1912년3월13일자, 「李氏의 渡美請願」.

85) 유영익, 앞의 책, p.92, pp.229~230.

86) YMCA 학교 공학과 학생이었던 金弘植 증언, 「人間李承晩百年(66)」, 《한국일보》 1975년6월 21일자.

87) 유영익, 앞의 책, p.92.

돌아올 기한은 6개월로 예정하얏다더라.[88]

이승만은 6개월 뒤에 돌아올 것을 약속하고 여권을 발급받았던 것이다. 그러나 이때에 한국을 떠난 이승만이 귀국하는 것은 그로부터 33년의 세월이 흐른 뒤였다.

88) 《每日申報》 1912년3월27일자, 「李承晩의 渡美」.

23장

기독교국가 건설의 꿈

1. 도쿄 조선YMCA의 가마쿠라(鎌倉) 춘령회
2. 미네아폴리스의 감리교 총회
3. 시거트의 주지사 별장으로 윌슨 방문
4. 박용만(朴容萬) 만나러 헤이스팅스로
5. 하와이에서 들은 아버지의 부음
6. 한달 동안 『한국교회핍박』 저술

1. 도쿄 조선YMCA의 가마쿠라(鎌倉) 춘령회

1

이승만은 1912년3월26일 오전 9시35분발 부산행 열차편으로 서울을 떠났다. 이날부터 이듬해 2월3일에 호놀룰루에 도착할 때까지의 1년 동안의 행적을 이승만은 그때까지의 다른 어느 해의 것보다 훨씬 자세하게 『일기(*Log Book of S. R.*)』에 적어 놓았다.

이승만은 도쿄(東京)에 들러서 3월31일부터 4월5일까지 열리는 학생춘령회(Student's Spring Conference)를 주관하고 4월6일에 미국으로 떠날 예정이었다. 이 학생춘령회는 서울YMCA와 도쿄의 조선기독교청년회[조선YMCA]가 공동으로 계획한 행사였다. 이 집회에 참가하기 위하여 서울YMCA의 질레트(Philip L. Gillett, 吉禮泰) 총무와 종교부 간사 이상재(李商在)와 감리교 선교사 크램(Willard G. Cram, 奇義男)도 이승만과 동행했다.

오후 7시에 부산에 도착한 일행은 한시간 뒤에는 현해탄을 건너는 기선 메고카마루(*S. S. Megoka Maru*[*sic*])에 몸을 싣고 있었다. 이튿날 오전 8시에 시모노세키(下關)에 상륙할 때에는 비바람이 몰아쳤다. 일행은 오전 9시30분에 시모노세키를 떠나서 낮 12시30분에 교토(京都)에 도착했다.

교토역에는 YMCA 국제위원회에서 파견된 펠프스(G. L. Phelps)와 일본YMCA 총무 및 또 한 사람의 일본인이 마중 나와 있었다. 도쿄로 가는 한 한국학생과 그의 가족이 호텔까지 동행했는데, 그 호텔은 일본YMCA 사람들이 일행을 위하여 잡아놓은 것이었다. 일행은 3월28일 하루 동안 교토를 관광하고 그곳 목사들과 YMCA 관계자들의 친절한 대접을 받았다. 교토는 794년부터 1869년까지 1,000년 넘게 일본의 수도였던 유서 깊은 도시이다.

저녁 8시20분발 야간열차편으로 교토를 떠나서 도쿄의 신바시(新橋)역에 도착한 것은 3월29일 오전 9시. 부슬비가 내리고 있었다. 역에는 한국학생 23명이 마중 나와 있었는데, 학생들은 이승만이 전날 밤에 도착하는 줄 알고 100명이 넘는 학생들이 전날 밤에 역에 나왔다가 섭섭해 하면서 돌아갔다고 했다. 이승만은 조선YMCA 회관 근처에 있는 히요시캉(日芳館)이라는 여관에 여장을 풀었다. 저녁에 YMCA 회관에서 열린 환영회에는 67명의 한국 유학생들이 모였다. 이처럼 많은 유학생들이 모였다는 사실은 105인사건 등 세계의 주목을 받고 있는 국내사정과 함께 이승만에 대한 유학생들의 관심을 짐작하게 한다. 환영회는 백남훈(白南薰)이 사회를 하고 조용은(趙鏞殷: 趙素昻)이 환영인사를 했다. 조용은은 뒷날 임시정부의 국무원 비서장, 외무총장 등으로 활동하면서 독립운동 기간 내내 이승만과 특별한 관계를 갖게 된다.

도쿄의 조선YMCA는 이승만의 옥중동지인 김정식(金貞植)이 총무를 맡아 이끌고 있었다. 황성기독교청년회[서울YMCA]의 부총무였던 김정식이 유학생들을 중심으로 일본에서 YMCA를 결성하기 위하여 도쿄로 파견된 것은 을사조약이 강제된 이듬해인 1906년8월이었다. 김정식은 한국공사관이었던 건물에 머물면서 석달 동안 준비하여 그해 11월5일에 도쿄 조선YMCA를 발족시켰다. 김정식이 처음에 역점을 두었던 프로그램은 성경연구반 운영이었다. 성경연구반은 몇달 사이에 큰 성과를 거두어 유학생 가운데 기독교 신자가 급속히 늘어났다. 일본YMCA 회관의 2층 방 하나를 빌려 발족한 도쿄 조선YMCA는 1907년8월에 간다구(神田區) 니쇼가와초(西小川町)의 한 건물을 빌려 독립회관을 마련했다. 이 회관에는 교실, 성경연구실, 독서실, 운동실 등이 있어서 유학생들의 집결장이 되었다.[1] 그리하여 1909년1월에는 그때까지 이런 저런 인연에 따라 태극학회(太極學會), 호남계(湖南契), 낙동친목회(洛東親睦會) 등 주로 친목

---

1) 柳東植, 『在日本韓國基督教青年會史 1906~1990』, 在日本韓國YMCA, 1990, pp.49~52.

을 목적으로 조직되어 있던 다섯개의 유학생 단체가 통합하여 대한유학생회를 조직했고, 얼마 뒤에 이름을 대한흥학회(大韓興學會)로 바꾸었다. 도쿄 조선YMCA의 산파역을 했던 질레트는 이 무렵의 대한흥학회와 도쿄 조선YMCA에 대하여 다음과 같이 썼다.

> 종교집회는 주일 밤마다 열렸는데, 평균 81명의 유학생들이 모였다. 그리고 일반 유학생 단체인 대학흥학회는 매주 토요일에 모였다.… 509명의 유학생 가운데 213명이 기독교 신자가 되었으며, 대한흥학회의 회장과 부회장,《대한흥학보》의 편집인 등이 모두 크리스천이었다.[2]

그러나 대한흥학회는 오래 가지 않아서 해산되고, 유학생들은 출신도별로 다시 친목회를 결성하고 있었다. 그러한 상황 속에서도 도쿄 조선YMCA는, 총독부의 온갖 압력과 회유에 시달리는 서울YMCA와는 달리, 활발히 성장했다. 그리하여 이승만이 들렀을 때에는 자체 건물을 건립하는 일이 당면과제가 되어 있었다.

도쿄 학생춘령회는 3월30일부터 1주일 동안 가마쿠라(鎌倉)에서 열렸다. 가마쿠라는 도쿄에서 남쪽으로 97킬로미터쯤 떨어진 태평양 연안의 아름다운 도시로서, 가마쿠라 바쿠후(鎌倉幕府: 1185~1333) 시대의 일본의 정치와 군사의 중심지였다. 이승만은 이때의 가마쿠라 춘령회에 대해 YMCA 국제위원회에 자세히 보고했다.

회의는 3월30일 오후 7시에 개막되었다. 유학생 44명과 서울에서 참가한 질레트와 크램과 이상재, 그리고 도쿄의 조선YMCA 총무 김정식, 부총무 최상호(崔相浩)와 몇몇 내빈이 참석했다. 최상호는 1911년의 송도하령회(松都夏令會)가 끝난 뒤에 서울YMCA가 도쿄로 파견한 청년지

---

2) P. L. Gillett, "Some Facts Regarding Christian Works among Korean Students in Tokyo", 1909, 柳東植, 위의 책, p.86에서 재인용.

1912년3월30일부터 1주일 동안 가마쿠라에서 열린 도쿄 조선YMCA 주최 학생춘령회 참가자들. 이승만이 중앙에 서 있고, 그의 오른쪽에 해리스 감독, 왼쪽에 김정식과 브로크만이 서 있다.

도자였다. 이승만은 회의의 의장으로서 개막연설을 했다. 그는 장래의 한국사회의 지도자가 될 유학생 크리스천들을 상대로 송도하령회 때보다도 더욱 열성적으로 집회를 이끌었다. 회의는 활기에 넘쳤다. 참석자들은 운동장에서나 식당에서나 잠자리에서나 오후에 산책할 때에나 신앙심을 바탕으로 한 일체감과 열기로 가득 차 있었다. 그들이 부르는 찬송가 소리에 이끌려 동리주민들이 창가로 모여들기도 했다.

집회의 가장 중요한 프로그램은 아침 성경공부였다. 학생들의 성경공부 태도는 진지했다. 그들은 성경의 요지를 노트할 뿐만 아니라 학습과제를 예습하여 다음날 아침에 대답할 수 있도록 준비했다. 성경연구와 함께 기도시간을 엄수했다. 집회 도중에 사회자가 기도인도를 요청하면 두세 사람씩 앞을 다투어 기도했다.

다음으로 중요한 프로그램은 토론시간이었다. 기독교 사업에 관한 여러 가지 문제가 다루어졌다. "내가 학생들을 위하여 할 수 있는 일이 무엇인가"라는 주제가 제시되자 학생들은 열띤 토론 끝에 한주일에 몇시간만이라도 친구들에게 기독교운동을 권면하는 일에 바쳐야 한다는 데에 의견이 모아졌다. 한 학생이 일어서서 "나는 기독교 신앙에 초보자이지만 매 주일날 오후를 주님의 일을 위해 바치겠다"는 결심을 피력했다. 그러자 다른 여섯명이 이 일에 동조하고 나섰다. 그렇게 해서 회의 마지막날인 4월5일에 26명이 창립단원이 되어 학생복음단(The Student's Gospel Band)을 조직했다.[3)]

가마쿠라 춘령회는 큰 성공이었다. 그리고 그것은 이승만 개인으로서도 또 하나의 매우 뜻있는 성취였다. 이때부터 도쿄 조선YMCA는 해마다 봄이나 가을에 한차례씩 정기적으로 이러한 학생집회를 가지게 되었는데, 집회 때마다 가마쿠라 춘령회와 이승만이 화제가 되었을 것은 말할 나위도 없다.

2

이승만 일행은 4월6일 오전 8시에 가마쿠라를 떠나서 도쿄로 돌아왔다. 도쿄에서는 유학생친목회 대표 24명이 이승만 일행을 위한 환영회를 준비해 놓고 있었다. 이승만 일행과 학생대표들은 비를 맞으면서 호텔 현관 앞에서 기념촬영을 했다. 이승만은 연회가 끝나기 전에 자리에서 일어나야 했다. 오후 2시에 아오야마 가쿠잉(青山學院)에서 거행되는 혼다 요이치(本多庸一) 감독의 장례식에 참석해야 했기 때문이다. 이승만이 일본의 한국병탄을 위해 노력했던 일본 감리교 감독의 장례식에 참석한 것은 자기의 출국을 도와준 감리교 동북아시아 책임자 해리스(Merriam C. Harris) 등 미국 선교사들의 권유에 따른 것이었을 것이지만, 이 시기의 한일 양국의 기독교 지도자들의 미묘한 관계를 상징적으로 말해 준다.

장례식에서 돌아온 이승만 일행은 최상호가 준비한 저녁을 들고 나서

3) Syngman Rhee, *Log Book of S.R.*, 1912년4월5일조; Syngman Rhee, "Report of the First Korean Student's Conference in Japan", Aug. 28, 1912; 柳東植, 앞의 책, pp.118~119.

도쿄 조선YMCA 회관으로 갔다. 그곳에서는 오후 7시부터 유학생들을 상대로 한 특별전도강연회가 열렸는데, 218명이나 되는 학생들이 모였다. 비좁은 건물이었으므로 뜰에까지 서야 할 형편이었다. 크램과 질레트의 간단한 연설에 이어 이승만이 "한국학생들에게 거는 기대"라는 제목으로 연설을 했다. 이승만은 애국과 기독교 신앙의 불가분의 관계에 대하여 설명을 했다. 그는 국내에서의 학생YMCA운동과 105인사건의 실상을 자기의 체험을 곁들여 그 특유의 선동적 웅변으로 설명했다. 이승만의 연설에 감동하여 민규식(閔圭植) 등 양반 출신 유학생들이 기독교 신자가 되기를 결심하기도 했다. 다음날 주일 아침에는 도쿄 교회에서 10명이 세례를 받았고, 36명이 학습교인이 되었다.

김정식 총무는 이승만의 연설로 고조된 분위기를 놓치지 않고 도쿄 조선YMCA의 회관 건축을 위한 모금계획을 보고하고, 참석자들의 협조를 호소했다. 총비용으로 3만4,450엔을 계상하고 있었는데, YMCA 국제위원회는 이미 보조금 2만엔을 책정해 놓고 있었다. 그러나 이 보조금을 타내기 위해서는 도쿄 조선YMCA 자체의 모금이 웬만큼 확보되어야 했다. 그러자 놀랍게도 167명이 기부금을 희사할 것을 신청하여 그 자리에서 1,362.5엔이 모금되었다. 집회가 있고 나서 사흘 뒤인 4월9일에는 박태규라는 학생이 YMCA 사무실로 찾아와서 60엔을 기부했다.[4] 이승만에 의한 이러한 도쿄 조선YMCA의 자체 모금은 주저하고 있던 국제위원회의 결단을 촉구하는 큰 계기가 되었다.

이처럼 짧은 일본 체류기간에 보여 준 이승만의 활동 성과는 놀라웠다. 이때에 이승만의 강연을 들은 유학생들 가운데는 2·8학생독립선언 때에 앞장섰고 뒤이어 임시정부 활동을 포함한 국내외의 여러 분야의 민족운동 과정에서 중추적 역할을 한 사람들이 많이 포함되어 있다. 도쿄에 머무는 동안 이승만은 유학생들과 침식을 같이 하면서 그들에게 반일적

---

4) Syngman Rhee, *Log Book of S.R.*, 1912년3월30일조; P. L. Gillett, 앞의 보고서; 柳東植, 앞의 책, pp.119~120.

1912년4월6일에 도쿄에서 열린 이승만 송별회 기념사진. 앞줄 오른쪽 세번째가 이승만이고 그 오른쪽이 김정식. 뒷줄 오른쪽 끝이 신석우이고, 오른쪽에서 아홉번째가 문일평, 열한번째가 김성수, 열다섯번째가 이인이다. 위의 원내는 안재홍.

민족독립사상을 고취하고, 일본을 떠나던 전날 밤에는 신축된 유일중화(留日中華) YMCA 회관을 빌려 니토베 이나조(新渡戶稻造) 박사와 함께 강연회를 열어 민족독립운동을 선동했다고 한다.[5] 니토베는 미국과 독일에 유학한 기독교인이자 일본의 대표적인 자유주의 사상가로서 젊은 지식인층에 큰 영향을 끼치고 있었고 일본정부의 식민지정책에도 비판적이었다.

이때에 도쿄 조선YMCA에 드나들던 유학생들은 조만식(曺晩植), 송진우(宋鎭禹), 이광수(李光洙), 안재홍(安在鴻), 신익희(申翼熙), 최린(崔麟), 조용은, 김병로(金炳魯), 현상윤(玄相允), 이인(李仁), 전영택(田榮澤), 윤백남(尹白南), 김필례(金弼禮) 등을 포함하여 50~60명에 이르렀다고 한다. 이인은 뒷날 이 무렵에 일본에 있던 한국인 유학생들은 한국

---

5) 坪江汕二,『改訂增補 朝鮮民族獨立運秘史』, 巖南堂書店, 1966, p.222; 柳東植, 앞의 책, pp. 120~121.

이 나라를 잃은 까닭은 국제적으로 진출하지 못하여 국제적 발언권이 없는 데에도 원인이 있다고 생각했던 터라 국제적인 인물인 이승만에게 많은 존경을 보냈고 그에게 막연하나마 큰 기대를 걸었다고 회고했다.[6)]

이승만이 일본을 떠나자마자 지역별로 조직되어 있던 일곱개의 친목회가 모여 칠친목회연합회를 결성하고 그해 10월에는 그 명칭을 '도쿄 조선인유학생학우회'로 개칭했다. 대한흥학회가 해산된 지 3년 만에 통합적인 유학생 조직이 재건된 것이다. 그리고 도쿄 조선YMCA와 학우회는 흥학회 때와 같은 긴밀한 유대관계를 되살리게 되었다.

---

6) 李仁 증언, 「人間李承晩百年(67)」, 《한국일보》 1975년6월24일자.

2. 미네아폴리스의 감리교 총회

1

이승만은 해리스 감독과 함께 4월10일 오전 11시에 요코하마(横濱)항에서 미국행 기선 탐바마루(丹波丸) 1등칸에 올랐다. 예정보다 나흘 더 도쿄에 머문 것이다. 배는 오후 2시에 출항했다. 김정식, 최상호, 민충식(閔忠植)이 요코하마 부두까지 나와서 배웅했다. 서울 주재 일본감리교회 목사도 배웅 나왔다. 그는 이승만에게 6개월 이내에 반드시 귀국해야 한다고 다잡으면서, 미국에 머무는 동안 일본인들을 비판하는 일은 하지 말라고 당부했다. 그런 일은 한국인들에게 피해를 입히게 된다는 것이었다.[7] 그러나 이승만은 자신의 귀국이 그다지 쉽지 않으리라고 생각했을 것이다. 귀국하기 위해서는 스스로 내키지 않는 타협적 행동을 하지 않으면 안 될 것이기 때문이다.

항해 도중에 이승만과 해리스는 일본에 대하여 많은 이야기를 나누었다. 매번 해리스가 말을 꺼내었다. 해리스는 이승만이 일본의 한국 지배 현실을 받아들일 것을 되풀이하여 권고했다. 이승만은 해리스를 설득하려고 해보았으나 소용이 없었다. 그리하여 그는 해리스와의 논쟁에서 번번이 먼저 입을 다물었다.

4월17일 수요일에 날짜변경선을 지났다. 그리하여 또 하루의 수요일을 보냈다. "사흘 동안 심한 폭풍을 만났다. 그러나 나는 내내 혼자 여행을 즐겼다"[8]라는 『일기』의 짤막한 문장은 두번째로 태평양을 건너는 이승만의 스산한 심정을 짐작하게 한다.

두 수요일을 포함하여 15일을 항해하는 동안에 눈에 들어오는 것이

---

7) "Autobiography of Dr. Syngman Rhee", p.21; Robert T. Oliver, *Syngman Rhee: The Man Behind the Myth*, p.102.

8) Syngman Rhee, *Log Book of S.R.*, 1912년4월12일조.

라고는 바다밖에 없었다. 4월24일 아침에야 일본으로 돌아가는 가마쿠라마루(鎌倉丸)가 보였다. 이때에 단파방송을 통하여 타이타닉 호(*S. S. Titanic*)가 침몰했다는 뉴스를 들었다. 대형 호화여객선 타이타닉 호의 침몰은 사망자 1,513명을 낸 20세기 최대의 비극적인 해난사건이었다.

이승만과 해리스는 4월25일 오전 9시30분에 캐나다의 빅토리아항에 상륙했다. 연결 배편 때문에 두 사람은 그곳에서 한나절을 보내야 했다. 두 사람은 시내를 걷기도 하고 편지를 쓰고 시내의 한 호텔에서 점심을 먹었다. 배는 오후 5시에 떠나서 타운전드(Townsend)항에 도착했으나, 검역의사가 오지 않아서 밤새껏 정박했다가 이튿날 오전 6시30분에야 시애틀을 향해 떠났다. 시애틀에 상륙한 것은 오전 10시. 두 사람은 그곳 YMCA 회관에 방을 예약해 놓았는데, 이승만은 그곳에서 홀(Ernest F. Hall) 목사를 만났다.

홀은 이승만의 프린스턴대학교 입학을 주선해 준 선교사였다. 홀은 이곳의 한 여성 해외선교 모임에 연사로 초청되어 와 있었다. 홀은 이승만을 그의 오찬장으로 초대했다. 200여명의 여성들이 모여 있었다. 홀은 자기 청중에게 이승만을 소개했고, 이승만은 즉석 연설을 했다. 어떠한 연설 기회도 소홀히 하지 않는 이승만으로서는 오랜만에 대하는 미국인 청중, 그것도 여성 청중 앞에서 조금은 흥분을 느꼈을 것이다. 집회가 끝난 다음 어떤 일본인 교회의 정초식이 있었다. 이승만은 거기에서 시애틀에 사는 이호우(李昊宇)를 만나서 점심을 같이 했다.

이승만은 오후에는 해리스와 함께 제일감리교회의 레너드(Leonard) 목사를 방문했다. 레너드는 두 사람을 자동차에 태워 시내를 구경시키면서 일요일 아침예배를 보고 가라고 권했다. 일요일 아침에 이승만과 해리스는 이 교회의 주일학교에서 강연을 했다. 1,000명쯤 되는 사람들이 모였는데, 두 사람은 일본인반을 포함한 두 반에서 강연을 했다. 해리스는 여느 때와 마찬가지로 일본을 칭찬하는 연설을 했고, 이승만은 기독교학교에서 교육을 받았으나 신앙에 대해서는 냉담했던 일, 정치운동을 하다가 투옥되어 성경을 열심히 읽고 영혼의 구원을 얻었던 일 등의 신앙 간증을 했다. 시애틀 주재 일본영사는 이러한 사실을 본국 정부에 보고하면서 이승만이 "특별히 조선인의 불평을 드러내는 것 같은 말은 하지 않았다"라고 기술했다.[9] 이처럼 이승만은 시애틀에 상륙하자마자 일본인들의 추적을 받았던 것이다. 오전 11시 예배에는 1,500명가량의 신도들이 모였다. 두 사람은 레너드 목사 집에서 점심을 먹고 오후 7시에 노던 퍼시픽(Northern Pacific) 열차편으로 미네아폴리스를 향해 떠났다.

두 사람이 미네아폴리스에 도착한 것은 5월1일 오전 7시30분이었다. 오전 10시에 개막된 제26차 감리교회 대표자총회(The Twenty-Six Delegated General Conference of the Methodist Episcopal Church)는 미국의 각 지방을 포함한 135개 선교지역에서 600명이 넘는 교직자 및 평신도 대표가 참석한 방대한 규모의 국제회의였다. 외국에서는 한국, 필리핀, 멕시코, 라이베리아, 스위스 및 북유럽 3국 등과 같이 국가단위로 대표를 파견하기도 했고, 중국, 인도, 독일 등과 같이 한 나라에서도 선교지역별로 여러 곳에서 대표를 따로따로 파견하기도 했다. 일본에서는 대표를 파견하지 않았다. 외국대표단은 거의 교직자 1명과 평신도 대표 1명으로 구성되어 있었고, 미국 안에서는 주(州)별로 교세에 따라 많게는 16명 내지 18명의 대표가 참석한 주도 있었다. 회의는 감독과 선교감독 등 다섯 분야 책임자들의 선거가 예정되어 있어서 술렁거렸다. 비밀투표가 실시되기 전에 많은 비공식적인 막후논의가 있었다.

한국의 교역자 대표로는 노블(William A. Noble, 魯普乙)이 참석했는데, 이승만은 노블과 같은 방을 쓰도록 배정되었다. 노블은 이승만이 배재학당에서 맨 처음 만난 외국인 선교사였다. 이승만이 영어를 맨 처음 배운 사람도 노블이었다. 회의는 총회와 17개 분과위원회로 개최되었다. 회의록에는 이승만과 노블이 사정(司正)위원회를 제외한 16개 위원회의

---

9) 日本外務省史料館 소장, 「機密 제3호: 朝鮮人李承晩行動報告ノ件」, 1912년5월16일, 『不逞團關係雜件 鮮人ノ部 在歐米(一)』.

한국대표로 이름이 올라 있다.[10)]

이승만의 조지워싱턴대학교 시절의 급우였던 얼(Meritt Earl) 목사의 말에 따르면, 이승만은 감리교회 4년차 총회에 참석한 최초의 공식 외국대표였다.[11)]

이승만과 노블은 여러 가지 이야기를 나누었다. 이승만은 배재학당 시절에 노블에게서 처음 배운 영어 문장을 기억하고 있었다. 그것은 "His father told him to go to Pai-jai and study chemistry.(그의 아버지는 그에게 배재학당에 가서 화학을 공부하라고 말했다)"라는 것이었다. 이승만은 노블에게 왜 처음 영어를 배우는 학생들에게 그러한 이상한 문장을 가르쳤느냐고 물어보았다. 노블도 그때의 일을 기억하고 있었던 모양이었다. 그는 웃으면서 "그때에 나는 마침 화학시간을 맡게 되어 학생들을 끌어 모으려고 그랬던 거요" 하고 대답했다.[12)]

노블은 그동안 친일적이라는 비판을 받아 왔다. 그러나 그것은 터무니없이 잘못된 말이었다. 이승만과 노블은 한국의 정치와 기독교회의 현황에 대하여 많은 이야기를 나누었다. 어느 날 저녁에 노블은 이승만에게 타이프라이터로 친 문서 하나를 보여 주었다. 내용은 최근 몇해 사이에 몇몇 선교사들이 중국에 파견되었는데, 표면상으로는 중국의 문맹퇴치를 돕기 위하여 중국인들에게 간편한 한글자모를 보급시키는 것을 표방하고 있으나, 실제로는 한국감리교회를 일본교회에 병합시키려는 기도를 저지하기 위하여 한국교회를 북중국회의(North China Conference)에 통합하는 일을 추진하고 있다는 것이었다. 그것은 이승만에게는 눈이 번쩍 뜨이는 놀라운 소식이었다. 또한 그것은 사람이 얼마나 잘못 판단될 수 있는지를 보여 주는 것이기도 했다.[13)]

---

10) Joseph B. Hingeley, DD. ed., *Journal of the Twentysixth Deligated General Conference of the Methodist Episcopal Church,* May 1~May 29, 1912.

11) Robert T. Oliver, *op. cit.*, p.346.

12) *ibid.*, p.19.

13) "Autobiography of Dr. Syngman Rhee", p.22; Robert T. Oliver, *op. cit.*, p.120.

한국감리교회가 중국에 선교사를 파견하여 한글자모를 가르쳤다는 이야기는 매우 주목할 만한 일이다. 그러나 그것을 확인할 만한 자료는 발견되지 않는다. 한국감리교회가 중국에 한국인 선교사를 파견한 것은 1911년에 손정도(孫貞道) 목사를 북경(北京)에 파견하여 중국어를 배우게 했다가 이듬해에 하얼빈으로 옮겨 선교사업을 시작하게 한 것이 처음이었다.[14]

2

어느 날 저녁회의에서 돌아오자 노블은 이승만에게 같이 기도하자고 말했다. 기도를 마치자 노블은 해리스 감독에 관한 이야기를 꺼냈다. 그는 해리스가 일본사람들을 제대로 이해하지 못하여 그들을 과신하고 있다면서 이승만에게 그를 조심하라고 일러 주었다.

해리스의 한일 양국 교회 관계에 대한 인식과 태도는 총회에서 행한 그의 보고연설에 잘 드러나 있다. 총회에서는 유럽, 아프리카, 일본과 한국, 중국, 남아메리카, 남부아시아, 멕시코의 7개 외국 선교지역 감독들이 각자의 임지상황에 대한 보고를 했는데, 해리스는 그의 보고에서 한일합병 이후의 양국 교회 관계와 관련하여 다음과 같이 설명했다.

"지난 4년 동안에 일본과 한국 사이에는 정치적 합병(union)이 있었습니다. 1910년8월29일에 있었던 일인데, 두 나라는 합병하여 이제 일본 헌법 아래에서 한 제국을 형성하게 되었습니다. 그것은 동북아시아와 서양세계에 심대한 파급효과를 갖는 것이기 때문에 세계가 깊은 관심을 가졌던 것입니다. 우리는 그것이 한국에서의 우리 선교사의 지위에 중요한 관계를 갖는 것이므로 특별한 관심을 가지고 있습니다. 여러분은 이렇게 물으실 것입니다. '이러한 변화가 한국감리교회와 일본감리교회의 관계

14) 유동식, 『한국감리교회의 역사 1884~1992 Ⅰ』, p.383.

에 어떤 변화를 가져올 것인가?' 라고. 나는 이 점에 관한 여러분의 물음에 대하여 쉽게 답할 수 있는 것을 기쁘게 생각합니다.

일본감리교회를 조직할 때에 일본감리교회와 우리 대표들이 협약을 맺은 것이 있습니다. 그 내용은 앞으로 세 감리교 선교단은 선교사업이나 다른 어떤 사업도 일본감리교회와 연계를 맺지 않고는 추진하지 않으며, 또 일본교회는 일본 본국과 한국에 있는 모든 일본인에 대하여 관할권을 갖는 한편 미국과 캐나다 영내에 있는 일본인에 대해서는 선교활동을 하지 않는다는 것이었습니다. 그러므로 한국감리교회와 우리의 관계는 그대로 유지되는 것이며 앞으로 오랫동안 그렇게 될 것입니다.

최근에 일본에서 열린 총회에서 이 문제는 어떤 새로운 토의가 필요하지 않은 것으로 간주되었습니다. 일본감리교인들은 앞으로도 과거와 같은 관계가 지속되기를 희망합니다. 왜냐하면 두 감리교회가 같은 제국 안에 있게 되더라도 별개의 것으로 존속되어야 하기 때문입니다. 언어의 차이 및 또 다른 이유들 때문에 하나의 조직체로 통합한다는 것은 비현실적일 것입니다. 나는 이 두 교회와 선교단의 관계는 처음부터 가장 친밀하고 화기에 찬 것이었다고 총회에 보고하는 것을 기쁘게 생각합니다. 그들은 현실적으로 가능한 한 협동해 왔고, 앞으로도 하나님의 왕국을 건설하는 사업을 해나가는 데 실질적으로 협력해 나갈 계획들을 세우고 있습니다. 그러므로 분명히 우리는 앞으로도 마치 두 나라 사이에 아무런 변화가 없었던 것처럼 한국에서 우리의 활동을 계속해 나갈 수 있을 것입니다. 또한 모든 기독교인들이 같은 헌법 —— 완전한 종교의 자유를 보장하고 기독교인들의 활동과 예배를 보호해 주는 헌법 아래서 살게 된 것은 축하할 만한 일입니다."[15]

아무리 선교정책상의 배려에서 한 발언이라고 하더라도 이 시기의 제국주의 일본의 헌법이 완전한 종교의 자유를 보장하고 기독교인들의 활

---

15) Hingeley, DD. ed., *op. cit.*, pp.966~967.

동과 예배를 보호해 주는 헌법이며, 따라서 한국인들이 일본인들과 같은 헌법 아래에서 살게 된 것이 축하할 만한 일이라고 한 것은 한국인에 대해 모멸적인 발언이 아닐 수 없다. 그리고 이때에 해리스가 일본의 헌법을 거론한 것은 헌법이 국가의 주권을 상징하는 최고의 권위라고 생각하는 미국식 사고방식에서 나온 것이었음은 말할 나위도 없다. 해리스의 보고에서 언급한 일본감리교회를 조직하던 때란, 1907년5월에 아오야마 가쿠잉에서 열린 감리교회 3파 합동총회에서 혼다 요이치 목사를 제1대 감독으로 선출하던 때를 말하는 것으로 짐작된다.[16]

해리스는 또한 한국교회의 신앙운동을 자세히 소개하면서 머지않아 한국은 기독교국가가 될 것이라고 보고했다. 그러면서 한국교회의 상징적 존재로 이승만을 다음과 같이 소개했다.

"지난 3월에 열린 우리 교회의 평신도 대표 선출회의에서 이 총회에 파견할 최초의 대표를 선출했습니다. 이 사람은 이곳에 참석한 이승만 박사입니다. 그는 하나님의 뜻을 받아들이고 은총을 입은 대표적 인물입니다. 그는 한국의 갱생을 위하여 모인 애국자 집단의 일원이었습니다. 그들은 투옥되었고, 그곳에서 이루 말할 수 없는 고통을 겪었습니다. 많은 사람들은 그들의 생명을 포기해야 했습니다. 이 자리에 참석한 이 형제는 그의 출생지인 서울의 감옥에서 7년이라는 긴 세월을 보냈습니다. 7개월 동안 그의 발목에는 차꼬가 채워졌고, 손은 묶여 있었으며, 목에는 잔혹스러운 나무칼이 채워져 있었습니다. 그는 사형선고를 받았고, 그의 아버지는 감옥으로부터 몇번이나 아들의 사형집행 이후에 시체를 찾아가라는 통보를 받았습니다. 다행히도 이 젊은이는 배재학당의 학생시절에 복음을 들었고, 비록 그때에는 기독교 신앙을 받아들이지 않았으나, 감옥에 있던 암담한 시기에 그의 생각은 유일한 희망으로 그리스도를 향하게 되었습니다. 그곳에서 그와 함께 같은 죄목으로 투옥되었던 40여명의

16) 吳允台 著,『日韓キリスト教交流史』, 新教出版社, 1968, p.119 참조.

사람들이 기독교에 입교했습니다. 7년 뒤에 그는 감옥에서 석방되었습니다. 그는 곧 미국으로 왔고, 미국의 여러 학교에서 자기 나라를 위하여 새로운 일을 하게 될 새 사람이 되기에 적합한 학업을 이수했습니다. 그리하여 그는 하버드대학교에서 석사학위를, 프린스턴대학교에서 박사학위를 취득하고 2년 전에 귀국했습니다. 그는 고국에 돌아가자 당장 YMCA 총무로서 열성적으로 일했고, 또한 그는 우리 감리교 주일학교의 감독의 한 사람이었습니다. 한국 기독교인들은 이 회의에 참가할 평신도 대표의 선거권을 갖게 된 것을 큰 영광으로 생각하고, 그들의 형제 이승만 박사를 최초의 대표로서 만장일치로 선출했습니다."[17]

이렇게 소개된 이승만에게 회의에 참가한 여러 사람들이 관심을 쏟는 것은 당연했다. 올리버나 서정주(徐廷柱)의 이승만 전기는, 회의에서 이승만이 아시아의 평화를 위해서는 한국의 자주독립이 필요하고 세계의 기독교도들은 단결하여 이 일을 실천해야 한다는 요지의 연설을 했으나 그것이 일본 점령 아래에서 수행되어야 할 선교활동을 위태롭게 하는 것이라고 하여 엄중한 비판을 받았다고 기술했다.[18] 한편 이승만 자신은 자서전 초록에서 "나는 총회 지도자들로부터 오해를 받았다"라고 한마디만 적어 놓았다.[19]

총회는 마침 105인사건에 대한 미국의 여론이 악화되고 있을 때에 열렸으므로 조선총독부와 일본정부는 이 회의의 귀추와 특히 해리스와 이승만의 동태에 크게 신경을 썼다. 조선총독부, 일본외무성, 주미 일본대사관, 시애틀 주재 일본영사관 사이에 해리스와 이승만의 동정 조사보고에 관한 기밀 공문이 오갔는데, 시애틀 주재 일본영사는 해리스가 일본에 대하여 매우 우호적인 언동을 하고 있고, 이승만의 언동에서 특별히 주의

---

17) Hingeley, DD. ed., *op. cit.*, pp.969~970.
18) Robert T. Oliver, *op. cit.*, pp.120~121; 徐廷柱, 『李承晩博士傳』, p.242.
19) "Autobiography of Dr. Syngman Rhee", p.22.

할 만한 것을 탐지하지 못했다고 보고했다.[20]

총회는 폐막에 앞서 앞으로 동아시아 중앙회의(Central Conference for Eastern Asia)가 구성되면 한국교회와 일본교회를 합쳐서 이 기구에 소속시킨다고 결의했던 것 같다.[21] 이 문제와 관련하여 이듬해 봄에 서울에 있는 한국감리교회의(Korea Methodist Conference)에 소속된 세 감독이 북중국교회와 일본교회의 합동회의라는 이름으로 회합을 가졌다.[22]

이러한 총회의 분위기가 이승만에게 만족스러운 것이 아니었을 것은 말할 나위도 없다. 그럼에도 불구하고 회의가 끝날 때까지 실질적으로 신원보증인 격인 해리스와 행동을 같이한 것은 귀국문제 등을 두고 이승만이 크게 고심하고 있었음을 말해 준다.

회의 도중인 5월11일 토요일에 이승만은 해리스와 함께 미네아폴리스에서 190킬로미터가량 떨어진 위노나(Winona)에 가서 주말을 보냈다. 위노나는 미시시피 강가에 위치한 아름다운 도시인데, 그곳 제일감리교회의 초청을 받은 것이었다. 이튿날 두 사람은 아침예배부터 시작하여 주일학교와 저녁예배와 엡워스청년회 모임에서 잇달아 연설을 했다. 그리고 월요일에 미네아폴리스로 돌아왔다.

또 두주일 뒤인 5월25일에는 이승만은 미네아폴리스에서 5킬로미터쯤 떨어진 던디스(Dundes)라는 도시의 두 교회에서 설교를 하도록 초청받았다. 그를 초청한 사람은 로버츠(G. W. Roberts)라는 젊은 영국인 목사였다. 이승만은 5월26일 주일에 설교를 하고 그날로 미네아폴리스로 돌아와서 저녁에 아동복음전도회(Children's Gospel Mission)에서 또 설

---

20) 「公 제53호: ミネソタ州ミネアポリスニ於ケル耶蘇教メソジスト派大會ニ出席セル朝鮮人李承晩ノ行動并ニ大會席上ニ於ケル朝鮮布教ニ關スルハリス博士ノ報告演說等ニ關スル件」, 1912년5월8일, 『不逞團關係雜件 鮮人ノ部 在歐米(一)』.

21) Harris와 Gideon F. Draper의 공동명의로 된 1912년(날짜 미상)의 육필 메모, 유영익, 『이승만의 삶과 꿈』, p.230.

22) "Autobiography of Dr. Syngman Rhee", p.22.

교를 했다.

이승만은 총회에 참가한 미국인들 가운데서도, 학창시절에 그랬듯이, 특히 젊은 여성들에게 호기심의 대상이 되었던 모양이다. 총회는 5월29일에 폐막되었고, 이승만은 해리스와 함께 그날 오후 7시55분발 노스웨스턴 열차편으로 시카고로 떠났는데, 바로 그날 미네아폴리스에 사는 앤드루스(A. C. Andrews)의 딸과 테니스를 치고 자동차 드라이브를 했다.[23]

---

23) Syngman Rhee, *Log Book of S.R.*, 1912년5월30일조.

3. 시거트의 주지사 별장으로 윌슨 방문

1

이승만이 미국으로 떠날 때부터 가장 기대했던 일은 프린스턴대학교 시절의 은사인 우드로 윌슨(Woodrow Wilson)을 만나는 일이었다. 1910년에 민주당에 영입되어 뉴저지(New Jersey)주의 지사로 당선된 윌슨은 과감한 개혁정치를 실행함으로써 전국적 평판을 얻어 일약 1912년 대통령 선거의 유력한 후보로 급부상했다. 시카고에서 나흘 밤을 묵은 이승만은 6월3일에 시카고를 떠나서 이튿날 오후에 필라델피아에 도착했다. YMCA에 숙소를 정한 그는 다음날 윌슨의 딸 제시 윌슨(Jessie Wilson)을 만나서 윌슨 지사와의 면담을 주선해 줄 것을 부탁했다. 이승만과 제시는 프린스턴대학교 시절에 연애감정에 빠진 일이 있을 만큼 서로 친하게 지냈다고 한다.[24] 이 무렵 윌슨은 6월25일로 박두한 민주당 대통령후보 지명대회를 앞두고 몹시 분주한 때였는데, 제시는 면담을 주선해 보겠다고 약속했다.

이승만은 제시의 회답을 기다리는 동안 여행을 계속했다. 6월8일에는 필라델피아를 떠나 메릴랜드의 포코모크(Pocomoke)시로 갔다. 매클로우(W. J. MacCullough)가 역에 마중 나왔고, 이튿날 주일에는 그곳 장로교회에서 강연을 했다고 그의 『일기』에 적혀 있다. 필라델피아에서 2주일 동안 머문 이승만은 6월18일에는 프린스턴으로 갔다. 첫날 저녁은 알렉산더 홀의 게스트 룸에서 자고, 이튿날 같은 홀의 A룸으로 옮겼다. 이때부터 이듬해 1월에 하와이로 떠날 때까지 프린스턴은 그의 활동 근거지가 되었다. 이승만이 프린스턴으로 간 것은 그의 학위논문 『미국의 영향을 받은 중립(*Neutrality as Influenced by the United States*)』이 대학출

---

24) 李元淳, 『世紀를 넘어서: 海史 李元淳自傳』, 新太陽社, 1989, p.271.

판부에서 출판되었기 때문이었다. 120페이지밖에 되지 않는 얄팍한 책이었으나 학위논문이 출판된 것은 거취문제로 고민하던 이승만에게 크게 용기를 주는 자랑거리가 아닐 수 없었다.

도착한 이튿날인 6월19일에 출판을 주선해 준 웨스트(Andrew F. West) 대학원장으로부터 책 50부를 받아 든 이승만은 그 길로 뉴저지주의 시거트(Sea Girt)로 갔다. 시거트는 주지사의 여름별장이 있는 곳인데, 그곳으로 오라는 윌슨의 연락이 있었기 때문이다.

이승만은 그날 저녁에 윌슨을 만났다.[25] 윌슨이 대통령후보 지명대회를 앞둔 바쁜 일정 속에서도 이승만을 만난 것은 이승만 개인에 대한 호의도 호의지만 대통령후보로서의 외교정책 공약 등과 관련하여 동아시아 정세에 대한 이승만의 견해를 들어 보겠다는 생각도 없지 않았을 것이다. 그러나 두 사람 사이의 대화 내용에 대해서는 알려진 것이 없다. 서정주의 『이승만박사전』이 유일하게 대화 내용을 기술하고 있는데, 서정주는 이승만의 두번째 미국행의 동기 자체가 감리교 총회에 참가하는 것보다도 윌슨을 만나서 한국의 실정을 설명하고 한국의 해방을 위하여 그의 협력을 얻는 데 더 큰 비중을 두고 있었다고 썼다. 그리하여 이승만은 윌슨을 만나자 한국의 해방을 세계에 호소하는 성명서를 만들려고 한다면서 거기에 동의서명을 해달라고 요청했고, 이승만의 이러한 요청에 대하여 윌슨은 다음과 같은 말로 정중히 거절했다고 썼다. "나 개인으로서는 거기에 물론 서명해 드리고 싶소. 서명할 뿐만 아니라 당신의 일을 도와주려고도 하오. 그렇지만 미국의 정치를 위해서는 아직도 내가 당신의 성명에 서명할 때는 아니오. 그러나 이제 우리가 같이 일할 때는 반드시 올 것이니 그것을 믿으시오. 그렇지 않아도 나는 벌써부터 당신의 조국 한국을 포함한 모든 약소민족국가들의 일을 생각하고 있는 중이오."

이러한 윌슨의 대답에 대하여 이승만은 "현상유지의 정치보다 정의인

---

25) Syngman Rhee, *Log Book of S.R.*, 1912년6월19일조.

도의 미래를 위하여 나의 편이 되어 주십시오" 하고 한번 더 간청했다고 한다.

그러자 윌슨은 웃으면서 이렇게 말했다는 것이다.

"물론이오. 그렇지만 모든 일의 해결에는 적당한 때가 있는 것이오. 하여간 내 당신의 갸륵한 뜻을 명심해 두리다."

이승만의 대학 은사인 제28대 미국 대통령 우드로 윌슨.

그러나 이러한 기술은 비록 그것이 이승만의 구술을 토대로 한 것이라고 하더라도, 윌슨이 이때에 미국 대통령이었다고 적고 있는 것으로도 짐작할 수 있듯이, 많이 과장된 것이다. 서정주는 윌슨이 이승만에게 지방순회 강연을 할 수 있도록 여러 사람을 소개해 주면서 이렇게 말했다고 썼다.

"이승만씨! 당신은 나 한 사람의 서명을 받을 생각을 하지 말고, 미국 국민들의 마음의 서명을 모두 받도록 하시오."[26]

이승만은 이튿날 제시 윌슨을 다시 만나서 많은 이야기를 나누었다. 이승만은 프린스턴대학교를 졸업한 뒤에 고국으로 돌아와서 일본의 무단통치 밑에서 고통받는 한국을 기독교국가로 만들기 위하여 열성적으로 활동한 일을 자세히 들려주었을 것이고, 그러한 이야기는 제시 윌슨을 감동시켰을 것이다.

---

26) 徐廷柱, 앞의 책, pp.244~245.

2

시거트를 떠나서 프린스턴으로 돌아온 이승만은 바로 뉴욕을 거쳐서 노스필드로 향했다. 노스필드는 그가 조지워싱턴대학교 재학 시절에 그곳에서 열린 '만국학도공회[국제학생회의]'에 유일한 한국 학생대표로 참가했고 그 참가기를 《제국신문(帝國新聞)》에 기고했던 감개 어린 곳이었다. 이승만은 노스필드에서 1주일 동안 머문 다음 매사추세츠주의 스프링필드로 갔다. 그곳의 YMCA 트레이닝 스쿨에 와 있는 조남복을 잠시 만나본 다음, 뉴욕을 거쳐서 일요일인 6월30일 아침에 뉴저지주의 애즈버리 파크(Asbury Park)에 도착했다. 그리고 그날 저녁에는 다시 시거트 별장으로 윌슨 가족을 방문했다. 볼티모어에서 열린 민주당 대통령후보지명대회가 치열한 접전으로 말미암아 끝나지 않고 있는 주말 저녁을 윌슨 가족이 이승만과 같이 지냈다는 사실은 매우 주목할 만한 일이다. 이승만은 밤 1시39분에야 애즈버리 파크를 떠나서 새벽 2시30분에 프린스턴역에 도착했다. 그리고 새벽 4시14분까지 연결 열차가 없었으므로 하는 수 없이 숙소인 프린스턴신학교까지 철길을 따라 걸었다.

볼티모어의 대통령후보지명대회는 7월 초까지 투표가 계속되다가 마흔네번째 투표 끝에 윌슨으로 결정되었는데, 이승만은 지명대회 동안 윌슨과 같이 있었다.[27] 그것은 이승만이 미국식 민주정치의 극적인 장면을 직접 목격한 값진 체험이었다. 이승만은 윌슨에게 큰 기대를 걸고 있었다. 지명대회가 있고 난 뒤에 이승만은 또다시 시거트를 찾아갔다. 그는 7월6일 아침에 프린스턴을 떠나서 오전 11시30분에 뉴저지주의 벨머(Belmar)에 도착했다. 그리고 시거트에서 다시 제시 윌슨을 만났다. 이러한 윌슨 가족과의 교분은 이때 이후로 이승만의 정치행로에 압도적인 권위를 지닌 정치적 자산으로 작용했다.

---

27) "Autobiography of Dr. Syngman Rhee", p.23.

벨머에 있는 친지의 별장에서 열흘 동안 머물다가 프린스턴으로 돌아온 이승만은 동부지방 여행을 계속했다. 그것은 새로운 할 일을 찾는 번민과 모색의 시간이기도 했을 것이다. 7월20일 토요일에 그는 필라델피아로 가서 그곳에 있는 김창호와 주말을 같이 지내고, 다음 주일에는 뉴저지주의 보우언(Bowen) 부인과 울버튼(William H. Woolverton)을 방문했다.

1912년 여름 실버 베이의 선교사휴양소 테니스장 앞에 서 있는 이승만.

7월29일 아침에 프린스턴으로 돌아온 이승만은 그날로 뉴욕을 향해 출발했다. 가는 길에 뉴어크(Newark)에 잠깐 내려서 팸리(Pamly)를 만났다. 뉴욕에 도착한 이승만은 배를 타고 실버 베이(Silver Bay)로 갔다. 실버 베이에는 선교사 휴양소가 있었다. 그는 셔우드 에디(Sherwood Eddy)로부터 그곳 레이크 조지(Lake George)에서 1주일 동안 자기네 가족들과 함께 지내자는 초청을 받았다. 이승만은 그곳에서 에디의 가족들뿐만 아니라 다른 선교사들과 테니스도 치고 기념촬영도 하면서 지냈다. 8월2일 토요일에는 저녁식사를 한 뒤에 에디와 함께 글렌 이러쿼이즈(Glen Iroquois) 캠프로 갔다. 티비트(Tibit)라는 이가 150명가량 되는 젊은이들의 집회를 지도하고 있었다. 에디와 이승만은 일요일 아침에 그들을 상대로 강연을 하고 월요일 아침에 실버 베이로 돌아왔다.

4. 박용만(朴容萬) 만나러 헤이스팅스로

1

동부지방을 여행하는 동안에도 이승만은 네브래스카주의 헤이스팅스에 있는 박용만과 연락을 취하고 있었다. 박용만은 소년병학교 졸업식에 맞추어 이승만이 헤이스팅스를 방문하도록 초청했다. 그리하여 이승만은 8월8일 오후에 실버 베이를 떠났다. 이승만은 오후 4시30분에 레이크 조지에 도착했는데, 그때까지 그곳으로 보내기로 되어 있는 여비가 도착하지 않았다. 하는 수 없이 그는 실버 베이의 장로교 목사 윌콕스(Wilcox)의 집에서 그날밤을 보냈다. 8월11일 일요일 아침에는 윌콕스와 함께 11킬로미터쯤 떨어진 시골교회에서 예배를 보고 그 교회와 또 다른 한 교회의 주일학교에서 강연을 했다. 이승만은 8월12일 오후에 레이크 조지를 출발하여 이튿날 점심나절에 시카고에 도착했고, 시카고에서 몇 시간 머문 다음 오후 5시발 기차로 헤이스팅스로 향했다.

이승만이 헤이스팅스역에 도착한 것은 8월14일 오전 9시30분이었다. 헤이스팅스 시내에서 6.4킬로미터쯤 떨어진 기차역으로 박용만과 소년병학교 학생들이 마중 나와 있었다. 이승만은 역에서 군복을 입고 총을 멘 34명의 학생들의 영접을 받았다. 네브래스카의 소년병학교에 대해서는 이승만에게도 특별한 감회가 있었다. 2년 전에 프린스턴대학교를 졸업하고 귀국에 앞서 그곳에 들러 2주일 동안 27명의 학생들과 사경회 같은 모임을 갖기도 했었다. 소년병학교는 1911년8월19일에 첫 졸업식을 갖고 세 여름학기를 이수한 13명에게 졸업장을 수여했는데, 그해의 등록된 학생수는 44명이었다. 그러나 1912년에 들어와서는 등록학생 수가 34명으로 줄어 있었다.[28)]

---

28) 안형주, 『박용만과 한인소년병학교』, pp.150~152.

졸업식은 8월16일에 거행되었다. 졸업생 수는 전년과 같은 13명이었다. 샌프란시스코의 《신한민보(新韓民報)》는 이날의 졸업식 광경을 외국인 100여명과 한국인 50여명의 내빈이 참가한 가운데 "박사 리승만씨의 연설과 외국인 모모 명사의 연설이 있어서 자못 성대한 예식으로, 빈객이 환락으로 지내었다더라"라고 보도했다.[29] 저녁에는 축하 만찬회가 열렸다. 한 내빈이 일어나서, 한인 소년병학교 학생들이 씩씩하고 강직하고 인생목적에 진지한 성품을 가졌다면서 자신들의 자제들에게도 그러한 성품을 본받도록 노력해 보았으나 잘 되지 않더라고 치하했다. 이승만이 일어나서 다음과 같이 화답했다.

"미국의 또 딴 곳에 망명한 우리 젊은이들은 자기들이야말로 사랑하는 조국의 거울이 된다는 가르침과 훈계를 항상 받아 왔습니다. 우리를 통하여서만 외국인들은 한국을 이해하기 때문입니다. 우리는 한국 전체를 대표하고 있습니다."[30]

8월17일은 토요일이었다. 이승만은 박용만과 함께 헤이스팅스에서 12.5킬로미터쯤 떨어진 더니븐(Doniphan)으로 갔다. 일요일 아침에 그곳에 있는 한 작은 교회에서 설교를 하도록 그 교회의 영국인 목사 킬번(Kilburn)의 초청을 받은 것이다. 두 사람은 일요일 오후에 헤이스팅스로 돌아와 헤이스팅스대학에서 한국인 학생들과 예배를 보았다.

소년병학교 교장인 박용만은 그동안 네브래스카주립대학교에서 정치학을 공부하는 한편으로 1911년2월부터 9월까지는 《신한민보》의 주필을 맡아 「국민개병설(國民皆兵說)」, 「무형국가건설론(無形國家建設論)」 등의 「논설」을 통하여 동포들의 정치의식을 고취하고 대한인민국회를 실질적인 자치정부 역할을 할 수 있는 기관으로 만들어야 한다고 주장하면서

29) 《新韓民報》 1912년11월4일자, 「雜報: 소년병학교 졸업예식」. 이 기사는 졸업식 날짜를 9월16일이었다고 했으나 그것은 착오이다.
30) 헤이스팅스대학 소장, "The Young Koreans at Hastings College", 方善柱, 『在美韓人의 獨立運動』, pp.35~36 재인용.

의욕적인 활동을 해왔다. 그리고 이승만이 도착했을 때에는 1주일 전(8월 9일)에 네브래스카주립대학교에서 학사학위를 받은 직후였다.

이승만과 박용만은 자신들의 진로문제를 두고 많은 이야기를 나누었다. 박용만은 네브래스카에 머물면서 여름에만 문을 여는 소년병학교에 전념하기보다는 동포들이 많은 지역으로 가서 활동하고 싶어 했다. 그는 대한제국 군인이었던 사람들이 수백명 살고 있는 하와이로 가서 더 큰 규모의 군대를 육성하고 5,000여명의 하와이 동포들을 그 후원단체로 조직하여 하와이를 항일무력투쟁을 준비하는 근거지로 만들고자 했다. 박용만은 자기의 이러한 포부를 털어놓으면서 이승만에게도 같이 하와이로 가기를 권했을 것이다.

그러나 이승만은 그때까지도 자신의 거취문제에 대하여 결론을 내리지 못하고 있었다. 귀국하여 국내에서 활동하는 것이 가장 바람직한 일이었으나 그것은 일본인들과의 타협을 전제로 하지 않으면 안 되었다. 동부지방에서 대학교수로 안정된 생활을 하면서 주로 미국사람들을 상대로 독립운동을 하는 방안도 진지하게 고려해 보지 않은 것은 아니었다. 이승만은 자서전 초록에 "나는 대학교수직을 얻는 것을 생각해 보았다. 그러나 독립운동을 포기하고는 행복할 수 없었다"[31] 라고 적어 놓았다. 그는 박용만에게 외교와 출판사업을 하고 싶다는 이야기도 했다고 한다.[32] 물론 박용만과 같이 하와이로 가서 동포사회를 기반으로 하여 독립운동과 관련된 사업을 벌이는 것도 한 선택일 수 있었다.

2

이승만은 헤이스팅스에 오래 머물지 않았다. 그는 8월19일 월요일 아

31) "Autobiography of Dr. Syngman Rhee", p.23.

32) 金元容, 『在美韓人五十年史』, p.137.

침에 헤이스팅스를 떠나서 오마하, 시카고, 얼버니를 거쳐 8월22일에 실버 베이로 돌아왔다. 실버 베이의 휴양소에서 1주일 동안 묵은 그는 그곳에 와 있는 선교사들과 함께 8월28일 아침에 뉴욕으로 갔다. 일행 가운데는 한국에 있을 때에 서울YMCA의 협동총무로서 이승만과 함께 전국 순회여행을 했던 브로크먼(Frank M. Brockman, 巴樂萬)도 있었다.

이승만은 계속해서 동부지방을 여행했다. 그리고 동부지방을 여행하는 동안 그는 방문하는 도시마다 그곳 YMCA회관에서 묵었는데, 그것은 그의 여행이 YMCA가 주선한 강연여행이었음을 말해 준다. 그는 8월29일에 뉴저지주의 캠든(Camden)으로 갔다. 캠든은 델러웨어(Delaware)강을 사이에 두고 필라델피아와 마주 보고 있는 항구도시로서 시인 월터 휘트먼(Walter Whitman)이 만년에 살던 곳으로 유명하다. 캠던에서는 1주일 동안 머물렀다. 스산한 마음으로 바라보는 아름다운 풍경은 보는 이를 더욱 울적하게 한다. 축복받은 프로테스탄트들의 평화로운 도시풍경은 귀국문제로 고민하는 이승만으로 하여금 연전에 돌아본 한국의 가난한 지방풍경을 떠올리면서 더욱 애수에 젖게 했을 것이다.

이승만은 9월7일에 펜실베이니아주의 랭커스터(Lancaster)로 갔다. 독립전쟁 때에 대륙회의(Continental Congress)가 열렸고, 한때 새 합중국 수도로 검토되기도 했던 랭커스터는 한국에 온 첫 선교사로서 이승만과 그의 가족에게 각별한 애정을 베풀어 주었던 선교사 아펜젤러(Henry G. Appenzeller, 亞扁薛羅)의 고향이었다. 아펜젤러 부인 집에서 잔 그는 일요일인 이튿날에는 그곳 제일감리교회의 아침예배와 저녁예배에서 설교를 했고 주일학교에서도 강연을 했다. 이승만은 아펜젤러가 한국에서 얼마나 열성적으로 전도와 봉사활동을 했는지를 설명했다. 그날 저녁에 담임목사 바로든(Baroden)은 이승만의 설교를 들은 교인들이 아펜젤러 기념교회의 설립을 위하여 200달러를 헌금했다고 말해 주었다.

이승만은 9월16일부터 사흘 동안은 애틀랜틱시티에서 열린 YMCA 총회에 참석했다. 그리고 뒤이어 노블 목사의 전보를 받고 10월22일에 뉴욕주의 빙엄턴(Binghamton)을 방문했다.

이승만이 워싱턴에 도착한 것은 11월5일이었다. 이날은 미국 대통령 선거의 일반투표가 실시되는 날이었다. 이때의 입후보자는 현직 대통령인 태프트(William H. Taft), 전직 대통령인 시어도어 루스벨트(Theodore Roosevelt), 미국사회민주당[뒤의 미국사회당]의 창설자이며 노동운동 지도자인 유진 뎁스(Eugene V. Debs), 그리고 윌슨의 네 사람이었다. 루스벨트는 공화당 대통령후보지명대회에서 태프트에게 패배하자 탈당하여 진보당(Progressive Party)을 결성하고, '뉴 프리덤(New Freedom)'이라는 윌슨의 선거구호에 맞서서 '뉴 내셔널리즘(New Nationalism)'을 표방하고 나왔다. 3파전으로 경합된 치열한 선거전의 결과 윌슨은 일반투표에서 41.6%의 지지율을 얻었는데, 그것은 링컨 대통령 이래로 가장 낮은 지지율이었다. 그러나 윌슨은 12월의 선거인단 투표에서 435표의 압도적인 다수표(루스벨트 88표, 태프트 8표)를 얻어, 박사학위를 가진 최초의 미국 대통령이 되었다.

이승만은 워싱턴에 머물면서도 여러 교회의 초청을 받았다. 11월30일에는 필라델피아주의 매리에타(Marietta)에 있는 한 장로교회의 초청을 받고 가서 주일 오전예배와 저녁예배를 인도했다. 오전예배 때에는 300명가량, 저녁예배 때에는 350명가량의 신도들이 모였다.

이승만이 워싱턴에 머물던 11월18일자 《포스트(*The Post*)》지에 이승만의 인터뷰 기사가 실렸다. 기자가 이승만이 묵고 있던 월러드 호텔로 찾아와서 만났는데, 이승만은 이 인터뷰에서 일본의 점령 아래 있는 한국의 상황을 다음과 같이 매우 긍정적으로 표현한 것으로 보도되었다.

"지난 3년 동안 한국은 인습에 젖은 느릿한 나라로부터 생기 있고 활발한 산업의 중심지로 변모했습니다.… 오늘날 서울은 주민들의 얼굴 생김새 말고는 신시내티와 구별하기 어렵습니다."[33]

올리버는 이 기사가 이승만이 유화적 태도를 보이고 트러블메이커라는 비난을 피하려는 진지한 노력을 나타내는 것이라고 기술했는데, 그것은 이때까지도 이승만이 귀국을 단념하지 않고 있었음을 보여 주는 것이었다. 이승만은 12월21일에 메릴랜드주의 타코마 파크(Takoma Park)에 있는 해외선교신학교(Foreign Mission Seminary)로 갔다. 그곳에서 크리스마스와 신년 휴일을 보내기 위해서였다.

33) Robert T. Oliver, *op. cit.*, p.121.

5. 하와이에서 들은 아버지의 부음

1

이승만은 헤이스팅스를 다녀온 뒤에도 박용만과 계속해서 연락을 취하고 있었다. 박용만은 헤이스팅스를 떠나서 샌프란시스코로 갔는데, 가는 도중에도 열차 안에서 이승만에게 영어로 편지를 썼다. 내용은 월간잡지 발간문제와 관련하여 샌프란시스코의 동포들은 발행소를 필라델피아나 뉴욕에 두어야 한다고 주장하는데, 자기는 후자쪽이 옳다고 생각한다면서 '형님(Brother)'의 생각은 어떠냐는 것이었다.[34)]

샌프란시스코로 간 박용만은 대한인국민회 중앙총회를 실제로 해외한인의 '무형정부'로 발족시키는 작업을 열성적으로 추진했다. 그는 11월 8일부터 페리가에 있는 국민회관에서 열린 중앙총회 제1차 대표원대회에 북미지방총회 대표의 한 사람으로 참가했다. 이 대회에는 북미지방총회 대표와 하와이지방총회 대표뿐만 아니라 시베리아지방총회와 만주지방총회의 대표도 대리로 참가했는데, 참가자들은 자신들의 회의가 무형정부의 대의기관이라고 천명했다. 11월20일에 발표된 「중앙총회 결성 선포문」은 박용만이 기초한 것이었는데, 그것은 (1) 대한인국민회 중앙총회를 해외한인의 최고기관으로 인정하고 자치제도를 실시할 것, (2) 각지에 있는 해외동포는 국민회의 지도를 받을 의무가 있고 대한인국민회는 일반동포에게 의무이행을 장려할 책임을 가질 것, (3) 국민회의 입회금이나 회비를 없애고 그 대신에 해외동포는 거주지의 경제형편에 따라 지정되는 의무금을 국민회로 보낼 것을 규정했다.[35)] 말하자면 국민회가 해외동포들의 무형정부로서 자치를 시행하고 정부로서 필요한 조세권을 행사

---

34) Young Man Park to Syngman Rhee, Nov. 5, 1912, Young Ick Lew et al. ed, *The Syngman Rhee Correspondence in English 1904~1948*, vol.2, p.64.

35) 金元容, 앞의 책, pp.106~110.

한다는 것이었다. 총회는 22일 동안의 회의를 마치고 11월30일에 폐회했다. 폐회에 앞서 윤병구(尹炳求)를 새 총회장으로 선출하고 윤병구가 지명한 6명의 임원을 승인했는데, 박용만은 외교책임자로 선임되었다.

이 회의기간 동안 박용만은 하와이지방총회 대표로 참석한 박상하(朴相夏)로부터 하와이 국민회의 기관지《신한국보(新韓國報)》의 주필을 맡아 달라는 제의를 받았다. 그것은 하와이로 가기로 마음먹고 있던 박용만으로서는 여간 고마운 일이 아니었다. 박상하의 제의를 받아들인 박용만은 회의가 끝나는 날인 11월30일에 곧바로 박상하와 함께 몽골리아 호(*S. S. Mongolia*) 편으로 샌프란시스코를 떠나서 12월6일에 하와이에 도착했다.

큰 포부와 의욕을 가지고 하와이에 도착한 박용만은 무엇보다도 먼저 이승만을 하와이로 오게 하는 작업을 서둘렀다. 그는 국민회 하와이지방총회를 하와이동포들의 실질적 자치정부로 기능하게 군대도 양성하면서 하와이 동포사회를 독립운동 기지로 만들기 위해서는 이승만의 명성과 지도력이 필수적이라고 생각했던 것이다. 박용만은 국민회 하와이지방총회로 하여금 이승만을 초청하게 하는 한편,《신한국보》지상을 통하여 이승만을 "찬란하게 소개하여 일반동포의 동정심을 환기"[36] 시켰다고 한다. 이때의《신한국보》가 보존되어 있지 않아서 그러한 기사내용을 확인할 수는 없으나, 일찍이 독립협회의 만민공동회를 주도한 민권운동가였고, 고종이 임명한 중추원의관(中樞院議官)이었고, 7년[실제로는 5년 7개월] 동안이나 옥고를 치르면서《제국신문》의「논설」을 집필하고『독립정신』을 저술했고, 윤병구와 함께 한국 국민과 하와이 동포들을 대표하여 시어도어 루스벨트 대통령을 만났고, 미국 동부의 명문대학에서 수학하여 프린스턴대학교에서 한국인 최초로 정치학 박사학위를 취득했고, 고국에 돌아가서 서울YMCA에서 한국인 총무로 활동했고, 오는 3월

36) 위의 책, p.137.

4일에 제28대 미국 대통령으로 취임하는 우드로 윌슨은 그의 은사로서 각별한 사이라는 사실은 특별한 과장을 하지 않더라도 하와이 동포들에게 설화적인 지도자의 출현으로 받아들여졌을 것이다.

타코마 파크의 해외선교학교에서 연말연시를 보내는 동안 이승만은 이후의 그의 운명을 결정짓게 되는 중대한 결심을 했다. 하와이로 가기로 한 것이다. 그가 그러한 결심을 한 것은 국민회 하와이지방총회의 초청에 따른 것만은 아니었다. 하와이 제일감리교회의 감리사 와드먼(John W. Wadman)도 이승만이 하와이로 와서 한인동포들을 위한 감리교사업을 맡아 주기를 요망했기 때문이었다. 와드먼은 이승만이 1904년에 처음으로 미국으로 가면서 하와이에 들러 사탕수수농장에서 일하는 동포들을 상대로 긴 연설을 한 저녁집회를 주관했었다.

1913년1월6일에 워싱턴으로 돌아온 이승만은 케니(Kenny)의 가족들과 저녁 시간을 같이 보낸 다음 그곳에 사는 정기환(鄭基煥)의 집에서 잤다. 그리고 이튿날은 필라델피아로 가서 서재필(徐載弼)을 만났다. 이때에 두 사람은 앞으로의 활동과 관련된 긴 이야기를 나누었을 것이다.

이승만은 1월10일 오후에 프린스턴을 출발하여 시카고로 갔다. 그의 『일기』에는 도중에 오하이오주의 컬럼버스(Columbus)에 들러서 세 김씨를 만났다고 적혀 있으나, 그들이 누구였는지는 알 수 없다. 그곳에서 우연히 안정수(安定洙)도 만났다. 안정수는 이승만이 처음 미국에 갈 때에 샌프란시스코에서 그를 안내한 뒤로 이승만과 친분을 유지하고 있었다. 1월12일 저녁에 시카고에 도착하여 스타크스(Starks) 부인 집에서 사흘 동안 묵고 나서, 1월15일 오전에 로스앤젤레스로 떠날 때에는 박처후(朴處厚)와 김승제(金承濟)가 역으로 배웅 나왔다. 육체노동을 하면서 박용만과 함께 소년병학교 운영에 참여했던 박처후는 이때에는 커니사범대학교에 재학하고 있었다.

1월20일 아침 8시에 로스앤젤레스에 도착한 이승만은 그곳에서 민찬호(閔燦鎬)와 다른 네 사람의 동포를 만났다. 이승만과 같은 황해도 평산(平山) 태생인 민찬호는 이승만과 함께 배재학당을 다녔고, 1905년에 전도사로 하와이에 갔는데, 이때에는 로스앤젤레스의 남캘리포니아대학교(University of Southern California)에서 신학공부를 하고 있었다.

이승만은 1월22일 아침에 샌프란시스코에 도착했다. 미국에서 활동하기로 결심한 이상은 샌프란시스코에 도착하여 국민회 관계자들과 만났을 법도 한데, 그의 『일기』에는 아무런 기록이 없다. 그리고 《신한민보》는 이때에 재정곤란으로 정간 중이어서 이때의 이승만의 동정은 보도하지 못했다. 이 무렵에는 안창호(安昌浩)도 샌프란시스코에 있었다. 이승만은 1월24일 아침에 샌프란시스코 가까이에 있는 샌앤셀모(San Anselmo)신학교로 가서 랭던(Langdon) 학장과 그 학교에 와 있는 평양 태생의 이광윤(李光潤)을 만났다. 그곳에서 주말을 보내고 1월27일 월요일에 샌프란시스코로 돌아왔다.

이승만은 1월28일 오후에 시에라 호(*S. S. Sierra*)편으로 샌프란시스코를 떠나서 2월3일 월요일 아침 8시에 호놀룰루에 도착했다. 이른 시간인데도 부두에는 많은 동포들이 나와서 그를 환영했다.

호놀룰루에는 이승만의 가슴이 덜컹 내려앉는 기별이 기다리고 있었다. 서울 집으로부터 아버지의 별세를 알리는 전보가 와 있었던 것이다. 이경선(李敬善)은 한달이나 전인 12월5일에 사망했다. 이승만이 다시 미국으로 떠나온 뒤로 이경선과 박씨 부인의 불화는 더욱 격심해졌다. 그리하여 이경선은 창신동 집을 나와서 서울YMCA 건물 바로 뒤에 있는 이문교회[里門敎會: 지금의 감리교 중앙교회(中央敎會)의 전신인 듯]의 구석방 하나에서 거처했다. 몇몇 아이들을 모아 글을 가르친다고는 했지만 그것은 명목뿐이었고, 병든 몸으로 끼니조차 제대로 챙겨먹지 못하는 형편이었다. 그나마 이 교회에서 기거할 수 있게 해준 것은 YMCA의 이상재였다.

이경선의 최후는 더욱 처참했다. 그의 시신은 짐꾼의 지게에 지워져 고향인 황해도 평산으로 옮겨졌다. 그의 부의록 끝에는 평산군 신암면(新岩面)에 있는 2정보의 묘역지도와 함께 "산주 이승만", "연고자 박승선(朴承

이승만은 1913년2월3일에 호놀룰루에 도착했다. 앞줄 가운데가 이승만이고 왼쪽이 박용만이다.

善)"이라고 적혀 있어서 눈길을 끈다. '박승선'은 박씨 부인이다. 이승만이 두 번째로 도미한 뒤에 박씨 부인은 남편과 시아버지의 이름에서 '승'자와 '선'자를 한 자씩 따서 자기 이름을 '승선'으로 지어 사용했다.[37) 이러한 이경선의 최후는 이승만의 가슴에 크나큰 상처로 남았다. 그가 자서전 초록에 아버지에 대하여 "아버지를 생각하면 자다가도 벌떡 일어나지 않을 수 없다"[38) 라고 애끓는 회오를 적어 놓은 것은 그 때문이었다.

37) 沈鍾喆의 부인의 말을 토대로 한 曺惠子 증언.
38) 「청년이승만자서전」, 이정식 지음, 권기붕 옮김, 『초대대통령 이승만의 청년시절』, p.248.

6. 한 달 동안 『한국교회핍박』 저술

1

이승만을 환영한 것은 동포들만이 아니었다. 하와이에 있는 백인들도 이승만에 대하여 큰 관심을 표명했다. 하와이에서 발행되는 두 유력지 가운데 하나인 《호놀룰루 스타 불러틴(*The Honolulu Star-Bulletin*)》지의 1913년2월8일자 보도는 그러한 상황을 반영한 것이었다. 《스타 불러틴》은 이승만의 하와이 도착 뉴스를 "이승만 박사는 한국의 위대한 지도자"라는 주먹만 한 활자의 표제 아래 박사 가운을 입은 그의 사진을 곁들여 머리기사로 다루었다. 기사는 "오늘날 한국에 이승만 박사보다 더 위대한 종교 지도자는 아마 없을 것이다. 그는 제일감리교회의 한국인 및 일본인 관계 사업책임자 와드먼 박사의 초청으로 호놀룰루를 방문했다"라는 서두로 시작하여, 그의 젊은 개혁가로서의 활동과 그로 인한 수감생활 및 미국에서의 학문적 성취 등을 자세히 소개했다. 같이 실린 다른 한 기사는 다음날인 일요일에 중앙연합교회에서 있을 이승만의 강연 계획을 알리면서 다음과 같이 보도했다.

> 이승만 박사는 세계에서 가장 뛰어난 한국인이다. 그는 7년 동안 감옥에서 복역했고, 2년 동안 한국YMCA의 총무로 활동했다. 그러한 그가 오전예배 시간에 그의 경험에 대한 흥미 있는 이야기를 할 것이다. 많은 참석자들이 이승만씨를 환영할 것이 기대된다.[39)]

이처럼 이승만은 하와이에 도착하자마자 백인사회에도 "세계에서 가장 뛰어난 한국인"으로 소개되었고, 하와이에서 가장 영향력 있는 교회에

---

39) *The Honolulu Star-Bulletin*, Feb. 8, 1913, "Dr. Rhee is Great Leader of Koreans".

이승만이 호놀룰루에 도착하여 입주한 푸우누이 애비뉴 2453번지의 코티지. 한인 감리교인들이 마련해 놓은 것이었다.

서 강연을 할 수 있게 초청받았다. 그것은 다른 어떤 한국인도 기대할 수 없는 놀라운 일이었다.[40)]

이승만은 동포들이 마련해 준 푸우누이 애비뉴(Puunui Avenue) 2453 번지의 코티지에 입주했다. 이 집은 호놀룰루 한인감리교회가 1912년12월에 사 놓은 집이었다.[41)] 이승만은 박용만을 비롯한 국민회 하와이지방총회 간부들과 와드먼 등 백인 기독교 관계자들을 만나고 주일에 교회에 나가서 동포들을 상대로 인사를 겸한 강연을 하면서 자신이 할 일이 무엇인가를 신중하게 생각했다. 그는 먼저 동포들이 궁금해하는 105인사건에 관한 책을 저술했다. 『한국교회핍박』이 그것이었다. 이 책은 4월에 신한국보사에서 발행되었는데, 「서문」을 쓴 날짜가 1913년3월로 되어 있

40) Yŏng-ho Ch'oe, "Sygman Rhee in Hawaii: His Activities in Early Years 1912~1915", Yŏng-ho Ch'oe ed., *From Land of Hibiscus: Koreans in Hawaii*, University of Hawaii Press, 2007, p.56.

41) 이덕희, 『한인기독교회·한인기독학원·대한인동지회』, 한국기독교역사연구소, 2008, pp.19~20.

는 것을 보면 이승만은 이 책을 쓰는 데 한달 남짓밖에 걸리지 않았던 것 같다. 미국 동부지방의 교회들을 방문하면서 했던 강연내용이 뼈대가 되었을 것이고 분량도 그다지 많지는 않지만, 그토록 짧은 시일에 저술을 마친 것은 역시 그의 특출한 필재를 보여 준다. 『한국교회핍박』은 105인 사건의 경위와 배경, 재판과정, 사건에 대한 미국과 영국의 여론 등을 자세히 소개한 것이지만, 그와 아울러 이 무렵의 이승만의 기독교 신앙과 교회와 사회의 관계, 기독교를 중심으로 본 한일 관계 등에 대한 그의 생각을 잘 드러내고 있어서 자세히 톺아볼 가치가 있다.

이승만은 짤막한 「서문」에서 먼저 "대저 바라는 것이 있는 자는 일을 하고자 하며, 일을 하고자 하는 자는 사실을 알려 하나니, 이는 다름 아니오 일을 알아야 바로 행할 수 있으며, 바로 행하여야 소망을 이룰 수 있음이라. 만일 알고도 행하지 아니하면 아무 결과가 없으리로다"라고 사실의 정확한 파악과 실천의 중요성을 강조한 다음, 이 책의 집필목적을 다음과 같이 설명했다.

> 대저 이 글 쓰는 뜻은 일본의 잘못함을 알리자는 것이 아니요 우리의 잘한 일을 알리려 함이니, 이 뜻을 알고 행하기를 힘쓰면 이 글이 혹 우리 한인 전체에 유조함이 될지라.[42]

이처럼 이승만은 이 책을 단순히 그가 '한국교회 핍박사건'이라고 지칭한 105인사건의 진상보고의 목적으로만 집필한 것이 아니라 하와이 동포들에게 자기의 신앙과 정치적 비전을 천명하는 메시지로 집필한 것이었다. 이승만은 먼저 한국에 기독교가 전파된 지 30년이 못 되는데 교인이 37만명을 헤아리게 되었고, 미국 선교사가 300여명, 예배당이 500개소, 교회학교가 962개소, 병원이 18개소로 급속히 흥왕하는 실상을 자세

42) 이승만, 「서문」, 『한국교회핍박』, 『雩南李承晩文書 東文篇(二) 李承晩著作 2』, p.393.

1913년3월에 호놀룰루에서 열린 하와이감리교 연회 참석자들. 앞줄 오른쪽이 이승만이고, 와드먼은 맨 뒷줄 오른쪽에서 두번째에 서 있다.

히 소개한 다음, 그것은 하나님이 한국 백성으로 하여금 동양의 첫 기독교국가를 건설하게 하려는 것이라고 주장했다. 일본이 한국교회를 핍박하는 것은 바로 그 때문이라는 것이었다.

> 이렇듯 굉장히 진취된 교회는 실로 고금에 희한한 바이로다. 각국 교회에서 말하기를 하나님이 한국 백성을 이스라엘 백성같이 특별히 택하야 동양에 처음 예수교 나라를 만들어 가지고 아시아주에 예수교 문명을 발전시킬 책임을 맡기심이라. 그러므로 이때에 한국교회를 돕는 것이 일후 일본과 청국을 문명시키는 기초가 된다 하야 각 교회에 속한 신문, 월보, 잡지에는 한국교회 소문이 그칠 때가 없으며, 교

회 유람객들의 연설이나 혹 보고에 한국교회 일을 칭찬 아니한 자가 드문지라. 이대로 얼마 동안만 계속하면 한국 백성의 장래 문명, 자유, 복락을 손꼽고 기다리겠거늘, 지금 일본이 이것을 저희 하는 자리에 무심히 보지 못하는 것이 또한 자연한 형세이며….[43]

그리하여 일본과 한국의 교회를 제대로 시찰하고 간 서양사람들은 한국은 몇해 안에 기독교국가가 될 것이라고 보고하고 있다고 했다. 이러한 설명은 그 자신도 한국을 기독교국가로 만드는 일을 가장 가치 있는 사업이라고 생각하고 있음을 말해 주는 것이다.

이승만은 이 책에서 일본에 병탄된 뒤의 한국인들을 다섯가지 부류로 매우 독특하게 분류했다. 첫째로 우선 무식하고 양순하여 관인(官人)을 범같이 두려워하는 나머지 비록 속마음으로는 나라 생각이 가득할지라도 감히 표명하지 못하는 다수의 백성들, 둘째로 이완용(李完用), 송병준(宋秉畯) 등과 일진회원(一進會員)들처럼 드러내어 놓고 일본의 충성스러운 노예 노릇을 하는 패들, 셋째로 주색잡기에 빠져서 저녁마다 패를 지어 연회를 한다, 화투를 한다 하며 세월을 보내는 부패한 대관들과 상류층 사람들, 넷째로 아주 드러내어 놓고 배일(排日)하는 사람들인데, 이들은 국민들로부터 은근히 앙망과 추종을 받고 있으나 그 수효가 많지 않을 뿐 아니라 대부분 외국에 나가 있거나 옥중에 있거나 귀양살이를 하고 있다. 그러므로 위의 네 부류의 사람들에 대해서는 일본당국이 별로 두려워하지 않는다. 다섯째로 이들과는 달리 일본당국이 가장 두려워하는 사람들이 있는데, 각 지방의 기독교회 지도자들이 그들이다. 이승만은 이 다섯째 부류의 사람들에 대하여 다음과 같이 아주 실감나게 서술했다.

수효도 많고 또한 다 자기 지방에서는 다소간 명망이 있는 자들

---

43) 이승만, 『한국교회핍박』, p.13.

이니, 가장 긴요한 부분이라. 어찌 보면 일본 주권을 복종하는 듯도 하고 어찌 보면 피위피 아위아[彼爲彼我爲我: 너는 너 나는 나]로 여기는 듯도 하야, 남과 잘 섞이지도 아니하며, 혹 일본 주권자들이 청하야 벼슬을 하라 하면 공손히 사양하고 물러가 교회 속에 몸이 묻혀 혹 교육이나 전도에 종사하는데, 혹 일인들이 월급을 얼마씩 주며 비밀히 정탐을 하여 달라 하여도 듣지 아니하고, 혹 주색잡기로 유혹시켜도 빠지지 아니하며….[44]

그러므로 일본인들은 이러한 기독교 세력을 그냥 두고는 식민지 통치를 제대로 실시할 수 없다는 판단에서 105인사건을 날조하게 되었다고 이승만은 설명했다.

2

이승만은 한국교회의 존재가 일본의 한국점령에 저해되는 점을 "외교상 관계"와 "내치상 관계"의 두가지로 나누어 설명했다. 먼저 외교적인 면에서 일본정부의 목적은 서양 각국과 한국의 관계를 단절하는 것인데, 기독교 때문에 서양인들의 관심이 한국에서 떠날 수 없다고 했다. 이승만은 미국 기독교인들의 한국교회에 대한 관심이 얼마나 큰 것인가를 "다 내 눈으로 본 것"이라면서 구체적 사례를 들어 서술한 다음 이렇게 요약했다.

하나님이 한인을 특별히 택하사 동양에 예수교 문명을 기초잡게 하신 고로 교인들이 벌써 제주도와 북간도와 만주, 해삼위[블라디보스토크] 등지와 북경에까지 선교사를 파송하야 유력하게 전도하나니, 우리가 이때에 한국교회 일에만 전력하면 한인들이 일본과 청국을 다

44) 위의 책, p.59.

> 예수교로 인도하리라 하며… 자래로 예수교는 핍박 중에서 기초를 잡아 예수교 문명을 발달시킨 바인 고로 핍박을 받으며 예수를 따르는 자를 참 예수교인으로 인증하는 바이라.… 그런즉 한국교회 인도자들이나 서양선교사들이나 외국교회 유람객들이 실상은 정치상 간섭이 있다든지 일인을 배척하는 사상을 포함함은 아니로되 한국에 교회 하나 있는 까닭을 인연하야 한국정치상 정형을 외국에서 알게 되며 외국의 정의(情誼)를 한국에 연락하는지라. 일본 당국자들이 어찌 이것을 모르며, 어찌 이것을 즐겨하리오. 이 형편이 점점 자랄진대 일후 일본에 한 후환이 될 염려도 없지 아니한지라. 그러므로 일본이 외교상 관계로 인연하야 한국교회를 싫어하는 것이며….[45]

"내치상 관계", 곧 한국교회가 대내적 면에서 일본의 정책에 방해가 되는 점은 외교적 측면보다 영향력이 훨씬 더 큰 것이었음은 말할 나위도 없다. 이승만은 일본인들이 한국교회의 다음과 같은 여덟가지 기능이 자기네의 정책을 저해하는 것으로 생각한다고 분석했다.

첫째로 교회는 한국인들이 자유로이 회집하는 장소라는 점이었다. 한국인들은 누구나 일본당국의 허가 없이는 단체의 조직을 할 수 없으나 교회만은 종교의 자유를 내세워 남녀노소가 자유로이 모일 수 있으므로, 독립협회를 비롯한 이전의 모든 정치단체 지도자로서 명망 있는 이들이 교회로 들어감에 따라 교회가 큰 단체를 이루고 있다고 했다.

둘째로 교회 안에 활동력이 많은 점을 들었다. 한일합병 이후에 한국인들이 모두 낙심 낙망하여 아무것도 하고자 하는 것이 없어짐에 따라 국민의 활동력이 쇠퇴하고, 그로 말미암아 부패한 행위와 골육상잔하는 폐단이 생겨났으나, "특별히 예수교회에 이르러서는 한량없는 자동력이 스스로 생겨서", "사람이 행치 못할 것을 행하게 하며, 없는 데서 생기게 하며,

45) 같은 책, pp.45~46.

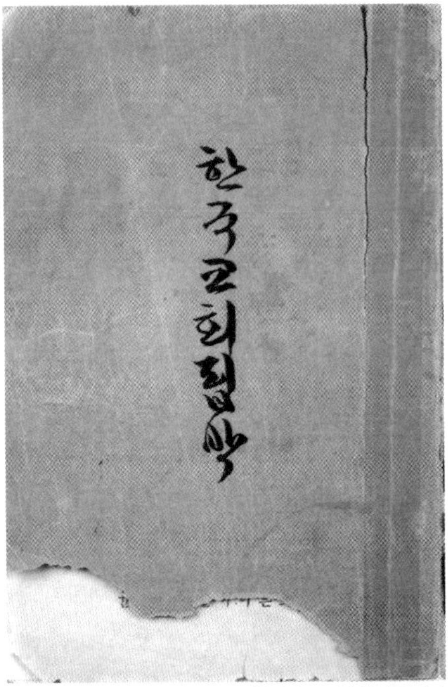

이승만이 하와이에 도착하자마자 저술하여 1913년4월에 하와이에서 출판한『한국교회핍박』표지. 글씨는 이승만이 직접 썼다.

죽는 데서 살기를 바라는 것이 다 예수교의 오묘한 이치라. 이런 이치가 마음속에 든 후에는 모든 사람이 다 낙심하여도 나 혼자 굳센 마음이 생기며, 슬퍼하는 중에서 낙이 생기며, 핍박 중에서 힘이 나는지라…"라고 그는 설명했다.

셋째로는 교회의 합심되는 능력을 강조했다. 이승만은 한국인들이 단합하지 못하는 오랜 폐단을 설명한 다음, 교회의 단합심을 그 특유의 비유법으로 다음과 같이 강조했다.

예수 앞에 나와서 참 감화력을 얻은 자들은 전일에 제 몸만 위하여 살려 하던 바와 남의 살을 베어다가 제 배를 불리려 하며 남의 목숨을 끊어다가 제 목숨을 이으려 하던 모든 죄악을 회개하고, 남의 이해와 남의 화복을 먼저 생각하려 하며, 성경의 말씀을 의지하야 형제자매가 서로 사랑하기를 힘쓰며 전도하는 말이, 예수는 포도나무요 우리는 다 가지이니 가지가 나무에 붙지 아니하면 결실하지 못할지라. 우리가 다 한 주에게 속하였은즉 한몸의 지체와 같고 한집의 식구와 같다 하야 동서남북을 물론하고 다 일심으로 단체가 되어 일하는지라.…[46]

---

46) 같은 책, p.57.

일본인들이 한국교회의 움직임을 경계하는 것이 그 때문이라는 것이었다.

넷째로는 교회가 국민보건을 보호하는 점을 들었다. 이승만은 일본 당국이 한국인들에게 모르핀과 담배를 보급시키고 있는 사실을 지적하면서, 교회가 금연운동 등을 통하여 국민의 도의심을 진작시킨다고 주장했다.

다섯째로 교회가 청년들의 교육에 힘쓰는 사실을 들었다. 이승만은 일본의 민족교육 억압정책을 비판하면서 교회학교의 역할의 중요성을 강조했다.

여섯째로 교인들은 우상을 섬기지 않는다는 점을 지적했다. 이승만은 일본 불교와 신토[神道]가 한국에 들어옴에 따라 각 학교 등에서 발생하는 비극적 사례를 소개하면서 우상숭배의 폐해를 비판했다.

일곱째는 선교사들의 도덕적 영향력이 한국에서 확장되고 있는 점을 들었다. 이승만은 1904년에 자기가 헤이(John M. Hay) 미 국무장관을 방문했을 때에 헤이가 러일전쟁 직전에 평안도 지방에 가 있는 미국 선교사들을 철수시키려 했으나 그들이 반대했다는 말을 자랑스럽게 하던 일을 소개하면서, 선교사들과 한국 기독교인들의 각별한 신뢰관계를 일본인들이 질시하여 선교사들에 대하여 다음과 같이 비방하고 있다고 썼다.

> 외교상이나 신문상으로 자주 설명하기를, 선교사들이 기왕부터 한국에서 정치상 간섭을 많이 하던 습관이 되어 지금도 한국정치에 간섭한다 하며, 혹은 한인의 애국사상을 길러 배일운동을 격동한다 하며, 혹은 이등박문을 암살한 일은 선교사 아무가 시켰다 하며, 서울서 일인이 발간하는 국문신문에는 선교사들을 종종 비평하며 혹은 말하기를 선교사들이 미국에 가서 허장성세로 한국 예수교회를 팔고 돈을 얻어다가 비기지욕[肥己之慾: 제 몸을 이롭게 하려는 욕심]을 채운

다, 혹은 선교사로 한국 여인들을 첩으로 둔 자가 있다 하야, 모든 이런 말로 공박하야 미인[미국인]이 아무 세력 없는 것을 한인에게 보이려 하니, 그 이유를 모르는 자들은 교회를 비방하며 가까이 아니하지마는 기왕부터 다 자세히 아는 사람들은 선교사들과 더욱 친밀히 지내니, 무슨 특별한 사건을 일으키기 전에는 어찌할 수가 없는 줄을 일본 관리들이 더욱 깊이 깨달을러라.[47]

일본당국이 105인사건을 조작하고 그 배후에 선교사들이 있다고 주장한 것이 그 때문이라는 것이었다.

이승만의 분석 가운데 가장 주목되는 것은 마지막 여덟번째로 든 내용이었다. 그것은 기독교가 동양사회에 혁명사상을 전파하고 있는 점이라고 했다. 그는 "대저 혁명이라 하는 것은 백성들이 일어나서 정부를 번복하고 저의 뜻대로 다시 조직하는 것을 이름이니, 동양 사기(史記)에는 없는 일이라"고 혁명을 정의한 다음, 동양사람들은 몇천년 동안 전제정치(專制政治)에 습관이 되고 노예성질에 고질이 되어서 혁명이 무엇인지 모를 뿐만 아니라, 서양혁명사에 대해서는 삼강오륜(三綱五倫)에 벗어나는 오랑캐의 악습이라고 비판하며 배척하기에 이르렀다고 설명했다. 그리고 그것은 동양사람들이 기독교를 몰랐기 때문에 그랬다는 것이었다.

세상 사람들이 항상 비평하는 말이, 동양사람은 천생 성질이 전제정치에 합당한 고로 정치혁명이라는 것은 당초에 이름도 모르거늘 앵글로색슨은 자유 동등의 사상을 가지고 난 고로 서양역사에만 혁명이 있다고 하는지라. 그러나 나는 이것을 연구하여 본 지 오랬으니, 이는 인종의 성질을 인연함이 아니요 종교의 성질을 인연함이라.

47) 같은 책, pp.77~78.

동서양 종교의 구별을 연구하는 자는 다 나의 보는 바를 옳게 여기리로다.[48]

이승만은 예수는 역사상 최초의 혁명사상가이며 그의 가르침은 곧 혁명사상이라고 다음과 같이 주장했다.

(예수는) 우리의 영혼상 관계는 물론하고 정치상 관계로만 볼지라도 전고(前古)에 처음되는 혁명 주창자이라. 모든 사람이 다 하나님의 동등 자녀되는 이치와 사람의 마음이 악한 풍속과 어리석은 습관과 모든 죄악에서 벗어나서 자유 활동하는 이치를 다 밝게 가르치셨으니, 신약을 공부하는 사람은 부지중에 스스로 혁명사상을 얻는 것은 과연 그 책이 진리를 가르치며 진리는 사람의 마음을 자유시키는 연고이로다.[49]

이러한 교회의 혁명사상은 마틴 루터(Martin Luther)의 종교개혁을 낳았고, 그로부터 200년 뒤에는 정치제도를 개혁하기에 이르러 영국과 프랑스와 미국에서 정치상 대혁명이 거기에서 발생했다고 이승만은 설명했다. 그리고 마침내 동양에서 최초로 공화국을 건설한 1911년의 중국의 신해혁명(辛亥革命)도 기독교를 통하여 서양문명을 수입하고 자유사상을 발달시킨 결과라고 설명했다.

그런데 한국에 있는 서양 선교사들이나 한국교회 지도자들은 정치적 혁명운동에 대해서는 조금도 생각한 바 없고 기독교를 장래 한국의 혁명의 기초가 되게 하자는 사상은 꿈에도 없으며, 한국교인들은 기독교와 정치혁명이 관계가 있는 줄도 모르고 있다고 이승만은 비판했다. 이승만

48) 같은 책, p.81.
49) 같은 책, pp.83~84.

에 따르면, 한국교회의 기본방침은 침륜(沈淪)한 백성들의 영혼을 죄악에서 구원하여 영생을 얻게 한다는 개인구원의 신앙에 한정되어 있는데, 그럼에도 불구하고 일본당국자들은 한국교회를 독립사상을 배양하는 곳이며 한국교인은 앞으로 혁명을 주창할 자들이라고 보고 있다는 것이었다. 그뿐만 아니라 일본당국자들은 서양의 혁명사상이 중국을 통하여 동양에 밀려와서 아시아대륙을 풍미하고 있어서 일본인들도 이 풍조를 받아들여 혁명내란을 일으킬 위험이 없지 않다는 판단 아래 중국의 혁명운동이 한국을 통하여 일본으로 전파되는 것을 막기 위하여 한국교회를 제압하려 한다고 주장했다.

위와 같은 설명은 이승만이 한국교회의 사회적 역할을 중요시하고 있음을 말해 주는 것일 뿐만 아니라 기독교 신앙의 본질은 개인구원이 아니라 사회구원에 있다고 믿는 그의 기독교관을 나타내는 것이기도 하다. 그러한 사정은 흥미롭게도 그가 일찍이 한성감옥서에서 수감생활을 할 때에《신학월보》에 기고한 글에서 인용했던 "병인이 있어야 의원이 쓸 데 있느니라"라는 예수의 말을 이 책에서 거듭 인용한 것으로도 미루어 짐작할 수 있다. 이승만은 자기의 지금까지의 활동도 기독교의 이러한 소명과 일치되는 일이라고 생각했다.

한국교회의 역할을 설명한 데 이어 이승만은 한국 기독교청년회(YMCA)의 활동을 설명했다. 그는 "세계 모든 청년회 중에서 한국청년회가 영혼상 일에 가장 유력하다는 칭찬을 받는 바이더라"50) 라고 자기가 관여했던 서울YMCA의 국제적 평가를 소개한 다음, 서울YMCA를 일본YMCA에 통합시키려는 일본정부의 책동과 그러한 책동에 줏대없이 부화뇌동하는 일부 한국교인들의 작태를 질타했다.

끝으로 이승만은 105인사건의 발단이 된 선천학교와 105인사건의 재판경위를 미국의 신문보도를 인용하여 자세히 소개하면서 다음과 같이

---

50) 같은 책, p.90.

마무리했다.

> 믿는 자의 피는 예수교의 씨요 의로운 자의 핍박은 예수교 문명의 기초라. 오늘날 우리의 당하는 곤란은 장래의 행복을 위함이니, 어린 양이 이리의 무리에게 나아가는 것같이 순종하는 중에서 하나님의 대의(大義)를 세워서 장차 세상의 모든 권세를 이기리로다.[51]

성경구절, 특히 그가 혁명사상의 원천이라고 설파한 『신약성서』의 어떤 구절을 연상시키는 이러한 문장은 이 무렵에 그가 얼마나 『신약성서』에 몰입해 있었는가를 말해 준다.

그러나 이승만이 일본의 한국교회 핍박을 고발한 이 책을 다음과 같은 문장으로 끝맺은 것은 이후의 그의 하와이에서의 활동과 그곳에 있는 일본인들에 대한 그의 태도를 이해하는 데 시사하는 바가 크다.

> 우리는 진실로 일본과 권세를 다투자든지 일인을 배척하자는 것이 조금도 아니요, 다만 바라기는 일본이 우리의 종교자유를 방해하지 말아서 조선인종이 장래에 생존을 유지하며 자유복락을 누릴 희망이 있게 하면 우리는 일인의 정치자유를 조금도 방해롭게 아니할지니, 어찌 피차에 다행이 아니리오.[52]

일본이 한국인의 종교의 자유를 방해하지 않는다면 일본인의 정치적 자유를 방해하지 않겠다는 이승만의 이러한 말은 하와이 동포들, 특히 박용만을 포함한 동포사회 지도자들의 일반적 정서와는 간극이 있는 것이었음은 말할 나위도 없다. 그러나 이승만은 이러한 간극에 구애되지 않

---

51) 같은 책, p.107.
52) 같은 책, pp.107~108.

고 한국을 기독교국가로 만들기 위한 기지로서 먼저 하와이 동포사회를 '기독교국가'로 만드는 일에 착수했다. 그것은 하나님의 왕국이자 자기 자신의 왕국이 될 수 있을 것이었다.

이승만이 미국 감리교 선교부와 한인 기독교인들에게 "값비싼 진주"의 모습을 드러낸 것은 2월27일부터 3월2일까지 호놀룰루의 제일감리교회에서 열린 하와이 감리교 연회에 이어 근교의 펄시티(Pearl City)에서 열린 훈련집회에서였다. 사흘 동안 계속된 이 집회는 연회에 참가한 한인감리교회 교역자들과 평신도 지도자들을 대상으로 한 성경공부와 감리교 교역에 관한 훈련집회였다. 『한국교회핍박』의 집필에 몰두하던 이승만은 잠시 집필을 멈추고 이 집회를 주관했다. 집회는 감리교회의 천막집회(Camp-Meeting)와 YMCA의 하령회(夏令會: Summer Conference)의 형식을 아우른 것이었다. 이승만은 본국에 있을 때에 개성에서 열린 학생하령회와 전년에 미국으로 오면서 일본유학생들을 상대로 실시한 가마쿠라 학생춘령회 때의 경험을 살려서 열성적으로 집회를 이끌었다. 이 집회에 참석했던 정두옥(鄭斗玉)은 이때에 이승만은 "찬미에도 예수의 피밖에 없네, 강연에도 예수의 피밖에 없네 하면서" 집회를 이끌었다고 술회했다.[53] 그리하여 집회는 참가한 지도자들에게 성경과 감리교 교역의 지식뿐만 아니라 서로의 협동정신을 북돋우어 주었다. 감리교 선교부의 부감리사 주어부켄(Rudolph Zurbuchen)은 이 집회가 1913년 한해 동안에 있었던 한인감리교회의 활동 가운데 가장 훌륭한 행사였고 많은 지도자들이 이 집회에서 "값비싼 진주를 발견했다"고 보고했다.[54]

『한국교회핍박』은 4월에 신한국보사에서 출판되었다. 그리고 이승만은 5월14일부터 동포들이 흩어져 사는 섬들 심방에 나섰다.

---

53) 鄭斗玉, 「在美韓族獨立運動實記」, 《한국학연구》 3 별집, 1991년9월, 仁荷大學校韓國學硏究所, pp.53~54.

54) Rudolph Zurbuchen, "Report of Korean and Filipino Work", *Official Minutes of the Ninth Session of the Hawaiian Mission of the Methodist Episcopal Church 1914*, p.17.

24장

활빈당 두목 '김 진사'
— 김구의 두번째 감옥생활

1. 의병 죄수들에게 큰 실망
2. 국사범들은 "죄수들의 영도적 기관"
3. '김 진사'에게서 들은 활빈당 이야기
4. 이름을 김구(金九)로, 호를 백범(白凡)으로

1. 의병 죄수들에게 큰 실망

1

1911년7월22일의 경성지방재판소 판결에 이어 9월4일의 경성공소원[控訴院: 일본 점령기의 항소심법원] 선고공판에서 징역 15년형을 선고받은 김구는 고등법원에 상고하지 않았다. 그는 며칠 뒤에 다른 동지들과 함께 오동마차에 실려서 종로구치감을 떠나 서대문감옥으로 이감되었다. 오동마차란 당시에 죄인을 실어 나르던 마차로서, 창문도 없는 큰 상자 모양의 마차였다.[1] 이때부터 1915년8월에 인천감옥에서 가출옥으로 출감하기까지 4년 넘게 계속된 김구의 두번째 감옥생활 이야기는 『백범일지』에 아주 자세히 적혀 있다. 또한 이때의 일에 대해서는 김구와 함께 안악사건(安岳事件)으로 7년형을 선고받고 같이 감옥생활을 한 최명식(崔明植)도 회고록을 남겨 놓아서 참고가 된다.

일찍이 국모보수(國母報讐)의 의기에서 변복한 일본상인 쓰치다 조스케(土田讓亮)를 살해하고 인천감리영에 투옥되었을 때의 김창수는, 비록 일본인들의 간섭을 받는 상황이기는 했으나, 독립국 조선의 감옥에서 자신의 말대로 '옥중왕'의 대접을 받았다. 그때에 그는 스물한살이었다. 그러나 지금의 서대문감옥은 제국주의 일본의 식민지 감옥이었다. 그리고 김구 자신도 이제 개인적으로나 사회적으로나 훨씬 더 많은 일을 경험한 서른여섯의 장년이 되어 있었다. 그러므로 김구의 두번째 감옥생활은 첫번째의 그것보다 사뭇 다른 또 하나의 인생 수업이었다. 그리고 그것은 그의 저항적 민족주의가 얼마나 철저하게 반일의식에 의하여 단련되었는가를 보여 준다. 그런데 김구는 『백범일지』에서 이때를 세번째 투옥이라고 기술했다. 1909년에 안중근(安重根)의 이토 히로부미(伊藤博

---

1) 崔明植, 『安岳事件과 三·一運動과 나』, p.47.

김구가 1911년부터 3년 동안 수감되었던 서대문감옥. 이 감옥은 1907년에 착공하여 1908년에 완성되어 경성감옥으로 출발했다가 1912년에 서대문감옥, 1923년에 서대문형무소, 1945년에 서울형무소, 1961년에 서울교도소, 1967년에 서울구치소로 이름이 바뀌었고, 1987년에 서울구치소가 의왕시로 이전된 뒤 1998년에 서대문형무소역사관이 되었다.

文) 저격에 관련된 혐의로 체포되었던 때가 두번째 투옥이었다는 것이다. 그러나 그때에는 송화(松禾)경찰서에 한달 동안 구금되었다가 해주재판소로 송치된 뒤에 이내 무혐의로 석방되었다.

김구의 저항적 태도는 서대문감옥으로 이감되어서도 변하지 않았다. 이감될 때에 한 일본인 간수가 김구에게 의미심장한 말을 했다.

"김구 너는 오늘 자기 옷을 벗어서 집물고에 봉하여 두는 것과 같이 네 자유까지 맡겨 두고 감옥옷을 입고 입감하는 것이니까 모름지기 관리에게 복종하는 것뿐이다."

김구는 처음에는 무심코 들어 넘겼으나 감옥생활을 하면서 이 말의 뜻을 실감하게 되었다. 수인들은 재판소의 판결을 받기 전에는 자기 옷을 입거나 자기 옷이 없으면 푸른 옷을 입었다. 그러다가 기결수가 되어 복역하는 시간부터는 붉은 옷을 입었다. 그것은 조선 복식으로 만든 것이었다. 입동시기부터 춘분까지는 솜옷을 입히고 춘분에서 입동까지는 홑옷을 입혔다. 병든 수인에게는 흰옷을 입혔다.[2]

---

2) 『백범일지』, p.247.

김구의 수감번호는 56호였다. 일본인 간수는 복역은 다음날부터 시킨다면서 수갑을 풀지 않았고, 수갑 검사를 하면서 너무 꽉 잠그는 바람에 하룻밤 사이에 김구의 손목이 보기에 끔찍하리만큼 부었다. 다음날 아침 검사 때에 간수들이 보고 놀라서 까닭을 물었다. 김구는 퉁명스럽게 대답했다.

"관리가 알지, 죄수가 어찌 아오!"

간수장이 와서 보고 말했다.

"네가 손목이 이 지경에 되었으면 수갑을 늦추어 달라고 청원해야 할 것 아니냐?"

"어제 전옥[典獄: 지금의 교도소장]이 훈계하기를 모든 일은 관리가 다 알아서 할 터이니 너희들은 복역만 하라고 하지 않았소?"

곧바로 의사가 와서 치료했다. 그러나 수갑 끝이 손목뼈까지 파고 들어가서 큰 흠집이 생겼다. 김구는 이때에 입은 상처가 늙어서까지도 흉터로 남았다.

간수장은 말했다.

"무엇이나 수감자가 불편한 사정이 있을 때에는 간수에게 신청하여 전옥까지도 면회하고 사정을 말할 수 있으니 주의하라."[3]

『백범일지』에 따르면, 김구는 무슨 이유에서였는지 그 뒤에도 백일 동안이나 수갑을 찬 채로 수감생활을 했다. 이 때문에 잠자리는 너무나 고통스러웠고, 동료 수인들도 잠결에 김구의 수갑에 닿기만 해도 죽는다고 엄살을 떨었다.

새로 들어오는 죄수들을 욕보이는 고약한 버릇도 여전했다. 김구가 처음 들어간 방은 제13방이었다. 저녁식사를 마친 뒤에 공장에 노역 나갔던 사람들이 몰려 들어왔다. 옷을 갈아입은 다음 그들 가운데 한 사람이 김구를 보고 물었다.

---

3) 『백범일지』, p.240.

"여보 신참수, 어디 살았으며 죄명은 무엇이고 역은 얼마나 졌소?"

김구는 하나하나 대답했다. 이 구석 저 구석에서 질문과 핀잔이 이어졌다.

"여보 신참수, 똥통을 향하여 절하시오."

"좌상에게 절하시오."

"그 사람 생김생김이 강도질할 때에는 무서웠겠는데…. 강도질하던 이야기나 좀 들읍시다."

그들은 함부로 갈피를 잡을 수 없게 떠들었다. 김구는 그들의 요구에 어떻게 대응해야 할지 몰라서 가만히 앉아 있었다. 그러자 다른 한 수인이 조롱 섞인 말투로 말했다.

"이게 어디서 굴러먹던 도적놈이야. 사람이 묻는 말에 대답이 없으니… 신문받을 때에 그같이 대답을 안 했으면 형을 받지 않지."

김구는 잡범들만 몰아넣는 감방인가 보다고 생각하고 입을 다물었다. 조금 있다가 한국인 간수 한 사람이 와서 김구에게 동정적인 말투로 말을 건넸다.

"56호는 구치감에서 나왔소?"

"그렇습니다."

"공판 때에도 참관했지만 심히 애석한 일이오. 운수가 다한 탓이니 어찌하겠소. 마음이나 편안하게 가질 수밖에요."

이튿날에는 일본인 간수들이 몰려와서 명패와 김구의 얼굴을 보며 수군거리고 갔다. 그러자 방안의 수인들이 다시 짓궂은 수작을 부렸다.

"이야, 박 간수 나리가 저 신참수를 존경하누나. 관리가 죄수에게 존댓말을 쓰는 법은 처음 보겠다."

"박 간수 나리의 친척 어른인 게지."

한 수인이 김구에게 가만히 물었다.

"신참수는 박 간수 나리와 어떻게 되시오?"

"박 간수인지 이 간수인지 나는 모르오."

"그러면 이전에 무슨 높은 벼슬을 지냈소?"

"나는 벼슬을 하지 않았소."

그러자 또 다른 죄수가 물었다.

"당신 양기탁(梁起鐸)을 아시오?"

"짐작하지요."

수인들은 김구가 양기탁과 관련된 사건으로 투옥되었다는 사실을 알고서도 거듭 빈정거렸다.

"옳지, 저 신참수도 국사범 강도인가 보군. 사흘 전에 대한매일신보 사장 양기탁이란 신참수가 들어왔고, 그 공범으로 유명한 신사 여러 명이 역을 졌다고 아무 간수 나리가 말씀하더군. 그러면 저 신참수도 신사라서 우리가 묻는 말에 대답도 잘 아니하는가 보다. 아니꼬운 놈. 나도 왕년에 허왕산[許旺山: 旺山은 許蔿의 호] 밑의 당당한 참모장이야. 여기 들어와 교만을 부려야 소용없다."

김구는 처음에 그들을 하등 잡범들인 줄로 알고 무시했는데, 의병장 허위의 부하라는 말을 듣고는 통탄을 금할 수 없었다. 저런 자가 참모장이었으므로 허위 선생이 실패할 것은 당연한 일이었을 것으로 여겨졌다.[4)]

이 무렵 서대문감옥은 수감자들이 2,000명가량 되었는데, 대다수가 의병이었다. 그런데 김구가 이때에 감옥에서 만난 의병들에 대하여 다음과 같이 기술한 것은 눈여겨볼 만하다.

> 옥중의 대다수가 의병이라는 말을 듣고 나는 심히 다행으로 생각했다. 그이들은 일찍이 국사를 위하여 분투한 의기남아들이니, 기개로나 경험으로나 배울 것이 많으리라고 생각했다. 감방에 들어가서 차례차례 인사를 하며 물어보니, 혹은 강원도 의병의 참모장이니 혹은 경기도 의병의 중대장이니 하여, 대부분이 의병 두령이고 졸병이라는

---

4) 『백범일지』, p.243.

> 사람을 보지 못했다. 처음에는 극히 존경하는 마음으로 교제를 시작했으나, 얼마 되지 않아 마음 씀씀이와 행동거지가 순전한 강도로밖에 보이지 않았다. 참모장이라 하는 사람이 군대의 규율이나 전략이 무엇인지조차 알지 못할 뿐 아니라 의병을 일으킨 목적이 무엇인지, 국가가 무엇인지도 모르는 사람이 많았고, 당시 무기를 가지고 여러 마을을 횡행하면서 만행한 것을 잘한 일처럼 큰소리쳤다.[5]

이처럼 김구는 의병 수감자들에 대하여 크게 실망했다. 최명식도 의병 수감자들에 대하여 비슷하게 기술했다. 수감자들은 거의가 "의병이 아닌 '강도'와 '강도' 아닌 의병들"이었으며, 그 때문에 감방 안에는 경기도와 충청도 사람은 의병강도요, 황해도 평안도 사람은 국사범 강도라는 말까지 생기게 되었다는 것이다.[6]

2

그러나 김구는 이강년(李康秊)과 허위 두 의병장에 대해서는 서대문감옥에 들어와서 오히려 더 존경심을 갖게 되었다. 서대문감옥에는 다음과 같은 이야기가 전해져 오고 있었다. 두 의병장은 일본인들에게 체포되어 수사나 재판도 받지 않고 사형당했는데, 사형당하기까지도 일본인들을 질타하다가 순국했다. 그런데 허위가 사형되던 날부터 서대문감옥의 우물물이 벌겋게 흐려져서 폐정되었다고 했다. 이 이야기를 듣고 김구는 의병에 대한 생각이 혼란스러워졌다. 그러고는 다음과 같이 고뇌에 찬 자기반성을 했다.

> 그처럼 서릿발 같은 절의를 듣고 생각해 보니 부끄럽기 끝이 없었

5) 『백범일지』, pp.241~242.
6) 崔明植, 앞의 책, p.48.

다. 정신은 정신대로 잘 보존하지만, 왜놈에게 소와 말이나 야만인 대우를 받는 나로서 당시 의병들의 자격을 평론할 용기가 있을까. 지금 내가 의병 죄수를 무시하지만, 그 영수인 허 선생과 이 선생의 혼령이 나의 눈앞에 출현하여 엄중한 질책을 하는 듯싶다.

옛날 의병은 네가 보는 바와 같이 목불식정[目不識丁: 아주 까막눈이라는 뜻]의 인간들이라서 국가에 대한 의무도 이해하지 못하는 것이 사실이다. 그러나 너는 일찍이 고후조(高後凋)에게서 의리가 무엇인지 가까이서 배우지 않았느냐. 그이에게서 배운 금언 중에 삼척동자라도 개나 양을 가리켜 절을 시키면 반드시 크게 노하며 응하지 않는다는 말을 강당에서 신성한 제2세 국민에게 연설하던 네가 머리 숙여 왜놈 간수에게 절을 하느냐. 네가 항상 암송하는 고인의 시 가운데,

食人之食衣人衣　　남의 음식을 먹고 남의 옷을 입음에
所志平生莫有違　　품은 뜻을 평생 어기지 말아야 한다

라는 구절을 잊었느냐. 네가 어려서부터 늙어서까지 스스로 농사짓지 않고 스스로 옷을 짜지 않아도 대한의 사회가 너를 입히고 먹였는데, 오늘 왜놈이 먹이는 콩밥이나 먹고 붉은 의복이나 입히는데 순종하라고 먹이고 입혔느냐. 명색이야 의병이든 도적이든, 왜놈에 순종하는 백성이 아니라고 인정할 수 있지 않으냐. 남아는 의로 죽을지언정 구구히 살지 않는다고 평일에 어린 학생들을 가르치더니, 네가 오늘 살아 있는 것이냐 죽은 것이냐. 네가 개 같은 생활을 견뎌 지내고서 17년 뒤에 장차 공을 세워 죄를 갚을 자신이 있느냐?[7]

이처럼 결정적 순간에 유학자 고능선을 회상하는 것은 기독교인이 된 뒤에도 김구의 가치관의 기본 척도는 유교의 기본 교리인 의리사상이었음을 짐작하게 한다. 인용한 시구는 사육신의 한 사람인 박팽년(朴彭年)의 것으로

---

7) 『백범일지』, p.244.

알려져 있는데, 원문은 첫구절이 "食君之食衣君衣(임금의 밥을 먹고 임금의 옷을 입거늘)…"로 시작된다. 김구가 '군(君)'자를 '인(人)'자로 기억하고 있었는지, 또는 일부러 바꾸어 적었는지 알 수 없으나 퍽 흥미로운 일이다.

의병수들 가운데는 특이한 사람도 있었다. 나이가 스물인 이종근(李種根)은 의병장 이진룡(李鎭龍)의 일가동생이었다. 그는 어릴 때부터 일본말을 익혀서 러일전쟁 때에는 일본군의 통역을 했다가 일본헌병보조원이 되었다. 이진룡이 의병을 일으켜면서 종근을 처단하려고 하자 종근은 의병이 되어 속죄하겠다면서 헌병보조원의 총을 그대로 메고 이진룡 부대에 합류했다. 그는 일본군에 체포되어 5년형을 선고받고 복역하고 있었다. 『백범일지』는 이종근이 러일전쟁 때에 아카시 모토지로(明石元二郎) 장군의 통역을 했고 체포된 뒤에도 그의 도움으로 사형을 면했다고 기술했으나,[8] 그것은 사실이 아니다. 아카시는 전쟁 발발 때까지 러시아 주재 일본공사관의 무관으로 있다가 전쟁이 나자 스톡홀름으로 옮겨서 첩보공작을 했다. 아카시가 한국에 온 것은 을사조약이 강제되고 난 뒤인 1907년의 일이다.[9]

이종근은 일본간수에게 자기는 까막눈이므로 김구와 같은 방에서 자고 같은 공장에서 일하면서 문자를 배우겠다고 청하여 허가를 얻었다. 김구는 그에게 2년 동안이나 문자를 가르쳤다. 이종근은 가출옥으로 석방된 뒤에 자기 아내와 함께 안악(安岳)까지 곽씨 부인을 찾아갔다.

감옥 안의 환경은 매우 열악했다. 일본당국은 통감부 설치와 함께 감옥제도를 개혁했다고 했으나, 열악한 감옥환경은 조선왕조 때와 달라진 것이 없었다. 징역형은 갑오경장(甲午更張) 때에 처음으로 도입된 근대적 형벌이었기 때문에 그 정착에 많은 시간이 걸렸다. 징역형을 집행하기 위해서는 감옥설비가 갖추어지고 죄수들을 노역시킬 수 있는 작업장이나

8) 『백범일지』, p.249.
9) 小森德治, 『明石元二郎(上)』, p.89, p.243.

작업여건이 마련되어야 했다. 그러나 재정 부족으로 말미암아 감옥의 설비가 열악한 상태로 징역형이 시행되어서 죄수들은 큰 고통을 겪어야 했다.[10] 이러한 사정은 통감부 시기 이후까지도 계속되었다.

감방이 비좁은 것도 한성감옥서와 마찬가지였다. 감방의 크기는 일정하지 않았는데, 2평이 채 못되는 감방에 수용인원이 10명은 보통이고 어떤 때에는 20명을 몰아넣을 경우도 있었고, 4평짜리 감방에 변기 두개를 넣고 37~38명에서 많을 때에는 48명까지 수감했다고 한다.[11] 김구는 비좁은 감방 속의 죄수들의 잠자리 광경을 실감나게 적어 놓았다.

> 앉았을 때에는 마치 콩시루에 콩나물 대가리 나오듯이 되었다가 잘 때에는 한 사람은 머리를 동쪽으로, 다른 사람은 머리를 서쪽으로 착착 모로 눕는다. 더 누울 자리가 없으면 나머지 사람들은 일어서고, 좌우에 한 사람씩 판자벽에 등을 대고 먼저 누운 사람의 가슴을 두 발로 힘껏 민다. 그러면 드러누운 사람들은 "아이구 가슴뼈 부러진다" 하고 야단을 하지만 미는 쪽에는 또 드러누울 자리가 생겨서 서 있던 사람이 그 사이에 드러눕는다. 몇명이든지 그 방에 있는 사람이 다 누운 뒤에야 밀어 주던 사람까지 눕는다. 모말[곡식을 되는 네모난 말. 方斗]과 같이 네 귀퉁이를 물려 짜서 지은 방이 아니면 방이 부서질 지경이었다. 힘주어 내어 밀 때에는 사람의 뼈가 상하는 소리인지 판자벽이 부러지는 소리인지 우두둑 소리에 소름이 돋는다. 그런 광경을 보고 감독하는 간수놈들은 개 짖 듯이 떠들지 말라고 소리를 지르면서 들여다본다. 나는 노쇠한 사람이 흉골이 상하여 죽는 것도 여러 명 보았다.
>
> 종일 힘든 일을 하던 수인들이므로 그같이 끼어서도 잠이 든다. 처음 누울 때에는 머리를 남쪽으로 둔 자는 북쪽을 보고 모로 눕고 머리

---

10) 都冕會, 「1894~1905年間 刑事裁判制度研究」, 서울大學校 박사학위논문, 1998, pp.168~169.
11) 『백범일지』, p.250; 崔明植, 앞의 책, p.48.

를 북쪽으로 둔 자는 남쪽을 보고 잠이 들었다가도, 가슴이 답답하여 잠이 깨면 방향을 바꾸자는 의사가 일치하여 남쪽을 보고 누운 자는 북쪽으로, 북쪽을 보고 누운 자는 남쪽으로 돌아눕는다. 그것은 고통을 바꾸기 위한 것과 입과 코를 마주대고 호흡을 할 수 없기 때문이다. 그러나 잠이 깊이 들 때에 보면 서로 키스하고 자는 자가 많고, 약한 사람은 솟구쳐 올라 사람 위에서 잠을 자다가 밑에 든 사람에게 몰리어서 이리저리 굴러다니다가 날을 밝히는 것이 옥중의 하룻밤이다.[12)]

특히 여름과 겨울철의 고통이 더 심했다. 여름에는 감방에서 나는 수인들의 호흡과 땀으로 증기가 피어올라서 서로의 얼굴도 분간할 수 없을 지경이었다. 가스에 불이 나서 수인들이 질식할 지경이 되면 방안으로 소방호스를 들이쏘아 진화하고, 질식된 수인들은 얼음으로 찜질하여 살려냈다. 이 과정에서 죽는 수인도 여러 명이었는데, 수인들이 가장 많이 죽는 때가 여름이었다. 겨울에는 20명이 넘는 좁은 감방 안에 솜이불 넉장밖에 주지 않아서 턱 밑에서 무릎 아래만 가릴 수 있었다. 한겨울의 추운 날씨에 버선 없는 발과 무릎은 그대로 노출되어 태반이 동상에 걸렸고, 귀와 코는 얼어서 참혹한 지경이었다. 이 때문에 발가락과 손가락이 물러 터져서 불구가 된 수인도 여러 명이었다.

이처럼 열악한 환경 속에서 제일 고생하는 사람은 몸집이 큰 사람이었다. 덩치가 큰 김구는 잘 때에 종종 발가락이 남의 입에 들어가고 추위에도 더 많이 노출되었다. 간수들의 심술은 수인들의 고통을 가중시켰다. 감방에서 무슨 말소리가 나서 누가 했느냐고 물어도 말한 자가 나타나지 않고 고발도 없을 때에는 여름철에는 방문을 닫아 버리고 겨울철에는 방문을 열었다.[13)]

---

12) 『백범일지』, pp.251~252.
13) 『백범일지』, p.252.

2. 국사범들은 "죄수들의 영도적 기관"

1

서대문감옥의 분위기를 바꾸어 놓은 것은 김구와 함께 수감된 이른바 국사범들과 다른 사건으로 수감되었다가 이들과 의기투합한 사람들로서 도합 50~60명쯤 되는 사람들이었다. 김구는 인격과 재능이 뛰어난 이 사람들이 "죄수들의 영도적 기관"이 되어 갔다고 썼다. 그리하여 "수인의 표면 감독은 왜놈이 하고 정신상 지도는 우리 동지들이 하게 되었다"[14]는 것이다.

이들의 동지애도 돈독했다. 5년 이하의 징역을 선고받은 사람들은 세상에 나갈 희망이 있으나 7년 이상은 감옥귀신이 될 것이라는 것이 일반적인 생각이었다. 그리하여 그들 사이에는 후사(後嗣)문제가 중대한 관심사가 아닐 수 없었다. 옥중에서 생애를 마치게 된 동지들은 거의가 크거나 어리거나 간에 아들이 있었다. 오직 김구만이 젖먹이 딸 하나뿐이었고, 누이도 없는 외로운 독자였다. 동지들은 모두 이 점을 애석하게 생각했는데, 김용제(金庸濟)가 자기 셋째 아들로 하여금 김구의 대를 잇게 하겠다고 제의했다. 김용제는 4남 1녀를 두고 있었다. 김구는 이 제의를 고맙게 받아들였다.

서대문감옥으로 이감된 지 일여덟달쯤 지나서 곽씨 부인이 아들을 면회하러 왔다. 김구는 간수를 따라 면회장으로 갔다. 누가 왔는가 하고 궁금해하면서 기다리는데 판자벽에서 딸깍 하고 주먹이 하나 드나들 만한 구멍이 열리고, 그 구멍 밖으로 어머니의 얼굴이 보였다. 어머니 옆으로 일본인 간수가 지키고 서 있었다. 어머니는 안색 하나 변하지 않고 태연하게 말했다.

---

14) 『백범일지』, p.249.

이들에게 넣어줄 사식을 들고 가는 곽낙원 여사상. 김구의 설명을 토대로 박승구가 석고상으로 만들었던 것을 동상으로 다시 제작했다.

"나는 네가 경기감사나 한 것보담 더 기쁘게 생각한다. 네 처와 화경(化敬)이까지 데리고 와서 면회를 청했으나, 한번에 한 사람밖에 허락하지 않는대서 네 처와 화경이는 저 밖에 있다. 우리 세 식구는 평안히 잘 있다. 너는 옥중에서 몸이나 잘 있느냐? 우리 걱정은 말고 네 몸이나 잘 보중(保重)하기 바란다. 식사가 부족하거든 하루에 사식을 두번씩 들여주랴?"

김구는 오랜만에 어머니 모습을 보자 우선 반갑기 그지없었으나, 이처럼 당당한 기질을 가진 어머니가 일본인들에게 자식을 보여 달라고 청원했을 것을 생각하니까 어머니에게 송구스러운 마음을 금할 수 없었다. 다른 동지들의 가족면회 이야기를 들어 보면 부모 처자가 와서 서로 대면하면 울기만 하다가 말 한마디도 못했다는 것이 보통이었다. 김구는 이때의 어머니에 대한 감회를 다음과 같이 써 놓았다.

우리 어머님은 참 놀랍다고 생각된다. 나는 17년 징역선고를 받고 돌아와서 잠은 전과 같이 잤어도 밥은 한끼를 먹지 못한 적이 있는데, 어머님은 어찌 저렇게 강인하신가 탄복하였다. 나는 실로 말 한마디를 못하였다. 그러다가 면회구가 닫히고 어머님께서 머리를 돌리시는 것만 보고, 나도 끌려 감방으로 돌아왔다. 어머님이 나를 대하여서는 태연하셨으나, 돌아서 나가실 때에는 반드시 눈물에 발부리가 보이지 않았을 것이다. 어머님이 면회 오실 때에 아내와는 물론 많은 상의가 있었을 것이고 나의 친구들도 주의를 해드렸을 듯하나, 일단 만나면 울음을 참기가 지극히 어려울 것인데, 어머님은 참 놀라운 어른이시다.[15)]

이러한 감동적인 술회는 곽씨 부인의 강인한 성품과 아들에 대한 각별한 애정과 또 그것이 아들의 품행에 얼마나 큰 영향을 끼쳤는지를 짐작하게 한다.

김구가 종로구치감에 있을 때에는 아내는 어린 딸을 데리고 그동안 절교를 하고 지내던 평산(平山)의 처형집으로 가 있었고 곽씨 부인 혼자서 서울로 올라와서 김구의 옥바라지를 했다. 그러나 김구가 장기형을 선고받고 서대문감옥으로 이감된 뒤에는 한동안 세 식구가 다 같이 서울로 올라와서 살면서 김구의 옥바라지를 했다. 가족들의 궁핍은 이루 말할 수 없었다. 친지들의 신세도 졌고, 최준례(崔遵禮)는 총독부 토지국(土地局)의 책 만드는 공장에서 고된 일을 하기도 했다. 일본은 한국을 병합한 뒤에 조선총독부기구로 임시토지조사국을 설치했는데, 최준례가 일한 책 만드는 공장이란 이 토지조사국의 제책소였을 것이다. 최준례는 어느 서양 부인이 학비를 부담하고 공부를 시켜 주겠다고 했으나, 시어머니와 어린 딸을 돌보아야 하는 그녀는 그러한 제의를 거절했다. 곽씨 부인과 최준례는 번갈아 가며 김구를 면회하고, 어려운 형편에도 사식을 빠뜨리지 않았다.

2

김구는 함께 수감된 동지들의 이야기도 『백범일지』에 자세히 적어 놓았다. 그 가운데 가장 인상적인 것은 안악사건(安岳事件)의 중심인물 안

---

15) 『백범일지』, pp.246~247.

명근(安明根)의 행동이다. 그는 종신징역을 선고받았다. 김구가 의병 죄수들 때문에 정신이 혼란스럽던 어느 날 안명근이 김구에게 조용히 말했다.

"내가 감옥에 들어온 뒤에 아무리 생각해 보아도 하루를 살면 하루가 욕되고 이틀을 살면 이틀이 욕되니, 굶어 죽으려고 생각합니다."

김구는 주저하지 않고 "가능하거든 단행하시오" 하고 찬성했다.

그날부터 안명근은 단식을 단행했다. 자기의 음식은 다른 수인들에게 나누어 주고 자기는 굶었다. 네댓새를 굶자 기력이 탈진하여 운신을 못하게 되었다. 간수가 물으면 배가 아파서 밥을 안 먹는다고 대답했다. 눈치 빠른 일본인들은 안명근을 병원으로 옮겨서 진찰해 보았으나 아무 병이 없었다. 그러자 그들은 안명근에게 뒷짐을 지우고 달걀을 풀어서 억지로 입에 부어넣었다. 이런 봉변을 당하고 난 뒤에 안명근이 김구에게 알려왔다.

"저는 하는 수 없이 오늘부터 음식을 먹습니다."

김구도 안명근에게 말했다.

"죽이고 살리는 것을 마음대로 하는 부처님이라도 감옥 안에 들어와서는 어찌할 수 없을 것이니 자중하시오."

그리하여 안명근은 단식을 중단했다.[16]

이듬해에 일본의 메이지(明治) 천황 내외가 잇달아 사망함에 따라 이른바 대사면이 시행되고 그때에 안명근도 종신징역에서 20년 징역으로 감형되었다. 그러나 그는 형을 더하여 죽음을 당할망정 감형은 받지 않겠다고 거부했다. 일본인들은 죄수에게는 일체를 강제로 집행하는 것이므로 감형을 받고 안 받는 것도 수인이 자유로 할 수 없는 것이라고 말했다. 안명근은 이듬해에 신축된 공덕리(孔德里)의 경성감옥으로 이감되었다.[17] 이때 이후로 김구는 안명근을 만나지 못했다.

---

16) 『백범일지』, pp.244~245.
17) 『백범일지』, p.266.

김구는 1946년1월23일에 안악사건과 신민회사건으로 감옥살이를 같이 한 동지들과 함께 서대문형무소를 방문했다. 앞줄 왼쪽부터 김홍량, 김구, 도인권.

뒷날 안명근은 10년을 복역하고 석방되어 고향인 신천(信川)의 청계동에 잠시 살다가 만주에 사는 부친과 형제들이 그리워서 가족을 데리고 그곳으로 가던 도중에 병을 얻어 길림성(吉林省) 의란현(依蘭縣) 팔호리(八湖里)에서 사망했다.

도인권(都寅權)의 옥중투쟁도 놀라웠다. 도인권은 평남 용강 태생으로서 무관학교 군사특과를 졸업한 군인 출신이었다. 1907년에 군대가 해산되자 고향으로 내려가서 사범강습소를 열고 신교육운동에 앞장섰던 그는 김구와 함께 양산학교 교사로 활동하다가 안악사건으로 체포되어 징역 10년형을 선고받았다.

그는 독실한 기독교 신자였다. 당시 옥중에서는 일요일마다 일본인 교회사(教誨師)가 주도하는 예불행사가 있었다. 조선총독부는 감옥에 교회사 제도를 신설하고 한국말을 하고 한국사정에 정통한 혼간지(本

願寺) 소속의 승려를 채용하여 죄수들을 교화시키려고 했다.[18] 수백명의 수인들이 일본인 간수의 구령에 따라 불상 앞에서 머리를 숙였으나 도인권은 자신은 기독교도이므로 우상에 절하지 않는다면서 고개를 숙이지 않았다. 화가 난 일본인 간수들은 억지로 도인권의 머리를 타고 억누르려고 했고, 도인권은 눌리지 않으려고 완강히 버티어 큰 소동이 일어났다. 도인권은 큰 소리로 호통쳤다.

"일본법에도 신앙의 자유가 있고 감옥법에도 수인들이 불교만 믿으라는 조문이 없는데, 무슨 근거로 이같이 무리한가? 일본인의 눈에는 도인권이가 죄인이라 하나, 하나님의 눈에는 일본인이 죄인이 될지도 알 수 없다."

이 일로 큰 시비가 벌어져서 마침내 교화시간에 불상에 절하는 것 한 가지는 수인들의 자유에 맡기기로 했다. 도인권의 저항적 행동은 이것만이 아니었다. 전옥이 도인권을 회유하기 위하여 상장과 상표를 주려고 했으나 도인권은 거절했다. 그는 이렇게 말했다.

"수인의 상은 개전(改悛)하는 상황이 있는 자에게 주는 것인데, 나는 당초에 죄가 없었고, 수인이 된 것은 일본세력이 나보다 우세해서 그렇게 된 것뿐이거늘, 상이 나와 무슨 상관이 있는가?"

그 뒤에 두어차례의 감형에 이어 다른 동료들과 함께 가출옥을 시키려 했을 때에도 도인권은 거절했다.

"내가 죄가 없는 것을 지금에야 깨달았거든 판결을 취소하고 아주 풀어 줄 것이지, 가출옥이란 '가(假)'자가 정신에 상쾌치 못하니 기한까지 있다 나간다."

일본인들도 이런 도인권의 뜻을 꺾지 못하고 그 혼자만 기한을 채운 다음에 석방했다. 이와 같은 도인권의 행동을 두고 김구는 "'만산고목일엽청[滿山枯木一葉靑: 온 산의 마른 나무에 잎사귀 한잎 푸르다]'의 기개를

---

18) 中橋政吉, 『朝鮮舊時の刑政』, 治刑協會, 1936, pp.310~311; 金炳華, 『續近代韓國裁判史』, 韓國司法行政學會, 1976, p.99.

누가 흠모하고 감탄하지 않으리오"라고 극찬했다. 그러면서 그를 위해서 불경의 한 구절을 암송했다고 기술했다.[19]

鬼鬼落落赤裸裸　우뚝 솟고 넓게 펼쳐진 티 없는 몸
獨步乾坤誰伴我.　홀로 천하를 걸음에 누가 나를 따르랴.

이 불경 구절은 장엄염불이나 새벽종송에서 흔히 암송되는 칠언절구의 하산게(下山偈)인데, 그 전반부만 적은 것이다. 이 구절은 다음과 같이 이어진다.

若也山中逢子期　만약 산중에서 자기(子期)를 만났다 해도
豈將黃葉下山下.　어찌 황엽(黃葉)을 가지고 산을 내려오리.[20]

김구가 마곡사(麻谷寺)에서 불교에 입문하여 평양의 영천암(靈泉庵)에서 걸시승 생활을 하다가 환속하기까지는 1년쯤밖에 되지 않았지만, 그때에 익힌 불경지식은 이처럼 일생을 통하여 그의 사유에 중요한 영향을 끼치는 지적 기반이 되었다.

고정화(高貞華)는 특이한 방법으로 감옥 운영의 폐습을 뜯어 고쳤다. 그는 김구보다 다섯살 아래로서 신천군(信川郡)에서 사립학교 교사생활을 하면서 신민회에 참가하여 김구와 같이 활동하던 동지였다. 김구와 함께 서울에서 열린 신민회의 서간도 이주계획 논의 모임에 참석했던 그는 고향으로 돌아와서 이주민 모집을 하다가 '신민회사건[양기탁 등 보안법위반사건]'으로 체포되어 징역 2년형을 선고받았다.[21]

---

19) 『백범일지』, pp.264~265.

20) 이 七言絕句와 비슷한 내용이 보이는 가장 오랜 문헌은 1385년에 高樗가 편찬한 『太古和尙語錄』이며, 1661년에 智禪이 편찬한 『五種梵音集』부터 현재와 같은 구절로 정착되었다. 子期란 春秋時代에 거문고 명인 伯牙의 거문고를 가장 잘 이해했던 鍾子期를 말한다.

21) 「梁起鐸等保安法違反事件判決文」, 『白凡金九全集(3)』, p.412, p.416.

고정화는 험상궂은 얼굴로 옥중에서 관리를 괴롭히기로 유명했다. 어느 날 그는 음식을 먹다가 밥에 돌이 있는 것을 발견하고 땅에서 모래흙을 주워 입에 넣고는 그것을 밥과 섞어서 싸 가지고 전옥면회를 신청했다. 그는 전옥에게 2년 징역을 종신 징역으로 고쳐 달라면서 그 이유를 이렇게 말했다.

"인간은 모래를 먹고 살 수 없는데, 내가 먹는 한 그릇 밥에서 골라낸 모래가 밥 분량만 못하지 않으니, 이것을 먹고는 반드시 죽을 것이오. 기왕 죽을 바에는 징역이나 중하게 지고 죽는 것이 영광이오. 1년도 종신이요, 종신도 종신이 아니오?"

전옥은 얼굴색이 주홍빛이 되어서 식당간수를 불러 꾸짖고 밥짓는 것에 극히 주의하여 모래가 없도록 하게 했다.

며칠 뒤에 고정화는 감방에서 동료 수인들이 옷에서 이를 잡는 것을 보았다. 불결한 감옥환경으로 죄수들은 늘 빈대나 벼룩에 시달렸다. 그는 한가지 꾀를 생각해 냈다. 가만히 여러 사람에게 부탁하여 잡은 이를 거두어 모아서 용변을 보고 닦아내는 종이에 싸 두고는 간수를 불러 전옥면회를 신청했다. 전옥이 나타나자 종이를 내밀면서 말했다.

"전날 전옥장 덕으로 돌 없는 밥을 먹는 것은 감사하나, 옷에 이가 끓어서 잠을 잘 수 없고, 깨어도 이 때문에 온몸이 근지러워서 견디기 어렵소. 구한국시대의 감옥에서는 수인이 자기 집에서 옷을 가져다 입을 수 있었으나 대일본의 문명한 법률은 그것도 허가하지 않으니, 이처럼 불결한 옷을 입다가 질병이 생길까 염려되오."

전옥은 즉시 각 감방마다 새로운 옷을 들여보내고, 헌옷은 거두어다가 증기기계로 소독해 주도록 조처했다. 그때부터 이 잡는 사람이 없게 되었다.[22)]

다른 동지들도 자신들이 할 수 있는 방법으로 일본인들에게 저항했

---

22) 『백범일지』, pp.240~241.

다. 잡화행상을 하다가 안악사건에 연루되어 징역 7년형을 선고받은 고봉수(高奉守)[23]의 이야기도 흥미롭다. 그는 어느 날 일본인 담임간수를 발로 차서 거꾸러뜨렸다. 그런데 어처구니없게도 고봉수는 그 일로 표창을 받았다. 그 간수는 수인에게 모욕을 당한 것을 상관에게 보고했다가는 자기 인격에 침 뱉는 격이 될 것 같아서 고봉수의 수감생활이 극히 모범적이라고 보고했기 때문이었다.

재력가인 김홍량(金鴻亮)은 간수들을 매수하여 몰래 보약을 가져다 먹었고 또 여러 신문을 들여와서 보기도 했다.

3

김구는 이 무렵의 옥중의 급식상황을 퍽이나 자세히 적어 놓았다. 급식은 하루 세번씩이었는데, 음식재료는 전국의 감옥마다 그 지방에서 가장 싼 것을 쓰기 때문에 감옥 음식은 일정하지 않았다. 서대문감옥의 주식은 콩 5할, 좁쌀 3할, 현미 2할로 밥을 지어 8등식에서 2등식까지 차등을 두어 배식했다. 최하의 8등식은 250몸메[匁: 일본의 무게단위. 1몸메는 3.75그램]였다. 사식은 감옥 바깥에 있는 식당에서 수인친족의 부탁을 받아서 배식시간마다 밥과 한두가지 반찬을 가져오면 간수가 검사한 다음 밥을 일자(一字)박은 통에 다식과 같이 박아내어 나누어 주었다. 사식을 먹는 수인들은 한곳에 모아서 먹게 했다.

끼니 때마다 밥과 반찬을 일제히 나누어 주고 나면 간수가 머리를 숙이는 고두례(叩頭禮)를 시켰다. 수인들은 구령에 따라 무릎을 꿇고 무릎 위에 두 손을 올려놓고 머리를 숙였다. 구령은 모두 일본말이었다. 수인들에게 경례를 시키는 간수는 다음과 같은 훈화를 했다.

“식사는 천황폐하께서 너희 죄인을 불쌍히 여기시어 주시는 것이니까

23) 「安岳·梁起鐸事件上訴審判決文」, 『白凡金九全集(3)』, pp.472~479. 『백범일지』는 高鳳洙라고 했으나 판결문에는 高奉守로 기록되어 있다.

머리를 숙이고 천황폐하에게 예를 하고 감사의 뜻을 표하라."

그러고 나서 간수가 "경례!"라고 말하면 수인들은 입안엣소리로 무슨 말인지 중얼거렸다. 처음에 김구는 그것이 여간 이상하지 않았다. 간수가 시키는 대로 정말로 천황에게 감사를 표시하는 것인가 싶었다. 그러나 낯익은 수인들에게 물어보았더니 그런 것이 아니었다. 그들은 뜻밖의 대답을 했다.

"당신 일본법전을 보지 못했소? 천황이나 황후가 죽으면 대사면을 내려서 각 죄인을 방송한다고 하지 않았소? 그래서 우리 수인들은 머리를 숙이고 하나님에게 '메이지(明治)란 놈을 즉사시켜 줍소서'라고 기도합니다."

그것은 이민족의 감옥에 수감된 식민지 백성들의 눈물겨운 저항이었다. 김구는 그 말을 듣자 몹시 기뻤다. 그는 자기도 그렇게 하겠다고 말했다. 이때부터 김구도 식사 때마다 하나님에게 "나에게 전능을 베풀어 동양의 대악괴인 왜황(倭皇)을 내 손에 죽게 하소서" 하고 기도했다. 김구가 일본천황의 저격을 자신의 지상목표로 삼게 된 것은 이때부터였다.

감옥에는 감식벌(減食罰)이라는 것이 있었다. 자기 밥을 남에게 주거나 남의 밥을 얻어먹다가 간수에게 발각되면 사흘이나 일주일 동안 밥을 절반이나 심하면 3분의 1로 줄여서 먹이는 것이었다. 감식벌을 시행하기에 앞서 죽지 않으리만큼 때렸다. 이에 대하여 김구는 다음과 같이 흥미롭게 써 놓았다.

> 이 점에 대하여 나는 깊이 연구하였다. 표면으로 나도 붉은 옷을 입은 복역수이지만 정신상으로 나는 결코 죄인이 아니다. 왜놈의 이른바 '신부민[新付民: 새로 이루어진 고을의 백성, 곧 식민지 백성]'이 아니고 나의 정신으로는 죽으나 사나 당당한 대한의 애국자이다. 될 수 있는 대로 왜놈의 법률을 복종치 않는 실제의 사실[實事實]이 있어야

만 내가 살아 있는 본뜻이 있는 것이다.[24)]

이렇게 생각한 김구는 일본의 법률을 복종하지 않는 방법의 하나로 감식벌을 어기기로 결심했다. 그는 하루에 한끼나 두끼를 사식을 먹고 있었으므로 감옥식사는 수인들에게 나누어 주기로 한 것이다. 식사를 시작할 때에 곁에 앉은 수인의 옆구리를 꾹 찌르면 그 사람은 얼른 알아차리고 자기 밥을 빨리 먹고 나서 빈 그릇을 김구 앞에 놓고는 김구의 밥그릇을 집어 들었다. 간수에게는 김구가 밥을 빨리 먹고 앉아 있는 것으로 보였다. 그러나 수인들의 행동은 개탄스러웠다. 밥을 얻어먹을 때에는 은혜를 잊지 못하겠다고 하던 자도 아침밥을 얻어먹고는 저녁밥을 다른 사람에게 주는 것을 보면 서슴지 않고 "저놈이 네 의붓애비냐? 이야, 효자문 세우겠다" 하고 비아냥거렸다. 그러면 밥을 얻어먹던 자가 김구를 두둔하는 말로 맞대고 욕설을 하다가 간수에게 들켜 함께 벌을 받곤 했다.

그러나 수인들은 이재명(李在明)의 동지들이 김구를 몹시 존경하는 것을 보고는 김구에게 함부로 대하지 못했다. 『백범일지』는 이재명과 안중근(安重根)의 동지들 이야기도 자세히 적어 놓았다. 김구는 그들을 감옥에서 처음 만났으나 마치 오래된 사이인 것 같은 친근감을 느꼈다고 말하고, "마음가짐과 일처리가 의병죄수들에 비하면 거의가 계군봉황[鷄群鳳凰: 뭇닭 속의 봉황]의 느낌이 있다"[25)] 라고 높이 평가했다. 이재명의 동지들을 보자 김구는 지난날 여물평에서 노백린(盧伯麟)과 함께 이재명의 권총을 뺏음으로써 매국노 이완용(李完用)을 처단하는 일을 성공시키지 못하게 한 데 대한 자괴감이 다시금 느껴졌을 것이다.

이재명의 동지들은 모두 일본말에 능통하여 일본인들이 수인들을 임시 신문할 때에 그들을 통역으로 썼다. 성행이 사나운 수인 가운데는 하

24) 『백범일지』, pp.248~249.
25) 『백범일지』, p.245.

루에도 몇번씩 불려 나가는 경우도 있었는데, 이들은 통역에게 밉보이면 자기에게 직접 해가 돌아올지 모른다는 생각에서 이재명의 동지들에게 고분고분했다. 그런데 그러한 이재명의 동지들이 김구를 극진히 존경하는 것을 보고는 김구에게도 함부로 대하지 못하게 된 것이었다.[26]

뒷날 1920년의 설화적인 청산리전투를 지휘하는 김좌진(金佐鎭)도 이 무렵에 서대문감옥에 수감되어 있었다. 김구는 이때의 김좌진에 대하여 "(김좌진은) 침착하고 굳세며 용감한 청년으로서 국사를 위하여 무슨 운동을 하다가 투옥되었는데, 친애의 정을 서로 표하였다"[27]라고 술회했다. 김좌진은 북간도(北間島)에 독립군 사관학교를 설립하기 위하여 자금조달을 하다가 체포되어 서대문감옥에서 2년6개월 동안 김구와 수감생활을 같이 했다.

김구는 좁은 감방이 불편하기도 하고 최명식이 보고 싶기도 하여 그와 같이 지낼 수 있는 방안을 궁리해 보았다. 이때에 최명식은 옴환자만 수용하는 옴방에 있었다. 최명식은 김용제가 옴이 옮아서 옴방에 수용되어 있다는 소식을 듣고 바늘로 팔다리에 상처를 만들어 옴이 옮은 것처럼 해서 옴방으로 갔다고 했다.[28]

김구는 자기도 옴이 옮은 시늉을 하기로 했다. 그는 가는 철사를 구해다가 끝을 갈아 뾰족하게 만들어 감추어 두었다가 의사가 각 공장과 감방을 돌면서 병든 수인을 진찰하기 30분 전에 철사 끝으로 좌우 손가락 사이를 꼭꼭 찔러 눌렀다. 철사로 찌른 자리에 금세 옴과 같이 맑은 피가 물처럼 솟아올라서 누가 보든지 옴병으로 보였다. 진찰을 받고 그날로 최명식이 있는 옴방으로 옮겨져서 두 사람은 오랜만에 같이 있게 되었다. 그날 저녁에 두 사람은 쌓인 이야기를 나누다가 일본인 간수에게 발각되었다. 누가 먼저 이야기를 했느냐고 일본인 간수가 닦달해서 김구

26) 『백범일지』, p.249.
27) 『백범일지』, p.245.
28) 崔明植, 앞의 책, p.51.

는 자기가 먼저 했다고 대답했다. 일본인 간수는 김구에게 창살 밑으로 나오라고 해서는 곤봉으로 머리를 사정없이 때렸다. 김구는 아무 소리도 내지 않고 한참 동안 맞았다. 이때에 맞은 상처로 김구는 왼쪽 귀의 연골이 상하여 귀가 짝짝이가 되었다.[29)]

감옥 안의 행동의 구속은 혹심했다. 아침에 잠을 깨도 마음대로 일어나지 못했다. 반드시 일정한 시간을 지켜서 한꺼번에 구령소리와 함께 일어나게 하여 곧바로 꿇어앉혔다. 구령은 모두 일본말이었다. 간수 한명이 "기오쓰케[우리말의 '차렷']" 하면 수인들은 일제히 머리를 숙였다. 간수가 명부를 들고 첫자리에 앉은 수인의 번호부터 끝까지 읽는데, 수인마다 자기번호를 들으면 "하이" 하고 머리를 들었다.

점호를 마치고 나면 잘 때에 입던 옷을 벗어 개어놓고, 수건 한장씩으로 아랫도리를 가리고 알몸에 맨발로 멀면 100보, 가까우면 50보 이내의 거리를 벽돌 한개씩 펴놓은 것을 밟으면서 노역하는 공장으로 이동했다. 공장에서 각자가 자기의 작업복을 입고는 또 열을 지어 쪼그리고 앉은 뒤에 점검을 받고 세수를 했다. 그곳에서 아침밥을 먹고 나서는 바로 노역이었다. 노역은 철공, 목공, 직공, 피복공, 돗자리와 가마니 짜기, 궐련갑 만들기, 새끼꼬기, 김매기, 빨래, 밥짓기 등이었다. 수인들 가운데 품행이 방정하다고 인정된 자는 내감(內監) 바깥 일터의 청소부나 병동 간병부나 취사장의 취사부로 뽑혔다.[30)] 1910년 무렵에는 수인의 작업 취업률이 전 수형자의 27% 정도였으나, 1919년 말경에 이르러서는 97%에 이를 정도로 질병이나 사고자 이외에는 전원에게 노역을 시켰다.[31)]

노역을 마치고 저녁을 먹고 감방으로 돌아올 때에도 똑같은 방법으로 작업복을 벗고 알몸에 수건만 두르고 들어와서 아침과 같이 점호를 마친 뒤에 앉았다가 정한 시간에 잠을 잤다. 자기 전에 얼마 동안 책을 읽을 수

29) 『백범일지』, pp.250~251.
30) 『백범일지』, pp.253~254.
31) 金炳華, 앞의 책, p.99.

있는 시간을 주었으나, 책을 큰 소리로 소리내어 읽지는 못하게 했다. 이야기는 엄하게 금지했다. 이야기를 한 수인은 쇠창살 사이로 손을 내놓게 한 다음 모진 매질을 했다. 이 때문에 앉아 있는 동안에 이 방 저 방에서 "아이구, 아이구" 하는 소리와 사람 치는 소리가 끊일 때가 없었다.

김구가 서대문감옥에서 어떤 사역을 했는가는 『백범일지』에 기록이 없다. 『백범일지』에는 '김 진사'로 불리는 활빈당(活貧黨) 두목을 만난 일을 아주 자세히 적어 놓았는데, 그를 만난 것은 입감하고 1년쯤 지나서 최명식과 함께 가마니 짜는 제3공장에서 청소부 일을 하고 있을 때였다.

4

『백범일지』의 두 번째 옥중생활 서술 가운데 특별히 눈길을 끄는 것은 이승만과 관련하여 다음과 같이 써 놓은 대목이다.

> 서대문감옥에는 역대의 진귀한 보물이 있으니, 지난 날 이승만 박사가 자기 동지들과 같이 투옥되었을 때에 서양인 친구들과 연락하여 옥중에 도서실을 설치하고 우리나라와 외국의 진귀한 서적을 구입하여 5~6년 동안 긴 세월에 옥수(獄囚)에게 나라를 구하고 부흥시키는 방도를 강연했다. 노역을 쉬는 날 서적고에 쌓인 각종 책자를 각 방에 들여보내 주는데, 그 가운데 이 박사의 손때와 눈물 흔적으로 얼룩진 '감옥서(監獄署)'라는 도장이 찍힌 『광학류편(廣學類編)』, 『태서신사(泰西新史)』 등의 서적을 보았다. 나는 그러한 책자를 볼 때에 그 내용보다는 배알치 못한 이 박사의 얼굴을 보는 듯 반갑고 무한한 느낌이 있었다.[32]

32) 『백범일지』, p.254.

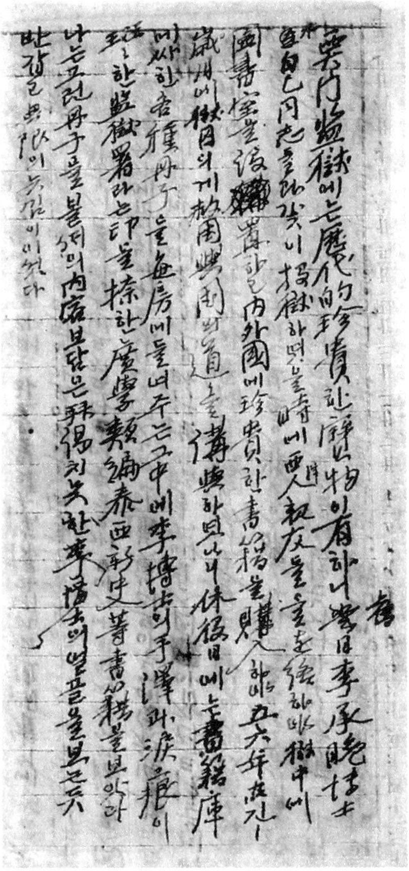

김구가 『백범일지』 상권 친필 원고에 이승만의 감옥서적실에 대하여 언급한 별지.

이승만이 1899년1월부터 1904년8월까지 한성감옥서에서 수감생활을 하면서 감옥서 안에 학교를 개설하여 죄수들을 가르치는 한편 외국선교사들과 성서공회(聖書公會)의 도움을 받아 서적실을 설치하고 자신이 그 서적실에서 기거하면서 수인들로 하여금 기독교와 신학문을 깨우치게 했던 것은 앞에서 본 바와 같다.

1908년10월에 서대문감옥이 신축되어 한성감옥서의 기능이 서대문감옥으로 이관될 때에 한성감옥서의 주요 비품들도 서대문감옥으로 이관되었는데, 이 때에 이승만이 관리했던 서적실도 함께 옮겨졌던 것 같다. 이승만이 관리하던 때에 서적실에는 국문서적 52종 165권, 한문서적 223종 338권, 영문서적 20종 20권이 있었는데,[33] 그 가운데 어느 정도가 서대문감옥으로 이관되었는지는 알 수 없다. 그런데 그 책들 가운데 김구가 『광학류편』과 『태서신사』 두권의 이름을 든 것이 눈길을 끈다. 『태서신사』는 일찍이 자신이 인천감옥에서 옥중생활을 할 때에 간수들의 권유로 얻어 읽고 그때까지 위정척사파(衛正斥邪派)였던 그가 개화파로

33) 『獄中圖書貸出名簿』 참조.

사상전환을 했을 만큼 큰 영향을 받은 책이었고, 『광학류편』은 한성감옥서에 수감된 지식인 죄수들이 가장 많이 빌려 읽은 박물지였다. 김구는 이 서적들이 "역대의 진귀한 보물"의 하나라고 말하면서, 그 서적들을 볼 때에 그 내용보다 "배알치 못한 이 박사의 얼굴"을 보는 듯한 감개를 느꼈다는 것이다.

김구는 두번째 감옥생활을 할 때까지 이승만을 만난 적이 없다. 그러나 이러한 『백범일지』의 서술로 미루어 보면, 비록 직접 만나지는 못했더라도 이 무렵 김구도 독립협회 이래의 이승만의 활동과 명성에 대하여 잘 알고 있었음을 알 수 있다. 김구는 장련에서 광진학교(光進學校) 교사로 있으면서 《대한매일신보》의 장련지국을 운영했는데, 이 무렵의 《대한매일신보》에도 이승만의 글이나 그에 관한 기사가 실리고 있었다. 실제로 이승만은 미국유학 이전에 이미 30대의 청년으로서는 유일하게 서재필(徐載弼), 윤치호(尹致昊), 박영효(朴泳孝), 이상재(李商在) 등과 같은 정도로 빈번히 신문 잡지에 그 이름이 보도될 만큼 지명도가 높았는데,[34)]그 뒤로 도미하여 미국에서 한국인 최초로 철학 박사[실제는 정치학 박사] 학위를 받았다는 사실은 '박사 이승만씨'의 명성을 한결 드높이는 것이었다.

김구는 『백범일지』 상권을 1928년에서 이듬해까지 집필했다. 이때는 1919년에 임시정부의 대통령과 경무국장으로 직접적인 관계가 시작된 뒤에 이승만은 임시의정원의 탄핵을 받아 임시정부를 떠났고 김구가 임시정부의 수반인 국무령(國務領)으로 선임된 뒤였다. 그러나 이 무렵 임시정부는 극도로 조락(凋落)해 있었다. 초기에 활동했던 간부들이 거의 떠나가 버린 임시정부를 외롭게 지키면서 쓴 회고록에서 상해에 있는 많은 사람들이 비판적으로 생각하는 이승만에 대한 회상을 이처럼 솔직하게 써 놓았다는 것은 김구의 정직한 성품을 보여 주는 또 하나의 중요한 보

---

34) 유영익, 『젊은날의 이승만: 한성감옥생활(1899~1904)과 옥중잡기 연구』, pp.162~163.

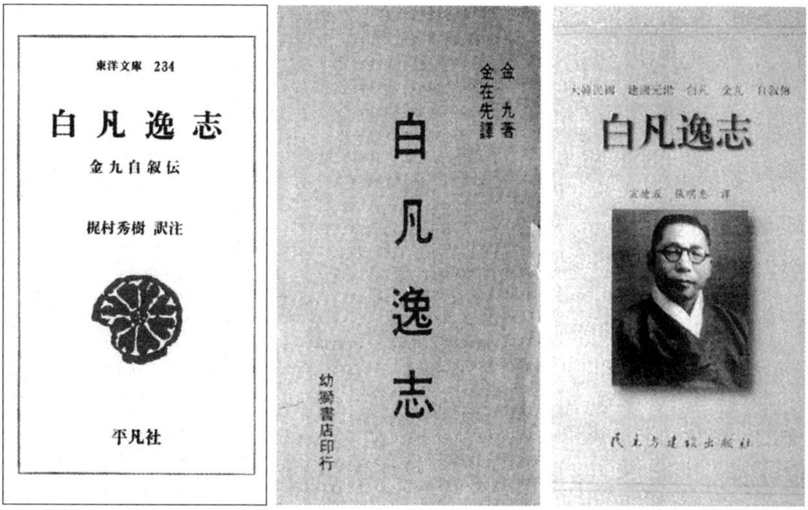

왼쪽부터 『백범일지』의 일본어 번역판(1973, 평범사)과 대만과 북경에서 출판된 두 중국어 번역판.

기이다. 다만 한가지 눈여겨볼 점은 『백범일지』의 이러한 서술이 본문에 들어 있는 것이 아니라 별지로 원고 뒷장에 첨부되어 있는 점이다. 실제로 『백범일지』 원고에는 난외에 추가로 적어 넣은 부분들이 여러 군데 있는데, 『백범일지』 전권을 통틀어서 이승만에 대한 경의를 구체적으로 표명하고 있는 것은 이 대목뿐이다. 김구는 『백범일지』의 집필을 끝낸 다음에 원고가 없어질지 모른다는 염려에서 가까운 몇사람에게 원고를 베끼게 하여 미국에 있는 한 동포회사[35] 에 보냈는데, 이 필사본에도 이 대목은 그대로 포함되어 있다. 그러나 1945년에 귀국한 뒤에 만든 또 한벌의 필사본과 1947년에 처음으로 일반 독자들을 상대로 간행된 한글판 『백범일지』[36] 에는 이 대목이 생략되어 있다. 두번째 필사본에서는 의도적으로 삭제된 것 같지 않으나[37] 이광수(李光洙)가 유려한 문장으로 윤색하

35) 愼鏞廈는 이 회사를 新韓民報社로 추정했다(愼鏞廈, 「解題 『白凡逸志』 필사본들과 『白凡逸志』 국사원판 간행본」, 『白凡金九全集(2)』, p.11).

36) 金九, 『金九自敍傳 白凡逸志』, 國士院, 1947.

37) "載後面(뒷면에 있음)"이라고 별지가 있다는 표시를 한 것까지 그대로 베껴 놓은 점이 그러한 사정을 말해 준다.

여 줄여서 번역한 한글판에서는 이 대목이 김구의 측근들에 의하여 의도적으로 삭제된 것 같다. 오랫동안 『백범일지』라고 하면 이 국사원판을 지칭했고, 일본어 번역본[38] 과 두 종류의 중국어 번역본[39] 에도 이 대목은 빠져 있는데, 그것은 일어판과 중국어판의 한가지는 국사원판을 대본으로 했고, 또 한가지의 중국어판은 귀국하여 만든 필사본을 옮긴 서문당판(瑞文堂版) 『백범일지』을 대본으로 했기 때문이다. 1990년대에 들어와서 『백범일지』의 친필원고가 영인되고 뒤이어 출판된 몇몇 주해 번역서들[40] 이 이 대목을 그대로 살리고 있어서 1912년 무렵의 김구의 이승만에 대한 생각을 뒤늦게나마 제대로 짐작할 수 있게 되었다.

---

38) 梶村秀樹 譯註, 『白凡逸志 金九自敍傳』, 平凡社, 1973.

39) 金在先 譯, 『金九自敍傳 白凡逸志』, 1969, 臺北 中央文物供應社 및 宣德五·張明惠 譯, 『白凡逸志』, 北京 民主與建設出版社, 1994.

40) 윤병석, 『직해 백범일지』, 집문당, 1995, p.196; 김학민·이병갑 주해, 『정본 백범일지』, 학민사, 1997, p.266; 『백범일지』, p.254.

3. '김 진사'에게서 들은 활빈당 이야기

1

김구는 최명식과 함께 제3공장에서 원료를 수인들에게 나누어 주고 뜰을 청소하고 나면 할 일이 없었다. 그리하여 수인들의 물건 만드는 광경을 구경하면서 시간을 보냈다. 일본인 간수가 한시간, 한국인 간수가 반시간씩 교대로 수인들의 작업을 감시했는데, 일본인 간수가 감시할 때에는 그러지 못했으나 한국인 간수가 감시할 때에는 편안하게 구경할 수 있었다. 한국인 간수들이 감시하는 시간이 되면 모든 수인들이 일제히 수군거리기 시작했고, 그럴라치면 한국인 간수도 일본인 간수처럼 "말하지 말라" 하고 일본인 간수보다 더 크게 호통을 쳤다. 그러나 실제로는 일본인 간수장이나 부장이 오는가 망보는 것에 지나지 않았다.

김구는 이 틈을 타서 최명식과 서로 의견의 같고 다름을 시험해 보기로 했다. 두 사람은 200여명의 수인을 차례차례 살펴본 뒤에 그 가운데 몇째 자리에 앉은 사람이 특이하면 그 번호를 써 가지고 서로 맞추어 보아서 의견이 같으면 그 사람의 인품을 조사해 보기로 했다. 두 사람이 한 번씩 둘러보고 와서 각자 적은 번호를 맞추어 보자 일치하는 번호가 있었다. 그는 마흔살이 넘어 보였다. 몸가짐과 말은 들어보지 못했으나, 똑같은 작업복을 입은 수인들 가운데서 눈에 정기가 있어서 두 사람의 눈에 띄었다. 김구가 먼저 조사하기로 하고 그 사람을 찾아가서 인사를 청하며 물었다.

"당신은 본향이 어디며, 징역은 얼마나 되시오?"

"나는 괴산(槐山)에 살았으며 강도 5년이고, 재작년에 들어와서 이제 3년 있으면 출감되겠소."

그는 이렇게 대답하고는 김구에게 되물었다.

"당신은?"

"나는 안악에 살았고 강도 15년으로 작년에 입감했소."

"하! 짐이 좀 무겁게 되었소. 초범이시지요?"

"예, 그렇소."

이때에 일본인 간수가 다가와서 두 사람의 문답은 끊어지고 김구는 일어나서 나왔다. 김구가 그에게 가서 이야기하는 것을 지켜본 한 수인이 물었다.

"56호는 그 사람을 이전에 아셨소?"

"몰랐소. 당신은 그가 누구인지 아시오?"

"알고 말고요. 남도 도적 치고 그 사람 모르는 사람은 없을 듯하오."

김구는 호기심이 나서 더 물었다.

"그는 어떤 사람이오?"

"그 사람은 삼남의 불한당 괴수인 김 진사입니다. 이 감옥에 한패가 여러명 있다가 더러는 병이 나서 죽고 사형도 받고 석방된 자도 많지요."

그날 저녁에 김구가 최명식과 함께 감방에 들어오는데, 그 사람이 벌거벗고 두 사람의 뒤를 따라 들어오면서 말했다.

"오늘부터는 이 방에서 괴로움을 끼치게 됩니다."

그날 밤 각각 옷을 입고 점호를 마친 뒤에 김구는 동료 수인들에게 철창 좌우로 귀를 대고 간수의 발자국 소리가 들리거든 알려 달라고 부탁하고 김 진사와 이야기를 시작했다.

"공장에서 잠시 인사를 하고 정다운 이야기 한마디도 못하고 헤어지게 된 것을 퍽 유감으로 생각하고 들어오던 차에 노형이 방을 옮겨 동거하게 되니 퍽도 기쁩니다."

"예, 나 역시 동감이올시다."

김 진사는 김구에게 마치 목사가 교인에게 세례문답하듯이 묻기 시작했다.

"노형, 강도 15년이라고 하셨지요?"

"예, 그렇습니다."

"그러면 계통으로 추설이오, 목단설이오, 북대요? 행락(行樂)은 얼마 동안이오?"

김구는 한마디도 대답을 못했다. 김 진사는 빙긋이 웃으면서 말했다.

"노형이 북대인가 싶으오."

김구는 생전 처음 들어보는 말이었으므로 '북대'라는 말에도 아무 대답을 못하고 앉아 있었다. 곁에서 이야기를 듣던 수인 한 사람이 김구를 가리키며 김 진사에게 말했다.

"이분은 국사범 강도랍니다. 그런 말씀을 물으셔야 대답 못할걸요."

김 진사는 그 말을 듣고 고개를 끄덕였다.

"내 어쩐지 공장에서 노형이 강도 15년이라 할 때에 아래위를 살펴보았으나 강도 냄새를 발견하지 못하겠기로 북대인가 보다 했구려."

김구는 안악에서 교육계몽운동에 열중하던 무렵에 활빈당(活貧黨)이라는 도적의 조직활동에 관심을 가졌던 적이 있었다. 그 무렵 김구는 그들의 신출귀몰하는 행동을 보고 그들이 비록 도적이기는 하지만 분명히 공고한 단결과 기민한 훈련을 갖춘 조직일 것이라고 생각하고, 어느 날이고 우리도 독립운동을 하자면 견고한 조직과 기민한 훈련이 없이는 성공하지 못할 터이니 도적의 결사와 훈련을 연구하여 볼 필요가 있다는 생각에서, 몇달을 두고 동료 교사들과 함께 알아보았으나 끝내 아무런 성과도 보지 못했다.[41]

김구는 그 일을 생각하고 김 진사에게 바짝 들러붙어 묻기 시작했다. 마음속으로는 김 진사가 동류 아닌 자기에게 자기네 내막을 상세히 들려줄지 의문이었으나, 이 기회가 아니면 평소에 애써 알아보려고 했던 것을 다시는 알 수 없을 것이라는 생각이 들었다. 그리하여 먼저 자신의 신분을 대강 설명하고 난 뒤에 김 진사에게 물었다.

"평소에 귀 단체의 조직훈련을 연구하여 보았으나 단서를 얻지 못했

---

41) 『백범일지』, p.257.

습니다. 도적을 박멸하고자 연구한 것이 아니라 뒷날 나랏일에 참고하고 응용하고자 한 일이었으니, 명료하게 설명해 줄 수 있겠습니까?"

김구가 이처럼 진지하게 묻자 김 진사는 활빈당의 내력부터 자세하게 설명했다.

"우리 비밀결사의 시원과 유래가 여러 백년으로서 이제는 자연 공공연한 비밀이 되었으나 기강이 엄밀한 탓으로 나라가 망하여 예로부터 지켜 오던 사회기강이 여지없이 무너진 오늘날에도, 조선에서 '벌[蜂]의 법'과 '도적놈의 법'은 그대로 남아 있다고 자인합니다. 노형을 북대로 생각하고, 알지 못하시는 것을 여러 말로 물어서 미안합니다. 그런 즉 노형에게 물은 어구(語句)에 대해 먼저 설명하고, 이어 조직, 훈련, 실행의 몇가지 예를 들어 말씀하오리다."

김 진사는 이렇게 말하고 나서 활빈당의 기원은 조선조 건국기까지 거슬러 올라간다고 설명했다.

"우리나라 이조(李朝) 이전은 상고할 수 없으나, 이조 이후의 도적의 계파와 시원은 이렇습니다. 도적이란 이름부터 명예롭지 않거든 누가 도적질을 좋은 직업으로 알고 스스로 행할 자가 있으리까만, 대개 불평자의 반동적 심리에서 기인된 것이외다. 이성계(李成桂)가 신하로서 임금을 치고 나라를 얻은 뒤로 당시에 두문동(杜門洞) 72인 같은 사람들 말고도 고려조(高麗朝)에 충성하는 뜻을 가진 사람들이 많았던 것은 알 수 있겠지요. 그러한 지사들이 비밀리에 연락하거나 혹은 집단을 만들어 약한 자를 구제하고 기운 것을 받치고자 하는 선의와 질서파괴의 보복적 대의를 표방하고, 외진 곳에 동지를 소집해 가지고 이조 녹을 먹는 자들과 그 자들의 족속들로 소위 양반이라 하고 백성을 착취하여 부를 누리는 자의 재물을 탈취하여 가난한 백성을 구제하던 것을 도적이라는 이름을 붙여 가지고 500여년 동안 이조로부터 압박받고 도살당해 온 것이외다."[42]

---

42) 『백범일지』, pp.258~259.

『백범일지』의 이러한 서술은 활빈당의 기원에 대하여 가장 구체적으로 언급한 것이다. 이처럼 활빈당의 기원이 조선조 건국에 반대한 고려조의 충신들의 행동에까지 소급된다는 설명은 다른 문헌에서는 찾아볼 수 없다.

일반적으로 활빈당의 기원은 조선 후기에 이르러 전국적으로 빈번하게 출몰한 화적(火賊)에 두고 있다. 거듭되는 사회혼란과 신분질서의 동요 속에서 많은 농민들이 몰락하고 이들 가운데 일부가 조직적으로 무장을 갖추고 부호집이나 양반집을 습격하는 이른바 화적이 되었다. 1876년 개항 이후 농민층의 분화가 더욱 가속화되면서 이들 화적집단은 전국적으로 급속하게 확대되어 1880년대 이후부터는 수십명씩 무리를 지어 출몰하는 경우가 많아졌다. 이렇게 확대된 화적집단이 1900년 초에 삼남지방을 중심으로 큰 규모로 조직화한 것이 활빈당이었다.

활빈당은 공격대상의 선정이나 노획물의 분배나 빈민구호활동 등에서 화적의 경우와는 사뭇 달랐다. 활빈당은 양반 부호, 관아, 장시, 사찰, 외국인 등을 중요한 공격대상으로 삼았는데, 그 가운데서도 탐관오리와 부호의 집에 대한 습격이 압도적으로 많았다. 또한 활빈당은 종래의 화적들과 달리 소규모의 행상들은 습격하지 않았다. 또한 탈취한 재물과 곡식의 일부를 굶주린 백성들에게 나누어 주어 자신들의 행동이 의적(義賊)활동임을 과시했다. 그리하여 활빈당이 지나가는 곳에는 그들을 따르는 무리가 증가했고, 다른 화적집단으로 하여금 활빈당으로 전환하게 하는 데에도 큰 영향을 미쳤다. 그들은 굶주린 백성들에게 재물과 곡식을 나누어 주면서 선전활동도 병행했다.

활빈당은 농민대중을 주류로 하고 보부상과 하층유생들도 포함된 연합체였다. 1900년에 유포되던 그들의 「선언서」와 「13조목 대한사민논설(十三條目大韓士民論說)」은 식량수출 금지, 외국인에 대한 철도부설권 및 광산 등의 양도금지, 토지소유의 평균화, 보부상에 대한 가혹한 세금의 금지, 국내 상업자본의 보호, 악형의 금지 등 농민과 영세상인의 요망사항을 요구한 것이었다. 그런데 활빈당의 「선언서」나 「13조목」 요구는 기본적으로 왕도사상(王道思想)에 입각해 있었다. 그것은 물론 기존 질서의 옹호의 입장이 아니라 그 반대로 자연평등에 의한 빈부격차의 타파와 나라의 혁신을 위한 현실비판 이데올로기였다.[43]

이러한 활빈당에 대하여 김구가 깊은 관심을 가지고 동료 교사들과 함께 연구해 보았다는 사실은 눈여겨볼 만한 가치가 있다. 김구와 함께 서대문감옥에서 수감생활을 하는 사람들 가운데는 삼남지방에서 활빈당으로 활동했던 사람들이 적지 않았던 것 같다. 그러한 무리의 '두목'의 한 사람이 김 진사였던 것이다.

2

김 진사는 이어 활빈당의 조직에 대해서 설명했다. 그의 설명에 따르면, 강원도에 근거를 둔 사람들의 조직은 '목단설'이라 했고 삼남에 있는 조직은 '추설'이라고 불렀다. 그리고 '북대'라는 것은 우매한 자들이 그때그때 작당하여 민가나 털고 약탈하는 자를 가리키는 말이었다. 목단설과 추설에 속한 도당끼리 서로 만나면 초면에도 옛 친구처럼 동지로 인정하고 서로 도우지만, 북대에 대해서는 두 설이 한결같이 적대시하는 규율을 정해 놓았다. 그것은 북대는 만나기만 하면 무조건 죽인다는 것이었다.

목단설과 추설의 두 최고수령을 '노사장(老師丈)'이라 부르고, 그 아래 사무를 총괄하는 사람과 각 지방 주관자를 '유사(有司)'라고 했다. 두 설에서 공동으로 크게 판을 벌이는 것을 "큰장 부른다"고 했고, 두 설이 독자적으로 부하를 소집하는 것을 "장 부른다"고 했다.

"큰장은 종전에는 해마다 한차례씩 불렀으나 지금에 이르러서는 재

43) 姜在彦, 『近代朝鮮の變革思想』, 日本評論社, 1973, pp.80~109, 김영작, 『한말내셔널리즘연구』, 청계연구소, 1989, pp.361~368 참조.

알이[일본인을 가리키는 말]가 하도 심하게 구는 탓에 폐지했습니다. 종전에 큰장을 부른 뒤에는 어느 고을을 털든지 큰 시장을 치는 운동이 생긴 것이외다. 큰장을 부르는 본뜻은 도적질만 하는 것이 아니고 설의 공사(公事)를 처리하는 것인데, 그때에 큰 시위로 한차례 하는 것이외다. 큰장을 부르는 통지에서 각도, 각 지방의 책임자에게 부하 누구누구 몇명을 파송하라 하면 어김없이 가는데, 흔히 큰 시장이나 사찰로 부르게 되지요. 소명을 받고 출정하여 갈 때에는 돌림장수로, 중으로, 상주로, 양반행차로, 형형색색 별별 형식으로 가장해서 갑니다."

김 진사가 말한 목단설이나 추설, 북대 같은 명칭은 희한하게도 『백범일지』에만 나오는 말이다.

1880년 후반 이후 활빈당과 관련하여 체포된 도적은 200명 정도였던 것으로 집계되는데,[44] 그 활동상에 비하여 조직체계에 대해서 밝혀진 것이 거의 없다. 이처럼 조직의 실상이 베일에 가려져 있는 것은 활빈당이 전국적으로 하나의 조직체계를 가진 집단이 아니었고, 체포된 뒤에도 철저하게 비밀이 유지될 만큼 조직관리가 잘 되어 있었기 때문일 것이다.

활빈당은 활동지역에 따라서 크게 세 파가 있었던 것으로 알려져 있다. 첫번째 것은 1900년3월에 충청도 내포(內浦)지역에서 조직된 이래 주로 충청도와 경기도 지역을 중심으로 활동한 조직이고, 두번째 것은 1900년8월쯤부터 경상도 청도(淸道), 언양(彦陽), 경주(慶州) 접경 지역의 운문령(雲文嶺)을 근거지로 낙동강 동쪽의 경상도 지역에서 주로 활동한 조직이며, 세번째 것은 소백산맥을 끼고 전라도의 동부지역과 낙동강 서쪽의 경상도 서부지역에서 주로 활동한 조직이었다. 이들은 50명 내지 100명씩의 인원을 가지고 독자적으로 활동했고, 필요에 따라서 서로 연계관계를 유지하기도 했다.[45]

---

44) 朴贊勝, 「活貧黨의 活動과 그 性格」, 《韓國學報》 제35집, 一志社, 1984, p.135.
45) 위의 글, p.120.

김 진사가 "볼 만했다"면서 실감나게 이야기하는 하동(河東)의 화개장(花開場)에서 큰장을 불렀을 때의 활빈당의 행동은 극적이었다.

"사방에서 장을 보러 오는 사람이 길 가득히 몰려들어올 때에 거기에 섞여 도적놈들도 들어오지요. 장이 한창일 즈음에 어떤 행상(行喪)이 들어오는데, 상주가 삼형제요 그 뒤에는 상복 입은 사람들과 말을 타고 호상하는 사람도 많고, 상여는 비단으로 맵시 있게 꾸몄고, 상여꾼도 일제히 소복으로 차려입었습니다. 시내에 들어와서 큰 주점 뜰에 상여를 세우고 나서 상주들은 죽장을 짚고 '아이고! 아이고!' 하고 상여 앞에서 곡을 합니다. 상여꾼들에게 술을 먹일 때에 어떤 호상객 한명이 개장국 한그릇을 사 가지고 상주에게 권합니다. 상주가 온순하게 그 사람을 향하여 '무슨 희롱을 못해서 상주에게 개장국을 권하는가? 그리 말라' 하여도, 개장국을 권하던 호상인은 도리어 강권하여 기어이 상주들에게 개장국을 먹이려 합니다. 온유하던 상주들도 차차 노기를 띠고 거절합니다.

'아무리 무례한 놈이기로 초상 상주더러 개장국 먹으라는 놈이 어디 있느냐?'

'친구가 권하는 개장국을 좀 먹으면 못쓰느냐?'

이렇게 차차 싸움이 됩니다. 다른 호상인들도 싸움을 말린다고 야단을 치는 바람에 장꾼들의 눈이 다 그리로 집중되어 웃기를 마지아니 할 즈음에 상주 삼형제가 죽장을 들어 상여를 부수고 널을 깨고 널뚜껑을 확 잡아 젖히자 시체는 없고 5연발 장총이 가득 들었습니다. 상주와 호상꾼과 상여꾼이 총 한자루씩을 들고, 사방 길목을 지켜 출입을 막고, 시장에 놓인 돈과 집에 쌓아 둔 부상[負商: 등짐장수]들의 돈 전부를 탈취하여 가지고 쌍계사(雙溪寺)에서 공사를 마치고 헤어졌습니다.

노형이 황해도에 사시니까 연전에 청단장(青丹場)을 치고 곡산군수(谷山郡守)를 죽인 소문을 들었을 것입니다. 청단장을 칠 때에는 내가 총지휘로 도당을 영솔했습니다. 나는 어떤 양반의 행차로 가장해서 사인교를 타고 따르는 하인들을 늘여 세워 호기 있게 달려들어 시장 사무를 무사히 마치고, 질풍뇌우(疾風雷雨)같이 곡산 군아(郡衙)를 습격했습니다. 군수놈이 하도 인민을 못살게 군다기에 죽여 버렸지요."

"노형의 금번 징역이 그 사실 때문이오?"

"아니요. 만약 그 사실이라면 5년만 지겠습니까? 이미 징역을 면하기 어렵게 되었기로 간단한 사건을 실토했더니 5년형을 받았소."[46)]

이어 김 진사는 활빈당의 조직유지 방법에 대해서 설명했다.

"조직방법에 대하여는 근본 비밀결사인 만큼 엄밀하고 기계적이므로 설명을 충분히 해드리기 어려우나, 노형이 연구하여 보아도 단서를 얻지 못했다는 점에서부터 말씀하지요. 도당은 수효만 많고 정밀치 못한 것보다는 수효가 적어도 정밀한 것을 목적으로 하기 때문에 각도, 각 지방 책임유사에게 매년 각 분설에서 자격자 한명씩을 정밀 조사하여 보고케 합니다. 눈빛이 굳세고 맑고, 아래가 맑고, 담력이 옹골차고, 성품이 침착할 것 등 몇가지를 갖춘 자를 은밀히 보고하면, 설의 지도부에서 보고 올린 유사도 모르게 다시 비밀조사를 해보고, 조사가 서로 부합될 때에 그 설 책임유사에게 맡겨 합격자를 도적놈으로 만듭니다. 합격자는 물론 자기에 대하여 보고하고 조사하는 것을 전혀 모르게 합니다. 책임유사가 노사장의 분부를 받들어 자격자의 훈련을 착수하는데 그 방법은 이렇습니다. 먼저 그 자격자가 즐기고 좋아하는 것을 알아보고 여색을 좋아하는 자에게는 미색으로, 술을 즐겨 마시는 자에게는 술로, 재물을 좋아하는 자는 재물로 극진히 정을 베풀어 환심을 사서 친형제 이상으로 정의가 밀착케 된 뒤에 훈련을 시작하는 것입니다."

『백범일지』는 김 진사가 훈련 방법의 일단을 다음과 같이 소개했다고 자세하게 적어 놓았다. 훈련을 맡은 책임자가 자격자와 같이 어디 가서 놀고 밤이 깊은 뒤에 같이 돌아오다가 어떤 집 문 앞에 와서 "잠시 동안만 이 문 밖에서 기다려 주면 내가 이 집에 들어가서 주인을 보고 곧 나

---

46) 『백범일지』, pp.259~261.

오겠다"고 말하고 집 안으로 사라진다. 자격자는 아무것도 모르고 문 밖에서 기다리고 있다. 이때에 갑자기 안마당에서 "도적이야!" 하는 고함소리가 나고 그 집 주위로 벌써 포교가 달려들어 우선 문 앞에 서 있던 자격자를 포박하고 안마당에 침입했던 책임자를 포박하여 깊은 산골로 끌고 가서 신문을 시작한다. 주로 자격자에게 70여종의 악형으로 고문을 해서 자기가 도적이라고 말하면 그 자리에서 흔적 없이 죽여 버리고, 끝끝내 도적이 아니라고 고집하는 자는 포박을 푼 뒤에 외진 곳에 데리고 가서 며칠 동안 술과 고기를 잘 먹여서 입당식을 거행한다. 입당식에서는 책임유사가 정석에 앉고 자격자를 앞에 꿇어앉히고 입을 벌리라 한 뒤에 칼을 빼어 그 끝을 자격자의 입안에 넣고 "위아래 이빨로 칼끝을 힘껏 물어라" 하고 호령한다. 그리고 칼을 잡았던 손을 놓고 나서 다시 자격자에게 "하늘을 쳐다보아라. 땅을 내려다보아라. 나를 보아라" 하고 호령한 뒤에 칼을 입안에서 빼어 칼집에 넣고는 자격자에게 선언한다.

"너는 하늘을 알고 땅을 알고 사람을 안즉 확실히 우리의 동지로 인정한다!"

식을 마친 뒤에는 입당자를 데리고 정식으로 강도질 한차례를 하고, 빼앗은 장물을 신입당원까지 고르게 나눈다.

"이렇게 몇차례만 동행하면 완전히 도적이 됩니다."[47]

3

김 진사의 설명에 매료된 김구는 계속해서 활빈당의 조직유지 방법에 대해서 더욱 자세히 물었다.

"동지가 사방에 흩어져 움직이니 동지들이 서로 모르는 사람도 많을 것이고, 그러면 서로 만나서 충돌을 피하기 어렵고 여러 가지 불편할 터

---

47) 『백범일지』, pp.261~262.

인데, 동지들은 서로 무엇으로 표별합니까?"

"그렇지요. 우리의 표식은 자주자주 고치는 까닭에 영구히 정해진 것은 없지만 반드시 표식은 있습니다. 한 예를 들면 연전에 어떤 여관에 대상(大商) 몇명이 숙박하는 것을 알고 밤중에 도당을 이끌고 침입하여 재물을 약탈하는데, 갑자기 좌중에 낯을 땅에 대고 꿈쩍을 못하는 놈들 가운데 한 놈이 반벙어리 말로 '에구, 나도 장 담글 때에 추렴돈 석냥 내었는데요' 하고 우리끼리 통하는 표별을 말했습니다. '저놈, 방자스럽게 무슨 수작을 하니, 저놈부터 동여 앞세워라' 하고 끌고 와서 문답해 보니까 확실히 동지였습니다. 그런 경우에는 그 동지까지 장물 나누는 것을 같이 하는 것이 법입니다."

김구는 또 물었다.

"나는 더러 듣기를 도적한 장물을 분배하다가 싸움이 되어 그 때문에 탄로가 나서 체포된다고 하니, 그것이 결점이 아니오?"

"그것이 소위 북대의 소행이지요. 우리 계통 있는 도적은 절대로 그런 추태가 없습니다. 첫째로 우리는 임시임시로 도적질을 자주 하는 것이 아니고 1년에 한번, 많아야 두세번에 불과합니다. 장물 나누는 데는 더욱 예로부터 정한 규칙에 의하여 분배합니다. 백분에 몇분은 노사장에게로, 그다음 각 지방의 공용 몇분, 조난당한 유족의 구제비 몇분 등을 먼저 제한 뒤에, 극단의 모험을 감수한 자에게 장려금까지 주고 나서 평균 분배하므로 그런 폐는 결코 없습니다."

김 진사는 이렇게 힘주어 대답하고, 자기네 법에 「4대 사형죄」가 있다고 설명했다. 첫째로 동지의 처첩을 간통한 자, 둘째로 체포되어 신문당할 때에 동지를 실토한 자, 셋째로 도적질할 때에 장물을 몰래 빼돌린 자, 넷째로 동지의 재물을 강탈한 자가 그것에 해당한다는 것입니다.

"포교(捕校)는 피하여 멀리 도주하면 혹시 생명을 보존할 수 있지만, 우리 법의 사형을 받고 그물을 빠져나가기는 지극히 어렵습니다. 그리고 도적질을 하다가 싫어지든지 나이 많아져서 도당에서 물러나기를 청원하여도, 동지가 급한 경우에 자기 집에 숨겨 주는 한가지 일만은 응낙한다는 서약을 받고 난 뒤에 행락을 면제하여 줍니다."

"행락이 무엇이오?"

"도적질을 일컬어 행락이라 하지요."

"만일 행락을 하다가 포교에게 체포되면 생환시킬 방법은 없습니까?"

"여보, 우리라고 잡히는 족족 다 죽는다면 여러 백년 동안에 근거가 소멸되었을 것이오. 우리 떼설이가 민간에만 있지 않고 사환계[仕宦界: 관계], 더구나 포도청과 군대의 요직을 가지도록 했다가 어느 도에서 도적이 잡힌 뒤에 서울로 보고가 오면 자연히 바른 도적 곧 설과 가짜 도적 북대를 변별할 수 있으니 북대는 지방처결에 맡기고 바른 도적은 서울로 압송하여 동료를 실토한 자는 사형시키고 자기 사실만 공술한 자는 기어이 살려서 옷과 밥을 공급하다 출옥시킵니다."[48]

포도청이나 군대의 요직에 강도단의 조직원이 침투해 있었다는 김 진사의 말은 놀랍다. 그러나 실제로 그러한 사실이 있었는지는 확인할 수 없다. 정부의 공식문서를 비롯하여 당시의 신문기사나 개인저술 등 어떠한 자료에도 그러한 기록은 보이지 않는다.

활빈당이 체포된 동료들을 구출하기 위하여 많은 노력을 기울였던 사실은 당시의 신문지상에 보도되고 있다. 먼저 동료들이 죽거나 심한 고문을 당하지 않도록 해당 관아를 협박하여 동료들의 안전을 도모한 다음에 구출에 나섰다. 경상북도 선산군(善山郡)에서는 일본헌병대에 체포되어 선산군옥에 갇힌 동료들을 구출하기 위하여 50~60명의 무리가 밤중에 관아를 습격하여 옥을 부수고 동료를 구출한 일도 있었고,[49] 충청도에서는 압송 중인 동료를 총을 들고 습격하여 구출한 일도 있었다.[50]

---

48) 『백범일지』, pp.261~264.

49) 《皇城新聞》 1906년12월4일자, 「雜報: 賊奪賊囚」.

50) 《皇城新聞》 1907년5월22일자, 「雜報: 囚賊失賊」.

그런데 김구와 함께 김 진사를 만난 최명식은 이때의 일을 김구와 다르게 회상했다. 우선 김 진사를 만나게 되는 계기부터 다르다. 최명식은 자기가 같은 감방에 있던 강도범 한 사람에게 천자문(千字文)을 가르쳐 준 일이 있었는데, 그 강도는 그것을 고맙게 여겨서 자기에게 여러 가지로 편리를 보아 주려고 애썼다고 적었다. 김구는 김 진사가 충청도 괴산 사람이라고 말했다고 했으나, 최명식은 그가 평양사람이고 이름은 김종명(金鍾明)이었다고 기억했다. 김종명은 구한국의 군인이었고, 군대해산 뒤에 의병으로 활동하다가 뒤에 강도가 된 사람이라는 것이었다.[51]

최명식의 서술은 군대해산 뒤에 각지에서 활동한 군인 출신 의병들과 활빈당의 연관관계를 시사하는 구체적 사례라는 점에서 눈여겨볼 만하다. 1907년의 군대해산 뒤에 해산당한 군인들 가운데는 활빈당에 가담하는 사람도 없지 않았을 것으로 생각된다. 또한 을사조약이 강제되고 활빈당의 지도부가 무더기로 체포된 1905년 이후에는 활빈당은 개별적으로 의병부대에 참가하거나 독자적으로 의병부대를 편성하여 항일투쟁을 벌이기도 했다.[52] 최명식도 김종명으로부터 강도들의 조직과 규율, 탈취한 재물과 곡식의 분배 방법 등 "강도세계에 대한 많은 이야기"를 들었다고 했는데, 그 내용은 『백범일지』에 기술된 것과 비슷하다. 그러나 최명식은 김종명이라는 사람의 이야기를 『백범일지』와는 달리 아주 간략하게 언급하는 데 그쳤다. 그것은 활빈당의 조직과 활동에 대한 김구와 최명식의 관심의 차이 때문이었을 것이다.

김구는 김 진사의 이야기를 듣고 큰 감동을 받았다. 그리고 다음과 같이 자괴하고 있어서 매우 흥미롭다.

> 내가 국사(國事)를 위하여 원대한 계획을 품고 비밀결사로 일어난

---

51) 崔明植, 앞의 책, p.48.
52) 朴贊勝, 앞의 글, pp.147~150; 朴在赫, 「韓末 活貧黨의 活動과 性格의 變化」, 《釜大史學》 제19집, 부산대학교 사학회, 1995, pp.503~506.

신민회(新民會) 회원의 한 사람이지만 저 강도단에 비하면 아무것도 아니다. 우리의 조직과 훈련이 아주 유치한 것을 깨닫고 자괴를 금할 수 없었다.[53]

김구는 그 뒤에도 김 진사에게서 여러 가지를 배웠다. 사람을 처치하는 방법도 자세히 배웠다. 이때에 배운 비밀수법은 뒷날 김구가 임시정부의 경무국장 직무를 수행하면서 일본밀정과 배신자를 처단할 때에 활용되었다.[54] 그뿐만 아니라 김 진사가 설명한 활빈당의 활동방법은 김구가 한인애국단(韓人愛國團)과 같은 비밀투쟁을 추진하는 데에도 큰 영향을 미쳤을 것으로 짐작된다. 김구는 오랜 망명생활 속에서도 한번도 체포된 적이 없었는데, 그것은 김 진사에게서 배운 '옥중수업'에 힘입은 바가 컸을 것이다.

53) 『백범일지』, p.264.
54) 『백범일지』, p.307.

4. 이름을 김구(金九)로, 호를 백범(白凡)으로

1

김구는 체포된 뒤에 일본경찰의 혹독한 고문을 받고 이민족의 부당한 재판을 거쳐 서대문감옥에서 옥살이를 하면서 인생관이 크게 바뀌었다. 그것은 반일의식(反日意識)이 뼈에 사무치게 강화된 것이었다. 김구는 그러한 의식의 변화 과정을 다음과 같이 진솔하게 써 놓았다.

> 나의 심리상태가 체포된 이전과 이후에 큰 변동이 생겼음을 깨달았다. 체포되기 이전에는 십수년 동안 성경을 들고 교회당에서 설교하거나 교편을 잡고 교실에서 학생을 교훈했으므로, 일 하나하나마다 양심을 본위로 삼아서, 사심(邪心)이 생길 때마다 먼저 자기를 책하지 않고는 감히 다른 사람의 잘못을 책하지 못하는 것이 거의 습관이 되었다. 그런 까닭에 학생들과 친지들 사이에 충실하다는 신망을 받고 지냈고, 그러므로 범사에 추기급인[推己及人: 자기로부터 실천하여 남에게 미침]이 습관이 되었건만 어찌하여 불과 반년 만에 심리에 큰 변동이 생겼는가 연구해 보았다.
>
> 그것은 경시총감부에서 신문을 받을 때에 와타나베놈이, 17년 뒤에 다시 마주 앉은 오늘의 김구(金龜)가 17년 전 김창수(金昌洙)인 것도 모르면서, 대담하게 자기 가슴에는 X광선을 붙여서 나의 출생 이후 지금까지의 일체의 행동을 투시하고 있으니 터럭만큼이라도 숨기면 당장 때려죽이겠다고 협박하던 때부터 시작된 것이다. 태산처럼 크게 상상되던 왜놈이 그때부터 겨자씨와 같이 작아 보였다. 무릇 일곱 차례나 매어달려 질식된 뒤에 냉수를 끼얹어 회생시킴을 당하여도 마음은 점점 강고해지고, 왜놈에게 국권을 빼앗긴 것은 우리의 일시적 국운 쇠퇴요, 일본으로는 조선을 영구 통치할 자격이 없음이 불 보듯

확연한 일로 생각된다.[55)]

이처럼 모진 고문과 고통은 기독교 교리에 충실하면서 양심을 본위로 행동하던 김구의 가치관을 크게 바꾸어 놓은 것이다. 그리하여 고문을 받을수록, 정신을 잃을수록 김구의 제국주의 일본에 대한 적개심은 점점 강력해져 갔다. 그것은 15년형을 선고받아 살아서 감옥을 나갈 가망은 없을 것이라고 생각되어, 비록 "육체로는 복역을 하나 정신으로는 왜놈을 짐승처럼 여기고, 쾌활한 마음으로 죽는 날까지 낙천생활을 하기로" 결심한 뒤에 겪은 심리변화였다.

또한 김구는 조사받을 때에 "소위 고등관이라고 모자에 금테를 둘셋씩 붙인 놈들"과 주고받았던 말을 회상했다. 고등관들은 김구에게 일본 천황의 신성불가침의 권위를 과장하고, 천황이 재가한 법령에 대하여는 행정관이라도 조금도 범위를 벗어나는 행동을 할 수 없다면서, 조선인민들도 천황의 적자(赤子)인 만큼 일시동인(一視同仁)으로 대하여 공이 있는 자에게는 상을 주고 죄가 있는 자에게는 벌을 주되 관리가 법령에 따라 공평하게 시행한다고 말했다. 그리고 또 그들은 관리가 자기에게 좋게 하는 사람에게는 죄가 있어도 벌하지 않고 자기가 미운 사람은 가벼운 죄도 무겁게 벌하던 구한국 시대와는 하늘과 땅의 차이가 있다고 혀가 닳도록 과장하여 말했다. 그런 말을 한 일본인 관리에게 김구는 며칠 뒤에 다음과 같이 말했다.

"당신이 말하기를, 안악에 가보니까 급료의 많고 적음을 불문에 부치고 오직 성심으로 학교만 잘 되도록 애쓰는 선생이라고 인민 일반으로부터 추앙받는 것을 보면 김구는 지방의 유공자 가운데 하나라고 하지 않았소? 더욱이 나에게는 오늘까지 범죄사실이 없고 상을 받을 사람의 열에는 있을망정 죄를 받을 만한 사실로 인정될 것은 없으니, 어서 석방하

---

55) 『백범일지』, p.238.

면 곧 학교로 돌아가 개학하겠소."

그러자 그 일본인 관리는 다음과 같이 대답했다.

"네가 그런 줄은 안다마는 전답을 사들인 지주로서 그 전답에 있는 뭉우리돌을 골라내는 것이 상례 아니냐? 네가 아무리 범죄사실을 자백하지 않아도 너의 동류가 다 너를 우두머리라 하였으니, 그것이 증거가 되어 끝내 죄를 면하기 어렵다."

이에 김구가 "관리로서 법률을 무시하는 것 아니오?"라고 반문하자 그 일본인 관리는 관리를 희롱한다고 미친 개 모양으로 날뛰면서 죽도록 매질을 했다. 이때에 김구는 다음과 같이 결심했다고 썼다.

> 왜놈이 나를 뭉우리돌로 인정하는 것은 참 기쁘다. 오냐, 나는 죽어도 왜놈에게 대하여 뭉우리돌의 정신을 품고 죽겠고, 살아도 뭉우리돌의 책무를 다하고 말리라는 생각이 깊이 새겨진다. 나는 죽는 날까지 왜마(倭魔)의 이른바 법률을 한 가닥이라도 파괴할 수만 있으면 계속 행하고, 왜마의 희롱을 유일한 오락으로 삼고, 보통사람으로 맛보기 어려운 별종 생활의 진수를 맛보리라.[56]

서대문감옥의 수인들이 끼니 때마다 올리는 기도가 마침내 이루어졌다. 메이지 천황이 1912년7월30일에 사망한 것이다. 김구가 서대문감옥에 수감된 지 열달이 지난 때였다. 그로부터 두어 달이 지난 9월에 일본정부는 대사면을 단행했다.

일본인들은 사역장에서 일하던 죄수들을 한자리에 집합시킨 다음 메이지 천황의 사망과 그에 따른 대사면을 발표했다. 보안법 위반으로 2년형을 받은 사람들은 형이 면제되어 그날로 석방되었다. 강도형의 경우 종신형인 안명근은 본인의 주장대로 감형에서 제외되었으나, 김홍량을 비

56) 『백범일지』, p.239.

롯한 대부분의 동지들은 7년이 감형되어 8년이 되었다. 김구는 8년이 감형되어 7년이 되었다. 15년형을 받은 사람들 가운데 김구 혼자 8년을 감형받은 점이 주목된다. 10년, 7년, 5년형을 받은 동지들도 차례로 감형을 받았다. 몇달 뒤에 메이지 천황의 부인이 사망하여 또 한차례의 사면으로 김구는 2년이 더 감형되어 형기가 5년으로 줄었다. 그는 이미 2년을 보냈기 때문에 이제 남은 형기는 3년이 되었다.

이때부터 김구는 다시 세상에 나가서 활동할 수 있겠다는 희망을 갖게 되었다. 그리하여 김구는 밤낮으로 다시 세상에 나가서 무슨 일을 할까 생각했다. 이때의 심정을 김구는 다음과 같이 술회했다.

> 나는 본시 왜놈이 이름지어 준 뭉우리돌이다. 뭉우리돌의 대우를 받은 지사 가운데 왜놈의 가마솥인 감옥에서 인간으로서 당하지 못할 학대와 수모를 겪고도 세상에 나가서는 도리어 왜놈에게 순종하며 남은 목숨을 이어 가는 자가 있으니, 그는 뭉우리돌 가운데도 석회질을 함유했으므로 다시 세상에 던져지면 평소의 굳은 의지가 석회같이 풀리는 것과 같다. 그러므로 나는 다시 세상에 나가는 데 대하여 우려가 적지 않았다. 만일 나도 석회질을 가진 뭉우리돌이라면 만기 이전에 거룩한 정신을 품은 채로 죽었으면 좋지 않을까 생각했다.[57)]

의리의 세계에서 변절만큼 수치스러운 것은 없다. 살아서 출옥할 것이 전망되는 시점에 이르러 김구가 자신의 변절 가능성을 우려하여 차라리 거룩한 정신을 품은 채로 만기 이전에 죽는 것이 좋지 않겠느냐는 비장한, 그러나 매우 인간적인 고뇌를 하는 것은 그의 반일의식이나 애국심이 관념적인 것이 아니라 바로 실천적 윤리의식과 융합되어 있었음을 말해 준다.

---

57) 『백범일지』, p.267.

김구는 결코 변절하지 않겠다고 굳게 결심했다. 그는 그 결심의 표시로 이름 '구(龜)'를 '구(九)'로 고치고, '연하(蓮下)'라는 호를 '백범(白凡)'으로 고쳤다. 그리고 그것을 옥중동지들에게 알렸다. 이름을 고친 것은 일본의 호적에서 벗어나겠다는 의지의 표시였고, 백범의 '백(白)'자는 가장 천한 직업인 백정(白丁)에서, '범(凡)'자는 범부(凡夫)에서 따온 것이었다. 호를 백범으로 고친 것에 대하여 김구는 "감옥에서 여러 해 연구에 의하여 우리나라 하등사회, 곧 백정 범부들이라도 애국심이 지금의 나 정도는 되어야 완전한 독립국민이 되겠다는 원망을 가지자는 것이다"라고 설명했다.58)

이처럼 김구가 이름과 호를 바꾼 것은 일시적 충동에서 나온 것이 아니라 여러 해 동안 숙고한 결과였다. 이렇게 하여 마침내 "백범(白凡) 김구(金九)"는 한국 현대사에서 가장 평범하지 않은 호칭이 되었다.

김구는 뜰을 쓸고 창을 닦을 때마다 하나님에게 이렇게 기도했다.

"하나님, 우리도 언젠가 독립정부를 건설하거든 나는 그 집의 뜰도 쓸고 유리창도 잘 닦는 일을 해보고 죽게 하여 주소서!"

그것은 김구가 '왜놈의 불가마'인 감옥에서 스스로 걱정하듯이 석회질의 뭉우리돌이 아니라 딴딴한 강철 덩어리로 달구어지고 있었음을 보여 주는 기도였다.

---

58) 『백범일지』, p.267.

25장

하와이 한인사회의 '황금의 해'

1. 두달 반 동안 하와이 군도 순회하며 전도 강연
2. 한인중앙학교를 남녀공학으로
3. 《태평양잡지》의 "길게 준비하는" 논설
4. '산넘어 병학교' 개교 예배에서 "믿음" 강조

1. 두달 반 동안 하와이 군도 순회하며 전도 강연

1

이승만은 1913년5월14일에 호놀룰루를 출발하여 7월 말까지 두달 반 동안 여러 섬들을 순방했다. 동남쪽의 하와이(Hawaii) 섬과 마우이(Maui) 섬을 방문할 때에는 국민회 하와이지방총회 회장 박상하(朴相夏)가 동행했고, 6월26일부터 서북쪽의 카우아이(Kauai) 섬을 방문할 때에는 국민회 총무 안현경(安玄卿)이 동행했다. 안현경은 이때부터 평생을 이승만의 성실한 협조자로 봉사했다. 이때의 이승만의 하와이 군도 순방은 그가 2년 전에 국내에서 했던 37일 동안의 전국 순방과는 또 다른 "한국의 발견"이었다. 그것은 농장노동자로 이민 온 동포들을 만나서 그들의 생활상을 직접 돌아보고 그들을 통하여 자신의 비전을 얼마나 성공적으로 실천할 수 있을지를 탐색하는 기회였기 때문이다.

하와이, 마우이, 카우아이, 몰로카이(Molokai), 라나이(Lanai), 카호울라웨(Kahoolawe), 니하우(Niihau), 그리고 호놀룰루가 있는 오아후(Oahu)의 여덟개 유인도와 부속도서로 이루어진 하와이 군도는 1898년에 미국에 병합되어 미국 총독이 통치하는 미국 영토였다. 19세기 중반부터 사탕수수 농장이 개발되면서 중국, 일본, 포르투갈, 필리핀 등 여러 나라로부터 노동자들이 유입하여 원주민과 백인과 동양인의 다민족 사회를 이루어 왔다.

한국인 이민은 1902년12월부터 시작되어 1905년7월에 일본의 간섭으로 중단될 때까지 65회의 선편으로 7,415명이 사탕수수 농장의 농업노동자로 건너갔는데,[1] 이들은 하와이 다민족 사회의 중요한 한 부분이 되었다. 그들 가운데 더러는 귀국하기도 하고 미국 본토로 이주하기도 하여

---

1) 이덕희, 『한인기독교회 · 한인기독학원 · 대한인동지회』, p.5.

이승만이 도착한 1913년 무렵에는 하와이 여러 섬에 4,533명의 동포들이 흩어져 살고 있었다.[2] 이는 하와이 군도 전체 인구 19만1,909명의 2.4%에 해당하는 것이었다. 그들 가운데는 이제 파인애플이나 커피 재배 농장을 경영하는 자작농이 된 경우도 있었고, 도시로 나가서 행상이나 식료잡화상, 채소상, 재봉소, 가구점, 서점, 여관, 이발소 등의 영업을 하고 있는 사람들도 많았다. 그리하여 1913년 현재 농장노동자는 1,403명밖에 되지 않았다.[3] 이승만은 이러한 동포사회를 '기독교국가'로 만드는 것이 자신의 소명이라고 생각했다. 하와이 군도의 여덟 섬을 조선팔도(朝鮮八道)에 비유하면서 쓴 다음과 같은 문장이 이승만의 그러한 의식을 단적으로 보여 준다.

> 이 여덟 섬에 한인 아니 가 있는 곳이 없으니 가위 조선팔도라. 섬 도(島)자와 길 도(道)자가 뜻은 좀 다르나 음은 일반이니, 이것을 과연 우리의 남조선이라 이를 만한지라. 장차 이 속에서 대조선을 만들어 낼 기초가 잡히기를 바랄지니, 하나님이 10년 전에 이리로 한인을 인도하신 것이 무심한 일이 아니되기를 기약하겠도다.…
>
> 하와이 사는 사람들이 이것을 태평양 낙원이라 하나니, 우리 고초 중에 든 민족에게 이곳이 한 낙원되기를 바라노라.[4]

한국인 이민들에 대한 선교는 감리교 선교본부로부터 일본에 파견되어 여러 해 동안 그곳에서 선교활동을 했던 와드먼(John W. Wadman) 목사가 1904년에 하와이 감리교 선교부의 감리사로 부임해 오면서 본격적으로 시작되어, 중국인이나 일본인 이민들 사이에서보다 훨씬 활발하게 진행되었다. 중국인이나 일본인 이민 노동자들은 도교, 불교, 신토[神

---

2) 《國民報》 1914년1월10일자, 「하와이 통계표」.
3) 《國民報》 1913년12월31일자, 「1913년 통계표에 기록한 바 한인통계의 각 조목」.
4) 《태평양잡지》 1914년6월호(제10호), 「하와이군도」, p.59, p.67.

이승만이 1913년5월에 마우이섬의 사탕수수 농장을 방문하고 이민동포들을 격려했다. 이승만은 가운데쯤에 어린아이를 안고 앉아 있다.

道] 등의 본국의 재래 종교를 그대로 가지고 와서 불당이나 신사(神社)를 차렸다. 그러나 한국인 이민들에게는 전통적인 토착종교가 큰 작용을 하지 않았기 때문에 기독교가 쉽게 받아들여졌던 것이다. 그리하여 한국인 이민들의 거주지마다 교회가 설립되고 교인수도 급속히 늘어갔다. 교회는 그 지역 한국인들의 사귐의 장소로, 한글을 가르치는 학교로, 또한 민족적 정체성과 사회적 권리의식을 함양하는 도장으로 발전했다.[5)]

교회는《포와한인교보(*Hawaiian Korean Advocate*)》를 발행하여 본국소식과 교회소식 등을 전하고 성경공부를 지도했다. 그리하여 교회가 생기는 곳마다 대한인국민회의 지방회[분회]가 결성되었다.

하와이 한국인 이민에 대한 선교사업은 미국 감리교회에 의하여 이루어졌다. 하와이에서는 일찍부터 조합교회(Congregational Church)가 선교사업을 벌여 왔는데, 1905년에 두 교단이 협정을 맺어서 일본인 교회와 한국인 교회는 감리교가 관할하고 중국인 교회와 하와이 본토인 교회

---

5) 유동식, 『하와이의 한인과 교회: 그리스도연합감리교회85년사』, 하와이그리스도연합감리교회, 1988, pp.54~62.

이승만이 1913년에 카우아이 섬을 방문했을 때에 그곳 사탕수수 농장에서 일하는 동포 노동자들과 함께. 이승만은 가운데쯤에 어린아이의 머리 위에 손을 얹고 서 있다.

는 조합교회가 관할하기로 했다. 급속히 성장하던 한국인 교회는 1910년의 한일합병 뒤로는 감리교 선교부와 미묘한 갈등을 빚어 왔는데, 이승만이 도착했을 때에는 심각한 상황이 벌어지고 있었다. 이승만이 호놀룰루에 도착한 바로 그날 그의 도착을 대대적으로 보도한 《스타 불러틴(*The Honolulu Star-Bulletin*)》지와 아울러 또 하나의 큰 신문인 《애드버타이저(*The Pacific Commercial Advertiser*)》지는 감리사 와드먼과 한국인 이민들 사이의 격렬한 알력을 보도하고 있었다. 그것도 역시 일본인들과의 관계에서 비롯된 문제 때문이었다. 일본계 신문 《하와이 타임스(*The Hawaii Times*)》지가 1912년10월5일자에서 호놀룰루 주재 일본영사가 와드먼에게 한인구제금 명목으로 750달러를 주었다고 보도하여 한인사회에 큰 물의가 일어난 것이었다. 한국인들은 일본영사의 구제금을 받을 필요가 없다고 주장했다. 그러나 와드먼은 그 돈은 한인기숙학교(Korean Boarding School for Boys) 보조금으로 받은 것이라고 해명하고, 이 학교는 감리교회에서 운영하는 학교이므로 한국인들이 그 운영 문제에 관여할 수 없다고 주장했다. 그러자 한국인들은 일본영사의 보조금을 받아 가면서 운영하는 학교에는 아이들을 보낼 수 없다면서 퇴학시키고, 밀스 스쿨(Mills School)에 다니는 한국인들도 동맹휴학을 하는 심각한 사태가 벌어졌다. 그것은 일본인들에게 호의적인 백인들에 대하여 품고 있던 한인사회의 반항심의 폭발이었다.

감리교회로서는 하와이 선교지역에서 한인사회가 반대하는 선교사업이란 거의 의미를 잃게 될 것이었다.[6] 왜냐하면 하와이 선교지역의 감리교인 수 가운데 한국교인 수가 60%를 넘고 있었기 때문이다.[7]

한인기숙학교는 송헌주(宋憲澍)와 박윤섭 등 한국인 교역자들의 주동으로 1905년에 한인사회에서 2,000달러를 모금한 것이 계기가 되어 해리스(Merriman C. Harris) 감독이 1만달러를 주선하고 하여 마련한 총 1만8,000달러로 펀치볼 거리와 베레타니아 거리의 모퉁이에 있는 북태평양학교[North Pacific Institute: 하이드 박사 신학교(Dr. Hyde's Theological Seminary)라고도 했다]를 사들여 1906년9월 학기부터 시작한 학교였다. 개학하기 직전인 8월에 한인감리교회가 한쪽 건물로 이사하여 학교와 교회가 같이 있었으므로 흔히 '코리언 컴파운드(Korean Compound)'로 불리게 되었다. 한인기숙학교는 6학년까지 있었는데, 첫해의 학생수는 65명이었고 미국인 교사 3명, 한국인 교사 2명이 아이들을 가르쳤다. 기숙사 감독은 한국인이었다. 이 학교는 이듬해 초에 정부가 인정하는 사립학교(Private Government School)의 인가를 받았다. 그리하여 이 학교는 하와이 감리교가 운영하는 첫번째 일반 초중등학교가 되었는데, 그것은 또한 한국 밖에 세워진 최초의 한국인 학교이기도 했다.[8]

---

6) 위의 책, p.92.

7) 이덕희, 「하와이 한인들이 하와이 감리교회에 끼친 영향 1903~1952」, 『한국사론(39) 미주지역한인이민사』, p.87 도표 참조.

8) 이덕희, 위의 글, p.98; 윤종문, 「하와이 한인중앙학원의 설립과 운영」, 《史學硏究》 제88호, 韓國史學會, 2007, pp.981~1021 참조.

2

이승만은 하와이에 오기로 결심하면서 와드먼 감리사에게도 연락했을 것이다. 이승만이 1904년에 처음 도미하면서 하와이에 들렀을 때에 만났던 와드먼은 이승만이 하와이로 가는 것을 크게 환영했을 것이다. 《애드버타이저》지는 이승만이 와드먼의 초청으로 하와이에 왔다고 보도했다.[9] 와드먼은 이승만이 하와이에 오면 한인기숙학교 운영을 비롯한 한국인 사회의 전도사업에 크게 도움이 되리라고 기대했을 것이다. 또한 당면해서는 일본영사의 기부금 750달러 때문에 야기된 난처한 국면을 전환시키는 데도 도움이 될 수 있을 것으로 기대했을 것이다. 이승만 자신은 이때의 일을 자서전 초록에서 다음과 같이 술회했다.

> 박용만(朴容萬)은 고등학교 설립을 위한 자금 모금과 나를 그 학교 교장으로 초청하는 문제를 (한국인) 지도자들과 협의하기 위하여 먼저 호놀룰루로 갔다. 내가 그곳에 갔을 때에 고등학교 설립 등을 위하여 3만달러를 모금하는 것으로 알려져 있었다. 나는 그 돈이 어떻게 쓰일지도 모르는 채 그 자금에 대하여 책임을 맡기를 원하지 않았다. 더군다나 한 큰 신문이 감리교 한인기숙학교와 선교회에 반대하는 캠페인을 벌이고 있었다. 와드먼 박사는 일본에 우호적인 백인사회와의 대립을 바라지 않았기 때문에 그 학교를 소규모로 운영할 수밖에 없었다.
>
> 한국인들은 자유교회(自由敎會: free church)를 가지고 있었다. 그들은 내가 그 교회를 지원하기를 바랐다. 내가 어떻게 그러한 학교와 교회를 지원할 수 있었겠는가? 같은 때에 밀스 스쿨의 한국인 학생들은 동맹휴학에 들어갔다. 학교는 그들에게 일본인 및 중국인 학생들

9) *The Pacific Commercial Advertiser*, Feb. 6, 1913.

에 대해서와는 달리 공휴일로 처리할 것을 거부했다. 나는 한국인들에게 그들의 계획을 그대로 추진하라고 말하고, 그러나 나는 미주 본토로 돌아가겠다고 말했다. 그들은 나를 그렇게 하게 놓아 둘 수 없었다. 타협책으로 그들은 고등학교 설립계획을 취소하고 잡지 발행을 위한 모금을 했다.[10)]

이러한 기술은 이때의 감리교 선교부와 한인사회의 불화가 얼마나 심각했는지 말해 준다. 그리고 이승만의 하와이 군도 순방이 여러 가지 상황을 배려하여 계획된 것이었음을 짐작하게 한다. 그의 목적은 자신의 권위와 영향력으로 동포들을 기독교에 입교시키는 일이었다. 그리고 백인사회와의 융화가 동포사회에 이익이 될 뿐만 아니라 국권회복에 절대로 필요하다는 것을 설득하고, 그럼으로써 백인들도 자신의 협조자로 만들어야 한다고 결심했을 것이다.

이때의 여행에 대해서는 이승만 자신이 남긴 기록이 없어서 구체적인 것은 알 수 없다. 그러나 이듬해 4월29일부터 16일 동안 하와이 섬만을 다시 방문했을 때에도 열여덟 곳에서 무려 스물다섯 차례의 집회를 열었고, 참석자도 연인원 1,138명이나 되었다는 사실[11)]로 미루어 보아, 두달 반 동안의 첫 순방 때에는 아마도 거의 모든 동포들이 이승만을 보러 몰려왔을 것이 틀림없다. 이승만의 자서전 초록에는 이때의 여행과 관련하여 "여러 섬들의 순방. 기적적인 낙마"[12)]라는 메모가 보인다. 교통편으로 말을 이용했다가 떨어지기도 했던 모양이다. 그는 이때에 아마 이스라엘 여러 지방을 다니면서 모여드는 군중에게 설교한 예수의 모습을 떠올리면서 그 특유의 열정을 쏟았을 것이다. 그것은 이듬해에 두번째 여행을 하고 쓴 다음과 같은 문장으로도 미루어 짐작할 수

10) "Autobiography of Dr. Syngman Rhee", p.23.
11) 《태평양잡지》 1914년5월호(제10호), 「하와이섬 여행기」, p.69.
12) "Autobiography of Dr. Syngman Rhee", p.23.

있다.

> 작년 이때에 내가 이리로 지나며 보아도 술과 아편과 노름으로 인연하여 인간 백만사에 흥취가 없어지고 모든 죄악 중에서 서로 잔멸(殘滅)하여 가는 태도가 사람의 사색과 의복 거처 등절에 드러나서 실로 이 문명한 시대에 대한(大韓) 인종이라고 자랑하기 부끄러운 것을 얼마 보았더니, 이번에 지나며 본즉 이것이 아직 다 없어졌다고는 할 수 없으나 그동안 정형이 대단히 변하야 참담초췌하던 얼굴이 생기가 돌며 희망이 보이고 완패한독(頑悖旱毒)하던 기상이 변하야 양순화평하게 된 자가 내 아는 친구 중에도 여럿을 보았으며 친치 못한 자 중에도 여럿이라.…[13]

그만큼 자신의 순회강연 효과가 컸다는 것이었다. 독신자가 많았던 한인 노동이민자들 사이에서는 그때까지도 술과 아편과 노름의 폐습이 계속되고 있었음을 알 수 있다.

이승만의 순회 전도 이후로 한인사회와 감리교회 사이의 갈등은 해소되고, 감리교회는 어느 해보다 크게 성장했다. 1910년 현재 762명이던 한국인 기독교 신자가 이 해에 무려 1,795명으로 급증했는데,[14] 그것은 새로 입교한 동포들이 늘었을 뿐만 아니라 그동안 감리교회를 떠나서 자유교회로 따로 모였던 교인들이 다시 감리교회로 돌아왔기 때문이었다. 그리고 그렇게 된 데에는 이승만의 영향이 크게 작용했을 것으로 짐작된다. 그리고 이때에 기독교인이 된 사람들이 뒤에 이승만의 정치적 지지기반이 되었을 것임은 말할 나위도 없다.

봄에 한인감리교회 교역자들과 평신도 지도자들의 훈련집회가 열렸

---

13) 《태평양잡지》 1914년5월호(제10호), 「하와이섬 여행기」, p.72.

14) John W. Wadman, "Report of Ex-superintendent", *Minutes of the Hawaiian Mission 1914*, p.14.

던 펄시티(Peal City) 인근의 와이파후(Waipahu)에서는 이승만의 도움으로 기도소가 다시 조직되어 정규적인 예배를 볼 수 있게 되었는데, 1914년2월의 감리교 연회에서는 이 일도 1913년의 감리교회의 중요한 성과의 하나로 보고되었다.[15] 와이파후 감리교회는 1911년에 김유순 목사가 귀국한 뒤로 이태 동안이나 예배를 보지 못하고 있었다. 감리교 연회에서 한 와드먼 감리사의 다음과 같은 보고는 하와이에 도착한 뒤 한해 동안의 이승만의 활동을 감리교회가 얼마나 높이 평가했는지 말해 준다.

"지난 한해 동안 이승만 박사는 (감리교회의) 능력의 탑이었습니다. 그의 봉사 없이 무슨 방법으로 우리가 성공적인 선교활동을 할 수 있었을지 모르겠습니다. 우리는 그가 오래오래 하와이에 머물기를 기원합니다. 우리에게는 그러한 강력한 지도자가 필요합니다."[16]

이승만은 이처럼 하와이에 도착하자마자 동포사회의 "강력한 지도자"가 되고 있었다. 이승만이 여러 섬들을 여행하면서 발견한 가장 충격적인 사실은 많은 동포 여자아이들이 아예 학교에 가지 않거나 학교에 다니다가도 부모들의 강제로 학교를 그만두고 돈에 팔려 시집을 가는 것이었다. 개중에는 중국인이나 하와이 본토인에게 팔려가서 한국말도 모르는 여자아이들이 있는가 하면, 노동을 하면서 한숨과 설움으로 세월을 보내는 어린아이들이 한둘이 아니라고 했다. 이승만은 농장노동자들의 딸들을 데려다가 교육하기로 결심했다. 7월29일에 마지막 방문지인 마우이 섬의 카훌루이(Kahului)를 떠나면서 그는 여자아이 여섯 명을 데리고 호놀룰루로 돌아왔다.[17]

여행에서 돌아온 이승만은 국민회 호놀룰루 지방회 회장 정원필과 협의하여 영어야학교를 개설하기로 하고 《국민보(國民報)》에 광고를 냈

---

15) Rudolph Zurbuchen, "Report of the Korean and Filipino Work", *Minutes of the Hawaiian Mission 1914*, p.18.

16) John W. Wadman, *op. cit.*, p.16.

17) Syngman Rhee, *Log Book of S. R.*, 1913년7월29일조.

이승만이 1913년8월에 교장직을 맡은 한인기숙학교의 학생들과 교직원들. 이승만은 학교 이름을 한인중앙학교로 바꾸었다. 이승만은 앞줄 왼쪽 끝에 앉아 있다.

다.[18] 그러나 신청자가 아무도 없었다. 단 열명이라도 신청자가 있으면 시작하려고 했으나 허사였다.[19] 그럴 때에 와드먼이 이승만에게 한인기숙학교의 교장직을 제의했다. 이승만은 와드먼의 제의를 기꺼이 받아들여 8월 말에 한인기숙학교 교장으로 취임했다.[20] 그것은 그가 1945년에 해방된 조국에 돌아올 때까지 그의 활동 근거지가 되는 하와이 동포사회를 '기독교국가'로 만들기 위한 첫 사업이었다.

18) 《國民報》 1913년8월16일자, 「영어야학」.
19) 《國民報》 1913년8월30일자, 「영어야학을 환영치 않는지」.
20) 《國民報》 1913년8월30일자, 「기숙학교 교장은 다시 이박사로」.

2. 한인중앙학교를 남녀공학으로

1

한인기숙학교는 개교 이래로 와드먼 감리사의 부인이 교장직을 맡고 있었다. 이승만은 학교 재정을 포함한 모든 운영권을 넘겨받았다. 교장직을 맡자마자 이승만은 앞으로의 학교운영 방침을 밝히고 학생들을 모집하는「학교사건에 대한 설명서」를 발표했다.[21] 그는 먼저 학교 이름을 한인중앙학교(Korean Central School)로 바꾸기로 했다. 하와이 여러 섬에는 한인교회를 중심으로 한글을 가르치는 한인학교들이 운영되고 있었는데, 그 중앙이 되는 학교라는 취지에서였다. 교사는 미국인 네댓명과 한국인 두명을 채용할 것인데, 한국인 교사는 일본과 중국에서 초빙하겠다는 의욕을 보였다. 개학일은 9월15일로 정했다. 1년 학비는 60달러인데, 학비 없이 공부하고자 하는 사람은 학교에 편지를 하면 학비를 벌 수 있는 일자리를 알선해 주겠다고 했다. 이승만이 학교 운영을 맡기 전에도 한인기숙학교 학생들은 대부분 스스로 벌어서 학비를 내고 있었다. 학생들은 방학 동안 사탕수수 농장이나 파인애플 농장에서 일하여 학비를 벌었다. 학교도 출판사업과 신발제작사업을 하고 있었는데, 학생들은 거기에서도 일할 수 있었다. 부모가 없는 학생들은 장학금을 받았다.

이승만이 한인기숙학교 운영을 맡자 동포들은 아이들을 이 학교에 보내기를 주저하지 않았다. 그가 학교 운영을 맡은 지 여섯달 만에 등록 학생수가 36명에서 120명으로 급증했다. 그것은 이승만에 대한 동포들의 신뢰와 기대를 반영하는 것이었다.

동포들만이 아니었다. 《애드버타이저》지는 9월29일자 일요판에서「한국의 선구적 편집인 겸 발행인/ 호놀룰루 학교 교사」라는 표제 아래

---

21) 《國民報》 1913년9월6일자,「雜報: 한인중앙학교」.

이승만이 한인기숙학교 교장이 된 사실을 1면 전면기사로 크게 보도했다. 기사에는 사진 넉장이 곁들여져 있었는데, 하나는 이승만의 독사진이고, 하나는 그가 감옥에서 옥중동지들과 같이 찍은 사진이며, 또 하나는 서울YMCA의 바이블 클래스 사진이었다. 그리고 그 아래에는 이승만이 편집했던 1898년의《협성회회보》1면 사진이 실렸다.

《애드버타이저》지는 이승만이 한국의 개혁을 위한 젊은 혁명가로서 감옥에서 어떤 고초를 겪었는지를 소개하고, 특히 그가 한국에서 최초로 신문과 주간지를 편집 발행한 사실을 강조했다. 그리고 미국에 건너와서 세 명문대학에서 수학한 사실을 소개한 다음, 그의 친한 친구 가운데는 윌슨(Woodrow Wilson) 대통령과 루스벨트(Theodore Roosevelt) 대통령 같은 사람들도 있다고 꽤나 과장된 설명을 덧붙였다. 기사는 이 "위대한 작은 박사(The Great Little Doctor)"가 이제 하와이 한국인들의 교육을 맡도록 초청되어 와서 자신의 교육기관을 발족시켰다고 말하고, 다음과 같은 말로 끝맺었다.

> 그는 미국땅 호놀룰루에서 자신이 꿈꾸는 새로운 한국 지도자의 역할을 할 수 있는 젊은 한국인들을 훈련시키는 일에 전력을 쏟고 있다. 그는 모반자가 아니라 한국에 가장 도움이 될 높은 이상을 향하여 진력하고 있는 애국자로 평가되어야 할 것이다.[22]

《애드버타이저》지의 이러한 기사는 이승만에 대한 백인사회의 평가를 단적으로 보여 준다. 그리고 그것은《협성회회보》의 지면 사진까지 크게 싣고 있는 데서 보듯이, 자기 홍보를 위한 이승만의 세심한 노력의 결과이기도 했을 것이다. 지면에 활용된 사진들은 이경선이 사망한 뒤에 서울에서 붙여 온 짐 속에 들어 있던 것으로 짐작된다.

---

22) *The Pacific Commercial Advertiser*, Sept. 29, 1913.

The Pacific Commercial Advertiser

KOREA'S PIONEER EDITOR AND PUBLISHER
A HONOLULU SCHOOL TEACHER

IN CHAINS IN KOREAN JAIL YARD. DR. RHEE (ON LEFT) AND SOME OF HIS JAIL CONVERTS

DR. SYNGHMAN RHEE
STUDENT-TEACHER-PATRIOT

대한광무이년샹월십이일

협성회회보

PAGE 1 OF FIRST ISSUE OF FIRST KOREAN NEWSPAPER

이승만이 한인기숙학교 교장이 된 사실을 1면 전체에 걸쳐서 보도한 《퍼시픽 커머셜 애드버타이저》 1913년9월29일자 일요판 지면.

두달 뒤인 12월에 백악관으로부터 윌슨 대통령의 딸 제시 윌슨(Jessie Wilson)의 결혼식 청첩장이 이승만에게 부쳐져 와서 화제가 되면서,《애드버타이저》지 보도의 신빙성을 한층 높여 주었다. 제시 윌슨의 결혼식 청첩장이 부쳐져 온 사실에 대해《국민보》는 1면 중앙에 이승만과 윌슨 대통령의 사진을 나란히 싣고 다음과 같이 보도했다.

> 본항 한인중앙학원 교장 리승만씨는 제작일에 워싱턴 수부로 좇아오는 우체를 받으니, 이는 미국 대통령 우드로 윌슨과 그 부인이 자기 딸 제시 윌슨의 혼례식을 위하야 청첩을 보낸 것이라. 이것이 리박사에게 대하야는 족히 영광이라 할 수는 없으되 대통령의 멀리 생각하는 뜻은 또한 감사치 않다고 말할 수 없도다.
>
> 리박사와 대통령은 다만 사분으로 친구의 의만 있을 뿐 아니라 또한 사제의 의가 있는 고로 당일 리박사가 프린스턴대학교에 있을 때에 박사의 학위를 대통령이 친히 준 것이니, 대통령은 그때에 프린스턴대학교의 교장이라. 그러므로 사제의 의와 친구의 의가 겸하야 두터우며, 대통령은 매양 다른 친구를 대하야 리박사를 소개할 때에는 흔히 말하기를 "나로 하여금 그대에게 조선을 다시 구속할 자를 소개케 하라" 하던 바이러라.…[23]

이러한 신문기사는 하와이 동포들 사이에 이승만의 위신을 한결 드높이는 일이 되었다.

이승만은 처음 한동안은 한인중앙학교의 기숙사 방 하나에서 기거하면서 학교운영에 몰두했다. 이승만은 미국인 교사 네 사람과 한국인 교사 세 사람을 채용했다. 교사들은 적은 보수에도 불구하고 헌신적으로 일했다. 학급을 8학년까지 늘리고 다른 공립학교에서 쓰는 교과서와 같은 교과서로 학과를 가르쳐서, 학교를 졸업하면 바로 공립고등학교에 진학할 수 있게 했다. 또한 일반 학과 이외에 한글과 한문을 따로 가르쳤다. 한글과 한문을 가르치기로 한 것은 "한국백성의 뇌수에 한국정신을 넣어 주어… 우리도 어찌하여야 장래에 남의 압제와 능욕을 면하며 자유

---

23) 《國民報》 1913년12월13일자, 「리승만씨에게 대통령의 청첩」.

행복을 누리고 살아볼 모든 긴요한 문제를 틈틈이 가르쳐 볼지라"[24] 라는 취지에서였다. 한글과 한문은 이승만 자신과 기숙사 관리를 맡은 프랭크 리(李) 내외가 맡아 가르쳤다.

이승만은 또한 필수 과정으로 성경반을 신설했다. 학생들의 종교활동은 고무적이었다. 학생들은 일요일 오후에 한인교회에서 특별집회를 가졌다. 첫 학기말에는 연속 특별집회를 열었는데, 이때에 학생들 가운데 아직 세례를 받지 않은 7명이 세례를 받기로 결심했다. 또한 1914년2월에는 전교생이 1주일 동안 기도회를 열었고,[25] 이어 4월에는 중앙학교 학생들이 주동이 되어 한인교회의 엡워스청년회 안에 금주회가 조직되었다. 이 금주회는 한국인 사회의 병폐인 술, 담배, 아편, 도박 등을 추방하는 운동을 벌이기 위한 것이었다.[26]

1914년2월의 감리교 연회에서 이승만이 한인중앙학교에 대한 보고를 다음과 같은 말로 시작하고 있는 데서도 우리는 하와이 한인사회를 한국을 기독교국가로 만드는 기지로 삼겠다는 그의 소명의식을 확인할 수 있다.

"한인중앙학교는 우리 선교사업의 일환으로서 제가 아는 다른 어떤 기관보다 이 섬들에서 한국인과 한인교회를 위하여 효과적이고 충실한 일을 해 왔다고 생각합니다. 젊은 남녀를 크리스천 지도자로 육성하는 것은 오늘날 한국에서 가장 긴요한 선교사업의 일부입니다. 기독교 교육에 대한 강한 욕구가 국내 국외를 막론하고 우리 젊은이들 사이에서 자라고 있습니다. 하와이는 아주 독특한 위치에 있기 때문에 우리는 어떤 다른 지역에서보다도 이러한 요구를 더욱 만족스럽고 더욱 경제적으로 충족시킬 수 있습니다. 지금은 한인중앙학교로 알려진 우리 기숙학교는

---

24) 《태평양잡지》 1913년11월호(제3호), 「한국여자기숙사」, p.45.
25) 《國民報》 1914년2월14일자, 「雜報: 중앙학원의 기도회」.
26) 《國民報》 1914년4월15일자, 「雜報: 금주회를 새로 조직」.

이승만이 여러 섬을 순방하고 호놀룰루로 돌아올 때에 데리고 온 동포 여자아이들을 맡긴 수잔나 웨슬리 홈.

이러한 사실을 입증할 책임을 맡았고 그 결과는 이미 명백합니다."[27]

이승만은 한인중앙학교의 운영을 맡은 지 다섯달 만에 이처럼 자신감 넘치는 보고를 할 수 있었던 것이다. 와드먼은 교회사업마저도 이승만의 조언을 구하게 되어, 이때부터 3년 동안 이승만은 감리교 하와이 지방선교회의 교육분과위원장직도 맡았다.

2

이승만의 한인중앙학교 운영에서 특기할 만한 것은 남녀공학을 실시한 일이었다. 그것은 의식적으로 남녀공학을 실시하려고 해서 한 것이 아니라 그럴 수밖에 없는 절박한 사정 때문이었다. 이승만은 여러 섬의 동포들을 방문하고 호놀룰루로 돌아올 때에 데리고 온 여자아이들

---

27) Syngman Rhee, "Report of the Korean Boarding School", *Minutes of the Hawaiian Mission 1914*, p.21.

이승만이 한인중앙학교의 교장직을 맡은 다음 처음 배출한 졸업생들. 이승만 옆의 여성은 이 학교의 교사 주어부켄이다.

을 감리교 여선교회에서 운영하는 수잔나 웨슬리 홈(Susannah Wesley Home)에 맡겼는데, 한인중앙학교를 개설하면서 이들도 이 학교에 입학시키려고 했다. 그러나 웨슬리 홈에서는 그 여자아이들을 한인중앙학교에 보내는 데 동의하지 않았다. 웨슬리 홈에 있는 여학생들은 이미 남녀공학인 다른 공립학교에 다니고 있었으므로 그러한 반대는 부당한 것이었다. 논란 끝에 결국 여자아이들은 한인중앙학교에 입학했고, 그러자 공부를 하겠다는 다른 여자아이들이 찾아와 마침내 학교는 남녀공학이 되었다. 그리하여 1913년11월 현재 등록된 학생 99명 가운데 18명이 여학생이었다.[28] 이승만은 일찍이 한성감옥서에서 수감생활을 할 때에 미국의 교육제도를 소개하는 「미국흥학신법(美國興學新法: 미국의 학문을 일으킨 새로운 법)」이라는 장문의 한문 논설을 쓴 적이 있는데, 그 글에서 그는 여성교육의 필요성을 강조하고 미국 초등학교의 남녀공학제도를

---

28) 《國民報》 1913년11월15일자, 「중앙학원의 정보」.

소개했다.[29] 이제 그 자신이 하와이에 와서 그것을 실천함으로써 이승만은 한국인 최초로 해외에서 남녀공학을 실천한 사람이 된 셈이다.

한인중앙학교의 남녀공학 실시는 하와이의 백인사회에서도 관심거리가 되었다. 《애드버타이저》지는 「유교사상에도 불구하고 한인학교가 남녀공학을 시도」라는 큰 제목 아래 사진 석장과 함께 한인중앙학교의 남녀공학을 소개했다.[30]

그러나 수잔나 웨슬리 홈과의 관계는 잘 해결되지 않았다. 그리하여 이승만은 학교 근처에 집 한채를 월세 35달러로 세내어 따로 여학생 기숙사를 마련했다. 웨슬리 홈에 있던 대부분의 여학생들이 이 기숙사로 옮겨와서, 1914년2월까지에는 24명의 여자아이들이 한인중앙학교 교사 주어부켄(Rudolph Zurbuchen) 내외와 한국인 부인 사감과 함께 이 기숙사에서 생활하게 되었다.[31]

이승만이 학교 운영을 맡고 난 뒤의 한인중앙학교의 또 한가지 색다른 일은 남학생들에게 병식체조를 시킨 일이었다. 학생 전원을 군대식으로 조직하여 두 소대로 한 중대를 만들고, 두 중대로 한 대대를 편성하여 1주일에 나흘씩 조련을 했는데, 그것은 박용만의 제의에 따른 것이었다. 이 학교는 이승만이 부임하기 전부터 체육에도 힘을 써서, 야구팀이나 축구팀이 시내 다른 학교 팀과의 친선경기에서 이겼다는 소식이 이따금 보도되곤 했다. 이승만은 학생들의 병식체조의 필요성보다도 박용만의 협조의 필요성을 고려하여 학생들에게 병식체조를 시키는 데 동의했을 것이다. 그리고 그것은 감리교 선교부에서도 그다지 달갑게 생각하지 않았을 것이다. 학교에는 운동을 담당하는 백인 교사도 있었으나 병식체조의 조련은 박용만이 직접 담당했다. 박용만의 훈련은 엄격하여, 비가 올 때

---

29) 『雩南李承晩文書 東文篇(二) 李承晩著作 3』, p.40. 번역문은 유영익, 『젊은 날의 이승만: 한성감옥생활(1899~1904)과 옥중잡기 연구』, pp.358~259.

30) *The Pacific Commercial Advertiser*, Dec. 14, 1913.

31) 《태평양잡지》 1914년3월호(제7호), 「호항 한인여자기숙사」, p.78.

1914년의 한인중앙학교 교사들. 왼쪽 두번째가 이승만이다.

에도 훈련을 쉬지 않았다. 구령은 모두 한국어로 했다.[32)]

하와이에 도착한 이후의 박용만의 활동도 괄목할 만했다. 그는 대한인국민회를 재미동포들의 '무형정부'로 만들어야 한다는 그의 지론을 하와이에 도착하자마자 실천에 옮겼다. 먼저 국민회 하와이지방총회를 미국정부가 인정하는 사단법인체로 만들기로 하고 1913년6월9일부로 하와이정부로부터 사단법인 인가를 받았다. 그것은 국민회 북미지방총회가 1914년4월6일에 캘리포니아주정부로부터 사단법인 인가를 받은 것보다 1년이나 앞선 것이었다. 이 인가에서 주목되는 것은 국민회 하와이지방총회가 한인들에게 경찰권을 행사할 수 있게 되었다는 사실이다. 곧, 한인 사이에 시비 사건이 있으면 국민회 경찰부장이 그 사건을 조사하여 처리하고 사건이 중대할 때에는 미국법원으로 넘기는데, 국민회의 조사와 초심이 법적 행위로 인정된 것이었다.[33)] 1913년2월에 제정된 국민회 하

---

32) 이때의 학생이었던 鄭월터 증언. 「人間李承晩百年(74)」, 《한국일보》 1975년7월4일자.

33) 「官秘 제225호: 布哇韓人國民公會ニ關スル件」, 1913년9월13일, 『不逞團關係雜件 鮮人ノ部 在歐米(二)』.

와이지방총회의 「자치규정」에는 각 구역별로 경찰부장을 선출하고 경찰부장은 동포사회를 대상으로 한 구역사법원(區域司法院)의 직무를 행하도록 되어 있는데(제59조), 그것을 미국정부로부터 정식으로 인정받았다는 뜻이다. 그리하여 국민회 하와이지방총회는 '무형정부'의 기능을 한결 강력하게 행사할 수 있게 되었다.

대표적인 권한이 인두세(人頭稅) 격인 국민의무금을 거두는 일이었다. 1912년까지는 회원들이 달마다 25센트씩 회비를 하와이지방총회로 보내어 지방총회를 운영했다. 그러다가 1913년부터는, 1912년의 샌프란시스코의 중앙총회 대표회의에서 결정한 대로, 각 회원이 1년에 의무금 5달러를 지방총회로 보내기로 하고, 지방총회는 그 가운데서 50센트를 샌프란시스코에 있는 국민회 중앙총회로 보내고 나머지 4달러50센트로 각종 자체 사업을 운영하기로 한 것이다. 또 각 회원은 소속 지방회에 달마다 25센트를 내어 지방회를 운영하게 했다. 그리고 특별한 용도의 의연금은 별도로 거두기로 했다. 따라서 회원들은 해마다 5달러 이상을 더 부담하게 되었으나, 그만큼 지방총회의 재정은 윤택해졌다.

이 일과 관련하여 주목되는 것은 호놀룰루 주재 일본총영사관이 본국 정부에 보낸 보고이다. 그 보고는 국민회 하와이지방총회가 사단법인 인가를 받은 것은 이승만의 주선에 의한 것으로 알려져 있다고 했다.[34] 앞에서 본 대로 이 무렵은 일본영사의 기부금 문제를 둘러싸고 감리교 선교부 간부들을 비롯한 백인들과 한인사회가 심한 갈등을 빚고 있었고, 백인들은 이승만에게 한국인들을 설득해 주기를 부탁하고 있던 상황이었다. 따라서 이승만이 그 타결책의 하나로 국민회 하와이지방총회가 요구하는 법인인가를 해주도록 주선했을 개연성은 배제할 수 없다. 또한 일본총영사관의 보고에는 이때에 국민회 하와이지방총회가 인정받았다고 하는 경찰권이란 행정상의 경찰권이 아니라 통역 등으로 미국경찰 업무를

34) 「機密 제20호: 在ホノルル府日本總領事館, 布哇在留朝鮮人ノ狀態 1914年11月調」, 1914년12월4일, p.28, 『不逞團關係雜件 鮮人ノ部 在歐米(二)』.

도우면서 각 지방의 한국인의 풍기를 단속하고 한국인들과 일본인들 사이의 일을 수시로 국민회 지방총회에 보고하는 역할에 지나지 않는다고 했다.[35]

박용만이 이러한 일들을 추진하는 데 가장 큰 힘이 된 것은 말할 나위도 없이 그가 주관하는 《신한국보(新韓國報)》였다. 그는 《신학국보》의 250호 발행을 계기로 국민회 하와이지방총회로부터 신문사 운영에 관한 일체의 권한을 양여받아 1913년8월31일자부터 제호를 《국민보(國民報)》로 바꾸고 사장 겸 주필로서 더욱 적극적으로 자신의 비전을 펼쳤다. 그는 국민회 하와이지방총회로부터 매달 200달러씩의 자금지원을 받았다.[36]

---

35) 위와 같음.
36) 《新韓國報》 1915년6월10일자, 「중앙총회에 온 하와이 대의원의 공첩」.

3.《태평양잡지》의 "길게 준비하는" 논설

1

하와이에 정착한 이승만이 직접적인 종교활동이나 교육활동보다도 훨씬 더 정력을 쏟은 사업은 월간지《태평양잡지》의 발행이었다. 잡지를 통하여 국민을 교화시켜야 한다는 생각은 그의 독립운동 방략과 직결되는 것이었다. 그리하여 그는 하와이에 오기 전에도 서재필(徐載弼)이나 박용만과 잡지발행문제를 상의했다.『한국교회핍박』의 집필을 마치고 나서 하와이 군도를 여행하고 호놀룰루로 돌아온 직후인 1913년9월부터 혼자서 잡지발행을 시작했다는 것은 잡지발행에 대한 이승만의 집념이 얼마나 강렬했는가를 보여 준다.《태평양잡지》라는 제호 자체도 1920년대에 이르러 범태평양회의라든가 태평양문제연구회와 같이 태평양지역을 하나로 묶어 태평양시대의 도래를 전망하는 미국 지식인사회의 사상경향과 맥을 같이하는 것이었다. 그는《태평양잡지》를 영문으로 '*The Korean Pacific Magazine*'이라고 표기하고 영문 목차도 만들었다. 한글 제호의 글씨는 자기가 직접 썼다.

이승만은 한달에 100페이지 안팎의 잡지 기사를 혼자서 썼다. 그것은 200자 원고지로 350~400장쯤 되는 분량이었다. 기사뿐만 아니라 편집도 손수하고 기사에 곁들일 사진이나 그림도 직접 마련했다.「하와이 군도」라는 글에 들어갈 섬들의 지도를 자기가 직접 그려 넣은 것이 그러한 사정을 짐작하게 한다. 출판 비용은 그의 자서전 초록의 기술에서 보듯이, 박용만의 주동으로 국민회 하와이지방총회가 고등학교 설립기금으로 모은 자금을 인도받은 것이었다. 다만 그 자금의 액수는 명확하지 않다. 이승만 자신은 자기가 도착하기 전에 국민회 지방총회가 3만달러를 모금했다고 했고,[37)]

---

37) "Autobiography of Dr. Syngman Rhee", p.23; Robert T. Oliver, *Syngman Rhee: The Man Behind the Myth,* p.122.

일본총영사관의 기록은 국민회 지방총회가 고등학교 설립기금으로 모금하는 9만달러 가운데서 이미 수납된 2,000달러를 이승만에게 제공했다고 했으며,[38] 같은 시기에 하와이에서 활동한 정두옥(鄭斗玉)은 그 액수가 3,000달러였다고 회고했다.[39] 아무튼 처음 출판 비용은 박용만의 주동으로 국민회 하와이지방총회가 제공한 것이었다.

이승만이 "길게 준비하는 잡지"로 1913년9월에 창간한 월간 《태평양잡지》의 제1권 제7호 표지. 제호는 이승만의 친필이다.

그러나 이승만은 독립 재정으로 잡지를 발행하고자 했다. 1913년11월호(통권 3호)의 다음과 같은 「본사 고백」은 그러한 그의 의욕을 드러내고 있어서 흥미롭다. 「고백」은 먼저 20센트로 매겼던 가격을 25센트로 인상한다면서 다음과 같이 광고했다.

> 본 잡지 대금은 이달부터 늘려서 매권에 25전씩 받기로 작정이니 보시는 이들에게 좀 어려울 터이나, 본사 사정을 말하면 거의 100페이지가량을 만들어 20전씩 받아 가지고는 사업이 될 수 없어 부득이하야 이렇게 함이니, 애호하시는 동포는 조량(照諒)하시오.

그러나 이미 대금을 선불한 구독자에게는 그대로 잡지를 부치겠다고

38) 在ホノルル帝國總領事館, 「在布哇朝鮮人事情 1925年 12月調」, 金正柱 編, 『朝鮮統治史料(七)』, 韓國史料研究所, 1971, p.952.
39) 鄭斗玉, 「在美韓族獨立運動實記」, 《한국학연구》 3 별집, p.53.

말하고, 다음달부터는 대금을 선불한 정기구독자에게만 잡지를 발송하겠다면서, 그 이유를 다음과 같이 설명했다.

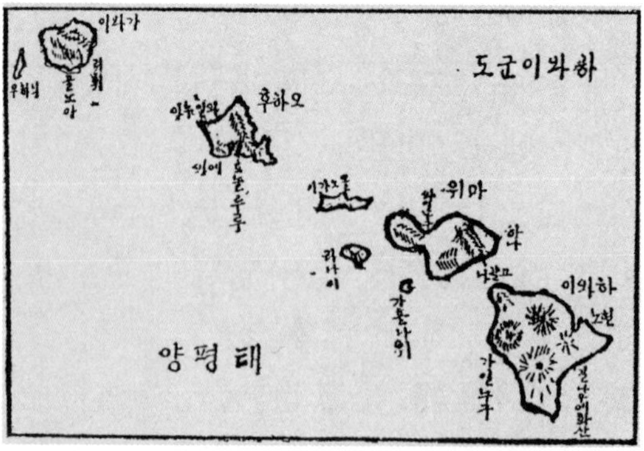

《태평양잡지》 1914년6월호에 실린 「하와이군도」에 들어 있는 하와이 군도 지도. 이승만이 직접 그린 것이다.

> 내월부터는 특별한 이유가 있기 전에는 대금을 받지 아니하고 잡지를 보내지 않을 터이니, 이는 남의 나라 사람의 보통 경위라. 우리도 이런 경위를 실시하여야 사업상 폐단도 막으며 영업상 풍기도 변할 터이니, 이는 어떤 사회에든지 이 경위가 밝히 서지 못하면 모든 영업이 발전되지 못하는 연고이라. 교분상 정의와 영업상 경위는 두가지가 피차에 성질이 다르니, 이 두가지를 소상히 구별한 연후에야 범백 사업이 흥왕할 것이며….

이승만은 이처럼 광고문에서도 훈육적인 언사를 썼다. 그러면서 그는 동포들의 의연금에 의존하여 잡지를 발행하지는 않겠다고 잘라 말했다.

> 본 잡지는 우리 동포의 의연금이나 자선주의를 힘입어 유지하자는 것이 아니니, 이는 많지 않은 사람의 많지 않은 재정으로 항상 연조하야서 큰 사업을 유지하기 어려운 연고이라. 마땅히 영업상주의로 세운 후에야 될 터이니, 몇달 경비를 들여서 잡지를 펴 놓은 후에는 수입을 받아서 경비를 꺼갈 만치 된 후에야 완전히 뿌리 잡힌 사업이 될지라.…

말하자면 시장경제의 원리를 강조한 것이었다. 그러기 위해서는 판매

부수가 많아야 했다.

> 그런즉 지금 형편으로 소불하(少不下) 2,000권가량은 발매되어야 확실한 기초가 잡혀서 차차 국한문과 영어로도 착수하여 볼지니, 이는 전수히 우리 동포가 일심으로 찬성하야 널리 전파하여 대금을 잘 받아 보내 주어 경비 범절을 담당하여 가게 만들어 주어야 될지라.…[40]

이승만은 《태평양잡지》가 2,000부는 팔려야 한다고 강조했으나 당시의 상황으로 보아 그것은 지나친 기대였다. 몇달 뒤에 그는 1,500부는 팔려야 사업이 될 수 있다고 수정했다.[41] 실제로 《태평양잡지》가 얼마나 발행되었는지는 확실하지 않다. 감리교 연회보고에는 발행부수가 1,300부라고 했으나,[42] 일본총영사관의 정보보고는 400부가량이라고도 했다.[43]

권말에 「본사 지사원」이라고 하여 하와이, 오아후, 카우아이 세 섬의 11개 지방을 비롯하여 미국 본토의 샌프란시스코와 새크라멘토, 그리고 멕시코, 중국, 일본에 각 한명씩 모두 19명 내지 20명의 이름이 열거되어 있는 것을 보면 이승만은 잡지발행 사업을 오래전부터 면밀히 준비해 왔음을 알 수 있다. 인쇄시설은 처음에는 한인감리교회의 《교회보》의 인쇄시설을 이용했으나 곧 일본으로부터 한글주자를 들여왔다.

《태평양잡지》의 내용이 어떤 것이었는지는 1914년1월부터 《국민보》에 한동안 거의 매호 실린 다음과 같은 광고로 대충 짐작할 수 있다.

---

40) 《태평양잡지》 1913년11월호(제3호), 「본사고백」, pp.102~103.
41) 《태평양잡지》 1914년2월호(제6호), 「본사정형」, p.91.
42) C. P. Hong, "Report of Korean Christian Advocate", *Minutes of the Hawaiian Mission 1914*, p.23.
43) 「機密 제20호: 在ホノルル日本總領事館, 布哇在留朝鮮人ノ狀態 1914年11月調」, p.29, 『不逞團關係雜件 鮮人ノ部 在歐米(二)』.

태평양잡지는 리박사 승만씨가 정치 종교 교육 등 모든 긴한 문제로 매월 1차씩 발행하는 글인데, 종종 고명한 기서[奇書: 기고]도 있고 간혹 재미로운 소설과 각국 유람기며 세계 현세의 대개를 들어 좋은 논설이 많으니, 유지 동포는 널리 전파하야 많이 보게 하시기 바라오.… 간사원 안현경 고백.[44)]

그리고 판권 면에는 이승만이 '사장 겸 주필'로, 안현경은 '간사원'으로 기재되어 있다.

2

이승만이 《태평양잡지》를 발행하는 취지는 「본 잡지의 주의」라는 글에 잘 드러나 있다. 이 글은 창간하고 몇달이 지나서 발표한 것인데, 그것은 여러 사람들이 보내오는 투고들이 잡지의 발행취지와 너무 동떨어진 것을 보고 잡지가 지향하는 바를 분명히 한 것이었다. 그것은 바로 그의 독립운동의 방략을 보여 주는 것이기도 했다. 보내오는 투고들은 거의가 "충분격절(忠憤擊節)하야 사람으로 하여금 피가 끓게 하는" 내용이거나 "애원비창(哀怨悲愴)한 말로 망국한과 노예된 설움을 무한히 설원(雪冤)하는" 내용들이었다. 이승만은 이러한 내용은 애국심에서 나온 것이 틀림없고 또 긴요한 것이기도 하겠으나 그것은 잡지의 취지와 맞지 않는다고 말했다. 그는 다음과 같은 말로 준비론을 피력했다.

대개 우리의 주의는 전쟁에 있지 않고 평화에 있나니, 이는 우리가 담약한 마음으로 전쟁을 두려워해서 이러함이 아니요 다만 우리가 전쟁 준비를 못하였은즉, 남에게 질 줄을 알고서 남과 싸우려 하는 것은

---

44) 《國民報》 1914년1월7일자, 「廣告」.

심히 어리석은 일이라. 우리가 준비차릴 동안에 아무쪼록 평화를 유지하는 것이 우리의 주의하는 바이며….

이승만은 이어 피 흘리지 않고 전쟁을 치를 방법이 있다면서 그 특유의 논법을 폈다.

전쟁을 아니 가지고는 종시 내것을 찾을 수 없는 줄도 깨닫지 못함은 아니라. 그러나 우리는 피 흘리지 않고 될 전쟁을 준비하고자 하나니, 이것은 사람들이 처음 듣는 말이라 응당 괴이히 여길 터이나, 이것을 이루는 방법이 두가지가 있으니, 하나는 우리의 용맹을 기름이요 또 하나는 의리를 배양함이라.

이승만에 따르면 "용맹을 기른다"는 말은 "힘을 기른다"는 뜻이며 "의리를 배양한다"는 말은 "심령상 능력"을 발달시키는 것이었다. 그리고 지금은 공의[여론]로 행세하는 시대인데, 그 공의는 곧 의리를 바탕으로 하는 것이라고 그는 설명했다. 그것은 한국교회 핍박사건[105인사건]에 대한 국제 여론이 얼마나 준엄한가만을 보더라도 짐작할 수 있다고 그는 주장했다.

오늘날 한인의 당한 처지에서 군사 10만명을 허비하고라도 능히 세상 공론을 일으켜 일본으로 하여금 고개를 숙이게 만들지 못하였을 것이어늘, 몇십명 교인이 의를 잡고 핍박을 당함으로 인연하야 각국의 공론을 일으켜 일본이 능히 씻지 못할 수욕(羞辱)을 당한지라. 이것이 곧 의리로써 세상을 이기는 능력의 증거이니, 우리가 이 능력만 많이 배양하면 전쟁을 아니하고라도 능히 우리의 국권을 회복할 수 있을지라. 이것은 우리의 이른바 피 아니 흘리는 전쟁이라 함이로다.

이승만이 강조하는 의리란 다름 아닌 기독교 정신이었다. 그것은 김구의 유교사상에 입각한 의리와 대비되는 것이어서 흥미롭다. 이 글에서 이승만이 이처럼 전쟁을 거론한 것은 이 무렵 박용만이 대조선국민군단(大朝鮮國民軍團) 창설을 준비하면서 하와이 동포들 사이에 무장투쟁론이 활발히 논의되고 있는 점을 염두에 두고 한 말이었음에 틀림없다. 그는 이 글을 다음과 같은 말로 끝맺었다.

> 본 잡지의 주의가 아무쪼록 우리 인민을 육체와 지혜와 신령상으로 두루 발달시켜 모든 일이 날로 자라서 전진하게 하고자 하노니, 대한 사람들이 장래에 아무것도 없고 말려면이어니와 만일 우리의 원하고 바라는 것이 성취하는 날이 있고저 할진대 오늘 일만 생각하여 가지고는 될 수 없으며, 지금 당한 것만 제일로 치고는 도무지 어찌할 수 없으리니, 이것을 깊이 깨달아 길게 준비하는 것이 가하다 하노라.[45]

이러한 이승만의 기본 사상은《태평양잡지》의 내용에 구체적으로 드러나 있다. 당시에 미국에서 발행되는 모든 동포신문과 잡지가 다 그랬던 것처럼《태평양잡지》도 한글 전용이었다. 그러나 그 문체로 미루어 볼 때에 이승만이 비록 국내외 동포 전부를 독자로 삼고 있기는 하지만,『독립정신』이나《제국신문》의「논설」을 쓸 때와 마찬가지로, 특히 하와이의 농업노동자들을 포함한 서민층의 계몽을 주안으로 하고 있음을 알 수 있다. 잡지가 발행되자 여러 곳에서 국한문을 혼용하라는 요구가 답지했는데, 이에 대해 이승만은 장문의「논설」로 한글의 우수성을 설명하면서 한글 전용을 하는 이유 네가지를 들었다. 그 가운데 가장 주목되는 것은 다음과 같은 주장이었다.

---

45)《태평양잡지》1914년2월호(제6호),「본 잡지의 주의」, pp.65~71.

보통 평민을 개명시키는 것이 우리의 제일 힘쓰는 바이니, 이것이 국문 숭상하는 큰 본의라.…

혹은 말하기를 중등 이상 학문 가진 사람이 수효는 적으나 실로 그 사람들이 학문을 받는 것이 유력하다 하니, 이는 지금 세상의 공화주의와 아주 틀리는 사상이라. 우리는 저 보통 평민 중 가장 다수한 인민을 가르쳐서 저 사람들이 다 보통학문을 가져서 개명 정도에 이른 후에야 고등 학식 가진 인도자들이 실로 쓸 곳이 있을 것이요 또한 나라이 실로 개명한 대우를 받으리라 하나니….[46)]

이처럼 한글전용은, 한자활자를 구하기 힘든 상황에서 편의상 쓴 것이 아니라, 독립협회운동 이래의 그의 정치사상인 평민주의의 구체적인 실천수단이었던 것이다. 그러므로 이승만의 주장에 따르며, "학문 가진 사람"들 본위의 지식인운동은 현대사회의 기본원리인 공화주의에 위배되는 것이었다.

3

이러한 발행 목적에 걸맞게 《태평양잡지》의 내용은 다양했다. 가장 많은 지면을 할애한 부문은 역시 국제정세에 관한 글들이었다. 그러나 그것은 단순한 보도가 아니라 한국의 입장에서 분석하고 비판한 논설들이었다. 창간되고 1년 동안의 지면만 대충 훑어보더라도「미국 공화사상」, 「미국 헌법의 발전」, 「윌슨 정책과 하와이 사탕」, 「파나마 운하」, 「청국 북경 소문」, 「손일선(孫逸仙) 편지」, 「중일 양국 배상문제」, 「독불 양국의 형세」, 「발칸반도」, 「일본 해군부의 협잡」, 「비행선 시대」, 「터키 형편」, 「미국의 평화운동」, 「멕시코와 각국」, 「브라질국 유람기」 등 미국식 민주

---

46) 《태평양잡지》 1913년11월호(제3호), 「국문은 조선의 대복」, p.7.

주의 원리와 세계 각국 정치상황을 다룬 글들이 주종을 이루었다. 중화민국 헌법 초안 전문을 두번에 나누어 실은 것도 흥미롭다. 또한 다른 필자의 글로는 안재홍(安在鴻, 民世)의 「인도인의 혁명운동」이라는 글이 실려서 눈길을 끈다.

이러한 논설들 가운데 특히 주목되는 것은 뒷날 그의 정치노선과 관련하여 야기된 논쟁의 배경을 이해하는 데 도움이 될 만한 두편의 글이다. 하나는 1913년11월호(제3호)에 실린 「내치 자주」이고 또 하나는 1914년1월호(제5호)에 실린 「필리핀 독립」이다. 이승만이 이 논설들을 쓴 이유는 다음과 같은 것이었다.

> 일본이 연전에 조선을 병합할 때에 세상에 광포(廣布)한 말이, 우리가 조선을 합병하는 것은 미국이 필리핀을 관할함과 영국이 아일랜드를 관할함과 같이 한다 하였나니, 이는 잠시 남의 역사를 빌어다가 자기들에게 유익하도록 인증하고저 함이다. 우리는 다 소상히 보아서 알아야 이 중에서 스스로 배우는 것이 생겨서 우리도 어찌하는 것이 좋을는지 앞길을 예비할지라.[47]

「내치 자주」는 1870년 무렵부터 전개되어 온 아일랜드 자치운동[이른바 Home Rule 운동]의 역사를 설명한 것인데, 이승만은 한국인이 일본에 대하여 내정 자치를 요구해야 한다는 주장을 직접으로 하지는 않았으나, 다음과 같은 서술은 내정 자치를 현실적으로 타당한 것으로 인식하고 있었음을 시사해 준다.

> 지금 한인의 학식이 자치 권리를 주장할 만치 되어 가지고 자치운동을 행하야 세상의 공론을 돌려놓을진대 일본 주권자들이 병력으로

---

47) 《태평양잡지》 1913년11월호(제3호), 「내치 자주」, p.10.

세상 이목을 영영 가리울 수 없을지라. 이렇게 만들어 놓으면 일본 주권자들이 저희 이해를 비교하야 우리 한인의 자치운동을 도와서 일하기를 영국 총상[總相: 수상]이 아일랜드의 자치당파를 위하여 일한 것 같이 하지 말라는 대가 없을지라.[48]

한국인은 당장은 자치권을 요구할 만큼도 '학식'이 발달되어 있지 못하다는 주장이었다. 이러한 주장이 바로 독립전쟁을 전개할 군대를 양성해야 한다는 박용만 등 동포지도자들의 일반적인 주장과 일치하지 않는 것이었음은 말할 나위도 없다.

「필리핀 독립」은 미국의 필리핀 정책을 극단으로 미화해서 설명한 글이었다. 이승만은 미국-스페인 전쟁으로 미국이 필리핀을 차지한 것을 "미국 남북방이 전쟁하야 흑노[黑奴: 흑인 노예]를 자유시킨 본의로 필리핀 사람들을 차차 발달시켜 자유 독립을 주고저 하는 뜻"[49]에서라고 설명했다. 그러면서 그는 필리핀 독립문제와 관련된 버지니아주 출신 하원의원 존스(Willam A. Jones)의 제안을 자세히 소개했다. 존스는 1913년부터 8년 기한으로 필리핀 임시자치정부를 수립하여 시험한 다음에 자치능력이 인정되면 완전 독립을 허용하고 또 미국, 영국, 독일, 프랑스, 러시아, 일본, 스페인이 조약을 맺어 필리핀을 영세중립국으로 만들자고 제의했다. 이 제의는 논란 끝에 채택되지 않았으나, 이승만이 그 내용을 소상하게 설명한 것은 그것을 한국 독립의 모델이 될 만한 방안으로 생각했기 때문이었을 것이다. 그러면서 이승만은 필리핀 독립의 시기상조를 비유하는 한 시사만화 이야기를 소개했다. "이 그림은 각국에 많이 전파된 자이라"라는 설명을 덧붙여 소개한 그 그림은 바다 위에 큰 손이 나와서 새 새끼 한마리를 받치고 있는 그림이라고 했다. 새는 아직 날개가 나지

48) 위의 글, p.14.
49) 《태평양잡지》 1914년1월호(제5호), 「필리핀 독립」, p.62.

않았는데도 몸을 치솟아 날고자 하나 그 손을 벗어나면 넓은 바다에 빠질 수밖에 없음을 설명하는 그림이라는 것이었다. 그 새의 이름이 필리핀이라고 했다.[50]

국내문제를 다룬 글은 많지는 않으나, 조선총독부의 예산이나 한국인에 대한 증세(增稅), 의병장(義兵長) 체포 소식 등의 기사가 보인다.

어떤 계기에서였는지는 알 수 없으나 『하멜표류기』를 연재한 것도 인상적이다. 또한 음악과 풍속의 역사를 여성 복장 설명까지 곁들여 가며 길게 설명한 「춤과 노래」라는 에세이도 있고, 윤치호(尹致昊)의 애국가 작사 사실을 소개한 「애국가와 찬미가」라는 글도 있다. 「사상의 능력」과 같은 다분히 설교조의 논설도 있고, 「한국과 청국 모르핀 악습」, 「사진 혼인」, 「이민문제」 등과 같은 사회문제를 다룬 논설도 있다.

소설도 이따금 실렸다. 내용은 한국의 이야기에서부터 터키나 아프리카를 무대로 한 이야기 등인데, 작가의 이름이 없는 것을 보면 이 소설들은 이승만이 다른 사람의 작품을 번안한 것이었던 것 같다. 하와이 동포사회에 관한 글이 많은 것은 당연한 일이었다. 특히 기독교와 이승만 자신이 맡고 있는 한인중앙학교 및 여자기숙사 문제에 관한 이야기가 자주 실렸는데, 그것은 이 기관들의 운영문제를 두고 국민회 지방총회와 의견대립이 있음을 동포들에게 알리고 지원을 얻기 위한 것이었다.

이러한《태평양잡지》의 논지를 이승만의 반대파들이 어떻게 받아들였는가는 정두옥의 다음과 같은 평언으로 짐작할 수 있다.

> 주로 그 잡지의 주론이 영세중립을 써 왔는데, 그 논조도 우리에게 부당하거든 하물며 약한 나라로 강자에게 먹힌 것을 찬성할까부냐. 이에 인도국이 영국의 식민지가 되어서 안락을 누린다는 것, 필리핀이 미국으로부터 통치를 받는 것, 베트남이 프랑스의 식민지가 되어서

---

50) 위의 글, p.66.

다들 안전한 생활을 하고 평화로이 안전하다는 것이다. 이씨가 실로 이것을 흠선[欽羨: 공경하고 부러워함]하고 바라는 바이 아닌가.[51]

아쉽게도 1914년 하반기부터 1924년 상반기까지의《태평양잡지》가 결락되어 있어서 이 무렵에 이승만이 강조했다는 영세중립론의 내용이 어떤 것이었는지는 확인할 수 없지만, 그의 박사학위 논문 내용이나 1918년의 위임통치 청원서의 내용과 일맥상통하는 것이었을 것으로 짐작된다.

이렇게 하여《태평양잡지》는 이승만의 독립운동의 비전을 선전하고 지지자들을 결속시키는 동시에 반대파와의 투쟁에서 큰 무기가 되었다.

51) 鄭斗玉, 앞의 글, p.66.

4. "산넘어 병학교" 개교 예배에서 "믿음" 강조

1

1914년은 하와이 한인사회의 '황금의 해'였다. 민족의 정체성을 일깨우고 백인들이나 다른 하와이 주민들에게 한인사회의 존재를 과시하는 큰 행사들이 잇따랐다. 그 일들은 이승만과 박용만이 각각 따로 추진한 것이었지만 동포들에게는 두 사람의 긴밀한 협조 아래 이루어진 것처럼 보였다. 그것은 또 일본인들을 긴장시켰다. 호놀룰루 주재 일본총영사관은 「하와이재류조선인상태 1914년11월조」라는 방대한 종합보고서를 만들어 본국정부에 보냈다.

먼저 박용만이 계획한 야심적인 행사는 2월1일의 국민회 하와이지방총회 창립 5주년 기념일을 맞아 한국인 사회의 기상을 떨칠 대대적인 이벤트였다. 그는 한인중앙학교 학생들도 이 행사에 적극적으로 활용하기로 했다.《국민보》의 다음과 같은 기사는 박용만의 의욕 일단을 보여 준다.

> (한인중앙학교) 학도대는 온전히 군대로 편제할 때에 또한 금년부터 상당한 군복을 입히고저하야 아이마다 두가지 군복을 장만하니, 하나는 미국 병정의 입는 카키 복장이요 하나는 흰 무명으로 미국 사관의 옷과 같이 하야 예복을 대신하야 입히고저 함이라. 카키 복장은 벌써 안원규(安元奎)씨 재봉소에서 짓기를 시작하야 한달 안에 다 입힐 터이요, 흰 복장은 박윤옥씨 재봉소에서 짓고저하야 현금 교섭 중.[52)]

한인중앙학교 학생들에게 미군 군복과 같은 유니폼을 만들어 입혀 가지고 대형 태극기를 앞세우고 호놀룰루 시가를 행진시킬 계획이었다.

---

52)《國民報》 1913년11월15일자, 「중앙학원의 정보」.

행사에 동원할 대상은 한인중앙학교 학생들만은 물론 아니었다. 박용만의 주안점은 중앙학교 학생들보다도 여러 섬에 흩어져 있는 구한국 군인 출신 이민들을 동원하는 데 있었다. 하와이 노동이민자 가운데는 구한국 군인 출신자들이 500명가량 섞여 있었다고 한다.[53] 이러한 준비는 그가 구상하고 있는 대조선국민군단을 결성하기 위한 기초작업이었다. 그는 국민회 하와이지방총회를 "큰 공화국 안의 작은 공화국"[54] 이라면서 동포들이 행사에 적극적으로 참가하도록 독려했다. 기념행사는 2월2일에 화려하게 거행되었다.

> 태극기와 성조기가 바람을 좇아 날리고 나팔소리와 북소리는 공기를 헤치고 나가는 때에 250명 육해군 장졸이 칼과 총을 받들어 국민 총회장을 향하야 경례함은 하와이 10년 우리가 재작일에 처음으로 보는 일이라. 오늘을 가지고 전일을 생각하면 비참한 회포도 없지 않거니와 또한 오늘을 가지고 장래를 생각하면 무궁한 희망이 창자마다 가득하도다.…[55]

이렇게 시작되는《국민보》의 행사보도가 2월4일자부터 14일까지 3회에 걸쳐서 1면 머리를 장식한 것은 박용만이 이 행사준비에 얼마나 정성을 쏟았는가를 보여 준다.

기념식 겸 신임 총회장 취임식은 오전 10시에 펀치볼의 한인중앙학교 강당에서 거행되었다. 총회장으로는 박상하가 다시 선출되었으나 그의 급작스러운 사퇴로 말미암아 서둘러 실시된 투표에서 국민보사 총무 김종학(金鍾學)이 당선되었다. 선거에 대한 논란이 없지 않았으나, 일찍이 없었던 행사준비 분위기에 휩싸여 별로 큰 문제가 되지 않았다.

---

53) 金元容, 『在美韓人五十年史』, pp.342~343.
54) 《國民報》 1914년1월31일자, 「論說: 국민공회 기념일과 국민회의 발전된 이유」.
55) 《國民報》 1914년2월4일자, 7일자, 「기념식과 취임식의 대략」.

대조선국민군단의 시가행진.

이날 행사 가운데 사람들의 이목을 집중시킨 것은 오후 1시부터 빈여드 청년회 운동장에서 열린 군사조련이었다. 각 섬에 있는 구한국 군인들은 미국의 육군이나 해군 군복을 입기도 하고 본국에 있을 때의 옛 군복을 그대로 만들어 입기도 했다. 또한 중앙학교 학도대와 누우아누신민학교 학도대, 거기에 호놀룰루 구세군 군인들도 참가한 250여명은 3개 중대와 적십자대[구세군]로 나누어 "받들어 총", "분열 앞으로", "향도 우로" 등의 구령에 따라 민첩하게 움직였다. 군사조련 순서에서 사람들이 가장 재미있게 구경한 것은 중앙학교 학도대의 산병(散兵) 조련이었다. 군대 조련에 이어 일반 남녀의 운동회가 있었다.

저녁 7시30분부터 오페라하우스에서 열린 예술행사에는 1,500명의 관객이 모였다. 예술행사의 첫 순서는 중앙학교 여학생들의 "십자(十字)"를 주제로 한 무용이었다. 《국민보》는 그것을 "이는 아마 우리 국민의 국시는 예수교로 주장하는 뜻을 보임인 듯"[56] 이라고 풀이했다. 음악과 무

56) 《國民報》 1914년2월14일자, 「국민회 기념식과 취임식의 대략(제三백호 연속)」.

용을 곁들인 연극은 국내의 어느 다섯식구 가족이 고국을 떠나서 간도로 옮아 가면서 겪는 고초를 주제로 한 것이었다.

가장 감동적인 것은 한복을 일매지게 차려입은 부인 열세 사람이 태극기를 가지고 "조선아 조선아, 우리 조선. 주인을 찾아 돌아오라"라고 노래를 부르며 하는 무용이었다. 13이라는 숫자는 13도를 상징하는 것이었다. 그리고 수잔나 웨슬리 홈에 있는 여학생들이 대한인국민회(Korean National Association)의 머리글자 KNA를 만드는 무용에 이어 마지막 순서로 중앙학교 군악대의 연주가 있었다. 그 연주를 보고 관중들은 "허리가 부러지게" 웃었다. 왜냐하면 학생 군악대의 악기는 나무와 양철로 만들어 이상한 소리를 내었고, 지휘자는 늙은 꼽추로 분장했는데, 이는 호놀룰루 군악대의 등이 굽은 늙은 지휘자의 모습을 흉내낸 것이었기 때문이다.[57] 박용만은 이날 행사의 성과에 대하여 다음과 같이 자화자찬했다.

> 5년 전 2월1일은 하와이 한인의 애국심을 합하야 한덩이에 묶어놓은 날이요 5년 후 2월1일 오늘은 곧 하와이 한인의 국혼을 불러 원기를 회복한 날이라. 이것을 말미암아 수천원 금전은 허비된 것이 있으되 이것으로 인연하야 5,000명 조선 국혼이 하와이 한인을 찾아온 것은 족히 금전으로 회계치 못할 것이로다.[58]

이승만이 이 행사에 얼마나 관여했는지는 알 수 없다. 남학생들의 군사조련을 비롯하여 여학생들의 무용, 학생군악대의 연주 등 한인중앙학교 학생들이 총동원된 것으로 보아 준비단계에서부터 협의가 있었던 것은 틀림없다. 그러나 현실주의자인 이승만으로서는 몇천달러의 경비를 들여 이러한 일회성 이벤트를 벌이는 것을 탐탁하게 여기지는

---

57) 위와 같음.
58) 《國民報》 1914년2월11일자, 「論說: 국민회 기념식과 내외인의 감화력」.

않았을 것이다. 이날의 행사비는 뒤이은 워싱턴 탄생 기념일 퍼레이드 참가비와 함께 결국 국민회 하와이지방총회의 부채로 남게 되었다. 그러나 이승만은《태평양잡지》에 이날의 행사를 소개하면서 박용만에 대하여 "이 일 한가지만 가지고라도 하와이 우리 동포들은 박학사 용만씨의 힘과 애써서 이렇듯 마련한 것은 심히 감사히 여길 일이더라"[59] 라고 칭찬했다.

국민회 창립 기념행사는 백인들에게도 퍽 인상적이었던 모양이다. 행사를 참관한 하와이의 워싱턴탄생기념행사위원회는 2월22일에 거행될 자기네의 축하 퍼레이드에 한국인 군대와 학생들이 참가해 줄 것을 요청해 왔다. 그것은 물론 경비가 수월찮게 드는 일이었지만 박용만은 기회를 놓치지 않았다. 워싱턴 탄생일 전후에는 사흘 동안 공휴일이었으므로 장정들을 동원하는 데는 큰 어려움이 없었다.《국민보》에 그날 쓸 탕건을 빌려 달라는「특별광고」가 실린 것을 보면, 국민회는 이 행사 준비에도 꽤나 힘을 기울였던 것 같다. 육군과 해군으로 편성된 장정 200명과 중앙학교 학생들, 그리고 조선조의 문무관 등의 차림을 한 중앙학교 남녀 학생들의 퍼레이드는 하와이 주민들의 이목을 집중시켰다. 영자신문들은 1면 머리기사의 첫줄을 "금년 축하 퍼레이드에서 사람들의 눈을 놀라게 한 것은 오직 한국인의 육해군 군대와 한인중앙학교 학도대의 행진이었다"라는 말로 시작했다.[60] 또한《국민보》의 다음과 같은 기사는 박용만이 이 행사에 대해 얼마나 흡족했는가를 말해 준다.

> 21일 아침에는 우리가 하와이 산천이 남의 나라 땅인 줄을 잊어버리고 의연히 대한제국 옛 천지를 보던 것이라.… 자동차 두대와 300명 군대가 가로상으로 행진할 때에 이것을 환영치 않는 자는 오직 일본

59)《태평양잡지》1914년2월호(제6호),「하와이 국민회 기념」, p.288.

60)《國民報》1914년2월25일자,「論說: 워싱턴 탄일 기념일의 특색은 오직 한인의 육해군인과 중앙학원 학도들의 병식 행진」.

친구들뿐인 듯.[61]

이승만도 이 행사를 성공적인 것이었다고 평가하면서 그것을 박용만의 공적으로 돌렸다.

이날에 우리에게 돌아온 칭찬과 외국인의 동정 얻은 것은 돈 주고 이루 살 수 없는 것을 얻은지라. 그 다소한 광경은《국민보》에 자세히 났은즉 보시면 알려니와, 이 일에 합동하여 힘쓴 동포들과 박학사 용만씨의 힘을 어찌 이루 다 치하하리오. 실로 박학사의 주선이 아니면 재정이 무한히 있고라도 능히 행할 수 없을러라.[62]

2

도쿄 조선YMCA 부총무 최상호(崔相浩)가 3월22일에 사이베리아 호(*S. S. Siberia*) 편으로 호놀룰루에 도착했다. 이승만이 한인중앙학교를 맡으면서 일본으로부터 교사를 초빙하겠다고 했던 것도 최상호를 염두에 두고 한 말이었을 것이다. 황성기독교청년회[서울YMCA]의 간사로 활동하다가 일본으로 파견되어 도쿄 조선YMCA 부총무로 일하던 최상호는 이승만이 1912년에 두번째로 도미하면서 일본에 들러 가마쿠라(鎌倉) 학생춘령회를 주재하는 것을 도왔었다. 이승만이 최상호를 하와이로 초빙한 것은 하와이에 한인YMCA를 결성하기 위해서였다. 호놀룰루에는 이미 백인들뿐만 아니라 일본인들과 중국인들도 YMCA를 가지고 있었다. 그것은 국제 YMCA 총무 모트(John R. Mott)가 1913년4월에 호놀룰루를 방문하여 호놀룰루YMCA가 일본인, 중국인, 한국인 YMCA를 조

---

61) 위와 같음.
62)《태평양잡지》1914년3월호(제7호),「워싱턴 탄일 경축」, p.88.

직하는 것이 동양 소수민족과 협동하여 활동할 수 있는 가장 좋은 방안이라고 조언한 데 따른 것이었다. 이때에 모트는 한인YMCA를 조직하는 데 적임자는 이승만이라고 천거했고, 호놀룰루YMCA는 이승만을 명예회원으로 선정했다.

이승만은 한인중앙학교 여학생 기숙사를 마련하는 일에 골몰하면서도 와드먼 감리사와 한인감리교회의 홍한식(洪翰植) 목사와 함께 한인YMCA 조직을 준비하면서 최상호를 초청한 것이었다. 이승만은 호놀룰루YMCA의 슈퍼(Super) 총무와 국제위원회의 모트에게 교섭하여 최상호에 대한 보수로 호놀룰루YMCA에서 연간 240달러, 국제위원회에서 연간 120달러를 지급하겠다는 약속을 받아 놓고 있었다.[63]

한인YMCA 결성작업은 곧바로 추진되어 4월16일 저녁에는 국민회회관에서 발기회의가 열렸다. 이 발기회의에는 슈퍼 총무 등 호놀룰루YMCA 관계자들도 참석하여 회의를 지켜보았다. 박상하가 임시회장으로, 이승만 등 세 사람이 규칙제정위원으로 선정되어 창립작업을 서둘렀다. 그리하여 4월23일 저녁에는 제2차 회의가 열려서 규칙을 통과시키고 회장 이하 간부를 선출했다. 회장에는 이승만이, 부회장에는 임시회장을 맡았던 박상하가, 서기에는 한인감리교회 목사 홍한식이 선출되었다. 최고의결기구인 의사부원으로는 이승만과 박상하를 포함하여 박용만과 국민회 총회장 김종학 등 9명이 선정되었다. 총무는 당연히 최상호가 맡게 되었다. 최상호는 한인감리교회의 전도사 일도 함께 맡았다.[64]

이승만은 YMCA의 활동을 통하여 뒷날 그의 자금문제나 조직을 도와주는 영향력 있고 재력 있는 백인들과 친밀한 관계를 맺을 수 있게 되었다. 하와이의 백인들은 이승만이 일찍이 하와이에 와서 흥중회(興中會)

---

63) Syngman Rhee, "Report of the Korean Bording School", *Minutes of the Hawaiian Mission 1914*, p.23; 《國民報》 1914년3월25일자, 「최상호씨의 도착」.

64) 「機密 제2호: 朝鮮人崔相浩渡航後ノ行動ニ關スル件」, 1915년1월7일, 『不逞團關係雜件 鮮人ノ部 在歐米(二)』.

라는 비밀결사를 조직하고 활동하다가 귀국하여 중화민국을 건설한 손문(孫文)과 같은 존재가 될지 모른다고 생각했던 것 같다.[65)]

이승만은 한인YMCA 결성 작업이 끝나자 바로 4월29일부터 16일 동안 하와이 섬을 여행했다. 그는《태평양잡지》의 원고를 집필하고 기숙사 신축공사를 감독하는 한편으로 6월19일로 예정된 한인중앙학교 제1회 졸업식을 준비하느라고 눈코 뜰 사이가 없었다. 졸업생은 다섯 사람밖에 되지 않았지만, 그것은 감격적인 일이었다. 이승만이 힘들여 준비한 것은 졸업식 자체보다도 졸업식 이튿날의 학생 연극회였다. 연극회는 오후 7시30분부터 학교 운동장의 야외무대에서 열렸는데, 남녀노소의 동포들뿐만 아니라 백인 선교사와 교육자 등 수백명이 참석했다. 연극은 "선교"를 주제로 한 다섯가지 이야기를 묶은 옴니버스였다. 맨 처음은 대원군(大院君)의 천주교 박해, 다음은 루이스(Annie Lewis)의 인도 선교, 세번째는 리빙스턴(David Livingston)의 아프리카 생활, 네번째는 손정도(孫貞道) 목사가 북경에서 일본경찰에 연행되는 이야기, 그리고 마지막은 105인사건 재판 이야기였다.

연극회는 성공적이었다.《국민보》는 "중앙학원이 성취하는 학년을 마치는 날에 일반학도는 비상한 연극을 한번 시험하야 본월 20일 저녁에 굉장한 광채를 드러낸 바… 마치는 때에는 사람마다 모두 가슴에 놀란 물결이 동하고 등에는 참 조수가 왕래한 것이라"라고 격찬하면서, 호놀룰루의 영자지의 연극회에 대한 보도까지 자세히 소개했다. 호놀룰루의 한 영자지는 이날의 연극이 두가지 의도를 내포하고 있는데, 하나는 기독교를 숭상하는 나라에 한국을 소개하여 미국 기독교도들의 동정을 얻고자 하는 것이고, 다른 하나는 하와이에 와서 정배 죄인으로 있는 한국인들에게 한국의 독립을 위하여 싸우기를 촉구하는 것이었다고 평했다

---

65) 안형주, 「이승만과 하와이 한인청년교육(1913~1923)」, 연세대학교국학연구원 편, 『미주 한인의 민족운동』, 혜안, 2003, p.152.

는 것이었다.[66] 호놀룰루 주재 일본총영사관도 이 연극회에 대해 보고하면서, 105인사건 때에 일본관헌이 피고들을 가혹하게 고문하는 장면이 관람자들에게 큰 감동을 주었다고 썼다.[67]

이해에 하와이 동포사회에서 가장 큰 화제가 된 것은 무어니 무어니 해도 8월29일 저녁과 30일에 호놀룰루 동북쪽 산너머 카할루우(Kahaluu)의 아후이마누(Ahuimanu) 농장에서 열린 병학교(兵學校) 교사 낙성식 겸 개교식이었다. 박용만의 숙원사업이던 이 병학교 설립계획은 처음에 박용만 자신과 목사인 박종수(朴鍾秀)와 봉제업을 하면서 농상주식회사를 운영하는 안원규 세 사람의 발의로 시작되었다. 카할루우의 1,660에이커의 농장을 빌려 파인애플을 재배하기로 한 박종수가 장정들을 모아 낮에는 농장일을 하고 저녁에는 군사교육을 받게 한다는 것이었다. 수익금은 모두 국민군단의 비용으로 기부하기로 했다. 안원규는 막사 건축비 1,200달러를 제공했다. 그리하여 세 사람은 4월8일에 대조

1914년8월에 호놀룰루 북쪽 카할루우 계곡의 농장에 지은 대조선국민군단 막사.

66) 《國民報》 1914년6월24일자, 「중앙학원 학생의 연극회와 본항 영문보의 언론」.
67) 「機密 제20호: 在ホノルル日本總領事館, 布哇在留朝鮮人ノ狀態 1914年11月調」, p.35, 『不逞團關係雜件 鮮人ノ部 在歐米(二)』.

선국민군단을 발족시켰다.[68] 와히아와(Wahiawa)에서 파인애플 자작농을 하던 이치경, 한태경, 한치운, 임응천도 이해 수익금을 국민군단에 바치기로 했고, 국민군단 계획에 감복한 미국인 농장주 맥팔레인은 교사 건축에 필요한 재목과 물품을 선급해 주었다.[69] 국민회 하와이지방총회는 박용만이 하와이로 오기 전에도 연무부(練武部)를 두고 각 지방 동포들에게 목총으로 군사 교련을 시키고 있었는데, 국민군단은 이러한 연무부의 사업을 발전시킨 것이었다. 박용만은 국민군단의 단장과 병학교 교장직을 함께 맡았다.

교사 낙성식은 8월29일 저녁에 열렸다. 교사는 150명을 수용할 수 있는 버젓한 2층 건물이었다. 낙성식에는 500여명의 동포들이 모였고, 참가한 학생들은 180명에 이르렀다.[70] 낙성식이 끝나자 소년구락부에서 "군인 생애"를 주제로 한 연극공연이 있었고, 병학교 학생들은 '대동풍아회(大東風雅會)'를 열어 노래와 춤으로 여흥을 즐겼다.

이튿날 8월30일은 일요일이었다. 아침 5시에 기상나팔이 울리고, 8시30분에는 예배를 보았다. 예배는 이승만이 주관했는데, 그는 "믿음"이라는 주제로 설교를 했다. 자기 자신의 능력을 믿고, 동포의 단결을 믿고, 하나님의 권능을 믿어야 비로소 발전을 이룰 수 있다는 요지의 설교였다. 개교식은 9시30분에 시작되었고, 오후 1시부터 병식운동을 비롯하여 중대훈련 및 대대관병식이 거행되었다.[71]

이 병학교는 동포사회에서 흔히 "산넘어 병학교"로, 그 학교 학생들은 "산넘어 아이들"로 불렸다. 박용만은 이 학교를 "대조선국민군단 사관학교"라고 명명했다. 180명으로 출발한 병학교의 학생수는 시기에 따라 차

68) 朴鐘秀 自筆手記, Yŏng-ho Ch'oe, "Syngman Rhee in Hawaii: His Activities in the Early Years, 1913~1915", Yŏng-ho Ch'oe ed., *From the Land of Hibiscus* p.78.

69) 《國民報》 1914년5월16일자, 「論說: 산넘어 일의 발전」.

70) 《新韓民報》 1914년9월24일자, 「雜報: 병학교 낙성연」.

71) 「官秘 제305호: 在布哇鮮人兵學校ニ關スル件」, 1914년10월9일, 『不逞團關係雜件 鮮人ノ部 在歐米(二)』.

대조선국민군단 단장 복장을 한 박용만.

이가 있으나 적어도 124명 이상이었던 것으로 알려져 있다.[72] 병학교는 군기가 상당히 엄격했고, 학도들은 야외에서는 교련을 하고 교실에서는 군사학을 공부했다. 그러나 훈련 장비는 목총, 지휘도, 권총 등으로 제한되었다. 하와이 군사령부는 한국인 장정들의 이러한 둔전식(屯田式) 군사훈련을 묵인하기는 했으나, 총기의 사용은 금지했기 때문이다.

그러나 이승만에게 가장 긴급하고 중요한 과제는 급증하는 한인중앙학교 학생들을 수용할 기숙사를 마련하는 일이었다. 대부분의 학생들이 여러 섬에서 온 가난한 농장노동자들의 아이들이었기 때문이다. 남학생 기숙사를 위해서는 이승만과 와드먼의 간곡한 요청으로 감리교 본부에서 1913년11월에 건축비 3,000달러를 특별 지원해 주었다. 이승만은 이 돈과 하와이 현지에서 모금한 1,900달러를 합한 4,900달러로 중앙학교 구내에 남학생 기숙사를 신축하여 1914년10월10일부터 사용할 수 있게 되었다. 동포들도 비품 구입비로 210달러를 헌금해 주었다. 새 기숙사는 2층 건물이었는데, 아래층에는 450명이 들어갈 수 있는 큰 식당을 비롯하여 교실 하나와 침실 두개가 있고, 2층에는 통풍이 잘 되는 침실 20개가 있었다. 식당은 저녁에는 학습실로 이용되었다. 신축된 기

72) 尹炳奭, 「1910年代 '美洲地域'에서의 祖國獨立運動」, 『國外韓人社會와 民族運動』, p.417.

숙사에는 여러 섬에서 온 76명의 학생들이 들었는데, 이들 가운데 3명은 필리핀 학생들이었다.[73]

그러나 여학생 기숙사 건축비를 지원해 주는 교회나 기관은 없었다. 이승만은 국민회 하와이지방총회가 교육용 부지로 구입해 놓은 부지를 양도해 주기 바랐으나 명의이전문제로 의견이 맞지 않아서 포기해야만 했다. 결국 여자기숙사 건축 재원은 가난한 한국인 농장노동자들의 의연금에 의존할 수밖에 없었다. 그리하여 이승만은 4월29일부터 16일 동안 하와이 섬을 순방한 데 이어, 방학기간인 7월15일부터 열흘 동안 다시 마우이 섬을 순방하면서 여학생 기숙사 신축을 위한 동포들의 의연금을 호소했다.[74] 동포들의 호응은 뜨거웠다. 1913년10월부터 1914년8월까지 여자기숙사를 위하여 각 섬의 동포들이 보내온 의연금 액수는 2,088달러60센트에 이르렀다.[75]

마침내 이승만은 7월29일에 푸우누이 애비뉴(Puunui Avenue)에 있는 건물과 부지를 2,400달러에 매입하고, 1,200달러를 들여 건물을 증축했다. 그리하여 여자아이 45명이 이곳에서 기숙하면서 한인중앙학교에 다닐 수 있게 되었다.[76] 뒷날 이승만이 프란체스카(Francesca Donner Rhee)와 결혼할 때까지 결혼도 하지 않고 헌신적으로 그를 도운 김노디(Nodie Dora Kim: 김혜숙)도 이때에 입학한 학생이었다. 이 기숙사에서 공부했던 박에스더는 이때의 이승만은 "꿈꾸는 사람"이었다고 회고했다. 많은 학생들이 이 기숙사에서 애국심에 눈이 떴다. 학생들은 아침마다 태극기를 걸어 놓고 애국가를 불렀다고 한다.[77] 한인중앙학교에는 기숙생들 말고도 호놀룰루 시내에 집이 있는 학생이 37명이 있었다. 그리하여

---

73) Syngman Rhee, "Report of the Korean Boy's School, Honolulu", *Minutes of the Hawaiian Mission 1915*, pp.21~22.

74) 《國民報》 1914년7월15일자, 「雜報: 리승만박사는 마위동포를 심방」.

75) 《호항한인여학원 재정보단》 제4호, 1916년12월, p.23.

76) 《國民報》 1914년8월1일자, 「雜報: 여자기숙사를 매입」; Syngman Rhee, "Report of the Korean Girl's Seminary", *Minutes of the Hawaiian Mission 1916*, p.27.

77) 전 YMCA 고문 朴에스더 증언, 「人間李承晩百年(71)」, 《한국일보》 1975년7월1일자.

여학생 기숙사의 45명을 합하여 등록학생수가 158명에 이르렀다.

가을의 신학기가 되자 심각한 문제가 새로 발생했다. 한인중앙학교를 졸업하고도 호놀룰루의 유일한 공립고등학교인 매킨리고등학교(Mckinley High School)에 들어가지 못하는 학생들이 생긴 것이다. 나이가 너무 많거나 그 학교에 자리가 없기 때문이었다. 그들은 사립학교에 진학할 학비가 없었으므로 한인중앙학교에서 계속해서 공부하기를 원했다. 그리하여 이승만은 이들을 위하여 자격 있는 교사를 채용하여 고등학교 1학년 과정을 실시했다. 교사 사례비를 위하여 어느 일요일에 교회에서 150달러가량의 헌금을 거두었다.[78] 와드먼의 후임으로 이해에 새로 부임한 프라이(William H. Fry) 감리사는 1914년은 한인중앙학교의 역사상 가장 빛나는 해였다고 말하고, "이 학교 교장으로서 이승만 박사가 선교회에 공헌한 훌륭한 업적은 아무리 칭찬해도 지나치지 않는다"라고 추어올렸다. 프라이는 이승만이 이러한 일을 보수도 받지 않고 했다면서 이승만은 "진정한 하나님의 사람"이라고 격찬했다.[79]

3

이 무렵에 미국으로 유학 가는 청년 세 사람이 차례로 하와이에 들렀다. 뒷날 중요한 직책을 맡아서 이승만을 돕는 임병직(林炳稷), 이원순(李元淳), 조병옥(趙炳玉)이 그들이었다.

임병직이 호놀룰루에 도착한 것은 1913년11월이었다. 임병직은 서울 YMCA 학원 때의 이승만의 제자였다. 임병직의 도미는 이승만이 국내에 있을 때에 소개해 준 신흥우(申興雨)의 도움으로 이루어진 것이었다.

임병직은 이승만의 안내로 한인중앙학교를 둘러보면서 눈물이 핑 돌

78) Syngman Rhee, "Report of the Korean Boy's School, Honolulu", *Minutes of the Hawaiian Mission 1915*, p.23.
79) William H. Fry, "Report of the Korean Work", *Minutes of the Hawaiian Mission 1915*, p.23.

왔다. 이승만은 혼자 거처하는 푸우누이 애비뉴의 조그마한 집으로 임병직을 데리고 가서 하룻밤을 자면서 한국 음식을 대접했다. 이승만은 임병직에게 "자네 샌프란시스코에 도착하면 한국인들이 많이 살고 있어서 좀처럼 그곳을 떠나고 싶지 않을 거야. 그러나 그곳에 오래 있게 되면 필시 공부할 의욕을 잃게 되고, 그리되면 미국에 온 보람을 잃게 돼. 그곳에 오래 머물 생각을 말고 바로 마운트 허먼 스쿨(Mount Hermon School)로 직행하게" 하고 학교로 직행할 것을 역설했다. 마운트 허먼 스쿨은 서울YMCA의 총무 브로크먼(Frank M. Brockman, 巴樂萬)의 모교로서, 임병직은 브럭먼의 소개로 그 학교의 입학허가를 받고 가는 길이었다.[80] 이승만의 이러한 말은 안창호(安昌浩) 등 샌프란시스코의 흥사단 사람들에게 붙들리지 말라는 경고였다. 실제로 임병직은 샌프란시스코에 도착하여 홍언(洪焉) 등 흥사단 사람들로부터 같이 일하자는 강력한 권유를 받았다.

1914년에는 조병옥과 이원순이 왔다. 조병옥은 이승만이 결의형제를 맺은 노병선(盧炳善)의 사위였고, 이원순은 임병직과 마찬가지로 YMCA 학원 때의 이승만의 제자였다. 조병옥이 도착한 것은 2월이었다.[81]

이승만은 조병옥을 반갑게 만나 노병선의 안부를 묻고는 한국의 독립은 외교에 단서가 있다고 역설했다. 조병옥은 이승만이 "무슨 과학적 근거로 그런 말을 하는지 몰라도", 외교가 우리 한국에 최대의 무기일 뿐 아니라 외교전으로서만 우리 한국의 독립을 전취할 수 있다고 강조하더라고 회고했다. 조병옥은 이때의 국제정세로 미루어 보아 도저히 납득이 되지 않았으나, 자신의 견해는 개진하지 않고 알겠다고만 말하고 작별했다고 한다.

《국민보》의 주필 박용만은 조병옥의 아버지 조인원(趙仁元)의 친구

80) 林炳稷, 『林炳稷回顧錄』, 女苑社, 1964, pp.64~73.

81) 趙炳玉, 『나의 回顧錄』, 民敎社, 1959, p.39. 趙炳玉은 1914년1월 초순에 釜山을 출발하여 東京을 거쳐 호놀룰루로 갔다.

였다. 박용만은 조병옥에게 한국의 독립을 무력전으로 해야 한다고 강조했다. 조병옥은 청일전쟁과 러일전쟁에서 승리한 일본을 상대로 무력으로 독립을 쟁취하겠다는 박용만의 말은 도저히 수긍할 수 없었다. 두 사람의 독립방략에 실망한 조병옥은 이틀 동안 하와이를 구경하고 미국 본토로 갔다고 한다.[82] 그는 뒷날 샌프란시스코로 가서 흥사단에 가입했다.

이원순은 10월에 도착했다.[83] 이원순을 보자 이승만은 "일할 사람이 하나 늘었군" 하면서 반가워했다. 그는 또 이원순에게 호놀룰루 한인사회는 말들이 많아서 일을 추진하는 데 고충이 많다는 뜻을 비치기도 했다. 이승만을 만나고 나서 동지 여섯 사람과 함께 대조선국민군단의 캠프를 방문했을 때의 감동을 이원순은 다음과 같이 술회했다.

> 군단에 도착한 우리 일행은 시종 놀라움을 금할 수 없었다. 갓 지은 병영의 위용도 놀라웠지만 연병장에서 훈련받는 생도들의 늠름한 모습은 더욱 감동적이었다. 목총을 어깨에 둘러멘 200여명의 생도들이 제식훈련을 받고 있었다. 카키색 군복을 일률적으로 착용한 생도들이 대열을 맞춰 행진하며 구령을 부르는 모습에 우리 일행은 오직 감탄할 수밖에 없었다.[84]

병학교를 둘러보고 감동한 이원순은 이승만이 아니라 바로 박용만을 도와서 일하게 되었다.

1914년 12월이 되자 하와이 한인사회에 또 하나의 큰 일이 성취되었다. 국민회 하와이지방총회의 숙원사업이던 회관 건축이 완성된 것이었다. 국민회 하와이지방총회가 독자적인 회관을 건축하기로 한 것은 1912년1월부터였다. 처음에 건축 경비로 3,000달러를 계상하고 의연금을 모

---

82) 趙炳玉, 위의 책, pp.74~75.
83) 李元淳,『世紀를 넘어서: 海史 李元淳自傳』, p.110.
84) 위와 같음.

1914년12월에 낙성한 국민회 하와이지방총회 회관 겸 국민보사 사옥.

금했으나, 동포들의 호응이 미미하여 1913년9월까지도 모인 액수는 702달러65센트밖에 되지 않았다.[85] 그것은 하와이 동포들이 1913년부터 국민의무금으로 연간 5달러씩 새로 내야 하고, 또 이승만의 교육사업비 의연 등으로 지출이 많아졌기 때문이다.

국민회 하와이지방총회는 《국민보》를 통하여 회관 건축비 모금 캠페인을 대대적으로 벌였다. 1913년12월17일자 《국민보》 머리기사는 감리교 선교본부에서 한인중앙학교 기숙사 신축비로 3,000달러를 지원한다는 보도와 함께 회관 조감도를 크게 싣고 "우리 중앙학원 기숙사는 감리교회 총회에서 지어 주거니와 우리 국민공회 총회관은 누가 장차 지어 주겠느뇨. 아마 감리교회에서 우리 회관까지는 지어 주지 않을 듯"이라고 보도했다. 또 1914년4월1일자 《국민보》는 국민회의 옹색한 재정 사정을 다음과 같이 보도했다.

총회관 신문사의 각양 경리와 각 임원의 월은[月銀: 월급]을 지발

85) 《國民報》 1913년9월20일자, 「雜報: 총회관 건축비」.

> 치 못한 것은 고사하고 각 학교 보조금도 한푼도 보내지 못하여 총장과 재무는 더욱 민망히 여기며, 또는 국민회 기념일 부비와 워싱턴 탄일 부비가 모두 빚만 되어 일만 근심이 사람을 엄습하는 가운데, 각 사회 금융기관은 의연히 옹색.[86]

그리하여 1914년6월까지도 회관 건립자금은 2,000달러 남짓밖에 모금되지 않았다.[87] 이승만은 이와 같은 보도가 몹시 못마땅했다. 그의 생각으로는 국민회 회관보다 몇배 시급한 것은 한인중앙학교의 여학생 기숙사였기 때문이다. 이승만은 여러 섬을 순방하면서도 그렇게 역설했고, 《태평양잡지》를 통해서도 그렇게 주장했다. 그러나 회관공사는 예정대로 진행되어 드디어 12월3일에 완공되었다. 그리고 12월19일에는 신축회관 중앙홀에서 낙성식이 거행되었다. 이승만도 낙성식에 참석하여 연설을 했다.[88] 그런데 공교롭게도 이 무렵의 《국민보》나 《태평양잡지》가 결락되어 있어서, 이승만이 어떤 내용의 연설을 했는지는 알 수 없다. 이날의 낙성식에는 종교관계 및 교육관계 외국인들도 많이 참석했고, 하와이 지사 핑컴(Pinkham)과 와드먼 목사도 축하 메시지를 보내왔다. 샌프란시스코의 국민회 중앙총회에서 축하장을 보내온 것은 당연했다. 공사비 총액은 4,040달러65센트였다고 보고되었다.[89]

이승만은 이 무렵 하와이의 한인사회를 자신이 구상하는 "길게 준비하는" 독립운동의 기지로 확실하게 만들기 위해서는 국민회 하와이지방총회를 자기의 직접적인 영향력 아래 두어야겠다고 결심했던 것 같다. 그 기회는 뜻밖에 빨리 다가왔다.

---

86) 《國民報》 1914년4월1일자, 「하와이의 재정공황과 총회장 총재무의 곤경」.
87) 「機密 제4호: 朝鮮人國民會布哇地方總會館新築落成光景報告ノ件」, 1915년1월8일, 『不逞團關係雜件 鮮人ノ部 在歐米(二)』.
88) 위와 같음.
89) 金元容, 앞의 책, p.139.

26장

동산평 농장의 도박풍습 퇴치

1. 4년7개월 만의 가출옥
2. 동산평 농장의 농감으로

1. 4년7개월 만의 가출옥

1

김구는 형 만기일이 2년 가까이 남은 1914년 봄에 서대문감옥에서 인천감옥으로 이감되었다. 인천감옥은 1908년의 「감옥분감설치령」에 따라 경성감옥[京城監獄: 1912년의 서대문감옥의 개칭]의 분감이 되어 있었다. 김구가 인천감옥으로 이감된 이유는 일본인 간수인 제2과장과 싸움을 했기 때문이다. 무슨 일로 싸웠는지는 알 수 없으나, 석방되더라도 결코 변절하지 않겠다고 이름과 호까지 바꾼 김구의 철저한 반일의식은 일본인 간수들이 못마땅하게 여길 만큼 저항적 태도로 표출되었을 것이다. 그리하여 그는 서대문감옥보다 노역이 훨씬 고된 인천감옥으로 이감되었을 것이다.

인천감옥의 수인들은 인천항만 건축공사에 동원되었다. 김구는 붉은 죄수복을 입은 동료 죄수 30~40명과 함께 쇠사슬에 허리를 묶여 인천감옥에 도착했다. 서로 위로하고 격려하면서 의지가 되었던 이른바 '국사범 강도'들 가운데 김구와 함께 인천감옥으로 이감된 사람은 아무도 없었다. 인천감옥에 도착했을 때의 만감이 교차하는 감회를 김구는 다음과 같이 애련하게 적어 놓았다.

> 무술년(戊戌年: 1898년) 3월9일 한밤중에 옥을 깨뜨리고 도주한 이 몸이 17년 뒤에 쇠사슬에 묶여서 다시 이곳에 올 줄 누가 알았으랴. 옥문 안에 들어서며 살펴보니, 새로이 감방을 증축하였으나 옛날에 내가 글 읽던 방과 산보하던 뜰은 그대로 있었다. 호랑이같이 와타나베(渡邊) 놈을 통렬히 질타하던 경무청은 매춘녀의 검사소로 바뀌고, 감리사(監理使)가 집무하던 내원당(來遠堂)은 잡물고가 되었고, 옛날 순검 주사들이 들끓던 곳은 왜놈의 세상으로 변해 버렸다. 마치 사

람이 죽었다가 몇십년 뒤에 다시 살아나서 자기가 놀던 고향에 와서 보는 듯하다. 감옥 뒷담 너머 용동(龍洞) 마루턱에서 옥중에 갇힌 불효자식인 나를 보시려고 날마다 우두커니 서서 내려다보시던 선친의 얼굴이 보이는 것 같다.[1]

'옥중왕'의 대우를 받으면서 생활했던 17년 전과는 달리 초라하기 이를 데 없는 모습으로 다시 들어온 인천감옥에서 김구는 정신적으로나 육체적으로나 감내하기 어려운 고통을 겪어야 했다. 정신적 고통이란 전혀 예상하지 못했던 불안감, 곧 자칫하면 자신의 전력이 당장 탄로날 수 있는 위험에서 오는 불안감 때문이었다. 그 연유는 다음과 같았다.

감방에 들어서자 서대문감옥에서 김구보다 먼저 이감된 낯익은 죄수도 더러 보였다. 그러나 세상이 바뀌고 시대가 변한 만큼 지금의 자신을 옛날의 김창수로 알아볼 사람은 없을 것이라고 김구는 생각했다. 그런데 그렇지 않았다. 어떤 한 사람이 그의 옆으로 바짝 다가앉으면서 알은 체를 했다.

"그분 매우 낯이 익은데… 혹시 당신 김창수 아니오?"

김구는 소스라치게 놀랐다. 그것은 참으로 청천벽력이었다. 김구는 그 사람의 얼굴을 자세히 들여다보았다. 그는 17년 전에 절도죄로 10년형을 선고받고 같이 복역했던 사람이었다. 주름진 얼굴에 17년 전의 모습이 그대로 남아 있었다. 눈에 띄는 변화라고는 이마에 움푹 파인 흉터뿐이었다. 김구는 짐짓 머뭇거렸다. 그러자 그는 얼굴을 더 가까이 갖다 대면서 말했다.

"창수 김 서방, 나를 모를 리가 있소. 지금 내 얼굴에 구멍이 없다고 보면 아실 것 아니오. 나는 당신이 탈옥한 뒤에 죽도록 매를 맞은 문종칠(文種七)이오."

---

1) 『백범일지』, p.268.

"그만하면 알겠구려."

김구는 문종칠이 밉기도 하고 무섭기도 했다. 마지못해 반갑게 인사를 했다. 문종칠이 물었다.

"당시 항구를 진동시키던 충신이 지금은 무슨 사건으로 들어왔소?"

"15년 강도요."

그러자 문종칠은 입을 삐죽거리며 말했다.

"충신과 강도는 거리가 매우 먼데요. 그때 당신은 우리 같은 도적놈들과 동거하게 한다고 경무관에게까지 호통을 치더니… 강도 15년 맛이 꽤 무던하겠구려."

김구는 문종칠의 빈정거림을 탓하기는커녕 그의 심기를 건드리지 않으려고 조심스럽게 말했다.

"여보, 충신 노릇도 사람이 하고 강도 노릇도 사람이 하는 것 아니오. 한때는 그렇게 놀고 한때는 이렇게 노는 게지요. 대관절 문 서방은 어찌하여 다시 고생을 하시오?"

"나는 이번까지 감옥출입이 일곱차례이니, 일생을 감옥에서 보내게 됩니다."

"징역은 얼마요?"

"강도 7년에서 5년이 되어 한 반년 뒤에는 다시 나가 다녀오겠소."

"여보, 끔찍한 말씀도 하시오."

"자본 없는 장사는 거지와 도적이지요. 더욱이 도적질에 입맛을 붙이면 별수가 없습니다. 당신도 여기서는 별 꿈을 다 꾸겠지요만 사회에 나가만 보시오. 도적질하다가 징역 산 놈이라고 누가 받자를 하오? 자연히 농공상에 접근을 못하지요. 개눈에는 똥만 보인다는 말과 같이 도적질해 본 놈은 거기에만 눈치가 뚫려서 다른 길은 밤중이구려."

"그같이 여러 번이라면 어떻게 감형이 되었소?"

"번번이 초범이지요. 옛날 일부터 다 진술하다가는 바깥바람도 못 쐬게요."

김구는 서대문감옥에 있을 때에 평소에 한패가 되어 도적질을 했다가 중형을 선고받고 복역하는 사람이 같은 패거리 가운데 횡령죄 같은 가벼운 죄목으로 들어오는 사람을 만나서 지내다가 그를 고발하여 종신형을 받게 하고 자기는 그 공로로 형을 감형받고 후한 대우를 받아, 다른 죄수들에게서 미움을 사는 것을 본 적이 있었다. 만일 문종칠의 비위를 거슬러 놓았다가는 김구 자신도 그러한 처지에 빠져들 것만 같았다.

김구는 여간 불안하지 않았다. "나의 신문기(訊問記)에 3개월 징역의 사실이 없는데도 17년이나 지워 주는 왜놈들이, 저희 군관을 죽이고 파옥한 사실만 발각되는 날은 아주 마지막이라"[2] 하고 그는 걱정했다고 한다. 자신의 신문기록에 3개월 징역의 사실이 없다는 말이 구체적으로 무엇을 뜻하는지는 분명하지 않다.

차라리 체포된 직후에 사실이 밝혀졌더라면 죽든지 살든지 마음이나 편안하게 지냈을 터인데, 온갖 모욕과 학대를 견디어 내고 이제 세상에 나갈 희망을 갖게 된 지금에 와서 뜻밖에 이처럼 새로운 위험을 당하여 김구는 기가 막혔다. 문종칠이 입만 벙긋 하는 날이면 자신의 운명은 고사하고 늙은 어머니와 처자의 형편이 어떻게 될지 모를 일이었다. 그리하여 김구는 문종칠에게 정성을 다하여 친절하게 대했다. 집에서 부쳐 주는 사식도 틈을 타서 그에게 주고, 감옥밥이라도 그가 곁에만 오면 자신은 굶으면서도 그에게 먹였다. 그렇게 불안한 생활이 반년 동안이나 계속되었다. 드디어 문종칠이 만기출옥을 하자 김구는 자신이 출옥하는 것만큼이나 후련했다.

육체적인 고통이란 축항공사장에 나가서 혹심한 노역을 하는 것이었다. 수감자들은 두 사람씩 쇠사슬로 허리를 마주 묶이어 축항공사장으로 끌려 나가서 일을 했다.

인천항은 서울과 가까운 지리적 조건 때문에 개항 이래 중국이나 일

---

2) 『金九自敍傳 白凡逸志』(親筆原稿影印本), p.164.

인천항 축항공사는 1911년부터 1923년까지 계속되었다. 김구는 서대문감옥에서 인천감옥으로 이감되어 축항공사에 동원되었다.

본과의 무역항으로 급속하게 발전했다. 무역 중심의 남항은 청일전쟁 뒤에 일본이 쌀을 반출하는 창구로 이용되어 공업 중심의 북항보다 발전 속도가 더 빨랐다. 그러나 남항은 10미터가 넘는 조수 간만의 차로 말미암아 계속해서 토사가 쌓여서 만조 때에도 대형 선박이 정박할 수 없을 만큼 조건이 매우 좋지 않았다. 이 때문에 1908년에 인천 일본인상업회의소와 인천세관은 한국 정부에 대형 선박이 드나들 수 있는 축항공사를 요구하는 청원서를 제출했다. 이 청원서에 따라 1909년부터 인천항 축항공사가 시작되었고, 1911년6월에는 '제1기 해륙연결설비확장공사'라는 대규모 공사가 착공되었다. 공사는 1923년까지 무려 12년 동안 계속되었다.[3] 일본인들은 이 축항공사에 인천감옥에 수감된 죄수들을 동원했던 것이다. 이때의 노역상황을 『백범일지』는 다음과 같이 묘사했다.

아침저녁 쇠사슬로 허리를 마주 매고 축항공사장으로 출역을 간다. 흙지게를 등에 지고 열길 높이의 사다리를 밟고 오르내린다. 여기

3) 인천광역시사편찬위원회, 『인천광역시사(2): 인천의 발자취』, 인천광역시사편찬위원회, 2002, pp.610~612.

서 서대문감옥 생활을 회고하면 속담에 누워서 팥떡 먹기라. 불과 반 나절에 어깨가 붓고 등창이 나고 발이 부어서 운신을 못하게 된다. 그러나 면할 도리는 없다. 무거운 짐을 지고 사다리로 올라갈 때에 여러 번 떨어져 죽을 결심을 했다. 그러나 같이 쇠사슬을 마주 맨 자는 거반이 인천항에서 남의 구두 켤레나 담뱃갑이나 도적질한 죄로 두세 달을 징역사는 가벼운 죄수이다. 그자까지 내가 죽이는 것은 도리가 아니다. 생각다 못해 노역에 잔꾀를 부리지 않고 죽을힘을 다하여 일했다.[4)]

김구와 같이 튼튼한 체력을 타고난 사람도 여러 차례 자살할 생각이 날 만큼 인천항 축항공사는 고된 노역이었다. 그러나 성실히 일한 덕분에 김구는 몇달 뒤에 생각지도 않은 이른바 상표를 받았다. 김구에게는 서대문감옥에서 도인권(都寅權)이 그랬듯이 그것을 거절한 만한 용기가 없었다. 그는 그것을 도리어 다행으로 생각하고 순순히 받아들였다. 이 일은 당시의 김구로서는 빨리 출옥하는 것이 얼마나 절박한 소망이었는지를 짐작하게 한다.

김구는 다른 죄수들과 함께 축항공사장을 가고 오면서 감옥문 바로 앞에 있는 물상객주 박영문(朴永文)과 안호연(安浩然)의 집 앞을 지날 때마다 문득문득 깊은 감회에 젖곤 했다. 왼쪽 첫집이 박영문의 집이고 그 맞은편 집이 안호연의 집이었다. 박영문은 17년 전에 김구의 부모가 그 집에서 일하면서 아들 옥바라지를 할 때에 각별한 호의를 베풀어 준 사람이었다. 그는 김순영(金淳永)과 동갑이라고 해서 서로 친밀하게 지냈다. 노인이 된 그는 집 문 앞에서 죄수들이 나오고 들어가는 것을 물끄러미 바라보며 서 있곤 했다. 김구는 박영문에게 달려가서 절을 하고 "나는 김창수입니다" 하고 말하고 싶었다. 그러나 그는 그럴

---

4) 『백범일지』, pp.270~271.

수 없었다.

안호연 역시 김구에게나 김순영 내외에게 극진한 정성을 다하던 사람이었다. 그도 옛날 그 집에 살고 있었다. 김구는 감옥문을 드나들면서 시나브로 그들에게 마음으로 절을 했다.

인천감옥에서의 고된 노역은 김구에게 또 다른 종류의 "왜놈의 불가마"였다. 공사장 모래뻘의 열기가 뜨거운 여름이 가고, 바닷바람이 살을 에는 겨울이 가고, 또다시 여름이 다 가고 있었다. 늦더위가 기승을 부리는 어느 날이었다. 모든 수인에게 교회당(教誨堂)으로 집합하라는 지시가 내렸다. 김구는 이유를 모르는 채 다른 죄수들 속에 섞여 교회당으로 들어갔다. 일본인 분감장이 둘러앉은 죄수들을 향하여 "55호!" 하고 김구의 수인번호를 불렀다. 어리둥절해서 대답하는 김구에게 분감장이 일어나서 나오라고 호령했다. 단상으로 걸어 나가자 분감장은 가출옥으로 석방한다고 선언했다.

김구는 꿈인 듯 생시인 듯 얼떨떨한 채로 둘러앉은 죄수들에게 머리를 숙여 보이고 간수를 따라 사무실로 갔다. 미리 준비된 흰옷 한벌을 내어 주었다. 붉은 죄수복을 벗고 흰옷으로 갈아입자 비로소 자유의 몸이라는 실감이 났다. 이날이 1915년8월21일이었다.[5] 양산학교 사무실에서 잠을 자다가 일본헌병에게 연행된 지 4년7개월 만의 일이었다.

김구가 석방되던 해에 20년형으로 감형된 안명근(安明根)과 감형특사를 거부한 도인권을 제외한 안악사건과 105인사건 관련자들은 모두 석방되었다. 105인사건으로 실형을 선고받은 윤치호(尹致昊), 양기탁(梁起鐸) 등 6명은 김구보다 앞서 2월13일에 특사로 석방되었다.[6]

총독부 기관지 《매일신보(每日申報)》는 이들의 석방뉴스를 1면 머리기사로 크게 보도하면서, 이들은 앞으로 정치운동에 가담하지 않겠다고

---

5) 朝鮮總督府亞細亞局第2課, 「要視察人名簿(1925년)」, 『白凡金九全集(4)』, 1999, p.101.
6) 《每日申報》 1915년2월16일자, 「陰謀事件受刑者特赦」.

말했다고 선전했다. 윤치호가 옥중에서 일본의 역사를 익히고 일본의 역대 천황의 이름을 외운 것을 자랑할 만한 일이라고 말했다는 이야기를 비롯하여, 평양의 안태국(安泰國)과 평안남도 중화군(中和郡)의 옥관빈(玉觀彬)의 집까지 기자가 찾아가서 그들 가족의 소감을 듣는 등[7] 조선총독부는 이들의 석방을 정치적 선전에 한껏 이용했다.

안악사건 관련자들은 이보다 늦게 석방되었다. 5년형을 선고받은 인사들은 그해 봄에 만기출옥했고, 최명식(崔明植)은 같은 해 6월에, 김구와 함께 15년형을 선고받은 김홍량(金鴻亮)은 김구와 비슷한 시기에 석방되었다.

2

감옥문을 나온 김구는 걸음걸음이 생각에 잠겼다. 박영문과 안호연 두 노인을 찾아보고 지난날의 감사의 인사를 하는 것이 도리라고 생각되었다. 그러나 두 집에 여전히 객주문패가 붙어 있는 것을 보면 안이 조용하지 못할 것은 뻔한 일이었다. 또한 김구가 두 사람을 찾아본다면 김창수라는 본명을 대어야 그들이 알아볼 것이고, 그렇게 되면 자연히 그들의 안마당까지 알려질 수밖에 없을 것이었다. 남자들은 고사하고 부인들이 자기가 왔다는 말을 들으면 20년 가까이 죽었는지 살았는지 모르던 터에 기이하다고 자연히 이야기가 퍼질 것이고, 그렇게 되면 자기의 신변이 위험천만하게 될 것이 틀림없었다. 그리하여 김구는 두 사람을 찾아보는 것을 단념하고, 차마 떨어지지 않는 발걸음을 억지로 재촉하여 감옥 안에서 친하게 지냈던 중국인의 집을 찾아갔다. 그 집에서 밤을 지내고, 이튿날 아침에 전화국으로 가서 안악(安岳)으로 전화를 걸어 아내를 불렀다. 안악전화국에서 전화를 받는 직원이 성명을 물었다.

---

7) 《每日申報》 1915년2월18일자, 「聖恩을 感泣하는 安玉兩家」.

"김구요."

"선생님, 나오셨습니까?"

"예, 나와서 지금 차 타러 나갑니다."

"예, 그러시면 제가 댁에 가서 말씀드리겠습니다."

"그만 끊겠습니다."

그 전화국 직원은 김구의 제자였다.

김구는 그날로 서울역에서 경의선 기차를 타고 신막(新幕)에서 하룻밤을 잔 다음 이튿날 사리원에서 내렸다. 선유진(船踰津)을 넘어 여물평(餘物坪)을 건너가자 신작로에 수십명이 쏟아져 나와서 김구를 마중했다. 맨 앞에 서 있던 곽씨 부인은 아들이 걸어오는 모습을 보자 눈물을 흘렸다. 그녀의 첫마디 말은 김구로 하여금 새삼스럽게 가슴이 미어지는 듯한 슬픔과 분노를 느끼게 했다.

"너는 오늘 살아오지만 너를 무척 사랑하고 늘 보고 싶다고 하던 네 딸 화경(化敬)이는 서너달 전에 죽었구나. 네 친구들이 네게 알릴 것 없다고 권하기로 기별도 하지 않았다. 일곱살도 안 된 어린것이 죽을 때에 '나 죽었다고 옥에 계신 아버지께는 기별하지 마십시오. 아버지가 들으시면 오죽이나 마음이 상하시겠소' 하더라."

이렇게 김구는 첫딸에 이어 둘째딸도 잃는 쓰라린 경험을 해야 했다. 첫딸은 8년 전에 젖먹이 때에 잃었으므로 세월이 지나면서 큰 괴로움 없이 잊을 수 있었을 것이지만, 화경의 애처로운 죽음은 아마도 김구의 일생을 통하여 지워지지 않는 마음의 상처로 남았을 것이다. 김구는 곧 안악읍 동쪽 산기슭 공동묘지에 묻힌 화경의 무덤을 찾아가서 어린 넋을 위로했다.[8] 화경이 무슨 병으로 죽었는지는 『백범일지』에도 언급이 없다.

곽씨 부인 뒤로 김용제(金庸濟) 등 수십명의 친구들이 다투어 달려들어 원한과 기쁨이 교차하는 얼굴로 인사를 했다. 김구는 돌아와서 안신

---

8) 『백범일지』, pp.272~273.

학교(安新學校)로 들어갔다. 최준례(崔遵禮)가 안신학교의 교원사무를 보면서 교실 한칸에서 살고 있었기 때문이다. 김구는 예배당에 앉아서 찾아오는 손님들을 맞았다. 유별난 옥고를 치르고 4년7개월 만에 자유의 몸이 되어 돌아온 남편을 맞는 최준례의 기쁨은 이루 말할 수 없었을 것이지만 겉으로는 매우 덤덤했다. 『백범일지』는 귀향하던 날의 아내의 모습을 다음과 같이 묘사했다.

> 아내는 극히 수척한 모습으로 여러 부인들과 같이 잠시 나의 얼굴을 보는지 마는지 하고서는 음식준비에 골몰했다. 아내는 어머님과 상의하여 내가 전에 친하던 친구들과 같이 앉아 음식 먹는 것을 보겠다는 마음으로 성심을 다하여 음식을 준비하였다.[9]

며칠 뒤에 읍내 친구들이 김구의 옥고를 위로하기 위한 자리를 마련했다. 연회는 이인배(李仁培)의 집에서 열렸다. 한쪽으로는 노인들이, 한쪽으로는 중년의 김구 친구들이, 또 한쪽으로는 김구의 제자들이 둘러앉았다. 음식이 차려질 즈음에 기생 한떼와 악기가 들어왔다. 김구는 당황했다. 그러자 몇몇 청년들이 김구를 보고 말했다.

"선생님을 오랜만에 뵈온즉 너무 좋아서 저희들은 즐겁게 좀 놀렵니다. 선생님은 아무 말씀 마시고, 여러분과 같이 진지나 잡수셔요."

노인들쪽에서도 "김 선생은 젊은 사람들의 일을 묻지 마시고 이야기나 합시다" 하면서 개의치 말라고 했다. 청년들이 한 기생을 보고 "김 선생님께 수배(壽盃)를 올려라" 하고 말하자, 그 기생이 술잔에 술을 따라 들고 권주가를 불렀다. 그러자 청년들도 일제히 일어나서 "저희들이 성의로 진상하는 수주(壽酒) 한잔을 마셔 주십시오" 하고 김구에게 잔을 권했다. 김구는 웃으면서 사양했다.

---

9) 『백범일지』, p.273.

"내가 평소에 음주하는 것을 자네들이 보았는가? 먹을 줄 모르는 술을 어찌 마시겠는가?"

김구의 사양에도 불구하고 청년들은 "물 마시듯 마셔 봅시다" 하고 기생이 들고 있는 술잔을 빼앗아 김구의 입에 대며 강권했다. 김구는 청년들의 흥을 깨뜨릴까 하여 술 한잔을 받아 마셨다. 그러는 사이에 기생들의 춤과 노래가 시작되었다.

그런데 이인배의 집 앞이 바로 안신학교였으므로 풍악소리와 기생의 노랫소리가 곽씨 부인과 최준례의 귀에 들릴 것은 당연했다. 곽씨 부인은 바로 사람을 보내어 아들을 불렀다. 눈치를 챈 청년들이 곽씨 부인에게 달려가서 해명했다.

"선생님은 술도 안 잡수시고, 노인들과 이야기만 하십니다."

그러나 곽씨 부인의 노기는 누그러지지 않았다. 그녀는 직접 연회장에 나타나서 아들을 불러내었다. 김구는 어머니를 따라 집으로 돌아왔다. 곽씨 부인의 꾸중은 준엄했다.

"내가 여러 해 동안 고생한 것이 오늘 네가 기생 데리고 술 먹는 것을 보려 하였더냐?"

김구는 무조건 대죄했다. 곽씨 부인의 이러한 질타는 물론 그녀 자신의 뜻도 있었을 것이지만, 그보다도 최준례의 뜻이 반영된 것이었다. 최준례는 남편의 행동을 시어머니에게 귀띔하여 남편이 술자리에서 물러 나오도록 한 것이었다.[10] 최준례는 남편이 출옥하자마자 기생들이 노래하고 춤추는 술자리에 어울리는 것이 참을 수 없었던 것이다. 그녀는 상냥한 기질은 아니었으나 심지가 굳은 여성이었다. 열여덟살의 어린 나이에 교회의 금기권고를 뿌리치고 열세살이나 위인 김구와 결혼했을 만큼 과단성도 있었다. 그러한 최준례와 그녀보다도 더 꿋꿋하고 적극적인 성품인데다가 외아들에게 자기 인생의 전부를 걸고 살아온 곽씨 부인 사이에

10) 『백범일지』, pp.273~274.

갈등이 있을 것은 당연했다. 그런데 그러한 고부(姑婦) 간의 갈등은 김구가 체포된 뒤로 지방과 서울을 같이 전전하면서 고생을 함께 하는 동안에 깨끗이 없어지고, 두 사람은 일심동체가 되어 있었다. 그리하여 자신이 출옥한 뒤의 가정의 분위기는 다음과 같았다고 김구는 그럴듯하게 써 놓았다.

> 다른 가정에서는 보통 부부 사이에 말다툼이 생기면 주로 모친은 자기 아들편을 들건만 우리집에서는 아내가 나의 의견을 반대할 때에는 어머님이 열배 백배의 권위로 나만 몰아세우신다. 가만히 경험하여 보면 고부 사이에 귓속말이 있은 뒤에는 반드시 내게 불리한 문제가 발생된다. 그러므로 집안일에 대하여는 한번도 내 마음대로 해본 적이 없다고 해도 과언이 아니다. 내가 아내의 말에 반대하면 어머님이 만장의 기염으로 호령하신다.
>
> "네가 감옥에 들어간 뒤에 네 동지들 가운데 젊은 여자가 남편이 죽을 곳에 있음에도 불구하고 이혼하느니 추행하느니 하는 판에 네 처의 절행(節行)이 고맙다면서 나보다도 너의 친구들이 감동하였다. 네 처를 결코 박대해서는 못쓴다."
>
> 이런 말씀을 하시기 때문에 내외 싸움에서 나는 한번도 이기지 못하고 늘 지기만 하였다.[11]

이러한 술회는 김구의 후덕한 심성이 가정생활에서 그대로 나타나고 있음을 보여 주는 인상적인 대목이다.

며칠 지난 뒤에 김구는 안악헌병대에 출두하여 가출옥 사실을 신고했다. 가출옥으로 출옥한 사람들은 원적지에 도착하면 다른 모든 일을 제

---

11) 『백범일지』, p.275.

쳐두고 지방경찰서에 가서 보고하라는 지시를 받았기 때문이다.[12)]

조선총독부의 한국점령은 이른바 '헌병경찰'이라는 특이한 치안제도에 의하여 운영되었다. 이 제도는 의병운동의 진압과정에서 창설된 것으로서, 일본 국내에서나 다른 식민지에는 없는 제도였다. 그것은 한국주둔 일본군 헌병대의 사령관이 조선총독부의 경무총장을 겸임하고 각도에 배치된 헌병대 대장이 경무부장, 장교가 경시(警視), 하사관이 경부(警部)를 겸하여 헌병과 경찰이 일체화된 점령기구였다. 1911년 현재 헌병 및 경찰 기관은 1,613개소에 1만756명이 배치되어 있었는데, 그 뒤로 더욱 증강되어 1919년의 3·1운동 무렵에는 1,826개소, 1만4,518명에 이르렀다.[13)] 또한 1910년9월에 공포된 「조선주차헌병조령(朝鮮駐箚憲兵條令)」에 따르면, 일본헌병은 군사경찰의 업무 이외에 첩보 수집, 의병 토벌, 검사(檢事) 사무 대리, 범죄의 즉결을 비롯하여 민사소송 조종, 집달리 업무, 산림 감시, 국경세관 업무, 어업 단속, 징세 원조, 묘지 단속, 일본어 보급, 호적 사무, 종두, 농사개량 업무 등의 행정사무까지 관장하여,[14)] 지방에서는 민중의 생사여탈의 권한을 행사했다. 이러한 헌병경찰제도는 3·1운동 때까지 계속되었다.

가출옥자들은 당연히 관할헌병대에 신고하고 감시를 받아야 했다. 헌병대에서는 김구에게 앞으로 무슨 일을 하겠느냐고 물었다. 김구는 대답했다.

"나는 평소에 아무 기술이 없고 다만 학교에서 여러 해 동안 근무했으며, 또한 안신학교에서 아내가 교편을 잡고 있으니 조교사 역할이나 하면 어떻겠소?"

안신학교는 기독교에서 세운 학교로서, 천주교에서 세운 봉삼학교

---

12) 崔明植, 『安岳事件과 三·一運動과 나』, p.58.
13) 井口和起, 『日本帝國主義の形成と東アジア』, 名著刊行會, 2000, pp.176~177.
14) 小森德治, 『明石元二郎(上)』, pp.448~449.

(奉三學校)와 더불어 안악에서 가장 오래된 사립학교였다.[15] 헌병대에서는 공식적으로 하는 것은 허락될 수 없으나 비공식적으로 돕는 것은 묵인하겠다고 했다. 그리하여 김구는 날마다 안신학교에서 아이들을 가르치며 시간을 보냈다.

김구는 아내에 대한 마음가짐뿐만 아니라 친척들에 대한 예절도 늘 곽씨 부인의 지시에 따랐다. 곽씨 부인은 준영(俊永) 숙부와 장모에게 출옥사실을 알리는 편지를 쓰라고 말했다. 김준영은 김구에 대한 인식이 달라져서 그가 옥살이하는 동안 그의 가족을 극진히 보살펴 주었다. 김구가 장기징역의 확정판결을 받은 뒤에 세 식구는 아무리 고생하더라도 김구 가까이에 살면서 옥바라지를 하려고 서울로 올라오는 길에 해주 고향에 들렀다. 그때에 김준영은 형수와 질부에게 자기가 집을 한칸 지어 살림을 차려 주고 조밥은 먹을 수 있게 해줄 테니까 다른 곳으로 가지 말고, 조카 돌아올 때까지 같이 살자면서 그들의 서울행을 극구 만류했다. 김준영은 형수에게 젊은 며느리 데리고 다니다가 무식한 놈들에게 빼앗기면 어찌 하느냐고 야단이었다.

이러한 김준영의 호의를 뿌리치고 상경한 세 식구는 그러나 오래 버틸 수 없었다. 다시 고향으로 돌아온 그들은 종산(鍾山)의 우종서(禹鍾瑞) 도움으로 그곳에서 지냈다. 이 무렵 우종서는 목사가 되어 있었다. 이때에도 김준영은 소에 양식을 지워 그곳까지 찾아왔다. 이러한 사실을 설명하면서 곽씨 부인은 아들에게 말했다.

"네 삼촌이 네게 대한 정분이 전보다는 매우 애절하였다. 네가 출옥한 줄 알면 와보실 것이다. 편지나 해 드려라. 네 장모도 너에게 대하여는 전보다 더욱 애중히 생각하니 곧 통지하여라."[16]

김구는 준영 숙부와 장모에게 출옥을 알리는 편지를 썼다. 김구는 서

15) 『安岳郡誌』, p.232.
16) 『백범일지』, pp.275~276.

대문감옥에서 면회할 때에 어머니와 아내를 번갈아 만났는데, 면회 때마다 장모가 늘 오는 것을 보고 지난날 처형 문제로 장모에게 너무 박절하게 대했던 것을 후회하고 감사하게 생각했다. 이 무렵 장모는 다시 큰딸과 같이 살고 있었는데, 큰딸은 정절을 잃고 헌병보조원의 첩이 되었다가 폐렴에 걸려 고생하고 있었다. 생활할 길이 없어서 곤란하던 장모는 김구의 편지를 받자 염치 불고하고 병든 딸을 데리고 김구의 집을 찾아왔다. 처형이 전과 같이 헌병보조원의 첩이라면 문에 들어오는 것을 허락하지 않았을 것이나, 죽을병이 들어서 유일한 피붙이인 동생 집을 찾아온 것이었으므로 김구는 미움보다는 연민이 느껴져서 장모와 처형을 같이 살게 했다.

김구는 울적한 마음에 여러 곳을 다니면서 바람이나 쐬고 싶은 생각도 없지 않았으나 가출옥 상태라서 그것마저도 자유롭지 못했다. 다른 지방을 방문하려면 반드시 그 사유를 헌병대에 신고하여 허가를 받아야 했기 때문이다. 그러는 것이 싫어서 김구는 아예 이웃 군 여행도 하지 않았다.[17)]

3

김구가 마지막으로 석방됨으로써 안악 신교육운동의 동지들은 모두 돌아온 셈이었다. 그러나 식민지 상황에서 더 이상의 신교육운동은 불가능했다. 양산중학교는 김구가 서대문감옥에 있을 때에 이미 폐교되었다. 김구가 종로구치감에서 조사받고 있을 때에 안악군수 이아무개가 면회를 왔었다. 그는 교주인 김홍량과 교장인 김구에게 양산학교 교사는 원래 향청(鄕廳)건물이므로 이를 돌려 달라고 말하고, 또 학교의 비품 역시 공립보통학교에 인도한다는 문서에 날인해 줄 것을 요구했다. 이때에 김

---

17) 『백범일지』, p.276.

구는 교사는 공공건물이니까 빼앗아 환수하더라도 비품은 안신학교에 기부하겠다고 말했는데, 그의 의견은 묵살되고 결국 학교 전부가 공립보통학교의 소유로 넘어가고 말았다.[18] 또한 면학서포(勉學書鋪)는 안악사건 뒤에 많은 책들을 모두 일본인들에게 몰수당했다.

김구보다 먼저 출감한 동지들도 양산학교 재건의 꿈을 포기하고 있었다. 최명식은 폐허가 된 양산학교와 면학서포의 모습을 다음과 같이 실감나게 묘사했다.

김용제와 같이 양산학교와 면학서포 자리를 가 보았다. 학교는 문짝도 다 없어지고 마루 구석에 사람이 본 대변이 있었고 구들장은 다 파내어 없어졌다. 면학서포는 문이 굳게 닫혀져 있었는데, 열고 들어가 본즉 역시 방문이며 장지문이 다 떨어져 부서졌고, 서가에는 책 한 권 없이 부서져 넘어진 채 있어서 보는 사람으로 하여금 눈시울이 뜨겁게 하는 것이었다.

"이것을 다시 회복할 수 있을까?" 하는 나의 말에 용제는 "지금 이 판국에 학교니 서포니 회복이란 가망이 없소. 첫째 기금마련을 할 도리가 없고, 둘째 이런 말을 내면 듣는 사람들이 다 겁을 먹고 상대도 않을 것이오. 이제는 다시 사업을 해보려면 외지로 나가는 수밖에 없소"라고 잘라 말하는 것이었다. 우리는 긴 한숨을 짓고 서로 묵묵히 말이 없었다.[19]

이러한 양산학교의 폐허를 둘러본 김구가 얼마나 깊은 절망감에 빠졌을 것인지는 상상하기에 어렵지 않다. 그런데 그토록 정열을 쏟은 황해도 교육계몽운동의 두 중심이었던 양산학교와 면학서포의 이러한 처참

---

18) 『백범일지』, p.232.
19) 崔明植, 앞의 책, p.59.

한 모습에 대하여 이상하게도 『백범일지』에는 특별한 언급이 없다.

세상이 바뀌어 사립학교를 바라보는 인심도 많이 변해 있었다. 안악 사건이 있기 전에는 공립학교에 다니는 것은 일종의 친일행위로 여기는 것이 일반의 민심이었는데, 김구가 출옥했을 무렵에는 공립학교에 다니지 않는 것이 오히려 주위의 눈총을 샀고, 심지어 상급학교에 진학할 때에도 중요한 영향을 미쳐서, 모두들 사립학교를 꺼리는 형편이었다.[20]

한일합병 뒤로 일본은 한국인의 민족의식을 억압하는 식민지 교육 체제를 강화해 나갔다. 이 때문에 피해를 가장 많이 본 것은 전국의 사립학교들이었다. 1911년10월에 조선총독부는 통감부 시기에 제정한 「사립학교령」을 더욱 강화한 「사립학교규칙」을 공포하고 학교설립은 물론 학교장과 교원의 채용, 교과 과정, 교과서의 선택, 수업 내용 등 교육에 관한 일체의 사항을 통제했다. 그 규칙을 위반할 때에는 총독의 명령으로 언제든지 학교를 폐쇄할 수 있었다. 1915년3월에는 「사립학교규칙」을 대폭 개정하여 사립학교의 교과 제한[종교과목의 배제], 일본인 교원의 채용, 교원의 제한[일본어를 할 수 없는 교원의 배제] 규정 등을 추가했다. 그리하여 일본인들은 애국독립사상의 내용을 담은 교과서나 문서, 그리고 태극기 등을 단속한다는 구실로 학교의 비품을 일일이 대장에 기재하고 검열하는 등 사소한 사항까지 통제했다. 이 때문에 서울의 경신학교(儆新學校)에서 일본 게다를 신는 것을 금지한 것이 치안문제가 되기도 했고, 함경북도의 온천(溫川)학교는 조선사와 조선지리를 가르치고 교사가 조선어를 읽으라고 강조한 것이 불온사상이라고 하여 학교인가가 취소되었다. 이와 같은 철저한 탄압과 통제로 전국 각지의 많은 사립학교들이 소멸되어 갔다.

김구는 1916년5월23일에 기간만료로 가출옥이 해제되었다.[21] 이 무렵

---

20) 위의 책, p.54.
21) 朝鮮總督府亞細亞局第二課, 「要視察人名簿」, 『白凡金九全集(4)』, p.101.

김구를 적극적으로 도와준 사람은 김효영(金孝英)의 막내아들, 곧 김홍량의 삼촌 김용진(金庸震)이었다. 김구보다 다섯살 아래인 김용진은 서당밖에 다니지 않았으나 '안악의 제갈량'이라는 말을 들을 만큼 재기가 넘치고 실천력을 겸비한 인물이었다.[22] 또한 그는 뛰어난 기업적 수완을 발휘하여 김홍량과 김용정(金庸鼎)과 함께 재령강변의 갈대밭을 개간하여 옥답으로 만들어 막대한 재산을 모았다. 이렇게 모은 재력을 바탕으로 하여 그는 안악지방의 교육계몽운동과 독립운동을 지원했다.[23]

김구는 안신학교에서 아이들을 가르치면서 추수철에는 김용진의 농장에 가서 추수감독을 해주었다. 그해 가을에는 김용진의 부탁으로 문화군(文化郡)의 궁궁(弓弓)농장 추수를 감독했다.

김구가 궁궁농장에 가 있는 동안에 김준영이 안악에 다녀갔다. 그는 사람들의 존경을 받는 조카를 보러 가면서 초라하게 갈 수 없다 하여 남의 말을 얻어 타고 왔었는데, 이틀이나 기다려도 김구가 돌아오지 않고 언제 돌아올지조차 확실하지 않았으므로 섭섭해하면서 돌아갔다. 김구도 여간 섭섭하지 않았다. 그리하여 연말이 멀지 않았으므로 김구는 좀 기다렸다가 숙부에게 세배도 드리고 선산에 성묘도 하기로 했다.

그러고 나서 새해가 되었다. 사나흘 동안은 읍내 어른들도 찾아보고 곽씨 부인에게 세배 오는 친구를 맞기도 하고 5일에 해주에 가기로 마음먹고 있었다. 그런데 4일 해거름에 재종제 김태운(金泰運)이 나타나서 "준영 당숙이 별세하셨습니다" 하고 부음을 알렸다.

김구는 깜짝 놀랐다. 김준영의 부음을 들은 순간의 심경을 그는 다음과 같이 술회했다.

> 여러 해 동안 옥중고생을 하던 내가 보고 싶어서 오셨다 가시고,

---

22) 李敬南, 『抱宇 金鴻亮傳』, p.197.
23) 『安岳郡誌』, p.154.

정초에는 볼 줄 알고 기다리시다가 끝내 내 얼굴을 못 보시고 멀고 먼 길을 떠나실 때에 그의 마음이 어떠하였을까? 하물며 당신 역시 딸은 하나 있으나 아들이 없고 4형제 소생으로는 오직 하나뿐인 이 조카를 대하고 영결하고 싶은 마음이 얼마나 간절하였을까?[24)]

이러한 술회에 이어 김구는 부친 4형제가 자기밖에 후사가 없게 된 정황을 설명했다. 백부 김백영(金伯永)은 아들이 둘 있었으나 큰아들 관수(觀洙)는 스무남은살 때에 장가까지 들었다가 죽었고, 둘째아들 태수(泰洙)는 김구와 동갑으로 장련에서 김구와 같이 살다가 급사했으며, 딸 둘도 출가했다가 모두 죽었다. 김필영(金弼永)과 김준영은 딸 하나씩뿐이었다. 그 자신이 외아들로 고독하게 성장한 김구는 집안의 이러한 처지에 대하여 씨족의식에 따른 책임감 같은 것은 느끼지 않았던 것 같다. 부모에 대한 각별한 효성은 씨족의식과는 별개의 것이었다. 준영 숙부에 대한 각별한 추념은 일찍부터 미운 정 고운 정이 두루 쌓였고, 특히 자기가 감옥생활을 하는 동안에 자기 가족에게 베풀어 준 호의에 감사하는 마음에서 우러난 것이었다.

김구는 선걸음으로 재종제와 함께 안악을 출발하여 이튿날 아침에 텃골에 도착했다. 준영 숙부의 장례를 주관하여 텃골 동쪽 기슭에 장사 지내고, 집안일을 대충 처리했다. 그리고 아버지의 묘소에 가서 자기 손으로 심어 놓은 잣나무 두그루를 살펴보고 안악으로 돌아왔다. 김구는 이때 이후로 텃골을 다시 찾지 못했다.

---

24) 『백범일지』, p.277.

2. 동산평 농장의 농감으로

1

김구는 가출옥한 지 1년이 넘도록 보람을 느끼며 몰두할 만한 일거리를 찾지 못했다. 안신학교에서 아이들을 가르치는 것도 정력을 쏟을 만한 일이 되지 못했다. 말하자면 암중모색의 시기였다. 김구는 1916년에 셋째딸을 낳았다. 이름은 은경(恩敬)이라고 지었다. 그러나 이 셋째딸 마저 이듬해에 죽고 말았다.

김구는 안악읍을 떠나서 농촌생활을 하기로 마음먹고, 김홍량과 그의 두 삼촌 김용정, 김용진에게 농촌으로 보내 달라고 부탁했다. 그것은 농촌계몽운동에 투신하겠다는 결심에서였다. 김씨네 숙질은 김구의 부탁을 흔쾌히 받아들였다. 자기 일가 소유 중에서 산천이 맑고 아름다운 곳을 골라 줄 테니까 농사감독이나 하라고 말했다. 그러나 김구는 가장 성가시고 말썽이 많고 예부터 풍토병 구덩이로 유명한 동산평(東山坪) 농장으로 보내 달라고 말했다. 하필이면 동산평으로 보내 달라는 김구의 말을 듣고 김씨네 숙질들은 의아해했다.

"동산평이야 되겠습니까? 그곳은 소작인들의 인품이 극히 사나울 뿐만 아니라 풍토가 극히 좋지 못한데, 그런 곳에 가서 어찌 견디겠습니까?"

"나 역시 몇년 동안 그곳 소작인들의 악습과 못된 풍속을 자세히 살펴보았으므로 그런 곳에 가서 농촌개량에나 취미를 붙이고자 하네."

김구는 풍토문제는 주의하여 지낼 셈치고 기어이 동산평으로 가겠다고 강력히 요청했다. 김씨네로서도 내심으로는 말썽 많은 동산평에 김구가 가서 농사를 감독해 준다면 여간 고마운 일이 아니었다. 그리하여 마침내 김구는 동산평 농장의 농감으로 가게 되었다.[25]

---

25) 『백범일지』, pp.277~278.

그런데 김구와 함께 동산평의 농감일을 맡아 보았던 최명식은 그 일을 맡게 된 경위를 다르게 기술했다. 최명식에 따르면, 동산평 농감일은 김구나 자기가 먼저 요청한 것이 아니라 곤욕을 치르고 있던 김용진이 부탁한 것이었다.

> 그 지방의 민풍(民風)이 난잡하여 도박과 음주가 성행하고 풍기 또한 문란하여 농장관리가 여간 힘드는 것이 아니었다. 생각다 못한 김용진은 어느 날 김구와 나에게 "이것이 우도할계[牛刀割鷄: 소 잡는 칼로 닭을 잡음] 격입니다마는 금년 가을에 동산평 추수감을 좀 보아 주시면 농감과 소작인에게 위신도 있고 그 지방의 나쁜 풍속도 다소 개량이 될 터이니 두 분께서 사양치 마시고 일을 좀 보아 주셨으면 합니다" 하고 요청하는 것이었다.
>
> 우리 두 사람은 쾌히 승낙하였다. 그해는 농사도 풍년이었거니와 추수는 천석 가까이나 되었다. 그리하여 김구는 동산하평(東山下坪)이라는 데로 농감으로 가 있게 되었고 나도 연 3년 동안 자가에서 살림하는 한편 추수감 일을 보아 주었다.[26]

김구와 최명식의 기술이 다른 것은 김구와 의논한 뒤에 넓은 동산평의 관리를 김구 한 사람에게 맡기는 것을 불안하게 생각한 김씨네가 최명식에게 김구를 도와주기를 바라서 그렇게 제의했기 때문이 아닌가 생각된다. 실제로 김구는 동산평으로 아예 거처를 옮겼고, 최명식은 자기 집에서 내왕하면서 주로 추수감독을 보아 주었던 것이다. 최명식의 집은 동산평과 가까운 안악군 용순면(龍順面)이었다.

동산평은 문화군 산천면(山川面)에 속해 있었으나 1914년의 행정구역 개편에 따라 신천군(信川郡)으로 편입되었다. 신천군은 산지가 적고

---

26) 崔明植, 앞의 책, p.60.

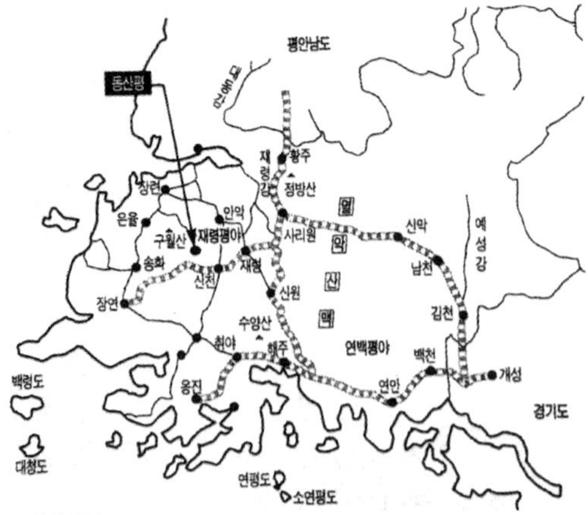

동산평 위치도

비옥한 농토가 넓은 고장인데, 특히 안악군에 인접한 산천면과 노월면(盧月面)에 평야가 집중되어 있었다. 이곳에는 동산평 말고도 장재이벌과 어우리벌이 있어서 황해도 안에서는 재령의 나무리벌 다음으로 쌀생산이 많은 지역이었다. 쌀의 품질 또한 나무리벌과 함께 전국적으로 이름이 높았다. 동산평은 700석가량을 수확하는 농장으로서 구월산의 만학수를 끌어다가 사용하여 아무리 가물어도 물이 마르지 않았다.[27] 그러나 동산평은 소작인들의 나쁜 풍습이 대대로 전해 내려오는 악명 높은 곳이었다.

『백범일지』에 따르면, 김씨 문중에서 동산평 농장을 처음 사들인 사람은 김효영의 둘째아들 김용승(金庸升) 진사였다. 그러나 그는 단독매입으로 큰 손해를 보고 파산지경에 빠졌다. 그것은 아마 동산평의 고질적인 폐풍으로 말미암아 수확을 제대로 하지 못한 것이 큰 원인이었을 것이다. 그리하여 우애가 두터운 김씨 문중의 다른 형제들이 나서서 그 손해를 분담하고 동산평을 김씨 문중 공유로 한 것이었다.[28]

김구에게 동산평은 낯선 곳이 아니었다. 낯설기는커녕 잊을 수 없는 추억이 있는 들판이었다. 일찍이 동학농민봉기 때에 해주성 공략에 실패한 농민군 선봉장 김창수가 패잔병을 수습하여 구월산 패엽사(貝葉寺)로 이동하면서 일본인들이 쌓아 둔 벼 150석을 빼앗은 곳이 바로 동산평

27) 위와 같음.
28) 『백범일지』, p.278.

이었다.

김용승이 동산평을 언제 사들였는지는 분명하지 않다. 동산평은 원래 궁장토(宮庄土)였다. 궁방전(宮房田), 사궁장토(司宮庄土) 등으로도 불린 궁장토는 궁중의 경리기관인 내수사(內需司)의 경비와 임진왜란 이후로 후궁(後宮), 대군(大君), 군(君), 공주(公主), 옹주(翁主) 등의 궁방에서 소요되는 경비 및 그들이 죽은 뒤의 봉제사 비용을 위하여 설정한 토지와 수세지(收稅地)를 말한다. 이러한 궁장토는 전국에 걸쳐서 있었으나 전라도와 황해도에 많았다. 궁장토에는 각 궁방의 소유로서 경작자들로부터 직접 소작료를 받는 이른바 유토궁장토(有土宮庄土)와 민간토지 가운데서 수조권(收租權)을 하사받아 그 토지의 소유자는 조세를 정부에 내는 대신에 지정된 궁방에 바치는 이른바 무토궁장토(無土宮庄土)의 두가지가 있었는데, 19세기 초에 이르면 후자가 전자의 2.3배가량 되었다.[29] 동산평은 전자에 속하는 궁장토였다.

궁장토의 관리방식은 장토의 규모에 따라서 차이가 있었으나, 궁방의 관원이나 노복을 파견하여 관리하는 경우와 청부인을 고용하여 조세 징수와 운영권을 위임하여 관리하는 두 종류가 있었다. 따라서 관리 체계도 전자의 경우에는 궁차(宮差)-감관(監官)-사음(舍音)으로, 후자의 경우는 도장(導掌)-감관-사음으로 이어지는 중간관리 조직으로 되어 있었다. 궁차와 도장은 중앙에서 파견된 궁장토 관리인으로서, 조세를 징수하여 운반하고 감관과 사음을 통솔하는 것이 중요한 임무였다. 궁장토의 중간 관리인 감관은 장토 안에 거주하면서 말단 관리자인 사음을 통솔하여 소작인을 관리하는 실권을 가진 존재였다. 김구의 역할도 감관과 같은 것이었고, 실제로도 관례대로 그렇게 불렸던 것 같다. 흔히 마름이라고 불리는 사음은 예외는 있었으나 대체로 궁장토 안의 소작인 가운데서 지정되었고, 감관은 소작인이 아닌 사람 가운데서 임명되었다. 사

29) 愼鏞廈, 『朝鮮土地調査事業研究』, 知識産業社, 1982, p.147.

음의 숫자는 정해진 것이 아니어서 장토의 규모나 특성에 따라서는 사음을 여러 사람 두기도 했다. 한 장토 안에 마을이 여러 곳일 경우에는 마을마다 사음을 두었는데, 이들의 선발 자격은 "유문필해사자(有文筆解事者)"라고 하여 문서를 해석할 수 있는 사람으로 제한했다. 이 때문에 이들은 그 마을에서 유지였으며 국가에서 부과하는 각종 역(役)도 면제받았다.[30]

궁장토는 사유지와 달리 감관이나 사음과 같은 중간관리자들의 약탈과 횡포가 심했다. 동산평의 경우도 예외가 아니었다. 감관과 소작인이 서로 협잡하여 1,000석을 수확하면 몇백석이라고 궁에 보고하여 감관이 가로채고, 소작인들은 벼를 벨 때에 훔치고 운반할 때에 훔치고 타작할 때에 훔쳤다. 이 때문에 동산평은 실제 수확량이 얼마 못 되는데다 감관 역시 도적질해 오기가 몇백년이나 되어서 경작인의 악습 폐풍이 격심해진 것이었다.[31]

2

김구는 1917년2월에 가족들과 함께 동산평으로 이사했다. 김구가 가장 경계한 것은 소작인들의 뇌물공세였다. 소작인들은 좀더 좋은 경작지를 얻기 위하여 농장의 감독을 맡은 중간관리자들에게 뇌물을 바치는 일이 관행이었다. 김구는 소작인들이 바치는 일체의 뇌물을 거절했다. 혹시 자기가 없을 때에 뇌물을 가지고 오는 사람이 있더라도 절대로 받지 말도록 곽씨 부인에게도 단단히 일렀다. 그럼에도 불구하고 담배, 닭, 생선, 과실과 같은 것을 가져오는 사람들이 있었다. 그런 사람들은 반드시 소작지에 대한 청을 해왔다. 김구의 말은 단호했다.

30) 金容燮, 『朝鮮後期農業史研究』, 一潮閣, 1970, pp.295~354 참조.
31) 『백범일지』, p.278.

"당신이 빈손으로 왔으면 생각해 볼 여지가 있으나 뇌물을 가지고 와서 요청하면 그 말부터 듣지 않을 터이니, 물건을 도로 가져가고 뒷날 다시 빈손으로 와서 말하시오."

"이것은 뇌물이 아니올시다. 선생께서 새로 오셨는데, 내가 그저 오기 섭섭하여 좀 가져왔습니다."

"당신 집에 이러한 물건이 많으면 굳이 남의 토지를 소작할 것 없으니, 당신의 소작지는 딴 사람에게 줄 것이오."

김구의 이러한 태도에 소작인들은 당황했다.

"이것은 전에 감관님에게 항상 해오던 것입니다."

"앞 감관은 어찌했든지 본 감관에게는 그런 수단을 써서는 안 되오."

김구는 이렇게 말하면서 소작인들을 타일러서 돌려보냈다. 그러고는 다음과 같은 「소작인 준수규칙」을 만들어서 발표했다.

(1) 도박하는 소작인의 소작권을 허락하지 않음.

(2) 학령아동이 있는 사람으로서 그 아동을 학교에 입학시키면 가장 좋은 논 두 마지기를 더해 줌.

(3) 학령아동이 있는데 학교에 입학시키지 않는 사람은 소작지 가운데 좋은 논 두 마지기를 회수함.

(4) 농업에 근실한 성적이 있는 사람은 조사하여 추수 때에 곡물로 상을 줌.[32]

「소작인 준수규칙」을 선포한 뒤에 김구는 미취학 아동들의 교육을 위해서 동산평에 소학교를 설립했다. 학교는 옹색했으나 교사 한명을 다른 지방에서 초빙하고 학생 스무명을 모집하여 어려운 대로 개학했다. 교원이 부족하여 김구 자신도 시간이 나는 대로 직접 아이들을 가르쳤다. 이렇게 되자 경작지를 얻고자 하는 사람은 반드시 아이들을 학교에 보내지 않으면 안 되게 되었다.

---

32) 『백범일지』, p.279.

김구의 「소작인 준수규칙」은 소박하나마 그의 농촌계몽운동의 기본 철학을 반영한 것이었다. 학령아동의 교육을 강조한 것은 그의 교육계몽운동 경력으로 보아 당연한 일이었다. 주목되는 것은 도박풍습의 퇴치를 위하여 단호한 방침을 천명한 점이다. 그것은 도박이 동산평의 고질적 악습이 되어 있었기 때문이다. 김구는 임지로 동산평을 선택한 동기도 실은 그곳의 도박풍조를 퇴치하기 위해서였다고 썼다.

> 전부터 노형극(盧亨極)이란 자가 동산평 감관으로 와서, 소작인들을 자기 집에 소집하고 도박을 하게 하여 추수할 때에 소작인 분량의 곡물을 전부 탈취하였는데, 도박에 응하지 않는 자는 농작지를 얻기 어려웠다. 소작인의 풍습은 아비와 형은 도박하고 자식이나 동생은 망보는 것이 보통이었다. 내가 굳이 그곳의 간농(看農)을 요구한 본뜻은 그러한 풍기를 개선하고자 함이었다.[33]

얼른 믿어지지 않는 이러한 서술은 동산평의 도박폐습의 실상과 함께 중간관리자에 의한 소작인 착취가 어처구니없게도 도박의 강제를 통해서까지 자행되고 있었음을 말해 준다.

실제로 도박풍조는 한국사회의 오랜 폐습이었다. 우리는 김구의 첫번째 투옥생활 때에 그의 구명을 위하여 가산을 탕진할 만큼 애썼던, 그리하여 김구가 일생 동안 그의 은혜를 못잊었던 강화도 사람 김주경(金周卿)이 아전으로서 크게 치부한 수단이 바로 투전(鬪牋)이었던 것을 앞에서 보았다. 김주경은 자기만 알 수 있는 표시를 해둔 투전목을 사람을 시켜 강화의 포구마다 빽빽이 정박 중인 고깃배에 팔게 한 다음 그 고깃배를 돌아다니면서 투전을 하여 수십만냥을 딴 사람이었다. 이러한 이야기는 고기잡이들 사이에서도 도박이 얼마나 성행했던가를 말해 준다.

---

33) 『백범일지』, p.278.

투전은, 다른 도박의 경우와 마찬가지로, 투전이라는 오락기구[두꺼운 종이로 손가락만큼씩 만든 것]로 하는 도박이었다. 투전은 영조(英祖) 초기부터 크게 퍼져서 많은 폐해를 낳았다. 관아에서 아무리 단속해도 효과가 없었다. 심지어 투전꾼들은 초상집에 대해서는 단속이 소홀한 점을 이용하여 전혀 알지 못하는 초상집에 문상객을 가장하고 들어가서 투전판을 벌이기도 했다. 도박기구로 화투가 언제부터 쓰이게 되었는지는 분명하지 않다. 화투는 일본인들이 포르투갈 상인들의 카르타(carta) 딱지를 본떠 하나후다(花札)라는 것을 만들어서 놀이 겸 도박기구로 쓰게 된 것인데, 대한제국시대와 일본점령 초기에 한국에 들어온 것이었다.

갑오개혁 이래로 도박폐습 퇴치문제는 개화파 지식인들의 중요한 관심사가 되었다. 《독립신문》에서 《대한매일신보》에 이르기까지 도박의 폐풍을 고발하는 기사가 눈에 띄게 많이 실린 것이 그것을 말해 준다. 그러나 이러한 도박풍조는 정부의 고관들 사회에서도 성행하여 단속은 효력이 없었고, 따라서 도박퇴치운동이 사회 캠페인으로까지 발전되지는 못했다. 계몽운동의 경우에도 위기에 처한 국권수호와 신지식 보급 등 교육계몽운동에 주력했고, 도박폐습의 퇴치와 같은 생활풍습의 개혁은 부차적일 수밖에 없었기 때문이다. 이러한 사정은 기독교의 경우에도 마찬가지였다. 기독교에서도 미신 타파와 같은 종교적 개혁과제에 비하여 도박풍조의 퇴치는 상대적으로 중요성이 덜한 과제였다.

《대한매일신보》의 다음과 같은 보도는 대한제국 말년의 도박풍조가 얼마나 심각한 상황이었는가를 실감나게 보여 준다.

> 근일에 수표교 등지와 사동 등지에는 노름판을 크게 벌이고 소위 대관배들이 축일 모여서 잡기하므로 빈부와 흥망이 순식간에 번복한다더니, 수표교 양인의 집(전 민영돈씨의 집)에서 잡기하는 모모대관 42명을 동헌 분서에서 일전에 포착하고, 또 삼작일[三昨日: 그끄저께]

은 사동 양인의 집(전 민영덕씨의 집)에서 잡기하는 모모 대관 8명을 중부에서 잡아다가 지금 심사하는 중이라더라.[34]

이러한 풍조는 물론 서울뿐만이 아니었다. 전국적인 현상이었다.

경향신문을 거한즉, 충청북도 어느 고을에서는 군주사와 세무주사 등이 날마다 노름에 반하야 다닌다 하고, 순사들도 저희끼리 몰려다니며 노름하기로 세월을 보낸다 하고, 소위 양반들도 골패짝잡기를 밥숟가락 붓잡기보다 더 좋아하야 하루 돈 백씩 돈 천씩 허비한다는데, 누구를 무서워 그러하는지 각패가 서로 종용하고 은밀한 데에 모여가 한다 하나 삼척동자들도 모르는 이가 없으니, 소위 법관과 양반 등이 이리할 지경이면 평민 노름하는 것을 어찌 금하리오 하며 여론이 대단하다더라.[35]

이처럼 도박풍조는 경향을 막론하고 관리와 양반사회에까지 만연해 있었다. 심지어 총리대신 이완용(李完用)의 집에서까지 거액이 오가는 도박판을 벌이고 있었다.

재작일에 총리대신 이완용씨 집 산정에서 모모 관인이 모여 화투판을 벌이고 노름을 한다는 말은 이미 게재하였거니와, 다시 들은즉 그때에 노름하던 사람 중에 박의병씨가 3,000환을 잃고 이완용씨의 종질 이용구씨가 5,000환을 얻었다더라.[36]

그리하여 도박풍조는 계층을 불문하고 한국사회의 거의 보편적 습

---

34) 《대한매일신보》 1908년8월5일자, 「잡보: 오십대관 피착」.
35) 《대한매일신보》 1908년8월9일자, 「잡보: 법관도 노름」.
36) 《대한매일신보》 1909년3월4일자, 「잡보: 총리집 화투판」.

속이 되었다. 이러한 도박풍조의 만연은 기본적으로 조선후기 사회의 구조적 모순과 불확실성에 따른 집단적 사행심에 기인한 것이었다.[37] 그러므로 김구가 농촌계몽운동을 시작하면서 도박풍조의 근절을 무엇보다 중요한 과제로 삼고 실천한 사실은 특기할 만한 가치가 있다. 그리고 김구의 이러한 문제의식은 이승만의 그것과 일치하는 점에서도 흥미롭다. 1913년2월에 하와이에 정착한 이승만은 하와이 군도에 흩어져 사는 동포들을 찾아 전도여행을 하면서 이민노동자들에게 음주와 아편과 도박 풍습을 버릴 것을 강력히 호소하여 큰 성과를 거두었던 것은 앞에서 본 바와 같다.

3

그러나 김구의 이러한 노력에 대한 저항도 만만치 않았다. 김구에게 가장 거세게 저항한 것은 노형극 형제들이었다. 그러므로 동산평 농장의 풍기를 바로잡기 위해서는 우선 노형극 형제 대여섯명의 기세를 꺾어 놓는 것이 선결과제였다. 노형극 형제들의 소작지는 평내에서 토질이 가장 좋은 농지였다. 김구는 그 모든 토지의 소작권을 회수하겠다는 통지를 보내고, 그 토지를 취학아동이 있는 소작인들에게 분배하겠다고 공포했다. 그러나 누구 한 사람 감히 노형극 형제들의 소작지를 경작하겠다고 나서는 사람이 없었다. 노형극 형제들의 보복이 두려웠기 때문이다. 하는 수 없이 김구는 노형극 형제들에게서 회수한 농지를 자신이 경작하기로 하고, 자신의 소작지는 다른 소작인들에게 나누어 주기로 했다.

그러고 나서 어느 캄캄한 밤이었다. 누가 문 밖에서 김구를 부르는 소리가 들렸다. 밖으로 나가자 누군가 어둠 속에서 말했다.

"김구야, 좀 보자."

---

37) 조선후기의 도박풍조에 대해서는 강명관의 『조선의 뒷골목 풍경』(푸른역사, 2003, pp.83~115) 참조.

김구는 그 음성을 듣고 노형극의 아우 노형근(盧亨根)임을 알았다. 김구는 짐짓 태연해하면서 점잖게 물었다.

"이 밤중에 무슨 사유로 왔소?"

말이 떨어지기가 무섭게 노형근이 갑자기 달려들어 김구의 왼쪽 팔을 힘껏 물고 늘어졌다. 순식간의 일이었다. 김구는 왼쪽 팔이 물린 채 꼼짝없이 저수지 근처까지 끌려갔다. 동네사람들이 몰려나와서 겹겹이 둘러섰으나 누구 하나 싸움을 말리려고 나서는 사람이 없었다.

김구는 마음속으로 상황을 헤아려 보았다. 노형근은 김구보다 나이도 젊고 힘도 센 놈이었다. 이러한 무례한 놈에게는 의리가 통하지 않기 때문에 당장 힘으로 누르는 수밖에 없다고 생각했다. "눈에는 눈, 이에는 이"라는 식으로 김구는 노형근의 오른쪽 팔을 힘껏 물로 늘어졌다. 치하포에서 변복한 쓰치다(土田)를 처치할 때와 같은 순발력을 발휘하여 필사적으로 반격했다. 견디다 못한 노형근이 물었던 김구의 팔을 놓고 물러섰다.

덤비기는 노형근 혼자서 했으나 형제들이 몰려와 다른 사람 집에 숨어서 사태의 추이를 지켜보고 있었다. 김구는 숨어 있는 그들 형제가 들으라고 큰 소리로 외쳤다.

"형근이 한명으로는 내 적수가 못 되니, 너희 노가 무리는 숨어 있지만 말고 도적질을 하든지 사람을 죽이든지 계획대로 한번 해보려무나!"

이 소리를 듣고 숨어 있던 노형극 형제들이 움직이기 시작했다.

"얘, 김구야! 이전에 당당한 경감(京監)도 저수지 물맛을 보고 쫓겨간 자가 얼마나 되는지 아느냐?"

그들은 이렇게 말하면서 웅얼거리기만 하고 김구 앞으로 나서지는 못했다. 숨어 있던 형제들 가운데 하나가 불쑥 튀어나와 다른 곳으로 가면서 말했다.

"어느 날이고 바람 잘 부는 날 두고 보자."

김구는 사방에 겹겹이 둘러서서 싸움을 구경하는 사람들을 향하여 외쳤다.

"여러 사람들은 저자의 말을 명심하시오. 어느 날이고 내 집에 불이 나면 저놈들의 짓이니 여러 사람들은 그때에 입증을 하시오."

노형극 형제의 협박을 이처럼 기지로 물리친 것이었다. 그들이 물러간 뒤에 후환을 걱정하는 사람들이 김구에게 몰려와서 노형극 형제들과 척지지 말라고 권유했다. 그러나 김구는 오히려 그들을 준엄하게 꾸짖고 밤을 지냈다.

곽씨 부인은 밤길을 걸어 이 사실을 안악의 김씨 집안에 알렸다. 이튿날 아침 일찍 김용진과 김홍량이 의사 송영서(宋永瑞)를 데리고 걸음을 재촉하여 동산평으로 왔다. 그들은 김구의 상처를 진단하는 한편 노형극 형제를 고발하기 위한 소송서류를 준비했다. 사태가 여기에 이르자 노형극 형제들이 몰려와서 머리를 조아리며 사죄했다. 김구는 김용진과 김홍량을 만류하여 소송을 중지시키고, 노형극 형제들에게는 두번 다시 그와 같은 행동을 하지 않을 것이라는 서약을 받고 그 문제를 일단락지었다.

노형극 형제들을 제압함으로써 문제는 순조롭게 풀렸다. 김구는 「소작인 준수규칙」을 그대로 실행해 나갔다. 그는 날마다 이른 아침에 일어나서 소작인들의 집을 방문했다. 그리하여 늦잠 자는 사람은 깨워서 집안일을 하게 하고, 집안이 더러운 사람은 청소하게 했다. 땔감으로 쓰는 마른 풀과 솔가리를 거두어 오게 하고, 짚신삼기와 자리짜기를 장려했다. 짚신삼기와 자리짜기는 서대문감옥에서 자신이 직접 보고 배운 것이었다.

김구는 또 엄격한 상벌제를 실시했다. 이를 위하여 평상시의 근무성적을 알아볼 수 있는 "근만부(勤慢簿)"라는 일종의 작업성적부를 작성했다. 1년의 근무성적을 평가하여 추수철에 농장주의 허가를 얻은 범위 안에서 부지런한 사람에게는 후한 상을 주고, 게으른 사람에게는 다시 게으름을 피우면 경작권을 빼앗아 버리겠다고 경고했다.

김구의 노력으로 소작인들의 생활은 놀라울 만큼 달라졌다. 김구가 오기 전까지만 해도 추수하는 타작마당에 채권자들이 모여들어 타작한 곡식을 모두 가져가 버려서 대부분의 소작인들은 타작 연장만 들고 집으로 돌아가기가 일쑤였다. 그러나 김구가 감독으로 온 뒤로 소작인들은 곡식포대를 자기 집으로 가져가서 쌓아 둘 수 있게 되었다. 이렇게 되자 더 좋아하는 사람들은 소작인들의 부인네들이었다. 그들은 더욱 고마워하는 마음으로 김구를 집안 어른처럼 대우했다. 이렇게 하여 극심했던 도박 풍습은 거의 근절되었다.[38] 풍습이 바로 서고 모범농장으로 변한 동산평의 모습을 김구와 같이 농감생활을 했던 최명식은 다음과 같이 기술했다.

> 동산평은 가을 한철이면 타처에서 노름꾼이 모여들며, 심지어는 젊은 여자, 술장사도 임시로 집을 얻어 가지고 영업을 하였다. 그리하여 풍속은 난잡할 대로 난잡했으며 세상은 마치 몇몇 불량배의 독무대처럼 되어서 동산평 전체 풍속이 말이 아니었다. 그런데 김구가 농감이 되고 추수감으로 된 뒤부터는 그러한 불량배의 난폭한 행동이 일체 금절되었고, 우리 때문에 몇명의 불량배가 도망해 간 뒤부터 동산평은 선량하고 평화로운 모범농촌이 되어 갔다.[39]

김구는 동산평 농장을 관리하면서 최명식 말고도 교육계몽운동을 할 때부터 친구인 지일청(池一淸)의 도움도 받았다. 그리고 재령에 돌아와 있던 장덕준(張德俊)과도 농촌계몽운동에 관하여 몇차례 편지를 주고받았다. 장덕준은 일찍이 김구가 양산학교 교사와 해서교육총회 학무총감을 맡아 바쁘게 일할 때부터 알게 된 사이였다. 『백범일지』는 김구가 재령군 북율면에 노동자학교로 설립된 보강학교(保强學校)의 교장을 겸

---

38) 『백범일지』, pp.279~281.
39) 崔明植, 앞의 책, p.63.

하여 그 학교에 내왕할 때에 장덕준이 그 학교에서 숙식하고 있었다고 기술했다.[40]

1914년 1년 남짓 《평양일일신문(平壤日日新聞)》의 국문판 주간을 맡아 일했던 장덕준은 1917년에 도쿄(東京)로 유학 갔다가 곧 병을 얻어 재령의 집으로 돌아와서 요양생활을 하고 있었다.[41] 김구는 장덕준이 명신여학교(明信女學校) 소유의 농장을 관리하게 되어, 평소의 연구와 일본유학 때에 시찰한 일본의 농촌개발 방식을 참고로 하여 농촌개발 구상을 하고 있었다고 했다.[42]

4

김구의 동산평 생활은 2년밖에 되지 않았다. 그러나 그것은 김구에게는 일생을 통하여 가장 구순하고 넉넉한 생활을 누린 시기였다. 셋째 딸이 죽고 나서 얼마 있다가 최준례가 임신했다. 곽씨 부인은 말할 것도 없고 김구의 친구들도 아들낳기를 진심으로 바랐다. 마흔이 넘은 김구의 후사가 걱정되었기 때문이다. 김구는 마침내 1918년12월15일(음 11월12일)에 아들을 낳았다. 그의 나이 마흔셋이었다. 감옥에 있을 때에 15년형을 선고받은 김구의 후사를 위하여 자기 아들을 양자로 주겠다고 했던 김용제는 자기 일만큼이나 기뻐했다. 그는 곽씨 부인을 보고 말했다.

"아주머님, 손자 장가 보낼 때에는 내가 후행을 갈 거요."

아이의 이름은 김용승 진사가 짓기로 했다. 김구가 아들을 얻은 것은 그에게 동산평 농장을 맡겨 놓고 있는 김씨 문중 사람들에게도 매우 반가운 일이었던 것이다. 김용승은 아이의 이름을 '린(麟)'으로 지었다. 김

---

40) 『백범일지』, p.209, p.281.
41) 李敬南, 『雪山 張德秀』, 東亞日報社, 1981, p.88.
42) 『백범일지』, p.281.

每日申報

總督諭告

個性과國民性(六)

哈爾賓畫報

紅樓夢

조선총독부 기관지 《매일신보》는 온갖 종류의 총독유고를 크게 보도했다.

구는 뒷날 '린'이라는 이름이 일본의 호적에 등록된 이름이라고 하여 일본 호적을 거부하는 뜻으로 '인(仁)'으로 고쳤다.[43]

이 무렵의 김구의 동정에 대하여 일본의 한 정보보고는 그가 농장을 관리하는 한편으로 기독교를 전도하고, 매일 신문을 애독했다고 기록했다.[44]

신문을 애독했다는 사실은 주목할 만한 일이다. 장련(長連)에서 교육계몽운동을 종사하면서 《대한매일신보》의 지국장 일을 맡아 신문보급에 힘썼던 김구는 동산평에 묻혀 살면서도 국내외 정세에 대하여 계속 관심을 기울이고 있었던 것이다. 이때에 김구가 애독한 신문은 조선총독부의 기관지인 《매일신보(每日申報)》였다. 한일합병 이후에 일본은 한국인이 발행하는 신문을 모두 폐간시키고 일본어 신문인 《경성일보(京城日報)》, 영어 신문인 《서울 프레스(*Seoul Press*)》, 그리고 《대한매일신보(大

43) 『백범일지』, p.282.
44) 朝鮮總督府亞細亞局第二課, 「要視察人名簿」, 『白凡金九全集(4)』, p.101.

韓每日申報)》의 판권을 강제로 인수하여 제호를 바꾼 한글 신문《매일신보》의 세가지를 총독부의 기관지로 발행했다.[45] 김구는 안악읍에 있을 때에는 김홍량의 집에 가서 그가 구독하는《매일신보》를 얻어 읽었는데, 동산평 농장의 농감이 된 뒤로는 김홍량이 자신이 읽고 난《매일신보》를 1주일치씩 모아서 최명식을 시켜 김구에게 보내 주었다.[46]

제1차 세계대전이 3년째 계속되던 1917년에는 그동안 중립을 지키던 미국이 대독전(對獨戰)에 참가하고, 러시아에서는 볼셰비키혁명이 일어나고, 1918년에는 마침내 휴전조약에 이어 파리강화회의가 열리게 되었다. 이러한 일련의 국제정세의 추이에 대하여, 그리고 전승국으로서 국제적 지위가 크게 강화되고 있는 일본의 식민지 조선에 대한 정책에 대하여, 김구가《매일신보》를 읽으면서 어떻게 인식하고 전망했는지는 분명하지 않다.

이 무렵《매일신보》는「구주대전(歐洲大戰)과 흥아책(興亞策)」,「황실중심론(皇室中心論)」,「일선만통일론(日鮮滿統一論)」,「민풍개선(民風改善」,「전후준비와 조선」,「만주와 시베리아는 조선의 식민지」 등 장문의 연속 사설과 온갖 종류의 총독유고(總督諭告)를 크게 보도하는 등으로 식민지 지배를 합리화하고 강화하려는 선전에 힘을 쏟고 있었는데, 이러한 선전과 왜곡된 정보만으로 국제정세의 변화를 제대로 파악하기는 매우 어려웠을 것이다.

한일합병 뒤에 한국 농촌사회를 근본적으로 바꾸어 놓은 것은 1910년부터 1918년까지 조선총독부가 실시한 토지조사사업이었다. 그것은 전국 토지를 대상으로 소유권 조사, 지형 조사, 지가 산정, 토지대장 작성 등을 강압적으로 실시하여 토지소유권을 확인하고 지세(地稅) 부과체계를 정비한 것이었다. 그 결과로 임야를 포함한 전 국토의 무려 50.4%

45) 정진석,『언론조선총독부연구』, 커뮤니케이션북스, 2005, pp.27~60 참조.
46) 李敬南, 앞의 책, p.201.

가 국유지, 곧 조선총독부의 소유지가 된 반면에, 자작농과 자작 겸 소작농을 몰락시키고 소작농과 농업노동자와 이농민을 증가시켰다. 실제로 토지를 경작하는 농민들이 관습적으로 지녀 왔던 여러 가지 경작권이 박탈되고, 문중 등의 공동소유의 토지도 국유지에 편입되었다.[47]

이러한 토지조사사업은 물론 동산평에서도 실시되었다. 토지조사사업은 지주의 배타적 토지사유권의 법적 보장과 새로운 지세제의 도입 등을 통하여 지주의 권익을 보호해 주는 것이었으므로 지주 집안인 김씨 일가에 유리했을 것은 말할 나위도 없다. 그런데 그러한 토지조사사업이 동산평의 농민들에게 어떤 영향을 끼쳤는가에 대해서는 『백범일지』에 아무런 언급이 없다.

토지조사사업에 의한 농촌사회의 구조적 변혁과 함께 1917년에 들어서는 미곡투기에 의한 쌀값의 폭등과 제1차 세계대전에 따른 제반 물가의 상승으로 농민들을 포함한 중하층민의 생활은 극도로 궁핍해졌다. 게다가 1918년에는 일본정부가 폭등하는 자국의 쌀값을 조절하기 위하여 한국산 쌀을 대량으로 반출함으로써 한국농민의 궁핍은 더욱 격심해졌다.

비극적 현상은 그뿐만이 아니었다. 1918년10월부터 전국적으로 번진 악성감기는 1919년1월까지 무려 14만518명이라는 엄청난 사망자를 냈다.[48] 이러한 상황은 일본헌병경찰의 폭압적 지배로서도 한국민중의 분노를 억제할 수 없게 만들었다. 여러 지방에서 크고 작은 봉기가 잇따랐다.[49] 뒤이은 3·1운동 때에 전국의 농민들이 궐기한 것은 이러한 축적된 울분의 분출이었다.

---

47) 愼鏞廈, 앞의 책, 宮嶋博史, 『朝鮮土地調査事業の研究』, 東京大東洋文化研究所, 1991, 李榮薰 외, 『조선토지조사사업의 연구』, 민음사, 1996 참조.

48) 《每日申報》 1919년1월30일자, 「惡性輪感의 死亡者가 實로 十四万名」.

49) 金龍德, 「日帝의 經濟的收奪과 民擾(1910~1918)(上, 下)」, 《歷史學報》 제41~42집, 歷史學會, 1969, pp.5~23, pp.216~234; 이정은, 「《매일신보》에 나타난 3·1운동 직전의 사회상황」, 《한국독립운동사연구》 제4집, 독립기념관 한국독립운동사연구소, 1990, pp.193~220 참조.

27장

국민회를 장악하다

1. 비상수단으로 국민회 장악
2. 여자기숙사를 한인여학원으로
3. 1916년은 이승만의 '득의전성시대'
4. 두 저서의 출판과 뉴욕 소약속국동맹회의

1. 비상수단으로 국민회 장악

1

이승만이 국민회 하와이지방총회를 장악하는 과정은 극적이었다. 그것은 그의 소명의식, 그의 자존심, 그의 자기정당감, 그의 오만, 그의 저돌적 기질을 적나라하게 드러내 보인 행동이었다.

이승만과 국민회 간부들 사이의 알력은 1914년 초부터 표면화되었다. 알력의 원인은 두가지였다. 하나는 국민회관 건립은 학생기숙사 건립을 완성해 놓은 다음에 하자는 이승만의 주장에도 불구하고 국민회 간부들이 회관 건축비 모금을 강행한 것이고, 다른 하나는 국민회가 교회사업에 사용하려고 1913년에 3,049달러를 들여 엠마 스트리트(Emma Street)에 구입해 둔 부지를 이승만에게 양도하는 문제였다. 회관 건축비 모금과 관련하여 이승만은 다음과 같이 썼다.

> 1년 전에 내가 하와이에 왔을 적에 우리 동포에게 연조 청구하기를 기어이 말자고 하였으나, 사세에 끌려서 부득이하야 서적출판사와 학교기숙사 일에 대한 연조 청구하기를 시작한지라.…
>
> 멀리 있는 사람을 오라고 하여 학교일이라 출판일이라 마음대로 맡아 가지고 연조를 거두어 성취하라 하여 놓고, 연조가 일변 들어오는 자리에 따로 연조를 또 펴서 다른 일을 시작하면 이 일이 방해를 받을지니, 이는 차소위 등루거제[登樓去梯: 다락에 올려놓고 사다리를 치움]라. 이 사람이 각처 동포를 대하야 일하여 줄 것이니 연조 달라 하던 것은 장차 무슨 모양이 되며, 이 사람을 믿고 돈 주던 동포들은 일이 못 되는 날에 스스로 낙심하면 그 해가 한두 사람에게만 돌아가고 국민회는 유익함이 되겠는가. 이는 일 인도하는 이들이 멀리 보지

못하고 잠시 관계만 생각하는 연고이라.…[1]

이러한 이승만의 주장은 그가 하와이에 도착하여 한인중앙학교의 교장직을 맡고 또《태평양잡지》를 발행할 때에 국민회 간부들과 한 약속이 어떤 것이었는지를 짐작하게 한다. 결국 회관 건축비 모금은 강행되었고, 모자라는 비용은 각 지역 국민회 분회의 자금까지 끌어와서 회관은 건립되었다.

더욱 논란이 된 것은 두번째 문제였다. 이승만은 엠마 부지를 자기 개인명의로 기부해 줄 것을 요구했다. 그러나 국민회 간부들은 그 부지를 여학생 기숙사용으로 기부는 하겠으나 이승만 개인명의로는 기부할 수 없다면서 거절했다. 이승만은 자기가 굳이 그 부지를 자기 개인명의로 양도하라고 요구한 이유를 다음과 같이 솔직하게 설명했다.

한인사회에는 아직도 민법조리가 서지 못하고 영업상 경위가 짜이지 못하며 사위상 권한이 구별되지 못한 고로, 내지에서나 외양에서나 무슨 일이든지 중인이 공동하게 실시하는 일은 매양 중간에 층절이 생기기 쉬운지라. 이것을 생각지 아니하고 당장에 되기만 중히 여겨서 시작하면 일후에 잘못되어도 뒷일을 마감하기 어렵고 잘 되어도 오래 유지하기 어려운지라.…

그런고로 나는 무삼 일이든지 아니하면이어니와 하려 할진대 후폐를 미리 방비하고 착수하기를 힘쓰는 바이라. 이는 내가 한인들을 책망하는 것도 아니오 한인들은 영히 남과 같이 공동사업을 할 수 없다는 것이 아니라. 다만 한인의 사회상 형편이 아직 이러하므로 되기 어려운 즉, 아직 이런 경위가 발달되기 전에는 사업을 주장할 만한 사람에게 맡겨서 완전히 성취되게 하는 것이 가하고, 일변으로 이런 경

---

1) 《태평양잡지》 1914년3월호(제7호), 「호항한인여자기숙사」, pp.80~82.

력이 생기는 대로 차차 공동사업이 발전되기를 바라는 바이라.…

작년에 장만한 토지를 여자기숙사 건축에 쓰게 하며 재정도 이 일에 돕고자 하지마는 나의 고집하는 바 이것으로 인연하야 일후에라도 무슨 언론이 생기거나 충절이 나게 될진대 차라리 이 일을 정지하는 것이 나을지라. 무슨 글을 써서 약조를 하여 달라든지 이름을 두어 달라거나 하면 나는 응종치 못할 터이니, 이는 장래에 혹 무슨 충절이 생길까 염려가 있음이라.…[2]

한인사회에는 아직도 민법의 조리가 서지 못했다는 말이나, 특히 엠마 부지를 기증받으면서도 "무슨 글을 써서 약조를 하여 달라"거나 "이름을 두어 달라"는 요구는 단호히 거부하겠다는 말은 국민회 간부들에 대한 불신을 노골적으로 드러낸 말이었다. 그는 엠마 부지의 기증을 근거로 하여 국민회나 감리교회가 여자기숙사의 운영에 참견한다거나 필요한 자금조달을 위해 그 부지를 금융기관에 담보로 넣거나 처분하는 경우에 국민회가 간섭하려 든다면 일에 지장이 있을 수 있다고 생각한 것이다.

김종학(金鍾學) 등 1914년도 임원진의 총회운영에 대한 동포사회의 불만은 12월7일로 예정된 1915년도 총회장 선거가 대의원들의 항의로 무산되는 사태를 빚었다. 선거가 무산된 이유는 대의회가 천거한 후보자들을 김종학 등이 임의로 교체한 데서 비롯되었다. 대의원들은 그것이 「자치규정」 위반이라고 항의했다. 그리하여 호놀룰루 대의원 함삼여가 대의원들에게 편지를 보내어 총회장의 권리남용을 규탄할 것을 발의했고, 여러 지방에서 정식투표를 거부하고 나왔다.[3] 그러자 김종학을 비롯한 임원 전원이 사퇴했다.[4] 임원들이 사퇴하게 된 이유는 그뿐만이 아니

---

2) 위의 글, pp.82~84.
3) 《新韓民報》 1914년12월24일자, 「雜報: 하와이지방총회 명년도 총선거의 실패」.
4) 《新韓民報》 1914년12월24일자, 「雜報: 하와이지방총회임원의 총사임」.

었다. 그보다는 전년도의 총회 회관 건립비 사용과 관련하여 대의원들의 문제제기가 있었기 때문이다.[5] 그러나 한달 뒤인 1915년1월에 실시된 총회장 선거에서 김종학이 992표 대 105표라는 압도적 다수로 다시 총회장에 당선된 것을 보면, 그가 국민회 조직 안에서 지지자들을 많이 확보하고 있었음을 말해 준다. 그리고 그것은 박용만(朴容萬)의 지원에 힘입은 것이었음은 말할 나위도 없다. 그리하여 1915년1월의 대의회에는 의안으로 교육부문제,《국민보(國民報)》발행 보조문제, 국민군단 지원문제, 규정 개정문제가 제출되었는데, 그것은 국민회 하와이지방총회가 박용만의 사업지원에 예산을 집중적으로 사용할 것을 계획하고 있음을 뜻하는 것이었다.

마침내 대의회에서 회관 건축비 사용내역이 문제가 되었다. 건축비 장부조사 결과 건축비 특연수입이 5,249달러50센트이고 각 지방의 국민회 분회에서 빌린 돈이 2,155달러인데, 실제로 건축비로 지출한 것은 4,040달러65센트이고 수금위원 박상하(朴相夏)가 착복한 것이 831달러15센트, 재무 홍인표(洪寅杓)가 착복한 것이 1,548달러17센트이며, 잔액이 984달러53센트임이 밝혀졌다. 박상하는 곧 변상하겠다고 했고, 홍인표는 1년 기한을 요구했다. 김종학 등 국민회 임원들은 분격한 대의원들을 구워삶으면서 무마했다. 대의회는 결국 대외적 체면을 고려하여 두 사람을 처벌은 하지 않고 기한을 주어서 착복한 돈을 변상하게 했다.[6]

이승만은 이 기회를 놓치지 않았다. 그는《태평양잡지》1915년2월호에 국민회 간부들을 신랄하게 힐책하는 장문의「성명서」를 발표했다.[7] 이승만은 먼저 하와이 한인사회의 발전이 국내외 각지에 있는 동포들의 희망인데, 이곳의 일이 잘못되는 것을 보고 자기가 아무 말도 하지 않으면 그 책임이 자기에게 있다고 할 것이므로 말한다고 전제한 다음, 국민회 간부

5) 《新韓民報》1914년12월31일자,「雜報: 하와이국민회 총선거의 실패와 총회장 사직에 대한 의견」.
6) 金元容,『在美韓人五十年史』, p.139.
7) 《新韓民報》1915년4월1일자,「論說: 하와이총회와 리박사」.

들이 자기와 한 약속을 어기고 자기가 교육특연을 모금할 때에 국민회관 건립문제를 들고 나와서 건축특연을 모집함으로써 교육특연을 방해했다고 주장했다. 그는 “대저 국민회관 건축이 우리에게 학식을 주겠는가 재정을 주겠는가”라고 질책하고, 국민회 간부들이 국민회를 망치고 있다고 다음과 같이 매도했다.

> 국민회 당국이 지나간 양년에 수입된 의무금을 무엇에 썼는가. 사탕밭에서 땀 흘려 모은 돈을 받아서 무엇을 하였는가. 그것을 이승만에게 주었더라면 학생기숙사 건축이 완성되었을 것이며, 국민회는 잘될 수도 있고 잘못될 수도 있으나, 학생기숙사는 한번 세우면 영원히 우리의 자녀들을 양성하는 것이다.
>
> 국민회 당국이 대의회 의결안을 준행하지 않고 몇 사람의 마음대로 하는데, 지나간 2년 동안의 재정 출납을 보면 쓰라는 것은 쓰지 않았고 쓰지 말라는 것을 쓴 것이 많았고, 문부가 분명치 못하여 대의회에서 문제가 일어나면 묵허니 용서이니 하는 언사로 흐지부지하여 타협하니, 일을 이렇게 할진대 각 지방에서 대의원을 파송할 필요가 없는 것이다. 국민회 임원들이 이같이 공의를 무시하는데, 이러한 행동이 국민회를 망하게 하는 것이요 이러한 사람들을 그대로 두면 국민회가 위태하게 될 것이다.[8)]

그러고 나서 그는 일반 동포들을 상대로 네가지를 제안했다. 첫째로 국민회 회원 다수의 공의를 따르는 것이 당연한 일이므로 무슨 관계로든지 우리의 일을 반대하는 개인은 국민회를 반대하는 것으로 인정할 것, 둘째로 금년에는 호놀룰루에서 대의회를 열 필요가 없이 지방마다 모여 문제를 결정해서 자기에게 보내면 그것을 받아서 다수 의사에 따라 일을

---

8) 金元容, 앞의 책, p.141. 이 「성명서」가 실린 《태평양잡지》는 보존되어 있지 않다.

결정할 것, 셋째로 지난 2년 동안 국민회가 의무금을 받아서 교육사업에 쓰지 않고 소모하였으므로 금년에는 무슨 재정이건 전부를 교육사업 책임자에게 보내어 교육사업을 성취시킬 것, 넷째로 그러나 국민회의 필요한 경비와 임원들의 월급은 그대로 지급하겠다고 다음과 같이 말했다.

> 재정이 우리 손에 들어올지라도 우리는 당국 제씨의 월급 범절과 다른 필요한 경비를 모른다 할 바 아니요 동포들의 가부를 받아서 실행할 것이며, 만일 부득이하야 중대한 공회를 정지하게 될진대, 우리는 몸소 그 책임을 담부(擔負)하야 국민회 기초를 더욱 공고케 하도록 힘쓸 것이요….[9]

요컨대 국민의무금을 국민회로 보내지 말고 자기에게 보내어 금년 1년 동안은 오로지 교육사업에만 사용하게 하되, 다만 국민회의 일반 경비와 임원들의 월급은 지급하겠다는 것이었다. 그것은 국민회 간부들의 권위의 근거인 「국민회헌장」이나 하와이지방총회의 「자치규정」을 무시한 말이었다.

이승만은 바로 자신의 제안을 실현하기 위한 행동에 나섰다. 그는 2월3일부터 10일까지 한인여자기숙사의 스타크스(Starks) 부인을 대동하고 마우이 섬에 다녀왔다.[10] 이승만은 이어 2월19일부터 22일까지 호놀룰루에서 열린 감리교 연회에서 한인중앙학교에 대해 자세히 보고했다. 회의에는 여러 지방에서 목사들과 전도사들이 참석했는데, 이승만은 이들을 상대로 국민회 임원들의 과오를 규탄하면서 교역자들은 각 지방으로 돌아가서 국민의무금을 거두어 자기에게 보내면 자기가 받아서 큰 사업을 이루어 놓겠다고 장담했다. 교역자들은 모두 그렇게 하겠다고 약속했

---

9) 《新韓民報》 1915년4월1일자, 「論說: 하와이총회와 리박사」.
10) Syngman Rhee, *Log Book of S.R.*, 1915년2월3일조, 10일조.

다.[11]

감리교 연회가 끝나자 이승만은 하와이 섬과 카우이 섬을 방문했다. 국민의무금을 비롯한 국민회의 각종 의연금 모금에 부담감을 느끼고 있던 동포들은 이승만의 선동에 크게 동요했다. 각종 의연금 때문에 한인 노동자들은 같은 임금을 받는 일본인이나 중국인 노동자들보다 궁색한 생활을 하고 있었다. 대부분의 노동자들 한달 수입은 20달러 내지 25달러가량이었는데, 국민의무금 5달러를 포함하여 각종 의연금으로 국민회가 거두어 가는 돈은 1년에 20달러가 넘었다. 그리하여 하와이정부의 각종 세금과 생활비를 제하고 나면 1년에 저축할 수 있는 돈은 기껏해야 31달러[월평균 2달러50센트]밖에 되지 않았다.[12]

新韓民報 木曜日 建國紀元四千二百四十八年四月一日

論說 하와이 총회와 리박사

新韓民報

Telephone Garfield 457
The New Korea
Published Once a Week by the Korean National Association of North America
Terms, One Year......$2.00

국민의무금을 직접 자기에게 보내라고 한 이승만의 성명을 비판한 《신한민보》 논설.

한편 국민회의 재정수입은 국민의무금 제도 실시 이후로 부쩍 증가했다. 국민의무금 제도가 실시된 1913년의 수입은 1만252달러84센트에 이

---

11) 鄭斗玉, 「在美韓族獨立運動實記」, 《한국학연구》3 별집, p.63.
12) 「機密 제20호: 在ホノルル日本總領事館, 布哇在留朝鮮人ノ狀態 1914年11月調」, 1914년12월4일, pp.53~54, 『不逞團關係雜件 鮮人ノ部 在歐米(二)』.

르렀다.[13] 1914년에는 국민의무금만 1만달러가 넘었고, 이와는 별도로 총회회관 건축을 위한 건축특연으로 5,000달러가 모금되었다.[14] 그럼에도 불구하고 국민회 간부들은 그 수입 가운데서 이승만에게는 전혀 지원하지 않았다. 대부분의 재정은 박용만이 주관하는 사업비용으로 사용되었다. 한인병학교 교관들의 피복비까지도 그 돈에서 지출되었다. 그뿐만 아니라 박용만과 전임 총회장 정칠래(鄭七來), 정원명(鄭元明) 등이 김종학으로부터 공금을 개인적으로 융통해 쓴다는 소문도 나돌았다.[15] 또 김종학은 연봉을 720달러나 쓰면서 호화생활을 하여 일반 동포들의 빈축을 샀다.[16]

2

이러한 상황 속에서 국민의무금을 자기에게 보내면 "1년 내로 장님이 더듬어 보아도 만져볼 것이 있게 하겠다"[17]는 이승만의 장담은 동포 교인들이나 농장 노동자들에게 설득력이 있었을 것이다. 그리하여 국민회의 국민의무금 수합이 부진해지고, 각 지방민회는 국민회가 이승만을 고문으로 삼아서 재정을 감독하도록 하는 것을 찬성한다는 결의를 하기도 했다.

그러한 사정은 이승만의 성명이 발표되자 즉각 반박하고 나온 샌프란시스코의 북미지방총회장 이대위(李大爲)마저 다음과 같이 쓴 것으로도 짐작할 수 있다.

> 하와이총회는 우리 단체 중에 제일 힘이 있는 회요 리박사는 한국

---

13) 위의 보고서, pp.15~16.

14) 金元容, 앞의 책, p.138.

15) 「機密 제19호: 朝鮮人國民會布哇地方總會ノ紛擾ニ關スル件」, 1915년6월1일, 『不逞團關係雜件 鮮人ノ部 在歐米(二)』.

16) 「機密 제26호: 朝鮮人國民會ノ紛擾ニ關スル件」, 1915년7월1일, 『不逞團關係雜件 鮮人ノ部 在歐米(二)』.

17) 鄭斗玉, 앞의 글, p.63.

에 오직 하나되는 지위에 처하얏으니, 우리는 그중에 하나라도 잃으면 아니될 바라. 그러한 중에 지금 그 사실을 보면 하와이 동포 중의 다수는 총회 임원보다 리박사의 하는 일을 찬성코저 하는 모양인즉, 그 인민의 동정을 많이 얻고 적게 얻는 것이 필시 처사를 잘하고 못하는 데서 나온 것이니, 인민의 공론을 준행하여야 될 것이라.…[18]

국민회 임원들이 반발하는 것은 당연했다. 그들은 이승만의 주장이 국민회를 헐어 교회 안에 집어넣고 일 개인이 행호시령[行號施令: 호령을 내림]하는 것이라느니, 국민회를 헐어 한 학교를 세우고자 하는 데 지나지 않는 것이라느니 하면서 비난했다. 그러나 이승만은 이러한 비난에 개의하지 않았다. 일반 국민이 내는 의무금을 한 개인이 어찌 직접 수합할 수 있겠느냐는 그들의 항의에 대해서는 동포들이 자기에게 바치기를 원하면 괜찮은 것이라고 응수했다. 동포의 의무금을 한 개인의 사업에 사용하는 것은 부당하며, 국민회 기관 안에서 사업을 추진하더라도 임시대의회의 승인을 받아야 한다는 주장에 대해서는 자신이 직접 동포들의 찬성투표를 얻어서 단행하겠다고 했다. 국민회 임원들은 이승만이 무슨 권리로 동포들의 투표를 실시한단 말이냐면서 반발했다. 그러자 이승만은 지방총회 관하에 민주당이라는 정당조직을 결성하여 국민회 하와이지방총회를 혁신하는 형식을 취하기로 하고, 임시 대의원 회의를 소집할 것을 주장했다.[19]

국민회 간부들에 대한 동포들의 비판 여론이 비등하자 와히아와(Wahiawa) 등 세 지방의 대의원 이정근, 양홍엽, 김성봉, 이관식 4명은 4월 11일에 김종학 총회장에게 임시대의회의 소집을 요구하는 청원서를 보냈고, 김종학은 5월10일에 임시대의회를 소집한다고 공고했다. 각처에 '혁명

18) 《新韓民報》 1915년4월1일자, 「論說: 하와이총회와 리박사」.
19) 《新韓民報》 1915년6월4일자, 「중앙총회에 온 하와이 대의원의 공첩」.

대'가 생기고 그 대표들이 4월 말에 속속 호놀룰루로 모여들었다. 그들은 총회장 김종학을 만나서 총회 소집일자가 너무 늦다고 항의하여 회의는 5월1일로 앞당겨졌다. 대의회는 76개 지방 가운데 31개 지방 대의원만 참석하여 정족수 미달이었으나, 참석자 대다수의 요구로 강행되었다. 대의회는 개회 벽두부터 소란했다.

대의원들은 두파로 나뉘었다. 다수파는 이승만 지지자들이었다. 그들은 국민회 임원들이 죄과가 있으므로 마땅히 그들을 처벌하고 임원 전부를 개선해야 한다고 주장했다. 다수파는 먼저 지난번 총회 임원선거와 모든 결정을 일절 불복하기로 의결했다. 의사충돌로 소란하던 회의는 총회장 김종학을 탄핵한 다음 자동차판매상을 하는 정인수(鄭仁秀)를 임시 총회장으로 선출하는 한편, 김종학으로부터 일체의 장부를 압수하여 회계장부 조사를 강행했다. 그 결과 간부들의 공금착복 사실이 드러남으로써 국민회를 개혁해야 한다는 이승만의 주장이 옳았음이 입증되었다.

국민회의 회계장부를 조사한 결과 재무 홍인표가 공금 1,544달러67센트를 횡령한 것이 밝혀졌다. 그러나 홍인표는 1월의 대의회 때에 자신의 공금 착복 사실이 문제되자 미국 본토로 떠나고 없었으므로 문제를 더 이상 확대시킬 수 없었다. 그리고 총회 회관 건축비 장부를 조사한 결과 총회장 김종학이 1,345달러64센트를 착복한 것이 새로 드러났다. 김종학의 요구로 다시 정밀 조사한 결과 박상하의 총회장 재직 때의 건축비 수입금 2,100여달러 가운데서 농상주식회사 주식비로 사용한 649달러35센트와 박용만에게 준 130달러를 제외하면 김종학이 개인적으로 착복한 액수는 556달러35센트밖에 되지 않았다.[20)]

김종학의 처리문제를 놓고 논란을 거듭하던 대의회는 그를 미국 법정에 고소하는 것보다 국민회 자체의 법률로 처리할 것을 투표로 결정했

20) 《新韓民報》 1915년6월10일자, 「중앙총회에 온 하와이 대의원의 공첩」.

다. 그러자 투표가 있던 날 대의회장에 나가 있던 이승만은 그날 저녁에 대의원들을 중앙학교로 초청하여 닦달했다.

"어찌하여 죄인 김종학을 징역시키지 않고 공회 재판으로 처치한다는 거요? 그와 같이들 하려면 다 본지방으로 돌아가시오."

이승만은 반대자를 공격할 때에는 언제나 이처럼 단호했다. 그리하여 대의회는 결의를 번복하여 임시총회장으로 하여금 김종학을 미국 법정에 공금횡령 혐의로 고소하도록 결의했고, 김종학은 5월4일에 미국 경찰에 체포되었다.[21]

국민회 하와이지방총회의 새 임원을 선출하기 위한 대의회는 5월31일에 대의원 및 일반동포 200여명이 참석한 가운데 개최되었다. 그러나 기존 임원 및 관계자 20여명이 회의장에 난입하여 회의는 제대로 진행되지 못했다. 대의회는 6월5일에 다시 열려 한인감리교회 목사 홍한식(洪翰植)을 총회장으로 선출하고, 이승만의 측근인 안현경(安玄卿)을 총무로 선임하는 등 새 임원진을 구성했다.

오랫동안 하와이 섬과 호놀룰루에서 감리교 전도사로 활동해 온 홍한식은 백인들 사이에서도 신망이 있었고 이승만과는 신뢰관계가 두터웠다. 그는 온건파로서 일본영사관으로부터 선교보조비로 200달러를 지원받았다가 국민회 전 간부들로부터 "국적"이라고 매도되기도 했었고, 그 때문에 국민의무금도 내지 않고 있었다. 이날 회의에서는 새로 선출된 총회장의 발의로 720달러씩 지급하던 회장의 연봉을 240달러로 대폭 삭감했다.[22]

숙청이 잇따랐다. 새로 구성된 국민회 임원들은 회의를 거듭하여 김종학을 비롯한 반대파 22명을 「국민회헌장」과 「자치규정」에 따라 제명했는데, 그들 가운데는 정칠래, 박상하 등 1910년 이래 국민회 하와이지방

---

21) 위와 같음.

22) 「機密 제26호: 朝鮮人國民會ノ紛擾ニ關スル件」, 1915년7월1일, 『不逞團關係雜件 鮮人ノ部 在歐米(二)』.

총회의 임원을 지낸 사람들이 11명이나 포함되었다.[23] 이 과정에서 심한 폭력사태가 벌어졌고, 호놀룰루의 영자신문들도 한인사회의 분규를 크게 보도했다. 중앙학교 학생들이 국민회 회관의 회의장에 난입하기도 했다. 카우아이 섬의 케카하(Kekaha) 대의원 이홍기(李鴻基)가 이승만 지지자들에 의해 "탈곡기에 깔렸던 것처럼" 심하게 맞았고, 그 때문에 안현경과 고석주(高石柱)를 비롯한 19명이 경찰에 체포되었다는 이야기가 보도되는가 하면, 새로 구성된 국민회가 박용만파 지도자들을 "모두 죽이기로" 결의했다는 미확인 보도와 국민회가 이를 부인했다는 보도, 그리고 그러한 결의가 없었음을 확인하는 결의안이 임시대의회에서 209표 대 191표로 부결되었다는 등의 뉴스가 연일 지면을 덮었다. 그리하여 한인사회의 분규는 백인사회에서도 큰 입방아거리가 되었다. 마침내 이승만은 다음과 같은 성명을 발표해야만 했다.

> 나는 박용만《국민보》주필은 국민회의 공금횡령과 관련이 없다고 믿는다.… 나는 국민회와 직접 관계가 없으며 새 파벌의 지도자라는 주장은 전혀 사실이 아니다. 하와이에 있는 모든 한인들은 국민회를 손상시킨 재정부패를 청산하고 앞으로 그러한 부패가 발생할 수 없도록 노력하자는 데 하나가 되어 있다.… 현재의 모든 분쟁은 국민회를 자신의 이익을 위해 운영해 왔고 앞으로도 그렇게 하고자 하는 몇몇 사람들 때문이다. 이홍기의 고소는 새로 책임을 맡은 훌륭한 임원들을 공경에 빠뜨리려는 사람들의 충동에 따른 것이다.[24]

이어 이승만은 자기는 이 분쟁과 관련이 없으며 박용만과는 여전히

---

23) 위와 같음.

24) *Honolulu Star-Bulletin*, Jun. 8, 1915, Yŏng-ho Ch'oe, "Syngman Rhee in Hawaii: His Activities in the Early Years, 1913~1915", Yŏng-ho Ch'oe ed., *From the Land of Hibiscus*, pp.75~76.

좋은 친구 사이라고 거듭 강조했다. 그는 박용만에 대하여 "나의 가장 친한 친구의 한 사람이라고 자랑스럽게 말할 수 있다"라고 말했다.[25] 이렇게 하여 마침내 이승만은 국민회 하와이지방총회를 완전히 장악했다.

3

국민회의 새 임원들은 김종학 등 전 임원들이 책정해 놓은 예산안을 수정하여 《국민보》의 경비보조금 1,600달러와 샌프란시스코의 국민회 중앙총회에 납부하기로 한 2,000달러를 삭감하는 한편, 이승만의 교육사업 지원비로 1,000달러를 지급하기로 새로 의결했다.[26] 그동안 《국민보》는 4월21일자(167호)로 정간되었고, 《태평양잡지》도 4월호를 내고 중단되었다.[27]

김종학은 박용만의 "산넘어 병학교" 설립을 지원했던 양복점 경영자 안원규(安元奎)가 1,000달러의 보증금을 기탁하여 곧 석방되었다. 그리고 그의 공금횡령 혐의에 대한 재판은 연기를 거듭하다가 석달 뒤에 증거불충분으로 무죄판결이 내려졌다. 김종학은 9월15일자로 이승만을 비난하는 유서를 남기고 권총으로 자살을 기도했으나 미수에 그쳤다.[28]

이승만이 비상수단을 써서 김종학 등 기존 국민회 간부들을 축출한 것은, 그들의 재정남용도 문제였지만 그보다 더 근본적으로는 그들이 하와이 동포사회를 '기독교국가'로 만들겠다는 자신의 사업을 방해하는 존재라고 판단했기 때문이다. 그의 생각으로는 이 시점에서 한인들의 가장 중요한 과업은 동포 2세들에게 기독교 문명의 기초가 되는 진리를 가

---

25) *Honolulu Star-Bulletin*, Jun. 21, 1915, Yŏng-ho Ch'oe ed., p.76.

26) 「機密 제26호: 朝鮮人國民會ノ紛擾ニ關スル件」, 1915년7월1일, 『不逞團關係雜件 鮮人ノ部 在歐米(二)』.

27) 「公機 제110호: 鮮字新聞發行中止ニ關スル件」, 1915년5월22일 및 「機密 제36호: 在留朝鮮人ノ狀態ニ關スル件」, 1915년11월22일, 『不逞團關係雜件 鮮人ノ部 在歐米(二)』.

28) 「機密 제30호: 金鍾學ノ自殺未遂ニ關スル件」, 1915년9월18일, 『不逞團關係雜件 鮮人ノ部 在歐米(二)』.

르쳐 국가의 장래를 담당할 지도자를 양성하는 것이었다. 그것은 곧 그의 "길게 준비하는" 독립운동 방략이기도 했다. 그는 실력 있는 인재를 양성함으로써 미국을 비롯한 기독교국가들로부터 한인들이 자치능력이 있다는 것을 인정받고, 그들의 지지와 협조를 얻어서 독립을 달성할 수 있다고 생각했다. 그러한 이승만이 볼 때에 국민회가 연무부(練武部)를 두고 동포 장정들에게 군사훈련을 실시했고, 특히 박용만이 온 다음에는 그의 무장투쟁론에 동조하여 막대한 비용을 들여 "산넘어 병학교"를 지원하는 것은 "모래 위에 집 짓는 일"처럼 여겨졌던 것이다. 그는 자신이 국민회 문제에 개입한 것과 관련하여 다음과 같이 설명했다.

> 이 사람이 국민회도 위하야 목숨을 내어놓고 못된 싸움까지 하여 보았나니, 국민회를 해하고저 하야 이렇게 함인가. 결단코 아니라. 10년 후에나 100년 후에라도 한인들이 다 깨어나면 더욱 깊이 알려니와, 국민회에서 매년에 7,000~8,000원 재정을 합하여다가 한강에 조밥 풀듯 흩쳐놓고 헌법이니 지위니 권리니 명예니 하는 모든 것을 다 생각하되, 실상 한족에게 공동히 유익할 것은 생각지 않고저 할진대 나는 기어히 말라고는 아니할 터이나, 모래 위에 집 짓는 일에 나는 헛되이 노력하기 싫은 고로 간섭하기를 원치 아니함이요, 소위 인도자의 지목을 받고 앉아 벽상에 초전보듯 할 수 없는 고로 모든 것을 무릅쓰고 나서서 이것을 모든 동포에게 알려주고 또한 동포의 공동한 원을 따라 얼마 동안 보아 주려고까지 하여 본지라. 지금에라도 국민회가 한족에게 유익한 일을 하고자 하면 이 사람은 몸이 여러 조각이 날지라도 동포의 심부름꾼 되기를 사양치 않을지라.…[29]

그러나 이승만은 반대파의 실질적 지도자인 박용만을 잃고 싶지 않

29) 『호항한인여학교 재정보단』 제4호, 1916년12월, 「서문」, pp.42~43.

았다. 그는 가능하면 박용만을 김종학 등 반대파와 떼어 놓으려고 했다. 박용만도 분쟁에 개입하기를 꺼렸다. 국민회 재정 횡령이 문제가 되었던 만큼 그로서도 개입의 명분이 없었을 것이다. 게다가 박용만은 1915년2월의 국민회 중앙총회의 총회장 및 총부회장 선거에서 총회장 후보 안창호(安昌浩)와 러닝메이트로 총부회장 후보가 되어 있었으므로 분쟁에 개입하는 것은 득표에도 불리할 것이었다. 그리하여 박용만은 하와이 대표 총수 37표 가운데 30표를 얻어 총 득표수 35표로 11표에 그친 흥사단(興士團)의 홍언(洪焉)을 누르고 총부회장에 당선될 수 있었다. 이때에 안창호가 하와이 대표의 32표를 얻어 92표 대 8표라는 압도적 표차로 백일규(白一圭)를 누르고 총회장에 당선된 것은 그가 하와이 동포들 사이에서도 폭넓은 지지를 받고 있었음을 보여 준다. 시베리아지방총회의 투표가 도착하지 않아서 선거 결과는 두달이나 선포가 연기되었다가 4월2일에 공포되었다.[30)]

박용만은 중앙총회장단 취임식에 참석하기 위하여 6월5일에 하와이를 떠나 샌프란시스코로 갔다. 취임식은 6월23일에 거행되었다. 이승만은 7월7일부로 박용만에게 다음과 같은 정감 어린 말로 국민회를 망치고 있는 사람들과 인연을 끊을 것을 촉구하는 편지를 썼다. 이때는 박용만이 아직 샌프란시스코에 머물고 있을 때였으므로 어쩌면 이 편지는 공개편지였는지 모른다.[31)]

> 내 가슴속 깊은 곳에는 당신에 대한 우정과 형제애뿐이오. 그리고 당신에게는 옛 옥중동지보다 더 나은 친구가 없다는 것을 확실히 하고 싶소. 당신이 아직도 당신 자신을 저 사람들에게 내맡기려 한다면 틀림없이 당신은 오래도록 후회할 것이오. 나는 그들과 맞서 싸워야

---

30) 《新韓民報》 1915년4월22일자, 「雜報: 중앙총회장 선거 공포」.
31) 方善柱, 「朴容萬評傳」, 『在美韓人의 獨立運動』, p.90.

하고 그들은 자기네의 사욕을 위해 국민회를 망치고 있다는 것을 밝혀내야 하오.… 양자택일하여 당신이 현명하다고 생각되는 쪽을 따르기 바라오. 언제나 변함없는 당신의 형 이승만.[32]

이승만이 말하는 '그들'이란 하와이의 반대파뿐만 아니라 샌프란시스코의 국민회 관계자들까지 싸잡아 하는 말이었을 것이다. 그러나 박용만으로부터는 아무런 답장이 없었다.

박용만이 샌프란시스코에 있는 국민회 중앙총회 및 북미지방총회 사람들과 어떤 협의를 하고 왔는지는 알 수 없다. 샌프란시스코의 국민회 사람들은 이승만이 하와이 동포들에게 국민의무금을 자기에게 직접 보내라는 성명을 발표하자 즉각적으로 반발하고 나섰다. 하와이지방총회로부터 국민의무금으로 1년에 2,000달러씩 송금받던 중앙총회의 입장에서는 그 자금도 중요했으나, 그보다도 이승만이 국민의무금을 직접 수합하겠다는 것은 국민회의 '무형정부'로서의 권위를 전적으로 무시하는 태도로 받아들여졌던 것이다. 북미지방총회 회장이자 《신한민보》 주필인 이대위는 4월1일자 《신한민보》의 장문의 「논설」로 그 부당성을 지적했고, 이승만은 《태평양잡지》 3월호를 통하여 이대위의 주장을 반박했다. 이대위는 다시 이승만을 "국민회를 전복시키려는 야심가"라고 비판하면서, 하와이대의회 의장 앞으로 공개제의서를 발표했는데, 그 제의서의 다음과 같은 구절은 샌프란시스코 국민회 간부들의 생각을 잘 드러내 보이는 것이었다.

리 박사의 경영하는 바를 신문 잡지상에 본즉, 그 목적이 국민회를 헐어 한 학교를 세우고저 하는 데 지나지 못하니, 학교가 좋지 못한 것은 아니로되 국민회 머리 위에 올라가면 되지 못할 것은 어느 나라

---

32) Robert T. Oliver, *Syngman Rhee: The Man Behind the Myth,* p.130.

이든지 학교가 정부보다 크든지 정부를 파하고 학교만 전력하는 나라는 없으니, 여러 의원들은 한번 생각하여 보시오.… 리 박사의 말하는 대로 금년 1년은 재정을 그이들이 받아서 교육에 전력하게 되면 하와이지방총회는 그 회를 헐어 학교를 세우며 8인 임원을 1인 교사에게 맡기는 것이니, 부디 이를 밝히 살피시기를 바라옵니다.[33]

그러면서 이대위는 다음 네가지를 제의했다. 첫째로 총회 장부와 사업 실적을 자세히 조사하여 임원들의 과실이 있으면 사면시키고 새 임원을 사정하여 시무케 하고, 둘째로 이 박사의 학교가 누구 명의로 되어 있는지 확인해 보아서 공동명의로 되어 있으면 엠마 부지도 그렇게 문서를 작성하여 주고, 만일 그 학교가 개인명의로 되어 있으면 엠마 부지는 국민회 명의로 두고 그 학교가 필요할 때까지 빌려 주며, 셋째로 이 박사에게 1년에 얼마씩 교육지원금을 지급하고, 넷째로 이 박사가 만일 총회임원에 선출되면 시무하게 하여, 국민회를 조금이라도 동요하지 않게 하라는 것이었다.[34]

그러나 반대파를 비호하는 이러한 '제의'는 샌프란시스코의 국민회 관계자들에 대한 이승만의 반감만 심화시켰을 뿐이다. 《신한민보》는 하와이지방총회의 분규와 관련된 기사를 계속해서 실었다. 6월10일자에는 카우아이 섬 대의원 이홍기 등 네 사람이 연서로 중앙총회에 제출한 장문의 공소장 전문을 크게 보도했다.[35]

박용만이 샌프란시스코에 머무는 동안 난데없는 일이 발생했다. 스톡턴(Stockton)에서 이발소를 경영하는 오진국(吳鎭國)이 7월12일에 박용만을 구타하면서, 《국민보》를 하와이지방총회에 돌려 주고 국민회 중앙

---

33) 《新韓民報》 1915년5월13일자, 「論說: 하와이 대의회에 제의」.

34) 위와 같음.

35) 《新韓民報》 1915년6월10일자, 「중앙총회에 온 하와이 대의원의 공첩」.

총회 부회장직을 사퇴하겠다는 각서를 쓰게 협박한 것이다.[36] 국민회 샌프란시스코 지방회는 오진국의 대의원 자격을 박탈하고 벌금 10달러를 징수하기로 결정했다. 오진국은 불복하고 북미지방총회에 공소했지만, 북미지방총회도 샌프란시스코 지방회의 처결을 그대로 인정하자 오진국은 다시 불복하고 중앙총회에 상소했다. 오진국은 자기가 소속한 북미지방총회뿐만 아니라 이승만의 한인중앙학교와 여자기숙사, 박용만의 국민군단 등에도 의연금을 보냈던 사람이었다. 그는 9월30일에 하와이행 여객선에서 투신 자살했는데,《신한민보》는 그의 죽음을 애도하는 긴 글을 실었다.[37] 오진국의 유해는 국민회로 보내졌고, 유서는 없었다고 한다. 그런데 올리버가 오진국에 대하여 그는 안창호를 추종하는 극렬분자로서 박용만을 호텔로 찾아가 저격했고, 이승만을 암살하기 위해 하와이행 배를 탔다가 호놀룰루에 도착하는 즉시 체포될 것이 두려워서 투신했으며, 그의 계획을 보여 주는 편지 등이 들어 있는 트렁크가 국민회에 전달되었다고 기술한 것[38]은 적이 의아스러운 일이다. 이승만의 구술을 토대로 하여 쓴 올리버의 이러한 서술은 이승만의 안창호에 대한 인식의 일단을 보여 주는 것이다.

4

이승만보다 세살 아래인 안창호는 일찍이 이승만이 독립협회의 급진과격파로서 만민공동회 활동에 앞장서고 있을 때에 평양을 중심으로 독립협회의 관서지부 발기를 위하여 진력했다. 안창호에 대하여 이승만이 직접 언급한 기록은 없다. 안창호에 대한 올리버의 다음과 같은 서술은 바로 이승만의 생각을 반영한 것이어서 눈여겨볼 만한다.

---

36) 《新韓民報》 1915년7월22일자, 「동포소식: 오진국의 구타와 박회장의 피상」.
37) 《新韓民報》 1915년11월11일자, 「태평양에 장사한 오진국」.
38) Robert T. Oliver, *op. cit.*, p.130.

안창호 역시 지지자들이 많았다. 그는 교육을 많이 받지는 않았지만 뛰어난 지성과 강한 의지의 소유자였다. 이승만은 기꺼이 그와 협력하려 했다. 그러나 그렇게 되지 못했다. 안창호는 대한인국민회 안에서 주로 평양 출신 인사들이 이끌고 있는 단체인 흥사단의 지도자였다. 그들은 강력한 충성심으로 굳게 뭉쳐서 자신들의 특별한 이해관계를 추구했다. 그들의 그러한 태도에는 1392년의 조선왕조의 개국 때까지 거슬러 올라가는 역사적 배경이 있다. 이성계(李成桂)는 서북인들의 강력한 반발을 받으며 개국했다. 그는 이들에 대한 징벌로 서북인의 공직 임명을 금했다. 실제로 한국이 일본제국에 합병될 때까지 500여년 동안 이성계의 유지는 철저하게 지켜졌다. 그 결과로 서북인들의 울분은 심화되고 집단이익을 위한 단결심이 형성되었다.…

안창호는 하와이와 캘리포니아의 한인사회에서 이승만의 버거운 적대자가 되었다. 안창호는 영어를 조금은 했으나 읽지는 못했다. 그 결과로 그는 민주주의의 위대한 앵글로아메리칸 전통을 거의 접할 수 없었거나 그 원리를 거의 이해하지 못했다. 그는 구체적인 정치문제를 거론하지 않고, 누구도 겨룰 수 없는 한국어 웅변술로 그 자신과 흥사단에 대한 개인적 충성심에 호소했다.[39]

안창호가 민주주의 원리를 이해하지 못했다는 말은 물론 올리버의, 아니 이승만의 편견이었다. 안창호에 대한 이승만의 이러한 편견은 기본적으로는 서북인에 대한 기호인들의 뿌리 깊은 편견에서 기인했을 것이다. 그러나 그의 이러한 편견은, 그에 대한 안창호의 불신과 더불어, 뒷날 한국독립운동의 불협화의 큰 원인이 되었다.

그러한 안창호가 국민회 하와이지방총회의 분규를 중재한다는 명목

---

39) *ibid.*, pp.126~128.

1915년8월에 하와이를 방문한 안창호(가운데)와 국민회 하와이지방총회장 홍한식(오른쪽)과 총무 안현경.

으로 하와이에 오는 것이 이승만에게 달가울 턱이 없었다. 안창호는 8월25일에 샌프란시스코를 출발하여 31일에 호놀룰루에 도착했다. 그는 출발에 앞서 이승만에게 전보를 쳤으나, 안창호가 도착했을 때에는 이승만은 사흘 전에 호놀룰루를 떠나서 하와이 섬에 가고 없었다.[40] 이 무렵 이승만은 한인여학원(Korean Girl's Seminary)의 개교를 앞두고 학생모집과 의연금 모금을 위하여 분주하게 여러 섬들을 순방하고 있었다.

안창호의 하와이 방문은 이때가 처음이었다. 그는 하와이의 여러 섬들을 방문하여 동포들의 생활상을 살펴보고, 그 특유의 웅변으로 국민회를 중심으로 동포들이 단합할 것을 호소했다. 그러나 가령 9월18일에 와히아와에서 열린 지방연합회 주최의 환영회에서 "심리개량"이라는 제목으로 연설을 하면서 다음과 같이 은근히 이승만을 비판한 것을 보면, 그의 여행목적이 단순한 '중재'만은 아니었음을 짐작할 수 있다.

"그러면 저가 무슨 까닭에 단체의 진흥을 음해하야 공익의 발전을 장애하는가? 저가 나라를 사랑치 아니함이뇨? 저가 동포를 미워함이뇨? 아니라. 저가 나라를 사랑하는 열심도 있고 동포를 위하는 성의도 있지

---

40) Syngman Rhee, *Log Book of S.R.*, 1915년8월28일조.

마는 다만 그 마음이 공평치 못하고 편벽되며, 그 생각이 넓지 못하고 좁아서, 스스로 높이고 남을 업수이 여기어, 차라리 나는 사람을 괄시할지언정 사람은 반드시 나를 존경하리라고 자기의 소견을 고집하여, 홀로 지혜로운 생각이 충만하며, 홀로 나라를 사랑하는 뜻이 팽창하야, 다른 사람의 주견은 덮어놓고 반대하며, 다른 사람의 애국사업은 모주리 저해하며, 서로 질시하고 서로 각립하야… 두세 사람도 능히 뜻을 허락하고 마음을 합한 자 없는 고로 공동단결력이 매양 부족하야, 공익 발전에 은연중 큰 장애물이 되었나니, 이는 과거에 듣지 못하고 미래에 있지도 아니할 애국자의 불애국 행동이 현시 우리 사회에 고질이 됨이로다.…"[41]

비록 이름을 명시하지 않고 또 양쪽 지도자들의 아집을 함께 비판하는 투의 말이기는 했으나, 그것은 이승만에게 더 비중을 두고 한 말임에 틀림없다.

안창호가 하와이에 머물고 있는 동안에도 샌프란시스코에서는 이승만에 대한 노골적인 공격을 멈추지 않았다.《신한민보》는 이승만이 거둔 의연금의 사용내역도 공개하라면서 다음과 같이 공박했다.

> 리씨가 말끝마다 국민회에서 동포의 재정을 거두어 남용하얏다 하면서 어찌하야 자기는 교과서를 출간한다고 몇천원 동포의 연조를 거두어 월보 몇호 출간하고 만 후에 지금까지 왜 재정 광포 한번이 없었느뇨. 국민회도 동포의 돈으로 일하고 리승만도 동포의 돈으로 일하면서, 어떤 이유로 국민회는 그 재정의 1푼만 축내어도 허물되고 리씨는 아무렇게나 자기의 마음대로 쓰고 광포 한번 없느뇨. 국민회 명의하에 있는 토지재산은 의심이 있다 하고 그 땅을 자기 이름으로 전매하며, 국민회 임원은 재정 조사를 받으되 리승만은 어찌하야 신성

41)《新韓民報》1915년10월28일자,「심리를 개량하라」.

불가범이 되느뇨.[42]

이러한 비판과 함께 게재한 한 익명자의 「기서」는 이승만에 대한 심한 인신공격이었다. 그것은 '중재'의 명분과는 거리가 먼 것이었다. 그리하여 안창호는 넉달 동안 하와이에 머물면서 이승만을 만나지도 못했던 것으로 알려져 있다.[43] 그러나 그것은 사실이 아니다. 안창호는, 뒤에서 보듯이, 10월30일에 거행된 이승만의 한인여학원의 신축교사 낙성식에 박용만과 같이 참석하여 축사를 했다.[44] 다만 이때에 두 사람이 만나서 얼마나 깊이 있는 대화를 나누었는지는 분명하지 않다. 미국에서 안창호와 흥사단운동을 같이 한 곽임대(郭林大)도 이때에 이승만과 안창호가 만났던 것으로 기술했다. 그러나 안창호가 하와이를 방문한 것이 1917년이었다는 곽임대의 기술은 착오이다.[45]

---

42) 《新韓民報》 1915년10월14일자, 「論說: 재외한인사회의 비운」.

43) 方善柱, 앞의 책, p.90; 洪善均, 「1910年代 後半 하와이 韓人社會의 動向과 大韓人國民會의 活動」, 《한국독립운동사연구》 제8집, 독립기념관 한국독립운동사연구소, 1994, p.166.

44) 「機密 제36호: 在留朝鮮人ノ狀態ニ關スル件」, 1915년11월22일, 『不逞團關係雜件 鮮人ノ部 在歐米(二)』.

45) 곽림대, 『안도산』, 『島山安昌浩全集(11)』, p.536.

2. 여자기숙사를 한인여학원으로

1

이승만은 국민회 하와이지방총회를 장악한 직후인 1915년6월 말에 한인중앙학교의 교장직을 사임했다. 맡은 지 2년 만의 일이었다. 왜 사임했는지에 대해서는 이승만 자신도, 감리교 선교부도 아무 설명을 하지 않았다. 이승만이 한인중앙학교의 교장직을 사임하게 된 직접적인 이유는 아마 1915년 가을학기부터 개학할 것을 목표로 추진하고 있던 한인여학원 일에 전념하기 위해서였을 것이다.

동포들의 의연금으로 전해에 푸우누이 애비뉴에 마련한 여학생 기숙사는 한인중앙학교와 너무 떨어져 있어서 아이들이 통학하기가 여간 고생스럽지 않았다. 아이들은 한시간이나 걸리는 거리를 걸어다녀야 했다. 그리하여 이승만은 여자아이들을 위한 학교를 짓기로 마음먹었다. 푸우누이의 기숙사 건너편에 5,000달러를 주고 부지를 사서 1,800달러를 들여 단층 건물을 지었다. 건물에는 교사들을 위한 침실과 거실이 두개씩 있었다. 학교설립을 위한 기금으로 1913년 여름부터 1916년1월까지 모금된 의연금은 모두 7,700달러였다. 그 가운데 200달러는 미국인들이 기부한 것이었고 나머지는 모두 한인 농장노동자들이 보내온 것이었다. 그리고 임원들이 바뀐 뒤의 국민회 하와이지방총회가 엠마 부지를 한인 여학원에 기부했다.[46]

눈여겨볼 것은 한인여학원에 대한 동포들의 의연금이 국민회 지방총회의 분쟁 이후로 급증한 사실이다. 1913년10월부터 1914년8월까지 2,088달러60센트, 1914년9월부터 1915년4월까지 1,358달러20센트가 모금되었던 것에 비하여 1915년7월부터 1916년1월까지는 3,698달러60센

---

46) Syngman Rhee, "Report of Korean Girl's Seminary", *Minutes of the Hawaiian Mission 1916*, pp.28~29.

한인여학원의 재정보고서인 『호항한인여학원 재정보단』 제4호 표지. 의연금 기부자 1,347명의 이름과 기부금액이 자세히 적혀 있다.

트, 1916년2월부터 12월까지는 무려 5,645달러10센트로 급증했다.[47] 국민의무금 수납이 줄어든 대신에 한인여학원에 대한 의연금이 그만큼 증가한 것이었다.

이승만이 한인중앙학교의 교장직을 사임하고 독자적으로 한인여학원을 설립하기로 결심한 데에는 더 큰 이유가 있었다. 그것은 감리교 선교부의 한인자녀 교육 방침에 기본적 한계와 제약이 있음을 깨달았기 때문이었다. 그러나 1916년2월18일 저녁에 열린 한인들의 만찬 집회에서 프라이(William H. Fry) 감리사가 이승만에게 시계와 잉크함이 달린 탁상전등을 선물하면서 그의 희생적 봉사를 찬양하는 연설을 한 것을 보면 이승만이 우호적 분위기에서 감리교 선교부를 떠났음을 알 수 있다.[48]

이승만은 자기가 1913년 여름에 여러 섬들을 순방하고 호놀룰루로 돌아올 때에 여자아이 다섯을 데리고 와서 한인중앙학교에서 가르치기 시작한 것이 한인여학원의 효시였다고 말했다.[49] 그는 사탕수수 농장에

---

47) 『호항한인여학원 재정보단』 제4호, 1916년12월, p.24.

48) Yŏng-ho Ch'oe, *op. cit.*, p.64.

49) Syngman Rhee, "Report of Korean Girl's Seminary", *Minutes of the Hawaiian Mission 1916*, p.27; 『호항한인여학원 재정보단』 제4호, 1916년12월, 「서언」. 이 재정보단에는 맨 앞에 1면짜리 「서언」이 있고 뒷부분에 다시 「후기」에 해당하는 9면짜리 「서문」이 있다. 이승만의 『일기(*Log Book of S. R.*)』에는 1913년에 여러 섬을 순방하고 돌아올 때에 데려온 여자아이들이 여섯이었다고 했다.

서 데려온 여자아이들을 감리교 여선교회에서 운영하는 수잔나 웨슬리 홈(Susannah Wesley Home)에 맡기고 그곳에서 생활하면서 한인중앙학교에 다니게 하려고 했으나, 웨슬리 홈은 여자아이들이 한인중앙학교에 다니는 것을 반대했다. 이승만은 웨슬리 홈 관계자들이 다른 남녀공학 공립학교에는 아이들을 보내면서 한인중앙학교에는 보내지 않겠다는 이유를 이해할 수 없었다. 그는 웨슬리 홈이 한인중앙학교를 믿지 못하기 때문이라고 생각하고 몹시 불쾌했다.

그런데 웨슬리 홈은 한인 여자아이들을 맡을 때에 한가지 약속을 받는 것이 있었다. 그것은 홈에 아이를 맡긴 다음에는 부모가 마음대로 데려가지 못한다는 약속이었다. 아이를 맡아 몇해 동안 양육해 놓으면 그 부모가 마음대로 데려가서 아이가 원하지 않는 혼인을 억지로 시키는 폐단을 방지하기 위해서라고 했다. 그러나 아이들 부모의 입장에서는 자식을 외국인에게 맡기고 나서 자식이라고 마음대로 할 수도 없다면 자식을 파는 것은 아니더라도 남에게 아주 주어 버리는 것과 마찬가지였다. 또 아이들은 웨슬리 홈에 한번 들어가면 양육하는 사람이 곧 저의 부모요 사는 곳이 곧 저의 집이 될 수밖에 없었다. 그리하여 얼마 동안 지나고 나면 부모 자식 사이의 정도 없어지고 말도 통하지 않아서 통역을 세우고 이야기하는 딱한 경우도 있었다.[50] 이승만이 여자기숙사를 확보하는 것이 무엇보다 시급한 과제라고 생각한 것은 그 때문이었다.

그러나 웨슬리 홈이 그곳에 있는 한국인 여자아이들을 한인중앙학교에 보내지 않으려고 한 것은 한인중앙학교나 이승만을 불신해서가 아니었다. 그것은 하와이 감리교 선교부가 1906년에 한인기숙학교를 설립할 당시에 이미 여학교 후원은 하지 않기로 필라델피아의 감리교 선교본부와 여선교회(Woman's Home Missionary Society) 사이에 협약을 맺었기 때문이었다. 그런데 와드먼 감리사가 그 사실을 이승만에게는 설명하

50) 《태평양잡지》 1913년11월호(제3호), 「한인여자기숙사」, pp.40~51 참조.

지 않은 채 1914년3월에 감리사직을 사임한 것이었다. 와드먼의 후임으로 온 프라이 감리사도 처음에는 그러한 사실을 몰랐다가 1914년11월에 선교본부의 조회편지를 받고 나서야 알았다.[51]

이 무렵에 프라이 감리사와 선교본부의 보바드(Freeman D. Bovard) 목사가 주고받은 편지가 보존되어 있어서[52] 이 시기의 감리교 선교부와 이승만의 관계를 살펴보는 데 참고가 된다. 프라이는 1914년11월23일자 편지에서 이승만과 한인중앙학교와 웨슬리 홈의 관계에 대하여 다음과 같이 썼다.

> 이 학교야말로 하와이에서 하고 있는 진정한 선교사업의 관건입니다.… 무슨 이유에서인지는 모르겠으나 한인 부모들은 자기네 딸들이 웨슬리 홈에 기숙하는 것을 원하지 않았습니다. 여자아이들이 농장에 그냥 남아 있는 것은 바람직하지 않기 때문에 한국인들은 시설을 확장해서라도 자기네 딸들을 받아 달라고 했습니다. 그리하여 이 박사는 모금을 하여 여학생 기숙사를 지었는데, 경비는 전적으로 한국인들이 연조했고 감리교의 돈은 한푼도 들어가지 않았습니다. 이 여학생 기숙사 시설은 한국인 감리교인들의 기금으로 건축된 것으로서, 국민회의 소유도 아닙니다. 이 박사는 기금을 모집하기 전에 루컥(Luccock) 감독과 와드먼 감리사와 스미스(Smith) 박사와 의논했었고, 감리교 선교본부와 여선교회 사이에 협정이 있었다는 사실을 전혀 몰랐습니다. 나도 이 사실을 모르고 있었습니다.[53]

프라이 감리사는 1915년3월20일에 다시 여선교회의 몇몇 사람이 여

51) 이덕희, 「이승만과 하와이 감리교회, 그리고 갈등 1913~1918」, 《한국기독교와 역사》 제21호, 한국기독교역사연구소, 2004, p.110.

52) 이 자료는 하와이의 이덕희씨가 2002년 여름에 하와이지방 감리교 사무국에 보관되어 있는 서류함에서 찾아낸 것이다.

53) 이덕희, 앞의 글, p.121에서 재인용.

학생 기숙사에 대해 고집을 부리는 것에 대해 항의했다.

> 우리가 미드 퍼시픽 인스티튜트(Mid-Pacific Institute)나 스티븐스(S. T. Stephens) 여학교에 다니는 여자아이들에 대해 무어라고 말할 아무런 권리가 없듯이, 한국 여자아이들이 한인중앙학교 기숙사에 기숙하는 것에 대해서도 이러쿵저러쿵할 권리가 없습니다. 한국인들 스스로 그 건물을 지었고 운영도 자체적으로 하고 있습니다. 교회 사역자들은 이러한 자급자족의 이상적 활동에 대해 발목을 잡을 것이 아니라 오히려 격려해 주어야 하리라고 생각합니다.[54)]

이승만이 한인중앙학교 교장직을 사임하고 한달쯤 지난 7월30일자로 보바드가 프라이 감리사에게 보낸 편지는 선교본부의 이승만에 대한 인식을 잘 드러내 보이고 있다. 보바드는 와드먼이 이승만의 사임 사실을 알려 왔다면서, 이승만이 사임하게 된 자초지종을 좀더 자세히 알려 줄 것을 요구했다. 이승만이 운영하던 여학생 기숙사는 어떻게 되었으며, 또 그의 앞으로의 거취는 어떤 것인지 알려 달라는 것이었다. 그리고 이승만이 의연금 모집을 계속한다면 그 의연금의 일부를 선교활동을 위해 쓸 수 있는지도 물었다. 보바드의 다음과 같은 말은 이승만에 대한 반대파의 중상모략이 선교본부에까지도 미치고 있었음을 시사해 준다.

> 선교본부 이사회 관계자들 가운데는 이 박사가 보수를 받지 않고 일한다는 것이 사실이 아니며 여기저기에서 돈을 받고 있다고 믿는 사람도 있습니다. 나도 이 박사가 한 농장에서 1,000달러를 받았다는 이야기를 들었습니다.[55)]

---

54) 위의 글, p.122에서 재인용.
55) 위와 같음.

프라이 감리사는 8월16일자로 보바드의 편지에 강력히 항의하는 편지를 썼다.

> 이 박사는 우리 선교부를 위해 지난 3년 동안 엄청난 일을 잘 해냈습니다.… 내가 지금 우려하는 것은 두가지입니다. 하나는 이 박사가 한국인이기는 하나 합당한 대우를 받아야 한다는 것이고, 다른 하나는 본부 이사회가 입증도 되지 않은 뜬소문 때문에 이 박사를 잘못 판단하거나 편파적 판단을 내리지 않을까 하는 것입니다. 여학생 기숙사는 잘 운영되고 있으나 그 여자아이들은 이번 가을학기부터는 중앙학교에 다니지 않을 것입니다. 큰아이들은 공립학교에 다닐 것이고 어린아이들은 기숙사에서 가르칠 것입니다. 이 박사는 여학생 기숙사와 연계하여 학교를 설립하려고 하고 있습니다. 그러나 아직도 2,400달러의 빚을 지고 있기 때문에 또 다른 사업을 벌이기는 어려울 것으로 봅니다. 한국인들이 (의연금) 약정도 하고 사업을 벌이려고 하지만 그들은 아직 그럴 만큼 (경제적으로) 안정되어 있지 않습니다. 이 일을 성공시키지 못하면 이 박사는 하와이를 떠날 것입니다. 이 박사가 여자아이들을 기숙사에 그대로 머물도록 고집하는 것은 유감스러운 일이기는 하지만 나로서는 그의 고집을 꺾을 수 없습니다. 이 박사는 아직도 우리 선교부 일을 여러 가지로 돕고 있습니다. 그는 (호놀룰루 한인감리교회) 주일학교 교장이며, 홍치범(洪治範) 목사가 지난 3월에 서부로 간 뒤에 주일 설교도 계속하고 있습니다.[56]

보바드와 프라이 사이에 오간 편지에서 느낄 수 있는 것은 감리교 선교부도 한인 자녀들의 교육을 선교사업의 관건이라고 생각했고, 따라서 이승만의 여러 가지 활동도 기본적으로 선교사업의 일환으로 간주했

---

56) 위의 글, pp.122~123 재인용.

다는 사실이다. 그러므로 감리교 선교부의 입장에서 보면 이승만이 동포 자녀들의 교육을 위하여 거두는 의연금의 일부를 선교사업에 쓸 수도 있는 일이었다. 그리고 이승만의 한인중앙학교 운영도 감리교회 행정체계에 맞게 엄격한 감사를 받아야 했다. 또한 감리교 선교부, 특히 본부이사들은 이승만의 인품이나 능력을 실제보다 낮추어 평가하고 있었다. 심지어 본부의 이승만에 대한 폄훼에 대하여 강력히 항의하는 프라이의 편지조차도 그러한 인식을 드러내고 있다. 그는 한인여학원을 설립하겠다는 이승만의 포부는 실현되기 어려울 것으로 판단했던 것이다. 감리교 지도자들의 이러한 평가에는 프라이 자신이 지적한 대로 인종적 편견도 작용했던 것 같다. 그들은 하와이 동포사회에서 형성되고 있는 이승만의 카리스마적 권위를 제대로 인식하지 못한 것이다. 1달러나 2달러씩, 또는 그것도 못 되는 액수의 의연금을 한인여학원에 기부한 동포들의 수가, 동명이인 또는 두번 이상 낸 사람인 63명을 포함하여 1916년12월 현재 1,347명에 이른다.[57] 1913년 현재 하와이 한인 농장노동자 인구가 1,402명[58]이었던 사실을 감안하면 실제로 농장에서 일하는 한인동포의 거의 전부가 한인여학원 건립을 위한 의연금 모금에 참여했던 셈이다. 이러한 사실은 이승만에 대한 하와이 동포들의 추앙과 신뢰가 어느 정도였는가를 말해 준다.

2

이승만이 한인중앙학교의 교장직을 사퇴한 것은 자신의 교육사업에 대한 감리교회의 간섭이 싫었기 때문만은 아니었다. 더 근본적인 문제는 하와이 동포사회를 '기독교국가'로 만들겠다는 이승만의 비전과 감리교

---

57) 『호항한인여학교 재정보단』 제4호, 1916년12월.
58) 《國民報》 1913년12월31일자, 「1913년 하와이통계표」.

선교부의 선교정책 사이의 괴리였다. 감리교 선교부의 교육사업의 기본 목표는 다민족사회인 하와이 주민들을 동화시켜서 완전한 미국시민으로 만드는 일이었다. 이승만은 웨슬리 홈에 여자아이들을 처음 맡길 때에 미스 앤더슨(Miss Anderson) 사감이 했던 말을 오래 기억했다. 그녀는 "이 아이들을 당분간 맡을 수는 있으나, 하와이의 인종혼합정책에 부합될 수 있도록 공립학교에 보내야 합니다"라고 단호하게 말했었다.[59] 그러나 이승만은 이러한 인종혼합정책에 반대했다. 이승만은 동포 자녀들을 미국과 같은 기독교국가의 시민으로 기르는 교육을 실시하는 동시에 한국어와 한국의 역사, 지리 등을 가르쳐 국권회복에 기여할 수 있는 인재를 양성하는 것이 목적이었다. 그는 한인여학원의 「주지(主旨)」의 첫째가 "우리의 국가사상을 뇌수에 넣어 주자함이라. 토인, 청인, 일인의 뭇 아이들과 섞여서 동화하여 반토인같이 만들기는 우리의 원이 아니며…"[60]라고 천명했다.

이 「주지」에서 주목되는 것은 이승만이 "국가사상"이라는 용어를 쓰고 있는 점이다. 그것은 이승만의 내셔널리즘이 "민족"의 개념보다는 "국가"의 개념에 더 비중을 두고 있었음을 말해 주는 것이다.

1916년2월의 연회에서 행한 프라이의 교육사업에 대한 보고는 감리교 선교부의 기본방침을 다시 한번 분명하게 표명한 것이었다. 프라이는 "시카고가 그렇듯이 호놀룰루는 분명히 미국의 도시이며, 하와이는 캘리포니아가 그렇듯이 분명히 미국의 영토"라고 말하고, 동양인 자녀들을 미국인으로 만드는 교육의 중요성을 강조했다. 그는 교회가 주일예배를 영어로 진행할 수 있도록 해야 한다고 강조했다.[61] 이승만은 한인여학원 교장 자격으로 이 회의에 참석하여 학교의 설립경위를 보고했는데, 그는

59) Robert T. Oliver, *op. cit.*, p.123.

60) 『호항한인여학원 재정보단』 제4호, 1916년12월, 「서문」, p.44.

61) William H, Fry, "Hawaiian Methodist Episcopal Mission Report of Superintendent for 1915", *Minutes of the Hawaiian Mission 1916*, pp.17~24.

1917년의 한인여학원의 여학생들. 광화문을 본뜬 꽃차 앞에 서 있다.

이 학교를 위하여 1913년부터 1916년1월까지 모금된 의연금 7,700달러 가운데 미국인들이 희사한 금액은 200달러밖에 되지 않는다는 점을 강조했다.[62] 그것은 곧 한인여학원은 감리교 선교부에 속한 기관이 아니라 한인들의 의연금에 의하여 설립된 독자적 한인교육기관임을 강조하고자 한 것이었다. 이때 이후로 이승만은 감리교 연회에 참석하지 않았다.

한인여학원의 신축교사 낙성식은 1915년10월30일에 거행되었다. 이 날의 낙성식에는 금주회 회장이 되어 있는 와드먼 전 감리사와 프라이 감리사 두 내외를 비롯하여 하와이를 방문 중인 안창호와 박용만 등 많은 사람들이 참석했다. 와드먼은 "하와이재류 한인에 대한 장래의 희망과 남녀학생의 앞길"이라는 주제로 축사를 했고, 한인여학원의 설립 가능성에 대하여 회의적이었던 프라이는 "이승만 박사의 하와이재류 한인에 대한 노력"을 치하했다. 안창호는 "여자교육의 급무", 박용만은 "조국에 대

62) Syngman Rhee, "Report of Korean Girl's Seminary", *Minutes of the Hawaiian Mission 1916*, pp.27~29.

1916년12월25일에 한인여학원 부지를 손질하고 있는 동포 유지들. 오른쪽에서 일곱번째가 이승만이다.

한 정신과 국어"에 대하여 각각 연설을 했고, 국민회 총무 안현경이 여학원 신축에 관한 회계보고를 했다. 개교할 때의 여자아이들 수는 75명이었다. 아이들은 모두가 여러 섬에서 온 농장노동자들의 딸아이들이었다. 학비는 연간 4달러였다.[63]

이승만의 한인여자학원 설립과 관련된 이야기는 호놀룰루의 영자신문에도 심심찮게 보도되었다. 《애드버타이저(*The Pacific Commercial Advertiser*)》지에 보도된 다음과 같은 이야기는 이승만이 딱한 처지에 있는 여자아이들을 학교로 데려오기 위하여 얼마나 정성을 쏟았는가를 짐작하게 한다. 하와이 섬의 푸나(Puna)에서 이승만은 퀸(C. K. Quinn) 판사를 찾아가서 열살 난 여자아이를 한인여학원으로 데려올 수 있게 해달라고 청원했다. 이승만과 함께 카포호(Kapoho)의 한인캠프에 있는 여자아이 집을 조사해 본 판사는 "열두살이 되면 팔려 가기로 되어 있는 그 여자

63) 「機密 제36호: 在留朝鮮ノ狀態ニ關スル件」, 1915년11월22일, 『不逞團關係雜件 鮮人ノ部 在歐米(二)』.

아이를 구제할 필요가 있음을 인정하여" 이승만의 보호 아래 두도록 명령했다.[64]

아이들은 나이와 학력 정도에 따라 7학급으로 나누어 한인 서기 1명과 미국인 여교사 5명이 각각 맡아 가르쳤다. 메릴랜드에서 온 미스 미리엄 디킨슨(Miss Miriam Dickinson) 등 교사들은 모두 자원봉사자들이었다. 교장은 이승만 자신이 맡았다.

이승만은 한인 5명과 미국인 4명으로 이사회를 구성하여 1916년11월 13일에 하와이정부로부터 한인여자학원(Korean Girl's Seminary)의 법인인가를 받았다. 이사장은 이승만이고, 미국인 이사로는 《애드버타이저》지의 사장 매드슨(R. O. Matheson)과 하와이 철도 및 토지회사(Hawaii Rail Way & Land Co.)를 경영하는 재력가 딜링험(B. F. Dillingham)의 사위인 호놀룰루 조합교회 목사 어드먼(John P. Erdman), 제일감리교회 목사 부인 루프부로(Mrs. Anna H. Loofbourow), 호놀룰루의 손꼽히는 기업가 집안의 워터하우스(E. B. Waterhous) 부인을 선임했다. 그것은 이승만의 백인사회에서의 명망을 보여 주는 것이었다. 실제로 딜링험은 한인여학원에 1,000달러를 기부했다.[65] 한국인 이사로는 개업의인 이희경(李喜儆)을 비롯하여 박용만, 안현경, 정원명을 선임했다.[66]

---

64) *The Pacific Commercial Advertiser*, Dec. 6, 1917.
65) 『호항한인여학교 재정보단』 제4호, 1916년12월, p.50.
66) 이덕희, 앞의 책, pp.252~253.

3. 1916년은 이승만의 "득의전성시대"

1

반대파들은 이승만이 감리교 선교부 연회에 참석하여 한인여학원의 일을 보고한 것을 두고 입방아를 찧었다. 한인여학원은 감리교 선교부와 상관이 없는데 왜 선교부에 보고하느냐는 것이었다. 이에 대해 이승만은 한인사회가 감리교 선교부와 긴밀한 관계가 있기 때문에 해마다 한인들이 하는 일을 보고하여 연회회의록에 수록하게 한 것은 금년이 처음이 아니며, 또 이 연회는 꼭 감리교회에 속하는 일만 보고하는 것이 아니라 어떤 단체든지 피차 서로 원하면 회의에 보고하는 것이라고 주장했다. 그러면서 이승만은 그러한 보기로 이해 연회에 하와이 백인금주회에서 보고한 사실을 들었다. 그러고는 "한인의 좋은 사업하는 것은 각국인의 신문에나 잡지에나 회보 등 속에 돈을 주고라도 광고하려 할 터인데, 돈 한푼 안 들이고 한인의 앞길을 각국인에게 열어 주거던 고맙다 하는 말은 못할지언정 비방하는 말이나 마는 것이 가하도다"[67] 하고 반박했다. 반대파들은 또 학원을 법인으로 만들면서 백인 인사들을 의사부에 포함시킨 것을 두고도 중상했다. 앞으로 학교가 백인의 소유가 될 것이라는 것이었다. 이러한 중상은 이승만을 격분시켰다. 그는 다음과 같이 썼다.

> 이 말을 처음 들을 때에는 나의 넓지 못한 마음으로 곧 모든 일에 손을 떼고 다시 돌아보지 말고저 하는 생각이 있었으나, 오랫동안 내 마음과 싸움한 결과로 우리 동포 전체의 신임을 버리기 어려우며 한족의 장례를 아니 볼 수 없고, 우리 여아들의 사정을 잊지 못하야, 좋은 결과를 맺도록 붙들어 나가자고 다시 결심하였노라.

---

67) 『호항한인여학교 재정보단』 제4호, 「서문」, pp.41~42.

묻노라, 이 일을 비평하는 동포들이여. 그대들의 시비가 공심에서 나오는가 사정에서 나오는가. 이 사업이 한족에게 유익한가 무익한가. 우리 한인들로 남의 흥왕하여 나가는 백성같이 서로 합하야 모든 사업을 성취하여 나가려는가 서로 쥐어뜯고 헐어 없이하다가 말려는가.…[68]

그러면서 백인을 의사부에 포함시킨 이유를 다음 세가지로 들고 있는 것을 보면 그가 매사를 "길게 준비하는" 안목으로 판단하고 선택하는 현실주의자임을 실감하게 한다. 백인 유력인사들이 의사부에 참여하게 되면 첫째로 한인여학원을 각국인이 존중하는 지위에 올려놓을 것이고, 둘째로 백인 유력인사들의 보호를 받고 각국인의 신망을 얻어서 재정상 도움을 받을 수 있을 것이며, 셋째로 백인 유력인사들에게 한인들이 하는 좋은 일을 보이면 자기네끼리 백인사회에 널리 알려서 학교일 뿐만 아니라 한인사회 전체가 좋은 평가를 받을 것이라고 했다.[69] 이러한 설명은 이승만이 한인여학원은 단순한 동포자녀 교육사업으로서가 아니라 앞으로 펼칠 자신의 비전, 자신의 정치적 운명과도 관련된 사업이라고 생각하고 열성을 쏟았음을 보여 준다.

호놀룰루 일본총영사관의 한 정보문서가 이 무렵의 이승만의 행동을 다음과 같이 묘사한 것이 인상적이다.

1916년 국민회 총회에서 홍한식을 회장으로, 정인수를 부회장으로 천거하자 이 회의 실권은 완전히 이승만의 수중으로 들어갔다. 마침내 이승만은 앞서 4,000여달러를 들여 건설한 남녀 학생기숙사의 부지와 건물 일체를 자기 명의로 바꾸어 놓았으나 감히 이의를 제기

68) 위의 책, p.40.
69) 같은 책, p.46.

하는 자도 없고, 이래 하와이 조선인 사이의 문제는 이승만의 뜻대로 좌우할 수 있게 되었다. 이 시기가 이승만의 득의전성시대(得意全盛時代)라고도 할 수 있다.[70]

1915년6월에 억지춘향으로 총회장에 선출되었던 홍한식 목사는 그해 10월에 전도로 바쁘다면서 사임하고 정인수가 임시대리를 맡았는데, 홍한식은 12월 초에 열린 대의회에서 다시 천거되어 1916년1월17일의 선거에서 새로 총회장에 선출되었다. 정인수는 부회장에 선출되었고, 총무에는 안현경이 다시 선임되었다.

그런데 위의 일본총영사관 정보문서의 내용은 부정확한 점이 없지 않다. "4,000여달러를 들여서 건설한 남녀 학생기숙사"란 한인여학원 교사를 가리키는 것일 것인데, 이 교사의 건축비는 앞에서 본 대로, 부지매입비와 건물건축비를 합하여 6,800달러였다. 『호항한인여학원 재정보단』(제4호)에 따르면, 1916년12월 현재 이 학원의 재산 총액은 2만1,314달러 35센트에 이렀다.[71] 문제의 엠마 부지는 국민회가 이 부지를 담보로 하고 빌려 쓴 돈을 갚지 못하여 공매처분될 상황에서 한인여학원이 부채를 안고 넘겨받았던 것이다.[72]

박용만은 자기 명의로 해 놓았던 국민보사와 국민회관의 부동산 일부를 원래대로 국민회 하와이지방총회에 반납하고 10월 초순에 "산넘어병학교"가 옮겨 가 있는 카후쿠(Kahuku)의 농장으로 갔다. 그런데 그가 11월10일에 국민회 총무 안현경에게 국민보사와 인쇄기계를 정식으로 인도하고 나서,[73] 12월15일쯤에 속간될 《국민보》의 「논설」을 이승만

70) 在ホノルル帝國總領事館, 「布哇朝鮮人事情 1925年12月調」, 金正柱 編, 『朝鮮統治史料(七)』, p.954.
71) 『호항한인여학원 재정보단』 제4호, 1916년12월, p.37.
72) 위의 책, 「서문」, p.41.
73) 「機密 제36호: 在留朝鮮ノ狀態ニ關スル件」, 1915년11월22일, 『不逞團關係雜件 鮮人ノ部 在歐米(二)』.

과 같이 맡기로 했다고 보도된 것을 보면,[74] 박용만은 굴욕감을 참고 이승만에 대하여 크게 반발하지는 않았던 것 같다.

박용만은 6개월 뒤에 다시 《국민보》의 주필을 맡았다. 이승만의 "득의전성시대"인 1916년6월12일에 이승만, 박용만 두 사람과 국민회 임원 및 각 구역 참의원(參議員) 등 국민회 간부들이 국민회 회관에 모여 회의하는 자리에서 박용만이 《국민보》의 주필을 다시 맡기로 한 것이었다. 이승만은 크게 만족했다. 그것은 박용만이 주필로 복귀한 것에 대해 《국민보》의 「사설」이 다음과 같이 언급한 것으로 짐작할 수 있다.

> 우리의 귀하고 친경친애(親敬親愛)하는 박용만군이 다시 국민보사로 들어와서 자기의 국민으로 더불어 생사 존망을 같이하기로 쾌히 허락하였다 하니, 이는 진실로 본사의 영광이요 본보 애독 제군의 다행일 뿐만 아니라 재외 한인단체의 대복이며 다시 2천만 본국 동포를 위하여 큰 행복이니, 이 소식을 듣는 우리 국민들은 응당 북을 치며 나발을 불고 기뻐 뛰며 춤추고 노래함을 마지못하리로다.…[75]

이러한 《국민보》의 「사설」을 박용만이 어떻게 받아들였을지가 궁금하다. 읽기에 따라서는 매우 면구스럽게 느껴질 수도 있었을 것이기 때문이다. 샌프란시스코의 《신한민보》가 이 「사설」의 전문을 전재한 것도 눈길을 끈다.

2

박용만은 7월2일부로 《국민보》의 주필로 복귀했다. 그러나 그는 행

---

74) 《新韓民報》 1915년12월13일자, 「雜報: 하와이」.
75) 《新韓民報》 1916년6월29일자, 「雜報: 하와이」.

복할 수 없었다. 그토록 의욕을 가지고 시작한 “산넘어 병학교”를 유지할 수 없게 되었기 때문이다. 병학교에는 1915년3월 현재 구한국 군인 75명을 포함한 생도 218명과 장교 8명이 있었다. 병학교의 운영비는 한 달 평균 2,000달러 이상이 소요되었다. 그러나 병학교가 있는 카할루우(Kahaluu) 농장의 1년 수확 결과 농장 수입만으로는 병학교를 유지할 수 없다는 것이 확인되었다. 1915년 들어 하와이 파인애플의 대륙 수출이 불가능하게 되어 생산과잉이 된 것도 큰 원인이었다.

박용만은 좀더 경제성이 있는 농장을 찾아서 병학교를 이전하기로 하고 마땅한 농장을 물색했다. 그런데 이때에 박용만이 은밀히 교섭한 상대가 독일영사 로데크(G. Rodeck)였다는 사실은 눈여겨볼 만한 일이었다. 이 시기에 박용만과 같이 활동하던 정두옥(鄭斗玉)에 따르면, 제1차 세계대전이 발발하고 일본이 참전한 직후에 박용만 등은 호놀룰루에 입항한 일본군함 ‘이즈모(出雲)’를 폭파하려 했다는 혐의를 받고 미국 육군부에 불려가서 조사를 받은 적이 있었다. 그때에 박용만 등은 왜 독일인들과 친하냐는 질문에 “우리의 원수 일인과 원수가 되는 때에는 자연히 동정자가 되는 것이다”라고 대답했다고 하는데,[76] 병학교의 이전 문제를 호놀룰루 주재 독일영사와 협의한 것을 보면 정두옥의 기술이 웬만큼 신빙성이 있어 보인다. 박용만은 일본의 참전을 보고 독일영사에게 접근했던 것 같다.

로데크 독일영사의 주선으로 독일인이 경영하는 카우아이(Kauai) 섬의 리후에(Lihue) 농장으로 병학교를 이전하기로 합의가 되었으나, 농장 경영진의 반대로 좌절되고 말았다. 많은 장정들이 농장을 떠났고, 남은 장정들은 카할루우 농장 서북쪽 해안에 있는 와이알루아(Waialua) 사탕수수 농장에 맡겼다가 다시 가까운 카후쿠의 한 제당회사와 교섭하여 회사의 사탕수수 농장에 111명을 이전시켰다. 1915년10월 초의 일이었다.[77] 카

76) 鄭斗玉, 앞의 글, p.64.

77) 「機密 제10호: 朝鮮人兵學校情況報告ニ關スル件」, 1915년3월30일 및 「機密 제36호: 在留朝鮮人狀態ニ關スル件」, 1915년11월22일, 『不逞團關係雜件 鮮人ノ部 在歐米(二)』.

대조선국민군단 간부들. 박용만은 가운데 앉아 있다.

할루우 농장을 떠날 때에 장정들은 절반쯤 다른 지역으로 흩어졌는데, 헤어지면서 서로 붙들고 대성통곡했다고 한다.[78)]

카후쿠의 사탕수수 농장으로 이전한 병학교는 병학교로서의 특색이 퇴색되었다. 교육도 카할루우 농장에서는 오전에 두시간씩 병식훈련을 하고 나서 오후에 농장일을 했으나, 카후쿠 농장에서는 새벽 5시30분부터 오후 4시30분까지 농장일을 하고 나서 저녁식사를 마친 뒤에 막사에서 오후 6시30분부터 두시간 동안 영어, 일본어, 지리를 학습하고 강화를 듣는 것이 전부였다. 그마저도 낮 동안의 피로 때문에 수강자가 날로 줄어들었다. 임금은 한달에 21달러를 받았는데, 식대와 피복비, 식비 등으로 15달러를 제하고 나면 실제로 수령하는 액수는 5달러 안팎이었다. 그것은 상대적으로 낮은 임금 수준이었다. 그리하여 다른 농장으로 빠져나가는 장정들이 속출하여, 1916년6월쯤에는 생도수가 80명밖에 되지 않았다. 그러나 카후쿠 한인병학교의 장비로 엽총 10정과 군용총 15정이 있었다는 사실이 눈길을 끈다. 카할루우에서는 목총밖에 없었다. 군용총

78) 鄭斗玉, 앞의 글, p.65.

에 의한 사격훈련은 한달에 한번 숙사에서 1마일쯤 떨어진 언덕에 만들어 놓은 사격장에 가서 했다. 그러나 시간이 지남에 따라 그마저도 제대로 실시되지 못했다.[79]

한인병학교가 이처럼 쇠퇴한 것은 국민회 하와이지방총회로부터 재정지원이 끊어진 것이 직접적인 원인이었을 것이지만, 그와 함께 일본 주미대사관의 작용도 영향을 미쳤던 것 같다. 1915년7월에 일본 주미대사관은 미국무장관에게 하와이에서의 박용만의 활동에 대하여 강력하게 항의했고, 국무장관은 내무부에 엄중히 조사해 줄 것을 요구했다. 내무부는 곧 하와이 총독에게 공문을 보내어 박용만 그룹이 무기를 소유했는지, 그리고 일본 내정에 간여하여 반란을 선동하고 있는지의 여부를 조사해 보내도록 지시했다.[80] 이에 대해 하와이 총독은 하와이정부는 관내의 모든 무기소지자 명단을 확보하고 있는데, 그 가운데 한국인은 없다고 회신했다. 이 회신은 그대로 일본대사관에 전달되었고, 그것은 그대로 일본정부에 보고되었다.[81] 또한 미국 연방수사국(FBI)의 한 정보문서는 카할루우의 한인병학교가 폐쇄될 수밖에 없었던 것은 농장주가 나가 달라고 압력을 넣었기 때문이었다고 적었다.[82]

의기에 차서 출발한 한인병학교는 박용만이 《국민보》의 주필로 복귀하고 난 뒤에 해산되고 말았다. 이와 관련하여 무엇보다 주목되는 것은 재정문제이다. 2년 동안에 한인병학교의 재정수입은 파인애플 경작 도급금과 특연금을 합하여 무려 7만8,624달러25센트나 되었다는 것이다. 그 가운데서 2년 동안의 군단 경비로 5만8,442달러25센트가 지출되고, 2만200달러가 남았는데, 그 자금은 '원동사업'을 위한 자금으로 적립되었다

79) 「機密 제12호: 移轉後ノ鮮人青年團ノ狀況報告ニ關スル件」, 1916년6월15일, 『不逞團關係雜件 鮮人ノ部 在歐米(二)』.

80) 方善柱, 앞의 책, p.87.

81) 「機密 제66호: 在布哇排日朝鮮人取締ニ關スル件」, 1916년8월26일, 『不逞團關係雜件 鮮人ノ部 在歐米(二)』.

82) 方善柱, 앞의 책, p.88.

고 했다.[83] 1915년의 파인애플 경작 도급금이 2만5,000달러가량이었으니까 2년 동안에 5만달러가량 되었을 것이다. 그러므로 나머지 2만8,000여달러가 동포들의 의연금과 국민회의 지원금이었던 셈이다. 이 기록이 사실이라면, 박용만은 병학교가 해체되는 시점에 2만여달러라는 거액의 자금을 확보하고 있었다.

박용만이 추진하려고 했다는 '원동사업'이 어떤 것이었는지는 알려진 것이 없다. 박용만은《국민보》의 주필로 복귀하자마자 7월23일자와 26일자에 고국의 독립을 위한 군자금을 모집하는「논설」을 발표했다. 내용은 국권을 빼앗긴 8월29일을 동포 각자가 부모의 기일처럼 '고국멸망기념일'로 정하고 그날 하루의 수익금에 해당하는 돈을 군자금으로 기부하여 국민회 군무부에서 저금해 두고 기회가 오기를 기다리자는 것이었다. 동포들의 호응은 높아서 며칠 되지 않은 29일까지 71명이 500달러를 보내왔다. 이러한 사실을 보고받은 일본 외무대신이 미국정부가 그것을 방치하고 있는 데 대해 엄중히 항의하라고 호놀룰루 총영사에게 훈령한 것은 박용만의 행동이 일본의 한국점령의 정당성을 공공연히 부인하는 위험한 일로 느꼈기 때문이었음은 말할 나위도 없다.[84]

박용만이 추진한 원동사업의 성과의 하나가 1917년7월에 상해에서 발표된「대동단결선언(大同團結宣言)」이었던 것 같다. 1917년 들어 제1차 세계대전의 추이와 함께 국제정세는 크게 변화하고 있었다. 그것은 한국독립운동에 유리한 국면이 조성되는 것처럼 보였다. 그리하여 박용만은 상해에 가서 그곳에 있는 독립운동자들을 직접 만나서 앞으로의 사업을 상의해 보기로 결심했던 것 같다. 그는 이전부터 상해에서 동제사(同濟社)를 조직하고 독립운동을 하고 있던 신규식(申圭植)과 박은식(朴殷植), 신채호(申采浩) 등과는 서로 연락을 취하고 있었다. 그러한 사정은

---

83) 金元容, 앞의 책, pp.348~349; 盧在淵,『在美韓人史略(上)』, 1951, 羅城, p.68.

84)「機密 제17호: 朝鮮人朴容萬ノ軍資金募集ニ關スル件」, 1916년7월30일 및「機密 제21호: 朝鮮人朴容萬ノ軍資金募集ニ關スル件」, 1916년9월,『不逞團關係雜件 鮮人ノ部 在歐米(二)』.

"산넘어 병학교"가 설립된 뒤에 미국유학을 표방하고 상해를 출발하여 하와이에 와서 병학교를 찾는 사람이 있었다는 사실을 보더라도 짐작할 수 있다.[85] 이때에 박용만이 상해에 갔다는 확증은 발견되지 않고 있으나, 그가 1938년 북경에서 살해되었을 때에 동거하던 한중 혼혈녀 웅소정(熊素貞)이 법정에서 자기들은 11년 전에 상해에서 결혼했다고 진술한 것이 그러한 사정을 유추하게 한다.[86] 일본의 정보문서도 그 개연성을 강력히 시사해 준다. 조선총독부의 한 기밀보고서는 이승만파와의 대결에서 자파의 형세가 불리해지자 박용만은 혼자 하와이를 탈출하여 상해로 가서 양기탁(梁起鐸), 박은식, 신규식 등과 대동보국단(大同保國團)이라는 비밀결사를 조직하고 한국독립운동자들을 규합하고 있다는 설이 있다고 기술했다.[87]

박용만 자신과 신규식, 박은식, 신채호, 조소앙(趙素昻), 김규식(金奎植) 등 대표적 독립운동자 14명의 명의로 된 「대동단결선언」은 국제정세의 새로운 변화에 맞추어 국민주권의 원리에 입각한 임시정부를 수립하기 위하여 민족대회의를 소집할 것을 제의한 것이었다.[88] 이 「선언」에는 7개 항목으로 된 "제의의 강령"이 천명되어 있는데, 그것은 해외 각지의 현존하는 단체를 규합 통일하여 유일무이의 최고기관을 조직하고, 국정을 세계에 공개하여 국민외교를 실행할 것 등 이승만과 박용만의 주도로 1908년에 덴버에서 열렸던 애국동지대표회에서 논의되었고 박용만이 1911년에《신한민보》주필로 있을 때에 거듭하여 주장했던 것과 같은 사항들이었다. 그리고 그러한 내용은 아마 다른 발기인들에게도 이미 알려져 있었을 것이다. 다만 「선언」은 특히 중국의 신해혁명(辛亥革命)에 참

---

85) 「機密 제10호: 朝鮮人兵學校情況報告ニ關スル件」, 1915년3월30일, 『不逞團關係雜件 鮮人ノ部 在歐米(二)』.

86) 方善柱, 앞의 책, p.96.

87) 「高 제19442호: 京城民情彙報 在外排日鮮人李承晩及朴容萬等ノ行爲」, 1917년10월18일, 『不逞團關係雜件 鮮人ノ部 在歐米(二)』.

88) 趙東杰, 「臨時政府樹立을 위한 1917년의 大同團結宣言」, 『韓國民族主義의 成立과 獨立運動史硏究』. 지식산업사, 1989, pp.314~338 참조.

여했던 신규식과 박용만의 주장을 많이 반영한 것으로 여겨진다. 3·1운동에 이어 1919년4월11일에 상해에서 임시정부 수립을 위한 임시의정원(臨時議政院)이 열려 국무총리를 선출할 때에 이승만을 반대하는 신채호가 이승만 대신에 박용만을 국무총리 후보로 추천한 것도 그러한 경위가 있기 때문이었을 것이다.[89)]

「선언」에는 맨 끝에 찬동여부를 회답하는 통지서가 붙어 있는데, 먼저 위의 제의에 대한 찬부를 표시하고 찬동하면 회의의 시기와 장소를 지정해 달라는 것이었다. 그러면서 시기는 금년[1917년], 늦어도 내년 상반기 안으로 택하는 것이 좋겠다고 했고 장소는 블라디보스토크, 니콜리스크, 하와이, 샌프란시스코, 동삼성[만주], 북경, 상해를 예시했다. 그러므로 「선언」은 이들 지방에 많이 보내졌을 것임은 말할 나위도 없다. 안창호에게 보낸 통지서에 "안창호 각하 전제위동지균감(轉諸位同志均鑑)"이라고 하여 많은 동지들이 돌려 읽을 것을 권한 것을 보면, 참석자의 범위를 특별히 한정하지 않았음을 알 수 있다. 그러나 이 통지서가 이승만이나 국민회 하와이지방총회에도 보내졌는지는 확인할 수 없다. 발기인들의 성향으로 볼 때에, 그들은 헤이그 만국평화회의(萬國平和會議) 때의 태도나 장인환 재판 때의 변론거부 등의 일 때문에 이승만에 대해 대체로 못마땅하게 생각하고 있었을 것이므로, 그에게는 통지문을 보내지 않았을 개연성이 크다. 그러나 이 「선언」이 제의한 민족대회의는 열리지 못했다.

---

89) 「臨時議政院記事錄 第一回」, 『대한민국임시정부자료집(2) 임시의정원 I』, 국사편찬위원회, 2005, p.17.

4. 두 저서의 출판과 뉴욕 소약속국동맹회의

1

한인여학원이라는 자신의 거점을 확보하고 1917년1월의 국민회 하와이지방총회장 선거에서 지금까지 총무였던 안현경을 총회장에 당선시켜 국민회 하와이지방총회를 더욱 확실하게 자신의 영향력 아래 두게 된 이승만은 이해에 저서 두권을 출판했다. 하나는 1910년에 로스앤젤레스에서 출판했던 『독립정신』을 재판한 것이고, 다른 하나는 『독립정신』과 함께 한성감옥서에서 집필한 『청일전기』를 17년 만에 처음으로 출판한 것이었다.

『독립정신』이 어떤 기구한 경위를 거쳐서 로스앤젤레스에서 출판되었는지는 앞에서 보았다. 그런데 이제 그 책을 하와이에서 다시 출판하면서 이승만은 『독립정신』의 원고를 트렁크 밑바닥에 숨겨 가지고 올 때부터 출판되기까지의 박용만의 노력을 새삼스럽게 강조한 것이 눈길을 끈다.

> 이 글을 지은 자도 당초에 무슨 생각이 있었든지 모험으로 저술한 것이어니와, 나의 지극히 사랑하는 박용만군은 또한 무슨 생각일런지 전후 모험으로 이 책을 감추어 외양에 내어 와서 이 글을 발행하기로 목적을 삼고 전후로 애쓰며 힘쓴 것이 실로 칭량(稱量)키 어려웠도다.[90]

그러고는 그는 이 책이 처음 로스앤젤레스에서 대동보국회(大同保國會) 회장 문양목(文讓穆)에 의하여 발행되기까지 동포들이 출판비 염출을 위해 얼마나 애썼는가를 자세히 적었다. 이승만은 네브래스카주와 캘리포니아주에 있는 여러 동지들이 혹은 철도노동을 하고 혹은 포도와 귤

---

90) 리승만, 「제2차 서문」, 『독립정신』, 태평양잡지사, 1917, p.236.

을 따는 일을 하면서 번 돈으로 출판비를 마련했다고 말하고, 출판을 담당했던 사람들의 노고를 전장에 나가 싸우는 충성에 비유해서 설명했다.

> 힘든 노동으로 돈을 벌어다가 이 일에 넣는 성력도 장하거니와 빗을 져가며 조석 때를 찾지 못하고 주야로 활판에 일하야 이 글을 박인 이들의 정성도 과연 나라독립을 위하야 목숨을 내어놓고 전장에 나가 싸우는 충성만 못하지 않다 하노라.[91]

그는 자기가 1911년에 귀국하여 YMCA에서 일할 때에 사람들이 밤중에 조용히 찾아와서 『독립정신』을 구할 수 없느냐고 묻더라는 이야기도 적으면서, "이 글을 보시는 이들이 또한 그만한 성력으로 동포에게 알려주기를 힘쓰실진대 본국이나 원동 각지에 있는 우리 동족들도 세상 형편의 대강을 알 수 있을 것이오"라고 썼다. 그리고 이 책을 저 옥중 같은 본국에 모험적으로 보내기를 힘쓰라고 권했다. 이승만은 이 책 맨 앞에 「서언」을 따로 쓰고, 이 책이 빨리 팔려야 다른 필요한 책들도 출판할 수 있다면서 다음과 같은 말도 덧붙였다.

> 지금 일인이 한국에 멸종주의(滅種主義)를 쓰는 터인즉, 한인이 이것을 알아야 능히 면할 계제가 생길 것이요, 한인에게 이것을 알려주려면 『독립정신』 권보다 더 긴한 글이 없으니, 모든 애국동포는 이 글을 튼튼이 공부하야 아주 뇌수에 삭여 넣을 것이요, 또한 무슨 방법을 마련하든지 한인 되고는 이 글을 모르는 이가 없도록 힘쓸진저.
>
> 본사에 긴급히 발행코저 하는 글이 몇가지 있으니, 이 책이 속속히 발행되면 한족의 이목을 열 만한 요긴한 서류를 계속 발행코저 하

---

91) 리승만, 「제2차 서문」, 『독립정신』, p.237.

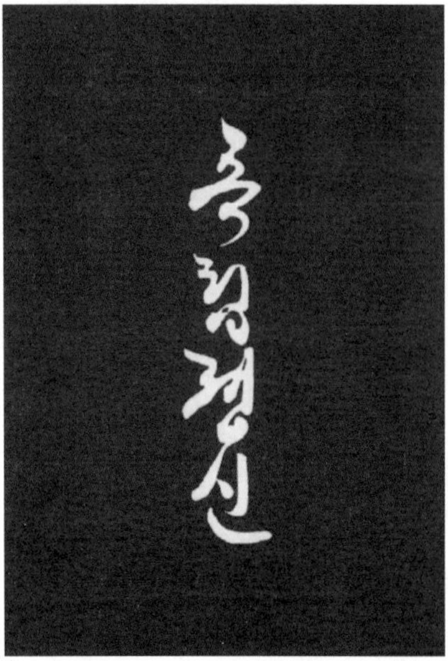

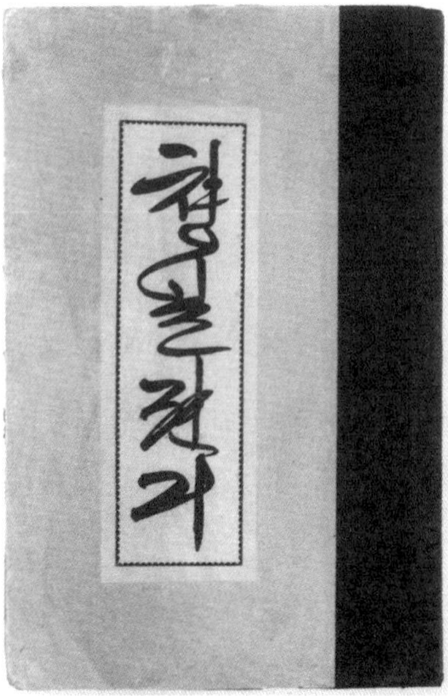

1917년에 태평양잡지사에서 발행한 『독립정신』 재판과 『청일전기』 표지. 글씨는 이승만이 쓴 것이다.

나이다.[92]

그는 미국에 와서 본격적으로 근대적 학문을 수업하기도 전인 1904년에 옥중에서 변변한 참고문헌도 없이 썼던 자신의 정치평론집에 대해서 이처럼 큰 자부심과 애착심을 가지고 있었다. 그것은 그가 초판에는 없던 온갖 종류의 사진과 그림을 이 책에 곁들이고 자기 선전을 겸한 사진 설명을 붙여 놓은 사실로도 짐작할 수 있다. 책 첫머리에 자신의 사진 다음에 "서신을 자유로 통치 못하는 고로 서울서 노끈을 꼬아 본사에 보낸 것"이라는 설명을 붙여 놓은 노끈다발 사진도 있는가 하면, 김옥균(金玉均) 사진 옆에 "김옥균씨 사진을 구한 지 여러 해로되 얻지 못하다가 지금에 우연히 얻었으니 독자제군은 응당 환영"이라고 써 놓기도 하

92) 리승만, 「서언」, 『독립정신』.

고, 특히 파리의 에펠탑 사진 옆에는 "파리성에 있는 에펠탑. 고가 985척. 승강기를 두번 바꾸어 타고 꼭대기에 올라가면 바람에 흔들리는 듯한 현기가 나서 혹은 못 올라가는 곳이라. 본 기자가 1910년에 이 위에 올라가서 엽서와 인지를 사서 각국으로 부쳤더라"라는 설명을 써 놓기도 했다. 본국에 있는 사람들이 이승만에게 비밀서신을 노끈으로 꼬아 보냈다는 것은 매우 주목할 만한 사실이다.

3월에 『독립정신』을 출판한 데 이어 8월에는 『청일전기』를 출판했다. 『청일전기』는 이승만이 한성감옥서에서 사형을 모면한 직후인 1900년4월부터 석달 동안 작업한 번역서였다. 중국에서 활동하던 미국 남감리교 선교사 알렌(Young J. Allen, 林樂知)이 중국인 채이강(蔡爾康)과 함께 편술한 『중동전기본말(中東戰記本末)』(1897)을 번역한 것인데, 원문에 없는 이승만 자신의 말을 많이 써 보탰다.

이승만은 이 책을 출판하는 이유를 한국이 독립을 잃은 것이 청일전쟁이었으므로 독립을 회복하려면 청일전쟁을 정확히 이해해야 하기 때문이라고 썼다.

> 만일 한인들이 오늘날 유구국[流球國: 오키나와]이나 대만인종 등의 지위를 차지하고 말 것 같으면 이 전쟁 사적을 알아도 쓸데없고 도리어 모르는 것이 나을 터이지마는, 우리는 결단코 그렇지 아니하야 태평양이 마르고 히말라야가 평지가 될지라도 우리 대조선 독립은 한인의 손으로 회복하고야 말 터인즉, 우리 한인이 갑오전쟁[청일전쟁] 사적을 모르고 지낼 수 없도다.

그러면서 그는 이 책의 원고가 얼마나 고생스럽게 작성되었고 어떻게 보존되어 왔는가를 설명했다.

> 이 책을 감옥에서 만들 때에 종이가 없어 영어신문지에 기록할 새

> 밤이면 초를 구하여다가 석유통에 넣어서 옥관들이 보지 못하게 하고 등서하얏는데….[93]

이렇게 작성된 초고를 옥중동지 정순만(鄭淳萬)이 정서를 도와 탈고했고, 뒤에 그 원고를 사학자 현채(玄采)가 출판하기 위하여 다시 정서했으나 출판하지 못하고 가지고 있다가 자신이 1911년에 귀국했을 때에 주면서 해외에서 출판하도록 권했다는 이야기를 자세히 써 놓았다.

그는 두 책의 표지 글씨도 자기가 직접 썼다. 『독립정신』에는 "The Spirit of Independence"라는 영문제목과 문양목 명의로 된 영어서문과 함께 52장의 차례를 영문으로 붙여 놓았는데, 그것은 물론 백인사회를 겨냥한 것이었다.

2

제1차 세계대전의 전황이 종국에 가까워지면서 전후처리와 관련된 움직임이 여러 갈래로 나타났다. 1917년10월27일부터 31일까지 뉴욕의 매칼핀(MacAlpin) 호텔에서 열린 소약속국동맹회의(小弱屬國同盟會議: Congress of Leage of Small and Subject Nationalities)[94] 도 그러한 움직임의 하나였다. 회의소집의 취지는 뉴욕에서 발행되는 잡지《아메리칸 리더》1917년6월호에 게재되었는데, 그 기사를 본 이승만이 회의의 중요성을 인식하고 박용만을 회의에 참가하도록 했던 것으로 짐작된다. 외교활동을 독립운동 방략의 기본으로 생각하던 이승만은 말할 나위도 없고, '국민외교'를 실행할 것을 제의한「대동단결선언」을 주도했던 박용만도 이 회의를 매우 중요하게 생각했을 것이다.

---

93) 리승만,「서문」,『청일전기』, 태평양잡지사, 1917.
94) 재미 한인사회에서는 '소약국동맹회'로 불렸다.

박용만의 여비조달을 명목으로 모금을 하기 위하여 한정된 사람들에게 비밀리에 발송된 이승만과 안현경 공동명의의 다음과 같은 통신은 이승만이 이 소약속국동맹회의에 대해 큰 관심을 가지고 있었음을 보여 준다. 그는 소약속국동맹회의의 기관을 하와이에 조직할 것까지 생각했다.

> 미국 뉴욕에 있는 소약국동맹회 총부에서 공함이 왔는데… 하와이 한인계에서도 대표자를 보내라 하얏기로, 본항에서 몇몇 신사들과 협의하야 비밀히 약속이 되었으나, 날짜가 급박하야 지체할 수 없고 또한 이 일이 공포되기 전까지는 비밀히 하는 것이 지혜롭기로, 부득이하야 몇몇 친지에게는 은근히 하야 한만히 전설치 마시고 공심으로 찬성하실 이에게만 조용히 의논하야, 각각 자원대로 연조하야, 하루바삐 송헌주(宋憲澍)씨에게로 보내시되, 명목을 소약국동맹회의 대표여비조라 하시오. 영수증은 송헌주씨 이름으로 곧하여 보내오리다.
>
> 목적은《국민보》330호에 말한 바 모든 소약국이 합동하야 이번 세계전쟁 후 평화회와 다른 국제상 담판에 소약국 대표가 참예하야 작고 약한 나라들의 권리를 찾자는 운동인데, 이미 23국이 연합하였고 한인이 참여하야 24국이 될 터인데, 이에 우리도 대표회를 여는 자리에 대표를 보내는 것이 일후 운동에 참여할 시작이라. 박 학사 용만군을 청하야 이미 박 학사에게 허락을 얻었으매 하루바삐 파송할 터인데, 내왕 5주일 동안을 친즉 500원은 가져야 되겠기로, 귀하의 본래 애국열심과 성력을 아는 고로 자에 특고하오니, 십분 심량하시와 위선 귀 지방에 참 찬성하실 만한 제씨로 더불어 난상공의하야 곧 회시하시오.
>
> 지금에 본항에서는 박 학사를 대표로 파송한 후 소약국동맹회를 하와이에 확실히 조직하야 놓고 장차 큰 운동에 착수하리니, 이번에 대표를 하루바삐 보내는 것이 긴한 기회로 아나이다.[95]

---

95)『大韓人國民會와 이승만: 1915~1936년간 하와이 법정자료 韓國現代史資料集成(45)』, 國史編纂委員會, 1999, p.99.

박용만을 파견하면서 국민회 하와이지방총회장 안현경이 샌프란시스코의 북미지방총회장 앞으로 보낸 공문은 박용만의 회의참가가 개인 자격이나 국민회 하와이지방총회의 대표 자격이 아니라 재미 한인사회 전체의 대표 자격임을 강조하고 있어서 눈길을 끈다.

> 경계자. 금년 뉴욕에서 소약국동맹회를 모인다는 공함을 급속히 받고 미처 귀 총회와 상의치 못하고 독히 본 총회에서 학사 박용만군을 선정하야 대표로 금월 17일 발하는 매소니아 선편에 금 29일 해 회석에 참석케 하오니 조량하심을 무망함.
>
> 4250년10월11일
>
> 하와이지방총회장 안현경
>
> 북미지방총회장 각하[96]

북미지방총회도 이 회의에 주목하고《아메리칸 리더》지에 회의성격을 문의했으나 회의 소집 책임자인 동맹회 총무 빈센트 F. 진코프스키와는 연락이 닿지 않아서 추이를 지켜보고 있던 참이었다. 그러던 차에 안현경의 통고를 받은 북미지방총회는 적잖이 당황했던 모양이다. 그들은 "이러한 대회에 대표자를 보냄과 같음은 1개인 혹 1부분의 명의로 천편치 못할 일이므로 우리 재외한인의 최고기관의 조사 발표와 전체의 활동을 기다렸더니…"[97]라면서 유감스러워했다.

소약속국동맹회의 회의에는 스웨덴, 노르웨이, 덴마크, 아일랜드, 폴란드 및 발칸반도의 여러 나라 대표 등 24개국의 대표가 참석했다. 그런데 개막된 지 이틀 만에 박용만이 친독일파라는 의심을 받았다가 한 미국 명사의 도움으로 무마되었다는 사실은 매우 흥미롭다. 그것은 일본인

---

96)《新韓民報》1917년10월25일자,「소약국동맹회에 한인대표 보내난 사」.
97) 위와 같음.

의 책동에 따른 것이었으리라고 생각된다. 회의는 세계의 소약속국 인민들의 의사와 요구를 종합하여 전후처리를 위한 강화회의에 제출할 의안 작성을 준비하기 위한 것이었다. 회의는 순조롭게 진행되었고, 제2차 회의는 전쟁이 끝나고 강화회의가 열릴 임시에 열기로 하고 폐막되었다.

이 회의에 박용만이 참석한 사실이 블라디보스토크의 동포들에게까지 알려진 것을 보면, 이 회의가 재외 한인사회의 큰 관심사였던 것이 틀림없다. 돌아오는 길에 샌프란시스코에 들른 박용만은 국민회 샌프란시스코 지방총회 주최로 열린 환영회에서 다음과 같이 말했다.

"내 생각에는 이 동맹회에 참여함으로써 갑자기 한국의 독립을 얻어올 것이 아니로되, 어느 날이든지 한국이 독립하려면 실력은 있다 치고 외교, 군사의 활동을 진행함이 필요하다 하오."[98]

윌슨의 민족자결주의가 발표되기 전이기는 했으나, 전쟁이 끝난 뒤에라도 한국의 독립이 갑자기 이루어지지는 않을 것이라는 박용만의 말은 이 무렵의 재미동포들의 보편적인 국제정세 전망이었다.

그런데 박용만이 뉴욕 소약속국동맹회의 회의에 참석했던 사실에 대하여 김원용(金元容)은 "우리의 대표를 선택하는 데 각 단체 연합행사로 공선하여 하와이에 있던 박용만을 보내게 되니, 리승만이 대표파송을 동의하지 않으며 하와이 대한인국민회의 위임장을 주지 아니하므로 박용만이 미주에 와서 북미 대한인국민회 위임장을 가지고 소약국동맹회에 참석하였다"라고 기술했다.[99] 사실과 다른 이러한 기술은 이승만을 비판하는 논거로 곧잘 인용되는 그의 『재미한인오십년사』의 서술에 문제점이 없지 않음을 말해 준다.

---

98) 《新韓民報》 1917년12월13일자, 「상항 지방회에서 박용만씨를 환영」.
99) 金元容, 앞의 책, p.356.

28장

"한국인이 주인인" 학교와 교회
— 한인기독학원과 한인기독교회

1. 옥중동지 박용만과의 결별
2. 한인기독학원과 한인기독교회 설립

1. 옥중동지 박용만과의 결별

1

사위스러운 1918년이 되었다. 제1차 세계대전의 전후처리와 관련하여 새로운 국제정치질서의 구축을 둘러싸고 전승국들 사이에 이상주의와 현실주의의 알력이 시작되었다. 전후처리의 기초가 된 것은 1월8일에 발표된 윌슨 대통령의 「평화를 위한 14개조」였다. 그 제5항에는 "식민지문제의 공정한 해결"이 언급되어 있고, 그것은 그 뒤의 몇차례 연설을 통하여 '민족자결주의'로 해석되었다.

이 시기에 이승만이 세계정세의 추이를 어떻게 인식하고 어떤 구상을 하고 있었는지는 아쉽게도 당시의 《국민보》나 《태평양잡지》가 보존되어 있지 않아서 정확히 알 수 없다. 그러나 그는 이해에 독립운동의 전 기간을 통하여, 아니 귀국한 뒤까지도 그의 정치행태에 큰 영향을 미치게 되는 중요한 몇가지 일을 결행했다. 그 한가지는 일찍이 한성감옥서에서 맺은 박용만(朴容萬)과의 의형제의 의를 끊은 것이었다.

1월15일에 개회된 국민회 하와이지방총회 제10차 대의회는 개회 벽두부터 소란했다. 그것은 예상된 일이었다. 1917년12월29일에 실시된 1918년도 총회장단 선거에서 총회장에는 안현경(安玄卿)이 선출되고 부회장에는 교사 윤계상(尹戒相)이 새로 선출되었는데, 총회장 선거에서는 이승만과 안현경이 대결했다. 그것은 아마 반대파가 후보로 추천되는 것을 봉쇄하기 위하여 대의원들에게 자신과 안현경을 추천하게 한 다음 안현경을 당선시킨 이승만의 조종에 따른 것으로 짐작된다.[1)]

반대파들은 이승만이 국민회를 장악한 뒤로 국민회가 「자치규정」을 무시한 채 이승만 개인의 자의에 따라 운영되고 있다고 비판하고, 특히

---

1) 《新韓民報》 1917년12월6일자, 「雜報: 하와이」 및 1918년1월17일자, 「雜報: 하와이」.

이승만이 국민회의 재정을 독단하는 데 대하여 깊은 의구심을 가져왔다. 김원용(金元容)은 이승만이 국민회를 장악한 뒤에 '재정보관인'이라는 직임을 만들어서 국민회에 들어가는 공금을 독단으로 처리했고, 그 때문에 2,300명이던 회원수가 740명으로 줄었으며, 재정수입도 3분의 1에 지나지 않게 되었는데, 그 가운데서 학생기숙사 경비를 지급하므로 국민회 일도 퇴보하고 학교도 확장하지 못했다고 기술했다.[2]

이승만이 일반 동포들의 지지를 바탕으로 하여 국민회의 재정을 직접 관장한 것은 사실이었다. 그러한 사정은 하와이 섬의 파할나마울라 지방회 통문이 의무금을 총회로 보내지 말고 따로 적립하여 "고명한 신사"에게 맡기고 《한인공보》를 따로 발간하자고 한 것이라든가, 마우이 섬의 공동회 통문이 교육기관을 교육부에 부속시키되 그 사항은 "고명한 신사"에게 위탁하고 행정임원은 일절 간섭하지 못하게 하자고 주장한 것,[3] 하와이 섬 힐로(Hilo) 구역 10개 지방 연합회가 그 구역의 궐임된 참의원으로 이승만을 추천하기로 하는 한편 재정고문도 이승만을 선정하기로 결의하고, 코나(Kona)의 통신의회가 교육기관을 국민회 학무부에 위탁해 오던 것을 취소하고 이승만에게 위탁하기로 결의한 것 등의 사례[4]로도 충분히 짐작할 수 있다. "고명한 신사"란 이승만을 지칭하는 것이었음을 말할 나위도 없다.

이승만이 국민회의 재정을 직접 관리하면서 국민회의 재정수입도 줄고 사업도 퇴보했다는 주장은 사실과 다르다. 하와이 주재 일본총영사의 정보보고에 따르면, 1916년도 국민회 하와이지방총회의 재정수입은 7,816달러38센트였고, 지출 내역 역시 이미 해산 단계에 있는 박용만의 "산넘어 병학교"에도 600달러30센트를 보조하는 등 7,689달러13센트로

---

2) 金元容, 『在美韓人五十年史』, pp.148~149.
3) 《新韓民報》 1917년5월3일자, 「누가 국민회를 없이코저 하느뇨」.
4) 《新韓民報》 1917년5월3일자, 「하와이 국민회 정국의 암담한 풍운」.

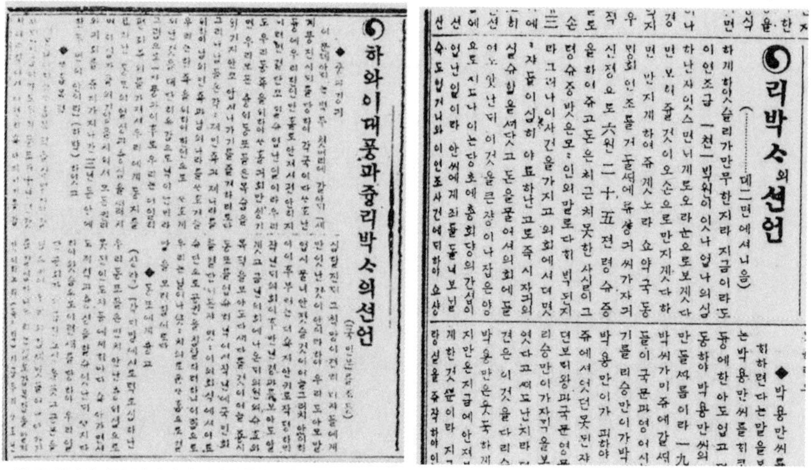

하와이대풍파중리박사의선언

리박사의 선언

이승만이 반대파를 신랄하게 규탄한 「선언」을 전제한 《신한민보》 지면.

서 평년의 지출과 큰 차이가 없었다.[5] 또한 1917년에는 (1) 각 섬에 있는 동포들의 생활상태의 개선을 위하여 음주와 도박의 폐습을 근절하는 문제, (2) 호놀룰루에 있는 관립학교에 취학하고자 하는 각 섬의 동포 자제를 수용하기 위한 기숙사 건축문제, (3) 《국민보》 발행부수 증가문제 등이 중점사업으로 추진되었고, 예산은 8,000달러를 책정했다.[6]

대의회가 열리자 반대파들은 총회장 안현경의 공금 횡령, 행정 과실, 국민회의 명예 실추 등의 의혹을 제기하면서 총회의 재무 장부 공개를 요구하고 나왔다. 물론 그들은 소수파였으나 도전은 집요했다. 이승만은 이러한 반대파의 도전이 이번 총회장 선거에서 안현경을 몰아내려고 기도했다가 실패한 박용만의 배후조종에 따른 것이라고 단정하고, 정면으로 규탄하고 나섰다. 《국민보》에 발표된 그의 「선언」은 결연했다.

작년 대의회 이후 반년 경과를 보아도 알겠고, 금년 의회에 나온

5) 「公제31호: 朝鮮人國民會布哇地方總會ノ年會狀況報告ノ件」, 1917년2월20일, 『不逞團關係雜件 鮮人ノ部 在歐米(三)』.

6) 위와 같음.

대의원의 수효와 목적을 보아도 다 깨달을 것이어늘, 종시 동포를 업수이 여겨서 작년에 국민회를 결단내던 자 몇몇이 의회석에서 야료수단으로 공권을 침탈하려 하니, 이러므로 우리는 일어나 꿋꿋이 의로운 싸움으로 결말을 보려함이로다.…

각 지방에서 노력 노심하는 우리 동포들은 변치 않는 충애심(忠愛心)으로 못된 인도자들에게 해마다 속아 가면서도 재력과 충성을 할 수 있는 데까지 다하야 왔으므로, 이런 때를 당하야 우리 일단 공회가 위급한 소식을 듣고 공분을 일으켜 우리와 함께 받들어 나아가기를 결심하니, 우리는 실로 감복함을 말지 아니하노라.… 지금 우리 싸우는 것은… 사실로써 진위와 곡직을 세상에 반포하려는 것뿐이라. 이것으로 싸우기를 얼마 동안 계속하다가 만일 저 무리들이 다른 것으로 싸우기를 시작하면 그때는 우리도 또한 저들의 싸우는 대로 싸울 터이로다.…

이렇게 전제한 다음 그는 반대파들이 제기한 의혹에 대하여 해명했다. 이승만의 주장에 따르면, 반대파들은 오아후 섬의 각 지방을 바쁘게 돌아다니면서 인심을 선동하고 있었다. 선동의 내용은 두가지였다. 한가지는 총회장 안현경이 국민의무금을 횡령한 것이 탄로났으므로 이를 계기로 총회를 전복하고 연전에 억울하게 쫓겨난 김종학(金鍾學)의 원수를 갚자는 것이었고, 또 한가지는 호놀룰루에서 박용만을 해하려는 움직임이 있으므로 그를 보호해야 한다는 것이었다. 소문을 듣고 놀란 사람들 가운데는 이승만을 찾아와서 "항구에서는 듣던 말보다 조용하군요. 농장에서는 너무 위험하여 가만히 앉았기가 어렵습니다"라고 말하는 사람도 있었다.

이승만은 「선언」에서 이 두가지에 대하여 자세히 해명했다. 첫째로 안현경이 의무금을 횡령했다는 말의 내용은, 박용만을 비롯한 4명이 국민보사의 월급조로 국민회로부터 받을 것이 있고 회관의 방세로 국민회에

낼 돈이 있으므로 신문사의 월급에서 의무금을 제하고 달라 했고 총회장 안현경은 그렇게 하기로 동의했던 것인데, 그것을 가지고 의무금을 횡령했다고 하는 것은 어불성설이라는 것이었다. 재정과 관련하여 또 한가지 의혹은 소약속국동맹회의에 박용만을 파견하기 위하여 모금한 의연금의 잔금을 어떻게 했느냐는 것이었다. 이에 대해 이승만은 다음과 같이 신랄하게 반박했다.

> 지금이라도 이 연조금 1,100원이 있나 없나 의심하는 자 있으면 내게로 오라. 눈으로 보겠다면 보여 줄 것이요 손으로 만지겠다 하면 만지게 하여 주겠노라.…[7]

처음에 이승만과 안현경이 모금할 때에는 500달러를 목표로 삼았으나 실제로 모금된 액수는 1,500여달러가 되었고, 안현경은 그 차액을 재무인 송헌주(宋憲澍)의 개인계좌에 예치해 두었다.[8] 한편 일본총영사의 정보보고는 모금된 의연금 총액은 2,200달러였고, 그 가운데서 925달러가 박용만에게 여비 및 잡비로 지급되고 1,275달러가 남았다고 했다.[9] 이 소약속국동맹회의 참가비 연조금에 관해서는 중간 모금자가 영수증을 자기 명의로 미리 끊어 주었으나 미처 수금하지 못한 것이 대의회에서 해명되기도 했다. 또 회관임대료 4달러를 안현경이 회계장부에 누락시킨 것이 횡령이라고 지적되기도 했다. 반대파들은 이런 사례들을 들어 안현경을 파면해야 한다고 주장했다.

그러나 그것이 총회장의 파면사유는 될 수는 없었다. 이승만은 반대파들에게 "만일 의회에서 처결이 불공평한 줄로 생각하거던 합중국 재

---

7) 《新韓民報》 1918년3월14일자, 「하와이 대풍파 중 리박사의 선언」.

8) *Korean National Herald*, Fed. 6, 1918, 『大韓人國民會와 이승만: 1915~1936년간 하와이 법정자료 韓國現代史資料集成(45)』, p.102.

9) 「機密 제9호: 布哇鮮人國民會ノ紛擾ニ關スル件」, 1918년3월9일, 『不逞團關係雜件 鮮人ノ部 在歐米(三)』.

판소에 가서 재판을 하여 보라. 이 판결이 이에 지나지 아니하리로다"라고 호언했다. 또 한가지 도미유학생 휴대금으로 본토에서 보내온 400달러를 안현경이 유용한 것도 논란거리가 되었다. 그러나 그것은 법적으로 문제가 될 수 없었다. 이승만은 안현경의 재정횡령 의혹과 관련하여 이렇게 해명한 다음 반대파들의 주장이 안현경을 규탄하기 위해서가 아니라 자기가 역점사업으로 추진하고자 하는 남학생 기숙사 건축을 방해하기 위해서라고 잘라 말했다.

> 이상 몇가지를 차례로 의회석에 들여놓고 안씨를 도적으로 몰고 저함은 다름이 아니라 당초에 자유교파와 미이미교[감리교]파와 군단파 몇몇이 작년 총선거 시에 입을 모으고, 은근히 주선하야 총회장 후보자로 다른 사람을 천망에 올리고 속으로 운동하다가 급기 안씨가 피선되는 경우에 이르러 심히 낙망한 고로, 이때에 기어이 안씨를 얽어서 몰아내고 총회를 전복하자는 계책이니, 이는 안씨를 미워 그러함이 아니라 남학생 기숙사를 저해하고저 하는 주의로다.

그러면서 이승만은 자기가 안현경을 지지하는 이유를 다음과 같이 설명했다.

> 우리가 안 총장을 충성스럽게 받드는 것은 안씨만 한 인격이 없어서 그러함도 아니요 안씨의 일이 다 옳다 하야 그러함도 아니며, 다만 5천 동포의 다수 투표로 공천을 얻어 피선되었으니, 공회를 존중히 하는 자 마땅히 그 지위를 높일 것이며, 겸하야 우리 보통 동포의 원하는 바 남학생 기숙사 문제에 대하야 아직까지 충성스럽게 받쳐 오는 이가 곧 안씨라. 그러므로 우리는 그 단처를 버리고 그 장처를 쓰고저 함이니, 이것도 또한 공익을 위하는 공심에서 나온 뜻이라. 어찌 사사 편당심이라 지목하리오.

다음으로 이승만은 박용만의 위해설을 일축하면서 박용만이 결국 동포들로부터 책망을 들을 수밖에 없을 것이라고 잘라 말했다. 그는 1915년에 박용만이 샌프란시스코로 갔을 때에 그 추종자들이 국문과 영문 신문을 통하여 자신이 박용만을 죽이려 하여 박용만이 피신했다고 말하고, 박용만이 샌프란시스코에서 테러를 당하자 자신이 자객을 보내어 그를 죽이려 했다고 떠들었으나, 그 결과는 박용만을 해롭게 한 것뿐이었다면서, 이번 선동과 관련하여 다음과 같이 결연하게 선언했다.

> 지금에 또 이런 허무한 낭설을 주작[做作: 없는 사실을 꾸며 만듦]하야 인심을 선동하는 것은 누구를 지목함인지 모르거니와 이런 일의 결과는 손해가 필경 박용만씨에게로밖에 돌아갈 곳이 없을지라. 우리 보통 동포들은 지나간 일을 다 잊어버리고 중요한 기관과 좋은 기회를 박용만씨에게 여러번 맡겼나니, 박용만씨가 또 지나간 일을 다 잊어버리고 동포의 공동히 원하는 사업에 합동하야 좋은 결과를 이루기만 바람이어늘, 지금까지 하야 오는 것을 볼진대 박씨가 저자들을 따르는지 저자들이 박씨를 따르는지 함께 덩어리가 되어 피차 떨어지지 못하며, 해마다 동포의 원하는 바는 절대적으로 반대하야 번번이 풍파를 일으키니, 박용만씨는 비록 그중에 간섭이 없다 한들 어찌 동포의 책망을 면하리오.
>
> 한인 전체가 이 사업을 이루려 할수록 저자들의 반대는 우심하며, 저자들의 반대가 우심할수록 박씨에게 돌아가는 책망이 우심할지라. 만일 박용만씨가 이것을 지금까지 모르고 지내면 시세에 어두운 인도자요, 알고도 짐짓 모르는 체할진대 모든 동포에게 책망을 들어도 칭원[稱冤: 원통함을 들어 말함]할 수 없도다.[10]

---

10) 《新韓民報》 1918년3월14일자, 「하와이 대풍파 중 리박사의 선언」.

박용만에게 중요한 기관과 좋은 기회를 여러 번 맡겼다는 말은《국민보》의 주필직을 맡기고 소약속국동맹회에 대표로 파견했던 일을 가리키는 것이었다. 이「선언」을 끝으로 두 사람은 서로 돌아올 수 없는 강을 건너고 말았다.

2

한편 국민회 하와이지방총회는 1918년도 임원들을 새로 선임했는데, 이승만은 서기와 재무를 겸임했을 뿐만 아니라《국민보》의 주필까지 함께 맡았다.[11] 배수의 진을 친 것이었다.

분규 과정에서 폭력 사태가 벌어지고 이승만과 안현경의 고발로 반대파들은 경찰에 체포되어 구타, 난동, 살인모의 등의 혐의로 재판을 받았다. 이승만은 고발인으로서 재판정에 나가서 증언도 했다. 피고인 변호사와 격렬한 논쟁을 벌이자 배심원 가운데는 이승만에게 "당신의 닥터 칭호는 병 고치는 의사 말이요, 또는 다른 닥터요?", "어느 학교를 졸업하고 왔소?"라는 등의 모멸스러운 질문을 하는 사람도 있었다. 한 고발인 쪽 변호사는 하와이 한인은 당초에 이민 올 때에 돼지떼처럼 몰려온 것이라고 말하여 한인들을 격분시키기도 했다.[12] 이 시대의 하와이 지방 배심재판의 수준과 분위기를, 그리고 그 밑에 깔린 인종차별 의식을 짐작하게 하는 에피소드이다.

반대파들은 의회에서 자신들의 주장이 관철되지 않자 오아후 섬 각 지방 대표들이 모여 오아후 임시연합회를 조직하고 자기네의 주장이 수용될 때까지 의회출석을 거부하고 의무금도 자신들이 적립해 두기로 결의하는 한편 회장, 부회장, 총무 등 국민회 임원진과 같은 규모의 임원진

---

11)《新韓民報》1918년4월11일자,「雜報: 하와이」.
12)《新韓民報》1918년3월28일자,「통곡할 하와이 한인의 재판사건」.

도 구성했다. 그리고 2월9일부터 《공고서》라는 소식지도 발행했다. 이들은 3월3일에 자기네의 조직 명칭을 하와이 국민회 임시연합회라고 바꾸었다.[13] 반대파의 중심인물은 말할 것도 없이 박용만이었다.

반대파들은 계속해서 대의원들로 하여금 국민회 재정 장부를 조사하게 하든지 그렇지 않으면 임시의회를 소집할 것을 요구하면서 총회 회관에 몰려와서 난동을 부렸고, 이승만의 고발로 난동자들과 안현경이 함께 경찰에 연행되었다. 안현경은 두가지 요구 가운데 하나를 들어준다는 약속을 하고 풀려났다.[14]

분규가 발생한 지 반년이나 지나서 《공고서》에 발표한 박용만의 다음과 같은 글을 눈여겨볼 만하다.

> 금년 정월 대의회 분쟁이 일어난 후로부터 오늘까지 거의 반년이 되도록 피차간 서로 싸우기만 일삼아 허다한 세월을 허비하고 허다한 금전을 소모하니, 이는 우리같이 앉아서 보는 자들의 심히 민망히 여기는 바이라. 감히 묻노니, 우리 하와이 한인이 오늘에 이렇게 싸움만 하는 것이 옳으랴?…
>
> 오늘날 싸움은 우리 국민회 싸움이라 하되, 정월 이후로 신문상이나 특별보에 써내는 것을 보면 모두 허무한 말을 만들어 개인을 때려잡으며, 또는 법사(法司)에 가서 고발을 하되 또한 개인의 행동을 말하는 고로 외국사람들은 우리를 보기를 개인 싸움하는 자로 알고 정치상 싸움하는 자로 알지 않게 되었으며, 또 싸움은 비록 개인상 관계 같으나 그 시비는 흔히 국민회를 빙자하는 것 같은 고로, 하와이정부는 만일 이런 단체를 보기를 싫어하야 하루아침에 국민회 해산령을 놓으면 대저 우리의 속으로 시비하는 것은 다 어디로 날아가고 필경

---

13) 《新韓民報》 1918년3월7일자, 「금년 하와이총회 대의원회의 대풍파」 및 3월21일자, 「雜報: 하와이」; 《공고서》(제8호) 1918년3월6일자, 「중앙회의 성립과 그 의결안」.

14) 《新韓民報》 1918년6월13일자, 「雜報: 하와이」.

은 단체까지 없어질 것이라. 그때에 당하야 좌우의 곡직을 물론하고 그 허물은 피차에 면치 못할진저.…

박용만은 이처럼 국민회가 하와이 당국의 불신을 받아서 사단법인 인가를 취소당할 걱정까지 했다. 그러면서 그는 국민회가 정상화될 때까지 연합회는 국민의무금을 전액 저축하되 그 방법으로는 합중국 전시채권을 사 두자고 제의했다.

국민회가 재정을 저축하야 실력을 기르는 일에 대하야 한가지 절대한 기회와 절묘한 방법이 있으니 이는 곧 코할라(Kohala) 김우옥씨의 의견이라. 나는 지난번에 하와이(섬)를 다녀올 때에 코할라에서 하루 저녁을 쉬며 김우옥씨의 국민회에 대한 정략을 들으매, 가로대 우리 공회가 성립된 지 10여년에 소위 실력은 보잘것이 없고 다만 남아 있는 것은 수백원어치 신문주자와 저당잡혀 먹은 총회관뿐이라. 그런즉 이제는 한푼이라도 저축하는 것이 제일 상책이요 또 그 저축하는 방법은 의무금이 들어오는 대로 합중국정부 전시저축표를 사두는 것이 제일이라. 이것은 우리가 공사 양편으로 다 이익을 보는 것이니 첫째는 금전을 저축하는 것이요, 둘째는 우리가 합중국정부를 도와주는 것이라.…

박용만의 이 글에서 특별히 눈길을 끄는 것은 다음과 같은 대목이었다.

나는 비록 천만가지 욕설을 들어도 참을 수 있으되, 소위 출운호(出雲號)를 침몰시키려 하였다는 말과 일본과 싸우기를 준비한다는 말 같은 것은 이것이 비록 근저없는 일이나 이는 곧 국가전도에 관계되는 일인 고로 누구든지 함부로 말하야 우리의 원수를 도와주는 것

이 불가한 줄로 아노라.…[15]

박용만 자신이 결성한 대조선국민군단이나 "산넘어 병학교"가 일본과 싸우기를 준비하기 위한 것이었음은 말할 나위도 없고, 그러한 입장에서 호놀룰루항에 입항하는 일본군함 이즈모(出雲) 호에 폭탄을 장치하는 일은 가능하다면 얼마든지 기도해 볼 만한 일이었다. 그리고 실제로 그는 그러한 혐의를 받고 1914년에 미육군의 조사도 받았다. 그런데 그것이 "근거 없는 일"이고 "도저히 참을 수 없는 욕설"이라고 강조하는 것은 적이 의아스러운 일이다. 김원용은 그것은 이승만이 2월27일의 재판정에서 살인미수범으로 체포된 대의원들에 대한 증인진술을 할 때에 이들은 박용만의 패당이며, "미국 영토에 한국 국민군단을 설립하고 위험한 배일행동으로 일본군함 이즈모 호가 호놀룰루에 입항하면 파괴하려고 음모하고 있는 무리들이며, 이는 미국과 일본 사이에 중대사건을 일으켜 평화를 방해하려 한 것이므로" 저들을 조치해야 한다고 주장했기 때문이었다고 썼다.[16] 그러나 이승만이 재판정에서 과연 그러한 증언을 했을지는 적이 의심스럽다.

아무튼 이때부터 박용만은 이승만과 결별하고 3월3일에 김진호, 이종홍 등이 조직한 국민회 연합중앙회를 확대하여 7월에 이른바 갈리히연합회라는 새로운 조직을 결성했다.[17] 연합회의 발기문은 "국민회의 질서가 정돈되는 때까지 임시적 조직을 결성하고, 필요한 사업을 진행하며, 서로 충돌하지 않기로 힘쓸 것이다"라고 천명했다. 이 조직은 국민회와 별개의 조직으로 존속되다가 국내에서 3·1운동이 일어난 직후인 1919년3월30일에 대조선독립단(大朝鮮獨立團)으로 개편되면서 국민회와 완전히

15) 박용만, 「싸움만 하는 것이 옳으랴」, 《공고서》(제30호) 1918년6월11일자; 《新韓民報》 1918년7월4일자, 「하와이 풍파 중 박용만씨의 선언」.

16) 金元容, 앞의 책, p.151.

17) 위의 책, pp.154~156.

결별했다.

그러나 경위야 어떻든 어린 외아들 태산(泰山)을 미국까지 데려왔고, 또 그 아들보다 결코 덜 소중하지 않은 『독립정신』의 원고를 트렁크 밑창에 숨겨 미국까지 가져왔던 박용만과의 결별은 이승만의 정치적 지도력의 크나큰 손실이었다. 그리고 더욱 불행한 것은 이승만이 그것을 심각한 손실로 절감하지 않았던 데에 있었을 것이다.

반대파들에 대한 비판은 지방으로 확산되었다. 각처에 독립적인 지방회가 조직되고 지방회마다 《공고서》를 발행하여 《공고서》의 홍수를 이루었다. 《신한민보》의 다음과 같은 기사는 그러한 움직임의 실상을 짐작하게 한다.

> 팔라마 지방의 분립은 본보 전호에 게재한 바 이제 동 지방의 공고서를 의지하건대, 동 지방은 릴리하 지방의 동정자가 아니라고 따로 지방회를 조직하고 공고서를 발하야 릴리하 지방을 공격하얏으며, 자유교회에서는 설명서를 발하야 릴리하 공포서 제7호를 대답하얏으며, 카우아이 마카웰리 지방에서는 공고서를 발하야 릴리하 공포서를 공격하얏으며, 카우아이 콜로아 지방에서는 현임 연합회장 전 하와이총회 의장 이종홍씨를 공격하는 글을 국민보 제379호에 게재하얏더라.[18]

그리하여 마침내 이승만은 《국민보》에 국민회의 내분과 관련해서는 더 이상 논란하지 않기로 하고 각 지방의 통신을 게재하는 것도 일절 거절하겠다고 공포했다.[19]

---

18) 《新韓民報》 1918년4월25일자, 「雜報: 하와이. 쏟아지는 공고서」.
19) 《新韓民報》 1918년4월25일자, 「雜報: 하와이. 국민보의 주의선언」.

3

7월 들어 이승만이 전혀 예기하지 못한 곤혹스러운 일이 벌어졌다. 그것은 미국 내무장관 레인(Franklin Lane)이 하와이를 방문했을 때에 환영식장에 걸린 태극기가 변조된 사건이었다. 레인의 방문을 앞두고 하와이에 거주하는 각 민족대표들로 환영위원회가 구성되었는데, 이승만은 한인대표로 이 위원회에 참석했다. 위원회에서는 연전에 하와이에 거주하는 각국인이 하와이왕국 여왕에게 자국 국기를 증정했던 일을 본떠서 내무장관에게 자국 국기를 증정하여 미국 대통령에게 전달하게 했다. 그러자 모리(森)라는 일본대표가 다른 민족들은 몰라도 한인들은 조선 국기를 증정하지 못한다고 주장하고 나왔다. 그는 조선은 이제 일본의 속지요 그 땅에서는 이미 일장기를 쓰고 있는데, 이제 와서 태극기를 증정하는 것은 일장기를 멸시하는 일이라면서 한인들의 태극기 증정을 완강히 반대했다. 환영위원회를 주재한 태평양연합회 회장 포드의 중재로 한국, 캐나다, 오스트레일리아, 뉴질랜드 등 몇몇 나라 사람들은 각각 자기 나라의 옛날 국기를 증정하기로 했다.

이승만은 위원들에게 건곤감리(乾坤坎離) 사괘에 진손간태(震巽艮兌)를 더하여 팔괘를 넣은 태극기를 만들게 했다. 일본대표 모리는 팔괘나 사괘나 그다지 다를 것이 없다고 불평하면서 그 자신도 일본의 옛날 국기를 증정했다. 그런데 이 사실을 두고 반대파들이 이승만을 다음과 같이 맹렬하게 매도한 것을 보면 이때의 감정대립이 얼마나 심각했는지 짐작하게 한다.

> 당일 우리 국기가 일인에게 배척당할 때에 우리 대표자 리승만이 만일 생명을 내어 놓고 국기를 보호하다가 왜놈의 칼을 받고 왜놈의 총을 받았다 하면 이것이 오히려 영광이라. 그러나 리승만은 그것을 하지 않고 오히려 왜놈의 공갈을 두려워하야 자기 손으로 자기 국기를 흐려

버리고, 또 자기의 의견으로 팔괘기를 만들어 남의 나라 대관에게 주었으니, 이것이 과연 조선의 국기러냐? 이것이 관연 한인의 영광이냐? 이는 다만 남의 나라 대관을 속인 것뿐 아니라 실로 4천여년 조국 역사를 문란케 한 것이요, 또는 다만 역사를 문란케 한 것뿐 아니라 오늘날 오직 하와이에서 살아 있는 우리의 태극기를 없이 한 것이라.…[20]

이승만의 그 정도의 타협적 태도도 반대파들에게는 민족에 대한 배신 행위라고 공격할 수 있는 구실이 되었던 것이다.

박용만이 국민회 하와이지방총회에서 이탈한 것은 샌프란시스코의 국민회 중앙총회와 북미지방총회, 곧 안창호 그룹에게도 비판적으로 받아들여졌다. 그동안 샌프란시스코쪽에서는 국민회 하와이지방총회가 이승만의 전횡으로 말미암아 동포들의 '무형정부'로서의 기능을 제대로 하지 못하는 것이 여간 못마땅하지 않았다. 《신한민보》가 1917년5월3일부터 6월7일까지 연속으로 「누가 국민회를 없이코저 하느뇨」라는 「논설」로 이승만의 전횡을 공격한 것은 그 대표적인 것이었다. 그러나 지금까지 자기들이 직접 간접으로 지원했던 박용만이 국민회에서 떨어져 나가서 새로운 조직체를 만드는 것은 용납할 수 없는 일이었다. 그것은 10여년 동안의 국민회의 역사를 거역하는 행동이었기 때문이다.

안창호는 11월1일자로 국민회 하와이지방총회장 안현경과 연합회 중앙회장 이종홍과 하와이의 동포 전체에게 따로따로 보내는 세통의 공개편지를 썼다. 안창호는 1917년10월부터 1918년8월까지 장기간 멕시코 동포들을 방문하고 있었기 때문에 하와이 동포사회의 두번째 분규에 대해서는 그때까지 특별한 의견을 표명하지 않고 있었다.

먼저 안현경에게 보낸 편지에서 안창호는 무엇보다도 재정 장부를 공개하여 흑백을 가리라고 강력히 권고했다. 재정 출납 검사는 의회의 고유

---

20) 《연합회공고서》 제53호, 《新韓民報》 1918년7월25일자, 「내무총장 환영회와 한국국기문제」.

권한인데 그것을 거부함으로써 분쟁이 빚어졌다고 지적하고, 조사를 받아서 허물이 없으면 공연한 의혹이 불식될 것이고 만일에 허물이 있다면 물러가 동포의 분노를 그쳐줌이 장부의 할 도리라고 말하면서 다음과 같이 권고했다.

> (허물이 있다면) 가령 그 직임은 잃어버리더라도 양심은 편안할 것이어늘 이제 각하는 마침내 이를 하지 아니하였으니, 남이 의회를 멸시한다고 비평할지라도 가히 발명[변명]할 말이 없을 것이라. 나라이 망한 다음에 기운이 겨우 붙어 있는 의회는 본래 두려울 것이 없을지로되, 우리의 두려워하는 바는 공리요 세력이 아니니, 공리가 한번 각하를 배척하면 각하는 장차 누구와 함께 돌아가리오.…[21]

안창호는 박용만의 연합회쪽에 대해서는 더욱 신랄한 어조로 질책하면서, 먼저 연합회를 해산할 것을 촉구했다.

> 하와이 국민회 풍파는 연래 천지가 진동하는 형세를 계속하더니, 특히 작년에 이르러는 구타와 송사를 못할 일이 없이 다하고, 종판에는 연합회를 분리하여 10여년 통일의 판국을 찢어 놓았으니, 화 진실로 참혹하도다. 슬프다. 이같은 풍파에 국민회의 운명은 깨어진 배가 흔들리는지라.… 서로 가라대 "헌장을 보호하며 국민회를 유지라" 하니, 그 의기가 진실로 느낄 만하도다. 그러나 총회당국은 의회를 멸시하야 헌장을 파괴하얏고, 연합회 제공은 한 깃대를 따로 세워 국민회 단결체를 분열하얏으니, 알지 못게라. 이러한 거동이 무슨 헌장에 빙거하얏느뇨.…[22]

---

21) 《新韓民報》 1918년11월7일자, 「중앙총회장께서 하와이에 보낸 공문. 총회당국에 권고한 글」.
22) 위의 공문, 「연합회에 권고한 글」.

곧 연합회가 국민회를 수호한다면서 사실은 국민회를 파괴한다는 것이었다. 그의 결론은 단호했다.

> 총히 말하면 하와이총회는 하나는 가하고 둘은 불가한지라. 다음 의회를 소집하기 전에 먼저 연합회를 해산하야 하와이총회의 온전한 구슬을 진중히 보호하야 가지고, 그러한 연후에 나아가 당국자의 불법을 탄핵함이 곧 국민회원된 제공의 의무요 천직이라 하노라.[23]

그러나 박용만은 안창호의 이러한 권고도 받아들이지 않고 국민회와는 별도의 행동을 계속했다. 안창호는 원래부터 박용만의 무장투쟁 노선을 지지하지 않았는데, 박용만이 하와이 국민회를 이탈하여 연합회라는 별도조직을 결성하자 그에 대하여 더욱 비판적으로 된 것 같다. 그러한 사정은 비슷한 시기에 안창호가 흥사단원들을 상대로 한 비공개 연설에서 다음과 같이 말한 데서 더욱 구체적으로 느낄 수 있다. 이 연설은 제1차 세계대전이 종결되었을 무렵의 안창호의 생각을 보여 주는 중요한 자료이다.

"혹은 말하기를 윌슨 대통령이 선전포고서에 어찌어찌 하였고 평화조건 제출에 어찌어찌 하였으며, 또는 아무 소약국은 독립의 승인을 얻는다니 우리도 이 시기에 독립을 운동하자 할지라. 독립을 무슨 방면으로 운동하겠는가 하면 두가지로 말하리니, 하나는 독립전쟁을 일으키자, 둘은 윌슨 대통령에게 한국의 독립승인을 요구하자 함이라. 독립전쟁 문제로 말하면… 하와이에서도 모씨 등이 달마다 태평양을 건너간다 하여 무식한 동포들은 전쟁이 어떤 물건인지 모르고 그런 말에 돈도 바치고 시간도 허비하여 속는 이가 많던 중에 이런 시기에 또한 그러한 문제를 제기할는지 모르나, 우리 동지 중에서는 아무리 무식하여 판단력이 부족한 줄로 자처

23) 위의 글.

하는 이라도 전쟁이 어떤 것임을 알고 오늘에 그런 문제를 제출하는 것은 허망한 것으로 역력히 아는 바니, 다시 말할 필요가 없겠고…"[24]

이러한 언급은 박용만의 그동안의 "산넘어 병학교" 운영에 대한 안창호의 인식을 그대로 보여 주는 것이다. 또한 이 연설에는 뒤이어 국민회 중앙총회 이름으로 추진된 독립청원운동에 대한 안창호의 기본 인식도 드러나 있어서 주목된다.

"윌슨 대통령에게 독립승인을 요구하여 교섭한다 장서(長書)한다 함에 대하여는 어떠할까 하고 생각이 혹 주저하는 이가 있을는지 모르겠으나, 이런 일을 함으로 한갓 한인이 일본의 기반(羈絆)을 원치 아니하는 뜻이나 발표하여 이 후일에 다소간 참조자료가 될는지 하고 혹 한인의 공통한 기관의 명의로 교섭을 제출할지 모르나, 사실로는 오늘에 무슨 효과가 있으리라 하면 이는 어리석은 희망이라. 자기의 일을 자기가 스스로 아니하고 가만히 앉았다가 말 몇 마디나 글 몇 줄로써 독립을 찾겠다는 것이 어느 이치에 허락하리오.…"[25]

안창호의 이러한 비관적 시국인식은 언뜻 보면 썩 합리적이고 현실적인 것 같으나 동포들의 국권회복의 원망과 역량을 집결시키고 고취하는 리더십이 되기에는 기본적인 문제점을 지니고 있었다.

이 무렵에 이승만은 국내로부터 충격적인 소식을 전하는 편지 한통을 받았다. 옥중동지였던 김린(金麟)이 인편에 보낸 편지였다. 한문으로 된 인사편지와 함께 국한문으로 된 다음과 같은 내용의 편지가 별도로 들어 있었다.

> 형과 저 사이에는 달리 원한이 없습니다. 귀지로부터 오는 사람의 말을 듣든지 귀지 신문을 보든지 좋지 않은 언설을 게재하시니, 이는

---

24) 安昌浩, 「戰爭終結과 우리의 할 일」, 주요한 編著, 『安島山全書』, p.520.
25) 위와 같음.

우리 신자의 행할 바이 아니외다. 제가 처음에 투옥되어 형을 통하여 주를 알았고 이후로 지금까지 변치 않음은 형의 덕이 아닌 것이 없나이다. 어찌 잊을 수 있겠나이까. 저의 행위는 이상재(李商在)씨에게 알아보시면 자세히 아실 듯하기로 중언부언 아니하옵니다.…

김린의 편지로 미루어 보면, 반대파를 공격하는 이승만의 글이 게재된 《국민보》가 국내에도 발송되고 있었음을 알 수 있다. 김린은 계속해서 다음과 같이 적었다.

지금 조선의 급선무가 즉 교육입니다. 신문이라고는 국문 한문을 막론하고 《매일신보(每日申報)》 한장이 있을 뿐입니다. 그래서 제가 잡지사를 설립하고자 하오니, 형이 간혹 글을 써서 보내 주시면 사설로 게재코자 하오니 회신하여 주옵소서. 상세한 것은 오창익(吳昌益) 군에게 자세히 들으시옵소서.…

그러고는 이 편지 끝머리에 놀라운 내용을 적어 놓았다.

실례하옵내다. 귀 부인이 생남하였다고 소문이 자자하옵내다. 다음과 같은 내용의 소문입니다. 일인 한 사람을 채전 밭일을 시키느라고 두었다가 상관되어 생남하였다고 하는데, 일인은 과연 귀 부인 댁에 동거하옵내다.[26]

1912년에 두번째로 고국을 떠나올 때에 사실상의 이혼을 하고 오기는 했지만 박승선(朴承善)이 일본인과 상관하여 아이를 낳았다는 소식은 이승만에게 여간 큰 충격이 아니었을 것이다. 소문의 진위는 밝혀진

---

26) 「金麟이 李承晩에게 보낸 1918년7월17일자 편지」, 『雩南李承晩文書 東文篇(十六) 簡札1』, pp. 329~335.

것이 없으나, 같은 때에 박승선은 양자를 얻었던 것으로 알려져 있다. 그녀는 시아버지가 죽은 뒤에도 창신동 북숭아골 집에 혼자 살다가 4년 뒤에 양아들을 데려왔다고 한다. 박승선의 조카 박관현(朴貫鉉)에 따르면 양아들을 데려온 경위는 이렇다. 어느 날 박관현은 복숭아골의 고모집을 찾아갔다. 그때에 그는 열세살이었다. 고모는 병원에 가는 길이라면서 같이 가자고 했다. 따라간 곳은 종로에 있는 부인병원이었다. 고모와 비슷한 연배의 간호원이 고모를 기다리고 있다가 갓난아이를 안고 왔다. 버린 아이가 있다는 말을 듣고 박승선이 데려왔다는 것이다. 이 아이가 이은수(李恩秀)였다.[27] 박승선은 그 아이를 직접 낳은 자식처럼 키웠다. 남편의 소식이 궁금해서 YMCA를 찾아갈 때에도 아이를 업고 갔다고 한다. 이런 행동은 이내 소문에 소문의 꼬리를 물고 퍼지게 마련이다. 김린이 이승만에게 전한 내용도 YMCA에서 흘러나온 소문이었다.

이승만의 작은누이의 아들 심종철(沈鍾喆)은 박승선에게 이 아이가 누구 아이냐고 물어본 적이 있었는데, 이때에 박승선은 퉁명스럽게 "내 애다. 내가 낳았다. 왜!"라고 대답했다고 한다.

이승만이 없는 창신동의 이승만 집에도 일본경찰이 주기적으로 임검을 나왔을 것은 당연하다. 박관현도 고모집에 놀러 갔다가 일본순사와 싸움을 벌인 일이 있었다고 한다. 박승선이 일본인과 상관하여 아이를 낳았다는 소문은 그러한 상황과 무관하지 않았을 것이다. 그리고 이때에 박승선은 이미 마흔네살이었으므로 아이를 낳기는 어려웠을 것이다. 박승선은 심종철 집안과는 그 뒤에도 왕래를 계속했다.[28]

---

27) 朴貫鉉 증언, 「人間李承晩百年(68)」, 《한국일보》 1975년6월26일자.
28) 沈鍾喆 부인의 말을 토대로 한 曺惠子 증언.

2. 한인기독학원과 한인기독교회 설립

1

이승만이 국민회 하와이지방총회를 독단하면서 반대파를 철저히 배제한 것은 국민회를 장악하는 것 자체가 목적이 아니었다. 그보다는 하와이 동포사회를 '기독교국가'로 만들어 국권회복운동의 기지가 되게 하겠다는 자신의 이상을 실현하는 데 국민회가 효과적인 기관이 되어야 한다고 생각했기 때문이다. 그 구체적 사업은 교육사업이었다. 이승만이 앞서 본 3월의 「선언」에서 반대파들이 안현경을 규탄한 이유가 "남학생 기숙사를 저해하고자 하는 주의" 때문이라고 말하고 또 자기 자신이 안현경을 지지하는 이유를 남학생 기숙사문제에 대하여 "충성스럽게 받쳐 오는 이가 안씨"이기 때문이라고 공언한 것이 그러한 사정을 말해 준다. 그러나 이승만의 그러한 사업목적에 대해서는 감리교 선교부도 협조적일 수 없었다.

이승만은 자신의 열성적 노력에도 불구하고 감리교 선교부에 소속되어 있는 한 교육사업을 위한 모금활동이나 그 밖의 활동에서 감리교의 간섭을 배제할 수 없다는 것을 깨달았다. 1935년 무렵에 대학생이었던 김봉희는 이승만과의 인터뷰를 토대로 하여 이승만이 감리교회와 결별한 배경을 이렇게 기술했다.

> 이 박사와 그 밖의 사람들은 자기들이 감리교회에 속해 있는 한 토지와 건물 등 모든 부동산이 교회 소유물이 되어 한국인은 아무런 소유권이 없을 뿐만 아니라, 장래에도 재산권을 가질 희망이 전혀 없다는 사실을 알게 되었다. 이 박사가 근본적으로 받아들일 수 없었던 것은 한국인의 복지와 안전이 선교부의 의사와 결정에 따라야 한다

는 사실이었다.…[29]

이승만이 한인중앙학교의 교장직을 사임하자 이 학교 소년들도 중앙학교를 그만두고 그에게 와서 계속 공부하기를 원했다. 그리하여 이승만은 1918년1월부터 한인여학원에 남학생을 받아들이기 시작하여 1916년 말 현재 54명이던 학생수는 1918년 1월에는 100명쯤으로 증가되었는데, 그 가운데 35명이 남학생이었다. 그러나 섬에서 온 남학생들은 거의가 호놀룰루에 거처할 데가 없었으므로 학교 근처에 있는 국민회가 운영하는 기숙사에서 통학했다.[30] 그리하여 이승만은 이들을 수용할 남학생 기숙사를 건축하기로 했다.

하와이 여러 섬의 사탕수수 농장에서 일하는 노동자 가정에서는 취학연령에 이른 아이들이 늘고 있었다. 초기 한인 이민사회의 가장 심각한 문제는 남자와 여자의 수적 불균형이었다. 하와이의 사탕수수 농장주들이 필요한 것은 단순 노동력이었기 때문에 한국에서 모집해 간 노동자들은 거의 남자들뿐이었다. 그리하여 1910년 현재 한인 인구 4,533명 가운데 3,931명이 남자였고, 여자는 602명밖에 되지 않았다.[31]

이러한 문제를 해결하기 위한 방법으로 도입된 것이 이른바 '사진신부(picture bride)'제도였다. 하와이에 있는 독신 남자가 자기 사진을 한국에 보내면 그 사진을 보고 한국 처녀가 결혼을 약속하고 하와이로 와서 부부가 되는 것이었다. 그것은 일본 이민노동자들 사이에서 먼저 실시된 제도였다. 신부가 하와이까지 오는 비용은 신랑쪽이 부담했다. 첫 사진 신부가 하와이에 도착한 것은 1910년이었다. 이 사진신부제도는 1924년에 「동양인이민금지법(Oriental Exclusion Act)」이 제정될 때까지

---

29) Bermic B. H. Kim, "The Koreans in Hawaii"(University of Hawaii 석사학위논문, 1937), p.145, Yŏng-ho Ch'oe, "Syngman Rhee in Hawaii: His activities in the Early Years, 1913~1915", Yŏng-ho Ch'oe ed., *From the Land of Hibiscus*, p.67.

30) 이덕희, 『한인기독교회·한인기독학원·대한인동지회』, p.258~259.

31) 《國民報》 1913년12월31일자, 「論說: 1913년 통계표에 기록한 바 한인통계의 각 조목」.

호놀룰루에 도착하여 각자의 짝을 찾아 여러 섬으로 흩어지기 전에 사진을 찍은 '사진신부'들. 1913년 무렵의 사진이다.

계속되었는데, 이 기간에 얼마나 많은 사진신부가 하와이에 도착했는지에 대해서는 정확한 통계가 없다. 951명으로도, 842명 내지 468명으로도 추산되고 있을 뿐이다.[32)]

사진신부들이 옴으로써 하와이 한인사회는 비로소 안정을 찾게 되었다. 그리고 대부분이 가난한 집안 출신인 사진신부들은 도착하자마자 세탁, 재봉, 여관, 농장 노동 등 여러 분야에서 부지런히 일하여 한인사회의 소득을 높였다. 이들은 모두 자녀들을 교육시키는 데 열심이었고, 자연히 이승만에게 그 교육을 의탁하고자 했다. 그리하여 부녀층의 이승만에 대한 지지는 절대적이었다. 그들은 뒷날 대한부인구제회, 영남부인실업동맹회 등의 단체를 조직하여 많은 독립운동 자금을 모금하고 구제사업을 벌여서 하와이 동포사회가 독립운동의 기지가 되는 데 크게 이바지했다.

---

32) Yŏng-ho Ch'oe, "Early Korean Immigration", Yŏng-ho Ch'oe ed., *op. cit.*, p.28.

남학생들이 들어옴에 따라 한인여학원의 활동은 한결 활기를 띠게 되었다. 그 가운데서도 하와이 백인사회의 주목을 받은 것은 음악활동이었던 것 같다. 《애드버타이저(*The Pacific Commercial Advertiser*)》지는 5월1일자와 19일자의 두번에 걸쳐 한인여학원 학생들의 음악회에 관한 뉴스를 보도했다. 5월19일자 보도는 전날에 열렸던 음악회에 관한 보도였다. 음악회는 오케스트라 연주, 독창, 남성 무반주 합창 등으로 진행되었는데, 지난 6개월 동안 하와이 왕립악단(Royal Hawaiian Band)의 단장인 버거(Heinrich W. Berger) 대위가 자원봉사로 학교 오케스트라를 조직하여 지도했고, 성악은 베이커 부인(Mrs. E. Baker)이 지도했다.

《애드버타이저》지는 6개월 전에는 음악의 기본도 모르던 학생들이 이렇게 훌륭한 연주를 할 수 있게 된 것은 지도교사들의 노고의 결과라고 칭찬했다. 5월1일자 보도는 오케스트라와 남성 무반주 합창단 사진도 곁들였다.[33)]

1917년까지도 호놀룰루에 중국인이나 일본인 여자아이들을 위한 학교는 따로 없었다. 그리하여 하와이 원주민 여학교인 카와이아하오 여학교(Kawaiahao Girl's Seminary)는 1917년에 한인여학원과 병합하여 모든 동양계 여학생들을 한 학교에서 가르치려는 계획을 세우고 이승만과 교섭했다. 이승만이 이 제의에 대한 후원회원들과 한인단체들의 의견을 종합한 다음, 한인여학원은 그대로 유지하겠다는 회답을 보냈다.

동포들의 후원은 열성적이었다. 1917년 한해 동안 한인여학원의 총수입은 1만1,252달러43센트에 이르렀다. 총지출은 9,460달러70센트로서 흑자로 운영되었다. 전체 수입 가운데 6,177달러65센트(55%)가 한인들이 부담한 것이었다. 이를 두고 《애드버타이저》지는 "한인여학원은 하와이에 있는 모든 학교 중에서 공립학교제에 속하지 않고 하와이 대중에게 조금도 부담을 주지 않는 학교이기 때문에 한인들은 자녀들을 위한 학

---

33) 이덕희, 앞의 책, p.260.

교를 외부의 도움 없이 운영한다는 긍지를 가지고 있다"고 보도했다.[34)]

2

이승만은 반대파들과 법정투쟁까지 벌이는 번거로운 일정 속에서도 자신의 집념을 실천해 나갔다. 그는 한인여학원을 1918년9월 신학기부터 남녀공학의 8년제 학교로 개편하기로 하고 준비를 서둘렀다. 먼저 푸우누이(Puunui)의 한인여학원 대지는 경사가 심하고 넓은 평지가 없었으므로 그곳에는 학교시설을 더 확장할 수 없었다. 그리하여 국민회 하와이지방총회가 1918년 초에 남학생 기숙사를 짓기 위하여 구입한 레이히(Leahi) 지역의 오션 뷰 애비뉴(Ocean View Avenue)에 있는 9.5에이커[38.45평방킬로미터]의 레이히 농장(Leahi Farm) 부지에 2만달러를 들여서 교사와 남학생 기숙사와 여학생 기숙사의 세 건물과 세탁 시설 등을 지을 계획으로 리플레이 앤드 데이비스(Repley and Davis) 건축설계회사에 설계를 맡겼다. 교사와 여학생 기숙사 건물은 한인여학원이 짓고 남학생 기숙사는 국민회에서 짓기로 했다. 그러나 이 계획은 실현되지 못했다. 그리하여 이승만은 한인여학원과 국민회로부터 기증받은 엠마(Emma) 부지를 모두 처분하고 카이무키(Kaimuki) 지역의 와이알라에 스트리트(Waialae Street) 3320번지에 있는 알리올라니고등학교(Aliiolani College) 건물을 임대하여 9월학기부터 8년제 남녀공학으로 개교했다. 교명은 한인기독학원(Korean Christian Institute: KCI)이라고 명명했다. 알리올라니고등학교는 시립 남학생 기숙고등학교였는데, 이때에는 폐교된 상태였다. 한인기독학원의 초대 교장으로는 한인여학원의 교사였던 하트슨(Mabel Hartson)을 선임했다. 개교한 첫 학기에 남학생

---

34) 위의 책, pp.255~258.

37명과 여학생 64명이 등록했다.[35]

이승만이 한인기독학원을 개교하면서 표방한 다음과 같은 네가지 「교지(教旨)」는 그의 한인기독학원 설립이 이 시기의 그의 국권회복운동의 비전과 직결된 것이었음을 보여 준다. 그것은 첫째로 교육적이고 종교적인 학생활동 장려, 둘째로 한국인의 정체성 확보, 셋째로 젊은이들의 지도력 양성, 넷째로 사회교육의 추진이었다.[36] 이러한 네가지 「교지」에 따라 이승만은 아이들이 기독교 신앙을 바탕으로 삼으면서 한국인으로서의 정체성을 견지하고 미국사회에 잘 적응할 수 있도록 교육하고자 했던 것이다.

미국인 교사 4명과 한국인 교사 2명이 학생을 가르쳤는데 미국의 기준에 맞추기 위하여 수업은 영어로 실시했고, 교과목은 하와이지역의 공립초등학교 과정에 해당하는 교과과정을 이수하게 했다. 거기에 더하여 학교 이름대로 기독교 교육을 강조하면서 매일 성경공부를 시켰다. 그리하여 학생들은 졸업할 무렵이면 모두들 "예수의 생애와 성경의 위대한 진리에 대하여 익숙하게" 되었다. 거기에 더하여 여학생들은 가사와 재봉을, 남학생들은 수공을 배웠다.

과외활동도 활발하여 각종 운동부가 있었고 1919년5월에는 보이스카우트(Boy Scout)도 조직되었다. 이승만은 첫 하와이 태생으로 한인중앙학교에 입학했다가 로열스쿨로 전학하여 한국학생으로는 처음으로 보이스카우트 단원이 된 정월터를 한인기독학원으로 전학시켜 보이스카우트를 조직하게 했다. 한인기독학원의 보이스카우트는 제19분견대의 칭호를 받았다.[37] 그리하여 남학생들은 대부분 보이스카우트의 회원이 되었고, 여학생들은 YMCA 소녀회원이 되었다. 밴드반은 한인기독학원

---

35) 같은 책, pp.261~263.

36) 최영호, 「이승만의 하와이에서의 초기활동: 교육사업과 1915년 대한인국민회 사건」, 유영익 편, 『이승만연구: 독립운동과 대한민국건국』, 연세대학교출판부, 2000, p.81.

37) 鄭월터 증언, 「人間李承晩百年(76)」, 《한국일보》 1975년7월8일자.

이승만이 1918년에 한인여학원을 확장하여 설립한 남녀공학의 한인기독학원 학생들과 교사들. 폐교된 알리올라니고등학교 건물을 임대하여 개교했다. 왼쪽 끝에서 네번째로 서 있는 흰옷 입은 사람이 이승만이다.

으로 바뀐 뒤에도 버거가 계속 무료봉사로 와서 가르쳤다.[38)]

영어로 가르치는 학과목 이외에 한글과 국사, 지리, 한문을 가르친 것은 한인중앙학교 때부터의 이승만의 학교운영의 기본방침의 하나였다. 그것은 아이들의 머리에 한국인으로서의 "국가사상"을 뚜렷이 심어 주기 위한 것이었다. 이승만은 매일 있는 채플시간에 설교를 했는데, 그는 남학생들에게는 한국여자와 결혼할 것을, 여학생들에게는 한국남자와 결혼할 것을 강조했다.[39)]

대부분의 학생들이 가난한 농장노동자들의 아이들이었으므로 돈 때문에 아이들이 학교에 다니지 못하는 일이 없도록 이승만은 세심한 배려를 기울여야 했다. 학비를 내년 봄에 보낼 테니까 자기 딸을 먼저 학교에

---

38) Yŏng-ho Ch'oe ed., *op. cit.*, p.70.
39) 「人間李承晩百年(76)」, 《한국일보》 1975년7월8일자.

1920년 무렵에 카이무키 지역에 있던 한인기독학원의 학생들과 교사들.

받아 달라고 호소하는 애절한 농장노동자들의 편지가 지금도 몇통 보존되어 있다.[40] 수업료는 무료였고, 1년 기숙사비와 세탁비 등은 실비에 해당하는 60달러였다. 기숙사비를 못 내는 아이들에게는 면제해 주었다. 아이들은 시간제 노동이 가능했으므로 학비를 스스로 벌어서 쓰게 했다. 기숙사는 남녀 아이들이 별도의 건물에 들어가 있었고, 식사는 주로 한국음식이었다. 이 무렵의 한인기독학원의 모습을 보도한《애드버타이저》지의 다음과 같은 기사는 인상적이다.

> 대다수가 가난한 농장노동자인 한국인 부모들은 그들의 아이들에게 성경이나 기독교에 대하여 영어로 가르치는 것은 전혀 불가능하다. 그럼에도 불구하고 그들은 자녀들을 기독학원에 보내기 위한 돈

40)『雩南李承晩文書 東文篇(十七) 簡札 2』, pp.62~63.

1919년에 하와이에서 창설된 한인 보이스카우트 단원들이 퍼레이드 연습을 하고 있다.

을 마련하느라고 허리띠를 졸라맨다. 이것은 수입이 보잘것없는 부모들의 존경할 만한 자기희생 정신을 보여 준다. 많은 경우에 부모들은 함께 농장에서 힘들게 일하면서 자녀들을 훌륭하게 교육시키려고 든다. 훌륭한 일이 아닌가?[41]

한민족의 전통적인 교육열은 하와이의 백인사회에서도 이처럼 경이적으로 받아들여졌던 것이다. 그리고 그러한 경탄은 이승만에 대한 예찬으로 이어지게 마련이었다. 한인기독학원의 운영실태를 길게 소개한《애드버타이저》지의 이 기사는 이승만을 "통찰력과 현명한 예지의 인물(a man of discernment and wise forethought)"이라고 지칭하면서 그가 얼마나 학교를 효과적으로 운영하고 있는지를 설명했다.[42] 그리하여 많은 졸업생들이 매킨리고등학교(Mckinley High School) 등 공립고등학교에 진학했고, 대학까지 진학한 사람도 있었다.

한인기독학원의 설립으로 이승만과 하와이 감리교 선교부의 관계는

41) *The Pacific Commercial Advertiser*, Dec. 19, 1920, Yŏng-ho Ch'oe ed., *op. cit.*, p.70.
42) *ibid*.

단절되었다. 그리고 이 사건은 감리교 선교부가 일반 교육사업을 완전히 중단하는 계기가 되었다. 감리교회 하와이 선교부는 이승만이 한인기독학원을 설립한 사실을 가리켜 "소수의 한인들이 하와이 감리교의 도움 없이 독자적으로 일을 할 수 있으며, 한인학생들이 미국화하지 않도록 하는 조치"라고 말했다.[43] 이승만이 1915년에 한인여학원을 따로 설립한 뒤에도 감리교 선교부는 남학생 66명으로 한인중앙학교를 계속해서 운영하고 있었는데, 남녀공학의 한인기독학원이 설립되면서 한국인 학생들이 한인기독학원으로 전학하자 한인중앙학교를 유지하기가 불가능하다는 사실을 알게 되었다. 감리교 선교부는 하는 수 없이 한인중앙학교 운영권을 한인감리교 지도자들에게 넘겨 주면서 학교건물과 운영기금으로 1,200달러를 지원하고 교육사업을 중단했다. 감리교 교인들은 이사부를 구성하고 이사부장 방화중 목사와 서기 이선일 목사 명의로 8월24일자로 특별통첩을 발표하고 동포들의 지원을 요청했다.[44] 이에 대해 이승만은 《국민보》 9월20일자 「논설」로 "중앙학교는 남의 것이므로 돕지 말라"고 주장했다.[45] 이러한 현상도 하와이 동포사회의 분규의 일환이었다. 이렇게 하여 한인중앙학교는 곧 폐교되고 학교와 한인감리교회도 교인수가 줄어 코리언 컴파운드는 썰렁해졌다. 1922년에 이르러 감리교 선교부가 부지를 팔고, 한인감리교회는 포트 스트리트(Fort Street) 1520번지로 이사했다.

이승만은 한인기독학원의 이사들과의 교제뿐만 아니라 YMCA의 활동 등을 통하여 하와이 백인사회와의 친교도 넓혀 나갔다. 그가 도쿄에서 초청하여 한국YMCA의 총무일을 맡긴 최상호(崔相浩)는 1915년11월에 병이 나서 귀국하고 그 후임으로 1916년부터 이태성(李太成)이 총무직을 맡

43) William Henry Fry, "Annual Report of the Mission", *Official Minutes of the Hawaiian Mission, 1921*, p.29.
44) 《新韓民報》 1918년9월12일자, 「雜報: 하와이」.
45) 《新韓民報》 1918년10월17일자, 「雜報: 하와이」.

았다. 1917년3월에 호놀룰루YMCA는 여러 민족의 YMCA를 한 건물에 모아서 함께 활동하기로 하고, 누우아누(Nuuanu) 지역의 이름을 따서 누우아누YMCA를 결성했다. 누우아누YMCA는 1918년2월에 이사회에 운영위원회를 두기로 하고 10명의 이사를 선정했는데, 3월에 이승만을 추가로 선정했다. 그러나 1년 뒤인 1919년3월21일에 이사회는 이승만의 자리를 중국인으로 교체했다. 그 이유는 그가 감리교를 탈퇴했기 때문이었다.[46)]

1918년 말에 중국 태생 윌리엄 얍(William Yap)이 하와이대학의 중요성을 인식하고 그때까지 단과대학이던 학교를 종합대학으로 승격시키려는 계획을 세웠다. 그는 하와이 유지들의 서명을 받아서 하와이대학의 종합대학안을 하와이 의회에 제출했는데, 이때의 서명자 438명 가운데 한국인으로는 유일하게 이승만이 포함되었다. 이때에 이름 앞에 '박사(Dr.)'라고 표기된 인사는 이승만뿐이었다. 그만큼 이승만의 명망은 이제 백인사회에서도 높아져 있었다. 이 계획안이 하와이 의회를 통과하여 하와이대학은 1920년9월 학기부터 종합대학으로 승격하여 개강하게 되었다.

이 무렵 이승만의 유일한 취미생활은 테니스였다. 그는 와이키키 테니스 클럽까지 전차를 타고 다녔다. 이는 호방하게 음주를 즐기기도 하는 박용만과는 다른 모습이었다. 이승만이 독신으로 지낸다는 사실은 많은 여성들의 관심을 끌었다. 특히 여학생들은 그를 몹시 따랐다. 여학생들뿐만 아니라 동포 부녀자들도 그를 떠받들었다. 그의 숙소에는 거의 매일 부녀자들이 밥과 김치를 날라 왔다고 한다. 일본 정보문서가 동포 부녀사이에서 이승만이 어떻게 추앙받고 있었는지에 대해 다음과 같이 기술한 것이 흥미롭다.

> 하와이 조선인의 일반 가정은 여존남비(女尊男卑)의 풍이 심하다. 이는 미국풍을 모방하고, 또 사진결혼으로 젊은 부인을 불러들인 나

---

46) 이덕희, 「이승만과 하와이 감리교회, 그리고 갈등 1913~1918」, 《한국기독교와 역사》 제21호, p.118.

이든 남편은 아내의 비위를 맞추려고 애쓰는 나머지 아내가 시키는 대로 따르는 풍이 있고, 만일 아내의 뜻을 거역하면 아내는 곧 딴 남자에게 가서 이혼수속을 하게 된다. 이승만은 이러한 내막을 잘 알고 교묘하게 부인들을 조종하고 있다.[47]

많은 여학생들이 기독학원을 졸업한 뒤에도 이승만을 곁에서 도왔다. 그 가운데 가장 잘 알려진 사람은 김노디(Nodie Dora Kim: 김혜숙)이다. 김노디는 한인기독학원을 졸업하고 이승만의 주선으로 오하이오주의 오벌린대학(Oberlin College)에 유학했다. 김노디가 유학을 마치고 돌아오자 이승만은 그녀에게 여러 가지 일을 맡겼고, 김노디는 학교의 교사직을 겸하여 모든 행정업무를 주관했다. 그때 이후로 이승만이 하와이에서 사망할 때까지 김노디는 일생 동안 헌신적으로 이승만의 충성스러운 비서 역할을 맡아 했다.

3

이승만이 한인여학원을 설립하고 난 뒤인 1916년부터 이승만을 따르는 동포 감리교인 30명가량이 박내선의 집에 모여 예배를 보기 시작했다. 이들 수가 늘어 70~80명이 되자 1917년 초부터 푸우누이에 있는 한인여학원에 모여 예배를 보면서 하와이 감리교 선교부가 과연 진정으로 한인들의 교회와 교육기관을 도와주는가에 대해 논의하기 시작했다.[48] 대다수의 의견은 부정적이었다. 이승만은 마침내 한국인들만의 독자적인 교회를 설립하기로 결심했다. 학창 시절부터 자신을 지원해 주었고 미국사회에 뿌리를 내릴 수 있게 해준 감리교단과 결별하기로 한 것이다. 그러

47) 在ホノルル帝國總領事館, 「布哇朝鮮人事情 1925年12月調」, 金正柱 編, 『朝鮮統治史料(七)』, p.967.
48) 이덕희, 앞의 책, p.35.

한 결심을 하는 데에는 확고한 신념과 결연한 용기가 필요했다. 그러한 신념과 용기는 독자적 교회를 설립하면서 발표한 다음과 같은 장문의 취지 천명에 잘 표명되어 있다.

우리는 예수교회가 한인의 제일 큰 기회로 믿는 바이니, 한인의 제일 큰 기회를 방해하는 사람이나 방해하는 물건이 있으면 우리는 우리의 힘 자라는 대로, 하나님의 뜻에 합당한 대로 그 방해를 받지 않도록 변통하는 것이 우리 한인의 천직이라 하노라.

이렇게 전제한 그는 먼저 하와이 동포사회의 종교 상황은 하나님의 영적 사업이 타락해 가고 있는 것이라고 주장했다.

현금 하와이 한인의 교회형편을 볼진대, 자유교회와 감독교회와 미이미교회[감리교회]가 분열하며, 국민회와 미이미교회가 분쟁하는 중 하나님의 영혼상 일이 점점 타락해 가는 경우를 다시 당하였으매, 우리는 희망이 점점 어두워 가는 염려가 없지 않은지라. 지금 그 연고가 어디 있으며 그 허물이 뉘게 있다 하는 것은 피차간에 다 소용없는 말이고, 우리가 일체로 간절케 여길 바는 어찌하면 우리의 큰 희망되는 우리의 교회를 더 확장시키겠느냐 하는 문제니, 이 문제에 대하야는 모든 한인된 사람이 누구를 물론하고 생각코저 아니할 자 없을진저.

대저 지금 세상에 제 일을 제가 할 줄 아는 백성은 능히 부지할 뿐 아니라 날로 부강에 나아가고, 제 일을 제가 할 줄 몰라서 남다려 하여 달라고 미루어 두는 자는 필경 제것을 다 남에게 잃고 남의 노예가 됨을 면치 못하는 법이라. 이것은 더 설명치 않아도 당장의 우리의 당한 바와 우리의 보는 바를 빙거(憑據)하여 다 알 바이로다.…

따라서 이제 하와이 한인사회는 마틴 루터(Martin Luther)가 종교개혁을 하던 때와 같은 상황에 놓였다고 그는 비유했다. 그리고 그것이 독립국가 건설로 이어지는 과업이라고 강조했다.

하와이 감리교회에서 탈퇴하여 1918년7월에 신립교회를 설립한 이승만은 1918년12월에 한인기독교회로 이름을 바꾸었다.

> 교회는 사람의 눈에 보이지 않는 신령의 복락을 구하는 근본이며 인간사회는 신체의 행복을 구하는 근본이니, 하나는 마음을 다스리는 자요 하나는 육신을 다스리는 자라. 그러므로 종교상 독립 자유의 근본이 서지 못하고 국가의 독립 자유를 도모하는 자 없나니, 이는 곧 마음이 남을 의뢰하는 자 능히 육신을 자립할 수 없는 연고라. 마틴 루터가 천주교회의 속박을 타파한 후 유럽 열강의 독립사상이 발달되었으며, 영왕(英王) 헨리 8세가 영국교회를 세운 후로 독립국권을 완전케 하였으며, 근래에 이르러 일본교회가 모든 명목을 합하여다가 한 독립적 교회를 세운 것이 또한 이 연고라.
>
> 우리 한인도 조만간 장차 이와 같이 되어야 교회도 우리 교회가 완전히 서겠고 그 결과로 장차 국가적 독립도 새로 기초가 잡할지니, 모든 정신 있는 한인들은 다 이것을 주의하며 경영하거니와, 오늘 대한 형편으로 보면 내지에서는 이런 운동을 할 처지도 못 되얏고 본국 교회가 아직 준비도 완전히 못 되얏다 하겠으나, 하와이 형편으로는

능히 교회도 자치할 만치 된지라.…

이처럼 이승만은 루터의 종교개혁이 근대유럽의 내셔널리즘이 발흥하는 원천이 되었다고 강조했다. 그러므로 본국까지 포함한 한국의 독립적 기독교회가 하와이에서 먼저 확고한 뿌리를 내리게 해야 한다고 주장했다.

> 그런즉 하와이에 온 교인들은 이 기회를 가지고 한번 이용하야 스스로 한인의 만세 복리될 기초를 여기서 세워 차차 그 영향이 미치는 대로 대세를 회복하는 것이 곧 이때에 있으니, 모든 장원한 앞길을 보시는 이들은 이에 합동함이 가하도다.…

그러나 이승만은 감리교회에 대해서는 신중한 입장을 취했다. 그는 감리교회와의 모든 관계는 그대로 유지하면서 협력하여 한인사업을 해 가도록 하겠다고 다음과 같이 천명했다.

> 이 중에서 한가지 주의할 바는 우리가 아주 따로 떨어져서 미이미교회와 영영히 남이 된다 함도 아니요, 아무쪼록 미이미교회 안에 있는 교우들을 우리에게로 오게 만들자는 주의도 아니며, 모든 관계는 다 여전히 지켜서 미이미교회와 협력하여 한인의 사업을 할 수 있는 데까지는 합동할 것이요, 믿지 않는 동포들을 주말에 나오게 할 것이며, 피차간에 감정을 풀어 교인의 자격에 합당치 않은 상태를 보이지 않을 것이요, 다만 심지가 상적(相敵)치 못하여 서로 한 교회 안에 모이기 어렵고 한인의 사업을 함께 받들어 나아가지 못하며, 인하여 교회가 퇴락되는 폐단을 막기 위하여 우리 동지인끼리 따로 하나님을 섬기며 영혼상 복리를 더욱 힘써 도모하여 한인의 희망을 잃지 말게 하자 함이니….[49]

---

49) 《國民報》 제418호, 《新韓民報》 1918년11월14일자, 「국민보의 창도하는 교회의 기회」.

이승만의 이러한 주장은 독립적인 교회 설립이 국민회 하와이지방총회의 분규와도 무관하지 않았음을 시사해 준다.

이승만은 뒷날 감리교단으로부터 독립된 교회를 세운 주된 목적이 한인들이 소유권을 갖는 교회를 세우는 것이었다고 확언했다.

> 몇가지 세운 사업의 목적은 우리 민족 장래에 복리될 것임으로 기초를 굳게 세워 이 목적으로 발전하여 점차로 크게 되기를 바라는 것이니… 교회일로만 말할지라도 우리의 사랑하는 여러 동지들이 나와 함께하여 한족의 장래 복리를 줄 만한 교회를 기초 잡아 한인의 주장으로, 한인의 소유로 발전시키자는 목적으로 동심협력하여 지켜 나왔나니….[50]
>
> 우리 교회와 학교를 따로 세운 것은 우리가 타국인과 연락을 끊는다든지 우리가 독립교회라는 명예만 취하는 것이 아니고 우리도 남과 같이 우리 것이 있어야 되겠다는 각오로 시작한 것입니다. 남이 주장하여 세워 주는 것은 아무리 좋아도 우리 것이 아닙니다. 남이 하는 사업에 우리 돈을 갖다 암만 많이 넣어도 우리 것이 되지 못합니다. 물론 우리 것이나 남의 것이나 우리가 가서 예배 보았으면 그만이지 구별할 것이 무엇이냐 하겠지만 남에게 가서 부쳐서 예배를 보는 것은 얼마 후에 남이 도와주지 않으면 없어지고 말지마는 우리 것은 조그맣게라도 시작해 놓고 우리 재력을 들여 확장하면 영구히 우리 것으로 크게 만들 수 있는 법이니, 우리도 남들하는 전례를 따라서 우리 것을 세워 가지고 우리 것을 크게 만들려는 계획으로 시작한 것입니다.…[51]

---

50) 《太平洋週報》 1931년6월20일호, 「우리 사업의 목적」, pp.3~6.
51) 《太平洋週報》 1931년9월7일호, 「교회와 학교에 대하야」, p.4.

두루 아는 바와 같이 미국감리교회의 제도는 교회 재산권이 개별 교회에 속하는 것이 아니라 교단에 속한다. 이승만은 동포 농장노동자들의 의연금으로 이루어지는 학교나 교회사업이 모두 감리교단의 재산이 되는 것은 동포들의 자주성을 함양하는 데 도움이 되지 않는다고 판단한 것이다.

교인들 사이에 논쟁이 없지 않았다. 그러나 이미 많은 교인들이 주일이면 한인기독학원에 모여 학생들과 합동으로 예배를 보게 되었다. 신도들은 계속 늘어나서 1918년 말에는 성인 230명과 아이들 165명이 모이고 있었다. 이 새 예배모임에는 따로 이름을 붙이지 않고 그냥 "신립교회" 또는 "이박사교회"라고 했는데, 이러한 예배모임은 호놀룰루에서뿐만 아니라 와히아와(Wahiawa)와 하와이 섬, 카우아이 섬 등에서도 형성되고 있었다.

마침내 이승만은 1918년11월8일에 제일한인감리교회로부터 제적통고서를 받았다.[52] 한달 반쯤뒤인 12월23일에는 호놀룰루와 와히아와를 비롯한 카우이 섬, 마우이 섬, 하와이 섬의 각 지방 신립교회 대표 14명이 모여 예배를 보고 여러 가지 현안문제를 논의했다. 이때는 국민회와 반대파들 사이의 격심한 분쟁도 일단락된 뒤였다. 이 모임에서 신립교회를 정식으로 한인기독교회(The Korean Christian Church)라고 부르기로 결의했다.[53]

한인기독교회는 어느 기성교파에 속하지 않는 독립된 교회였다. 교회 운영도 다른 교파의 교회처럼 장로, 권사 등의 직제가 없이 평신도 위주의 자치적 조직으로 운영되었다. 각 지역의 한인기독교회들의 조합을 중앙한인기독교회(Central Korean Christian Church)라고 했는데, 그것은 한인기독교회의 자체 교단조직이었다. 그러므로 한인기독교회는 미국감

52) 「하와이 미이미교회 제일예배당 재직회에서 李承晩에게 보낸 1918년11월8일자 통고서」, 『雩南李承晩文書 東文篇(十八) 簡札 3』, p.274.
53) 한인기독교회 소장, 「第一次平信徒代表會」, 이덕희, 앞의 책, p.36.

이승만이 감리교 선교부를 탈퇴한 다음 한인기독교회를 설립하는 데 공헌한 사람들. 오른쪽에서 네번째 모자 쓴 여성이 이승만을 열성적으로 도운 김노디(Nodie Dora Kim)이다.

리교단에서 "독립자령한 감리교회"인 셈이었다. 이 중앙한인기독교회(조합)는 1924년12월9일에 정식으로 하와이 영지의 법인으로 등록되었다. 이 조합은 하와이 영지 안의 모든 한인기독교회의 안수목사들과 모든 교회의 교인 25명의 비율로 선출된 평신도 대표들로 조직되었다. 중앙한인기독교회(조합)는 1931년2월에 "한인선교부(Korean Mission)"로 이름을 바꾸었다. 하와이 감리교회들이 "Hawaii(또는 Hawaiian) Mission"이라는 체제를 가진 것과 대비되게 하기 위한 것이었다.[54)]

이승만은 사병춘(Sa Pyung Choon)이라는 사람을 호놀룰루 한인기독교회의 목사로 임명한 것 같으나, 사병춘에 대해서는 알려진 것이 없다. 사병춘이 처음 10개월 동안 사역한 뒤에 1919년10월10일에 로스앤젤레스의 한인교회에서 목회하고 있던 민찬호(閔燦鎬)가 부임해 왔다. 이승만의 출생지인 황해도 평산(平山)이 고향이고 이승만과 같이 배재

---

54) 위의 책, pp.41~42.

학당에 다녔던 민찬호는 1905년에 하와이에 와서 호놀룰루 한인감리교회에서 사역하다가 1911년에 로스앤젤레스의 남캘리포니아대학교(University of Southern California)에 입학하여 1917년에 석사학위를 받았다.[55)]

한인기독교회가 설립되자 이승만을 따르던 많은 교인들은 감리교회를 떠나서 한인기독교회로 나가기 시작하여 감리교인 수는 격감했다. 1915년에 200명에 가까운 교인들이 예배를 보던 제일한인감리교회[1916년부터 호놀룰루 한인감리교회]는 1919년에는 130명으로, 1920년에는 70명으로 교인수가 줄었다. 다른 섬에도 한인기독교회가 설립되면서 한인감리교인 수는 마찬가지로 줄었다. 1915년에 13개 한인감리교회들의 주일예배 참석자 수는 평균 1,058명이었으나, 1920년에는 12개 교회에서 432명이 예배를 보았다. 그렇게 된 데에는 이승만이 3·1운동 뒤에 수립된 대한민국임시정부의 임시대통령으로 선출된 것도 큰 영향을 끼쳤을 것이다. 게다가 1920년대 들어서는 사탕수수 농장의 한인노동자 수가 감소됨에 따라 농장에 있는 한인감리교회들도 문을 닫기 시작했다.

한인기독학원과 한인기독교회는 이승만이 한국을 동양에서 처음 되는 기독교국가로 만들겠다는 꿈을 실현하기 위하여 착수한 "길게 준비하는" 사업이었다. 이를 위해 이승만은 1945년에 귀국할 때까지 온 정성을 쏟았고, 그러한 노력의 성과는 독립운동 기간 내내 그의 정치지도력의 기반이 되었다.

---

55) 같은 책, pp.45~48.

29장

국제연맹의 위임통치 청원

1. 파리강화회의에 파견할 국민회 대표
2. 병실에서 작성한 위임통치청원서

1. 파리강화회의에 파견할 국민회 대표

1

이승만은 1919년1월6일 오후 6시에 호놀룰루를 출항하여 샌프란시스코로 가는 작은 기선 엔터프라이즈 호(*S. S. Enterprise*)에 올랐다.[1] 대한인국민회의 대표 자격으로 파리 교외의 베르사유에서 열리는 강화회의에 참석하기 위하여 미국 본토로 가는 길이었다. 상해에서 1918년11월28일에 황급히 결성된 신한청년당의 대표로 김규식(金奎植)이 같은 목적으로 상해를 떠난 것은 한달 뒤인 2월1일이었다. 또 그 사흘 뒤인 2월4일에는 시베리아지역의 한인대표기관인 대한국민의회의 대표로 윤해(尹海)와 고창일(高昌一)이 역시 같은 목적으로 블라디보스토크를 출발했다.

엔터프라이즈 호의 승객은 16명밖에 되지 않았다. 이승만은 동행하는 사람도 없었다. 그는 배 안에서 샌프란시스코로 전보를 쳤다. 1913년2월에 하와이에 정착한 지 5년 만에 처음으로 벌통 속의 꿀벌들 같은 공동체 생활을 하고 있는 하와이 동포사회를 벗어나서 새로이 펼쳐질 세계질서와 그에 따른 나라와 자신의 운명을 생각해 보는 시간이었다. 그는 이제 마흔다섯살이 되었다. 이승만은 우선 깨끗이 정리하지 못하고 온 아내와의 관계가 새삼스럽게 마음에 걸렸을 것이다. 김린(金麟)의 편지로 미루어 보아 얄궂은 소문은 쉽게 가라앉지 않을 것이었다. 그는 동포 아이들을 거두면서도 잠재의식 속에서는 가엽게 죽은 아들 태산(泰山)을 한순간도 잊지 못했을 것이다. 살아 있다면 이제 스물한살이 될 것이었다.

떠나기에 앞서 그는 이번 여행이 그다지 내키지 않아 했다. 그것은 이번 여행에서 뚜렷한 성과를 거둘 수 있으리라고는 생각되지 않았기 때문이다. 무엇보다도 국내 상황이 궁금했다. 국내에서 어떤 움직임이 있어야

---

1) Syngman Rhee, *Log Book of S. R.*, 1919년1월6일조.

했다. 그러나 그는 이때의 자신의 여행에 관한 신문기사가 도쿄유학생들의 독립선언에 불을 지핀 불씨가 되고, 뒤이은 거족적 봉기에 따라 국내외에서 수립되는 임시정부의 수반으로 자신이 추대되리라고는 꿈에도 상상하지 못했을 것이다.

샌프란시스코 부두에 도착한 것은 1월15일 아침이었다. 부두에는《신한민보(新韓民報)》의 주필로서 그동안 국민회 하와이지방총회의 분규와 관련하여 이승만을 비판해 온 국민회 북미지방총회장 이대위(李大爲)와 중앙총회 대표원회 의장 백일규(白一圭)가 마중 나와 있었다. 두 사람은 이승만을 국민회 회관으로 안내했다. 이승만은 여러 사람들과 반갑게 인사를 나누었다. 중앙총회장 안창호(安昌浩)는 로스앤젤레스에 있는 부인이 병이 나서 며칠 전에 떠나고 없었다.

이승만은 호텔방을 정하고 나서 환영회가 열리는 한인교회로 갔다. 뜻밖으로 많은 사람들이 모였다. 이승만은 그들에게 이번 사업에 대해서는 될 수 있는 대로 동포들이 협력하여 중앙총회장을 도와서 대표자 파견을 위해 힘쓰지 않으면 안 된다는 것, 하와이에 있는 동포들은 중앙총회의 이번 조치에 대해 찬성을 표했고 그들이 거두어 준 소약속국동맹회의(Congress of League of Small and Subject Nationalities) 활동비 1,000달러를 자기가 가지고 왔다는 것, 자신은 정한경(鄭翰景)을 도와서 천천히 운동할 일이 있으면 자신도 협력하지 않으면 안될 것이라는 것, 자신이 유럽에 가고 안 가고는 동부에 가서 협의하여 결정할 문제이므로 아직은 자신을 대표로 생각하지 말아 달라는 것 등을 말했다. 모두들 호감을 가지고 이승만을 대했고, 밤늦게까지 즐겁게 이야기를 나누었다.[2)]

2) 李承晩, 「旅行記大略」(李承晩이 하와이국민회에 보낸 1919년2월6일자 비밀편지). 이 편지의 원문은 보존되어 있지 않고, 朝鮮總督府警務局에서 입수하여 日文으로 번역한 것이 전해진다. 「高 제10438호: 在米鮮人獨立運動ノ內情」, 姜德相 編, 『現代史資料(25) 朝鮮(一) 三·一 運動(一)』, みすず書房, 1965, pp.443~446 및 金正明 編, 『朝鮮獨立運動 民族主義運動篇 I分册』, 原書房, 1966, pp.731~734.

1918년11월11일에 독일이 패전한 뒤에 파리강화회의가 열리기까지는 두달이 넘는 시간이 걸렸다. 세계의 모든 지역에서 평화를 위한 가지가지의 주장과 전망이 분출하고 있었다. 재미 한인사회도 마찬가지였다. 이승만은 1918년 봄부터 뉴욕의 소약속국동맹회의 관계자들과 연락하여 전년에 박용만(朴容萬)을 파견한 데 이어 이해의 회의에도 대표를 파견하기로 하고 비용까지 준비해 놓고 회의 개최를 기다렸다. 그러던 차에 독일과의 휴전조약이 조인되고 파리강화회의가 열린다는 소식이 알려지자 하와이 동포들은 그에게 강화회의에 참석할 것을 강력히 권했다.[3]

한편 국민회 북미지방총회는 휴전조약이 조인된 지 사흘 뒤인 11월14일에 임시임원회를 소집하여 (1) 윌슨 대통령에게 대전승리를 축하하는 메시지를 보내고, (2) 시국문제에 대한 건의서를 중앙총회에 제출하며, (3) 북미총회 경상수입의 시제금 가운데서 500달러를 적립하기로 하고, (4) 시국문제 해결에 관한 경비를 준비하기 위하여 일반동포에게 의연금을 걷기로 결의했다.[4] 그리고 11월16일자로 윌슨 대통령에게 다음과 같은 승전축하 메시지를 보냈다.

> 간절히 생각건대, 이번 대전란에 연합국은 미국의 참전을 말미암아 승전하얏나니, 이는 곧 각하의 민주주의의 성공이라. 세계민족은 각하의 성공을 말미암아 다같이 평등 자유를 얻을지니, 이후 온 세계 인종이 민주주의의 신시대를 성립할 줄 믿나이다.
>
> 대한인국민회 북미총회장 이대위
>
> 대한인국민회 북미총회총무 홍언[5]

국민회 북미지방총회 임원회가 "시국문제 해결에 관한 경비"를 충당하

3) 李承晩, 「委任統治說」, 『雩南李承晩文書 東文篇(八) 大韓民國臨時政府關係文書 3』, 1998, p.359.
4) 《新韓民報》 1918년11월21일자, 「北美總會」.
5) 《新韓民報》 1918년11월21일자, 「윌슨 대통령에게 올리는 승전치하서」.

기 위하여 서둘러 의연금을 모금하기로 결의한 것이 눈길을 끈다. 북미지방총회장 이대위는 파리강화회의에 참석하는 미국대표단의 수행원으로 봉사하겠다고 미국정부에 제의하기까지 했으나, 그의 제의는 받아들여질 수 없었다.

안창호는 북미지방총회의 건의에 따라 11월25일 저녁에 중앙총회와 북미지방총회 임원과 유지 인사 등 20여명의 회의를 소집했다. 이 회의에서 (1) 파리강화회의와 뉴욕 소약속국동맹회의에 한인대표자 3명을 파견함, (2) 대표자로는 이승만, 민찬호(閔燦鎬), 정한경 세 사람으로 함, (3) 소약속국동맹회의에 참석한 각 국민이 각기 평화회의에 대표를 파견하는 경우에는 한인 대표자 1명을 파리평화회의에 파견하기로 함, (4) 파리평화회의에 대표를 파견하는 경우에는 정한경씨를 파견하기로 함, (5) 제(2)항의 결의는 중앙총회 대표자회의에 묻기로 함, (6) 피선된 대표자가 사임하는 경우에는 중앙총회장이 판단하여 교체하기로 함, (7) 이에 대한 경비는 북미와 하와이 양 지방총회가 부담하여 준비하게 함이라는 7개항을 결의했다.[6]

대표로 선정된 세 사람은 외교문제에 대한 식견과 영어구사 능력에서 한인사회의 대표적 인물들이었을 뿐만 아니라 하와이와 미국 서부와 동부의 지역대표성도 있었다. 민찬호는 서던캘리포니아대학교(University of Southern California)에서 신학을 공부하고 신학석사로서 정식으로 목사안수를 받고 로스앤젤레스 한인교회에서 사역하고 있었다. 스물아홉살의 정한경은 일리노이주의 노스웨스턴대학교(Northwestern University)를 졸업한 수재였다. 이승만, 민찬호, 정한경 세 사람의 연명으로 작성된 11월25일자 청원서는 12월22일에 뉴욕을 경유하여 윌슨 대통령에게 송부되었다.[7]

---

6) 《新韓民報》 1918년11월28일자, 「號外」.

7) The Representative of the Korean National Association Syngman Rhee, Chan-ho Min and Henry Chung to Wilson, Nov. 25, 1918, Woodrow Wilson Papers(Washington Library of Congress), 長田彰文, 『日本の朝鮮統治と國際關係: 朝鮮獨立運動とアメリカ 1910~1922』, 平凡社, 2005, pp.100~101; 方善柱, 『在美韓人의 獨立運動』, pp.230~234. 이승만 이름의 사인은 다른 사람의 필체이다.

같은 청원서를 12월10일에 미국상원에도 송부했으나 아무런 반응이 없었다.[8]

위의 7개항을 결의한 국민회 중앙총회는 11월28일에 이승만과 하와이지방총회 회장 안현경(安玄卿)에게 전보를 쳤다. 안현경은 30일에 대표자 선정을 인정한다는 답전을 쳤고, 이승만도 같은 날짜로 대표선정을 수락하는 전문을 보내면서, 다만 "만나뵐 때까지는 나의 이름을 발표하지 말아 주시기 바랍니다"라고 덧붙였다.[9] 이승만은 안창호 등 샌프란시스코의 국민회 인사들의 의사를 확실히 타진한 다음에 자신의 거취를 결정할 생각이었던 것이다.

민찬호는 11월30일에 시카고로 가서 정한경과 함께 12월14일부터 뉴욕에서 열린 소약속국동맹회의 제2차 회의에 참석했다. 회의에는 한국, 인도, 폴란드, 그리스, 아일랜드, 페르시아, 스코틀랜드, 우크라이나, 리투아니아, 알바니아, 체코 등 소약속국 대표들이 참석했다. 소약속국동맹회의의 활동결과는 민찬호가 안창호에게 보낸 12월17일자 보고서를 통하여 대한인국민회에 알려졌다. 주요내용은 (1) 윌슨 대통령에게 소약속국 국민의 자치권을 보장해 주도록 요구하고, (2) 각 소약속국 국민의 독립청원서를 파리강화회의에 소약속국동맹회의 대표로 파견한 하우스 박사에게 보내고, (3) 만일에 하우스 박사가 강화회의에 출석권을 얻는 경우 소약속국 대표 모두가 파리로 건너가고, (4) 소약속국동맹회의에 행정위원 7~8명을 두어 모든 일을 협의하여 집행하게 한다는 것이었다.[10]

그런데 파리강화회의에 보낼 대표 선정을 둘러싸고 논란이 없지 않

---

8) 「鄭翰景이 李光洙에게 보낸 1921년6월15일자 편지」, 『雩南李承晚文書 東文篇(八) 大韓民國臨時政府關係文書 3』, p.334.

9) Changho Ahn to Syngman Rhee, Nov. 28, 1918, Syngman Rhee to Changho Ahn, Nov. 30, 1918, *The Syngman Rhee Telegrams*, vol.Ⅰ., Kukhak charyowon, 2000, pp.1~3; 《新韓民報》 1918년12월5일자, 「號外」.

10) 《新韓民報》 1918년12월28일자, 「號外」. 《新韓民報》에는 "소약국민동맹회 대표로 파견한 하우쓰 박사"라고 했는데, 이는 윌슨의 특사로 파리에서 사전 협의를 벌이고 있던 유명한 하우스(Edward M. House) 대령을 지칭한 것일 것이다.

았다. 《신한민보》의 다음과 같은 「논설」은 대표 선정에 대한 박용만파의 불만이나 파리에 정한경만을 파견하겠다고 결의한 데 대한 이승만 지지자들의 반발의 논거가 어떤 것이었는지 말해 준다.

> 앞날이 급한 가운데, 또한 경비부족 문제로 인하야 하와이에 있는 리승만 박사와 박용만 학사 두 분 가운데 하나만 택하자는 문제가 토론되는데, 혹은 말하기를 박용만씨가 소약속국동맹회에 경력이 있은즉 파리에 보내는 것이 좋다 하며, 혹은 말하기를 리 박사가 윌슨 대통령의 친구이니 리 박사를 평화회에 보내자 하며, 또 혹은 말하기를 정한경씨가 영어 영문에 능할뿐더러 의심 없이 동맹회에 참석할 터이며 또는 파리에 한 사람을 보낼 경비만 하여도 1만원 예산을 하여야 될지니, 우리 한인의 재력을 가지고는 두 사람을 보낼 수 없은즉, 기왕 소약속국동맹회에 간 정한경 한 사람을 보내자 하얏는데, 나중 결과는 리승만 박사와 정한경 학사 두 사람을 택정하얏도다.…[11]

이승만의 샌프란시스코 도착이 늦어진 것은 여행허가 때문이었다. 이무렵 하와이 동포들은 일본총영사가 발급한 여권이 없이는 미국 본토에 갈 수 없었다. 이승만이 일본총영사에게 여권 발급을 부탁할 수는 없는 일이었다. 그는 하와이재판소 재판장에게 부탁하여 국무부에 타전하게 했고 국무부에서는 여권 없이 도미하도록 하라는 전보를 하와이 이민국장 앞으로 보내어 이승만은 엔터프라이즈 호를 탈 수 있었다.[12]

안창호는 12월3일에 샌프란시스코와 인근에 사는 동포들을 소집하여 소약속국동맹회의에 참석하고 있는 정한경과 민찬호의 보고를 전했고, 중앙총회 임시위원회는 이승만을 파리강화회의에 추가로 파견하기로 결

---

11) 《新韓民報》 1919년1월16일자, 「論說: 우리의 평화회에 대한 여론이 통일한가?」.
12) 李承晩, 「委任統治說」, 『雩南李承晩文書 東文篇(八) 大韓民國臨時政府關係文書 3』, p.359.

정했다. 그러고는 12월16일에 이승만에게 다음과 같은 편지를 썼다.

> 그동안 형체 만안하오시며 공무상 얼마나 근념(勤念)하시나이까. 저는 별고 없습니다. 이번 총회장 안현경씨의 통신으로 출국허가장으로 인하야 출발치 못하심을 들었나이다. 월초에 오신다는 전보를 뵈온 후로 매우 기다렸나이다. 대표원 중 민찬호씨는 시카고에서 정한경씨를 만나서 뉴욕으로 함께 가서 방금 소약속국동맹회에 출석 중이오며, 모든 일이 여의히 취서[就緖: 일이 잘 되어감]되는 중이오니, 지체되시더라도 출국허가가 되는 대로 오셔서 같이 의논하게 하심을 바라나이다.[13)]

동포사회의 이승만에 대한 기대는 다른 어떤 이유보다도 그가 윌슨 대통령과 개인적 친분이 있다는 것을 근거로 한 것이었다. 그러나 학창시절에 대학총장으로서 이승만에게 베푼 윌슨의 호의가 대통령이 된 뒤에도 그대로 이어질 수는 없었다.

안창호는 이어 20인 이상 동포가 재류하는 북미주 각 지역의 대표를 선정하여 1919년1월4일에 샌프란시스코에서 회의를 열고 시국문제에 대한 최종결정권을 이 회의가 갖기로 결의했다. 또한 "이승만 박사가 이 대회 전에 미주에 건너오는 경우에는 이 대회에 참여하여 모든 일을 같이 협의케 할 일"도 결의했다.[14)]

2

한인교회에서 환영회가 열린 이튿날 이승만은 버클리로 프린스턴대

---

13) 「安昌浩가 李承晩에게 보낸 1918년12월16일자 편지」, 『雩南李承晩文書 東文篇(十七) 簡札 2』, p.234.

14) 《新韓民報》 1918년12월28일자, 「號外」.

학교 때의 박사논문 지도교수였던 엘리엇(Edward Elliott)의 집을 방문했다.[15)]

이승만은 1월19일에 샌프란시스코를 떠나 로스앤젤레스로 갔다. 안창호는 부인을 간병하느라고 바깥나들이를 할 수 없었으므로 이승만은 안창호를 그의 집으로 찾아갔다. 이튿날 열린 로스앤젤레스의 이승만 환영회에도 많은 동포들이 모였다. 이승만은 이 자리에서 샌프란시스코의 환영회에서와 같은 취지의 연설을 했다.[16)]

이튿날 이승만은 뉴욕으로 떠나고 없는 민찬호의 집에 가서 저녁을 먹었다.[17)] 이는 그와 민찬호 가족의 관계가 허물없는 사이였음을 말해 준다. 앞에서 본 대로, 민찬호는 이듬해 10월에 하와이로 건너가서 이승만이 설립한 한인기독교회의 목사가 되는데, 이승만은 아마도 이때에 민찬호의 부인을 설득했을 것이다.

소약속국동맹회의 참가경비의 처리에 대해 협의한 결과 돈을 백일규에게 맡기기로 하고 이승만은 몇몇 사람의 입회 아래 1,119달러50센트를 넘겨주고 영수증을 받았다.[18)] 그것은 이승만이 중앙총회의 권위를 인정하는 동시에 자신의 금전 사용의 투명성을 보여 주는 것이기도 했다. 이승만이 건넨 이 돈은 그동안 국민회 하와이지방총회 대의회가 공개를 요구했던 문제의 돈이었다. 이승만은 『일기』에서, 이 돈은 전년에 모금한 2,000여달러 가운데서 박용만에게 지급하고 남은 돈이라고 말하고, 그 돈을 안창호에게 전달했다고 적어 놓았다.[19)]

이승만은 자신의 여비 처리문제를 깔끔하게 하고자 했다. 이곳까지의 여비로는 하와이에서 동포들이 거두어 준 개인적 원조금을 사용했고 소

---

15) Syngman Rhee, *Log Book of S. R.*, 1919년1월16일조.

16) 李承晩, 「旅行記大略」, 姜德相 編, 『現代史資料(25) 朝鮮(一) 三 · 一 運動(一)』, p.444 및 金正明 編, 『朝鮮獨立運動 民族主義運動篇 Ⅰ分册』, p.732.

17) Syngman Rhee, *Log Book of S. R.*, 1919년1월20일조.

18) 李承晩, 「旅行記大略」, 姜德相 編, 『現代史資料(25) 朝鮮(一) 三 · 一 運動(一)』, p.444 및 金正明 編, 『朝鮮獨立運動 民族主義運動篇 Ⅰ分册』, p.732.

19) Syngman Rhee, *Log Book of S. R.*, 1919년1월22일조.

약속국동맹회의 경비는 쓰지 않았으며 또 이곳에서 동부까지의 여비도 개인적 원조금으로 쓰겠지만, 정한경의 여비는 소약속국동맹회의 경비에서 지급해야 할 것이라고 말했다. 사람들은 정한경의 여비뿐만 아니라 이승만 자신의 여비도 소약속국동맹회의 비용에서 부담하겠다고 말했다. 그리하여 그는 하와이에서 연조받은 돈은 별도로 간직했는데, 그 돈의 용도는 하와이로 돌아가서 상의하기로 하고 이번 여행 동안에는 쓰지 않기로 마음먹었다.

안창호는 뜻밖의 일을 제의했다. 자신이 하와이를 방문하겠다고 나선 것이다. 목적은 강화회의 활동비 모금을 위해서라고 했다. 동포들의 수가 적은 미국 본토에서 의연금이 1만달러가 모금되었는데, 하와이에서 1,000달러밖에 모금되지 않았으므로 좀더 거두지 않으면 형평이 맞지 않는다고 그는 주장했다. 그러면서 이승만에게 협조를 부탁했다. 이승만은 하와이에서 떠나올 때에 자기가 돈이 필요할 경우에는 총회에 알리기로 되어 있으므로 안창호가 하와이로 갈 필요가 없다고 말했다. 경비문제는 앞으로 사용해 본 다음에 필요하다면 다시 청구하면 될 것이라고 했다.[20)]

동부에 가 있는 정한경의 기별도 실망스러웠다. 정한경은 프랑스로 가기 위한 여권을 발급받기 위하여 뉴욕과 워싱턴을 오가고 있었으나 좀처럼 뜻을 이루지 못했다. 게다가 동부의 몇몇 지방 동포들은 정한경이 대표로 파견되는 것을 반대했다. 그리하여 정한경은 이승만에게 오는 길에 몇몇 지방에 들러 동포들을 구슬려 달라고 부탁했다. 이승만은 로스앤젤레스에서 닷새 동안 머물면서 동포 친지들뿐만 아니라 애덜레이드(Adelaide), 주어부켄(Zurbuchen), 존스턴(Johnston) 등 미국인 친지들도 찾았다.

이승만은 1월24일 아침에 시카고행 산타페(Santa Fe) 열차를 탔다. 역에는 안창호를 비롯하여 여러 사람들이 배웅 나왔다. 시카고로 가는 열

---

20) 李承晩, 「旅行記大略」, 姜德相 編, 『現代史資料(25) 朝鮮(一) 三・一 運動(一)』, p.444 및 金正明 編, 『朝鮮獨立運動 民族主義運動篇 I分冊』, p.732.

차 안에서는 몸상태가 좋지 않음을 느끼면서도 이승만은 편지와 우편엽서를 썼다. 그가 기차 안에서 편지를 쓰고 있던 1월26일자 《뉴욕타임스 선데이 매거진(*The New York Times Sunday Magazine*)》에 대표 세 사람 명의로 윌슨에게 보낸 청원서와 관련된 기사가 크게 보도되었다.

> 파리에 있는 윌슨 대통령은 한 한국대표단으로부터 한국의 독립 요구를 고려해 줄 것을 청원하는 전보를 받았다. 대표 가운데 적어도 한 사람의 이름은 전 프린스턴대학교 총장에게 낯익은 것이었다. 그 사람이 윌슨이 "올드 나소"[Old Nassau: 프린스턴대학교를 가리킴. Nassau는 프린스턴대학교가 있는 카운티 이름]의 총장으로 재직할 때에 그로부터 박사학위를 받은 이승만 박사였다. 이 박사는 지금 호놀룰루의 《국민보(國民報)》 주필이다.…[21]

이렇게 시작한 이 기사는 청원서의 내용을 토대로 하여, 청원서의 내용과 거의 같은 취지로 한면 반에 걸친 장문의 기사를 경복궁 인정전과 광화문 앞거리와 독립문 사진을 곁들여 실었다.

《뉴욕타임스 선데이 매거진》에 이러한 기사가 나게 된 경위는 자세히 알 수 없으나, 그것이 재미동포들을 크게 고무시켰을 것은 말할 나위도 없다. 그리고 이승만과 윌슨 대통령과의 친분 관계가 이처럼 미국인 신문 기자들에게도 웬만큼 알려져 있었던 것은 눈여겨볼 만한 일이다. 이승만은 시카고와 디트로이트에 들러 동포들의 열렬한 환영을 받았다. 그들은 정한경이 이승만과 같이 일한다면 그를 추천할 수밖에 없다고 말했다. 이승만은 2월1일에 소약속국동맹회의의 회의장소인 뉴욕의 매칼핀호텔(McAlpin Hotel)에 도착했다. 그러나 회의는 이미 끝났고, 정한경은 워싱턴으로 가고 없었다.

---

21) "Korea Appeals to Wilson for Freedom", *The New York Times Sunday Magazine*, Jan. 26, 1919.

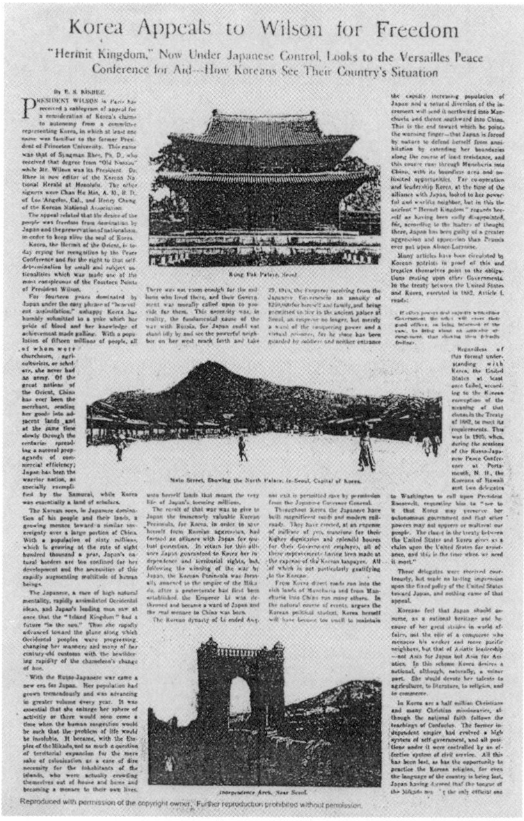

Korea Appeals to Wilson for Freedom

"Hermit Kingdom," Now Under Japanese Control, Looks to the Versailles Peace Conference for Aid---How Koreans See Their Country's Situation

Kung Pok Palace, Seoul.

Main Street, Showing the North Palace, in Seoul, Capital of Korea.

Independence Arch, Near Seoul.

이승만, 민찬호, 정한경이 1918년11월25일에 윌슨 대통령에게 청원서를 보낸 사실을 보도하면서 한면 반을 할애하여 한국사정을 소개한 《뉴욕타임스 선데이 매거진》의 1919년1월26일자 지면.

뉴욕의 소약속국 동맹회의 회의에서는 어처구니없는 일이 벌어져 민찬호와 정한경은 한국대표의 활동을 제대로 하지 못하고 말았다. 그것은 뉴욕에 거주하는 김헌식(金憲植)이 대한인국민회에 대항의식을 가지고 1918년11월30일에 급작스럽게 신한회(New Korean Association)를 조직하고 대한인국민회 대표들의 활동을 방해했기 때문이다. 김헌식은 제2차 소약속국 동맹회의에서 집행위원회 임원으로 선출되었는데, 그는 전년에 박용만이 이 회의에 참석했을 때에 그와 의기투합했던 것 같다.[22] 이승만은 김헌식이 박용만의 하와이연합회와 공모하여 정한경의 일을 방해했다고 기술했다. 김헌식이 백인들에게 정한경은 정식 한인대표가 아니라고 말하여 싸움이 벌어지기까지 했다는 것이다.[23]

---

22) 金憲植에 대해서는 方善柱, 「金憲植과 3·1운동」, 『在美韓人의 獨立運動』, pp.303~330 참조.

23) 李承晩, 「旅行記大略」, 姜德相 編, 『現代史資料(25) 朝鮮(一) 三·一 運動(一)』, p.445 및 金正明 編, 『朝鮮獨立運動 民族主義運動篇 I分冊』, p.733.

이승만은 호텔방을 정하자 바로 신한회 회장 신성구(申聲求)와 김헌식을 만나러 외출했다고 그의『일기』에 적어 놓은 것이 눈길을 끈다.[24)]

뉴욕 주재 일본총영사관의 정보보고에 따르면, 신한회는 한일합병의 불법성 등 3개항의 선언과 12개항에 이르는 결의문을 만들어, 그것을 미국 대통령과 상하의원 및 강화회의 미국대표단에게 제출하기로 하고 12월3일에 신성구와 김헌식이 국무부를 방문하여 결의문을 제출하려 했으나 거절당했다. 상원으로 가서 상원외교위원장에게 제출했으나 위원회는 상원에서 접수할 문서가 아니라면서 국무부에 제출하라고 했다.[25)] 국무부에서는 이미 접수를 거부당했기 때문에 김헌식 등은 이 결의문을 파리에 가 있는 랜싱(Robert Lancing) 국무장관에게 송부했다.[26)]

3

2월2일은 일요일이었다. 이승만은 피로를 느껴 오전에는 호텔에서 쉬고, 오후에 외출하여 매리언 스미스(Marion A. Smith)양을 만나서 장시간 대화를 나누었다고 했는데,[27)] 그녀가 누구였는지는 알 수 없다. 이날 그는 서재필(徐載弼)과 정한경의 연명으로 된 전보를 받았다. 필라델피아에서 만나자는 것이었다. 이승만은 때마침 영국에서 대학을 마치고 뉴욕에 와 있던 경북 칠곡(漆谷)의 부잣집 아들 장택상(張澤相)과 함께 필라델피아로 갔다. 서재필의 처소에서 만난 네 사람은 밖에서 식사를 한 다음에 정한경이 든 벨뷰 스트라드포드 호텔(Belview Stradford Hotel) 방에서 밤 11시까지 대책을 숙의했다. 정한경과 서재필의 말은 생각했던

---

24) Syngman Rhee, *Log Book of S. R.*, 1919년2월1일조.

25)「在美韓人의 民族自決運動에 관하여 1918년12월6일, 10일, 13일에 在뉴욕總領事가 外務大臣에게 電報한 要旨」및「在美韓人二名이 美國上院外交委員長에게 手交한 陳情書에 관한 1918년12월15일 在워싱턴 日本大使가 外務大臣에게 電報한 摘要」,『韓國民族運動史料(中國篇)』, 國會圖書館, 1976, pp.5~8.

26) 方善柱, 앞의 책, p.321.

27) Syngman Rhee, *Log Book of S. R.*, 1919년2월2일조.

것보다도 더 비관적이었다. 정한경은 말했다.

"나는 두달 동안 뉴욕과 워싱턴을 오가면서 여권을 발급받으려고 극력 노력해 보았지만, 일본인들이 앞질러 누구누구는 불량분자이므로 여권을 발급하지 말라고 하고 다녀서, 미국정부 역시 여권을 발급할 가망이 없습니다. 헛수고하지 마십시오."

일본정부가 파리에 가겠다는 한국인들에게 여권을 발급해 줄 턱이 없었다. 실제로 정한경은 1918년12월20일에 뉴욕 주재 일본총영사관에 파리행 여권을 신청했다가 거절당했다. 이때에 일본총영사는 정한경 말고도 파리로 가려고 미국정부에 여권발급을 신청할 한국사람이 한두 사람 더 있을 것이라고 본국 정부에 보고했다.[28]

서재필은 더욱 실망스러운 말을 했다.

"이번 일은 만사가 헛말이오. 평화회의에 가더라도 얻을 것이 아무것도 없소. 결국 바보가 되기 십상일 것이오. 가지 않느니만 못하오."

서재필은 이어 다음과 같이 말했다.

"가령 간다고 치고 유익한 일이 있으리라고 가정하더라도, 여권이 발급될 가망이 없단 말이오. 그러니 헛수고하지 말고, 다른 가장 좋은 일이 있어요. 그것은 내가 회사를 개설할 참인데, 한인들로부터 50만달러의 자본금을 모집해 가지고 영문잡지를 발간하는 일이오."

서재필의 이러한 말은, 앞에서 본 안창호의 말과 마찬가지로, 이 시점에서도 미주지역의 한인 지도급 인사들이 파리강화회의에 대하여 그다지 큰 기대를 하고 있지 않았음을 보여 준다. 이러한 인식은 아이러니하게도, 국민회 중앙총회가 소약속국동맹회의와 파리강화회의에 대표를 파견하기로 하고 의연금을 모금하자 대번에 1만달러가 모인 데서 볼 수 있는, 일반동포들의 기대나 열망과는 큰 괴리가 있는 것이었다.

이승만은 난감했다. 그는 하와이에 있을 때부터 이러한 사정을 예측

---

28) 「在美韓人 鄭翰景의 佛國行旅券發給請求에 관하여 1918년12월24일에 在뉴욕總領事가 外務大臣에게 電報한 要旨」, 『韓國民族運動史料(中國篇)』, pp.7~8.

했기 때문에 활동을 천천히 하려고 했던 것이다. 이승만은 잘라 말했다.

“과연 그렇다면 강화회의건은 사실 그대로를 동포들에게 발포하여 이를 완전히 단념하고 선후책을 협의해야 합니다. 그냥 앉아서 하는 이야기로 끝낼 일이 아닙니다.”[29)]

그는 하와이의 농장노동자들이나 캘리포니아에서 만난 동포들의 기대에 부푼 모습이 연상되었을 것이다. 뉴욕과 샌프란시스코의 영자신문에도 모두 광고를 해놓은 처지에서 강화회의 일을 포기하고 다른 일을 빙자하여 가지 않겠다고 할 수는 없었다.

이승만은 정한경에게 미국정부의 여권 발급을 기대하기 어려운 이상 잡지와 신문에 한국의 사정과 한인들의 희망을 알리는 글을 기고할 것을 제의했다. 그러나 정한경은 이미 글을 여러 편 써서 신문사에 투고했지만 번번이 거절당했다고 말했다. 지금 미국정부는 외형상 일본정부와 원만한 교섭을 하려 하고 있어서 이러한 일본 비판 기사는 게재할 수 없다고 사절하더라고 했다.

이승만은 자기가 미국인 명의로 투고해 보기로 마음먹었다. 그는 또 표면으로는 그런 일을 하면서 은밀히 다른 일을 할 것을 궁리했다. 그것은 머지않아 잠시 귀국할 윌슨 대통령을 만나서 말이라도 한번 해보는 것이었다. 그는 이 일을 정한경에게도 알리지 않을 참이었다.[30)]

이승만은 서재필의 영문잡지 발행제의에 대해서는 파리강화회의 참가 문제가 일단락되기 전에는 자기는 다른 일에 관여하지 않겠다고 말했다. 영문잡지 발행문제는 서재필이 1918년12월19일에 안창호에게 보낸 편지에서 제의했던 것인데,[31)] 1919년1월4일에 열린 샌프란시스코의 임시 국민회 대의회에 안건으로 상정되어 검토되었으나 50만달러라는

---

29) 李承晩, 「旅行記大略」, 姜德相 編, 『現代史資料(25) 朝鮮(一) 三・一 運動(一)』, p.444 및 金正明 編, 『朝鮮獨立運動 民族主義運動篇 Ⅰ分册』, p.732.

30) 李承晩, 「旅行記大略」, 姜德相 編, 위의 책, p.445 및 金正明 編, 위의 책, p.733.

31) 《新韓民報》 1919년2월20일자, 「서재필 박사의 편지」.

거액의 모금은 현실성이 없다는 결론을 내리고 부결되었다. 그랬던 것을 정한경이 2월24일의 제3차 중앙총회 임시협의회에 다시 제출해 놓고 있었다.[32]

서재필은 영문잡지 발행에 집착했다. 이 무렵 뉴욕에는 장택상과 함께 한국에서 가장 큰 부자로 알려진 민영휘(閔泳徽)의 아들 민규식(閔奎植)이 와 있었다. 민영휘는 민영익(閔泳翊)에 이어 민씨세력의 수령으로서 요직을 두루 거친 다음 한일합병 뒤에 거액을 투자하여 천일은행(天一銀行)을 설립하고 또 휘문학교(徽文學校)를 설립한 사람이다.

서재필은 이 두 청년을 붙들고 영문잡지 발행건을 설득했다. 두 사람이 각각 20만달러씩 출자하고, 이승만이 하와이에서 10만달러를 모금하며, 자기는 자기 소유의 인쇄기와 비품을 내놓겠다고 했다. 두 청년은 서재필의 제의에 동의했다. 그러자 누구보다도 기뻐한 사람은 정한경이었다. 그는 잡지가 발간되면 부주필을 맡기로 했기 때문이다. 그들은 이구동성으로 이승만에게 당장 모금 캠페인을 시작하라고 권했다. 그러나 이승만은 그들에게 자신은 하와이 동포들로부터 파리강화회의에 참석할 한국대표로 파견되었기 때문에 그 사명을 완수하기 전에는 어떠한 제의에도 응할 수 없다고 대답했다. 그들은 모두 파리에 간다는 것은 바보짓이라고 말하면서 역정을 냈다. 그러나 이승만은 자기는 이미 그 바보짓을 착수했으므로 먼저 그 일을 마무리해야 한다고 응수했다.[33]

이승만과 장택상은 2월4일 오전 7시에 뉴욕으로 돌아왔다. 정한경은 이날 밤 10시에야 뉴욕에 도착했는데, 매칼핀호텔은 물론 다른 호텔에도 방이 없어서 이승만은 자기 방을 같이 쓰게 했다. 이승만은 정한경으로 하여금 지금까지의 일을 안창호에게 보고하도록 했다.

정한경은 이튿날 안창호에게 그동안의 경과보고와 함께 이번 일의 성

---

32) 《新韓民報》 1919년3월13일자, 「號外」.
33) Syngman Rhee, *Log Book of S. R.*, 1919년2월5일조.

사가 비관적임을 설명하면서 택할 수 있는 세가지 방안을 다음과 같이 제시했다. 그런데 그 세가지 방안 가운데는 이승만이 정한경도 모르게 은밀히 추진하려고 마음먹고 있는 계획, 곧 잠시 귀국하는 윌슨을 만나는 일도 포함되어 있었다.

> 우리 대표자들이 파리에 건너갈 일에 대하야 수시로 교섭하는 때에, 첫째 워싱턴을 떠날 허가를 얻으려고 각 방면으로 운동하야 보았소이다. 1은 국무부로 주선하다가 되지 않기로, 2는 공부 이민국으로 주선하야 보았으며, 3은 영국대사관으로 주선하야 보았는데, 그들이 개인상으로 매우 깊은 동정을 표하여도 공식상으로는 국제관계가 가로 걸려 허락할 수 없노라 하니, 이 일에는 아무런 능력을 가진 사람이라도 팔을 펼 수 없는 것이라. 그런 고로 방침을 변하야 이에 세가지 계책을 건의하나니, 이 세가지 중에 가한자를 취하야 허락하심을 바라나이다.
>
> 첫째는 캐나다로 돌아 가만히 프랑스에 건너갈 일.
>
> 둘째는 만일 본 대표원이 파리에 건너가지 못하는 경우에는 미국인 헐버트(Homer B. Huber, 訖法, 轄甫) 박사에게 대리를 위탁하야 한국문제를 평화회에 제출케 할 것.
>
> 셋째는 이상 양책이 다 불가하면 2월 중순에 돌아오는 윌슨 대통령을 보고 한국사정을 진술할 것.[34)]

헐버트는 이미 파리로 떠난 뒤였다. 안창호는 이 세가지 방안에 대하여, 첫째 방안은 비록 캐나다는 건너갈 수 있다 할지라도 캐나다에서 프랑스에 상륙하기는 도저히 불가능할 것이므로 절대로 쓸 수 없고, 둘째 방안은 대한 국민의 일인 한국의 독립청원을 외국인에게 위탁하는 것은

34) 《新韓民報》 1919년3월13일자, 「號外」.

불가하므로 쓸 수 없으며, 셋째 방안은 써볼 만한다고 회답했다.[35] 결국 윌슨 대통령을 기다렸다가 면담할 수 있도록 노력해 보라는 것이었다. 그것은 이승만과 윌슨 대통령의 친분으로 미루어 가능할지 모른다고 판단했기 때문이었을 것이다.

한편 이승만은 2월6일에 하와이의 동지들에게 매우 주목되는 비밀편지를 썼다. 그는 하와이를 떠나 한달 동안 있었던 일과 앞으로의 계획을 자세히 쓰고 나서, 안창호가 의연금을 모집하러 하와이로 간다는 사실을 알리고 그 부당성을 지적하면서 협조하지 말라고 다음과 같이 썼다.

> 지금 총회장이 의연금 모집을 위하야 하와이로 가는 것이 매우 옳지 못하오. 미주와 하와이에서 모은 금액이 1만여달러에 이르렀는데, 그동안 지출한 것은 1,000여달러로 잡더라도 8,000~9,000달러의 잔액이 있소. 이번 일에 대하야는 이 이상으로 더 할 것이 없는 까닭에 이 잔액을 돌려주든지 또는 딴 일에 써야 하는 데도 불구하고 성공할 가능성이 없는 사업을 빙자하야 더 이상 하와이에서 의연금을 모집하려는 것은 우리가 절대로 반대하는 바이오. 일이 이렇게 되어 가고 있으니 이 사실을 인쇄하야 각 지방 몇몇 곳의 인도자 제씨에게 나누어 주고 비밀히 상의하야, 중앙총회로부터 의무금을 모집하러 오더라도 동포들은 그런 줄로 알고, 희망자는 별도로 하더라도 그 밖의 사람들은 속지 말기를 바라오. 이 편지는 외부에 절대 비밀로 하고 우리 동지들만 알아두었다가 서로 연락하야 슬기롭게 대처하기 바라오.[36]

이승만의 이러한 비밀편지는 그가 얼마나 안창호를 경원하고 있었는가를 말해 주는 동시에 자신의 지지자를 논리적으로, 그리고 은밀하게

---

35) 위와 같음.
36) 李承晩, 「旅行記大略」, 姜德相 編, 『現代史資料(25) 朝鮮(一) 三·一 運動(一)』, p.445 및 金正明 編, 『朝鮮獨立運動 民族主義運動篇 Ⅰ分冊』, p.733.

설득함으로써 그들로 하여금 확고한 신념과 충성심을 가지고 행동하게 하는 정략가의 모습을 여실히 보여 주는 것이었다. 이 편지는 국내에까지 여러 사람에게 알려졌던 것 같다. 이 무렵 서울YMCA의 회장으로 있던 윤치호(尹致昊)도 자기 집으로 변훈(邊壎)이라는 사람이 가지고 온 이 편지를 보았다.[37]

이승만은 뉴욕에서 지내는 동안에 병이 심해져서 입원치료를 해야 했다. 따뜻한 하와이에서 살다가 갑자기 추운 뉴욕에 가서 적응이 잘 되지 않은데다가 피로가 겹쳤던 것이다. 2월8일에 워싱턴의 새너토리엄에 입원하여 매일 두세차례씩 전기치료를 받으면서 거의 3주일을 보내야 했다. 처음 입원할 때에는 한주일쯤이면 나을 것으로 생각했으나 전혀 차도가 없고, 게다가 몸에 소양증[搔痒症: 가려움증]이 생겼기 때문이었다.[38] 그는 국민회 중앙총회의 백일규에게 병 때문에 중임을 그르칠까 두렵다면서 대신할 사람이 있으면 물러가겠다고 대표직 사의를 표명하는 편지를 썼다. 이 편지를 받은 백일규는 2월24일의 중앙총회 제3차 위원회에 이 사안을 상정했으나, 위원회에서는 수리를 거부하고 중앙총회장 명의로 위문편지를 보냈다. 며칠 뒤에 정한경은 "이승만 박사는 지금 워싱턴으로 가서 출국을 교섭하는 중"이라고 중앙총회에 알렸다.[39]

이승만은 새너토리엄에 있으면서 이런저런 활동방안을 궁리해 보았다. 그 가운데 하나가 미국의 독립전쟁 때에 필라델피아에서 열렸던 대륙회의(Continental Congress)를 본뜬 한인대표자들의 대규모 집회를 바로 그 필라델피아에서 여는 것이었다. 그리고 회의를 마치고 회의참석자들이 미국독립의 상징적 건물인 독립기념관(Independent Hall)까지 시위진행을 하며 한인들의 독립의지를 미국인들에게 보여 주는 것이었다. 그는 이 구상을 서재필에게 제안했고, 서재필도 찬동했다. 그리하여 두 사

---

37) 尹致昊, 『尹致昊日記(七)』 1919년4월13일조, 國史編纂委員會, 1986, p.288.
38) 《新韓民報》 1919년3월29일자, 「論說: 리박사가 중앙총회장 안창호씨에게」.
39) 《新韓民報》 1919년3월13일자, 「號外」.

람의 이름으로 된 초청장을 미국 본토와 하와이의 한인 지도자들에게 발송했다고 이승만은 술회했다.[40)]

그러나 실제로 초청장이 발송된 것은 3월24일이었고, 초청인의 명의는 "대한인국민회 총대표위원 리승만 정한경 서재필"로 되어 있다.[41)] 이렇게 하여, 뒤에서 보는 바와 같이, 4월14일부터 16일까지 필라델피아에 있는 리틀시어터(The Little Theater)라는 건물에서 제1차 한국인회의[대한인총대표회의: First Korean Congress]가 열렸다.

정한경이 이승만과 공동명의로 윌슨 대통령에게 한국을 당분간 국제연맹의 위임통치 아래 두어 달라는 청원서를 작성한 것은 이 무렵이었다.

---

40) Syngman Rhee, *Log Book of S. R.*, 1919년2월13일조.
41) 《新韓民報》 1919년4월3일자, 「대한인총대표회의 청첩」.

2. 병실에서 작성한 위임통치청원서

1

위임통치제도(Mandate System)는 윌슨 대통령이 제창한 민족자결주의를 구현하는 방안으로 고안된 것으로서, 국제연맹과 함께 이른바 베르사유체제, 곧 제1차 세계대전 뒤의 세계평화체제의 뼈대를 이루는 것이었다. 패전국 독일을 비롯하여 오스트리아, 터키, 러시아로부터 분리되는 인민과 영토는 국제연맹의 영유로 하고, 이들 인민과 영토에 대한 통치는 국제연맹이 직접 하거나 작은 나라들(small nations)에 맡겨서 하며, 이들 지역의 자원은 국제연맹 가입국들이 모두 이용하게 한다는 것이 윌슨의 기본구상이었다. 그렇게 함으로써 첫째로 전후 세계평화 유지기구로서의 국제연맹에 실제적 권능을 부여하여 그 권위를 증진시키고, 둘째로 위임통치가 식민지 통치에서 인도주의를 증진시키고 식민지의 개발과 통상을 위한 문호개방을 보장하는 확실한 수단이 될 수 있으리라고 생각한 것이었다.[42] 윌슨의 이러한 구상은 그의 이상주의와 아울러 뒤늦게 참전한 미국의 국가이익을 반영한 것이었다. 1917년4월에 미국이 참전했을 때에는 이미 거의 모든 독일 식민지는 다른 연합국들의 군사점령 아래 들어갔고, 연합국들은 그것을 자국 영토로 만들기 위한 비밀협약을 맺고 있었다.

윌슨의 구상이 구체적으로 표명된 것은 1918년12월에 파리강화회의에 참석하기 위하여 유럽으로 향하는 조지워싱턴 호(*S. S. George Washington*)에서였다. 그러나 조지워싱턴 호에서 발표한 위임통치안에도 "위임통치"라는 용어 자체는 사용되지 않았다. 그것이 법률용어로서 제시된 것은 윌슨이 파리에 도착한 뒤에 접한 영국의 자치령 남아

---

42) 田岡良一,『委任統治の本質』, 有斐閣, 1941, p.27.

프리카연방 대표 스머츠(Jan C. Smuts) 장군의 『국제연맹: 현실적 제안(*The League of Nations: A Practical Suggestion*)』이라는 팸플릿에서였다.[43] 스머츠는 이 팸플릿에서 법률용어인 '위임'이라는 말을 도입한 것이다. 다만 스머츠안에는 'mandatary'로 표기되어 있었으나 윌슨안에서 'mandatory'로 고쳐져 그것이 최종적으로 「국제연맹규약」의 용어가 되었다.[44]

스머츠의 제안은 제1차 세계대전의 결과로 종래의 주권국에서 분리되는 영토의 통치에 대한 국제연맹의 관여문제를 연맹의 임무로서 가장 중요시했다. 흔히 "스머츠안"이라고 불리는 이 제안은 패전국 독일의 해외영토의 처리를 둘러싸고 영국, 프랑스, 일본 등이 주장하는 전통적 분할방법과 윌슨 대통령이 주장하는 비통합(non-annexation)과 민족자결주의의 타협의 산물이라고 평해진다. 그러나 실제로 독일 식민지를 점령하고 있던 남아프리카연방은 독일 식민지에 대해서는 전통적 분할을 바라고 있었으므로 스머츠안에서 위임통치의 대상으로 상정한 지역은 러시아, 오스트리아, 터키에 속했던 지역뿐이었다.[45]

윌슨은 12월14일에 파리에 도착한 뒤 런던과 로마를 방문했다. 그는 가는 곳마다 군중들의 열광적인 환영을 받았다. 영국 수상 로이드 조지(Lloyd George)는 총선거와 새 내각 조직 작업 등으로 분주하여 1919년 1월11일에야 파리에 도착했다. 그리하여 회의는 1월12일에 개막되었다. 그러나 전 참가국 대표가 참석하는 총회는 전 회의기간을 통틀어 여섯번밖에 열리지 않았고, 거의 모든 중요한 결정은 승전 5개국[미국, 영국, 프랑스, 이탈리아, 일본] 대표로 구성되는 최고회의(Supreme Council)에서 이루어졌다.

---

43) 위의 책, p.15.
44) 같은 책, p.26.
45) Francis P. Walters, *A History of the League of Nations*, Oxford University Press, 1960, pp.27~30.

최고회의는 전시 중에 영국과 프랑스의 동맹국으로 참전한 모든 나라들의 군사작전의 최고방침을 결정하던 최고회의의 후신이었다. 최고회의의 구성은 미국의 대통령 및 국무장관과 4개국의 수상과 외상이 참가하는 10인회의(Council of Ten)의 형식을 취했으나, 사안에 따라서 5개국 외상회의(5인회의 또는 외상회의)나 윌슨 대통령과 영국 수상 로이드 조지, 프랑스 수상 클레망소(Georges Clemenceau), 이탈리아 수상 오를란도(Vittorio E. Orlando) 네 사람만의 회의(4거두회의)에서 결정되는 경우도 있었다. 10인회의는 2월 중순까지 매일 두차례씩 열렸다.

그런데 윌슨의 위임통치 구상은 10인회의의 토의과정에서 그 내용이 크게 변질되었다. 국제연맹문제를 토의한 1월22일의 10인회의는 윌슨의 희망에 따라 연맹규약을 평화조약의 일부로 포함시키기로 결정했다. 그러나 10인회의는 이튿날부터 윌슨이 발표한 연맹규약 초안에 들어 있는 「위임통치규정」의 내용을 둘러싸고 윌슨 대통령과 4개국 대표 사이에 격렬한 논쟁이 벌어졌다. 남아프리카연방 대표 스머츠를 포함하여 오스트레일리아, 뉴질랜드, 캐나다 등 영국자치령의 대표들이 10인회의가 열리고 있는 회의장 문을 박차고 들어가서 윌슨을 향해 독일 식민지는 승전국에 병합되어야 한다는 그들의 결의를 보이는 시위를 벌이기도 했다. 프랑스 정부는 프랑스 신문들을 총동원하여 일제히 윌슨의 "실행 불가능한 이상"에 대해 비난을 퍼부었다. 윌슨과 함께 평화회의에 참석한 미국무장관 랜싱조차 윌슨의 위임통치안이 법률학적으로 애매하고 뒷날 분쟁의 소지가 있다면서 반대했다. 그러나 윌슨은 모든 반대에도 불구하고 위임통치안을 고집했다. 위임통치가 배제된 국제연맹은 권위가 없고 그렇게 되면 세계는 군비경쟁시대로 되돌아가고 말 것이라는 것이 윌슨의 신념이었다.

처음에 독일 식민지 처리문제는 간단히 해결될 것으로 생각했던 영국과 프랑스의 정치가들은 윌슨의 완강한 태도에 당황했다. 그리하여 영국과 영국자치령 대표들이 타협안을 제안했는데, 이 타협안은 1월30일의 10인회의에서 최종적으로 합의를 보아 국제연맹규약 제22조로 채택되었다. 타협안의 가장 큰 특징은 위임통치지역을 인민의 발달 정도, 영토의 지리적 위치, 경제상태 등의 형편에 따라 A식, B식, C식으로 나누어 수임국(受任國)의 권리와 책임에 차등을 둔 것이었다. A식은 독립국으로서 임시 승인을 받을 수 있을 만큼 발달한 지역(community)으로서 B식이나 C식과는 구분되었다. A식은 터키에서 분리되는 지역을 뜻하는 것으로서, 이라크와 팔레스타인과 요르단은 영국이, 시리아와 레바논은 프랑스가 수임국이 되었다. B식과 C식 위임통치지역은 독일의 해외영토였던 지역에 해당되는 것이었다. 특히 C식의 경우에는 수임국의 영토의 구성부분으로서 수임국 법률에 따라 통치하도록 되어 실제로는 종래의 식민지와 달라진 것이 없었다. B식도 규약상 명문은 없으나 실질적으로는 C식과 마찬가지였다. B식 위임통치지역은 중앙아프리카의 토고와 카메룬 및 동부아프리카였고, 그 밖의 모든 지역은 C식 위임통치지역으로 분류되었다. B식의 경우 카메룬과 탕가니카는 영국과 프랑스가 나누어 수임국이 되고 르완다, 우룬디는 베르기(벨기에)가 수임국이 되었다. 그리고 C식 위임지 가운데 나우루는 영국이, 뉴기니는 오스트레일리아가, 서남아프리카는 남아프리카연방이, 서사모아는 뉴질랜드가, 태평양의 적도 이북의 독일령 섬들은 일본이 수임국이 되었다.[46]

이러한 분배는 사실상 전쟁 중의 군사점령과 비밀조약에 근거한 것이었다. 다시 말하면, 확정된 위임통치규약은 전쟁 중의 군사점령 및 비밀조약을 모두 부정하면서 독일 식민지를 국제연맹의 영유로 만들어 국제연맹이 직접 통치하거나 작은 나라들에 맡겨서 통치하게 한다는 윌슨의 처음 구상과는 거리가 먼 것이었다.

그러나 윌슨도 목적을 어느 정도까지는 달성시키는 데 성공했다. 독일 식민지가 점령한 나라들에 무조건 합병되는 것을 허용하지 않고 주민의

---

46) 立作太郎, 『國際聯盟規約論』, 國際聯盟會, 1932, pp.332~338.

복리 증진과 식민지 개발 및 무역의 기회균등을 실행하는 한편 이들 지역에 육해군 기지를 설치하지 못하게 했기 때문이다. 그러한 의무는 그 이행이 국제연맹의 감독 아래 놓이게 됨으로써 한층 강력히 보장받게 되어, 윌슨이 바란 미국의 경제적 및 안보적 이익도 어느 정도 실현된 셈이었다.

이러한 국제연맹의 위임통치제도는 뒷날 제2차 세계대전이 끝나고 1945년에 설립된 국제연합의 신탁통치제도(Trusteeship System)로 대치되었다.[47] 그런데 국제연맹규약의 위임통치규정(제22조 제2항)에서 한가지 주목되는 것은 10인회의의 격론을 거치면서 "후견(tutelage)"이라는 개념을 도입하고 있는 점이다. 윌슨이 제안한 제3초안에 "연맹의 후견적 감시 및 통치의 목적은 될 수 있는 한 빨리, 인민으로 하여금 정치적 한 단위를 형성하여 자립하게 하는 데 있다"라는 구절이 들어 있었는데, "후견"이라는 사법상의 용어가 이 제도에 도입된 것은 이때가 처음이었다.[48] 이 "후견"이라는 용어는 뒷날 한국의 신탁통치문제를 둘러싸고 전개되는 미소 논쟁의 핵심적 개념이 되었다는 사실과 관련하여 눈여겨볼 만하다.

2

윌슨이 파리에서 강화회의를 주재하는 동안 이승만은 워싱턴에 머물면서 어떻게 해서든지 윌슨 대통령에게 자신의 의사를 전달하려고 애를 태웠다. 병이 심해진 것도 어쩌면 자신과 윌슨 대통령의 친분에 대한 동포들의 과대한 기대를 감당할 수 없는 부담감에서 오는 스트레스 때문이었는지 모른다. 그는 윌슨 대통령이 강화회의 도중에 본국에 다녀가기로 되어 있는 기회를 이용하여 그를 만나볼 수 있기를 간절히 바랐다. 이승만은 윌슨을 만나서 새로운 청원서를 전달하고 싶었던 것이다. 그 청원서

47) Walter, *op. cit.*, p.172, p.813.
48) 田岡良一, 앞의 책, p.67.

가 뒷날 두고두고 반대파들이 이승만의 정치적 위신에 크나큰 손상을 입힌 위임통치청원서였다. 그러므로 이 청원서가 작성되는 과정과 그 내용을 꼼꼼히 톺아볼 필요가 있다.

청원서는 정한경이 기초했는데, 그것은 이미 1918년11월25일에 이승만, 민찬호, 정한경 세 사람 명의로 보낸 청원서에 파리강화회의에서 논의되고 있는 국제연맹의 위임통치제도를 한국에도 적용해 줄 것을 요구한 한 단락을 첨가한 것이었다.

정한경의 술회에 따르면, 그에게 위임통치청원의 아이디어를 제공한 사람은 중국정부의 정치고문으로 있는 젠크스(Jeremich W. Jenks)였다. 젠크스는 미국 대통령에게 한국이 지금의 일본 관할에서 벗어나서, 불원간 완전독립을 확실히 보장하는 조건으로, 국제연맹의 위임통치 아래 둘 것을 청원하라고 권고했다는 것이다. 정한경은 이러한 권고를 미국의 지명인사들과 중국인 및 한국인 친지들로부터도 받았다고 했다.

정한경은 새로운 내용의 청원서를 작성하기에 앞서 샌프란시스코의 안창호에게 위와 같은 내용의 청원서를 보내도 될 것인지를 묻는 편지를 보냈다. 청원서는 대한인국민회의 공식 문서가 되어야 했기 때문이다. 안창호는 국민회 행정위원회를 소집하여 이 문제를 논의한 결과 "달리 할 수 없으면 이를 행하라"는 '인가장'을 정한경에게 보냈다.[49] 이러한 절차를 거쳐 작성한 청원서를 이승만의 병실에서 두 사람이 검토하여 사소한 자구 수정을 하고 함께 서명했다.

이렇게 작성된 청원서의 전문은 다음과 같다.

> 미 합중국 대통령 각하
>
> 이 청원서의 서명인들은 미국, 하와이, 멕시코, 중국, 러시아에 거주하는 150만 한국인을 대표하는 대한인국민회 집행위원회의 지시로

49) 「뎡한경씨 편지」, 「鄭翰景이 安昌浩에게 보낸 1921년6월13일자 편지」, 『雩南李承晚文書 東文篇(八) 大韓民國臨時政府關係文書 3 』, pp.317~318, p.322.

각하에게 다음과 같이 청원합니다.

미국, 하와이, 멕시코, 중국, 러시아에 거주하는 우리 한국인은 1,500만 국내 동포들의 의사를 대변하여 다음과 같은 사실들을 각하 앞에 개진하고자 합니다.

이렇게 시작한 청원서는 먼저 한일합병 과정의 불법성을 다음과 같이 지적했다.

러일전쟁 뒤에 일본은 한국과의 조약상의 의무를 노골적으로 위반하고 한국을 보호국으로 만들었습니다. 러일전쟁이 발발하자 한국이 일본의 승전을 돕기 위하여 그들과 동맹관계를 맺은 것은 외교상의 사실입니다. 그것은 일본이 한국의 정치적 독립과 영토의 보전을 명확하게 보장하는 조건 아래서 이루어졌습니다. 한국을 전리품으로 탈취한 것은 일본의 조약위반이며 배신행위입니다. 국민도 황제도 책임 있는 총리대신도 보호국이나 뒤이은 합병을 인정한 일이 없습니다. 그것은 무력의 위협으로, 정당한 자에 대한 철저한 완력행위로 자행되었습니다.

청원서는 이어 일본의 점령 아래 있는 한국의 실상을 다음과 같이 설명했다.

한국인의 입장에서 볼 때에 일본의 한국 점령 이래 이 나라는 잘못 통치되어 왔습니다. 자연자원은 개발되었으나 그것은 한국인의 이익이 아니라 일본인의 이익을 위하여 개발되었습니다. 이 나라의 모든 자원개발권은 일본인에게 주어지고, 한국인의 기업은 아주 보잘것없는 것들까지 교활한 수단으로 훼방받고 있습니다. 자국 상인에 대한 일본정부의 특혜 때문에 한국상인은 일본상인과 경쟁할 수 없습니다.

일본 본토에서 먹고살 수 없는 수십만의 일본인들을 한국으로 이주시켜 한국인들의 희생으로 먹고살게 하고 있습니다. 그리하여 한국인들은 산업노예(industrial serfdom)로 전락하고, 경제적 압박을 통하여 일본인들에게 복종하도록 강제되고 있습니다.

청원서는 이처럼 경제 수탈의 실태를 지적한 다음 제국주의 일본의 사회영역 전반에 걸친 야만적 정책의 실태를 구체적으로 열거했다.

문화와 개명의 입장에서 일본의 한국점령은 우리 민족에게 더욱 큰 재난을 가져왔습니다. 일본정부는 공공시설이나 개인집에 소장된 한국의 역사와 문학에 관한 모든 서적을 샅샅이 거두어 불태워 버렸습니다. 지방신문에서 과학잡지에 이르기까지 한국의 모든 정기간행물은 폐간당했습니다. 일본어는 공문서에서뿐만 아니라 공사립학교에서까지 공용어가 되었습니다. 학교에서 일본의 국교인 신토[神道]는 허용되나 기독교는 가르칠 수 없으며, 한국의 모든 학교에서 한국의 역사와 지리와 한국어를 가르치는 것이 금지되었습니다. 그뿐만 아니라 모든 한국인 학교는 일본인 교육자의 감독을 받아야 하고, 한국 아동은 일본국기에 절하며 일본황제의 신패(信牌)를 숭배할 것을 강요받습니다. 일본정부는 한국학생들이 학업을 마치기 위하여 유럽이나 미국으로 유학하는 것을 허가하지 않습니다. 한국인에게는 어떤 종류의 공공집회도 금지되며, 심지어 예배보는 것까지 일본헌병의 세심한 감시를 받고 있습니다. 1,000명이 넘는 한국 기독교 지도자들을 감옥에 보내고 그들의 도덕적 사업을 폐지시킨 1912년의 '음모사건'에서 볼 수 있는 것처럼 한국의 기독교는 일본당국으로부터 교활하게 차별을 받고 있습니다.

청원서는 이어 윌슨이 파리강화회의에서 한국인의 독립을 위한 "거중

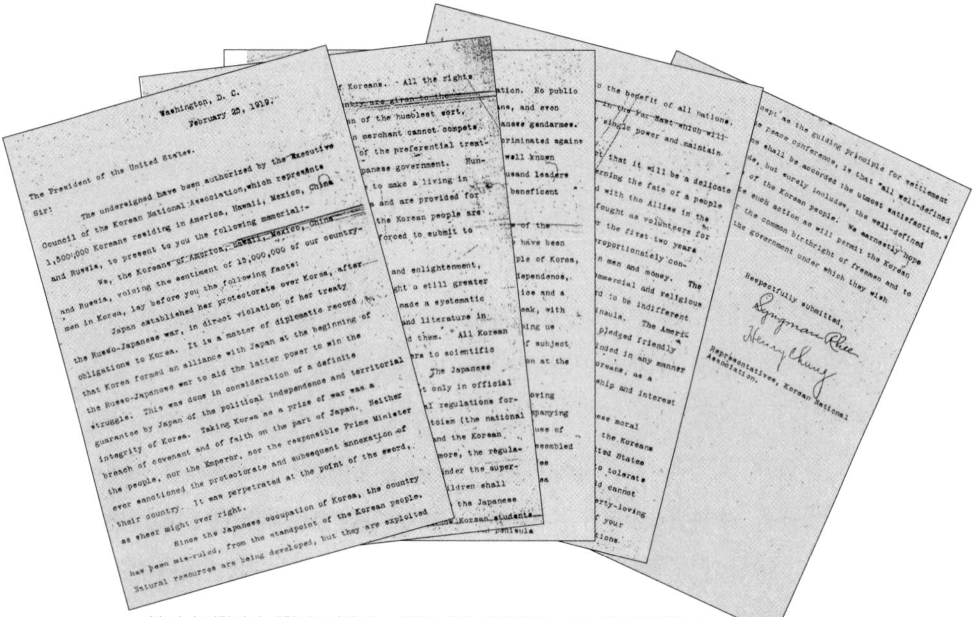

이승만과 정한경이 대한인국민회 대표 명의로 윌슨 대통령에게 보낸 위임통치 청원서.

조정(good offices)"을 해줄 것을 요구했는데, 그것은 1882년의 조미수호통상조약에 규정된 것이었다.

위에서 말씀드린 것은 한국인들이 강요받아 왔고 아직도 받고 있는 명백한 부정의 개략일 뿐입니다. 자치정부와 정치적 독립에 대한 열정을 가진 보통 한국인들인 우리는 각하께서 정의의 중재자이시고 강하거나 약하거나를 불문하고 모든 민족은 동등한 권리가 있음을 주창하신 것을 알기 때문에, 평화회의에서 피지배민족들의 운명이 고려의 대상으로 채택되려는 이 중대한 시점에, 각하께서 우리가 정의를 얻는 데 도움이 되는 유효한 거중조정을 해주실 수 있으리라는 희망을 품고 각하 앞에 왔습니다.

이러한 차분한 현황설명은 아마 이 청원서가 파리강화회의에 공개되어 일본인들이 읽더라도 부정할 수 없는 객관적 기술이 되어야 한다는 생각을 하면서 작성되었기 때문일 것이다. 청원서에서 언급한 "거중조정"의 역할에 대해서는, 1904년에 이승만과 윤병구(尹炳求)가 시어도어 루스벨트(Theodore Roosevelt) 대통령을 만나서 전달한 청원서에도 언급되어 있었다.

위의 내용은 세 사람 명의로 1918년11월25일에 윌슨 대통령에게 보낸 청원서의 내용과 거의 똑같은 것이었는데, 새로 쓴 청원서는 위의 문장과 뒤에 이어지는 문장 사이에 한국을 당분간 국제연맹의 위임통치 아래 둘 것을 제안하는 다음과 같은 문제의 한 단락이 추가된 것이었다.

> 자유를 사랑하는 1,500만 한국인의 이름으로 우리는 각하께서 동봉한 청원서를 평화회의에 제출해 주시고 평화회의 석상에서 우리의 자유의 대의를 지지해 주심으로써, 평화회의에 참석한 연합국들로 하여금 한국을 현재의 일본 지배로부터 자유롭게 하여, 앞으로 완전한 독립을 보장하는 조건으로, 국제연맹의 위임통치 아래 두는 조치를 취하도록 해주시기를 간절히 청원합니다. 이것이 이루어지면 한반도는 모든 나라에 이익을 제공할 중립적 상업지역(a zone of neutral commerce)으로 변할 것입니다. 그것은 또한 극동에서 어떤 단일 강대국이 팽창하는 것을 방지하고 동양의 평화를 유지하는 하나의 완충국(a buffer state)을 건설하는 일이 될 것입니다.

한국을 일본의 지배로부터 분리시켜, 앞으로 완전한 독립을 보장한다는 조건으로, 국제연맹의 위임통치 아래 두는 것은 한국인을 위해서뿐 아니라 이 지역에 이해관계를 가진 모든 나라들에 함께 이익을 주는 "중립적 상업지역"을 만들게 될 것이고, 나아가 정치적으로 그것은 "어떤 단일 강대국", 곧 일본이 극동에서 팽창하는 것을 방지함으로써 동양의 평화를 유지하는 "완충국"이 될 수 있을 것이라고 전망한 것은 국내에서 3·1운동이 일어나기 전인 이 시점에서는 매우 설득력 있는 제안이었다. 그리고 또한 “중립적 상업지역”의 개념은 이승만의 프린스턴대학교 박사학위 논문의 논지와도 일맥상통하는 것이었다. 이때에 한반도를 “완충국”으로 만들어 동북아시아에서의 세력균형을 지탱하는 역할을 하게 하자는 이승만의 주장이 실제로 미국이나 전승국들에 의하여 진지하게 고려되었더라면, 뒤이은 1920년대와 특히 1930년대 이후로 장기간 계속되는 동북아시아의 비극적인 전쟁은 회피할 수 있었을 것이다. 그러나 제1차 세계대전 이후에 새로이 형성되는 제국주의 국제정치 질서에서 그러한 이상이 실현되기는 기대하기 어려운 일이었다. 위와 같은 단락이 추가된 뒤에 청원서는 다음과 같이 이어진다.

> 우리는 전쟁에서 공식적으로 연합국에 참가하지 않은 국민의 운명에 관하여 각하께서 어떤 제의를 하시기가 매우 어려울 것이라는 사실을 충분히 이해합니다. 그러나 수천명의 우리 동포들이 대전의 첫 2년 동안에 러시아 전선에서 연합국의 목적을 위하여 자원 참전하였으며, 또한 미국에 있는 우리 동포들도 민주주의를 위하여 비교적 많은 인명과 재산으로 공헌했습니다. 한국에서의 미국의 공업과 상업과 종교상의 이익은 한반도에서 일어나고 있는 사태를 심상히 볼 수 없게 합니다. 미국이 한국에 대하여 우호적 지원을 할 것을 약속한 조미조약은 어떠한 방법이나 형식으로도 한국인에 의하여 폐기되거나 취소된 적이 없습니다. 한국인은 한 국민으로서 미국과의 우호와 이해관계를 박탈당할 아무런 행동도 하지 않았습니다.

청원서는 이처럼 1882년의 조미수호통상조약이 한국이 아니라 미국정부에 의하여 효력이 정지된 상태인 사실을 상기시킨 뒤에 윌슨의 이상주의에 호소하는 다음과 같은 말로 끝맺었다.

> 나아가 우리는 민족자결을 향한 한국인의 열망을 도와야 할 미국

의 이러한 도덕적 의무가 아니더라도, 미국은 자국의 이익보호를 위하여 극동에서의 일본의 침략행위를 용납할 수 없으며, 또한 자유를 사랑하는 1,500만 한국인이 이민족의 멍에를 지고 살고 있는 한 세계는 "민주주의를 위한 안전장치"가 될 수 없다고 믿습니다. 평화회의에서 문제해결의 원칙으로 연합국들이 수락하기로 동의한 공평하고 영구적인 평화를 위한 각하의 이상 가운데 하나는 "명확하게 정리된 모든 민족의 열망은 최대한으로 충족되어야 한다"는 것입니다. 이것은 한국인들의 명확하게 정리된 민족적 열망을 배제하는 것이 아니라 분명히 포함하는 것입니다. 우리는 각하께서 한국 민족도 보통의 자유민으로서 천부의 권리를 회복하고, 자신들이 그 밑에서 살고 싶은 정부를 선택할 수 있게 하는 조치를 주도해 주시기를 간절히 바랍니다.[50]

이승만과 정한경은 이 청원서를 가지고 윌슨 대통령이 돌아오기를 기다렸다. 그런데 이승만의 위임통치 청원 사실과 관련하여 주목되는 것은 신한청년당 대표로 파리로 파견된 김규식도 비슷한 내용의 청원서를 파리강화회의에 제출한 사실이다.

1919년2월1일에 상해를 떠나 3월13일에 파리에 도착한 김규식은 3월17일에 도착한 헐버트 등의 도움을 받아 파리강화회의와 현지 언론기관 등에 보낼 여러 가지 문서들을 작성했다. 4월5일에 강화회의에 제출한 청원서는 12항으로 구성되어 있는데, 결론인 12항은 다음과 같았다.

한국인은 일본의 점령 이래 날로 강렬한 증오심으로 심화되고 있는 강력한 민족감정 때문에, 비록 어느 정도 자유가 허용되더라도, 일본과 같은 이민족의 지배 아래서는 평화롭게 살 수 없습니다. 한국

---

50) The Representatives of the Korean National Association, Syngman Rhee and Henry Chung to Wilson, Feb. 25, 1919, Woodrow Wilson Papers(Washington Library of Congress); 方善柱, 앞의 책, pp.235~239.

은 차라리, 일본이 관리국의 일원이 되지 않는 조건에서, 일정한 기간 동안 국제관리(international supervision) 아래 놓이기를 바랄 것입니다.[51]

그리고 4월3일자로 된 같은 내용의 국한문 청원서에는 이 12항이 12, 13 두개 항으로 되어 있는데, 영문청원서 마지막에 언급된 '국제관리'가 '영구중립'으로 되어 있어서 눈길을 끈다.[52] 그것은 이승만의 청원서와 김규식의 청원서가 같은 문제의식에 입각하고 있었음을 말해 준다. 그러나 김규식의 청원서는 3·1운동 이후에 독립운동자들 사이에서 이승만의 위임통치 청원 문제가 크게 논란될 때에도 전혀 거론되지 않았다.

3

이승만은 2월26일에 새나토리엄에서 퇴원하여 숙소를 워싱턴호텔(Washington Hotel)로 옮겼다. 그는 퇴원하기 며칠 전부터 다시 활동을 시작하고 있었다. 윌슨 대통령이 워싱턴으로 돌아왔기 때문이다. 무엇보다 급한 것은 세상없어도 여권을 발급받는 일이었다. 그는 2월21일에 포코모크(Pocomoke)로 가서 2월24일에 돌아왔다. 여행목적은 분명하지 않으나, 24일자 그의 『일기』에 "포드(Ford)의 편지에는 그가 레인(Franklin Lane) 장관에게 편지를 했다고 말했다"[53]라고 적혀 있는 것으로 보아, 그 편지를 부탁하기 위하여 포코모크로 갔던 것 같다. 레인은 내무장관이었다. 이승만은 몇달 전에 레인이 하와이를 방문했을 때에 각 민족대표 환영위원회의 한인대표로 그를 만난 적이 있었다.

51) Kusic Kimm to the International Peace Conference, Apr. 5, 1919, Woodrow Wilson Papers(Library of Congress, Washington).

52) 김규식의 청원서에 대해서는 오영섭, 「대한민국임시정부 초기 위임통치 청원논쟁」, 『한국독립운동사연구』 제41집, 독립기념관 한국독립운동사연구소, 2012, pp.81~156 참조.

53) Syngman Rhee, *Log Book of S. R.*, 1919년2월24일조.

이승만은 이튿날 레인의 사무실을 찾아갔다. 그러나 레인은 대통령을 만나러 백악관에 가고 없었다. 레인의 비서 코터(Cotter)는 포드의 편지를 받았고 레인은 이승만이 그곳에 와 있는 줄 알고 있다고 말했다. 2월26일에 이승만을 접견한 레인은 대통령은 그를 파리에 가 있는 하우스 대령이나 강화회의 의장인 클레망소에게 소개할 수 없을 것이라고 말했다. 그러면서 그는 국무차관 포크(Frank L. Polk)에게 소개 편지를 써 주었다. 이승만은 선걸음에 국무부로 가서 포크를 만났다. 포크는 이승만이 파리로 갈 수 있을지 파리에 가 있는 대표단에 연락해 보겠다고 말했다.[54] 포크는 3월1일에 랜싱 장관에게 전보를 쳤다. 그는 이승만의 요망사항을 말하고 "대표단의 지시만 있으면 그에게 출국을 허가할까요? 물론 그는 일본으로부터는 여권을 발급받을 수 없습니다"라고 덧붙였다.[55]

그러는 동안 이승만은 초조한 심정으로 백악관과 국무부를 번갈아 오갔다. 3월1일에 윌슨 대통령의 비서실장 튜멀티(Joseph Tumulty)에게 서면으로 자신의 요망사항을 전했다. 3월2일은 일요일인데도 튜멀티는 회답을 보내왔다. 그는 두 사람의 요망사항은 대통령의 지시에 따라 국무부로 넘겼다고 했다. 이튿날 이승만은 국무부에 가서 포크의 비서관 매키크런(McEachran)을 만났다. 파리로부터의 회답이 궁금해서였다. 매키크런은 수요일에 회답이 올 것이라고 말했다.

이날 이승만은 백악관의 튜멀티에게 다시 편지를 썼다. 이 편지는 그가 윌슨을 만날 기회를 얻기 위하여 얼마나 노심초사했는지를 보여 준다. 그는 먼저 신속한 회답을 주어서 고맙다고 말하고, 자기의 요구가 미국, 하와이, 멕시코, 중국, 러시아에 있는 한국인 150만을 대표하는 대한인국민회 집행위원회의 지시에 따른 것임을 상기시키면서, 대통령을 2~3분이라도 만나서 동봉한 청원서를 직접 수교할 수 있도록 주선해 달라

---

54) Syngman Rhee, *Log Book of S. R.*, 1919년2월26일조.

55) Polk가 1919년3월1일에 Lansing에게 보낸 전문, 프랑크 볼드윈, 「윌슨 · 民族自決主義 · 三一運動」, 『三一運動50周年紀念論集』, 東亞日報社, 1969, p.519; 長田彰文, 앞의 책, p.152.

고 요청했다. 만일 워싱턴에서 만나는 것이 불가능하다면 이튿날 저녁에 대통령이 뉴욕에서 아일랜드 대표들을 만나기 직전이나 직후에 만날 수 있게 해달라고 했다. 이승만은 자기와 윌슨 대통령이 만난다면 그것은 대통령의 민족자결주의에 고무되어 있는 한국인들을 더없이 기쁘게 할 것이고, 또 그들은 대통령을 비단 유럽뿐만 아니라 아시아를 포함한 모든 약소국들의 지원자요 대변자라고 생각할 것이라고 썼다. 그는 다음과 같이 덧붙였다.

> 나는 호놀룰루에서 곧장 워싱턴으로 와서, 대통령께서 1882년의 조미수호통상조약에서 약속한 것과 같은 "우호를 나타내는 거중조정을 발휘하실 것"을 깊이 믿고 한달 넘게 기다렸습니다. 만일 대통령께서 한국상황의 중대성을 충분히 아신다면 그의 소중한 시간의 몇 분을 할애해 주실 것으로 확신합니다.

이승만은 편지 끝에 동봉하는 청원서는 국무부로 보내지 말고 자신에게 바로 돌려 달라고 말했다.[56]

윌슨 대통령은 파리로 돌아가기 전날인 3월4일 저녁에 아일랜드 대표들을 만났다. 그러나 그것은 윌슨이 내켜서 만난 것이 아니었다. 이날 미국상원은 아일랜드의 민족자결에 찬성하는 결의안을 216표 대 14표로 가결했는데, 아일랜드 대표들과의 면담은 그러한 상황이 뒷받침이 되어 이루어진 것이었다. 이승만에게는 그러한 배경이 있을 수 없었다. 같은 날 이승만의 2~3분 면담요청에 대한 회답이 왔다. 청원서는 대통령에게 전했고, 면접은 워싱턴에서나 뉴욕에서나 불가능하다는 것이었다. 이승만은 회신을 받자마자 다시 편지를 썼다. 청원서를 전달했다니까 대통령의 회신을 워싱턴에서 기다리겠다는 것이었다. 그러나 윌슨은 그날로 파리

56) Syngman Rhee to Joseph Tumylty, Mar. 3, 1919, Woodrow Wilson Papers(Washington National Archives).

로 떠났고, 이승만에게 회신은 쓰지 않았다.[57]

이승만은 3월5일에 또 국무부를 방문했다. 포크는 출타 중이었다. 매키크런은 파리에서 회답이 왔고 포크가 전화로 알려줄 것이라고 말했다.[58]

3월1일에 포크의 전보를 받은 미국대표단은 3월3일에 다음과 같이 회신했다.

> 한국의 병합은 이번 전쟁으로 발생한 일이 아니다. 회의가 한국의 주장에 귀를 기울일 가능성은 없다. 한국의 요구를 파리에서 제기하더라도 성공할 수 없고, 그 대의를 왜곡시키고, 새로운 곤란의 원인이 될 것으로 여겨진다. 이상의 사실을 신청자들에게 지적하고 요구를 취소시키도록 지시한다.[59]

포크에게 이러한 지시를 한 사람은 랜싱 장관이었다. 실제로 랜싱은 "지금 이 시점에서 한국대표가 이곳으로 오는 것은 매우 부적절하다"고 말했고, 그 사실이 바로 미국 신문에 보도되었다.[60]

이승만과 정한경은 3월7일에 다시 포크 앞으로 편지를 보내어 그들의 "크나큰 실망"을 표시하면서 동봉한 청원서를 랜싱 장관에게 보내어 강화회의에 제출하게 해 줄 것을 요청했다. 그러나 한국인에 대한 자국 정부의 정책을 확인한 국무부는 그 편지를 접수했다는 통지도 하지 않았고, 청원서를 파리로 보내지도 않았다. 이승만은 3월15일에 다시 백악관의 튜멀티에게 편지를 보내어 동봉한 청원서를 윌슨에게 보내 줄 것을 부

---

57) 方善柱, 앞의 책, p.220.

58) Syngman Rhee, *Log Book of S. R.*, 1919년3월1일, 2일조, 3일조, 4일조, 5일조.

59) The American Commission to Negotiate Peace to Polk, Mar. 3, 1919, 長田彰文, 앞의 책, p.153에서 재인용.

60) *The Washington Post*, Mar. 8, 1919, "Clearance Denied Korean Delegates"; *New York Americans*, Mar. 8, 1919, "Korean Peace Envoy Held in Washington".

탁하면서, 그것이 부적절하다면 청원서를 자신에게 돌려 달라고 썼다. 국무부 제2차관 애디(Alvey A. Adee)는 3월24일에 튜멀티에게 보낸 청원서를 돌려보낸다고 이승만에게 통보했다. 이승만이 3월7일에 포크에게 보낸 청원서도 이날 함께 반송되었다.[61)]

공식 경로를 통해서는 더 이상 개인적 노력을 하더라도 성과가 없다고 판단한 이승만과 정한경은 운동방향을 바꾸어 미국의 신문에 호소하기로 했다. 두 사람은 기자회견을 열고 국무부가 자신들이 강화회의에 가는 것을 허가하지 않았다고 비판했다. 국무부는 3월8일에 두 사람에게 여권을 발급할 수 없는 이유를 다음과 같이 공개적으로 해명했다.

> 두 한국인이 여권을 신청했으나 그들은 일본국민이기 때문에 일본대사관에서 여권을 발급받아야 한다고 설명했다. 그러자 그들은 미국에 귀화하기로 선서한 사람(declarant) 자격의 여권을 발급해 달라고 요구했다. 그러나 그들은 미국시민이 되겠다는 선서를 한 적이 없었으므로, 그러한 상태로는 현행법상 그들은 여권을 발급받을 수 없다. 그러자 그들은 출국허가서를 해달라고 요청했다. 그러나 여권이 없이는 다른 나라에 입국할 수 없기 때문에 그러한 허가서는 소용이 없을 것이라고 설명했다.…[62)]

이승만과 정한경이 워싱턴에서 미국정부 당국자들을 상대로 교섭을 벌이고 있을 때에 있었던 한가지 주목되는 일은 김헌식의 행동이다.《신한민보》의 다음과 같은 기사는 이 무렵 그의 동향에 대한 대한인국민회와 뉴욕 동포들의 반응이 어떠했는가를 보여 준다.

---

61) Rhee to Polk, Mar. 7, 1919, Rhee to Tumulty Mar. 15, 1919, Adee to Rhee, Mar. 24, 1919, 長田彰文, 앞의 책, pp.153~154.

62) *The New York Times*, Mar. 9, 1919, "Korean Case Explained".

> 김헌식씨는 한인단체의 대표자라 자칭하고 뉴욕과 워싱턴에 출몰하며 중국인에게 청연(請捐)하는 글을 돌리어 여간한 돈원도 청연하얏으며, 우리 국민회에서 정식으로 뽑아 보내어 일하는 대표자들의 앞길을 막으며 방해하야 무력하게 만드는 고로, 뉴욕에 거류하는 동포들은 이 폐단을 막기 위하야 공동회를 열고 일치가결로 위원 세 사람(리원식, 김배혁, 리봉수)을 택정하야 그 일을 일일이 조사하야 대한인국민회 중앙총회에 보고하얏는데, 우리는 내외국인이 다시 김씨에게 속지 않기를 바라는 바, 김씨의 나라사랑하는 것은 우리가 고마워하거니와 자칭 대표원이라 하고 우리 국민회의 공식으로 뽑은 대표자들의 외교상 앞길을 방해하며 무력하게 만들어 놓는 데는 그 죄를 용서할 수 없도다.[63]

이처럼 김헌식의 경쟁적 활동은 자금모집문제와도 관련이 있었다. 김헌식은 3월13일에는 국무부를 찾아가서 밀러(R. S. Miller)를 만났다. 밀러는 1918년까지 서울 주재 총영사로 근무하다가 귀국하여 국무부 극동부장으로 일하고 있었다. 김헌식은 밀러에게 이승만과 정한경은 대한인국민회를 대표하고 있는데, 신한회와는 견해가 다르며, 두 사람이 진정으로 한국을 위하는지 의심스럽다고 흥분해서 말했다고 한다. 밀러가 김헌식에게 이러한 일은 자기들이 알 바가 아니며, 한국의 독립이라는 중대한 문제에 관하여 한국대표들 사이에 모순된 견해가 표명되는 것은 이해하기 어렵다고 말했다. 밀러는 또 김헌식에게 왜 이승만과 같이 일하지 않느냐고 물었다. 그러자 김헌식은 이승만과 같이 일하는 것은 불가하며, 그의 휘하에 들어가기보다는 죽는 것이 낫다고 말했다. 밀러는 김헌식과의 면담내용을 적으면서, "이러한 견해의 대립은 개인적 이해의 대립에서 기인하는 것

---

63) 《新韓民報》 1919년3월13일자, 「雜報: 뉴욕한인공동회의 보고」.

이며, 양쪽 모두 조심스럽게 대할 필요가 있다"라고 덧붙였다.[64)]

이처럼 독립운동의 초창기부터 외국인에게 "개인적 이해의 대립"에서 기인하는 것으로 인식되는 대립양상이 노출되고 있었던 것은 한국독립운동의 크나큰 불행이었다.

이승만은 서재필과 민규식의 연락을 받고 3월8일 오후에 워싱턴을 떠나서 필라델피아로 갔다. 서재필은 이승만에게 안창호의 전보를 보여 주었다. 국내에서 독립선언을 했다는 놀라운 소식이었다. 그리고 이상재(李商在), 손병희(孫秉熙), 길선주(吉善宙) 세 사람이 파리강화회의에 파견되었다는 것이었다. 그것은 현순(玄循)이 상해에서 친 전보였다. 정한경과 장택상도 뉴욕에서 필라델피아로 왔다. 그들은 처음 구상했던 것보다 작은 규모라도 영문잡지 발간을 시작하기로 의견을 모았다.

이승만은 안창호와 연락을 취하고 있었다. 동부에서 돌아가는 상황을 알리고, 특히 자금문제에 대하여 안창호의 동의를 얻어야 했기 때문이다. 3월13일에 보낸 안창호의 회답은 이 시기의 이승만과 안창호의 관계와 안창호의 서재필에 대한 생각을 잘 보여 준다. 이승만이 파리에 가지 못하는 경우 뉴욕에서 한달 동안 더 머물면서 외교활동을 하겠다고 한데 대하여 안창호는 이의 없이 동의했다. 그러나 영문잡지 발간문제에 대해서는 다음과 같이 단호하게 거절했다.

> 이 영문잡지를 발간하는 일이 매우 중요한 일이라 하더라도 지금의 여러 동포가 맡긴 일이 성패가 끝나기 전에는 찬성하고 아니함을 말할 수 없소이다. 첫째는 모든 동포가 지금의 독립운동하는 것을 큰 일로 알고 이 일에 정성과 힘을 다하야 당국자와 대표자의 뒤를 돕는 이때에 다른 문제를 내어놓으면 동포들이 크게 섭섭할 것이요, 둘째는 지금 중앙총회에 있는 돈이 독립운동을 목적하야 모은 돈뿐이라

64) Memorandum by Ransford S. Miller, Mar. 14, 1919, 長田彰文, 앞의 책, p.154.

이번 독립운동에 관한 일밖에 달리는 돈을 쓸 수 없으니, 더욱 이 일이 끝나기 전에는 영문잡지를 도울 수 없습니다.…

그리고 서재필에 대해서는 조금은 유감 섞인 말투로 다음과 같이 말했다.

서재필씨가 오랫동안 우리 한족을 돌아보지 않다가 지금에 다시 한국사람을 위하야 몸을 내어놓고 도와주시려 한다 하오니 매우 기쁘고 감사하옵나이다. 지혜 많으신 서군이 오늘 한국사람의 정형을 밝히 살피어 가장 합당한 일을 택하여 실시하기를 바라며, 저는 친히 좋은 가르침을 얼굴로 대하여 듣지 못함을 한하나이다.[65]

안창호는 마지막으로 "극동의 각처 유지들이 모여 일을 크게 의논하려고 하므로", 자기가 직접 참여하게 될지 모르겠다고 덧붙였다. 극동의 각처 유지들이 모여 크게 의논하려고 하는 일이란 다름 아닌 임시정부를 수립하는 일이었다.

워싱턴으로 돌아온 이승만은 3월16일에 윌슨 대통령에게 보낸 청원서 내용을 신문에 공개했다.[66] 이때는 이미 국내에서 3·1운동이 일어난 뒤인데도 위임통치 청원 아이디어는 여전히 유효하다고 판단했던 것이다. 이 신문기사는 '만국연합통신(AP통신)'을 통하여 미국과 유럽의 각 신문에 보도되었는데,[67] 김규식이 파리강화회의에 제출한 청원서는 이 기사에 영향을 받았을 개연성이 있다.[68] 3월20일에 안창호에게 보낸 이승

---

65) 「安昌浩가 李承晩에게 보낸 1919년3월13일자 편지」, 『雩南李承晩文書 東文篇(十七) 簡札 2』, pp.235~238.

66) *The New York Times*, Mar. 17, 1919, "Koreans Petition Wilson".

67) 大朝鮮共和國軍事統一會議(1921.5.), 「聲討文」, 『雩南李承晩文書 東文篇(八) 大韓民國臨時政府關係文書 3』, p.295.

68) 오영섭, 앞의 글, p.94.

만의 편지에는 이 무렵의 그의 심경이 잘 드러나 있다.

> 지금은 천만 몽매 밖에 본국에서 독립을 선언하고 일이 저렇게 크게 벌어졌은즉, 적국의 힘이 아무리 강하다 하나 한인의 독립운동이 점점 속으로 확장되어 막을 수 없을 것이요, 우리 재외한인들은 이에 합동하야 뒤를 일심으로 받쳐 나가는 중, 아일랜드 사람들이 이 나라에서 운동하듯이 우리도 각 신문계와 교회 사회 등 모든 기관을 말하야 미국의 공분을 일으키는 것이 제일 필요하기로 본인과 정한경씨는 여기서 이것을 운동하는 중이외다.
>
> 미일의 흔단[釁端: 틈이 생기는 실마리]도 어찌될 줄 모르고 평화회 형편이 또한 확실치 못한 중에 일인은 미국에 대하야 감정을 날로 잃는 모양이니, 본인의 급급한 마음에는 이때에 사람의 피가 끓고 담이 떨리는 처지를 당하야 곧 중국으로도 가고 싶고 본국으로도 들어가고 싶어 어떤 때에는 심신을 진정키 어려우나, 이 중에서도 정신을 차려서 기회를 보아 큰일에 도움이 되게 하는 것이 가하다 하므로, 여기서 힘 자라는 대로 주선하여 뉴욕에 큰 연회를 열고 각국 신문기자를 초대하야 우리 두 사람과 서재필 박사와 함께 연설로 한번 크게 반포하야 동정을 일으키려 하오니, 무슨 급한 소문이 있거든 전보로 보내 주시오. 여행권은 지금도 연속하여 달라고 조르는 중이외다.[69]

이승만은 이처럼 새로운 상황을 맞아 흥분하고 있었다. 그는 이때에 안창호에게 말한 뉴욕집회보다도 4월14일부터 필라델피아에서 열릴 한인자유대회를 준비하기 위하여 워싱턴과 뉴욕과 필라델피아를 바쁘게 오갔다. 그가 만주에 있는 여러 한인단체들에 의하여 선포된 '대한공화

---

69) 《新韓民報》 1919년3월29일자, 「論說: 리박사가 중앙총회장 안창호씨에게」.

국' 임시정부의 각료선임에 대한 뉴스를 신문을 통하여 안 것은 4월5일 이었다.[70] 바야흐로 이승만의 직업적 독립운동가로서의 새로운 삶이 시작된 것이다.

70) 《新韓民報》 1919년4월5일자, 「대한국 임시정부의 내각이 조직되어」; Syngman Rhee, *Log Book of S. R.*, 1919년4월5일조.

30장

혁명으로서의 3·1운동

1. 2·8독립선언의 기폭제 된 이승만 관련 뉴스
2. 3·1운동을 주도한 지식인들
3. 지식인운동에서 민중운동으로
4. 김용진의 권유받고 상해로 망명

1. 2·8독립선언의 기폭제 된 이승만 관련 뉴스

1

3·1운동은 한국 역사상 처음으로 지도층과 민중이 합세하여 봉기한 민주주의 혁명이었다. 그리고 그것은 세계적으로도 인구에 비하여 가장 많은 비율의 국민이 운동에 참여했다는 점에서 제국주의 시대의 민족해방운동 가운데 기념비적 거사였다.

3·1운동은 정치, 경제, 사회, 문화의 모든 영역에 걸쳐서 현대한국의 기점이 되었다. 그 가운데서도 특히 중요한 것은 근대민주주의를 이념으로 하는 공화국 형태의 정치가 ── 비록 독립운동 기간의 임시정부 활동이라는 특수한 상황에 한정된 것이기는 했으나 ── 시작된 것이었다. 그러므로 지식인운동으로 태동한 3·1운동이 어떻게 민중운동으로 확산되었으며, 그 과정에 이승만과 김구가 어떻게 관련되었는가는 중요한 관심사가 아닐 수 없다.

3·1운동의 도화선이 된 것은 도쿄유학생들의 2·8독립선언이었다.[1] 그런데 2·8독립선언의 직접적 촉매제가 바로 이승만 등의 활동을 보도한 도쿄의 한 영자신문 기사였다는 사실은 매우 주목할 만하다. 이와 관련해서는 2·8독립선언의 주역이었던 인사들이 회상기를 남겼다. 2·8독립선언의 처음 주동자의 한 사람이었던 소설가 전영택(田榮澤)은 다음과 같이 썼다.

> 대전의 휴전조약이 체결되면서 그 결과로 폴란드, 체코슬로바키아, 이집트 등 강국에 예속되었던 약소민족들이 독립을 한다는 형세

---

1) 金成植, 『日帝下韓國學生獨立運動史』, 正音社, 1974, pp.36~37; 鄭世鉉, 『抗日學生民族運動史研究』, 一志社, 1975, p.57; 愼鏞廈, 「3·1獨立運動 蜂起의 經緯」, 『韓國民族獨立運動史研究』, 1985, pp.223~228; 柳東植, 『在日本韓國基督教青年會史 1906~1990』, p.153.

The Japan Advertiser

TOKYO, SUNDAY, DECEMBER 15, 1918 (20 PAGES TODAY)

PREMIER EMPHATIC ON DISARMAMENT

ARGENTINE WILL PLAY A FRIENDLY PART

PRESIDENT WILSON ARRIVES IN FRANCE

GERMANS IN AMERICA KNEW WAR WAS COMING

WOULD GET RID OF WORKERS' COUNCILS

RHENISH-PRUSSIAN FOLK OBSEQUIOUS TO ALLIES

U.S. TROOPS READY TO FIGHT KALMYKOFF

OBJECTS TO MAYOR WEARING A TUNIC

KOREANS AGITATE FOR INDEPENDENCE

Present Petitions to American Government and Foreign Office in Tokyo

Hochi Service

SAN FRANCISCO, Dec. 12.—The Koreans in the United States have presented a petition to the American Government requesting America's assistance in the independent movement of the Koreans. The State Department referred the petition to the Diplomatic Committee of the Senate.

A similar report has arrived also at the Tokyo Foreign Office, the Hochi remarks, but official circles are paying little attention to the news, as such-like petitions have often been made by Koreans and have never developed into problems of any gravity. Besides, the officials are under the impression that the movement has been started by those who have personal interests at bottom.

LONDON TO CALCUTTA AIR MAIL IN FOUR DAYS

「한국인들 독립을 주장」이라는 제목의 기사가 실린 1918년12월15일자 《저팬 애드버타이저》. 이 1단짜리 기사가 도쿄유학생들을 흥분시켰다.

를 보고, 일본의 강압 밑에 있는 조국의 치욕과 장래 운명을 근심하던 조선청년들은 가슴에 피가 뛰놀아 "때가 왔다. 이제 때가 왔다"고 외치지 않는 이 없거니와, 특히 정치적 분위기 속에서 후일의 국가의 동량이 되겠다는 야망으로 학업을 닦고 있는 도쿄유학생 중에는 발분감격 중에 내외의 소식을 고대하고 시기를 엿보고 있는 이가 적지 아니하였다. 그 가운데서도 학우회(學友會) 회장 최팔용(崔八鏞) 외 몇 사람은 그 중심이 되었다.

이때에 고베(神戶)에서 영인(英人)의 손으로 발행되는 영자신문 《저팬 애드버타이저(*The Japan Advertiser*)》지에 이승만 박사가 한국 대표로 파리평화회의에 간다는 기사가 조그맣게 기재된 것을 미션학교인 아오야마 가쿠잉(青山學院)에 있는 우리 학생들이 서양인 교수

大阪朝日新聞

The Osaka Asahi Shimbun

休戰延長協定

ウ氏條件公表未し

英國植相の演說
▽獨植民地保有を固執

民族自決を認めよ
▽小國隷屬國民聯盟の決議

「민족자결을 인정하라 —— 소국예속국민동맹의 결의」라는 기사가 실린 1918년12월18일자 《오사카 아사히 신문》.

집에서 발견하게 되매, 이 뉴스는 곧 비밀리에 유학생 중의 몇 사람에게 알려지자 그들에게 큰 충동을 주었다.[2)]

뒷날 동아일보사 사장을 지낸 백관수(白寬洙)는 다음과 같이 회고했다.

12월1일 왜국 고베에서 발간되는 영자신문 《저팬 애드버타이저》지는 수행으로 우리에게 중대한 보도를 하였으니, 그것은 곧 "미주에 교거(僑居)하는 한인 중에 이승만, 안창호(安昌浩), 정한경(鄭翰景) 3

2) 田榮澤, 「東京留學生의 獨立運動」, 《新天地》 1946년3월호, p.97.

씨가 한국민족대표로 한국독립을 제소코자 파리강화회의에 파견케 되었다"는 것이다. 이 소식을 들은 유학생계는 아연 긴장되어 암암리에 서로 장래의 행동을 위하여 동지가 모이는 곳마다 화제가 되었으며, 각교 각급의 동창들은 막연하나마 아무것이나 하여야 된다고 하며 그저 있을 시기가 아니라고 하였다.

그러나 원래 학생의 회합인 학우회의 조직체밖에 없는 유학생계는 그대로 반개월을 허송하여 동월 15일을 당하였다. 이날에도 우리에게 중대한 소식이《도쿄 아사히신문(東京朝日新聞)》에 기재되었으니, 그것은 "미국 샌프란시스코에 교거하는 한인들이 독립운동자금으로 30만원 거액을 모집하였다"는 것이다. 이 소식을 알게 된 유학생계는 더욱 긴장되었다.[3]

해방 뒤에 국회의원으로 활동한 김도연(金度演), 성균관대 총장을 지낸 변희용(卞熙鎔), 제주도지사와 인하공대 학장을 역임한 최승만(崔承萬)도 백관수와 거의 같은 회고를 했다.[4]

그런데 위의 다섯 사람의 회고 사이에는 약간의 차이가 있다. 전영택은《저팬 애드버타이저》지의 기사만을 언급했으나, 나머지 네 사람은《저팬 애드버타이저》지와 함께《도쿄 아사히신문》의 기사도 언급했다. 전영택, 변희용, 백관수 세 사람이《저팬 애드버타이저》지의 발행지를 고베라고 기억한 것은, 이 무렵 고베에서 발행되던《저팬 크로니클(*The Japan Chronicle*)》지가 한국사정에 대하여 호의적인 입장에서 기사를 많이 보도하고 있었으므로, 유학생들이 그 신문을 자주 접했던 데서 오는 착오일 것이다.《저팬 애드버타이저》지는 도쿄에서 미국인이 발행하는 영자신문이었다. 또한 파리강화회의에 대표로 파견된 인물에 대해서도 각기 다

---

3) 白寬洙,「朝鮮青年獨立團 2·8宣言略史(上)」,《東亞日報》1958년2월8일자.

4) 金度演,『나의 人生白書 常山回顧錄』, 三星文化社, 1965, p.68; 卞熙鎔,「海外에서 겪은 三·一運動」,《朝鮮日報》1962년2월28일자; 崔承萬,『나의 回顧錄』, 仁荷大學校出版部, 1985, p.80.

르게 기술했다. 김도연과 최승만은 이승만, 민찬호(閔燦鎬), 정한경 세 사람의 이름을 제대로 들었으나, 백관수는 민찬호를 안창호로 잘못 거명했고, 전영택은 민찬호와 정한경의 이름은 언급하지 않았다.

이러한 사소한 차이는 있으나 전영택과 백관수의 회상기에 보이는 중요한 착오가 뒤에 적은 세 사람의 회상기에 그대로 되풀이되는 것은, 뒤에 적은 회상기들의 신빙성을 의심스럽게 한다. 우선 의아스러운 것은 1918년12월1일자 《저팬 애드버타이저》지에는 이승만과 관련된 기사가 없다는 사실이다. 《저팬 애드버타이저》지에 미주 한인들의 동향에 관한 보도가 보이는 것은 12월15일자의 「한국인들 독립을 주장」이라는 제목의 다음과 같은 기사가 처음이었다.

> 미국에 있는 한국인들은 한국인들의 독립운동에 대한 미국의 원조를 요청하는 청원서를 미국정부에 제출했다. 국무부는 이 청원서를 상원 외교위원회에 회부했다. 이와 유사한 보고서가 일본 외무성에도 도착했는데, 《호치(報知)신문》은 일본관리들 사이에서는 그와 비슷한 청원서는 한국인들에 의해 자주 제출되었으나 심각하게 문제된 것이 없기 때문에 이러한 뉴스에 대해 별로 관심을 표명하지 않는다고 보도했다. 게다가 관리들은 그러한 활동은 사실은 내면적으로는 개인적 이해관계가 있는 사람들에 의해서 시작되었다고 말하고 있다.[5)]

이 기사는 12월12일 샌프란시스코 발신으로 되어 있는데, 이름은 명시되지 않았지만 내용으로 보아 이승만의 활동과 관련된 것이 아니라 뉴욕에 있는 김헌식(金憲植)의 활동과 관련된 것이었다.

《저팬 애드버타이저》지에는 또 사흘 뒤인 12월18일자에 「약소민족들 독립인정을 요구」라는 제목으로 뉴욕에서 열린 소약속국동맹회의의 제

5) *The Japan Advertiser*, Dec. 15, 1918, "Koreans Agitate for Independence".

2차 회의에 관한 기사가 실렸다. 회의는 파리에 가 있는 윌슨 대통령에게 파리강화회의의 어떠한 합의도 그것이 어떤 민족에게 영향을 끼치는 것은 그 민족의 동의 또는 거부에 따를 것을 요구하는 전문을 보냈다는 것과, 또 하나의 결의로 국제연맹의 필요한 전제의 하나는 민족자결주의 원칙을 전면적으로 인정할 것과 약소민족이 국제연맹에 정식으로 가입하는 것을 인정하는 것이라고 선언했다는 내용이었다. 그리고 이 회의에 대표를 파견한 나라들의 이름을 들었는데, 맨 먼저 "Korea"를 들었다.[6]

12월15일자 《도쿄 아사히신문》에는 백관수나 김도연 등이 회상하는 것과 같은 기사는 보이지 않는다. 긴장해 있는 유학생들의 눈에 크게 뜨인 기사는 아마 12월18일자 《오사카 아사히신문(大阪朝日新聞)》의 1면에 난 기사였을 것이다. 그것은 같은 날짜 《저팬 애드버타이저》지의 기사와 마찬가지로 뉴욕에서 열린 소약속국동맹회의 제2차 회의에 관한 것이었는데, 《오사카 아사히신문》도 이 회의에 대표를 파견한 나라 가운데 "조선"을 맨 먼저 들었다.[7] 《오사카 아사히신문》은 다음 날짜 「평단(評檀)」에서, 이 회의에 필리핀이 참가하지 않았는데 조선이 참가한 것은 역설적 대조라고 비꼬았는데,[8] 그것이 오히려 유학생들의 관심을 더욱 자극했을 것이다.

《저팬 애드버타이저》지의 기사를 보고 도쿄유학생들은, 기사의 내용 자체와는 관계없이, 이승만이 한국대표로 파리강화회의에 참석하는 것으로 생각하고 크게 고무되었다. 이승만이 1912년에 두번째로 도미하면서 일본에 들러 1주일 동안 도쿄 조선YMCA 주최의 가마쿠라(鎌倉) 학생춘령회를 열성적으로 지도하고 또 유학생들을 상대로 민족독립사상을 고취하는 강연을 했던 이야기는, 그 뒤에 연례행사가 된 도쿄 조선YMCA의 학생춘령회나 학우회 활동 등을 통하여 도쿄유학생들 사이에

---

6) *The Japan Advertiser*, Dec. 15, 1918, "Small Nations Ask To Be Recognized".

7) 《大阪朝日新聞》 1918년12월18일자, 「民族自決を認めよ. 小國隷屬國民聯盟の決議」.

8) 《大阪朝日新聞》 1918년12월19일자, 「朝日評檀: 隷屬國民の決議」.

널리 전해져 오고 있었다. 그뿐만 아니라 그들은 미주나 하와이에서 발행되는 신문 잡지나 미국유학을 하고 고국으로 돌아가는 사람들을 통하여 이승만의 활동에 대해 간헐적으로나마 이야기를 듣고 있었다. 특히 학우회에서는 이승만이 하와이에서 발간하는 《태평양잡지》를 몰래 들여와서 유학생들 사이에서 돌려 가며 읽기도 했다.[9]

도쿄유학생들이 2·8독립선언을 준비하고 있을 때에도 미국에 유학하고 귀국하는 지용은(池鎔殷)과 여운홍(呂運弘)이 도쿄에 들러서 미주한인들의 활동상황을 전했다.[10] 여운홍은 2·8독립선언 준비를 위한 실행위원인 이종근(李琮根)을 만나서 이승만을 비롯한 미국에 있는 인사들의 동향을 설명하고 미주의 여론과 국제정세를 자세히 이야기해 주었다고 한다.[11]

2

이 무렵에 이승만이 파리강화회의에 참석한다는 이야기는 국내에서도 꽤 광범위하게 유포되고 있었던 것 같다. 그에 관한 일본경찰의 1918년11월30일자 정보보고는 매우 흥미롭다. 이 보고에 따르면, 이 무렵 청년들 사이에는 "새 하와이(新布哇)"라는 말이 유행하고 있었다. 그것은 서울 교외의 고양군 연희면 창천리(高陽郡延禧面倉川里)를 가리키는 말이었다. 그곳에는 예수교 부속의 연희전문학교가 있고, 그 학교 학생들은 마치 하와이 한인동포들이 반일적 언동을 하는 것처럼 불온한 언동을 끊임없이 하는데다가, 그곳이 서울 시내와 떨어져 있어서 그런 명칭이 생겼다는 것이었다. 그러면서 보고서는 최근에 서울에서는 다가오는 파리강화회의에 약소국들도 동맹하여 참석하게 되었는데, 조선에서는 하와

---

9) 申翼熙, 「口述 海公自敍傳」, 申昌鉉, 『海公 申翼熙』, 海公申翼熙先生紀念會, 1992, p.56.
10) 田榮澤, 앞의 글, p.98; 呂運弘, 『夢陽 呂運亨』, 靑廈閣, 1967, pp.33~34.
11) 金度演, 앞의 책, p.71.

이에 있는 이승만이 참석하게 되어, 그 비용으로 황해도에 사는 어떤 부자는 이미 3만원을 조달했다는 말이 있다고 했다.[12)]

또한 1919년2월5일자 평안남도 경찰보고는 관내 일부 한인들 사이에 재외한인 및 재일유학생 등이 평화회의에 대표자를 파견하여 미국에 힘입어 한국의 독립운동을 하려고 기도하고 있다는 말이 있다면서, 그 중심인물은 이승만이라고 다음과 같이 기술했다.

> 그는 신학 및 철학 박사의 학위를 가진 학자로서 미국인들로부터도 존경받고 있고, 특히 대통령 윌슨과는 친교가 있음. 연전에 대통령 딸의 혼인식에는 특별히 초대되어 참석한 관계도 있고, 반드시 대통령을 움직일 자신을 가졌음.…[13)]

이처럼 이승만의 동향에 관한 소문은 서울에서뿐만 아니라 평양 등지에도 은밀히, 그리고 꽤나 과장되어 퍼지고 있었다. 그리고 국내 동포들의 이승만에 대한 숭앙과 기대도 재미동포들의 경우와 마찬가지로 그의 학력과 윌슨 대통령과의 친분에 근거한 것이었음은 이러한 일본경찰의 정보보고로도 짐작할 수 있다.

도쿄유학생들이 상해와 북경 등지에 거류하는 동포들의 움직임과 국내동향을 구체적으로 접한 것은 북경에 머물다가 서울을 거쳐 12월 말에 도쿄에 도착한 이광수(李光洙)를 통해서였다.[14)] 이광수는 서울에서는 현상윤(玄相允)을 만나서 독립운동을 일으킬 필요성에 대해 협의했다. 현상윤은 1918년7월에 와세다(早稲田)대학을 졸업하고 9월에 귀국하여 중앙학교(中央學校)의 교사로 근무하고 있었다. 그해 초겨울에는 상해의

---

12) 「高 제35839호: 京城民情彙報」, 1918년11월30일, 姜德相 編, 『現代史資料(25) 朝鮮(一) 三·一運動(一)』, p.65.
13) 「高 제2802호: 地方民情彙報」, 1919년2월5일, 姜德相 編, 위의 책, p.68.
14) 田榮澤, 앞의 글, p.98; 李光洙, 『나의 告白』, 『李光洙全集(十三)』, 三中堂, 1962, p.228.

2·8독립선언의 주역들. 가운뎃줄 왼쪽부터 최팔용, 윤창석, 김철수, 백관수, 서춘, 김도연, 송계백.

신한청년당이 파견한 장덕수(張德秀)도 중앙학교 구내 사택으로 현상윤을 방문했다.

도쿄유학생들의 중심적 조직체는 유학생학우회였다. 학우회는 신입생 환영회, 졸업생 환송회, 웅변회, 운동회, 야유회 등의 명목으로 자주 모이고 있었다. 이런 모임에는 100여명에서 300여명의 유학생들이 모였다. 2·8독립선언의 주동자들은 학우회 모임을 통하여 구체적 행동을 추진하기로 했다. 학우회는 1918년12월29일에 간다(神田)의 도쿄 조선 YMCA 회관에서 망년회 겸 동서연합웅변회 명목의 집회를 열었는데, 이 집회는 학생들이 독립운동의 실행방안을 논의하는 열띤 토론장이 되었다.

학우회의 집회는 1919년1월6일에 다시 열려 사흘 동안 계속되었다. 6일의 집회는 새벽 2시 넘어까지 이어졌다. 이날 유학생들은 구체적 행동을 하기로 결의하고 실행위원으로 최팔용(와세다대), 김도연(게이오대), 백관수(정측영어학교), 이종근(동양대), 송계백(宋繼白: 와세다대), 최근우(崔謹愚: 도쿄고등사범), 전영택(아오야마 가쿠잉), 윤창석(尹昌錫: 아오야마 가쿠잉), 김상덕(金尙德: 무직)의 10명을 선출했다. 실행위원들은 독립선언서를 작성하여 일본정부와 중의원 및 귀족원, 각국 대사관과 공사관에 보내기로 결정한 다음 이튿날의 집회에 자신들의 결정을 보고하고 동의를 얻었다.[15] 실행위원 가운데 전영택이 병이 나서 사임하고 이광수(와세다대)와 김철수(金喆壽: 게이오대)가 새로 실행위원으로 선정되었다. 이들 실행위원 11명은 일본경찰의 경계를 피하여 음식점을 옮겨 가며 비밀회의를 열고 독립선언을 할 조직체로 조선청년독립단을 서둘러 결성했다.

조선청년독립단의 독립선언서 작성은 백관수, 김도연, 이광수 세 사람에게 맡겨졌다. 기초는 이광수가 담당했고, 백관수와 김도연이 퇴고하여 사흘 만에 완성했다. 이광수는 선언서뿐만 아니라 결의문, 일본 중의원에 보낼 민족대회 소집 청원서도 기초했고, 독립선언서와 결의문을 영문과 일문으로 번역하는 작업도 맡았다.[16]

이어 실행위원들은 송계백과 최근우를 국내로, 이광수를 상해로 파견했다. 송계백을 국내로 보낸 것은 유학생들의 독립선언 준비상황을 국내 유지들에게 알려서 국내에서도 함께 운동을 일으킬 것을 촉구하는 한편 독립선언서 등 문서의 인쇄에 필요한 활자와 운동자금을 구해 오도록 하기 위해서였고, 이광수를 상해로 보낸 것은 유학생들의 운동을 널리 선전하기 위해서였다.

이때의 유학생들은 애국열성에 불타는 학생들이지만은 않았다. 그들은 이미 지략을 갖춘 독립지사들이었다. 실행위원 대부분은 일본경찰이 '갑호' 또는 '을호'로 지정한 요시찰인들이었다. 갑호는 5명, 을호는 3명

---

15) 白寬洙, 「朝鮮青年獨立團 2·8宣言略史(上)」, 《東亞日報》 1958년2월8일자; 金度演, 앞의 책, p.70; 崔承萬, 앞의 책, p.81; 姜德相 編, 『現代史資料(25) 朝鮮(一) 三·一運動(一)』, pp.20~21.

16) 田榮澤, 앞의 글, p.98; 白寬洙, 「朝鮮青年獨立團 2·8宣言略史(上)」, 《東亞日報》 1958년2월8일자; 卞熙鎔, 「海外에서 겪은 三·一運動」, 《朝鮮日報》 1962년2월28일자; 李光洙, 앞의 책, pp.229~230.

이 미행하며 감시했다. 일본경찰의 감시가 심해지자 최팔용, 백관수, 김도연, 김철수, 송계백, 윤창석 등은 반대파로 위장하여 사퇴함으로써 검거를 벗어나서 일을 추진할 수 있었다.[17] 자금은 황해도 출신의 유학생 김석황(金錫璜)이 제공했고, 여자 유학생 조직인 여자친목회 회장 김마리아와 여자의전의 현덕신(玄德信) 등도 모금을 해 주었다.

일본 명주에 베낀 독립선언서를 모자 속에 기워 넣고[18] 귀국한 송계백은 모교인 중앙학교로 대학선배인 현상윤을 찾아가서 선언서를 꺼내 놓으면서 도쿄유학생들의 거사계획을 전했다. 현상윤은 중앙학교 구내 사택에 같이 기거하던 교장 송진우(宋鎭禹)와 함께 그 선언서를 때마침 찾아온 최남선(崔南善)에게 보였다. 최남선은 국내운동의 독립선언서는 자기가 적성하겠다고 말했다.

현상윤은 보성학교(普成學校) 교장 최린(崔麟)에게 도쿄의 상황을 알렸고, 최린은 그것을 천도교 교주 손병희(孫秉熙)에게 보고했다. 현상윤은 보성학교 졸업생이었으므로 최린과 친근하게 지내면서 1918년11월 무렵부터는 시국문제에 대한 의견교환을 거듭하던 참이었다. 일본유학생들의 독립선언서를 본 손병희는 "어린아이들이 저렇게 운동을 한다 하니 우리로서 어떻게 보기만 할 수 있느냐"라면서 천도교의 궐기를 결심했다고 한다.[19] 이 사실은 손병희 자신도 3·1운동 당일의 경찰신문에서 진술했다.[20]

송계백은 일본에 유학하다가 귀국한 지 얼마 되지 않은 정노식(鄭魯湜)이 주는 논밭 판 돈과 독립선언서 등을 인쇄할 활자를 구해 가지고 도쿄로 돌아왔다. 그러나 인쇄기문제와 시일관계로 이 활자는 사용하지 못하고 독립선언서는 등사로 준비했다.

---

17) 白寬洙, 「朝鮮靑年獨立團 2·8宣言略史(下)」, 《東亞日報》 1958년2월9일자.

18) 이광수는 교복저고리의 등 안집 속에 붙였다고 했다. 李光洙, 앞의 책, p.229.

19) 玄相允, 「三·一運動勃發의 槪略」, 《新天地》 1950년3월호, pp.47~48.

20) 「1919年3月1日 孫秉熙警察取調書」, 金正明 編, 『朝鮮獨立運動 民族主義運動篇 I』, 原書房, 1967, p.783.

2월8일이 되자 유학생들은 오전에 독립선언서를 일본의회, 각국 대사관, 각 신문사에 발송하고 오후 2시에 조선YMCA 회관에서 '학우회 총회' 명목으로 집회를 열었다. 회의장 안팎을 메운 참가인원은 600명에 이르렀다. 1918년 말 현재 재일유학생 총수 769명 가운데 도쿄에 있는 유학생 수는 642명이었으므로,[21] 이날의 집회에는 도쿄에 있는 유학생 거의 전원이 참가한 셈이다.

회의는 도중에 최팔용이 독립선언을 위한 회의임을 선언하고 백관수가 등단하여 독립선언서를 낭독했다. 저지하는 일본경찰과 학생들 사이에 난투극이 벌어졌다. 선언서 낭독이 끝나고 김도연이 등단하여 결의문을 낭독하자 장내는 감격의 울음바다가 되었다. 이어 윤창석이 기도를 시작하자 울음소리를 멈추었다. 이날 검거된 학생들은 모두 눈길에 맨발로 끌려갔다.[22] 검거되지 않은 유학생들은 거의가 귀국하여 각 지방의 봉기에 앞장섰다.

21) 강재언, 「2·8독립선언과 3·1운동」, 국사편찬위원회, 『한민족독립운동사(3) 3·1운동』, 1988, p.199.

22) 白寬洙, 「朝鮮青年獨立團 2·8宣言略史(下)」, 《東亞日報》 1958년2월9일자.

2. 3·1운동을 주도한 지식인들

1

국내의 거사계획은 중앙학교 인사들과 천도교쪽의 의기투합으로 급속도로 진전되었다. 천도교주 손병희는 1월20일 무렵에 그의 핵심참모들인 권동진(權東鎭), 오세창(吳世昌), 최린 세 사람에게 이렇게 말했다고 한다.

“장차 우리 면전에 전개될 시국은 참으로 중대하다. 우리가 이 천재일우의 호기를 무위무능하여 간과할 수는 없는 일이다. 내 이미 정한 바 있으니, 제군은 십분 분발하여 대사를 그릇됨이 없게 하라.”

그리하여 이 자리에서 운동의 기본원칙으로 첫째 대중화, 둘째 일원화, 셋째 비폭력의 원칙이 결정되었다고 한다.[23] 천교도를 동원할 것을 교주로부터 허락받은 최린은 그날 밤에 자신의 집에서 송진우, 현상윤, 최남선 세 사람과 함께 술잔을 나누면서 구체적 실행방법을 논의했다.[24] 네 사람은 2월 초순에 최린의 집에서 여러 차례 모여 국내에서도 독립선언을 하기로 하고, 운동을 대중화하기 위해 일반 국민에게 신망이 있는 사람들을 독립선언서의 서명자로 내세우기로 했다. 갑신정변(甲申政變)의 주역이었던 철종(哲宗)의 부마 박영효(朴泳孝), 구한국의 대신이었다가 한일합병 뒤에 일본의 작위를 거절한 윤용구(尹用求), 을사조약이 강제될 때에 참정대신으로서 조약에 반대했던 한규설(韓圭卨), 105인사건의 주동자로 투옥되었던 윤치호(尹致昊)를 서명자로 추대하기로 하고 교섭을 벌였다. 그러나 네 사람 모두 거절했다. 박영효에게는 손병희가 직접

23) 崔麟, 「自敍傳」, 『如菴文集(上)』, 如菴崔麟先生文集編纂委員會, 1971, pp.182~183.

24) 玄相允, 앞의 글, p.28; 朴賢緖, 「三·一運動과 天道教界」, 『三·一運動50周年紀念論集』, 東亞日報社, 1969, p.227.

교섭해 보았으나 허사였다.[25)]

한편 천도교단이나 중앙학교 인사들과는 별도로 기독교쪽에서도 활발히 움직이고 있었다. 105인사건으로 투옥되었던 평안북도 정주의 오산학교 교주 이승훈(李昇薰) 장로는 1919년1월 말에 상해 신한청년당에서 파견된 선우혁(鮮于爀)을 만나서 상해 소식을 들었다. 이승훈은 정주에서 열린 장로교회 장로회에서 양전백(梁甸伯) 목사, 이명룡(李明龍) 장로, 유여대(劉如大) 목사, 김병조(金秉祚) 목사 등을 만나서 상의했다. 선우혁은 평양으로 장로교의 길선주(吉善宙) 목사도 찾아갔다.

옛 관료 명사들과의 교섭에 실패한 최린 등은 최남선의 제의에 따라 이승훈을 서울로 불러 올려 기독교쪽과의 제휴를 협의하기로 했다. 그리하여 이승훈의 제자로서 서울에 있던 김도태(金道泰)가 "급히 상경하여 송진우를 만나라"는 최남선의 편지를 가지고 2월8일에 정주로 떠났다. 2월11일에 서울로 올라온 이승훈은 중앙학교 교주 김성수(金性洙)의 집에서 김성수, 송진우, 현상윤으로부터 천도교의 계획을 듣고 그 자리에서 운동에 합류할 것을 동의했다.[26)]

이승훈은 정열적인 사람이었다. 그는 이튿날 선천으로 돌아가서 양전백의 집에서 이명룡, 유여대, 김병조를 만나 서울의 상황을 설명하고 운동에 참가할 것을 약속받았다. 또 2월14일에는 평양으로 가서 길선주와 감리교의 신홍식(申洪植) 목사를 만나 서울의 상황과 선천동지들과 합의한 사실을 알렸다. 두 사람 역시 같이 참가하기로 동의했다.

2월17일에 다시 상경한 이승훈은 2월20일에 YMCA 청년부 간사 박희도(朴熙道)의 집에서 오화영(吳華英), 정춘수(鄭春洙), 오기선(吳箕善) 등 감리교 목사들과 만나 협의하고, 서울과 각 지방에서 동지를 구할 것과 일본정부에 독립청원서를 제출할 것을 결정했다. 그날 저녁에 다시 장

25) 朴賢緖, 위의 글, pp.228~229.
26) 金良善, 「三·一運動과 基督教界」, 『三·一運動50周年紀念論集』, pp.245~246.

로교의 함태영(咸台永) 장로 집에서 세브란스병원 제약주임 이갑성(李甲成), 평양 기독교서원 총무 안세환(安世桓), 장로교의 현순(玄楯) 목사 등과 협의했으나 천도교와 연합하여 독립운동을 진행할 것인가에 대해서는 결론이 나지 않았다.

이튿날 최남선이 이승훈을 방문하여 같이 최린의 집으로 갔다. 이승훈은 최린에게 기독교쪽에서는 독자적으로 운동을 추진할 방침이라고 말했다. 이에 최린은 한 나라의 독립운동은 종교와 당파의 차이를 초월한 민족적 과업이며, 독립운동을 분산적으로 한다는 것은 민족의 불통일을 뜻하는 것이라고 역설했다. 최남선도 연합을 강력히 주장했다. 이승훈은 자기도 그 말에 동의하지만 기독교쪽 동지들의 의사가 어떤지 물어본 뒤에 대답하겠다고 말하고, 기독교쪽의 가장 곤란한 문제는 자금조달 문제인데, 천도교에서 5,000원만, 5,000원이 어려우면 3,000원이라도 돌려주기 바란다고 말했다. 최린은 그날 저녁으로 손병희를 만나서 그동안의 경과를 보고했다. 이튿날 최린은 이승훈의 숙소로 찾아가서 5,000원을 전했다.

기독교쪽에서도 그동안 여러 차례 회의를 열고 운동방법과 천도교쪽과의 합동문제를 논의했다. 2월20일에 박희도의 주재로 협성학교(協成學校) 사무실에서 제1차 회의를 가진 데 이어 이튿날 저녁에는 남대문 세브란스병원 안에 있는 이갑성의 집에서 이승훈, 박희도, 오기선, 함태영, 신홍식, 안세환, 오화영, 현순 등이 제2차 회의를 열었다. 회의에서는 천도교쪽의 운동방법을 정확히 알아본 뒤에 연합 여부를 결정하기로 하고, 함태영과 이승훈을 교섭위원으로 선정하여 천도교쪽과 교섭하는 일을 일임했다.[27)]

두 사람은 2월22일 저녁에 최린의 집을 찾아갔다. 선언문의 성격부터 문제가 되었다. 기독교쪽의 의견대로 독립청원서로 할 것인가 아니면 독

27) 위의 글, pp.247~250.

립선언서로 할 것인가를 두고 논란이 벌어졌으나, 최린의 강력한 주장에 따라 독립선언서를 발표하기로 합의했다. 그날 밤에 기독교 지도자들은 함태영의 집에서 제3차 회의를 열고 천도교쪽과 연합하여 독립선언서를 작성하기로 결정했다.

2월24일에 함태영과 이승훈이 최린의 집으로 찾아가서 이 사실을 통고하고 다음과 같은 사항을 합의함으로써 천도교와 기독교의 연합이 정식으로 성립되었다.[28] 세 사람이 합의한 사항은 (1) 수십만의 민중이 서울에 모이는 고종(高宗)의 인산일(3월3일) 전전날인 3월1일에 파고다 공원에서 독립선언서를 낭독하고(3월2일은 일요일이었으므로 이날은 기독교쪽에서 동의하지 않았다), (2) 독립선언서는 비밀리에 많이 인쇄하여 서울에서는 독립선언 당일에 군중에게 배포하여 만세를 부르게 하고, 각 지방에는 미리 발송하여 지방에서도 서울에서와 마찬가지로 행하게 하고, (3) 독립선언서 및 그 밖의 문서의 작성과 인쇄는 천도교쪽에서 담당하고 그 배포는 천도교와 기독교 양쪽이 같이 담당하며, (4) 일본정부와 의회에 대한 문서제출은 천도교쪽이 담당하고, 윌슨과 파리강화회의의 각국 대표에 대한 문서제출은 기독교쪽이 담당하는 등의 실행 계획에 합의했다.[29]

전 민족의 역량을 모두 발양시키기 위해서는 천도교와 기독교의 합동만으로는 충분하지 못했다. 그러나 제국주의 일본의 잔혹한 무단통치(武斷統治) 아래서 종교단체 이외의 모든 사회단체는 해산되고 없었으므로, 종교단체 이외에 함께 독립운동을 진행할 사회단체는 없었다. 종교단체로는 불교와 유교가 남아 있었다.

최린이 불교쪽 대표로 생각한 사람은 평소에 친교가 있는 한용운(韓龍雲: 貞玉)이었다. 그는 강원도 양양군 신흥사(新興寺)의 승려로서 계

28) 崔麟, 「自敍傳」, 앞의 책, p.190.

29) 「三·一獨立宣言文署名事件管轄決定書」, 市川正明 編, 『三·一運動(2)』, 原書房, 1984, pp.19~20.

동에 살고 있었다. 최린은 2월24일 저녁에 한용운에 찾아갔다. 한용운은 불교쪽 동지들과 협의하여 같이 참가하겠다고 약속했다. 한용운은 불교쪽 동지들을 규합하려고 노력했으나 시일이 급박하고 일본경찰의 감시가 심하여 널리 통지하지 못하고, 마침 서울에 와 있던 경상남도 해인사(海印寺)의 승려 백용성(白龍城: 相奎)을 만나서 협의한 다음, 두 사람이 불교 대표로 독립선언서에 서명하기로 했다.

이렇게 하여 천도교, 기독교, 불교의 연합이 이루어졌으나, 유교쪽은 참가하지 않았다. 유교쪽의 참가가 없었던 데에는 그럴 만한 이유가 있었다. 원래 유교 교단은 조직적 체계가 뚜렷하지 않은데다가, 일본경찰의 경계가 삼엄한 속에서 시기를 너무 끌거나 범위를 너무 확대하다가는 계획이 누설될 염려가 있었기 때문에 세 교단 모두 운동의 주체는 세 교단의 연합으로 한정하는 것이 좋겠다는 데 의견이 일치했던 것이다.[30]

이러한 종교계의 움직임과는 별도로 학생층에서도 독자적 활동이 진행되고 있었다. 박희도는 1월26일 무렵에 김원벽(金元璧: 연희전문학교생), 강기덕(康基德: 보성법률상업전문학교생), 김형기(金炯璣: 경성의학전문학교생), 주익(朱翼: 보성법률상업전문학교 졸업생) 등 각 전문학교의 대표급 학생 9명을 관수동의 중국요리집으로 초대했다. 이 무렵에는 도쿄유학생들의 독립선언 준비 소식이 전해지고, 거기에 더하여 1월22일에 승하한 고종의 독살설과 자살설 등이 유포되기 시작했다. 한편 이갑성도 2월12일과 14일 두번에 걸쳐서 음악회 명목으로 김원벽, 김형기, 한위건(韓偉健: 경성의학전문학교생) 등 각 전문학교의 대표급 학생을 자기 집으로 불러서 독립운동의 필요성을 역설했다.[31]

학생들의 독자적 독립운동이 준비되고 있을 때에 학생들과 감리교 양쪽에 관계가 있는 박희도가 학생들에게 천도교쪽과 기독교쪽이 연합해

---

30) 崔麟, 「自敍傳」, 앞의 책, p.191.
31) 金大商, 「三·一運動과 學生層」, 『三·一運動50周年紀念論集』, pp.301~311.

서 운동을 추진하고 있음을 말하고 학생들도 함께 참여할 것을 종용했다. 그러나 이때까지는 두 교단에서 아직 확실한 연합이 이루어지지 않았으므로 학생들은 독자적으로 계획을 추진하여 2월20일에 승동(勝洞)예배당에서 제1차 학생간부회의를 열었다. 그들은 (1) 각 학교의 대표자로 전성득(全性得: 경선전수학교생), 김문진(金文珍: 세브란스의학전문학교생), 김대우(金大羽: 경성공업전문학교생), 김원벽, 강기덕, 김형기를, (2) 위의 대표자가 체포될 경우의 대표자로 이용설(李容卨: 세브란스의학전문학교생), 한위건, 윤자영(尹滋瑛: 경성전수학교생), 한창환(韓昌桓: 보성법률상업전문학교생)을 선정하고, (3) 대표자들은 각 학교별로 동창학생을 규합하여 독립운동을 추진하기로 했다.[32)]

나흘 뒤인 2월24일에 박희도는 김원벽과 한위건에게 천도교쪽과 기독교쪽의 연합이 확정되었으므로 학생들도 이에 참가하여 시위운동의 전위에 서줄 것을 요청했다. 학생대표들은 이튿날 밤 정동(貞洞)예배당 안의 이필주(李弼柱) 목사 집에 모여 종교계와 연합하여 독립운동을 전개하기로 결정했다.

2

독립선언서 작성문제는 2월 초순경부터 최린과 최남선, 현상윤이 운동계획을 협의할 때에 거론되었다. 세 사람은 운동의 핵심인 독립선언서를 작성해 둘 필요가 있다는 데 의견이 일치했다. 그때에 최남선은 최린을 보고 “나는 일생을 통하여 학자 생활로 관철하려고 결심한 바 있으므로 독립운동 표면에는 나서고 싶지 않으나, 독립선언서만은 내가 지어볼까 하는데, 그 작성 책임은 형이 져야 한다”고 말했고, 최린은 이를 받아

---

32) 『독립운동사자료집(5) 3·1운동 재판기록』, 1972, p.69.

들이면서 빨리 기초하라고 말했다.[33]

최남선이 우미관(優美館)의 영화광고지 뒷면에 초를 잡은 독립선언서 초고는 신익희(申翼熙) 등 몇사람이 돌려 보며 퇴고를 했다고 한다.[34] 이렇게 작성한 독립선언서를 최남선은 2월15일에 최린에게 건네주었다. 그 뒤에 한용운은 독립운동에 직접 책임질 수 없다는 사람이 독립선언서를 작성하는 것은 부당하므로 자기가 작성하겠다고 주장했으나, 최린은 누가 책임을 지든지 선언서를 작성하는 것은 최남선이 적임이라면서 한용운의 이의를 거절했다.[35]

다음으로 해야 할 작업은 독립선언서에 서명할 민족대표자의 확정과 그들의 서명날인을 받는 일이었다. 천도교에서는 처음부터 운동의 계획에 참여해 온 손병희, 권동진, 오세창, 최린과 2월25일부터 27일에 걸쳐서 고종의 인산에 참석하기 위하여 서울에 모인 양한묵(梁漢默), 홍기조(洪基兆), 홍병기(洪秉箕), 나용환(羅龍煥), 박준승(朴準承), 나인협(羅仁協), 임예환(林禮煥), 이종훈(李鍾勳), 이종일(李鍾一), 권병덕(權秉悳), 김완규(金完圭)를 합하여 모두 15명을 선정했다. 사후 수습과 교단 운영을 위해 대도주(大道主) 박인호(朴寅浩)는 제외했다. 기독교에서는 27일 밤에 이승훈, 박희도, 이갑성, 오화영, 최성모(崔聖模), 이필주, 함태영, 김창준(金昌俊), 신석구(申錫九), 박동완(朴東完)의 10명이 이필주의 집에 모여 최린이 준 독립선언서 초안을 검토하고 모두 찬성했다. 그리하여 함태영을 제외한 9명과 그 자리에 참석하지 않은 평양의 신홍식, 선천의 양전백, 정주의 이명룡, 평양의 길선주, 의주의 유여대, 정주의 김병조, 원산의 정춘수를 더하여 16명이 서명하기로 했다. 함태영을 제외한 것은 서명자들이 체포되었을 때에 그들의 가족을 돌보게 하기 위해서였다. 불교에서는 한용운과 백용성 두 사람으로 결정했다.

---

33) 崔麟,「自敍傳」, 앞의 책, p.192.
34) 申翼熙, 앞의 책, pp.60~61.
35) 崔麟,「自敍傳」, 앞의 책, p.193.

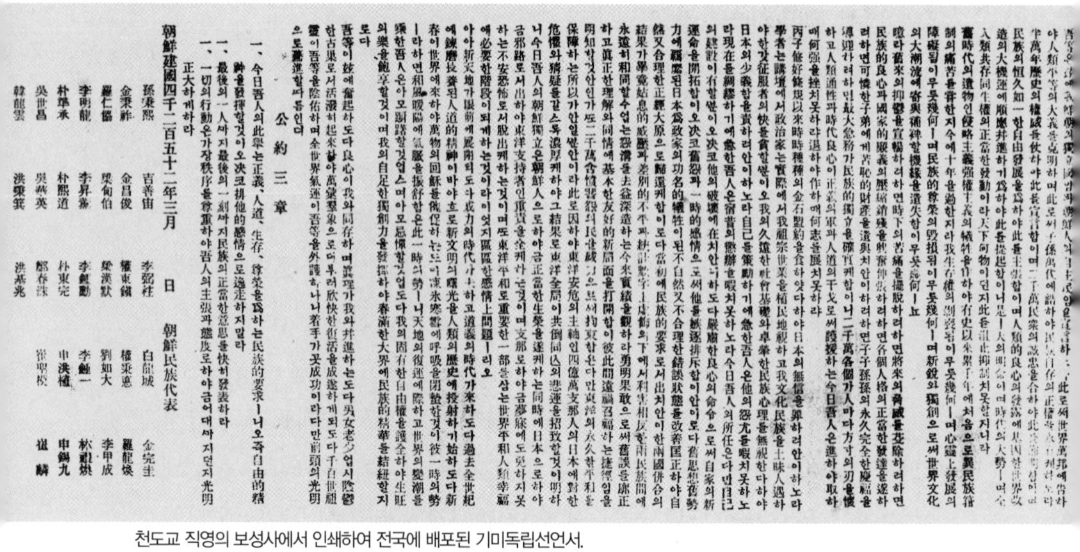

천도교 직영의 보성사에서 인쇄하여 전국에 배포된 기미독립선언서.

이렇게 하여 독립선언서에 서명할 33명이 확정되었는데, 2월27일에 기독교쪽의 이승훈, 이필주, 함태영과 불교쪽의 한용운, 그리고 개인으로 최남선이 최린의 집에 모였을 때에 서명자의 대표를 누구로 할 것인지가 문제가 되었다. 기독교쪽에서는 나이순이나 가나다순으로 하자고 주장했으나 최린이 반대했다. 논란 끝에 최남선의 중재에 따라 손병희를 맨 앞에 두기로 하고, 두번째로 기독교 장로교를 대표해서 길선주가, 세번째로는 기독교 감리교를 대표해서 이필주가, 네번째로는 불교를 대표해서 백용성이 서명하고, 나머지는 가나다순으로 서명하기로 했다.[36)]

이처럼 독립선언서에 서명할 민족대표 33명은 종교계의 각 교단 대표만으로 선정되었다. 그러나 독립운동은 한번의 만세시위로 끝날 일이 아니었다. 천도교의 박인호, 기독교의 함태영 등과 같이 운동의 계속과 희생자들의 뒷바라지를 맡아야 할 사람도 있어야 했다. 초기 모의단계에서부터 주동적 역할을 해온 중앙학교의 송진우와 현상윤이 빠진 것도 그

---

36) 같은 책, pp.195~196.

때문이었다. 그러나 이들은 뒤이어 검거되어 48명의 주동자로서 33명과 같이 투옥되었다.

독립선언서의 인쇄는 천도교에서 맡기로 하여 보성사(普成社) 사장 이종일이 담당했다. 그러나 보성사 직공의 조판기술이 부족하여 최남선이 경영하는 신문관(新文館) 직공에게 조판을 시켜서 인쇄만 보성사에서 했다. 이종일은 2월27일 밤 11시까지 독립선언서 2만1,000장을 인쇄해서 자기 집으로 옮겼다.

선언서의 배포는 천도교, 기독교, 불교, 학생쪽이 각각 책임자를 정하여 하기로 했다. 서울 시내는 학생들이 담당하고 각 지방별로는 기독교와 천도교에서 분담하여 인원을 파견하기로 했다. 학생대표들은 2월28일에 승동예배당에서 모임을 갖고 선언서 배포 책임자를 선정하고, 3월1일 오후 2시에 파고다 공원에 집결하여 시위운동을 벌이기로 했다.[37]

일본의 정부와 의회, 파리강화회의에 참석한 각국 대표들, 윌슨 대통령에게 보낼 의견서나 청원서 등의 문서를 국외로 보낼 전달 책임자도 결정되었다. 도쿄로 보낼 문서는 천도교쪽에서 선정한 서울의 임규(林圭)와 기독교쪽에서 선정한 평양의 안세환이 같이 맡기로 했다. 파리강화회의와 미국으로 보낼 문서는 기독교쪽에서 맡되, 개성의 김지환(金智煥)이 만주의 안동(安東)으로 가서 이미 상해로 떠난 현순에게 우송하여 현순으로 하여금 파리와 워싱턴으로 우송하게 했다. 그리하여 이들 전달 책임자들은 2월27일부터 출발하기 시작했다. 이보다 앞서 이승훈은 천교도쪽에서 받은 활동자금 5,000원 가운데서 1,000원을 현순에게 주어 상해로 먼저 파견했다.[38]

민족대표들은 2월28일 오후 5시쯤에 상견례 겸 마지막 회의를 위하여

---

37) 崔麟, 「自敍傳」, 앞의 책, pp.197~198; 金道泰, 「己未年의 國際情勢와 獨立運動의 顚末」, 《新天地》 1946년3월호, p.17.

38) 金亨錫, 「南岡 李昇薰研究: 三 · 一運動을 중심으로」, 《東方學志》 46·47·48합집, 延世大學校 國學研究所, 1985, p.649.

손병희의 집에 모였다. 이날 모임에는 양전백, 길선주, 이명룡, 김병조, 정춘수, 유여대, 백용성, 양한묵, 홍기조, 나인협을 제외한 23명이 참석했다. 이 자리에서 최린은 학생과 시민들이 운집한 파고다 공원에서 독립선언식을 거행하면 일본경찰과 군중 사이에 충돌이 일어나서 희생자가 생길 염려가 있다면서 장소를 바꿀 것을 제안했다. 일동의 찬성으로 파고다 공원에서 가까운 인사동의 명월관(明月館)지점 태화관(泰和館)에서 민족대표들만 모여 독립선언식을 거행하기로 했다. 태화관은 이완용(李完用)의 사저였던 곳으로서 을사조약과 합병조약을 모의한 장소이기도 했다.[39]

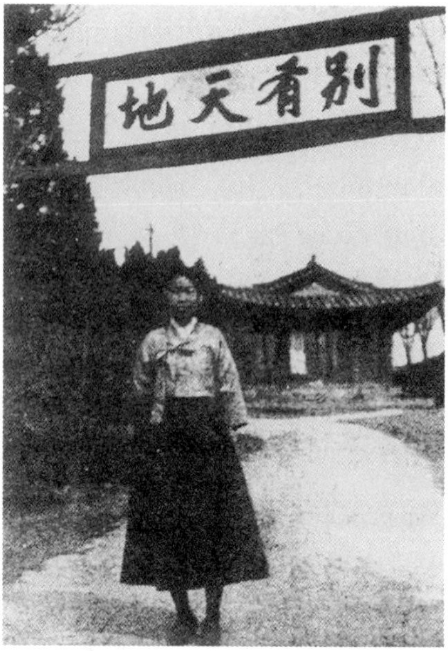

민족대표 33명은 태화관의 '별유천지' 제6호실에서 조선독립선언식을 가졌다.

3월1일의 날이 밝았다. 최린은 자기 집 대문 안에 독립선언서가 떨어져 있는 것을 보고 독립선언서의 배포가 예정대로 이루어지고 있음을 확인했다.[40] 지방에 있어서 미처 닿아 오지 못한 길선주, 유여대, 김병조, 정춘수를 제외한 29명의 대표들이 예정대로 오후 2시쯤에 태화관에 모였다. 간소하게 식사를 한 뒤에 선언서 100장을 상 위에 놓고 여러 사람이 열람하도록 하고 낭독은 생략했다. 이때에 파고다 공원에 집결한 학생들을 대표하여 강기덕 등 세 사람이 태화관으로 와서 학생들이 민족대표들을 기다린다면서 학생들 앞에서 독립선언서를 낭독할 것을 요청했다. 최린은 독립

39) 崔麟, 「自敍傳」, 앞의 책, pp.198~199; 權東鎭, 「三·一運動의 回顧」, 《新天地》 1946년3월호, p.8; 李炳憲 編, 『三·一運動秘史』, 時事時報社出版局, 1959, p.65.
40) 崔麟, 「自敍傳」, 위의 책, p.200.

선언 장소를 변경한 이유를 설명하고 학생들을 돌려보냈다. 오후 3시쯤에 한용운이 연설을 했고, 일동은 일어나서 "조선독립 만세!"를 삼창하고 축배를 들었다.

만세소리를 듣고 놀라서 달려온 태화관 주인을 보고 일동은 그에게 피해가 가지 않도록 경시총감부에 전화를 걸어서 이 사실을 통보하게 했다. 또한 이갑성은 세브란스 의학전문학교생 서영환(徐英煥)에게 독립선언서를 조선총독부에 전달하라고 했다.

연락을 받은 경시총감부는 정사복 경찰과 헌병 70~80명을 태화관으로 급파하여 손병희를 최초로, 최린과 한용운을 마지막으로 자동차에 분승시켜 경시총감부로 연행했다. 민족대표들을 연행하는 자동차들은 시위군중에 휩싸여 오후 5시30분에야 남산 밑 왜성대에 있는 경시총감부에 도착했다.[41]

한편 파고다 공원에는 오후 1시쯤부터 각급 학교 학생들을 주축으로 한 각계 각층의 사람들이 모여들어 종로길까지 메웠다. 기다리던 민족대표들이 나타나지 않자 경신학교 졸업생 정재용(鄭在鎔)이 단상에 올라가서 가지고 있던 독립선언서를 낭독한 다음, 이 독립선언과 동시에 조선은 독립국이 되었으므로 만세를 불러야 한다면서 두 손을 들어 큰 소리로 만세를 불렀다. 군중들도 일제히 만세를 불렀다. 그러고는 바로 시위행진에 들어갔다. 동대문, 남대문, 서대문으로 만세소리가 퍼져 나가고, 고종의 인산을 참관하러 각지에서 모여든 사람들이 시위행렬에 뛰어들어 인파는 삽시간에 수만명에 이르렀다. 저녁나절에는 시위가 교외로 번져나가서 곳에 따라서는 이날 밤 11시까지 만세소리가 끊이지 않았다. 거족적인 만세시위운동은 이렇게 시작되었다.

---

41) 崔麟, 「自敍傳」, 같은 책, p.201; 義菴孫秉熙先生記念事業會, 『義菴孫秉熙先生傳記』, 1967, pp.358~359.

3. 지식인운동에서 민중운동으로

1

위에서 보았듯이, 3·1운동은 종교계 지도자들과 학생층으로 구성된 지식인운동으로 시작되었다. 그것은 수감자 8,521명 가운데 종교인, 교사, 학생, 공무자유업(公務自由業) 등 지식인층이 전체의 21%에 해당하는 1,797명에 이르는 사실이 여실히 말해 준다. 그러나 3·1운동의 중요성은 그것이 지식인운동에 한정되지 않고 바로 요원의 불길 같은 민중운동으로 확산되었다는 점에 있다. 민중운동의 중추세력은 토지조사사업 등 제국주의 일본의 경제수탈의 가장 큰 희생자들인 농민층이었다. 위의 수감자 통계에 따르면, 수감자의 58%에 해당하는 4,958명이 농민이었다.[42)]

3·1운동이 거족적 민중운동으로 확산될 수 있었던 직접적 원인은 비운의 황제 고종의 갑작스런 승하였다. 고종은 영친왕(英親王) 이은(李垠)과 일본 황족의 딸 나시모토노미야 마사코(梨本宮方子)의 혼례를 나흘 앞둔 1월22일에 갑작스럽게 승하했는데, 그의 죽음은 국민 모두에게 큰 충격을 주었다. 사인은 뇌일혈로 발표되었으나, 국민들 사이에는 여러가지 의혹과 추측이 나돌았다. 소문은 크게 두가지였다. 하나는 자살설이고 다른 하나는 독살설이었다. 자살설은 영친왕이 일본여자와 결혼하는 것을 반대하여 그것을 백지화시키기 위하여 자살했다는 것이었다. 그리고 독살설은, 고종은 파리강화회의에 밀사를 파견할 계획을 하고 있었는데 이를 눈치 챈 조선총독부가 고종의 시의 안상호(安商鎬)를 시켜서 독살했다는 것이었다. 그리하여 고종의 승하 그 자체보다도 사인에 대한 소문이 무단통치 아래 억눌려 있던 민족적 울분을 촉발시킨 것이었다. 영친왕과 마사코의 결혼은 연기를 거듭하다가 이듬해 4월28일에야 거행되

---

42) 愼鏞廈, 앞의 글, p.282.

었다.

민족대표 33인의 한 사람인 이종일은 고종이 승하한 이튿날의 일기에 다음과 같이 적었다.

> 어제 고종이 일본에 의해 독살당했다. 이것은 무엇보다도 대한인의 울분을 터뜨리게 하는 일대 요건이 아닐 수 없다. 우리의 민중시위 구국운동은 이제 진정한 민중운동으로 성숙될 것이다.… 이 운동에 아니 참여할 자가 있겠는가.[43]

한편 일본헌병대 사령부는 이때의 상황을 다음과 같이 보고했다.

> 민족자결에 공명하는 사상과 이태왕[고종] 승하의 원인에 대한 망설(妄說)에 현혹된 원념(怨念)은 상하의 구별 없이 그들의 가슴속에 충만하여 일종의 요운(妖雲)이 서울 전시에 가득하여, 누구의 말이랄 것도 없이 국장(國葬) 전후에 무슨 사변이 발발하지 않을까 하는 말이 퍼져서 민심이 매우 평온하지 않은 상태에 있었다. 지방에서 국장을 참관하러 입경하는 자의 수가 약 20만이라고 하며, 앞의 낭설에 따라 민심이 평온하지 못한 것을 견문하고 귀향하여 낭설은 다시 낭설을 낳아 지방민심에 큰 자극을 주어 지방의 일반민심 역시 심히 불안한 상태에 놓이게 되었다.[44]

조선총독부는 고종의 승하에 따른 각 지방의 동향을 자세히 조사했다. 경상북도에서는 고종의 인산 전날까지 무려 230개소에서 망곡식(望哭式)이 거행되었다.[45]

---

43) 『沃坡李鍾一先生論說集(三) 沃坡備忘錄』, 沃坡文化財團, 1984, p.499.
44) 朝鮮憲兵隊司令部 編, 『大正八年 朝鮮騷擾事件狀況』, 巖南堂影印版, 1969, pp.1~2.
45) 위의 책, p.14.

1919년1월22일에 고종이 승하하자 경향 각지에서 많은 국민들이 덕수궁 대한문 앞에 몰려와서 통곡했다.

고종의 승하에 대한 망곡식이나 추도식은 황해도에서도 여러 곳에서 열렸다. 이때의 일본경찰의 한 정보보고는 김구의 거취에 대해서도 언급하고 있어서 눈길을 끈다. 신천군 산천면 동산평에 있던 김구는 고종의 승하 소식을 듣고 안악으로 나와서 추도회를 열고자 했으나, 관헌의 감시가 엄중하여 실행하지 못해 몹시 유감스럽다고 말했다는 것이었다.

황해도의 많은 다른 지방에서도 통곡식(慟哭式)이 열렸는데도 불구하고, 김구만이 관헌의 감시가 심하여 추도회를 열지 못했다는 이야기는 의아스럽다. 그때까지도 김구에 대한 일본관헌의 감시가 심하여 특별히 근신해야 했기 때문이었는지 알 수 없으나, 그보다는 김구에게 동산평 농장을 맡겨 놓고 있는 김씨 문중이 추도회 같은 것을 탐탁하게 여기지 않았기 때문이었을 것으로 짐작된다. 김씨 문중의 지략가인 김용제(金庸濟)와 그 밖의 몇몇 안악유지들은 고종의 승하와 관련하여 특별한 애도의 뜻을 느끼고 있지 않았던 것 같다. 그들은 고종이 영친왕의 혼인이 불만이어서 자살했다는 소문에 대해서도 고종의 성품으로 보아 자살할 턱

이 없고, 만일 자살했다면 정신에 이상이 있었기 때문일 것이라고 말했다고 한다.[46]

아무튼 이때에 김구가 동산평에서 안악으로 나와서 고종의 추도회를 열고자 했다는 일본경찰의 정보보고가 사실이라면 이때까지도 그의 의식 속에 잠재해 있는 근왕사상을 보여 주는 또 하나의 보기이다.

고종의 인산일(3월3일)이 가까워 오자 많은 사람들이 서울로 몰려왔다. 평소에는 하루 평균 1,500명 내지 1,600명의 승객이 이용하던 남대문역에는 2월26일에는 3,000여명이, 27일에는 6,000여명이 도착했다.[47] 기차를 탈 수 없는 사람들은 육로로 밤길을 걸어서 오기도 하고, 배를 타고 오기도 했다. 이들의 대부분이 서울의 시위행렬에 참여했고, 귀향해서는 지방의 시위를 선도했다.

3월1일에 파고다 공원에서 시작된 만세시위는 4월29일의 경남 창원읍의 시위로 끝날 때까지 60일 동안이나 계속되었다. 이 기간 동안 4월20일과 26일의 이틀 말고는 하루도 시위가 없는 날이 없었다. 4월11일까지는 매일 10회 이상의 시위가 있었는데, 3월 하순과 4월 초순에는 거의 매일 25회 이상의 시위가 있었다. 특히 4월1일에는 하루에 67회의 시위가 있었고, 3월27일, 4월2일, 4월3일에는 50회 이상의 시위가 있었다. 30회 이상 시위가 있었던 날만도 15일이나 되었다.[48]

이처럼 시위운동이 전국적으로 확산된 데에는 천도교와 기독교의 조직이 큰 역할을 했다. 이 밖에도 고종의 인산에 참여했다가 귀향한 지방 사람들이나 도쿄와 서울에서 귀향한 학생들, 인근지역 운동의 영향 등 다양한 매개를 통하여 운동이 퍼져 나갔다. 이 때문에 각 지방의 시위는 민족대표 등 중앙 지도부와 연결되어서 전개된 곳보다는 각 지방의 독자

46) 「高宗死去に關する朝鮮人の動向」, 姜德相 編, 『現代史資料(25) 朝鮮(一) 三·一運動(一)』, pp.79~81.
47) 《每日申報》 1919년3월1일자, 「車便마다 增加되는 南大門驛의 下車客」.
48) 金鎭鳳, 『三·一運動史研究』, 國學資料院, 2000, pp.93~94.

1919년3월1일에 덕수궁 담을 지나는 만세시위 행렬.

적 결의에 따라서 추진된 곳이 훨씬 많았다. 시위형태도 처음에는 비폭력 시위로 진행되었으나 3월 하순부터 민중이 차츰 운동에 적극적으로 참가하면서 일본군경의 잔인한 진압에 맞서 폭력시위로 변모해 갔다.[49]

2

이제 그러한 시위의 실상을 김구의 활동무대였던 황해도의 사례를 통하여 구체적으로 살펴보자. 그것은 김구가 왜 3·1운동에 적극적으로 참여하지 않았는가를 생각하는 데에도 도움이 된다.

황해도지역의 3·1운동은 격렬하게 전개되었다. 황해도에서는 3월1일에 시작하여 4월22일까지 시위가 계속되었는데, 다른 지역에 비하여 꾸준히 전개된 것이 특징이다. 일본헌병대가 조사한 것만도 황해도에서는

49) 정연태·이지원·이윤상, 「3·1운동의 전개양상과 참가계층」, 한국역사연구회·역사문제연구소 엮음, 『3·1민족해방운동연구』, 청년사, 1989, pp.229~257 참조.

크고 작은 시위가 143개소에서 151회에 걸쳐 있었다.[50)]

3월1일.

해주 읍내에서 기독교도 180명이 남본정 예배당에서 독립선언서를 낭독하고 만세를 불렀다. 옹진(甕津), 황주(黃州), 서흥(瑞興), 연백(延白), 수안(遂安), 사리원(沙里院)에서 기독교도들과 천도교도들이 독립선언서를 배포했다.

3월2일.

황주 읍내에서 천도교도들을 중심으로 300명이 시위를 벌였다. 시위군중이 경찰서 앞을 지날 때에 경찰이 시위군중을 제지하고 체포하자, 군중은 이에 항의하기 위해 황주경찰서를 공격했다. 주동자들이 체포되어 조사를 받았다.

3월3일.

수안군 읍내에서 천도교도들을 중심으로 200명가량이 일본헌병분대와 군청을 넘겨 주고 퇴거하기를 요구하며 세번에 걸쳐서 헌병분대를 습격했다. 일본군의 발포로 9명이 현장에서 사망하고 18명이 부상을 입었다. 이것은 황해도에서 가장 치열한 시위였다. 봉산군(鳳山郡) 사리원에서 기독교도들을 중심으로 500명가량의 군중이 태극기를 앞세우고 만세시위를 벌였다. 주동자 7명이 체포되고 해산되었다. 황주군 겸이포(兼二浦)에서 천도교 주도로 만세시위를 벌였다. 인근 제철소 노동자들 200명가량이 합세하여 시위가 확대되자 일본경찰의 무력진압으로 주동자 9명이 체포되고 해산했다. 해주 읍내에서도 만세시위가 있었다.

3월4일.

곡산군(谷山郡)에서 천도교도 50명가량이 대오를 지어 "조선독립(朝鮮獨立)"이라고 쓴 큰 기를 앞세우고 만세 시위를 했다. 주동자 7명이 체포되었다.

---

50) 朝鮮憲兵隊司令部 編, 『大正八年 朝鮮騷擾事件狀況』, p.115.

3월5일.

곡산군 광천리(廣川里)에서 새벽에 천도교도 100명가량이 태극기를 앞세우고 만세를 부르며 읍내로 행진하려 했으나 헌병분대장과의 협상으로 시위대는 자진 해산했다.

3월6일.

황주에서 공립보통학교 학생 100명가량이 인근 덕월산(德月山)에서 만세를 불렀고, 사립 양성학교(養成學校) 남학생 30명가량이 교내에서 만세를 부르고 시위행진을 하려다가 경찰의 제지로 해산했다.

3월7일.

수안군 수구면(水口面) 석달(石達)에서 천도교도 40명이 주재소를 습격했다.

3월9일.

서흥군 도면(道面) 능리(陵里)에서 기독교도를 중심으로 70명이 시위를 벌였다. 재령(載寧) 읍내에서 기독교도를 중심으로 500명가량이 시위를 벌이다가 헌병대의 발포로 해산했다.

3월10일.

서흥군 도면 능리에서 기독교도를 중심으로 100명이 시위운동을 벌였다. 재령군 내종리(內宗里)에서 기독교도와 주민 400~500명가량이 시위를 벌였다. 헌병대의 발포로 시위군중 1명이 현장에서 사망했다. 해주읍에서 옹진군 내의 천도교도 100명가량과 기독교도 수백명이 합세하여 시위를 벌였다. 주동자 10명이 체포되고 해산했다.

3월11일.

안악군 온정리(溫井里)에서 기독교도의 주도로 200여명이 헌병주재소를 습격하여 돌을 던지고 사무실 일부를 파괴했다. 일본군의 발포로 2명이 사망했다. 신천군 문화읍(文化邑)에서 기독교도 300명이 헌병주재소를 찾아가서 태극기를 들고 독립만세를 외쳤다. 장련(長連)군 읍내에서 천도교도 50명과 군중 200명가량이 합세하여 경찰서 앞에서 시위를 벌였다. 14명이 체포되었다.

3월12일.

은율군 장련에서 기독교도를 중심으로 3,000명가량이 독립선언서를 배포하면서 시위를 벌였고, 주동자 19명이 체포되었다. 송화군 읍내에서는 천도교도를 중심으로 한 200명이 송화헌병분대를 습격하여 돌을 던지고 몽둥이를 휘둘렀다. 일본헌병의 강제진압으로 중상자 1명, 경상자 4명이 발생하고 17명이 체포되었다. 해주군 청단(靑丹)에서 공립보통학교 학생들을 중심으로 600명이 시위운동을 벌였고, 주동자 7명이 체포되었다.

3월15일.

연백군 읍내에서 30명이 독립만세를 부르면서 시위운동을 벌였고, 주동자 5명이 체포되었다. 신천군 달천(達泉)에서 기독교도를 중심으로 300명이 독립만세를 부르고 독립선언서를 배포하다가 해산했다.

3월16일.

연백군 연안(延安)에서 100명의 군중이 집합했다가 해산했다. 그날 밤에 다시 군중 300명가량이 동문과 서문 및 기독교회당 세 곳으로 나뉘어 교회당 종소리를 신호로 일제히 독립만세를 불렀고, 주동자 2명이 체포되었다. 연백군 나진포(羅津浦)의 주민 100명가량이 태극기를 들고 독립만세를 부르며 연안읍내로 들어오려다가 일본헌병에게 제지되고 주동자 11명이 체포되었다. 신천군 문화장터에서 군중 200명이 태극기를 들고 독립만세를 외치며 시위를 벌였다.

3월17일.

서흥에서 150명이 시위를 벌였다. 송화군 수교(水橋)에서 기독교인을 중심으로 150명의 시위군중이 태극기를 들고 독립만세를 불렀다. 주동자 5명이 체포되었다.

3월18일.

연안군 읍내에서 1,000명의 군중이 태극기를 들고 독립만세를 높이

외치고 돌을 던지고 몽둥이를 휘두르면서 헌병분대를 습격했다. 주동자 4명이 체포되었다. 수안군 율리(栗里)에서 기독교계 경신(敬信)학교 교사가 생도 40명을 선동하여 헌병주재소를 쳐부수려다가 제지되고 교사는 체포되었다.

3월19일.

신천군 용천(龍川)에서 기독교 부속 서당생도 등 60명이 시위를 벌였다. 주동자 4명이 체포되었다.

3월20일.

신천군 달천에서 기독교도 50명가량이 시위를 벌이려다가 주동자 7명이 체포되었다.

3월23일.

연백군 벽란도(碧欄渡)에서 기독교학교 학생과 주민 100명가량이 시위를 벌였다. 주동자 2명이 체포되었다.

3월24일.

연백군 금곡리(金谷里)에서 15~16명의 소년들이 순종이 순행할 때에 사용했던 태극기를 들고 나와서 시위운동을 벌였다. 1명이 체포되었다.

3월26일.

은율군 읍내에서 기독교도를 중심으로 1,000명가량이 모여 독립선언서를 배포하고 시위를 벌였다.

3월27일.

신천군 읍내에서 기독교도를 중심으로 200명가량이 시위를 벌였다. 시위대가 해산된 뒤에도 10명 내지 30명씩 소규모로 시내 각처를 돌아다니며 시위를 계속했다. 75명이 체포되었다.

3월28일.

신천군 읍내에서 아침부터 기독교도를 중심으로 100여명이 몽둥이를 들고 다시 모여 시위를 벌였다. 일본헌병의 발포로 2명이 부상했다. 안악군 읍내에서 기독교도를 중심으로 400명가량이 시위를 벌였다. 주동자를 비롯하여 25명이 체포되었다.

3월29일.

재령군 청석두(靑石頭)에서 기독교도와 서당학생들을 중심으로 300명가량이 시위를 벌였고 주동자 4명이 체포되었다. 안악군 동창포(東倉浦)에서 기독교학교 학생 등 150명가량이 시위를 벌였다.

3월30일.

안악군 동창포에서 400명가량의 군중이 전날 체포된 사람들을 구출하려고 경찰주재소를 습격하려다가 제지당했다. 연백군 옥산포(玉山浦)에서 학생과 청년 등 100명이 시위를 벌였다. 연백군 배천[白川]에서 1,000명가량이 시위를 벌이다가 일본헌병의 발포로 4명이 부상하고 49명이 체포되었다.

3월31일.

해주 읍내의 고지에서 공사립학교 학생들을 중심으로 50명가량이 독립만세를 외치며 시위를 벌였다. 연백군 운산면(雲山面)에서 면직원의 지휘로 300명가량이 배천으로 몰려가다가 제지당했다. 같은 군의 유곡면(柳谷面) 용현(龍峴)장터에서 300명가량이 시위를 벌이다가 일본헌병의 발포로 해산되었다. 평산군(平山郡) 기린(麒麟)에서 150명 내지 600명이 격렬한 시위를 벌였다. 헌병의 발포로 1명이 죽고 2명이 부상당했다.

위의 기록은 김구가 상해로 망명할 때까지의 3월 한달 동안 황해도에서 전개된 3·1운동을 여러 자료를 토대로 정리한 것이다. 앞에서 말한 대로, 시위는 4월22일까지 계속되었다.

4. 김용진의 권유받고 상해로 망명

1

김구는 동산평 농장에서 3·1운동을 맞았다. 이때의 일을 『백범일지』는 다음과 같이 적었다.

> 구름 끼어 어두웠던 겨울 추위가 지나고 따사한 봄바람이 부는 기미년2월(음력)이 돌아왔다. 청천벽력과 같이 경성 파고다 공원에서는 독립만세 소리가 일었고, 독립선언서가 각 지방에 배포되자 평양, 진남포, 신천, 안악, 온정, 문화 등 각지에서 벌써 인민이 궐기하여 만세를 부르고, 안악에서도 계획하고 준비하던 때였다.[51]

위의 서술로 보면 김구는 서울의 독립선언 소식과 독립선언서의 지방 배포를 비롯하여 황해도 각 지방에서 일어나고 있는 시위에 대해서도 소식을 들었다.

그러나 김구는 시위운동에 나서는 데 신중했다. 일찍이 자신이 "양반도 깨어라! 상놈도 깨어라!" 하고 외치면서 교육계몽운동을 하고 다녔던 곳곳에서 격렬한 시위운동이 벌어지는 것을 보면서도 김구가 시위에 참여할 생각을 하지 않았다는 것은 여러 가지를 생각하게 한다. 동산평에서나 동산평이 있는 산천면(山川面)에서는 시위운동이 일어나지 않았다.

김구는 농장일에 전념하면서도 《매일신보(每日申報)》를 열심히 읽고 있었다. 그런데 『백범일지』의 3·1운동 때의 상황에 대한 서술 부분에 윌슨의 민족자결주의나 파리강화회의와 같은, 당시의 지식인들을 크게 고무시킨 국제정세의 동향에 대해서는 아무 언급이 없는 것도 의아스럽다.

---

51) 『백범일지』, p.282.

《매일신보》에는 비록 부정확하고 왜곡되게나마 민족자결주의에 관한 이야기가 보도되고 있었기 때문이다. 김구가 3·1운동의 원인으로 윌슨의 민족자결주의를 언급한 것은 1941년에 집필하기 시작한 『백범일지』 하권의 서두 부분에서였다.

또 한가지 의아스러운 점은 3·1운동의 준비과정에서 왜 김구에게는 연락이 없었을까 하는 점이다. 3·1운동 준비과정에서 기독교쪽에서 가장 적극적으로 움직인 인물이 이승훈이었는데, 그는 신민회 때부터 김구를 알고 있었다. 이승훈이 105인사건으로 투옥되었을 때에는 김구와 같이 옥고를 치르기도 했다. 그러나 3·1운동 때의 황해도의 기독교쪽 연락은 황해도 출신의 박희도, 최성모, 오화영 등이 해주의 오현경(吳玄卿) 목사 등을 통하여 이루어졌다.[52]

각지에서 만세시위가 일어나기 시작했을 때에 김구는 재령에 있는 장덕준(張德俊)으로부터 인편을 통하여 편지를 받았다. "국가대사가 일어났으니 같이 재령에 앉아서 토의 진행하자"는 내용이었다.[53] 장덕준은 3·1운동의 준비과정에서 이승훈의 연락책으로 활약한 김도태를 잘 알고 있었으므로 그로부터 3·1운동의 준비에 대한 소식을 들었을 것이다. 그뿐만 아니라 1918년 초겨울에 신한청년당의 밀사로 입국한 동생 장덕수와도 연락이 있었을 것이므로 파리강화회의와 한인대표 파견 같은 이야기도 들었을 것이다. 그러므로 이때에 장덕준이 김구에게 만나자고 한 것은 만세시위뿐만 아니라 앞으로의 문제까지 진지하게 논의하기 위해서였을 것이다.

그러나 김구는 장덕준에게 기회를 보아 움직이겠다는 답장을 보내고, 바로 진남포로 건너갔다. 평양으로 가기 위해서였다.[54] 농촌계몽에 관한

---

52) 독립운동사편찬위원회, 『독립운동사(2) 3·1운동사(상)』, 1972, 독립유공자사업기금운용위원회, pp.223~225.

53) 『백범일지』, p.282.

54) 위와 같음.

여러 가지 일까지 장덕준에게 협의하던 김구가 왜 바로 재령으로 가지 않고 평양으로 가려고 했는지 궁금하다. 평양은 전국적으로 가장 많은 인적, 물적 손실을 입었을 정도로 시위운동이 격렬하게 전개된 곳이었다. 박은식(朴殷植)의 『한국독립운동지혈사(韓國獨立運動之血史)』에 따르면, 평양은 12차의 집회로 총 3만명이 시위에 참가하여 656명이 사망하고, 636명이 부상을 입고, 4,680명이 투옥되었다.[55] 특히 운동기간 동안 경기도 수원(水原)과 함께 전국에서 가장 많은 15개의 교회가 불탔다는 사실은 평양의 만세시위가 기독교 중심으로 전개되었음을 뜻한다.

일본헌병의 감시가 엄중한 상황에서 김구가 만세운동이 가장 치열했던 평양을 방문하고자 했다는 것은 눈여겨볼 만한 일이다. 그러나 『백범일지』에는 이때에 김구가 무슨 이유로 누구를 만나러 평양으로 가려고 했는지에 대해서는 아무런 언급이 없다. 긴박한 상황에서 장덕준의 제안을 거절하면서까지 평양으로 가려고 한 것은, 누구인지는 알 수 없으나, 김구가 행동방향을 결정하는 데 매우 중요한 사람을 만나기 위해서였던 것은 틀림없을 것이다.

그러나 김구의 계획은 진남포에서 좌절되었다. 김구는 진남포의 친구들로부터 평양에 무사히 도착할 수 없을 테니까 고향으로 돌아가라는 권고를 받고 그날로 발길을 돌려 안악으로 돌아왔다.

안악에서는 청년들이 김구를 기다리고 있었다. 청년들은 김구가 시위에 앞장서 주기 바랐다.

"준비를 다 해놓았으니 함께 나가서 만세를 부릅시다."

그러나 김구는 단호히 거절했다.

"만세운동에는 참여할 마음이 없네."

"선생이 참여하지 않으면 누가 만세를 선창합니까?"

"독립은 만세만 불러서 되는 것이 아니고 장래 일을 계획해서 진행하

---

55) 朴殷植, 『韓國獨立運動之血史』, 『白巖朴殷植全集(2) 저술Ⅱ』, 동방미디어, 2002, p.170, p.521.

여야 할 터인즉, 내가 참여하고 안 하고가 문제가 아니니, 자네들은 어서 만세를 부르게."[56]

안악읍에서는 김구가 청년들의 요청을 거절한 바로 그날에 만세시위가 일어났다. 안악읍의 만세시위는 다른 지역보다 늦어서, 3월28일에 용순면 유순리(兪順里) 숭덕학교 교사 이용삼(李容三)의 지도로 기독교인들과 청년학생들을 중심으로 일어난 것이 처음이었다.

이날 안악읍의 만세시위는 새장[新長里] 장날 정오를 기하여 막이 올라서 교회 종소리를 신호로 주도면밀하게 진행되었다. 일본헌병과 보조원들은 시위군중을 무력으로 진압했다. 이날의 시위로 임승문(林承文), 임동균(林東均) 등이 중상을 입고 안신학교 교사 양언경(梁彦卿) 등 25명이 체포되었다.[57]

안악읍의 만세시위가 다른 지역에 비해서 뒤늦게 시작된 것은 일본경찰의 집중적 감시를 받던 안악지역 운동가들의 상황과 관련이 있었다. 안악사건을 조작하여 안악의 많은 활동가들을 투옥했던 조선총독부는 이들이 석방된 뒤에도 감시를 엄중히 하고 있었다. 서울에서 만세시위가 났다는 연락을 받은 일본헌병대는 즉각 안악사건에 연루되었던 읍내의 지사들에 대한 감시를 더욱 강화하는 한편, 만세시위를 주도할 가능성이 있는 읍내의 목사와 기독교 지도자들을 사전에 검속하기까지 했다.[58]

김구가 상해로 망명할 결심을 하는 것은 이러한 상황에서였다. 그런데 자신의 운명을 바꾸어 놓은 이 중대한 결정의 동기나 경위에 대해 『백범일지』에 아무런 설명이 없는 것은 매우 이상하다. 김구가 상해로 떠나기까지의 상황에 대해서는 그와 함께 상해로 갔던 최명식(崔明植)의 회고를 통해서 짐작할 수밖에 없다.

---

56) 『백범일지』, p.283.
57) 『독립운동사(2) 3·1운동사(상)』, p.294; 『安岳郡誌』, pp.144~148.
58) 『독립운동사(2) 3·1운동사(상)』, p.294.

그때에 안악 구장동(九長洞)에서도 늙은이 한 사람이 서울에 갔다가 곧 내려왔기에 어째서 이렇게 빨리 돌아왔는가고 물어보았다. 그는 "서울에서는 독립이 된다고 백성들이 만세를 부르고 있었으며, 한편 왜순경들은 말을 타고 날뛰고 군중을 짓밟고 헤치고 하면서 많은 사람을 잡아가므로 난리가 나서 우리 같은 사람은 있을 수가 없어서 내려왔노라"고 했다. 그 이튿날 신천군 유천시장에 갔더니 어떤 청년이 독립선언문을 내게 보이면서 "서울서만 만세를 부를 것이 아니라 각 지방에서도 (이것을 읽고) 만세를 불러야 된다고 말하더라"고 했다. 그 선언문을 읽어 보았더니 과연 글이 통쾌하고 잘 되어서 보는 사람으로 하여금 감격과 흥분을 금할 길 없게 했다. 무엇이 어떻게 되어 가는지 잘 알 수 없었지만 나는 그곳 친구들과 술을 나누면서 무작정하고 흥분하기만 했다. 집에 돌아왔다가 안악에 들어가서 좀더 자세한 소식을 들을까 하던 차에 김용진(金庸震)이 사람을 보내서 김구와 동반 입성하라고 연락해 왔다. 이리하여 동산평으로 김구를 찾아가 함께 안악으로 들어가니 김용진과 김용제는 우리에게 "이번 서울의 만세사건이란 미국 대통령 윌슨이 주창한 민족자결주의에 의하여 우리도 이 기회에 독립을 쟁취하자는 것인데, 한편으로는 국내에서 일제에 대하여 반항운동을 일으키고 한편으로는 상해에서 임시정부를 조직하여 세계에 선포하고 독립운동을 전개할 예정으로 국내 각지에서 많은 대표가 참가하기를 희망한다는 서울로부터의 소식이 있다"고 말하면서 김구와 나더러 상해로 나가라고 권고하는 것이었다.[59)]

최명식의 서술에서 주목되는 것은 김용진 형제가 "서울로부터의 소식"을 통해서 서울의 만세시위 소식뿐만 아니라 상해에서 임시정부를 수립한다는 것까지도 듣고 있었던 점이다. 김구가 안악의 시위운동에 적극

59) 崔明植, 『安岳事件과 三·一運動과 나』, pp.64~65.

적으로 참여하지 않았던 것은 김씨 문중의 이러한 권유와 연관이 있었던 것 같다.

그런데 최명식의 회고에 따르면, 상해행을 결정하는 과정에서 김구는 최명식과 마찬가지로 매우 수동적이었다. 두 사람은 김용진 형제의 권유에 따라 상해행을 결심했다. 처음에 최명식은 가족들의 생활문제 때문에 선뜻 결심을 하지 못하고 고민했다. 김씨 문중의 도움으로 생활하던 김구 역시 최명식과 비슷한 상황이었을 것이다. 망설이는 두 사람을 김용진이 다음과 같이 설득했다고 한다.

"이런 기회에 일을 안 하면 언제 하겠습니까. 두분이 가장 적임자이니 어떻게든지 가도록 하세요.… 어찌 공짜 징역만 하고 말겠습니까. 두분이 나간 뒤에 가족들의 생활에 대해서는 염려하지 마십시오. 우리가 전 책임을 지겠습니다."[60]

김용진의 이러한 말은 이승만의 파리강화회의 참가비용으로 황해도에 사는 어떤 부자가 3만원을 조달했다는 일본경찰의 정보보고를 상기시킨다. 김씨 문중과 같은 황해도의 대표적 지주 자본가들이 3·1운동에 뒤이은 임시정부 수립에 그토록 열성적이었다는 사실은, 좀 과장된 점이 없지 않을 것이지만, 꼼꼼히 톺아볼 만한 일이다.

김용진의 말을 듣고 두 사람은 마침내 상해로 갈 결심을 했다. 김용진은 "한 사람이 500원씩만 가지면 한 1년쯤은 지낼 수 있지 않겠습니까. 그리고 1년쯤 지나면 그곳에서도 어떤 방도가 생기겠지요"라고 말하고, 돈 1,000원을 마련하겠다고 했다.

김홍량(金鴻亮)의 출국문제도 논의되었다. 그러나 김홍량은 현금으로 1만원이 준비되지 않으면 떠나지 않겠다고 했다고 한다. 그는 부잣집 장손답게 독립운동에 가장 필요한 것이 자금이고 또 사람들이 자기에게 기대하는 것도 자금일 것이라는 것을 알고 있었던 것이다. 김씨 문중이

60) 崔明植, 위의 책, p.65.

아무리 부자라 하더라도 추수철도 되기 전에 1만원이라는 거금을 당장 마련한다는 것은 쉬운 일이 아니었을 것이다. 그리하여 김홍량은 자금이 마련되는 대로 나중에 떠나기로 하고 김구와 최명식이 먼저 떠나기로 했다고 한다.[61)]

식구들의 생활보장을 약속받기는 했지만, 조국을 떠나서 해외로 망명하는 데에는 여간 중대한 결심이 필요하지 않았다. 동산평 농감생활은 김구의 파란만장한 생애에서 가장 행복한 시절이었다. 아들 인(仁)의 출생은 하늘이 내려준 축복이었다. 막 백일이 된 아들의 얼굴에서 눈길을 뗄 수 없을 때에 김구는 기약 없는 망명길에 올라야 했다. 또 마침 3월27일(음력 2월26일)은 곽씨 부인의 환갑이었다. 김구는 가까운 친구들이나 불러 조촐하게 축하연을 열기로 아내와 상의하고 준비하려 했다. 그러나 이를 눈치 챈 곽씨 부인은 극구 만류했다.

"네가 1년 추수만 더 지내도 좀 생활이 나을 터이니, 한다면 네 친구들을 다 청하여 하루 놀아야 하지 않느냐? 네가 곤란한 중에서 무엇을 준비한다면 도리어 내 마음이 불안하니 다음으로 미루어라."[62)]

이렇게 하여 어머니 환갑상도 차리지 못한 채 김구가 동산평을 하직한 것은 곽씨 부인의 환갑 사흘 뒤였다.

김용진을 만나고 돌아온 김구는 바로 떠날 준비를 했다. 그는 날이 밝자 자신을 감시하는 일본헌병을 따돌리기 위해 평소처럼 소작인들에게 농기구를 가지고 모이게 한 다음 제방을 수리하러 나갔다. 지팡이를 짚고 제방에 올라서 소작인들이 제방을 수리하는 것을 감독하는 척했다. 김구를 감시하던 일본헌병은 농사일에만 열중하는 김구를 보고는 정오가 되자 이웃 유천(柳川)으로 가버렸다. 점심 무렵이 되어 김구는 소작인들에게 일을 잘 끝마치도록 지시한 다음 이웃마을에 다녀온다면서 농장

---

61) 같은 책, pp.65~66.
62) 『백범일지』, p.289.

을 빠져나왔다. 그 길로 안악으로 갔다. 김구는 김용진으로부터 500원을 받아 가지고 안악을 출발했다. 『백범일지』에는 안악읍에서 만세시위가 있은 다음날 오후에 안악을 떠났다고 했는데, 앞에서 본 대로 안악읍에서 첫 만세시위가 있었던 것은 3월28일이었으므로, 김구가 안악을 떠난 것은 3월29일이었다.

2

안악을 출발한 김구는 사리원에 도착하여 김우범(金禹範)의 집에서 하룻밤 자고 다음날 아침에 신의주행 기차를 탔다. 기차 안에서는 온통 만세시위에 관한 이야기뿐이었다. 황해도를 떠나서 평양을 지날 때에도 만세를 부르다가 사람 몇명이 상했다는 등의 이야기뿐이었다. 그들의 대화는 김구의 귓전을 떠나지 않았다.

"우리가 죽지 않고 독립이 되오?"

"우리 독립은 벌써 되었지요. 아직 왜가 물러가지만 않은 것뿐이니, 전국의 인민이 다 들고일어나 만세를 부르면 왜놈이 자연히 쫓겨나고야 말지요."[63]

이러한 대화는 만세시위에 관한 민중의 일반적 인식을 그대로 보여 주는 것이었다. 앞에서 본 대로, 황해도의 시위운동 가운데서 가장 치열했던 수안읍의 시위 때에도 군중의 요구는 이제 조선은 독립이 되었으므로 일본인들은 헌병분대와 군청을 내어놓고 돌아가라는 것이었다. 이러한 사정은 전국적으로 마찬가지였다. 민중으로 하여금 만세시위에 적극적으로 참여하게 한 힘은 국권이 회복되었다는, 또는 만세시위로 국권이 회복될 것이라는 낙관적 신념이었다. 그것은 황홀하고도 비장한 환상이었다. 환상은 민중의 경우뿐만이 아니었다. 독립선언서에 서명한 민족대표

---

63) 『백범일지』, p.283.

33명은 모두 종교인이었다. 그들은 만세시위만으로 국권이 회복될 수 있으리라고는 믿지 않았다. 그러나 그들은 자신들의 행동이 하늘의 뜻이라고 믿었다. 그리하여 하늘의 뜻이 언젠가는 반드시 지상에서 이루어질 것을 믿는 순교자의 자세로 운동에 앞장섰던 것이다.

김구는 사람들의 이야기에 귀를 기울이면서 배고픈 것도 잊고 신의주역에 도착했다. 평안도 지방의 3·1운동은 서울과 함께 전국에서 가장 먼저 시작되었다. 3월1일에 평양, 진남포, 안주, 의주, 선천의 5개 지역에서 거의 동시에 독립선언식과 만세시위가 일어났다. 평안도에서는 4월 말까지 전국에서 가장 많은 기소자와 사상자를 낼 정도로 운동이 격렬하게 전개되었다.

의주군은 평안도 안에서도 만세운동이 가장 치열하게 전개된 곳이었다. 박은식의 『한국독립운동지혈사』에는 의주군에서는 전후 38차례의 집회에 총 6만명이 시위에 참가하고, 656명이 사망한 것으로 기술되어 있다.[64] 그것은 서울 이외의 단일 지역으로서는 전국에서 가장 많은 인원이 참가한 것이었다. 3월1일부터 시작된 의주군의 시위는 3월 하순에서 4월 초순에 걸쳐 절정을 이루었다. 특히 4월1일에는 읍내를 비롯하여 모두 다섯 곳에서 시위가 있었는데, 1,200여명이 참가한 읍내에서는 일본헌병과의 충돌로 수십명의 사상자가 발생했다. 일본쪽 기록에 따르더라도 의주군에서는 살상자가 830명이나 발생했다.[65]

김구는 신의주에 도착하여, 전날에 만세를 부르고 21명이 구금되었다는 소식을 들었다고 쓴 것으로 보아서,[66] 신의주에 도착한 것은 4월2일이었던 것 같다. 개찰구에서는 일본인 역무원이 지키고 서서 여행객을 엄중하게 검문했다. 김구는 짐보따리도 없이 수건에 여비만 싸서 허리띠에 매어 차고 있었다. 일본인 역무원이 물었다.

---

64) 朴殷植, 앞의 책, p.169, p.521.

65) 윤병석, 『증보 3·1운동사』, 국학자료원, 2004, p.73.

66) 『백범일지』, p.284.

"이것이 무엇이오?"

"돈이오."

"무엇하는 사람이오?"

"재목상이오."

그러자 그 역무원은 "재목이 사람이야?" 하면서 가라고 했다.

김구는 신의주 시내로 들어가서 요기를 하면서 분위기를 살펴보았다. 그곳 역시 공기가 흉흉했다. 그날 밤에 또 만세를 부르자고 통지가 돌았다는 둥 술렁거렸다. 김구는 중국인의 인력거를 불러 타고 압록강 다리를 건넜다. 도착한 곳은 중국땅 안동현이었다. 김구는 한 여관에 방을 잡고 변성명하여 좁쌀장수로 가장하고 최명식을 기다렸다. 며칠 뒤에 최명식이 왔다.

"왜 이렇게 여러 날 만에 오는가?"

"홍량이를 같이 데려올까 해서 며칠 지체되었네. 그런데 어떻게 아직 여기에 있는가?"

"이륭양행(怡隆洋行) 배가 상해로 가는데, 짐을 미처 싣지 못하여 기다리는 중이네. 아마 내일쯤은 떠나게 될 듯해."[67)]

이륭양행은 영국인 조지 쇼(George L. Show, 蘇志英)가 운영하는 무역상사 겸 선박회사로서 일본영사관의 경찰권이 미치지 못하는 구시가지에 있었기 때문에 한국 독립운동자들이 많이 이용하고 있었다. 영국의 식민지 아일랜드 출신인 조지 쇼는 한국의 독립운동을 동정했으며, 그의 부인이 일본인이어서 일본사정을 알아내는 데도 도움이 되었다. 이러한 이점을 이용하여 그는 상해를 오가는 독립운동자들에게 교통편을 제공하거나 숨겨 주기도 했고, 상해임시정부가 수립된 뒤에는 임시정부의 중요 문서나 화물과 우편물의 왕래를 담당하는 등 한국의 독립운동에 많

---

67) 『백범일지』, p.284; 崔明植, 앞의 책, p.66.

은 도움을 주었다.[68] 이륭양행은 임시정부 교통부 안동지부 사무국으로서 상해와 국내를 연결하는 비밀연락처로서 중요한 역할을 했다.[69]

최명식이 도착한 이튿날 김구는 이륭양행의 배를 타고 상해로 향했다. 안동현에 도착한 지 7일 만이었다. 최명식은 심양(審陽)에 다녀올 일이 있다고 했다. 김구는 이때에 이륭양행의 배를 같이 탔던 일행이 15명이었다고 했는데,[70] 이들은 거의가 김구와 같은 처지의 인물들이었을 것이다. 김구는 4월13일에 안승원(安承源), 김병조, 장덕로(張德櫓), 이원익(李元益), 조상섭(趙尙燮), 양준명(梁濬明), 이유필(李裕弼), 고일청(高一淸), 김인서(金引敍), 이규서(李奎瑞) 등과 함께 상해에 도착했다고 했는데,[71] 이들은 아마 김구와 같은 배를 탔던 일행이었을 것이다. 이들은 대부분 기독교 목사이거나 교인으로서 자기 고장의 3·1운동을 주도하고, 일본경찰을 피하여 상해로 망명한 인사들이었다. 김병조는 민족대표 33인의 한 사람이었고 이원익, 이유필, 고일청은 김병조와 함께 의주의 만세 시위운동을 주도한 사람들이었다.[72]

배가 해안을 지날 때에 일본 경비선이 나팔을 불고 따라오면서 배를 세우라고 했다. 그러나 영국인 선장은 들은 척도 하지 않고 전속력으로 경비구역을 벗어났다.

이렇게 떠난 고국땅을 김구가 다시 밟는 것은 26년의 세월이 흐른 뒤였다.

---

68) 韓哲昊, 「조지 엘 쇼(George L. Show)의 한국독립운동 지원활동과 그 의의」, 《한국근현대사연구》 제38집, 한울, 2006 가을, pp.7~41 참조.

69) 蔡永國, 「대한민국임시정부 교통국의 설치와 활동」, 한국근현대사학회 편, 『대한민국임시정부 수립 80주년 기념논문집(상)』, 國家報勳處, 1999, pp.358~375 참조.

70) 『백범일지』, p.284; 崔明植, 앞의 책, p.67.

71) 朴殷植, 앞의 책, p.197, p.543; 在上海日本總領事館警察部 編, 『朝鮮民族運動年鑑』에는 4월 13일에 安承源, 金秉祚, 張德櫓, 李元益, 趙尙燮, 金九 등이 朝鮮에서 上海로 왔다고 했다.

72) 金秉祚, 『獨立運動史略』, p.28; 『독립운동사(2) 3·1운동사(상)』, p.464.

참고문헌

1. 연대기, 정부기록, 지방지, 신문, 잡지 등

國史編纂委員會, 『高宗時代史(六)』, 1972.

――――――, 『高宗實錄』, 1979.

――――――, 『大韓帝國官員履歷書』, 1972.

――――――, 『韓國獨立運動史(一)』, 國史編纂委員會, 1965.

――――――, 『韓國獨立運動史 資料(7) 安重根篇Ⅱ』, 1978.

――――――, 『韓民族獨立運動史資料集(3)』, 1987.

――――――, 『韓國現代史資料集成(45) 大韓人國民會와 이승만(1915~1936년간 하와이 법정자료)』, 1999.

――――――, 『駐韓日本公使館記錄(24)』, 1998.

――――――, 『統監府文書(1)』, 1998.

――――――, 『統監府文書(8)』, 1999.

국사편찬위원회, 『대한민국임시정부자료집(2) 임시의정원Ⅰ』, 국사편찬위원회, 2005.

金允植, 『續陰晴史(下)』, 國史編纂委員會, 1960.

閔泳煥, 『閔忠正公遺稿』, 國史編纂委員會, 1959.

宋相燾, 『騎驢隨筆』, 國史編纂委員會, 1955.

尹致昊, 『尹致昊日記(七)』, 國史編纂委員會, 1986.

鄭喬, 『大韓季年史(下)』, 國史編纂委員會, 1957.

國家報勳處,『要視察人名簿: 海外의 韓國獨立運動史料(XⅦ) 日本篇⑤』, 國家報勳處, 1996.
國會圖書館,『韓國民族運動史料(中國篇)』, 國會圖書館, 1976.
國會圖書館立法調査局,『舊韓末條約彙纂(上)』, 國會圖書館, 1964.
독립운동사편찬위원회,『독립운동사(2) 3·1운동사(상)』, 독립유공자사업기금운용위원회, 1972.
———,『독립운동사자료집(3) 의병항쟁사자료집』, 1971.
———,『독립운동사자료집(5) 3·1운동재판기록』, 1972.
———,『독립운동사자료집(11) 의열투쟁사자료집』, 1976.
信川郡誌編纂委員會 編,『信川郡誌』, 信川郡誌編纂委員會, 1984.
安岳郡民會 編,『安岳郡誌』, 安岳郡民會, 1976.
殷栗郡中央郡民會 編,『殷栗郡誌』, 殷栗郡民會, 1975.
인천광역시사편찬위원회,『인천광역시사(2) 인천의 발자취』, 인천광역시사편찬위원회, 2002.
黃海道誌編纂委員會 編,『黃海道誌』, 黃海道誌編纂委員會, 1970.
朝鮮駐箚軍司令部,『朝鮮暴徒討伐誌』,『독립운동사자료집(3) 의병항쟁사자료집』, 독립유공자사업기금운용위원회, 1971.
朝鮮憲兵隊司令部 編,『朝鮮騷擾事件狀況』, 1919, 巖南堂影印版, 1969.
姜德相 編,『現代史資料(25) 朝鮮(一) 三·一運動(一)』, みすず書房, 1965.
金秉祚,『獨立運動史略』, 亞細亞文化社, 1974.
金正明 編,『朝鮮獨立運動 民族主義運動篇Ⅰ』, 原書房, 1967.
———,『朝鮮獨立運動 民族主義運動篇 Ⅰ分冊』, 原書房, 1967.
金正柱 編,『朝鮮統治史料(七)』, 韓國史料研究所, 1971.
日本外務省,『日本外交文書 38-1』, 國際聯合協會, 1958.
———,『日本外交文書 41-1』, 1960.
———,『小村外交史』, 原書房, 1966.
———,『日本外交年表竝主要文書(上)』, 原書房, 1972.
日本外務省記錄,『要視察外國人ノ擧動關係雜纂 韓國人ノ部(八)』.
———,『不逞團關係雜件 鮮人ノ部 在歐米(一)』.

―――――――,『不逞團關係雜件 鮮人ノ部 在歐米(二)』.
―――――――,『不逞團關係雜件 鮮人ノ部 在歐米(三)』.
日本キリスト教歷史大事典編集委員會 編,『日本キリスト教歷史大事典』, 教文館, 1988.
市川正明 編,『三·一運動(2)』, 原書房, 1984.

《共立新報》《官報》《國民報》《그리스도신문》《大同公報》《大阪朝日新聞》《大韓每日申報》《大韓民報》《萬歲報》《每日申報》《서울신문》《신학월보》《新韓民報》《帝國新聞》《태평양잡지》《太平洋週報》《海潮新聞》《皇城新聞》
The Denver Times, The Honolulu Star-Bulletin, The Japan Advertiser, The Korea Daily News, The Korea Review, The New York Americans, The New York Times, The New York Times Sunday Magazine, The New York Tribune, The Pacific Commercial Advertiser, The Rocky Mountain Daily News, The Washington Post.

2. 개인자료, 문집, 회고록, 전기 등

雩南李承晩文書編纂委員會 編,『梨花莊所藏 雩南李承晩文書 東文篇(二) 李承晩著作2』, 中央日報社·延世大學校現代韓國硏究所, 1998.
―――――――――――,『雩南李承晩文書 東文篇(二) 李承晩著作3』, 1998.
―――――――――――,『雩南李承晩文書 東文篇(八) 大韓民國臨時政府關聯文書3』, 1998.
―――――――――――,『雩南李承晩文書 東文篇(十二) 하와이·美洲僑胞關聯文書』, 1998.
―――――――――――,『雩南李承晩文書 東文篇(十六) 簡札1』, 1998.
―――――――――――,『雩南李承晩文書 東文篇(十七) 簡札2』, 1998.
―――――――――――,『雩南李承晩文書 東文篇(十八) 簡札3』, 1998.
리승만,『독립정신』, 大同新書館, 1910.
―――,『독립정신』, 태평양잡지사, 1917.

———, 『독립정신』, 正東出版社, 1993.
———, 『한국교회핍박』, 新韓國報社, 1913.
———, 『청일전기』, 大同新書館, 1917.
———, 「상동청년회의 학교를 설시함」, 《신학월보》 1904년11월호.
———, 「論說: 미국으로 가는 리승만씨 편지」, 「論說: 리승만씨 편지」, 《帝國新聞》 1904년 11월26일자, 12월24일자.
———, 「李氏謝函」, 「奇書(속)」, 「奇書(속)」, 《大同公報》 1907년10월3일자, 11일자, 17일자.
우남, 「論說: 일본이 기탄하는 일이 곧 우리의 행복될 일이라」, 《共立新聞》 1908년9월2일자.
리승만, 「신년축사」, 《大道》 1909년1월호.
———, 「하와이군도」, 「하와이섬 여행기」, 《태평양잡지》 1914년6월호(제10호).
한인여학원, 『호항한인여학원 재정보단』(제4호), 1916년12월.
"Autobiography of Dr, Syngman Rhee", George A. Fitch Papers, Yenching Institute, Harvard University(unpublished).
"Autobiographical Notes of Syngman Rhee", Chong-Sik Lee, *Syngman Rhee: The Prison Year of a Young Radical*, Yonsei University Press, 2001.
「청년이승만자서전」, 이정식 지음, 권기봉 옮김, 『초대대통령 이승만의 청년시절』, 동아일보사, 2002.
Syngman Rhee, *Log Book of S. R.*(unpublished).
———, "Appeals of Native Christians", *The Korea Mission Field*, June 15. 1908.
———, "Report of the Korean Bording School", *Minutes of the Hawaiian Mission 1914*.
———, "Report of the Korean Boy's School, Honolulu", *Minutes of the Hawaiian Mission 1915*.
———, "Report of the Korean Girl's Seminary", *Minutes of the Hawaiian Mission 1916*.

The Institute for Modern Korean Studies ed., *The Syngman Rhee Telegrams,* vol. I ., 2000.

Young Ick Lew et al. eds., *The Syngman Rhee Correspondence in English 1904~1948*, vol.2, Institute for Modern Korean Studies, Younsei University, 2009.

金一善, 「李承晩博士는 渾身都是熱」, 《開闢》 1925년8월호.

徐廷柱, 『李承晩博士傳』, 三八社, 1949.

李殷相 譯, 『雩南詩選』, 公報室, 1959.

Robert T. Oliver, *Syngman Rhee: The Man Behind the Myth*, Dodd Mead and Company, 1960.

Asian and Asian-American Alumni/AE Directory of Princeton Theological Seminary Part I : *Korean and Korean-American,* The Office of the Program for Asian-American Theology and Ministry, Princeton Theological Seminary, 1994.

「人間李承晩百年(43)~(76)」, 《한국일보》 1975년5월16일~7월8일자.

白凡金九先生全集編纂委員會 編, 『白凡金九全集(2)』, 대한매일신보사, 1999.

——————————, 『白凡金九全集(3)』, 1999.

——————————, 『白凡金九先生(4)』, 1999.

金九, 『白凡金九自叙傳 白凡逸志』(親筆影印版), 集文堂, 1994.

———, 『金九自敍傳 白凡逸志』, 國士院, 1947.

윤병석, 『직해 백범일지』, 집문당, 1995.

도진순 주해, 『김구자서전 백범일지』, 돌베개, 1997.

김학민 · 이병갑 주해, 『정본 백범일지』, 학민사, 1997.

강만길 · 심지연, 『우사 김규식 생애와 사상① 항일독립투쟁과 좌우합작』, 한울, 2000.

權東鎭, 「三 · 一運動의 回顧」, 《新天地》 1946년3월호.

金度演, 『나의 人生白書: 常山回顧錄』, 三星文化社, 1965.

金道泰, 「己未年의 國際情勢와 獨立運動의 顚末」, 《新天地》 1946년3월호.

金鉉九, 『儉隱遺傳』(自筆原稿本), 하와이대학교 한국학연구소 소장.

———, 『又醒遺傳』(自筆原稿本), 하와이대학교 한국학연구소 소장.
盧在淵, 『在美韓人史略(上)』, 羅城, 1951.
도산안창호선생전집편찬위원회 편, 『島山安昌浩全集(1)』, 島山安昌浩先生紀念事業會, 2000.
————————————, 『島山安昌浩全集(2)』, 2000.
————————————, 『島山安昌浩全集(3)』, 2000.
박현환 편, 『續篇 島山 安昌浩』, 『島山安昌浩全集(11)』, 2000.
卞熙鎔, 「海外에서 겪은 三·一運動」, 《朝鮮日報》 1962년2월28일자.
林炳稷, 『林炳稷回顧錄』, 女苑社, 1964.
方信榮, 『崔光玉略傳과 遺著問題』, 東亞出版社, 1977.
白寬洙, 「朝鮮靑年獨立團 2·8宣言略史(上)(下)」, 《東亞日報》 1958년2월8일자, 9일자.
白南薰, 『나의 一生』, 白南薰先生紀念事業會, 1968.
鮮于燻, 『民族의 受難: 百五人事件眞相』, 獨立精神普及會, 1955.
宋吉燮, 『尙洞敎會百年史』, 尙洞敎會, 1988.
宋容締 編, 『洪州義兵實錄』, 洪州義兵遺族會, 1896.
申昌鉉, 『海公 申翼熙』, 海公申翼熙先生紀念會, 1992.
呂運弘, 『夢陽 呂運亨』, 靑廈閣, 1967.
沃坡文化財團, 『沃坡李鍾一先生論說集(三) 沃坡備忘錄』, 沃坡文化財團, 1984.
柳子厚, 『李儁先生傳』, 東方文化社, 1947.
義菴孫秉熙先生紀念事業會 編, 『義菴孫秉熙先生傳記』, 義菴孫秉熙先生紀念事業會, 1967.
李敬南, 『雪山 張德秀』, 東亞日報社, 1981.
———, 『抱宇 金鴻亮傳: 一代記와 安岳사람들』, 알파, 2000.
李光洙, 『나의 告白』, 『李光洙全集(十三)』, 三中堂, 1962.
李相守, 『송철회고록』, 키스프린팅, 1995.
李炳憲 編, 『三·一運動秘史』, 時事時報社出版局, 1959.
李元淳, 『世紀를 넘어서: 海史 李元淳自傳』, 新太陽社, 1989.
張志淵, 「海港日記」, 『張志淵全書(八)』, 檀國大學校東洋學硏究所, 1986.

전택부, 『남기고 싶은 이야기들』, 종로서적, 1993.

———, 『토박이 신앙산맥: 韓國敎會使徒行傳(1)』, 大韓基督敎出版社, 1979.

田榮澤, 「東京留學生의 獨立運動」, 《新天地》 1946년3월호.

鄭斗玉, 「在美韓族獨立運動實記」, 《한국학연구》 3 별집, 仁荷大學校韓國學硏究所, 1991.

정정화, 『녹두꽃』, 未完, 1987.

주요한 編著, 『安島山全書』, 三中堂, 1963.

趙炳玉, 『나의 回顧錄』, 民敎社, 1959.

崔麟, 「自敍傳」, 『如菴文集(上)』, 如菴崔麟先生文集編纂委員會, 1971.

崔明植, 『安岳事件과 3·1運動과 나』(타자본), 兢虛傳記編纂委員會, 1970.

崔承萬, 『나의 回顧錄』, 仁荷大學校出版部, 1985.

최태영, 『인간 단군을 찾아서』, 학고재, 2000.

玄相允, 「三·一運動勃發의 槪略」, 《新天地》 1950년3월호.

玄楯, 『布哇遊覽記』, 玄公廉, 1909.

黃沍根, 『參政大臣 江石韓圭卨先生傳記』, 韓國資料文化硏究所, 1971.

Elting E. Morison ed., *The Letters of Theodore Roosevelt,* vol.Ⅱ., *The Years of Preparation(1898~1900)*, Harvard University Press, 1951.

————————, *The Letters of Theodore Roosevelt,* vol.Ⅳ., *The Square Deal(1903~1905)*, Harvard University Press, 1951.

F. A. McKenzie, *The Tragedy of Korea*, E. P. Dutton Co., 1908.

——————, *Korea's Fight for Freedom, 1920*, A M S Press, Inc, rep. 1970.

A. J. Brown, "The War and Our Devoted Missionaries", *Missionary Review of the World, April 1904.*

—————, "The Situation in Korea", *The Assembly Herald*, December 1904.

Charles E. Sharp, "Motives For Seeking Christ", *Korea Mission Field*, August 1906, vol.Ⅱ., no.10.

C. P. Hong, "Report of Korean Christian Advocate", *Minutes of the Hawaiian Mission 1914*.

John W. Wadman, "Report of Ex-superintendent", *Minutes of the Hawaiian Mission 1914*.

P. L. Gillett, "The Student's Summer Conference", *The Korean Mission Field*, September 1912.

Rudolph Zurbuchen, "Report of Korean and Filipino Work", *Official Minutes of the Ninth Session of the Hawaiian Mission of the Methodist Episcopal Church 1914*.

William H. Fry, "Report of the Korean Work", *Minutes of the Hawaiian Mission 1915*.

―――――――, "Hawaiian Methodist Episcopal Mission Report of Superintendent for 1915", *Minutes of the Hawaiian Mission 1916*.

―――――――, "Annual Report of the Mission", *Official Minutes of the Hawaiian Mission*, 1921.

William M, Baird, "Pyeng Yang Academy", *Korea Mission Field*, October, 1906, vol.2, no.12.

小森德治,『明石元二郎(上)』, 原書房影印版, 1968.

3. 연구논저 – 단행본

강명관,『조선의 뒷골목 풍경』, 푸른역사, 2003.

金炳華,『續 近代韓國裁判史』, 韓國司法行政學會, 1976.

金成植,『日帝下韓國學生獨立運動史』, 正音社, 1974.

金容燮,『朝鮮後期農業史硏究』, 一潮閣, 1970.

金元容,『在美韓人五十年史』, Reedley, Calif., 1959.

金鎭鳳,『三·一運動史硏究』, 國學資料院, 2000.

김기정,『미국의 동아시아 개입의 역사적 원형과 20세기 초 한미관계연구』, 문학과지성사, 2003.

김승태·박혜진 엮음, 『내한선교사총람(1884~1984)』, 한국기독교역사연구소, 1994.
김영작, 『한말내셔널리즘연구: 사상과 현실』, 청계연구소, 1989.
김학준, 『한말의 서양정치학수용 연구』, 서울대학교출판부, 2000.
閔庚培, 『韓國民族敎會形成史論』, 延世大學校出版部, 1974.
박민영 외, 『노백린의 생애와 독립운동』, 한국독립운동사연구소, 2003.
朴殷植 著, 李章熙 譯, 『韓國痛史(下)』, 博英社, 1996.
朴殷植, 『韓國通史』, 백암박은식선생 전집편찬위원회, 『白巖朴殷植全集(1) 저술 I』, 동방미디어, 2002.
———, 『韓國獨立運動之血史』, 백암박은식선생 전집편찬위원회, 『白巖朴殷植全集(2) 저술 II』, 2002.
方善柱, 『在美韓人의 獨立運動』, 翰林大學校아시아文化硏究所, 1989.
서정민, 『교회와 민족을 사랑한 사람들』, 기독교문사, 1990.
李庭植, 『金奎植의 生涯』, 新丘文化社, 1974.
愼鏞廈, 『朝鮮土地調査事業硏究』, 知識産業社, 1982.
———, 『韓國民族獨立運動史硏究』, 乙酉文化社, 1985.
安龍植 編, 『大韓帝國官僚史硏究(I) 1896.8.~1901.7.』, 延世大學校社會科學硏究所, 1994.
————, 『大韓帝國官僚史硏究(II) 1901.8.~1904.2.』, 1995.
————, 『大韓帝國官僚史硏究(IV) 1907.8.~1910.8.』, 1996.
안형주, 『박용만과 한인소년병학교』, 지식산업사, 2007.
柳東植, 『在日本韓國基督敎靑年會史 1906~1990』, 在日本韓國基督敎靑年會, 1990.
———, 『한국감리교회의 역사 1884~1992(I)』, 기독교대한감리교회, 1994.
유영익, 『이승만의 삶과 꿈』, 중앙일보사, 1996.
———, 『젊은 날의 이승만: 한성감옥생활(1899~1904)과 옥중잡기연구』, 연세대학교출판부, 2002.
윤경로, 『한국근대사의 기독교사적 이해』, 역민사, 1997.
———, 『105인사건과 신민회연구 개정증보판』, 한성대학교출판부, 2012.
尹炳奭, 『增補 李相卨傳』, 一潮閣, 1984.

———, 『國外韓人社會와 民族運動』, 一潮閣, 1990.

———, 『증보 3·1운동사』, 국학자료원, 2004.

윤병석·윤경로, 『안창호일대기』, 역민사, 1995.

李光麟, 「開化期 關西地方과 改新敎」, 『韓國開化思想硏究』, 一潮閣, 1979.

———, 『올리버 알 에비슨의 생애』, 延世大學校出版部, 1992.

이덕희, 『한인기독교회·한인기독학원·대한인동지회』, 한국기독교역사연구소, 2008.

이만열, 『한국기독교와 민족의식: 한국기독교사연구논고』, 지식산업사, 1991.

李榮薰 외, 『조선토지조사사업의 연구』, 민음사, 1996.

李庭植, 『구한말의 개혁·독립투사 서재필』, 서울대학교출판부, 2003.

李炫熙, 『桂園盧伯麟將軍硏究』, 新知書院, 2000.

전택부, 『한국기독교청년회운동사』, 범우사, 1994.

鄭世鉉, 『抗日學生民族運動史硏究』, 一志社, 1975.

鄭晋錫, 『韓國言論史硏究』, 一潮閣, 1983.

———, 『大韓每日申報와 裵說: 한국문제에 대한 英日外交』, 나남출판, 1987.

———, 『歷史와 言論人』, 커뮤니케이션북스, 2001.

———, 『나는 죽을지라도 신보는 영생케 하여 한국동포를 구하라』, 기파랑, 2004.

———, 『언론조선총독부연구』, 커뮤니케이션북스, 2005.

趙東杰, 『韓國民族主義의 成立과 獨立運動史硏究』, 지식산업사, 1989,

崔起榮, 『大韓帝國期新聞硏究』, 一潮閣, 1991.

———, 『韓國近代啓蒙運動硏究』, 一潮閣, 1997.

———, 『식민지시기 민족지성과 문화운동』, 한울, 2003.

———, 『한국 근대 계몽사상 연구』, 일조각, 2003.

한국기독교역사연구소, 『한국기독교의 역사 I』, 기독교문사, 1989.

한국기독교역사연구소 엮음, 『조선예수장로회사기(상)』, 한국기독교역사연구소 영인판, 2000.

H. G. 언더우드 저, 李光麟 역, 『韓國改新敎受容史』, 一潮閣, 1989.

Douglas Story, *Tomorrow in the East*, Chapman & Hall, Ltd., 1907.

Francis P. Walters, *A History of the League of Nations*, Oxford University Press, 1960.

Fred H. Harrington, *God, Mamon and Japanese: Dr. Horace N. Allen and Korean-American Relations 1884~1905*, The University of Wisconsin Press, 1961.

Joseph B. Hingeley, DD. ed., *Journal of the Twenty Sixth Deligated General Conference of the Methodist Episcopal Church, May 1~May 29*, 1912.

L. George Paik, *The History of Protestant Mission in Korea 1832~1910*, Union Christian College Press, 1929.

Robert MacKenzie, *The 19th Century: A History*, T. Nelson and Sons, Patnoster Row, 1880.

Yŏng-ho Ch'oe, *From the Land of Hibiscus: Koreans in Hawii 1903~1950*, University of Hawaii Press, 2007.

姜在彦,『近代朝鮮の變革思想』, 日本評論社, 1973.

宮嶋博史,『朝鮮土地調査事業の研究』, 東京大東洋文化研究所, 1991.

吳台吉,『日韓キリスト教交流史』, 1968.

立作太郎,『國際聯盟規約論』, 國際聯盟會, 1932.

長田彰文,『セオドア・ルーズベルトと韓國: 韓國保護國化と米國』, 未來社, 1992.

———,『日本の朝鮮統治と國際關係: 朝鮮獨立運動とアメリカ 1910-1922』, 平凡社, 2005.

田岡良一,『委任統治の本質』, 有斐閣, 1941.

田保橋潔,『朝鮮統治史論稿』, 成進文化社, 1972.

井口和起,『日本帝國主義の形成と東アジア』, 名著刊行會, 2000.

中橋政吉,『朝鮮舊時の刑政』, 治刑協會, 1936.

坪江汕二,『改訂增補 朝鮮民族獨立運秘史』, 巖南堂書店, 1966.

馬懇西 元本, 李堤摩太 譯,『泰西新史攬要』, 美華書館, 1895.

4. 연구논저 – 논문

강재언, 「2·8독립선언과 3·1운동」, 국사편찬위원회, 『한민족독립운동사(3) 3·1운동』, 1988.

權九薰, 「日帝韓國駐箚憲兵隊의 憲兵補助員研究 1908~1910」, 《史學研究》 제55·56합집, 韓國史學會, 1998.

金大商, 「三·一運動과 學生層」, 『三·一運動50周年紀念論集』, 東亞日報社, 1969.

金度勳, 「共立協會(1905~1909)의 民族運動研究」, 《한국민족운동사연구》 4, 한국민족운동사연구회, 1989.

金龍德, 「일제의 經濟的收奪과 民擾(1910~1918)(上,下)」, 《歷史學報》 제41·42집, 歷史學會, 1969.

金炳睦, 「韓末海西地方夜學運動의 實態와 運營主體」, 《白山學報》 제61호, 白山學會, 2001.

김기석, 「光武帝의 주권수호외교 1905~1907: 乙巳勒約 무효선언을 중심으로」, 이태진 편저, 『일본의 대한제국 강점』, 까치, 1995.

金祥起·蔡永國, 「南滿洲에서의 韓國獨立運動」, 한국독립유공자협회 엮음, 『中國東北地域韓國獨立運動史』, 集文堂, 1997.

金良善, 「三·一運動과 基督教界」, 『三·一運動50周年紀念論集』, 東亞日報社, 1969.

金源模, 「張仁煥의 스티븐스射殺事件研究」, 《東洋學》 18집, 檀國大學校東洋學研究所, 1988.

金亨錫, 「南岡 李昇薰研究: 三·一運動을 중심으로」, 《東方學志》 46~48합집, 延世大學校國學研究所, 1985.

金興洙, 「교육구국운동의 추진」, 국사편찬위원회 편, 『한국사(45) 신문화운동 I』, 국사편찬위원회, 2000.

金春善, 「'北間島' 地域 韓人社會의 形成研究」, 國民大學校 박사학위논문, 1998.

金惠貞, 「일제의 顧問政治와 한국재정 침탈」, 西江大學校 박사학위논문, 2003.

都冕會, 「1894~1905年間 刑事裁判制度研究」, 서울大學校 박사학위논문, 1998.

柳美希, 「근대예술의 발전: 무용」, 국사편찬위원회 편, 『한국사(45) 신문화운동 I』, 국사편찬위원회, 2000.

朴在赫,「韓末 活貧黨의 活動과 性格의 變化」,《釜大史學》 제19집, 1995.
박정규,「대한매일신보의 참여인물과 언론사상」,『대한매일신보창간100주년기념학술회의』, 한국언론학회, 2004.
朴贊勝,「活貧黨의 活動과 그 性格」,《韓國學報》 제35집, 一志社, 1984.
朴賢緖,「三·一運動과 天道教界」,『三·一運動50周年紀念論集』, 東亞日報社, 1969.
潘炳律,「露領沿海州 한인사회와 한인민족운동(1905~1911)」,《한국근현대사연구》 제7집, 한울, 1997.
邊勝雄,「韓末 私立學校設立動向과 愛國啓蒙運動」,《國史館論叢》 제18집, 1990.
안형주,「이승만과 하와이 한인청년교육(1913~1923)」, 연세대학교국학연구원 편,『미주한인의 민족운동』, 혜안, 2003.
梁潤模,「김구의『백범일지』와 민족주의사상 연구」, 仁荷大學校 박사학위논문, 2001.
오동춘,「전덕기 목사의 국어정신과 나라사랑」,《나라사랑 전덕기선생 특집호》 제97집, 외솔회, 1998.
오영섭,「대한민국임시정부 초기 위임통치 청원논쟁」,《한국독립운동사연구》 제41집, 독립기념관 한국독립운동사연구소, 2012.
옥성득,「백범 김구의 개종과 초기 전도 활동」,《한국기독교역사연구소소식》 2001년3월3일호(제47호).
柳漢喆,「1906년 光武皇帝의 私學設立詔勅과 文明學校設立事例」,『于松趙東杰先生停年紀念論叢(II) 韓國民族運動史研究』, 나남출판, 1997.
―――,「韓末 私立學校令以後 日帝의 私學彈壓과 그 特徵」,《한국독립운동사연구》 제2집, 독립기념관 한국독립운동사연구소, 1988.
尹炳奭,「日本人의 荒蕪地開拓權要求에 대하여」, 歷史學會 編,『韓國史論文選集(VI)』, 一潮閣, 1976.
―――,「乙巳五條約의 신고찰」,《國史館論叢》 제23집, 國史編纂委員會, 1991.
윤종문,「하와이 한인중앙학원의 설립과 운영」,《史學研究》 제88호, 韓國史學會, 2007.
이광린,「평양과 기독교」,《한국기독교와 역사》 제10호, 한국기독교역사연구소, 1999.
이덕주,「한말 기독교인들의 선유활동에 관한 연구」,《한국기독교와 역사》 제10호, 한국기독교역사연구소, 1999.

이덕희,「하와이 한인들이 하와이 감리교회에 끼친 영향 1903~1952」, 김영목 외 공저,『한국사론(39) 미주지역 한인이민사』, 국사편찬위원회, 2003.

———,「이승만과 하와이 감리교회, 그리고 갈등 1913~1918」,《한국기독교와 역사》제21호, 한국기독교역사연구소, 2004.

李明花,「1910년대 제러한인사회와 大韓人國民會의 민족운동」,《한국독립운동사연구》제11집, 독립기념관 한국독립운동사연구소, 1997.

이정은,「《매일신보》에 나타난 3·1운동 직전의 사회상황」,《한국독립운동사연구》제4집, 독립기념관 한국독립운동사연구소, 1990.

정연태·이지원·이윤상,「3·1운동의 전개양상과 참가계층」, 한국역사연구소 엮음,『3·1민족해방운동연구』, 청년사, 1989.

鄭濟愚,「韓末黃海道地域義兵의 抗戰」,《한국독립운동사연구》제7집, 독립기념관 한국독립운동사연구소, 1993.

———,「沿海州李範允義兵」,《한국독립운동사연구》제11집, 독립기념관 한국독립운동사연구소, 1997.

조이제,「한국 엡웟청년회의 창립경위와 초기활동」,《한국기독교와 역사》제8호, 한국기독교역사연구소, 1998.

趙顯旭,「安岳地方에서의 愛國啓蒙運動: 安岳勉學會와 西北學會 활동을 중심으로」,《한국민족운동사연구》28, 한국민족운동사학회, 2001.

蔡永國,「대한민국임시정부 교통국의 설치와 활동」, 한국근현대사학회 편,『대한민국임시정부수립80주년기념논문집(상)』, 國家報勳處, 1999.

崔昌熙,「韓國人의 하와이 移民」,《國史館論叢》제9집, 國史編纂委員會, 1989.

崔永浩,「韓國人의 初期 하와이 移民」, 全海宗博士華甲紀念史學論叢編輯委員會 編,『全海宗博士華甲紀念史學論叢』, 一潮閣, 1979.

———,「이승만의 하와이에서의 초기활동: 교육사업과 1915년 대한인국민회 사건」, 유영익 편,『이승만연구: 독립운동과 대한민국건국』, 연세대학교출판부, 2000.

프랑크 볼드윈,「윌슨·民族自決主義·三一運動」,『三一運動50周年紀念論集』, 東亞日報

社, 1969.
한규무, 「1905년 '상동회의'와 을사조약 반대투쟁」, 《한국독립운동사연구》 제43집, 독립기념관 한국독립운동사연구소, 2012.
———, 「1900년대 김구의 황해도 장련·문화·안악 이주와 계몽운동」, 《한국독립운동사연구》 제45집, 독립기념관 한국독립운동사연구소, 2013.
———, 「尙洞靑年會에 대한 연구 1897~1914」, 《歷史學報》 제126집, 歷史學會, 1990.
———, 「초기 한국장로교회의 결혼문제인식(1890~1940)」, 《한국기독교와 역사》 제10호, 한국기독교역사연구소, 1999.
韓哲昊, 「조지 엘 쇼(George L. Show)의 한국독립운동 지원활동과 그 의의」, 《한국근현대사연구》 제38집, 한울, 2006.
洪善杓, 「1910年代後半 하와이 韓人社會의 動向과 大韓人國民會의 活動」, 《한국독립운동사연구》 제8집, 독립기념관 한국독립운동사연구소, 1994.
Bermic B. H. Kim, "The Koreans in Hawaii", University of Hawaii 석사학위논문, 1937.
廣瀨貞三, 「李容翊の政治活動(1904~1907年): その外交活動を中心に」, 朝鮮史研究會, 《朝鮮史研究會論文集》 第25集, 綠陰書房, 1988.
愼蒼宇, 「憲兵補助員制度の治安政策的意味とその實態 1908年~1910年を中心に」, 朝鮮史研究會, 《朝鮮史研究會論文集》 第39集, 綠陰書房, 2001.
劉孝鍾, 「ハーグ密使事件と韓國軍解散」, 《三千里》 49号, 1987年2月号.

찾아보기

ㄴ

ㄷ

ㅂ

ㅅ

ㅊ

ㅋ